Die Rechtsgrundsätze

des

Königlich Preußischen

Ober-Verwaltungsgerichts.

Begründet von **R. Parey.**

Dritte, gänzlich neu bearbeitete u. bis zur Gegenwart ergänzte Auflage

herausgegeben

von

Fr. Kunze und Dr. **G. Kautz,**
Ober-Verwaltungsgerichtsrath. Regierungsrath.

Ergänzungs-Band 1899.

Berlin 1899.
J. J. Heines Verlag.

Vorwort.

Der „Ergänzungsband 1899" berücksichtigt die Rechtsprechung des Königl. Ober-Verwaltungsgerichtes seit dem Erscheinen der 3. Auflage des Hauptwerkes bis gegen Ende des Jahres 1898. Es sind wiedergegeben die Entscheidungen aus Bd. XXX bis XXXII und Bd. VI in Steuersachen der offiziellen Sammlung, die in der angegebenen Zeit im Pr. Verwaltungsblatt und im Zentralblatt der Unterrichtsverwaltung veröffentlichten, sowie zahlreiche ungedruckte Entscheidungen, unter letzteren auch solche aus früherer Zeit, deren Aufnahme wichtig genug erschien, um nachgeholt zu werden.

Der in unserem Vorworte zum Hauptwerke näher beleuchtete Arbeitsplan ist nicht geändert worden. Nur ist auf eine klare scharfe Systematisierung und auf eine, wo erforderlich, ausgiebigere Beigebung von Gründen zu den Rechtsgrundsätzen ein erhöhter Wert gelegt worden.

Grunewald, / Charlottenburg, im Februar 1899.

Fr. Kunze. **Dr. G. Kautz.**

Verzeichnis der Abkürzungen.

a. a. O. = am angeführten Orte.
Abs. = Absatz.
A.-H. = Abgeordnetenhaus.
A.-L.-R. = Preuß. Allgem. Landrecht.
Allg. Verf. = Allgemeine Verfügung.
Anm. = Anmerkung.
Art. = Artikel.
Aufl. = Auflage.
Ausf.-Anw. = Ausführungsanweisung.
Ausf.-Ges. = Ausführungsgesetz.
Ausf.-Instr. = Ausführungsinstruktion.
Bd. = Band.
Circ.-Reskr. = Circular-Reskript.
Dot.-Ges. = Dotationsgesetz.
Eink.-St.-Ges. = Einkommensteuergesetz.
Entsch. = Entscheidung.
E.-O.-V. = Entsch. d. Ob. Verwaltungsgerichts.
Erk. = Erkenntnis.
Ges. = Gesetz.
G.-S. = Gesetz-Sammlung d. Pr. Staat.
Gew.-Ordn. = Gewerbeordnung.
H.-H. = Herrenhaus.
Kab.-Ord. = Kabinetsordre.
Komm.-B. = Kommissionsbericht.
Komm. = Kommentar.
Komm.-Abg.-Ges. = Kommunalabgabengesetz v. 14. Juli 1893.
K.-V.-G. = Krankenversicherungsgesetz.
Kr.-Ordn. = Kreisordnung.
L.-V.-G. = Landes-Verwaltungsgesetz.
M.-Bl. = Pr. Ministerialblatt f. d. ges. innere Verwaltung.
Min.-Erl. = Ministerial-Erlaß.
Min.-Inst. = Ministerial-Instruktion.
O.-Trib. = Obertribunal.
O.-V.-G. = Oberverwaltungs-Gericht.
Pr. Ausf.-Ges. = Pr. Ausführungs-Gesetz.
Prov.-Verb. = Provinzialverband.
Prov.-Ordn. = Provinzialordnung.
R.-G. = Reichsgesetz.
R.-G.-Bl. = Reichs-Gesetzblatt.
R.-Ger. = Reichsgericht.
R.-Gew.-Ordn. = Reichsgewerbeordnung.
R.-Str.-G.-B. = Reichsstrafgesetzbuch.
R.-T. = Reichstag.
Reskr. = Reskript.
S. = Seite.
St.-Ordn. = Städte-Ordnung.
Sten.-Ber. = Stenographischer Bericht.
U.-V.-G. = Unfallversicherungsgesetz.
Urt. = Urteil.
Verf. = Verfügung.
Vd. = Verordnung.
Zust.-Ges. = Zuständigkeitsgesetz vom 1. August 1883.

Inhaltsverzeichnis.

Erste Abteilung.

Angelegenheiten der Kommunalverbände.

Zweite Abteilung.

Kultus, Schule, Zwangserziehung, Personenstand und Staatsangehörigkeit.

Dritte Abteilung.

Polizeiliche Angelegenheiten.

Vierte Abteilung.

Anderweitige Zuständigkeiten der Verwaltungsgerichte.

Fünfte Abteilung.

Sechste Abteilung.

Entscheidungen in Steuersachen.

Erste Abteilung.

Angelegenheiten der Kommunalverbände.

I.

Provinzialverbände.

Litteratur: Haase, Kreis- und Provinzialverfassung der Provinz Posen, 2. Aufl. Berlin 1897. — Hue de Grais, Handbuch der Verfassung und Verwaltung in Preußen und im Deutschen Reiche — 12. Aufl. Berlin 1898. — Illing-Kautz, Handbuch für preußische Verwaltungsbeamte, Bd II 7. Aufl. Berlin 1898. — Schön, Das Recht der Kommunalverbände in Preußen, Jena 1897. — Schreiber, Die neuen Preuß. Verwaltungsgesetze mit Erläuterungen für die Provinz Hessen-Nassau, 2. Ausg. Marburg 1892.

B. Provinzialabgaben.

Nr. 1. Entsch. Bd. XXXII S. 1 vom 18. September 1897. II A 17/96

Prov. Ordn. v. $\frac{29.\ VI.\ 75}{22.\ III.\ 81}$ (G.-S. 81 S. 233) §§ 106, 107.

Eink.-St.-Ges. v. 24. VI. 91 (G.-S. S. 175) § 74.

Bei Verteilung der Provinzialabgaben auf die Kreise sind dem der Verteilung zugrunde zu legenden Steuersoll die nach § 74 des Eink.-St.-Ges. v. 24. VI. 91 fingiert zu veranlagenden Steuersätze für Einkommen von nicht mehr als 900 Mk. hinzuzurechnen.

Allerdings sagt der § 106 der Prov.-Ordn.:

> „Die Verteilung der Provinzialabgaben erfolgt auf die einzelnen Land- und Stadtkreise nach dem Maßstabe der in ihnen aufkommenden direkten Staatssteuern mit Ausschluß der Gewerbesteuer vom Hausiergewerbe."

allein er enthält keineswegs eine vollständige Regelung des Gegenstandes. Vielmehr muß der sich anschließende § 107 mit herangezogen werden. Dieser bestimmt, daß bei der Verteilung die behufs Aufbringung der Kreis-, beziehungsweise der städtischen Kommunalabgaben in den einzelnen Land- und Stadtkreisen nach den Vorschriften der §§ 14 bis 16 der Kr.-Ordn. v. 13. XII. 72 beziehungsweise des § 4 Abs. 3 der St.-Ordn. v. 30. V. 53 besonders veranlagten Steuerbeträge auf Höhe der Staatssteuern, die von dem ihnen zugrunde liegenden Einkommen, Grundsteuerreinertrage, Gebäudesteuernutzungswerte oder nach dem Umfange des Gewerbe- oder Bergbaubetriebes zu entrichten wären, mit in Anrechnung kommen, dagegen die von einer Belastung mit Kreis- und Gemeindeabgaben ganz oder teilweise befreiten Steuerbeträge (§§ 17 und 18 der Kr.-Ordn., § 4 Abs. 7 ff. der St.-Ordn.) mit Einschluß der Steuerbeträge der Militärpersonen außer Ansatz bleiben sollen. Maßgebend soll also sein, inwieweit die Kreise ihrerseits die einzelnen Kreisangehörigen (durch Vermittlung der Gemeinden und Gutsbezirke) zu Kreisabgaben, beziehungsweise die Stadtkreise zu städtischen Abgaben, heranzuziehen befugt sind, und das ist auch erforderlich, wenn die Verteilung der Provinzialabgaben auf die Kreise eine gleichmäßige, ihrer Leistungsfähigkeit entsprechende sein soll.

II.

Kreise.

Litteratur: Haase, Kreis- und Provinzialverfassung der Provinz Posen, 2 Aufl. Berlin 1897. — Illing-Kautz, Bd. II, 7. Aufl. Berlin 1898. — Schön, Das Recht der Kommunalverbände in Preußen, Jena 1897. — Weber, Anleitung zur Berechnung und Verteilung der Kreisabgaben, Düsseldorf 1896.

B. Kreisabgaben.

Nr. 1. Entsch. Bd. XXXI S. 1 vom 14. April 1897. II C 437/96.

Kr.-Ordn. v. 13. XII. 72 (G.-S. 81 S. 179) §§ 14, 17.

Komm.-Abg.-Ges. v. 14. VII. 93 (G.-S. S. 152) §§ 24, 34, 91.

1. Durch den § 91 des Komm.-Abg.-Ges. ist weder eine neue Steuerverpflichtung für Subjekte, die bisher kreissteuerfrei waren, eingeführt, noch das Kreissteuerrecht dahin erweitert worden, daß fortan auch von solchen Gebäuden, die bisher kreissteuerfrei waren, nunmehr aber als der Gemeindebesteuerung unterworfen vom Staate zur Gebäudesteuer veranlagt werden, Zuschläge zu dieser erhoben werden dürfen. Die als Dienstwohnungen benutzten Gebäude sind daher nicht etwa nach §§ 91 Nr. 4, 24 Abs. 2 des Komm.-Abg.-Ges. dem Kreise realsteuerpflichtig. Vgl. E.-O.-V. Bd. XXIX S. 7, 13.

2. Ebenso wenig hat durch § 91 Nr. 4 die durch die Kreisordnung abgegrenzte subjektive und objektive Kreissteuerpflicht eine Einschränkung — insbesondere nicht durch weitere „Befreiungen" — erfahren sollen und erfahren. Der Sinn der Bestimmung ist nur der, daß auf die in ihr erwähnten Rechtssubjekte für den Fall bereits bestehender Einkommensteuerpflicht die die Veranlagung betreffenden Vorschriften des neuen Gesetzes sinnentsprechende Anwendung finden. Zu diesen Vorschriften gehört der § 34 des Komm.-Abg.-Ges. nicht. Er läßt sich insbesondere den Vorschriften nicht zuzählen, die dazu bestimmt sind, die als „Einkommen" zu behandelnden Einnahmen und die abzugsfähigen Ausgaben zu umgrenzen, oder die Anhaltspunkte für die Art der Ermittlung des Einkommens zu geben. Zweck des § 34 ist die Einführung einer „Befreiung" in Ansehung der Grundstücke, die der Steuer vom Grundbesitze nicht unterworfen sind — einer Befreiung, die auf gleicher Linie steht mit den durch die §§ 39 bis 42 a. a. O. gewährten Befreiungen. Die §§ 14 und 17 der Kr.-Ordn., soweit sie hier in Betracht kommen, haben somit durch die §§ 34 und 91 Nr. 4 des neuen Komm.-Abg.-Ges. eine Änderung überhaupt nicht erfahren. Nun enthält aber der § 17 der Kr.-Ordn. in der Vorschrift, die die den Provinzen gehörigen Gebäude, insofern sie zu einem öffentlichen Dienste oder Gebrauche bestimmt sind, insbesondere auch die Dienstwohnungen für Beamte, von den Kreislasten für befreit erklärt, lediglich eine dingliche Befreiung von der Abgabepflicht. Er schließt mithin eine Be-

steuerung der Besitzer von dem Einkommen aus den Gebäuden nicht aus (E.-O.-V. Bd. X S. 65).

Nr. 2. Entsch. v. 23. II. 98 Nr. II 107 und v. 23. II. 98 Nr. II 108.

Kr.-Ordn. v. 13. XII. 72 (G.-S. 81 S. 179) §§ 10, 17, 19.
Komm.-Abg.-Ges. v. 14. VII. 93 (G.-S. S. 152) §§ 24, 91.

1. Zwischen der Staats- und der Gemeindebesteuerung der Gebäude bestehen zwei wesentliche Verschiedenheiten:

a) Die Dienstwohnungen der Beamten sind nach § 3 [2] des Gebäudesteuerges. v. 21. V. 61 stets staatssteuerfrei, nach § 24 Abs. 2 des Komm.-Abg.-Ges. stets gemeindesteuerpflichtig;

b) Nach dem Gebäudesteuerges. und dessen Auslegung ist ein Gebäude — nicht in seinen einzelnen Teilen, sondern als ein Ganzes — seiner Hauptbestimmung nach entweder steuerfrei oder -pflichtig, wenn auch im letzteren Falle die zu steuerfreien Zwecken benutzten Räume bei Ermittlung des Nutzungswertes und des Staatssteuersatzes außer Betracht bleiben. Nach § 24 Abs. 3 des Komm.-Abg.-Ges. kommt es für die Gemeindebesteuerung auf die Hauptbestimmung nicht an, sondern es sind von vorneherein die steuerpflichtigen Teile zu veranlagen, die steuerfreien Teile als solche freizulassen.

2. Art. 16 der Zus.-Best. für die Katasterverwaltung trifft daher nicht zu, wenn er anordnet, daß die für Gemeindezwecke erfolgende Veranlagung zugleich für die Kreis- und Provinzialabgaben, bei denen die gleichen Befreiungen, wie bei Gemeindeabgaben zuträfen, maßgebend sei, und daß daher eine Veranlagung von Gebäuden zu fingierten Steuerbeträgen (d. i. nach den staatlichen Grundsätzen) nicht mehr stattzufinden habe. Vgl. E.-O.-V. Bd. XXIX S. 12.

Der § 10 der Kr.-Ordn. hat den Kreisen die Besteuerung aller Liegenschaften durch Zuschläge zu den wirklich oder fingiert veranlagten Staatssteuersätzen gestattet, und hat nur die im § 17 der Kr.-Ordn. bezw. die im § 3 unter Nr. 2 bis 6 des Gebäudesteuerges. genannten Gebäude befreit. Diese „über die Aufbringung der Kreisabgaben bestehenden Vorschriften" sind nach dem Eingange des § 91 des Komm.-Abg.-Ges. (da dessen weitere Maßgaben hier nicht zutreffen) „unberührt geblieben", sodaß die Besteuerung derjenigen Gebäude, die nur teilweise für den öffentlichen Dienst oder die zu Dienstwohnungen bestimmt sind, seitens der Kreise und seitens der Gemeinden nach verschiedenen Normen sich richtet. Bei einem dem Staate oder einer Kommune gehörigen Gebäude, dessen einzelne Teile 1. zum öffentlichen Dienste, 2. zu Dienstwohnungen für Beamte und 3. zu anderen (z. B. gewerblichen) Zwecken bestimmt werden, sind zur Gemeindesteuer unter allen Umständen die Teile zu 2 und 3 heranzuziehen und die Teile zu 1 freizulassen; ein solches Gebäude ist aber von der Staats- und der Kreissteuer entweder, falls die beiden Teile zu 1 und 2 überwiegen, ganz frei zu lassen oder aber, falls der Teil 3 überwiegt, ganz zu veranlagen, jedoch nur dergestalt, daß bei Bestimmung des Nutzungswertes für das ganze Gebäude die den Zwecken zu 1 oder 2 gewidmeten Räume zu Gunsten des Censiten außer Ansatz bleiben.

Bei dieser Rechtslage kann die seitens der Staatsbehörden bewirkte Veranlagung eines solchen Gebäudes, da sie gemäß Art. 16 der Zus.-Best. nach den die Gemeindebesteuerung regelnden Normen erfolgen soll, nicht als eine Veranlagung zur Staatssteuer, und es kann der durch sie gefundene Steuersatz nicht als eine auch für die Kreisbesteuerung maßgebende Grundlage erachtet werden

Hat der Kreisausschuß den staatsseitig ermittelten Prinzipalsatz seiner Besteuerung eines nur teilweise zum öffentlichen Dienste oder zu Beamtendienstwohnungen bestimmten Gebäudes zu Grunde gelegt, so ist dies der für die Gemeinde- und nicht der für die Staatssteuer ermittelte Prinzipalsatz; deshalb kann dem Herangezogenen auch nicht der aus § 19 Abs. 2 der Kr.-Ordn. und aus § 4 Abs. 2 des Aufhebungsges. vom 14. VII. 93 (G.-S. S. 119) entnommene Einwand entgegengesetzt werden, daß er gegen die staatsseitig bewirkte Veranlagung habe reklamieren müssen. In einem solchen Falle muß vielmehr der Kreisausschuß, der die von der Katasterbehörde für den Zweck der Gemeindesteuer ermittelten Steuersätze seiner Heranziehung zu Grunde gelegt und so das Ergebnis der staatsseitigen Einschätzung sich angeeignet hat, diese seine Veranlagung auch gemäß §§ 15 und 19 der Kr.-Ordn. gegenüber dem, Einspruch und Klage erhebenden Herangezogenen selbständig vertreten. Vgl. E.-O.-V. Bd. XVI S. 28.

Nr. 3. Entsch. v. 30. X. 97 Nr. II 1766.

Komm.-Abg.-Ges. v. 14 VII. 93 (G.-S. S. 152) §§ 47—51, 71—74, 91[4], 92.

Die Verteilung des Einkommens auf die Wohnsitz-, Belegenheits- und Betriebsorte gemäß §§ 47 bis 51 und 91 Nr. 4 des Komm.-Abg.-Ges., sowie das bezügliche Verfahren (§§ 71—74 und 92 a. a. O.) finden statt:

1. zwischen Gemeinden wegen der Gemeindesteuern,
2. zwischen Kreisen wegen der Kreisabgaben.

§ 91 Nr. 4 a. a. O. findet keine Anwendung, wenn der Pflichtige nicht in verschiedenen Kreisen den vom Einkommen zu erhebenden Kreissteuern unterliegt, und zwar sind unter den „verschiedenen Kreisen" nur Landkreise zu verstehen, da in den Stadtkreisen Kreisabgaben überhaupt nicht zur Hebung gelangen. Dem steht auch § 92 a. a. O., der unter Nr. 1 neben den Landkreisen auch die Stadtkreise erwähnt, nicht entgegen, weil er nur das formelle Verfahren regelt.

Ebenso Entsch. v. 9. III. 98 Nr. II 406, mit der Maßgabe, daß die Verteilung des Einkommens zwischen Land- und Stadtkreisen dann zulässig ist, wenn und insoweit die letzteren ausnahmsweise Kreisabgaben erheben. Lediglich hieran kann auch nur der Gesetzgeber bei der Gleichstellung der Stadt- und Landkreise im § 92 des Komm.-Abg.-Ges. gedacht haben.

Nr. 4. Entsch. Bd. XXXI S. 4 vom 8. Mai 1897 II C 398/96.

Komm.-Abg.-Ges. v. 14. VII. 93 (G.-S. S. 152) §§ 51, 91.

Zu den Veranlagungsvorschriften, die nach § 91 Nr. 4 des Komm.-Abg.-Ges. auf die Kreisbesteuerung juristischer Personen und Forensen analog anzuwenden sind, gehört der Abs. 2 des § 51. Daher ist von dem Einkommen, das dem Pflichtigen aus verschiedenen, in demselben Kreise belegenen Quellen zufließt, nunmehr die Kreis-Einkommensteuer in einer Summe festzusetzen und diese Summe ist dann den einzelnen Belegenheits- oder Betriebsgemeinden in solchen Quoten zu überweisen, die den dort zufließenden Quoten des dem Kreise steuerpflichtigen Einkommens entsprechen.[1])

---

[1]) Den Grundsatz des § 11 der Kr.-Ordn., wonach die Heranziehung zur Kreissteuer durch Vermittelung der Gemeinden stattzufinden hat, haben also weder das Eink.-St.-Ges. v. 24. VI. 91, noch das Komm.-Abg.-Ges. v. 14. VII. 93 geändert. Ist z. B. eine Aktiengesellschaft mit mehreren Betriebsstätten im Kreise mangels eines maßgebenden Staatssteuersatzes gemäß § 51 Abs. 2 des Komm.-Abg.-Ges. auch einheitlich zu veranlagen, so ist es doch unzulässig die Steuer von dem außerhalb der Sitzgemeinde sich vollziehenden Gewerbebetriebe der Sitzgemeinde zur Einziehung und Abführung zu

Nr. 5. Entsch. v. 19. III. 98 Nr. II 465.
Kr.-Ordn. v. 13. XII. 72 (G.-S. 81 S. 179) § 13.
Komm.-Abg.-Ges. v. 14. VII. 93 (G.-S. S. 152) §§ 51, 91.

Bestehen für einzelne von den verschiedenen Gemeinden des Kreises, in denen das Einkommen einer juristischen Person zufließt, Mehr- oder Minderbelastungen, so ist der Prinzipal-(Staatssteuer-)Satz zwar nach dem gesammten, im Kreise erwachsenden Einkommen festzustellen, dann aber auf die verschiedenen Belegenheits- oder Betriebs-Gemeinden nach Verhältnis der in jeder zufließenden Einkommensteile zu zerlegen, damit von seinen so ermittelten Teilbeträgen der auf jede Einzelgemeinde entfallende Steuersatz nach den für diese maßgebenden — regelmäßigen oder durch Mehr- oder Minderbelastung modifizierten — Zuschlagsprozenten berechnet wird.

Nr. 6. Entsch. v. 16. II. 98 Nr. II 269.
Kr.-Ordn. v. 13. XII. 72 (G.-S. 81 S. 179) §§ 14, 17, 18.

Das Einkommen des Landesherrn, auch aus dem Besitze der zu den Kgl. Familiengütern gehörigen Grundstücke, ist der Kreiseinkommensteuer nicht unterworfen. Nach § 1 Tit. 13 T. 2 A.-L.-R.'s vereinigen sich alle Rechte und Pflichten des Staates gegen seine Bürger und Schutzverwandten in seinem Oberhaupte. Ihm gebühren daher alle Vorzüge und Rechte, die zur Erreichung der Endzwecke des Staates erforderlich sind (§ 4). Diese Vorzüge und Rechte sind die Majestätsrechte, die in den folgenden Paragraphen näher behandelt werden. Nach den §§ 14, 15 kommt dem Oberhaupte des Staates das Majestätsrecht zu, zur Bestreitung der Staatsbedürfnisse das Privatvermögen, die Personen, ihr Gewerbe, Produktion oder Konsumtion mit Abgaben zu belegen. Folgerecht bestimmt § 2 des von den Staatseinkünften und fiskalischen Rechten handelnden Tit. 14, daß dem Besteuerungsrechte als einem Hoheitsrechte des Staates alle Diejenigen unterworfen sind, die für ihre Person, Vermögen oder Gewerbe den Schutz des Staates genießen; und es ist weiter in den §§ 3, 4 nur von den „Klassen von Landeseinwohnern" und von „einzelnen Landeseinwohnern, Korporationen oder Gemeinden" als solchen die Rede, denen eine Befreiung von diesem Hoheitsrechte zukommen kann. Aus der so umschriebenen Stellung des Staatsoberhauptes als des Inhabers sämtlicher Staatshoheits- oder Majestätsrechte folgt, daß es für seine Person eben diesem Majestätsrechte der Besteuerung nicht weiter „unterworfen" sein kann, als es selbst bestimmt und angeordnet hat. Darin hat auch die preußische Verfassung vom 31. Januar 1850 nur insoweit etwas geändert, als nunmehr das Recht zur Besteuerung gemäß Art. 100 nur nach den Gesetzen und dem Staatshaushaltsetat auszuüben ist. Das den Kreisen und sonstigen Kommunalverbänden gewährte Recht, ihre Angehörigen zu besteuern, ist aber lediglich ein abgeleitetes, jenen vom Staate delegiertes Recht. Ihm kann daher das Staatsoberhaupt, seine Person, gleichfalls nur insoweit unterliegen, als es selbst eine entsprechende Pflicht freiwillig, insbesondere auf dem Wege der Gesetzgebung, übernommen hat. Nun hat zwar die Kr.-Ordn. durch den § 14 die außerhalb des Kreises wohnenden „physischen Personen", die Grundeigentum im Kreise besitzen, verpflichtet, von dem ihnen hieraus zufließenden Einkommen zu den Kreisabgaben beizutragen, und es haben ferner die von Befreiung handelnden §§ 17

überweisen. Dies beruht darauf, daß ihre Abgabepflicht (und ebenso die der Forensen und der übrigen im § 14 der Kr.-Ordn. genannten Rechtsträger) nicht, wie die der physischen Personen, auf dem Wohnsitze, der Kreisangehörigkeit, sondern lediglich auf der Thatsache des Gewerbebetriebes 2c. beruht. Sie wird jeder Gemeinde kreisabgabepflichtig, wo sich eine Betriebsstätte befindet. Entsch. v. 30. IX. 96 Nr. II 1799.

und 18 eine solche der Person des Landesherrn nicht erwähnt. Eine „Befreiung" von der Steuer steht hier jedoch überhaupt nicht in Frage. Eine solche kann nur eintreten, wo an sich eine Steuerpflicht besteht. Sie geht alsdann wiederum vom Staate aus und bewegt sich in den Grenzen, die sich aus dem Befreiungsakte ergeben. Der Souverän ist nicht „befreit" — im Sinne von „losgelöst" — von einer ihm obliegenden Last, sondern er ist nach dem ganzen Bildungsprozesse des monarchischen Staates niemals steuerpflichtig gewesen und durch kein Gesetz dafür erklärt, auch nicht durch die Kr.-Ordn., deren §§ 9—18 sich nur auf solche Subjekte erstrecken, die an sich dem Besteuerungsrechte unterliegen.

Nr. 7. Entsch. v. 25. I. 1896 Nr. II 172.

Kr.-Ordn. v. 13. XII. 72 (G.-S. 81 S. 179) § 14 Abs. 4.

Gesellschaften mit beschränkter Haftung, die Bergbau betreiben, können nicht auf Grund des § 14 Abs. 4 der Kr.-Ordn. zu den Kreisabgaben herangezogen werden.

Allerdings spricht § 14 Abs. 4 anscheinend unbeschränkt aus:

> „Bergwerksbesitzer, welche in dem Umfange ihres Bergbaubetriebes den in der Klasse A. I der Gewerbesteuer veranlagten Gewerbetreibenden gleichstehen, sind zu den Steuersätzen der Klasse A. I einzuschätzen und nach Maßgabe dieser Einschätzung zu den Kreisabgaben heranzuziehen."

Diese Bestimmung kann aber nur im Zusammenhange mit dem gesamten Aufbau des § 14 richtig verstanden und ausgelegt werden. Hier umgrenzen nun bereits die Absätze 1 und 2 den Kreis der steuerpflichtigen Subjekte. Nachdem dann Abs. 3 die Steuerpflicht speziell des Fiskus geregelt, bringt Abs. 4 obige Bestimmung bezüglich der Bergwerksbesitzer im Allgemeinen. Hierdurch sind lediglich die vorher einzeln aufgeführten Steuerpflichtigen mit dem technischen Ausdrucke des § 65 des Bergges. v. 24. VI. 65 (G.-S. S. 705) zusammengefaßt und nicht etwa darüber hinausgehende Kategorien von Steuerpflichtigen neu geschaffen worden. Unter eine der in den früheren Absätzen des § 14 aufgeführten kreissteuerpflichtigen Gattungen fallen aber die Gesellschaften mit beschränkter Haftung nicht. Insbesondere sind sie keine juristischen Personen, wenn ihnen auch das Ges. vom 20. IV. 92 (R.-G.-Bl. S. 477) in manchen Beziehungen die Eigenart juristischer Personen übertragen haben mag. Dazu würde es vielmehr einer ausdrücklichen gesetzlichen Vorschrift bedürfen, an der es fehlt.

Nr. 8. Entsch. v. 16. IX. 96 Nr. II 1726.

Der Betrieb einer Kleinbahn ist ein Gewerbebetrieb und wie andere Gewerbebetriebe nach Maßgabe des aus ihm im Kreise fließenden Einkommens kreisabgabepflichtig. Für die Berechnung des Einkommens sind das Eink.-St.-Ges. vom 24. VI. 91 und die Ausf.-Anw. vom 5. VIII. 91 maßgebend. Die Frage, ob eine Aufwendung im Betriebe sich im Einzelfalle als eine nach § 9 II 1 des Eink.-St.-Ges. abzugsfähige, bezw. nicht abzugsfähige Ausgabe darstellt, liegt in der Regel auf thatsächlichem Gebiete, wenn auch ein Rechtsirrtum dabei nicht ausgeschlossen ist. So sind die Ausgaben für Verlegen eines Schienengleises von einer Stelle, die mittels des alten Gleises ohne Gefahr nicht mehr passiert werden konnte, gemäß § 9 I 1 a. a. O. abzugsfähig, da sie zur Erhaltung und Sicherung des Betriebes ausgegeben sind.

Nr. 9. Entsch. v. 5. I. 98 Nr. II 11.

Gewerbe ist eine auf Erzielung eines Erwerbes gerichtete Thätigkeit und der Gewinnzweck ist das Kriterium der Gewerblichkeit. Begriffsmäßig verschieden hiervon ist die Thätigkeit desjenigen, der Sachen zu eigenem Gebrauche herstellt. Verfolgt ein Unternehmen sowohl die Befriedigung des eigenen Bedürfnisses, als auch den Absatz der Produkte an andere in der Weise, daß beide Zwecke für den Unternehmer von wesentlicher Bedeutung sind, so ist es in einen gewerblichen und einen nichtgewerblichen Teil zu scheiden und nur das Einkommen aus dem ersteren unterliegt der kommunalen, auf das Einkommen auf Gewerbebetrieb gelegten Besteuerung, im vorliegenden Falle der Kreisbesteuerung. Nach diesen Grundsätzen unterliegt ihr z. B. der Wert derjenigen Produkte einer Gemeinde-Gasanstalt, die die Gemeinde nicht behufs der gewinnbringenden Veräußerung an Dritte, sondern für ihren eigenen Verbrauch (Beleuchtung der Straßen, ihrer Geschäftsräume ꝛc.) herstellt, nicht, wenn beide Zwecke für sie von wesentlicher Bedeutung sind.

Nr. 10. Entsch. v. 30. III. 98 Nr. II 533.

Die Betriebssteuer unterliegt als eine Unterart der Gewerbesteuer auch der Zuschlagbesteuerung durch die Kreise und ist mit den Klassen III und IV der eigentlichen Gewerbesteuer gleichmäßig zu behandeln.

Nr. 11. Entsch. v. 19. II. 98 Nr. II 289.
Komm.-Abg.-Ges. v. 14. VII. 93 (G.-S. S. 152) §§ 47, 91.

Betreibt eine Aktiengesellschaft zwei Zuckerfabriken in zwei Kreisen und bewirtschaftet in dem einen auch ein Landgut, so unterliegt das Einkommen aus dem letzteren nur der Besteuerung im Belegenheitskreise. Daß die Zuckerfabriken eine Gewerbeunternehmung bilden, dafür spricht bei einer Aktiengesellschaft schon die Vermutung; es ist dies umsomehr anzunehmen, wenn beide Rübenzuckerfabriken mit völlig gleichartigem Betriebe, wiewohl mit getrennter Buchführung, sind. Das Einkommen daraus ist daher gemäß § 47 des Komm.-Abg.-Ges. unter die Betriebstätten nach den Lohnausgaben zu verteilen. Dagegen kann § 47 auf die Zerlegung eines aus Grundvermögen und aus Gewerbebetrieb fließenden Einkommens in die auf jede dieser Quellen fallenden Teile weder direkt noch analog angewendet werden. Vgl. E.-O.-V. Bd. XXXI S. 79. Es ist vielmehr zunächst sowohl das aus Grundvermögen, als das aus Gewerbebetrieb zufließende Einkommen nach den Grundsätzen der §§ 13, 14 des Eink.-St.-Ges. zu ermitteln und dann nach diesem Verhältnisse der auf jede von beiden Quellen entfallende Teil des kreissteuerpflichtigen Gesamteinkommens zu berechnen.

C. Wahlangelegenheiten.

Nr. 1. Entsch. v. 13. I. 97 Nr. II 100.
Kr.-Ordn. v. 13. XII. 72 (G.-S. 81 S. 179) §§ 94—97.

Der z. B. durch Konkurs von der persönlichen Teilnahme an den Kreistagswahlen im Verbande der größeren Grundbesitzer ausgeschlossene Wahlberechtigte ist dadurch an der Ausübung des Wahlrechtes durch geeignete Stellvertreter nicht behindert. Denn die Ausübung des Wahlrechtes durch Stellvertreter ist in den Kreisordnungen für die dazu berechtigten Personen schon dann statuiert, wenn sie Angehörige des Deutschen Reiches sind und sich im Genusse der bürgerlichen Ehrenrechte befinden.

IV.

Städte.

Litteratur: v. Ehrenberg, die Hechinger Stadtordnung v. 15. VI. 35, Hechingen 1896. — Halberg, das Gemeindeverfassungs- und Verwaltungsrecht der sieben östlichen Provinzen Preußens, Berlin 1896. — Illing-Kautz, Bd. II 7. Aufl. Berlin 1898. — Schön, das Recht der Kommunalverbände in Preußen, Jena 1897. — v. Trott zu Solz, Gemeindeverfassungsgesetze für die Provinz Hessen-Nassau, Berlin 1898.
Materialien: Städteordnung für Hessen-Nassau v. 4. VIII. 97 (G.-S. S. 254). Abg.-Haus 1896/97 Drucks. Nr. 20. 140. 147. 184. 185. 187—192. 196. 197. 199—204. 256. 279. Sten.-Ber. S. 239—256. 1963—2052. 2058—2076. 3095—3103. Herrenhaus 1896/97, Drucks.-Nr. 85. 86. 94. 136, 145. Sten.-Ber. S. 236—237. 268—276. 464. 507—508.

A. Grundlagen der städtischen Verfassung. Ortsrecht. Bürgerrecht. Bürgerrechtsgeld.

Nr. 1. Entsch. v. 19. III. 97 Nr. I 439.

St.-Ordn. v. 30. V. 53 (G.-S. S. 261) § 2 Zust.-Ges. § 9.

1. Streitigkeiten über bestehende Grenzen der Stadtbezirke (§ 9 Abs. 1 des Zust.-Ges.) können durch einen negativen Ausspruch des Verwaltungsrichters dahin entschieden werden, daß gewisse Grundstücke nicht als Teile eines bestimmten Stadtbezirkes anzusehen sind, ohne daß gleichzeitig ein positiver Ausspruch über ihre kommunale Zugehörigkeit erfolgt.

2. Es folgt eine eingehende historische Darstellung der kommunalen Verhältnisse der Domfreiheit zu Naumburg als einer unter einem Domkapitel als Guts- und Grundherrn stehenden Mediatstadt, deren Eingemeindung in die Stadt Naumburg, insbesondere auch durch einen Rezeß vom 19. I. 32/12. II. 33 nicht anerkannt wird, eine Auffassung, die sich auch in dem Separationsrezesse vom 26. I./31. III. 38 bestätigt findet. Hat aber dieser Rezeß die Nichtzugehörigkeit der domkapitularischen Besitzungen zum städtischen Gemeindebezirke in formell gültiger Weise festgestellt, so würde es hierbei selbst dann bewenden müssen, wenn sich bezüglich der materiellen Voraussetzungen, von denen bei diesem organisatorischen Verwaltungsakte ausgegangen worden ist, in einer oder der anderen Hinsicht Bedenken geltend machen ließen. Vgl. E.-O.-V. Bd. XXII S. 86, XXV S. 158.

An diesem Rechtszustande kann die entgegengesetzte, nach 1838 bethätigte Auffassung der Behörden in Staat, Kreis und Stadt und des Domkapitels, daß die Domfreiheit zur Stadt gehöre, sowie die Möglichkeit etwaiger Unzuträglichkeiten ꝛc. nichts ändern.

Nr. 2. Entsch. v. 21. IX. 97 Nr. I 1384.

St.-Ordn. v. 30. V. 53 (G.-S. S. 261) § 2.

Aus dem Wortlaute der §§ 3, 4 der St.-Ordn. vom 19. XI. 08, betr. die Einbeziehung der zur Stadt und den Vorstädten gehörigen Grundstücke in den städtischen Gemeinde- und Polizeibezirk, folgt die Zulässigkeit einer Einbeziehung ländlicher Grundstücke in den Stadtbezirk nicht. Wenn die Min.-Erl. vom 15. VIII. 09 und 12. VII. 10 eine Gestattung dieser Einbeziehung durch bloße Akte der Verwaltungsbehörden aussprachen, so können sie, obwohl auf Allerhöchsten Spezialbefehl ergangen und sämmtlichen Regierungen mitgeteilt, schon mangels gehöriger Veröffentlichung nicht als authentische Interpretation des § 4 a. a. O. gelten. Sie legen vielmehr lediglich eine grundsätzliche Auffassung des § 4 dar, von der jederzeit wieder abgegangen werden konnte und auch bereits in einem Min.-Erl. vom 16. IV. 12 abgegangen worden ist. Waren aber auf Grund jener Erlasse thatsächlich Einverleibungen ländlicher Kommunalbezirke in einen Stadtbezirk Seitens der Verwaltungsbehörden vorgenommen worden, so entbehrten die letzteren der Zuständigkeit, da die Erlasse an dem Rechtsgrundsatze, daß die Einverleibung von Gemeinden und Gutsbezirken nur mit Allerhöchster Genehmigung erfolgen könne, nichts zu ändern vermochten. Vgl. A.-L.-R. II, 6 §§ 25, 26, 189, 190.

Nr. 3. Entsch. v. 20. X. 97 Nr. II 1707.

St.-Ordn. v. 30. V. 53 (G.-S. S. 261) § 5.

Bürgerrechtsgeld beruht gemäß § 5 der St.-Ordn. vom 30. V. 53 und § 2, [2] des Ges. vom 14. V. 60 in erster Reihe auf der preußischen Staatsangehörigkeit als der obersten Voraussetzung des Bürgerrechtes. Es kann daher von einem Nichtpreußen nicht erhoben werden. Die Einspruchsfrist ist gemäß § 96 Abs. 7 des Komm.-Abg.-Ges. durch dieses nicht berührt und beträgt daher nicht 4 Wochen, sondern gemäß § 2 des Ges. vom 18. VI. 40 ein Jahr. Denn das Bürgerrechtsgeld ist, als an den Eintritt einer Thatsache anknüpfend, als eine indirekte Gemeindeabgabe zu erachten.

B. Stadtverordnetenwahlen.

Nr. 1. Entsch. Bd. XXX S. 1 vom 27. Juni 1896. II B 2 96.

St.-Ordn. v. 30. V. 53 (G.-S. S. 261) §§ 4—8.

Ges. v. 20. IV. 92 (R.-G.-Bl. S. 477) betr. die Gesellschaften mit beschränkter Haftung.

1. Die Gesellschaften mit beschränkter Haftung gehören nicht zu den nach § 8 der St.-Ordn. v. 30. V. 53 wahlberechtigten juristischen Personen.

Bereits in E.-O.-V. Bd. VII S. 27 ist entschieden worden, daß die Frage, ob eine Gesellschaft als juristische Person steuerpflichtig sei, keineswegs nach der allgemeinen Auffassung über das Wesen der juristischen Personen, sondern nach der Rechtssprache des besonderen, die Quelle des streitigen Rechtes bildenden Gesetzes zu beantworten sei. Wie damals aus dem Kommunalsteuernotges. vom 27. VII. 85 (G.-S. S. 327) eine Steuerpflicht einer Gesellschaft mit beschränkter Haftung nicht hat gefolgert werden können, so nimmt auch das Komm.-Abg.-Ges. v. 14. VII. 93 die Gesellschaft mit beschränkter Haftung unter die ihr teilweise verwandten unpersönlichen Rechtsträger, die der Gemeinde-Einkommensteuer unterworfen werden, nicht auf, macht dagegen ihre Mitglieder als solche steuerpflichtig. Bei dem engen Zusammenhange aber, in dem das Gemeindewahlrecht der juristischen Personen mit ihrer Gemeindesteuerpflicht steht, muß für das Gebiet des Wahlrechtes dasselbe gelten, was auf dem des Steuerwesens Anerkennung gefunden hat.

Die juristische Persönlichkeit der Gesellschaften mit beschränkter Haftung ist auch keineswegs etwa dadurch anerkannt, daß das O.-V.-G. diese Gesellschaften in gewissem Sinne immerhin als Rechtsträger — als den einzelnen Gesellschaftern selbständig gegenüberstehend — hingestellt hat. Die moderne Rechtsentwickelung hat, dem Bedürfnisse des Verkehrs folgend, zwar neue Rechtsgebilde in Gestalt von Zweckvermögen oder von Personengemeinschaften geschaffen und mit wichtigen Eigenschaften der juristischen Personen, namentlich der Fähigkeit, unter einer Firma oder einem Kollektivnamen Rechte zu erwerben und zu vertreten, ausgestattet, sie aber damit noch nicht unbeschränkt zu juristischen Personen erklärt. Auf dem hier berührten Gebiete des öffentlichen Rechtes stehen sie als eine dritte Gattung von Rechtsträgern neben den physischen und neben den juristischen Personen. Ebensowenig folgt die juristische Persönlichkeit der Gesellschaften mit beschränkter Haftung daraus, daß das O.-V.-G. Aktiengesellschaften nach § 8 a. a. O. für wahlberechtigt erklärt hat. Dies findet, wie in E.-O.-V. Bd. XVII S. 94 ff. hervorgehoben, seine Berechtigung in der historischen Entwickelung der Aktiengesellschaften und ist — zumal im Hinblicke auf die Verschiedenartigkeit ihres Charakters — auf die Gesellschaften mit beschränkter Haftung nicht übertragbar.

2. Das Ehrenbürgerrecht und das auf ihm beruhende Recht zur Teilnahme an den Gemeindewahlen gehen verloren, sobald der Ehrenbürger aufhört, Preuße zu sein.

Daß nach den Vorschriften der St.-Ordn. zum Erwerbe des gemeinen Bürgerrechtes die Preußische Staatsangehörigkeit erforderlich ist, und daß der Verlust dieser Eigenschaft auch den jenes Rechtes nach sich zieht, kann angesichts der klaren Bestimmungen der §§ 5 und 7 a. a. O. nicht bezweifelt werden. Ein gleiches muß für das Ehrenbürgerrecht gelten. Denn wenn der § 6 a. a. O. sagt, daß das Ehrenbürgerrecht „ohne Rücksicht auf die oben gedachten besonderen Erfordernisse" verliehen werden könne, so muß er auch mit allgemeinen Erfordernissen rechnen. Als allgemeines Erfordernis aber kann neben den im § 5 aufgezählten „besonderen Erfordernissen" nur die diesen voran und äußerlich gegenüber gestellte Eigenschaft eines „selbständigen Preußen" in Betracht kommen.

Nr. 2. Entsch. v. 24. III. 97 Nr. II 608.

St.-Ordn. v. 30. V. 53. (G.-S. S. 261) § 8.

Zu den juristischen Personen, denen der § 8 der östl. St.-Ordn. ausnahmsweise das Wahlrecht beigelegt hat, gehören eingetragene Genossenschaften auch zur Zeit nicht, nachdem sie der Kommunalbesteuerung unterworfen sind. Denn indem der § 8 den Forensen und juristischen Personen bei einem gewissen Umfange ihrer Steuerleistung das Wahlrecht gewährt, hat er keineswegs dieses Recht als regelmäßig allen Steuerpflichtigen zustehend vorausgesetzt und nur etwa eine Beschränkung dieser Regel eingeführt, sondern er hat im Gegenteil das regelmäßig nur den Einwohnern zustehende Wahlrecht regelwidrig auf andere Rechtsträger ausgedehnt, — nicht weil sie steuerpflichtig, sondern weil sie juristische Personen waren.

Nr. 3. Entsch. Bd. XXX S. 9 vom 4. November 1896 II B 13/96.

St.-Ordn. v. 30. V. 53 (G.-S. S. 261) §§ 14, 21, 24. 79.
Ges. v. 1. III. 91 (G.-S. S. 20), betr. Abänderung und Ergänzung einiger Bestimmungen wegen der Wahl der Stadtverordneten, Art I.

1. Für die erstmalige Einteilung einer Wählerabteilung in mehrere Wahlbezirke ist auch nach der Novelle v. 1. III. 91 der § 14 der St.-Ordn. v. 30. V. 53 in seiner alten Fassung maßgebend geblieben. Die dem § 14 durch die Novelle als zweiter Absatz hinzugefügten Vorschriften finden nur dann Anwendung, wenn in einer Stadtgemeinde bereits mehrere Wahlbezirke bestehen.[1])

2. In Ermangelung einer bezüglichen Bestimmung ist ferner zu der vom Magistrate gemäß § 14 Abs. 1 vorzunehmenden ersten Bildung von Wahlbezirken die höhere Genehmigung ebenso wenig erforderlich, wie zu den,

[1]) Im Hinblick auf Art. II der Nov. v. 1. III. 91 ist dem Urteil v. 4. XI. 96 eine über den Geltungsbereich der St.-Ordn. v. 30. V. 53 hinausgehende Bedeutung beizulegen.

den Übergang in das neue Verhältnis regelnden Anordnungen. Der Magistrat ist vielmehr befugt, selbständig beide Maßregeln zu treffen und eine Aufsichtsgenehmigung hierzu nach der ursprünglichen Fassung des § 14 nicht geboten. Wenn der Schlußsatz der dem § 14 durch Art. I Nr. 1 der Novelle hinzugefügten Bestimmung etwas anderes besagt, so bezieht sich die hier vorgesehene Bestätigung von Aufsichtswegen nur auf den durch die Novelle allein geregelten Fall der Änderung bestehender Wahlbezirke im engeren Sinne. Insbesondere darf daraus, daß jener Schlußsatz äußerlich (im Drucke) als ein besonderer Absatz und als der dritte der neuen Fassung des § 14 sich darstellt, nicht gefolgert werden, daß die Bestätigung der Aufsichtsbehörde nunmehr auch für die erste Einteilung des Stadtbezirkes in Wahlbezirke, für die Fälle des ersten Absatzes gelten solle. Denn das Gegenteil ergiebt sich daraus, daß nach der ausdrücklichen Bestimmung unter Nr. 1 Art. I der Novelle beide Sätze dem alten § 14 „als Absatz 2" und nicht etwa als die Absätze 2 und 3 hinzutreten. Der Genehmigungsvorbehalt soll lediglich Garantie bieten gegen einen etwaigen Mißbrauch der neugewährten Befugnis (Wahlkreisgeometrie).

3. Darüber, von welchen Grundsätzen bei diesen Anordnungen auszugehen ist, bestehen keine besonderen Vorschriften. Was der Magistrat in dieser Richtung anordnet, muß als zu Recht bestehend gelten, sofern dadurch nicht sonstige Rechtsvorschriften verletzt oder die äußersten Grenzen pflichtmäßigen vernünftigen Ermessens überschritten werden. Eine Willkür liegt nicht vor, wenn der Magistrat bezüglich der Vornahme der Ergänzungswahlen die Sache so behandelt, als wenn die vorhandenen und ausscheidenden Stadtverordneten von dem Wahlbezirke gewählt sind, in dem sie wohnen.

Nr. 4. **Entsch. Bd. XXXI** S. 8 vom 9. Dezember 1896 II B 21/96.
St.-Ordn. v. 30. V. 53 (G.-S. S. 261) §§ 19 ff.

Die festgestellte Wählerliste zur Stadtverordnetenversammlung bildet bis zum nächsten Berichtigungsverfahren die unabänderliche Grundlage der Wahlen, sodaß auch derjenige, der am Wahltage nicht mehr Einwohner ist, das Recht hat, an den Wahlen teilzunehmen. Die Streichung eines einmal in die Liste aufgenommenen Einwohners ist überhaupt nur unter rechtzeitiger Benachrichtigung des Betroffenen und innerhalb des regelmäßigen Berichtigungsverfahrens gesetzlich zulässig.

Nr. 5. **Entsch.** v. 19. XII. 96 Nr. II 2516.
St.-Ordn. v. 30. V. 53 (G.-S. S. 261) §§ 13 ff.

1. Übersteigt die Anzahl der Stadtverordneten nicht die gesetzliche Minimalzahl von 12, so müssen jeder Wählerabteilung 4 Stadtverordnete angehören. Die bei der 1. und 2. Ergänzungswahl ausscheidenden 4 Stadtverordneten bestimmt das Loos, indem gemäß § 21 Abs. 3 der St.-Ordn. v. 30. V. 53 von der 1. und 3. Abteilung je einer, von der 2. zwei ausscheiden, während bei der dritten Ergänzungswahl je 2 von der 1. und 3. Abteilung neu zu wählen sind.

2. Die Ergänzungswahlen sind von denselben Abteilungen, die die ausscheidenden Stadtverordneten gewählt haben, vorzunehmen. Voraussetzung für die Anwendbarkeit dieses Prinzips ist jedoch, daß die frühere Wahl von der betreffenden Abteilung seiner Zeit legal vorgenommen worden ist und daher legal wiederholt werden kann.

Auch das in E.-O.-V. Bd. XIX S. 136 dargelegte Prinzip, wonach bei den regelmäßigen Ergänzungswahlen thunlichst alle Abteilungen zu beteiligen sind, muß gegenüber der Notwendigkeit, eine dem Gesetze entsprechende Verteilung der Stadtverordneten auf die Wahlabteilungen herbeizuführen, vorerst zurücktreten.

Die Beseitigung eines ungesetzlichen Zustandes ist in analoger Anwendung des § 18 der St.-Ordn. durch Auslosung zu erreichen. Hierzu ist erforderlich, daß den Neuzuwählenden von vornherein und schon vor der Wahl die Verpflichtung auferlegt wird, sich der Bestimmung durch das Los darüber zu unterwerfen, wer von ihnen schon nach zwei, bezw. nach vier Jahren ausscheiden solle.

Nr. 6. Entsch. Bd. XXXI S. 6 vom 14. November 1896 II B 14/96.

St.-Ordn. v. 30. V. 53 (G.-S. S. 261) § 25.

1. Hat der Wahlvorstand das Ausliegen von zwei Zetteln, die die Namen der gewählten Stadtverordneten und diejenigen der vier von der Gegenpartei aufgestellten Kandidaten enthielten, auf dem Wahltische geduldet, und vielleicht auch Wähler, die nicht wußten, wem sie ihre Stimme geben sollten, auf jene Zettel mit dem Bedeuten verwiesen hat, die Namen des einen oder des anderen Zettels zu nennen, so ist dieses Herausgehen des Wahlvorstandes aus seiner völlig unbeteiligten Stellung zwar nicht zu billigen. Aber wenn er hierdurch in keiner Weise die eine oder die andere Partei begünstigt hat, und wenn auch nicht nachgewiesen wird, daß irgend ein Wähler in jenem Hinweise auf die Zettel etwas anderes als eine Orientierung gesehen und die vorher hinsichtlich der Stimmabgabe gehegte Absicht zu Gunsten der Kläger geändert habe, so ist darin ein Einfluß jener Unregelmäßigkeit auf das Zustandekommen der Wahl nicht zu finden.

2. Haben die Wähler die Namen der zu Wählenden nicht selbst genannt, sondern sich anderer Personen zum Verlesen von einem ihrerseits mitgebrachten Zettel bedient, so sind diese Stimmen deshalb nicht ungültig. § 25 der St.-Ordn. schreibt nur vor, daß jeder Wähler mündlich und laut zu erklären hat, „wem er seine Stimme geben will“, nicht aber, daß die Benennung des zu Wählenden durch den Mund des Wählers geschehen muß. Es genügt deshalb auch eine deutliche öffentliche Erklärung anderer Art, insbesondere die, auch in der Aufforderung zum Vorlesen und in der Genehmigung des Verlesenen liegende Erklärung des Einverständnisses mit der durch den Mund einer anderen Person bewirkten Benennung der zu Wählenden.

Nr. 7. Entsch. v. 12. XII. 96 Nr. II 2465.

Westf. St.-Ordn. v. 19. III. 56 (G.-S. S. 237) §§ 24—27.

Die Aufgaben des Wahlvorstandes aus §§ 24—27 der Westf. St.-Ordn. v. 19. III. 56 liegen ihm in seiner Gesammtheit, als einem Kollegium ob. Er kann seine Pflichten weder auf einzelne Mitglieder (E.-O.-V. Bd. XVII S. 120), noch ganz oder teilweise auf Dritte, städtische Beamte oder sonstige Personen delegieren, wenngleich er solche zu seiner Unterstützung und zur Hülfeleistung, insbesondere zur Besorgung der mechanischen Schreibarbeit bei der Protokoll- und Listenführung zuziehen darf (E.-O.-V. Bd. XXVIII S. 14).

Die Grenze zulässiger Hülfeleistung ist überschritten, wenn in dem Wahllokale je 3 städtische Beamte an vier räumlich von einander getrennten Tischen die Erklärungen der Wähler entgegengenommen und verzeichnet haben, während die drei Vorstandsmitglieder das ganze Geschäft überwachten und sich hinter jenen Tischen bewegten. Bei gleichzeitiger Stimmabgabe an vier verschiedenen Abfertigungsstellen ist außerdem die vorgeschriebene mündliche und vernehmliche Stimmabgabe in hohem Grade erschwert, wenn nicht unmöglich gemacht.

Nr. 8. Entsch. Bd. XXXII S. 4 vom 3. November 1897 II B 27/97.

Ges. v. 1. III. 91 (G.-S. S. 20) betr. Abänderung und Ergänzung einiger Bestimmungen wegen der Wahl der Stadtverordneten Art I[3].
Gem.-Verf. Ges. für Frankfurt a. M. v. 25. III. 67 (G.-S. S. 401) § 34.

Wo immer das Gesetz eine gemeinsame Wahl mehrerer Stadtverordneten in einer Wahlhandlung gestattet, da widerspricht es dem Wesen der Sache, die einheitliche Handlung der Wahl in so viele einzelne Akte zu zerlegen, als Stadtverordnete zu wählen sind. Vgl. E.-O.-V. Bd. XIV S. 66.

Erfolgen daher die Ergänzungs- und Ersatzwahlen gemäß Art. 1 Nr. 3 der Novelle v. 1. III. 91 in einem und demselben Akte, so ist für die absolute Majorität bei der Ersatzwahl nicht die Zahl der für diese abgegebenen Stimmen, sondern die Zahl der in dem Wahlakte abstimmenden Wähler auch dann entscheidend, wenn einzelne der Wähler nur für die Ergänzung und nicht für den Ersatz gewählt haben.

Nr. 9. Entsch. Bd. XXXII vom 10. November 1897 II B 34/97.

St.-Ordn. v. 30. V. 53 (G.-S. S. 261) §§ 16, 22, 26. Zust.-Ges. § 10.

1. Einsprüche gegen Stadtverordnetenwahlen bedürfen keiner näheren Begründung. Wie die Stadtverordnetenversammlung bei der auch von Amtswegen vorzunehmenden Wahlprüfung alle erheblichen Unregelmäßigkeiten berücksichtigen muß, ohne durch Anträge oder Anregungen gebunden zu sein, so ist auch der Verwaltungsrichter und ihm gegenüber die Partei hinsichtlich der Ungültigkeitsgründe nicht auf den Inhalt des Einspruches beschränkt. Der Einspruch hat für das Streitverfahren nur insofern Bedeutung, als er einen sonst Unbeteiligten zur Anstellung der Klage und zwar unter Beschränkung auf den Umfang seines Antrages legitimiert.

2. Die Hälfte der von jeder Abteilung gewählten Stadtverordneten (nicht nur die Hälfte der Versammlung) muß aus Hausbesitzern bestehen. § 16 der St.-Ordn. hat nicht etwa nur für die erste, konstituierende Stadtverordnetenwahl Geltung, sondern stellt einen für alle Wahlen maßgebenden Grundsatz auf.

3. Innerhalb derjenigen, die die absolute Majorität erhalten haben, regelt die Stimmenzahl die Reihenfolge der Gewählten. Sind zwei Stadtverordnete und darunter ein Hausbesitzer zu wählen und haben nur zwei Nichthausbesitzer die absolute Majorität erhalten, so ist die Wahl desjenigen von diesen, der die meisten Stimmen erhalten hat, gültig, die des zweiten aber ungültig.

Dem steht nicht entgegen, daß das O.-V.-G. wiederholt die Wahl einer Abteilung für einheitlich erklärt hat. Denn diese Aussprüche beziehen sich nur auf das Wahlverfahren, nicht aber auf die Nominationen, und es hat dem O.-V.-G. stets ferngelegen, bei ordnungsmäßigem Wahlverfahren die Wahlen sämtlicher Personen etwa deshalb für ungültig zu erklären, weil eine von ihnen nicht wählbar war.

Nr. 10. Entsch. v. 5. I. 98 Nr. II 9.

St.-Ordn. v. 30. V. 53 (G.-S. S. 261) § 17.

Zu den Polizeibeamten, die nach der St.-Ordn. v. 30. V. 53 nicht Stadtverordnete sein können, gehören nicht allein diejenigen, die für das Stadtgebiet örtlich zuständig sind, sondern alle Polizeibeamten, auch wenn ihr

Wirkungskreis sich auf das Stadtgebiet nicht erstreckt (Distriktskommissare der Provinz Posen).

C. Magistrat. Gemeindebeamte. Städtische Deputationen.

Nr. 1. Entsch. v. 11. V. 98 Nr. II 783.

St.-Ordn. v. 30 V. 53 (G.-S. S. 261) § 56. Zust.-Ges. § 15.

Das Recht zur Beanstandung eines Beschlusses der Stadtverordnetenversammlung steht dem Magistrate formell auch dann zu, wenn der Beschluß vor seiner Ausführung der Zustimmung des letzteren bedurfte. Die Beanstandung ist aber nur gerechtfertigt, wenn der Beschluß entweder die Befugnisse der Stadtverordneten überschreitet, oder die Gesetze verletzt. Beides liegt bei einem Beschlusse der zur Feststellung des Etats gesetzlich berufenen Stadtverordneten, durch den eine zweifelhafte Forderung der Stadt in den Etat eingestellt, d. h. mit den gesetzlich zulässigen Mitteln beigetrieben werden soll, nicht vor, eine Gesetzesverletzung insbesondere auch dann nicht, wenn die Forderung thatsächlich im Rechte nicht begründet sein sollte.

V.

Landgemeinden und Gutsbezirke.

Litteratur: v. Brünneck, Zur Geschichte des Grundeigentumes in Ost und Westpreußen II, 2. Abt., Berlin 1896. — Bullermann, Die Realgemeinden in der Provinz Hannover, Berlin 1896. — Halbey, Das Gemeindeverfassungs- und Verwaltungsrecht der sieben östlichen Provinzen Preußens, Berlin 1896. — Illing-Kautz, 7. Aufl. Bd. II, Berlin 1898. — Knapp, Grundherrschaft und Rittergut, Leipzig 1897. — Schleyer, Gemeindeverwaltung, Arnsberg 1898. — Schmidt, Verfassung der Rheinischen Landgemeinden, Trier 1897. — Schön, Das Recht der Kommunalverbände in Preußen, Jena 1897. — Schmidt, Landgemeindeordnung für die Provinz Westfalen, Düsseldorf 1897.— Dasbach, Rhein. Landgemeindeordnung, 4. Aufl. Trier 1897. — Antoni, Städteordnung für Hessen-Nassau, Marburg 1897. — Hohl, desgl., Wiesbaden 1897. — Antoni, Landgemeindeordnung für Hessen-Nassau, Marburg 1897. — Hohl, desgl., Wiesbaden 1897. — v. Trott zu Solz, Gemeindeverfassungsgesetze für Hessen-Nassau, Berlin 1898.

Materialien: Landgemeindeordnung für die Provinz Hessen-Nassau v. 4. VIII. 97 (G.-S. S. 301). Abg.-Haus 1896/97 Drucks. Nr. 20. 140. 147. 184. 185. 187—192. 196. 197. 199—204. 256. 279. Sten.-Ber. S. 239—256. 1963—2052. 2058—2076. 3095—3103. Herrenhaus 1896/97 Drucks. Nr. 85. 86. 94. 136. 145. Sten.-Ber. S. 236—237. 268—276. 464. 507—508.

Ges. v. 19. VIII. 97 (G.-S. S. 393), betr. die Verpflichtung der Gemeinden in den Provinzen Hessen-Nassau und Schlesien zur Bullenhaltung. Abg.-Haus 1896/97 Drucks. Nr. 327. Sten.-Ber. S. 3308. 3309. 3353. Herrenhaus 1896/97 Drucks. 118. 147. 157. Sten.-Ber. 281. 336. 509. 548—550.

A. Rechtliche Stellung der Landgemeinden und Gutsbezirke. Kommunale Eigenschaft. Auseinandersetzungen.

Nr. 1. Entsch. Bd. XXX S. 130 i. d. Anm. vom 17. November 1896 I C 45/96.

Komm.-Abg.-Ges. v. 14. VII. 93 (G.-S. S. 152) § 24.

Eintragungen im Grundsteuerkataster sind zwar für die Ermittelung der kommunalen Zugehörigkeit eines Grundstückes nicht ohne Bedeutung, sie liefern aber keinen vollen Beweis. Allerdings begründen die von der Katasterbehörde erteilten Auszüge aus der Grundsteuer-Mutterrolle und der Gebäudesteuer-Rolle nach § 380 der Civ.-Pr.-Ordn. den „vollen Beweis des durch die Behörde oder die Urkundsperson beurkundeten Vorganges". Sie bestätigen also, daß das streitige Grundstück in den gedachten Katastern eingetragen, daß die Anordnung, auf Grund deren diese Eintragung seiner Zeit erfolgte, wirklich ergangen ist; aber auch nichts weiter: die rechtliche Bedeutung der Erklärung des Katasteramtes und der durch sie bewiesenen Anordnung, die materielle Wirksamkeit dieser letzteren in Ansehung der streitigen Frage der kommunalen Zugehörigkeit des fraglichen Grundstückes wird durch den § 380 a. a. O. nicht berührt. Zur Feststellung der kommunalen Zugehörigkeit sind vielmehr noch weitere rechtliche Nachweise erforderlich. Das wäre nur dann zu verneinen, wenn jene Eintragungen sich als die rechtlichen Akte und Formen darstellten, in denen die kommunale Zugehörigkeit eines Grundstückes herbeigeführt wird und sich vollzieht — während sie thatsächlich diese wohl voraussetzen, aber nicht bestimmen, und eben deshalb ohne Weiteres der Abänderung unterliegen, wenn sie sich nach den über die kommunale Zugehörigkeit von Grundstücken bestehenden Bestimmungen als „materielle Irrtümer" erweisen. Vergl. Vd. vom 12. XII. 64 (G.-S. S. 673), §§ 6, 13, Ges. vom 8. II. 67 (G.-S. S. 185) §§ 2, 3, 9.

Nr. 2. Entsch. Bd. XXXI S. 114 vom 23. Februar 1897 I C 108/96.

Ges. v. 14. IV. 56 (G.-S. S. 354), betr. die ländlichen Ortsobrigkeiten 2c. § 1, A.-L.-R. Th. II Tit. 7 § 23. Ges. v. 1. VII. 23 (G.-S. S. 138), betr. Bildung der landständischen Matrikel, und Vd. v. 17. März 1828 (G.-S. S. 28) Art. II.

1. Der erweisliche Besitz der Gerichtsbarkeit und Polizeigewalt ist ein Kennzeichen der Gutsherrschaft der damit beliehenen Güter, mithin auch ein Beweis ihrer Eigenschaft als Gutsbezirke. Andererseits hat es aber auch Gutsherrschaften (Rittergüter) gegeben, die nicht im Besitze jener Rechte gewesen sind — woraus dann eben deshalb nicht der Mangel der Gutsherrlichkeit gefolgert werden darf (vergl. Bd. VIII S. 85). Für die Güter, deren Gutsbezirkseigenschaft nicht aus der ehemaligen Gutsherrschaft hergeleitet werden kann, würde die besondere Verleihung der Gerichtsbarkeit und Polizeigewalt nur dann einen Grund des Erwerbes jener Eigenschaft abgeben können, wenn die Gesetze diese rechtliche Wirkung mit ihr verbunden hätten. Das ist nicht der Fall. Weder das A.-L.-R. hat mit dem Akte, der einem Gute „die Gerichtsbarkeit besonders verleiht" (§ 23 Tit. 7 T. II), noch das Ges. vom 14. IV. 56 hat mit der Verleihung der ortsobrigkeitlichen Gewalt die Wirkung — als eine sich von selbst verstehende — verknüpft, daß das betreffende Gut nunmehr einen für sich bestehenden kommunalen Körper („Gutsbezirk") bilde. Solche neben den bereits rechtlich bestehenden Gemeinden und Gutsbezirken des älteren Rechtes (Gutsherrschaften) neu zu schaffen, ist stets der ausdrücklichen Erklärung des Landesherrn vorbehalten gewesen. Vergl. Min.-Erl. vom 26. X. 59 (M.-Bl. S. 113).

2. Eine solche Erklärung des Landesherrn liegt in der Verleihung der Rittergutseigenschaft; vergl. E.-O.-V. Bd. X S. 89. Das betr. Gut tritt dadurch in die Reihe der Gutsbezirke und, wenn ihm noch „die Gerichtsbarkeit mindestens über die, auf den dazu gehörenden Grundstücken wohnenden Nichteximierten verliehen wurde, in die Reihe der landtagsfähigen, in die landständische Matrikel aufgenommenen Rittergüter.

3. Durch die Löschung in dieser Matrikel infolge des Verlustes der Gerichtsbarkeit hört das Gut noch nicht auf, ein Gutsbezirk zu sein. Denn die Veränderung in den ständischen Rechten hat nicht von selbst

das Erlöschen der sonstigen, durch die Rittergutseigenschaft eines Gutes begründeten Rechte zur Folge. Was insbesondere die mit der verliehenen Ritterguts- verbundene Gutsbezirkseigenschaft betrifft, so konnte diese mit dem Erlöschen der ständischen Rechte schon um deshalb nicht verloren gehen, weil, wie das Entstehen, so das Aufhören kommunaler Körper von der ausdrücklichen landesherrlichen Genehmigung abhängt.

Nr. 3. Entsch. v. 24. XI. 96 Nr. I 1426.

A.-L.-R. 7. II. Tit. 7. §§ 91, 92.

1. Als Gutsbezirke sind nur anzuerkennen die Güter der Gutsherrschaften, d. h. die Güter, mit denen das Recht, Unterthanen zu haben, verbunden war. Solche Güter sind nach dem A.-L.-R. an und für sich nur die Rittergüter und die ihnen bezüglich jenes Rechtes gleichstehenden Güter (Domänen, geistliche Güter). Besitzer anderer freier Landgüter, die dieses Vorrecht zu haben glauben, müssen es durch Provinzialgesetze, Privilegien oder Verjährung besonders begründen (A.-L.-R. T. II Tit. 7 §§ 91, 92). Eine vor Einführung des A.-L.-R.'s oder später verliehene Selbständigkeit ohne jene Rechte begründet ein solches Privilegium nicht.

2. Als Parteien in einem Streitverfahren über die kommunale Eigenschaft eines Gutes können nur diejenigen Personen zugezogen werden, zwischen denen die zu entscheidende Frage streitig ist. Wer zu ihr erklärtermaßen im Sinne desjenigen, der sie zur Entscheidung bringt, Stellung genommen hat, kann verlangen, daß er bei dem Streitverfahren als Partei nicht beteiligt werde.

3. Die Feststellung eines Urteiles, daß ein Grundstück „einem" fiskalischen Gutsbezirke angehöre, ist unbedenklich und unter Umständen sogar geboten. Dem Fiskus kann überlassen werden, das Interesse, das event. gegen eine solche allgemeine Bezeichnung spricht, geltend zu machen.

Nr. 4. Entsch. v. 12. VI. 96 Nr. I 776.

Die Vd. vom 31. III. 33 (G.-S. S. 63) zur Regulierung der während der Westf. Zwischenregierung entstandenen Verhältnisse zwischen den Domänen und Gemeinden in den zur Provinz Sachsen gehörigen, ehemals Westf. Landesteilen ist durch die spätere Gesetzgebung, insbesondere das Land-Gem.-Verf.-Ges. vom 14. IV. 56 (G.-S. S. 356) nicht aufgehoben. Gemäß § 1 der Vd. ist daher die in Folge der fremdherrlichen Gesetzgebung zeither bestandene Verbindung der Domänen und Rittergüter mit den Stadt- und Landgemeinden mit dem Inkrafttreten der Vd. von selbst aufgehoben, falls nicht beide Teile das Fortbestehen der Verbindung wünschen, und diesen Willen, die Gemeinschaft dauernd fortzusetzen, ausdrücklich oder stillschweigend kundgegeben haben. Die bloße Nichterklärung der Beteiligten nach Erlaß der Vd. und bis zu deren Inkrafttreten hat das Verbleiben der Rittergüter im Gemeindeverbande rechtlich nicht zur Folge gehabt.

Nr. 5. Entsch. v. 13. IV. 97 Nr. I 588.

Land.-Gem.-Ordn. v. 3. VII. 91 (G.-S. S. 233) §§ 2, 3.

1. Bei Auseinandersetzungen auf Grund des § 3 der Land-Gem.-Ordn. vom 3. VII. 91 hat die mehrbelastete Gemeinde (Gutsbezirk) einen Anspruch auf Beihülfe gegen die in ihren öffentlich-rechtlichen Verpflichtungen erleichterte Gemeinde (Gutsbezirk) nur insoweit, als sich Mehrbelastung und Erleichterung decken. Die über seine eigene Erleichterung hinausgehende Mehrbelastung des anderen Teiles hat der erleichterte Teil nicht zu vergüten.

2. Der öffentlich-rechtliche Zustand in Ansehung der Wege und ihrer Unterhaltung kann sehr wohl durch die staatlichen Auseinandersetzungsbehörden bestimmt werden und es handelt sich bei den durch sie bestätigten Auseinandersetzungs-, Gemeinheitsteilungs- und Ablösungsrezessen keineswegs lediglich um Erklärungen von Privatpersonen, sondern um für Jedermann verbindliche Anordnungen. Ist in diesen bestimmt, daß die fraglichen Wege nicht öffentliche sind, so könnte ihre Öffentlichkeit nur durch spätere rechtliche Vorgänge herbeigeführt werden.

Nr. 6. Entsch. v. 21. IX. 97 Nr. I 1385.

Land-Gem.-Ordn. v. 3. VII. 91 (G.-S. S. 233) §§ 2, 3.

Der Beschluß eines Kreisausschusses, der einen auf Teilung des Vermögens einer früheren Landgemeinde gerichteten Antrag ablehnt, ist ein solcher, der eine von einem Beteiligten beantragte Auseinandersetzung im Sinne des § 3 der Land-Gem.-Ordn. vom 3. VII. 91 betrifft. Diese muß durchaus nicht ausschließlich Bestimmungen zur Ausgleichung der öffentlichen Interessen zum Gegenstande haben. Die in § 3 a. a. O. gegebene Klage ist an die Frist von 2 Wochen gebunden.

Nr. 7. Entsch. v. 18. I. 98 Nr. I 103.

Land-Gem.-Ordn. v. 3. VII. 91 (G.-S. S. 233) §§ 2—4.

1. Bei Streitigkeiten über die bestehenden Grenzen der städtischen oder ländlichen Ortskommunalbezirke können Städte, Landgemeinden und Gutsbezirke nur insoweit als Parteien beteiligt werden, als der Streit ihre eigenen Grenzen betrifft. Nur zur Wahrung dieser, sei es in positiver, sei es in negativer Beziehung, d. h. zur Inanspruchnahme eines zugehörigen oder zur Abwehr der Zurechnung eines nicht zugehörigen Stückes ist ihnen das Klagerecht gegeben und die dementsprechende Pflicht zur Einlassung auf die Klage auferlegt. Will also eine Gemeinde ihre Grenzen gegen die Zurechnung eines nicht zu ihrem Bezirke gehörigen Stückes wahren, so kann dies Ziel durch Erhebung der Klage gegen eine andere Gemeinde nur dann erreicht werden, wenn der Nachweis geführt wird, daß das streitige Stück zum Bezirke dieser gehört. Nur insoweit die Klage auf diese Behauptung gestützt wird, ist die beklagte Gemeinde passiv zur Sache legitimiert. Wird die Behauptung nicht erwiesen, so ist die Klage der in Anspruch genommenen Gemeinde gegenüber selbst dann abzuweisen, wenn klar erhellt, daß die negative Behauptung, ein Grundstück gehöre nicht zum Bezirke der klagenden Gemeinde, begründet ist. — Der Mangel der Passivlegitimation wird durch Beiladung nicht ersetzt. Denn diese hat nicht die Wirkung, daß an Stelle des unrichtigen Beklagten der Beigeladene als Hauptpartei tritt, sondern nur die, daß der Beigeladene die im Streite zwischen den Hauptparteien gefällte Entscheidung gegen sich gelten lassen muß, und setzt demnach eine Streitigkeit voraus, die zwischen den Hauptparteien allein entschieden werden konnte.

Die zur Zeit des rechtlichen Bestehens der Erbunterthänigkeit vorherrschende Regel, daß das Land, das der Gutsherr an seine Unterthanen in Erbpacht austhat, Gemeindeland wurde, hatte zur Voraussetzung, daß eine ganz oder teilweise der gutsherrlichen Gewalt des verleihenden Gutsherrn unterworfene Gemeinde bestand, der das ausgethane Grundstück zuwachsen konnte.

3. Die Anwendung des § 6 [3] des Ges. über die Armenpflege v. 31. XII 42, die ohnehin unzulässig ist, wenn ein Erbpachtgut den ganzen Bestand eines herrschaftlichen Gutes umfaßt, setzt voraus, daß die Vereinigung des Trennstückes

mit der Gemeinde zwar ohne ausdrückliche Zustimmung der Gemeinde und Genehmigung der Landespolizeibehörde, jedoch ohne Widerspruch der Beteiligten wirklich in Ausführung gebracht ist. Dieser Thatbestand liegt nicht schon dann vor, wenn das streitige Stück von einer oder der andern Behörde als Zubehör des Gemeindebezirkes behandelt worden ist, sondern erst dann, wenn der Besitzer des Grundstückes als solcher thatsächlich ohne Widerspruch an den Rechten und Pflichten der Gemeindeglieder teilgenommen hat.

B. Gemeindeverbände. Hebammenbezirke. Armenverbände. Spritzenverbände.

Nr. 1. Entsch. Bd. XXX S. 160 vom 26. Juni 1896 I A 32/96.

Ges. v. 12. III. 94 (R.-G.-Bl. S. 259) über den Unterstützungswohnsitz, § 29. Zust.-Ges. § 41.

Die Verpflichtung eines Ortsarmenverbandes, Armenunterstützung zu gewähren, ist einer, gegen Lohn oder Gehalt in einem Dienst- oder Arbeitsverhältnisse stehenden Person gegenüber nicht anders geartet, als gegenüber irgend einer sonstigen Person: sie beruht überall auf einer und derselben Voraussetzung, nämlich der der armenrechtlichen Hülfsbedürftigkeit. Demgemäß hat auch das Bundesamt für das Heimatwesen in gleichmäßiger Rechtsprechung angenommen, daß die Erkrankung am Dienstorte ohne Hinzutreten der Hülfsbedürftigkeit armenrechtlich ohne Bedeutung sei. Hierin hat auch die Novelle zum Unterstützungswohnsitzges. v. 12. III. 94 keine Änderung herbeigeführt. Wenn der § 29 in der neueren Fassung u. a. den Kreis der Personen, auf die er sich bezieht, ausgedehnt hat — so daß er sich gegenwärtig auch mit auf Instleute bezieht — so setzt er doch nach wie vor voraus, daß das armenrechtliche Einschreiten in Folge vorhandener Hülfsbedürftigkeit notwendig sei und es kann daher von einer unbedingten Fürsorgepflicht des Dienst- oder Arbeitsortes nicht die Rede sein.

Nr. 2. Entsch. v. 3. XI. 96 Nr. I 1308.

Voraussetzung des Anspruches, den ein Ortsarmenverband auf Grund des Ges. v. 11. VII. 91 (G.-S. S. 300) gegen den zur Beihülfe verpflichteten Kreis erhebt, ist, daß ein Erstattungsanspruch des Landarmenverbandes gegen den endgültig verpflichteten Ortsarmenverband auf Grund des Ges. v. 11. VII. 91 zur rechtlichen Existenz gelangt ist. So lange die Aufnahmepflicht des ersteren — und weiter, daß er von seinem entsprechenden Rechte, Erstattung von dem letzteren zu erfordern, Gebrauch macht — nicht festgestellt ist, kann auch von einem Rechte des Ortsarmenverbandes auf Gewährung von „Beihülfe" keine Rede sein.

Nr. 3. Entsch. v. 15. I. 97 Nr. I 81.

Ges. v. 8. III. 71. (G.-S. S. 130), betr. Ausführung des Bundesges. über den Unterstützungswohnsitz, §§ 9 ff.

1. Klagen, die die Verpflichtung zur Teilnahme an den Lasten der Armenpflege in Gesammtarmenverbänden betreffen, sind gegen den Vorsteher des Gesammtarmenverbandes zu richten. Ist nur eine Einzelleistung streitig, so kann nur über diese zwischen dem Herangezogenen und der heranziehenden Behörde entschieden werden, nicht aber über die Verpflichtung zur Teilnahme an den Armenlasten überhaupt.

2. Verpflichtete Glieder eines Gesammtarmenverbandes (Träger der Armenlast) sind nur ganze Gemeinden oder Gutsbezirke als solche. Verbände (Armenkommunen 2c.), in denen, auch wenn sie sich auf den räumlichen Bezirk mehrerer ganzer Gemeinden (Gutsbezirke) erstrecken, nicht diese letzteren, sondern andere dem Verbande Angehörige, z. B. Hausväter, die verpflichteten Glieder sind, entsprechen den gesetzlichen Vorschriften nicht. Dasselbe gilt von Verbänden, in denen nicht lediglich ganze Gemeinden und Gutsbezirke die Träger der Armenlast sind.

3. Es folgen Ausführungen über die Fragen, ob auf Rügen vor Erlaß des Unterstützungswohnsitzgesetzes Gesammtarmenverbände bestanden, was zweifelhaft ist — Gesammtarmenverbände im Sinne des § 9 des Ausf.-Ges. v. 8. III. 71 waren die alten Kirchspielsarmenverbände jedenfalls nicht und hatten daher als solche mit dem 1. VII. 71 zu bestehen aufgehört —; ferner darüber, ob die Bezirksregierung selbständig die beim Erlasse des Unterstützungswohnsitzgesetzes vorhandenen, dem Gesetze nicht entsprechenden Armenverbände umbilden konnte, wenn die nach § 18 des Ges. v. 8. III. 71 gebildete Kommission ihre Mitwirkung ablehnte. Es ist nicht zu verkennen, daß die Verwaltungsbehörden sich in diesem durch das Gesetz nicht vorgesehenen Falle in einer Zwangslage befanden, die jenes Verfahren rechtfertigen könnte, doch unterliegt es als organisatorischer Verwaltungsakt der Nachprüfung des Verwaltungsrichters nicht.

C. Gemeinderecht und Gemeindewahlen.

Litteratur: Dasbach, Gemeinderatswahlen in der Rheinprovinz, Trier 1897.

Nr. 1. Entsch. Bd. XXX S. 132 vom 14. Oktober 1896 II C 240/96.

Nass. Gemeindeges. v. 26. VII. 54 (N. Verord.-Bl. S. 166) §§ 3—6, 14, 26—28 und Wahlordn. dazu §§ 3, 5. Ges. v. 29. VI. 93 (G.-S. S. 103) betr. Änderung des Wahlverfahrens.

Das Wahländerungsges. v. 29. VI. 93 ist für alle in Stadt- und Landgemeinden stattfindenden kommunalen Wahlen, bei denen die Wählerabteilungen nach dem Maßstabe direkter Steuern zu bilden sind, maßgebend und nicht blos für solche zur Gemeindevertretung im engeren Sinne, daher im vormaligen Herzogtum Nassau auch für die Wahlen zum Gemeinderate, zumal dieser über die Verwaltung der Gemeindeangelegenheiten zu beschließen hat (§§ 3, 14 des Gemeindeges. v. 26. VII. 54), während der Gemeindeversammlung oder dem Bürgerausschusse hierbei nur eine auf wenige Fälle (§§ 4, 26 daselbst) beschränkte Mitwirkung eingeräumt ist.

Nr. 2. Entsch. Bd. XXX S. 147 vom 23. September 1896 II C 25/96.

Westf. Land-Gem.-Ordn. v. 19. III. 56 (G.-S. S. 265) §§ 13—15, 26—30, 86.

Den Vorschriften der westf. Land-Gem.-Ordn. läuft es nicht zuwider, wenn in einem Ortsstatute dahin Bestimmung getroffen wird, daß die einzelnen Ortschaften, aus denen die Gemeinde gebildet wird, im besonderen die sogenannten „Bauerschaften“ durch je eine bestimmte Zahl von Gemeindeverordneten vertreten sein sollen.

§ 13 Abs. 2 der westf. Land-Gem.-Ordn. läßt ausdrücklich statutarische Anordnungen wegen eigentümlicher Verhältnisse und Einrichtungen der Gemeinde zu und knüpft sie nur an die Voraussetzung, daß sie der Gemeindeordnung nicht widersprechen. Ein solcher Widerspruch aber kommt hier nicht in Frage. Insbesondere enthalten die §§ 27 und 28 a. a. O. keine Vorschrift, durch die eine Regelung im Sinne jener Satzung ausgeschlossen würde. In Frage kommen könnte allein, ob durch sie nicht das passive Wahlrecht, dessen grundsätzliche Anerkennung aus §§ 14 und 15 a. a. O. hergeleitet werden kann, eine unzulässige Beschränkung erfährt. Indessen die vorliegenden statutarischen Bestimmungen lassen den Status, die Wahlfähigkeit der Gemeindeglieder an sich völlig unberührt, und wenn sie trotzdem dazu führen, daß im Einzelfalle ein an sich geeignetes Mitglied in der Gemeindeversammlung keinen Platz finden kann, so liegt darin keine Verkürzung seiner politischen Rechte, wie solche auch darin nicht gefunden werden könnte, daß ein an sich geeignetes Mitglied auf Grund des § 29 oder 30 der Land-Gem.-Ordn. mangels eines Wohnhauses oder wegen naher Verwandtschaft mit einem Gemeindeverordneten trotz seiner im Prinzip anzuerkennenden Wählbarkeit im Hinblick auf jene besonderen Umstände nicht gewählt werden darf. Weiter kommt in Betracht, daß dem Gesetzgeber, auch wenn er nicht mit der Einfügung des Abs. 2 zu § 27 ausdrücklich das Gegenteil kundgegeben hätte, unmöglich die Absicht unterstellt werden kann, den Landgemeinden der Provinz Westfalen ein Recht zu versagen, das anderen Gemeinden (zu vergl. St.-Ordn. für Westfalen § 15, Land-Gem.-Ordn. für die östlichen Provinzen § 51) ausdrücklich eingeräumt worden ist, obgleich jenes Recht gerade für die westfälischen Landgemeinden bei ihren bekannten Verhältnissen eine besonders wichtige Bedeutung hat.

Nr. 3. Entsch. Bd. XXXI S. 138 vom 3. Februar 1897 II C 464/96.

Westf. Land-Gem.-Ordn. v. 19. III. 56 (G.-S. S. 265) §§ 16, 27. Wahländerungsges. v. 29. VI. 93 (G.-S. S. 103). Ges. v. 14. VII. 93 (G.-S. S. 119) betr. die Aufhebung direkter Staatssteuern, § 5.

1. Die Befugnis zum Einspruche gegen die Richtigkeit der Listen für die Gemeindeverordnetenwahlen in der Provinz Westfalen steht denjenigen Personen zu, deren eigenes Wahlrecht durch die Fehlerhaftigkeit der für den Umfang und Inhalt jenes Rechtes bedeutungsvollen Liste beeinflußt werden würde. Denn das aktive Wahlrecht dieser Personen muß unbedingt die Berechtigung in sich schließen, alle gesetzlichen Mittel anzuwenden, um es seinem vollen gesetzlichen Inhalte nach richtig zur Geltung zu bringen, und hierfür ist die Richtigkeit der Liste eine wichtige Bedingung.

2. Zum Erwerbe des außergewöhnlichen Wahlrechtes der Forensen nach § 16 der westf. Land-Gem.- und § 8 der St.-Ordn. ist erforderlich, daß der Forense (juristische Person) während der ganzen Dauer des der Auslegung der Wählerlisten voraufgehenden Jahres in der Gemeinde sowohl an direkten Staats- als auch an Gemeindeabgaben mehr als einer derjenigen drei Gemeindeeinwohner, die je zu den Staats- oder zu den Gemeindeabgaben am höchsten herangezogen waren oder sind, entrichtet, d. h. von seinem in der Gemeinde befindlichen Besitze oder Betriebe besteuert war und ist.

Bei den Staatsabgaben ist ihm der auf den forensalen Besitz oder Betrieb entfallende Teil der Staatseinkommensteuer, wenngleich dieser auswärts gezahlt wird, ebenso anzurechnen, wie gemäß § 5 des Ges. v. 14. VII. 93 die staatlich veranlagten Grund- oder Gewerbesteuern, obwohl diese für den Staat nicht mehr erhoben wurden.

Nr. 4. Entsch. Bd. XXXI S. 132 vom 31. März 1897 II C 78/97.

Rh. Gem.-Ordn. v. 25. VII. 45 (G.-S. S. 523) §§ 46, 49, 50 und Abänd.-Ges. v. 15. V. 56 (G.-S. S. 435) Art. 11. Wahländerungsges. v. 29. VI. 93 (G.-S. S. 103).

Nach dem Ges. v. 29. VI. 93 müssen jedem Gemeindewähler bei Bildung der Wählerabteilungen sämtliche direkte Steuern angerechnet werden, die er an die Gemeinde, an die dieser übergeordneten Kommunalverbände und an den Staat zu entrichten hat. Vgl. E.-O.-V. Bd. XXVIII S. 97 ff. Daraus folgt, daß dem geborenen Gemeinderatsmitglied, das zugleich Einwohner und darum Gemeindewähler ist (neben den Kommunal-, Kreis- und Provinzialabgaben, neben Gewerbe- und Einkommensteuer) nunmehr auch die Grundsteuer angerechnet werden muß und daß der § 50 Abs. 1 der Rh. Land-Gem.-Ordn. insoweit, als er die Grundsteuern des geborenen Gemeinderatsmitgliedes ausschloß, abgeändert ist. E.-O.-V. Bd. XXVII S. 93. Nicht aber kann daraus gefolgert werden, daß das geborene Gemeinderatsmitglied, das nicht Einwohner ist und gemäß §§ 49 und 50 der Rh. Gem.-Ordn. v. 1845 in Verbindung mit Art. 11 der Novelle v. 1858 bisher nicht Gemeindewähler war, nunmehr Wähler geworden und in die Wählerliste aufzunehmen sei. Insbesondere kann dies auch nicht aus § 6 des Wahländerungsges. v. 1893, lautend:

„Alle diesem Gesetze entgegenstehenden Bestimmungen, insbesondere das Gesetz, betreffend Änderung des Wahlverfahrens, vom 24. Juni 1891 (G.-S. S 231) werden aufgehoben“

entnommen werden. Denn es unterliegt keinem Zweifel, daß das Wahländerungsgesetz über die Voraussetzungen für die Entstehung des Wahlrechtes nichts bestimmt hat, daher auch dem § 49 der Rh. Gem.-Ordn. nicht entgegensteht. Das aktive Wahlrecht der geborenen Gemeinderatsmitglieder ist daher nach wie vor davon abhängig, daß sie nicht nur mit einem Wohnhause in der Gemeinde angesessen, sondern auch Einwohner der Gemeinde sind.

Nr. 5. Entsch. Bd. XXX S. 154 vom 29. September 1896 I C 55/96.

Schl.-Holst. Land-Gem.-Ordn. v. 4. VII. 92 (G.-S. S. 155) §§ 7, 39, 40—46, 62, 147, 149 und Ausf.-Anw. III v. 25. VII. 92 Abschn. A I 1, 4.

Nach der Schl.-Holst. Land-Gem.-Ordn. v. 4. VII. 92 steht bei der Wahl der Gemeindeverordneten ein Stimmrecht nur zu: den im § 45 a. a. O. bezeichneten Personen, Gesellschaften, Genossenschaften u. s. w.

Von diesen werden vertreten, d. h. sie können ihr Stimmrecht nur durch Vertretung ausüben, nach § 46 die unter Nr. 1 bis 4 daselbst verzeichneten physischen Personen, juristischen Personen und Personengesammtheiten. Von physischen Personen sind das die Minderjährigen, Bevormundeten, Ehefrauen, großjährige Besitzer vor vollendetem vierundzwanzigsten Lebensjahre, unverheiratete Besitzerinnen und Wittwen. Wird dann im Abs. 2 daselbst den auswärts wohnenden Stimmberechtigten, die das vierundzwanzigste Lebensjahr zurückgelegt haben und die unter Nr. 1 bis 4 nicht aufgeführt sind, die Befugnis eingeräumt, entweder das Stimmrecht persönlich auszuüben oder sich vertreten zu lassen, so ergiebt sich hieraus in Verbindung mit dem Vorstehenden, daß unter diesen auswärts Wohnenden nur solche zu verstehen sind, die weder Gemeindeglieder sind, noch zu den unter Abs. 1 Nr. 1 bis 4 im § 46 Aufgeführten gehören, und das sind diejenigen, die, ohne im Gemeindebezirke einen Wohnsitz zu haben, in ihm stimmberechtigt sind (§ 45 Abs. 1).

Das Fehlen eines Wohnsitzes im Gemeindebezirke ist das allein Maßgebende. Darauf, ob sie auswärts wohnen, oder einen Wohnsitz haben, kommt es nicht an.

Nr. 6. Entsch. v. 8. V. 96 Nr. I 596.

Schl.-Holst. Land-Gem.-Ordn. v. 4. VII. 92 (G.-S. S. 255) §§ 46, 50, 121 e.

1. Das im § 121 e der Schl.-Holst. Land-Gem.-Ordn. v. 4. VII. 92 den Vorstehern der selbständigen, innerhalb der Kirchspielland-

gemeinden des Kreises Husum bestehenden Köge gegebene Recht auf Mitgliedschaft der Kirchspielslandgemeindevertretung beruht nicht auf einem persönlichen Gemeinderechte oder einer persönlichen Stimmberechtigung, sondern auf dem Amte als Vorsteher einer der Gemeinde angehörigen Korporation und der dadurch gegebenen Befugnis, diese Korporation in der Gemeindevertretung zu repräsentieren; es ist daher unerheblich, ob in der Person des Deichvoigtes die Voraussetzungen des Gemeinderechtes zutreffen. Hierin liegt auch keine Abweichung von den sonstigen Grundsätzen der Land-Gem.-Ordn.; denn der persönliche Besitz des Gemeinderechtes oder der Stimmberechtigung ist zur Mitgliedschaft der Gemeindevertretung nicht unbedingt erforderlich. Vielmehr können nach § 50 Schlußsatz des angeführten Ges. auch die nach § 46 zur Stellvertretung berechtigten Personen als Gemeindeverordnete gewählt werden, insbesondere also auch die unter Nr. 4 des § 46 aufgeführten verfassungsmäßigen Repräsentanten stimmberechtigter juristischer Personen oder Personengesammtheiten. Ebensowenig ist entscheidend, ob der Deichvoigt bisher in kommunalen Angelegenheiten der Kirchspielslandgemeinde mitgestimmt hat.

2. Selbständige Köge (eingedeichte, meist unbewohnte Marschbezirke) im Sinne des Ges. sind alle diejenigen Verbände, die neben den Deichangelegenheiten auch diejenigen unter ihre Aufgaben aufnehmen, die der Regel nach (etwa nach örtlichem Herkommen) von den Dorfschaften innerhalb ihrer Gemarkungen übernommen werden.

Nr. 7. Entsch. Bd. XXXI S. 108 vom 23. Februar 1897 I C 4/97.

Schl.-Holst. Land-Gem.-Ordn. v. 4. VII. 92 (G.-S. S. 155) §§ 41, 50, 53, 62, 88, 106, 141.

1. Nach § 144 Abs. 2 der Land-Gem.-Ordn. v. 4. VII. 92 ist zwar die Gemeindevertretung berechtigt, zur Wahrnehmung ihrer Rechte im Verwaltungsstreitverfahren einen besonderen Vertreter zu bestellen. Sofern sie aber von diesem Rechte keinen Gebrauch macht, ist der Gemeindevorsteher nach § 88 Nr. 7 Abs. 1 a. a. O. in Verbindung mit § 73 Abs. 3 L.-V.-G.'s auch ohne besondere Vollmacht zu ihrer Vertretung befugt und bedarf daher zur Einlegung von Rechtsmitteln einer besonderen Ermächtigung durch Beschluß der Gemeindevertretung nicht. Doch wird er dem erklärten Willen der Gemeindevertretung, ein Rechtsmittel nicht einzulegen, nicht zuwiderhandeln dürfen.

2. Die Wählerliste hat den Zweck, den Kreis der stimmberechtigten, nicht den der wählbaren Personen festzustellen. Vgl. E.-O.-V. Bd. XIX S. 18.

3. Durch die Wahl und deren Gültigkeitserklärung seitens der Gemeindevertretung erwirbt der Gewählte ein Recht auf Sitz und Stimme im Kollegium. Dieses Rechtes geht er im Falle der Anfechtung der Wahl mittels Klage erst mit der Rechtskraft eines die Ungültigkeit der Wahl aussprechenden Urteiles verlustig. Ein dahin lautendes Urteil darf nicht ohne seine, wenn auch nur im Wege der Beiladung zu ermöglichende Beteiligung am Streitverfahren ergehen.

4. Bei solchen Klagen beschränkt sich übrigens die Aufgabe des Verwaltungsrichters darauf, darüber zu befinden, ob die bekannt gemachte Wahl gültig oder ungültig ist. Sie erstreckt sich weder auf eine Feststellung, welches Wahlergebnis bei richtigem Verfahren hätte bekannt gemacht werden sollen, noch auf eine Anordnung, was zur Ermittelung eines richtigen Wahlergebnisses noch zu geschehen hat. Vgl. E.-O.-V. Bd. XX S. 21/22, Bd. XIX S. 23, Bd. XVIII S. 336.

5. Wenn die Ungültigkeit einer Wahl auf bei der Vornahme der engeren Wahl vorgekommenen oder in ihrer Unterlassung begründeten Formfehlern beruht, so ist nicht etwa die engere Wahl zu wiederholen oder nachzuholen, sondern der ganze Wahlakt von Anfang an zu wiederholen.

Nr. 8. Entsch. Bd. XXXII S. 129 vom 29. Oktober 1897 I C 114/97.

Land-Gem.-Ordn. v. 3. VII. 91 (G.-S. S. 233) §§ 61—63, 66.

Einsprüche gegen die Gültigkeit der Wahlen der Gemeindeverordneten finden nur zur Anfechtung des Endergebnisses eines abgeschlossenen Wahlverfahrens und erst nach dessen Bekanntmachung durch den Gemeindevorsteher statt.

Einzelne von dem Wahlvorstande im Laufe des Wahlverfahrens getroffene Entscheidungen und Anordnungen, daher auch eine von ihm verkündete Feststellung dahin, daß in einem Wahlgange eine gültige Wahl nicht zustande gekommen sei, und seine Aufforderung zu einer engeren Wahl sind für sich allein mittels Einspruches und Klage nicht anfechtbar.

Nr. 9. Entsch. v. 21. IX. 97 Nr. I 1386.

Hann. St.-Ordn. v. 24. VI. 58 (Hann. G.-S. S. 141) §§ 83, 84; Hann. Land-Gem.-Verf.-Ges. v. 28. IV. 59 (Hann. G.-S. S. 393) §§ 8, 9.

Die Vorschriften der Hannoverschen Gemeindeverfassungsgesetze, wonach bescholtenen Personen das Stimmrecht entzogen werden kann (§§ 83, 84 der St.-Ordn. vom 24. VI. 58 und §§ 8, 9 der Land-Gem.-Ordn. vom 28. IV. 58) sind durch die §§ 31 ff. des R.-Str.-G.-B.'s nicht aufgehoben. Aus ihnen folgt nur, daß derjenige, dem die bürgerlichen Ehrenrechte entzogen sind, zum Stimmrechte in Gemeindeangelegenheiten nicht zugelassen werden darf, nicht aber, daß eine Beschränkung derjenigen, gegen die auf Verlust der bürgerlichen Ehrenrechte nicht erkannt, reichsgesetzlich verboten ist.

Ob ein „nach der öffentlichen Meinung entehrendes Verbrechen oder Vergehen" (§ 83 d. St.-Ordn.), oder „unsittliche, der öffentlichen Achtung verlustig machende Handlungen" (§ 84 a. a. O.) vorliegen, ist im Zweifelsfalle durch die Gemeindebehörden und mit ihnen durch den Verwaltungsrichter zu prüfen und festzustellen. Die Beurteilung des Strafrichters ist nicht entscheidend. Auch wörtliche Beleidigungen können unter Umständen entehrende oder der öffentlichen Achtung verlustig machende Handlungen in sich schließen.

Nr. 10. Entsch. v. 21. XII. 97 Nr. I 1908.

Nach § 41^{6c} der Land-Gem.-Ordn. vom 3. VII. 91 hat das Gemeinderecht zur Voraussetzung, daß der Gemeindeangehörige entweder zur Staatseinkommensteuer veranlagt ist oder zu den Gemeindeabgaben nach einem Jahreseinkommen von mehr als 660 Mk. herangezogen wird. Dagegen ist jenes Recht nicht davon abhängig gemacht, daß ein zur Staatseinkommensteuer veranlagter Gemeindeangehöriger auch zu Gemeindeabgaben von seinem Einkommen herangezogen wird. Erhebt die Gemeinde solche Abgaben nicht oder unterliegt das bezügliche Einkommen des Gemeindeangehörigen nach gesetzlicher Vorschrift nicht der Gemeindesteuerpflicht, so reicht demnach die Thatsache der Veranlagung zur Staatseinkommensteuer zur Begründung des Gemeinderechtes aus, falls dessen sonstige Voraussetzungen (§ 41 Nr. 1—5 a. a. O.) vorliegen. Andererseits reicht, wenn eine Veranlagung zur Staatseinkommensteuer nicht erfolgt ist, die Thatsache der Veranlagung zu einem fingierten Normalsteuersatze (§ 74 des Eink.-St.-Ges.) nach einem Jahreseinkommen von mehr als 660 Mk. zur Begründung des Gemeinderechtes nicht aus; es bedarf hierzu vielmehr einer Heranziehung zu den Gemeindeabgaben nach jenem Normalsteuersatze.

D. Gemeinde- und Gutsvorsteher. Gemeindebeamte.

Nr. 1. Entsch. Bd. XXXI S. 124 vom 26. März 1897 I C 80/96.

Land-Gem.-Ordn. v. 3. VII. 91 (G.-S. S. 233) §§ 88, 102, 117.

1. Nach der Land-Gem.-Ordn. vom 3. VII. 91 ist — vorbehaltlich der Beschlußfassung der Gemeindeversammlung (Gemeindevertretung) darüber, ob für einzelne Dienstzweige oder Dienstverrichtungen besondere Gemeindebeamte überhaupt angestellt werden sollen oder nicht — die Auswahl und Ernennung der Gemeindebeamten dem Gemeindevorsteher allein vorbehalten.

Auch in der Verwandlung einer nur auf Kündigung erfolgten Anstellung des gegenwärtigen Inhabers einer Stelle in eine definitive, lebenslängliche liegt nicht blos eine Veränderung der Anstellungsbedingungen, sondern eine neue Anstellung, ebenso wie in der definitiven Übertragung eines bisher auftragsweise verwalteten Amtes eine solche zu finden ist.

2. Die Richtigkeit dieses Rechtsgrundsatzes folgt insonderheit aus den Motiven zu §§ 87—89 des Entwurfes der Land-Gem.-Ordn. Freilich mag es unzulässig sein, Lücken der Gesetze aus der nach den Gesetzgebungsmaterialien erkennbaren, aber in dem Gesetze selbst nicht zum Ausdruck gelangten Absicht zu ergänzen. Vergl. Entsch. d. R.-Ger. in Civ. Bd. 33 S. 140. Allein, wenn auch zuzugeben, daß die Wortfassung des § 88⁵ der Land-Gem.-Ordn. verschiedene Deutungen zuläßt, so ist seine Fassung nicht eine derartig bestimmte und zwingende, daß jede einschränkende Auslegung ausgeschlossen wäre. Deshalb ist das Gesetz hier nicht lediglich nach dem Wortsinne, der zu weit gefaßt ist, sondern nach der erkennbaren Absicht des Gesetzgebers auszulegen, die sich im vorliegenden Falle aus den Auslegungsmaterialien klar ergiebt.

3. Das Gegenteil folgt auch nicht aus § 88⁷ a. a. O., wonach Urkunden über Rechtsgeschäfte, die die Gemeinde verpflichten, nicht nur vom Gemeindevorsteher, sondern auch von einem Schöffen vollzogen werden sollen und der betreffende Gemeindebeschluß darin anzuführen ist. Einerseits bezieht sich die Bestimmung nur auf Urkunden über privatrechtliche Geschäfte; andererseits ist die Annahme, daß Rechte auf Gehalt und Pension nur aus einer den Erfordernissen der angeführten Stelle entsprechenden Urkunde hergeleitet werden können, unzutreffend. Das Recht des Beamten folgt aus der Thatsache der Anstellung, der Übertragung des Amtes in Verbindung mit den allgemeinen oder besonderen Vorschriften und Ordnungen über die Besoldung und Pensionierung der Beamten und ist von der Erteilung einer besonderen Bestallungsurkunde unabhängig. Wo eine solche erteilt wird, beurkundet sie eben nur die Thatsache der Anstellung, dient aber nicht dazu, die Rechte des Beamten ausschließlich und erschöpfend zu regeln. Am allerwenigsten kann aus der Vorschrift, daß in Urkunden über Rechtsgeschäfte, die die Gemeinde verbinden, der betreffende Gemeindebeschluß angeführt werden soll, die Folgerung gezogen werden, daß auch solche Rechtsgeschäfte, deren Vollziehung dem Gemeindevorsteher allein vorbehalten ist, der Genehmigung durch die Gemeindevertretung oder Gemeindeversammlung bedürfen.

Nr. 2. Entsch. v. 8. X. 97 Nr. I 1496.

Land-Gem.-Ordn. v. 3. VII. 91 (G.-S. S. 233) § 65.

Das Amt eines Mitgliedes der Voreinschätzungskommission ist ein Staats- und kein Gemeindeamt. Die Bekleidung eines solchen berechtigt somit nicht zu der Ablehnung eines Gemeindeamtes auf Grund des § 65 der Land-Gem.-Ordn. vom 3. VII. 91. Vergl. E.-O.-V. Bd. XXIII S. 4. Die Verwendung der Gemeindeorgane zur Bildung der Voreinschätzungskommission macht diese nicht zu einem Organe der Gemeinde.

Nr. 3. Entsch. v. 7. XII. 97 Nr. I 1848.

R.-Gew.-Ordn. § 36.

Fleischbeschauer sind keine Gemeindebeamte, sondern gehören zu den im § 36 der Reichs-Gew.-Ordn. bezeichneten Gewerbetreibenden. Ihre öffentliche Anstellung für bestimmte Bezirke gehört in Preußen (Ges. vom 11. III. 50) zu den Befugnissen der Polizeibehörden, die auch ev. für sie Taxen einführen können. Eine Zustimmung der Gemeindevertretung oder gar deren Ergänzung durch den Kreisausschuß ist nicht erforderlich.

E. Gemeindebeschlüsse.

Nr. 1. Entsch. v. 30. X. 97 Nr. II 1743.

Rh. Gem.-Ordn. v. 23. VII. 45 (G.-S. S. 523) §§ 46, 70, 110, 111.

Auch die sog. geborenen Gemeinderatsmitglieder (Rh. Gem.-Ordn. vom 23. VII. 45 § 46, 110, 111) können durch Gemeindebeschluß aus dem Gemeinderate (der Bürgermeistereiversammlung), z. B. wenn sie dreimal hintereinander ohne genügende Entschuldigung gefehlt haben (§ 70 a. a. O.), ausgeschlossen werden. Die vorgängige Anhörung des Auszuschließenden behufs Feststellung etwaiger Gründe der Versäumnis bildet nicht dergestalt die formale Vorbedingung eines bezüglichen Gemeindebeschlusses, daß ein solcher auch dann, wenn er mangels jeder Entschuldbarkeit des Nichterscheinens materiell durchaus gerechtfertigt ist, dennoch als formell ungültig ohne jede sachliche Prüfung außer Kraft gesetzt werden müsse.

Nr. 2. Entsch. v. 7. XII. 97 Nr. I 1848.

Land-Gem.-Ordn. v. 3. VII. 91 (G.-S. S. 233) § 140.

Die Beanstandung eines Beschlusses der Gemeindevertretung durch den Gemeindevorsteher gemäß § 140 der Land-Gem.-Ordn. vom 3. VII. 91 ist nur einem Beschlusse gegenüber zulässig, der einen positiven Inhalt hat und demgemäß, wenn er unbeanstandet bleibt, Rechtswirkungen äußert, nicht aber einem Beschlusse gegenüber, durch den lediglich ein gestellter Antrag abgelehnt wird. Ein solcher Beschluß ändert den Zustand in keiner Weise und kann daher weder die Befugnisse der Gemeindevertretung überschreiten, noch Gesetze verletzen. Ist aber die Beanstandung sachlich begründet und zulässig gewesen, so kann der Verwaltungsrichter die Beanstandung beseitigen oder die Klage aufheben, dagegen liegt es außerhalb seiner Befugnisse, an die Stelle des beanstandeten Beschlusses einen anderen zu setzen.

G. Gemeindehaushalt. Staatsaufsicht, insbesondere Zwangsetatisierung.

Nr. 1. Entsch. Bd. XXX S. 142 vom 2. Juni 1896 I B 58/95.

Zust.-Ges. § 35.

1. Eine auf mehrere Jahre hinaus wirkende Zwangsetatisierung widerspricht der Natur des Jahresetats nicht. Der Jahresetat hat die Natur eines zusammenfassenden Voranschlages über die innerhalb eines Jahres zu erwartenden Einnahmen und Ausgaben. Daraus folgt aber nicht, daß jede einzelne Ausgabeposition alljährlich von neuem zu prüfen und festzustellen ist; vielmehr enthält jeder Etat eine Reihe von Ausgabepositionen, die sich dauernd gleich bleiben, weil sie auf einer dem Grunde und Betrage nach feststehenden Verpflichtung beruhen, und eine Reihe anderer, deren Höhe sich zwar nach dem wechselnden Bedürfnisse richtet, die jedoch wegen der Gleichmäßigkeit der Verhältnisse in längeren Zeiträumen sich gleich bleiben. In der Weigerung, die Pflicht zu dauernd wiederkehrenden Leistungen zu übernehmen, liegt auch die Weigerung, die einzelnen Jahresleistungen auf den Haushaltsetat zu bringen, und es kann deshalb die Befugnis der Aufsichtsbehörde, die Aufnahme in diesen anzuordnen, nicht von einer jährlichen Wiederholung der Weigerung abhängig gemacht werden.

Wiederkehrende Leistungen können also im voraus durch einmalige Anordnung ihrer regelmäßigen Eintragung, sei es in mehrere oder alle zukünftige Etats, zwangsetatisiert werden. Voraussetzung ist aber, daß sie von der zuständigen Behörde als solche, die dem in Anspruch genommenen Verbande gesetzlich obliegen, auch dem Betrage nach ein für alle Mal ausreichend festgestellt sind.

2. Allerdings können veränderte Umstände eine Änderung der auf die Dauer wirkenden Zwangsetatisierungsverfügung erforderlich machen. Allein in der durch das Urteil vom 19. IV. 95 (Pr. V.-Bl. Bd. XVI S. 631) hervorgehobenen Befugnis der in Anspruch genommenen Gemeinde, die Aufhebung oder Abänderung der erlassenen Anordnung zu beantragen und gegen die darauf ergangene Verfügung zu klagen, ist ein ausreichendes Korrektiv gegeben. Auch bei einer jährlich wiederkehrenden Zwangsetatisierung kann die Nachprüfung der Zweckmäßigkeit und Angemessenheit im Verwaltungsstreitverfahren nicht verlangt, sondern nur durch Beschwerde bei den Aufsichtsinstanzen erreicht werden. Die Anrufung dieser behufs Prüfung, ob eine auf die Dauer erlassene Zwangsetatisierung zur Zeit noch aufrecht zu erhalten oder ganz oder teilweise aufzuheben sei, bleibt der in Anspruch genommenen Gemeinde unbenommen und die gegen die Zwangsetatisierung gegebene Klage steht ihr, selbst wenn jene an sich unanfechtbar geworden ist, auch gegen einen Beschluß zu, der ihre mit der Behauptung veränderter Umstände begehrte gänzliche oder teilweise Aufhebung ablehnt.

Nr. 2. Entsch. v. 4. VI. 97 Nr. I 872.

Westf. Land-Gem.-Ordn. v. 19. III. 56 (G.-S. S. 265) § 77.

1. Die Pflicht der Kommunalverbände (hier eines Westf. Amtes), für die von ihnen begründeten Sparkassen einzutreten, beruht auf Nr. 1 des Sparkassenreglements vom 12. XII. 38 (G.-S. S. 1839, S. 5), wonach die Vertretung der Sparkasse in allen Fällen von der Gesamtheit der Kommune zu übernehmen und diese Verpflichtung im Statute festzusetzen ist und ist daher als eine ge-

setzliche, auf öffentlich-rechtlicher Verpflichtung beruhende anzusehen. Sie umfaßt zwar zunächst nur die Pflicht, bei Insuffizienz der Sparkasse ihren Gläubigern gegenüber für den Ausfall einzutreten, sie schließt aber auch die weitergehende in sich, die Sparkasse, so lange sie besteht, durch Gewährung der erforderlichen Mittel in Stand zu setzen, ihren Verpflichtungen gerecht zu werden und den Geschäftsverkehr fortzusetzen. Danach ist die Kommunalaufsichtsbehörde, der es nach Nr. 19 a. a. O. obliegt, da, wo sie Unordnungen und Mißbräuche bemerkt, mit Ernst auf deren Abstellung zu dringen, berechtigt, ev. im Wege der Zwangsetatisierung zu verlangen, daß Unterbilanzen durch Zuschuß der erforderlichen Mittel aus Kommunalfonds wieder ausgeglichen werden. Läßt sie zu, daß die Unterbilanz buchmäßig in der Weise ausgeglichen wird, daß der garantiepflichtige Kommunalverband in Höhe des Fehlbetrages als Schuldner geführt wird und diesen nur allmählich durch Baarzahlungen tilgt, inzwischen aber die zur Deckung der Verpflichtungen der Sparkasse erforderlichen Zuschüsse in der Form von Zinsen des nicht getilgten Fehlbetrages leistet, so verlangt sie ein Minderes, als sie zu verlangen berechtigt war.

2. Wer der Garantiepflichtige für die Sparkasse ist, ob das Amt, oder die es bildenden Gemeinden, ist Thatfrage.

3. Die Vorschrift des § 77 der Westf. Land-Gem.-Ordn., wonach zur Deckung der Bedürfnisse des Amtes die beteiligten Gemeinden nach dem Verhältnisse der direkten Staatssteuern, ausschließlich der Steuern für den Gewerbebetrieb im Umherziehen beizutragen haben, ist durch das Komm.-Abg.-Ges. vom 14. VII. 93 nicht aufgehoben worden.

Nr. 3. Entsch. v. 30. III. 97 Nr. I 500.

Rh. Gem.-Ordn. v. 23. VII. 45 (G.-S. S. 523) § 79 Zust.-Ges. §§ 32 [4], 35.

1. Im Falle des § 35 des Zust.-Ges. hat der Verwaltungsrichter lediglich die Gesetz- und Rechtmäßigkeit der mit der Klage angefochtenen Zwangsetatisierungsverfügung zu prüfen. Damit ist jede Erörterung der Notwendigkeit und Zweckmäßigkeit der Leistung, um deren Zwangsetatisierung es sich handelt, ausgeschlossen.

2. Nach § 79 der Rh. Land-Gem.-Ordn. vom 23. VII. 45 in Verbindung mit § 32 Nr. 4 des Zust.-Ges. liegt die Feststellung der Besoldung des Gemeindeempfängers dem Kreisausschusse ob, dessen bezüglicher Beschluß auf ergangene Beschwerde vom Bezirksausschusse endgültig zu bestätigen ist. Eine Nachprüfung solcher, von den dazu berufenen Behörden im besonders geregelten Verfahren getroffenen Entscheidungen steht — soweit die Gesetze ausnahmsweise nicht ein anderes bestimmen, was hier nicht der Fall ist — dem Verwaltungsrichter nach gleichmäßiger Rechtsprechung nicht zu. Vgl. O.-V.-E. Bd. XIII S. 61, Bd. XIV S. 107, Bd. XXIII S. 123.

Nr. 4. Entsch. v. 27. X. 96 Nr. I 1281.

Zust.-Ges. § 35. Ges. v. 11. III. 50 (G.-S. S. 265) über die Polizeiverwaltung, §§ 1—4.

Dadurch, daß die zur Abwehr einer ansteckenden Krankheit (Cholera) notwendigen, der Ortspolizeibehörde obliegenden sanitätspolizeilichen Anordnungen an Ort und Stelle von der Landespolizeibehörde oder ihren Beamten vorgenommen werden, verlieren diese noch nicht den Charakter ortspolizeilicher Veranstaltungen, deren Kosten als mittelbare Ausgaben der Ortspolizei der betr. Gemeinde zur Last fallen. Sie werden auch nicht dadurch zu landespolizeilichen Veranstaltungen, daß sie geeignet sind, die Verbreitung der Krankheit über die Grenzen der Gemeinde hinaus zu verhüten.

Nr. 5. Entsch. v. 4. I. 98 Nr. I 13.

Zust.-Ges. § 35. Ges. v. 11. III. 50 (G.-S. S. 265) über die Polizeiverwaltung, §§ 1—6.

1. Wird die Beleuchtung einer Chaussee nicht deshalb gefordert, weil sich die Chaussee in einem abnormen, die öffentliche Sicherheit gefährdenden Zustande befindet, sondern deshalb, weil sich auf ihr ein Verkehr zwischen bebauten Teilen desselben Stadtbezirkes bewegt, so ist die Ortspolizei zum Erlasse der erforderlichen Anordnungen zuständig. Ein solcher Verkehr hat die Natur eines örtlichen und verliert diesen Charakter auch dann nicht, wenn er sich über unbebaute, außerhalb des Stadtbezirkes liegende Strecken bewegt. Die mit Rücksicht auf seinen Umfang im Interesse der öffentlichen Ordnung und Sicherheit erforderlichen polizeilichen Maßregeln, insbesondere die Anordnung einer Beleuchtung des Verkehrsmittels, erscheinen daher auch nicht als chausseepolizeiliche, sondern als im örtlichen Verkehrsinteresse getroffene sicherheitspolizeiliche Verfügungen, zu deren Erlasse die örtlichen Polizeibehörden wohl befugt sind, da es zu ihren eigensten Aufgaben gehört, für die Sicherheit und Ordnung des örtlichen Verkehrs Sorge zu tragen.

2. Die Kosten der Beleuchtung außerhalb des Stadtbezirkes werden dadurch, daß sie im Interesse des städtischen Verkehres erwachsen, nicht zu Kosten der örtlichen Polizeiverwaltung dieser Stadt. Sie bleiben vielmehr Kosten der örtlichen Polizeiverwaltung desjenigen Gemeindebezirkes, in dem die Beleuchtung erforderlich wird und sind von diesem zu fordern.

3. Ist hiernach die Ortspolizeibehörde zwar befugt, die Ausführung einer Handlung, durch die unmittelbar die von der Polizei zu schützenden Interessen sicher gestellt, durch die ein polizeimäßiger Zustand, eine Veranstaltung zur Aufrechterhaltung der öffentlichen Sicherheit und Ordnung, zur Abwendung von Gefahren unmittelbar hergestellt werden, im Wege polizeilicher Verfügung anzuordnen und durch Anwendung ihrer Zwangsgewalt durchzusetzen, so darf sie die Deckung der Kosten, die durch die anderweit, auch durch die Polizeibehörde selbst, bewirkte Sicherstellung und Herstellung entstehen, nicht auf diesem Wege erfordern. Es ist vielmehr, wenn die Gemeinde die Deckung solcher ihr obliegender Kosten verweigert, ihre Verpflichtung auf Antrag der Polizeibehörde beziehungsweise der dieser vorgesetzten polizeilichen Aufsichtsinstanzen durch die Kommunalaufsichtsbehörde festzustellen, und wenn die Gemeinde auch dann noch bei ihrer Weigerung beharrt, im Wege der Zwangsetatisierung vorzugehen.

VI.

Kommunalabgabenrecht.

Litteratur: Adickes, Kommunalabgabengesetz, 2. Aufl., Berlin 1897; Kautz in Illing-Kautz, Bd. II, 7. Aufl., Berlin 1898.

A. Allgemeines. Begriff der Gemeindelasten. Besondere Rechtstitel. Abgabenregulierungspläne. Abgabepflicht der „Wüsten Hufen".

Nr. 1. Entsch. Bd. XXX S. 35 vom 3. Oktober 1896 II C 166/96.

Komm.-Abg.-Ges. v. 14. VII. 93 (G.-S. S. 152) §§ 21, 24 ff, 55.
Ges. v. 14. VII. 93 (G.-S. S. 119), wegen Aufhebung direkter Staatssteuern, §§ 4, 11.

1. Bei Streitigkeiten über die Heranziehung zu Gemeindeabgaben ist die Rechtsgültigkeit der der Abgabenforderung zu Grunde liegenden Beschlüsse von dem Verwaltungsrichter trotz erfolgter Genehmigung frei zu prüfen. Vgl. E.-O.-V. Bd. XI S. 111 und Bd. XVI S. 195.

2. Die in einem Eingemeindungsvertrage getroffene Vereinbarung, der zufolge die hinzutretenden Gemeindeangehörigen bis zu einem bestimmten Termine anstatt der Gemeindegrundsteuer einen festen Prozentsatz der staatlichen Grund- und Gebäudesteuer als Kommunalsteuer entrichten sollen, begründet weitergehenden Auflagen gegenüber einen, auf besonderem Rechtstitel beruhenden, Befreiungsanspruch im Sinne des § 21 des Komm.-Abg.-Ges. Beschließt eine Gemeinde auf Grund des Ges. v. 14. VII. 93, betreffend die Aufhebung direkter Staatssteuern, 100 Prozent der Staats-Grund- und Gebäudesteuer zu erheben, so ist der Gegenstand eines solchen Beschlusses nicht etwa die „Forterhebung" der Staats-Grund- und Gebäudesteuer, sondern die Einführung einer neuen Kommunalsteuer.

Dieses fälschlich „Überweisungsgesetz" genannte Gesetz hat nicht daran gedacht, den Gemeinden die im Gesetz näher bezeichneten Steuern — darunter die Grund- und Gebäudesteuer — ohne weiteres in der Weise zuzuwenden, daß nunmehr nur ein Wechsel in der Person des Steuergläubigers einzutreten habe und die Steuern, die bisher an den Staat zu zahlen gewesen, von nun an dem neuen Steuergläubiger zu entrichten seien. Das Gesetz hat vielmehr — um bei der Staats-Grund- und Gebäudesteuer stehen zu bleiben — diese Steuer der Staatskasse gegenüber außer Hebung gesetzt, und hier (vgl. §§ 4 und 11) wie in dem Komm.-Abg.-Ges. (vgl. §§ 24 ff.) ist den Gemeinden nur gestattet, nach Maßgabe dieses letzteren Ges. Zuschläge zu der, nach wie vor zu veranlagenden, Staats-Grund- und Gebäudesteuer zu erfordern, sofern sie es nicht vorziehen, besondere Steuern vom Grundbesitze zu erheben.

Nr. 2. Entsch. Bd. XXXII S. 49 vom 27. Oktober 1897 II C 311/97.

Komm.-Abg.-Ges. v. 14. VII. 93 (G.-S. S. 152) §§ 20, 21, 24.

1. Magistrat und Stadtverordnetenversammlung der Stadt R. hatten im Jahre 1826 dem Antrage des Landrates entsprochen, ein zur Unterbringung der Kreiskasse anzukaufendes Haus, so lange es Kreishaus bleibe, von allen Kommunalabgaben zu befreien. In der Folge wurde das damals beschaffte Hausgrundstück verkauft und an dessen Stelle ein neues angekauft. Wegen der im neuen Kreishause be-

findlichen Dienstwohnungen zu einer Gemeinde-Gebäudesteuer herangezogen, verlangte der Kreis Befreiung, weil das Privileg des Jahres 1826 nicht für ein bestimmtes Grundstück, sondern für jedes zum Kreishause gewählte Gebäude erteilt sei.

2. Das O.-V.-G. verurteilte den Kreis, weil das angebliche Privileg ein einseitiger Akt der Gemeindeautonomie war, der jederzeit widerrufen werden konnte, aber — mangels jeder, auch nur der leisesten Andeutung — dem Kreise nicht die Befugnis gab, einer anderweiten Entschließung zu widersprechen und darum auch kein selbständiges, von dem Willen der Stadt unabhängiges Recht auf Befreiung eingeräumt habe. Vgl. E.-O.-G. Bd. XXIV S. 93/94. Ein „besonderer Rechtstitel" auf Befreiung von den direkten Kommunalabgaben sei daher nicht anzuerkennen.

Selbst wenn aber ein besonderer Rechtstitel angenommen werden könnte des Inhaltes, daß die Befreiung nicht dem bestimmten, im Jahre 1826 angekauften Grundstücke, sondern der Kreiskorporation für jedes beliebige, zum Kreishaus verwendete Grundstück zugestanden sei, so würde eine Personalexemtion vorliegen, die durch die §§ 20 und 24 Abs. 2 des Komm.-Abg.-Ges. aufgehoben sein würde, da § 21 a. a. O. nur diejenigen, auf besonderem Rechtstitel beruhenden Befreiungen fortbestehen lasse, die „einzelnen Grundstücken" zustehen, also Realexemtionen seien.

Nr. 3. Entsch. Bd. XXXII S. 50 vom 20. Oktober 1897 II C 658/96.

Komm.-Abg.-Ges. v. 14. VII. 93 (G.-S. S. 152) § 21.

Der Regierungsrat W. zu K., Besitzer mehrerer Grundstücke in der sogenannten kleinen Deichacht (einem Teile der Feldmark E. in der Provinz Hannover), wurde für das Jahr 1895/96 zu einer Gemeinde-Grundsteuer von 218,88 M. herangezogen. Er berief sich auf einen Vertrag vom 22. IV. 46, als auf einen besonderen, die Deichachtsgrundstücke befreienden Rechtstitel, wurde aber vom Bezirksausschusse mit seiner Befreiungsklage mit der Begründung abgewiesen, daß dieser Vertrag dem Landesverfassungsgesetze des vormaligen Königreichs Hannover widersprochen habe, daher von anfang an ungültig gewesen sei und einen besonderen Rechtstitel im Sinne der §§ 21, 24 Abs. 2 des Kommunalabgabengesetzes nicht gewähre. In demselben Sinne erkannte das O.-V.-G. unter Aufstellung folgender Rechtsgrundsätze:

1. **Der § 21 des Komm.-Abg.-Ges. hat nur die rechtmäßig bestehenden Befreiungen aufrecht erhalten, aber nicht die nach bisherigem Rechte unwirksamen blos vermeintlichen Rechtstitel für gültig erklärt; daher auch nicht solche Privatverträge, durch die eine Gemeinde auf die Regelung ihres Rechtes, objektive Besteuerungen zu erlassen, verzichtet.**
2. **Auf besonderem Rechtstitel beruht eine Befreiung dann nicht, wenn sie lediglich durch einseitigen autonomen Gemeindebeschluß (Statut, Steuerordnung) und nicht zugleich durch eine selbständige Befugnis des Befreiten, einer Änderung des Beschlusses zu widersprechen, begründet wird.**

Nr. 4. Entsch. Bd. XXXII S. 59 vom 2. Oktober 1897 II C 414/96.

Komm.-Abg.-Ges. v. 14. VII. 93 (G.-S. S. 152) §§ 21, 41.

1. **Unter den, im § 21 des Komm.-Abg.-Ges. aufrecht erhaltenen, auf besonderem Rechtstitel beruhenden Befreiungen einzelner Grundstücke von**

Gemeindesteuern sind nur die mit einem Grundstücke als solchem ohne Rücksicht auf die Person des jeweiligen Eigentümers verbundenen Befreiungen zu verstehen. Solche Realbefreiungen liegen daher nicht vor, wenn z. B. den Professoren einer Universität das persönliche Privileg zusteht, daß sie von ihren Häusern keine öffentlichrechtlichen Realabgaben zu zahlen brauchen.

2. Dagegen bestehen nach § 41 des Komm.-Abg.-Ges. die durch § 12 Abs. 2 der Verordn. v. 23. IX. 67 aufrecht erhaltenen Personal-Befreiungen der Beamten u. s. w. auch jetzt noch fort, soweit es sich um Einkommen- (Aufwands-) Steuer handelt.

Eine frühere Verpflichtung zur Zahlung von Beiträgen an die „Armenkommune“, die mit deren Aufhebung fortgefallen sind, rechtfertigt in diesem Falle auch die Heranziehung zu einer entsprechenden Quote der Einkommensteuer nicht.

Nr. 5. Entsch. Bd. XXXI S. 103 vom 24. November 1896 I C 36/96.

Komm.-Abg.-Ges. v. 14. VII. 93 (G.-S. S. 152) § 21.

1. Unter den in § 21 des Komm.-Abg.-Ges. aufrecht erhaltenen besonderen Rechtstiteln auf Befreiung einzelner Grundstücke von den Kommunalsteuern sind nicht lediglich öffentlichrechtliche, sondern auch solche privatrechtlicher Natur zu verstehen.

2. Bestimmungen über Befreiung von den Gemeindesteuern, die in Regulierungs- und Gemeinheitsteilungsrezessen Aufnahme gefunden haben, sind nicht unter allen Umständen als auf besonderem Rechtstitel beruhende anzusehen. Es wird vielmehr zu untersuchen sein, ob die in Rede stehende Bestimmung sich als eine allgemeine und für alle gleichartigen Fälle geltende Regel der örtlichen Gemeindeabgabenverfassung darstellt, oder ob sie als eine von den sonstigen Regeln der allgemeinen oder örtlich geltenden Gemeindeabgabenverfassung abweichende Ausnahme erscheint.

3. Im gewöhnlichen Sprachgebrauche bezeichnet „Gärtner“ lediglich einen Mann, der den Gartenbau als Beruf betreibt, sei es auf eigenem oder auf gepachtetem Lande, sei es selbständig oder als Gehülfe eines anderen. Wo der Ausdruck aber zur Bezeichnung einer besonderen, den Bauern gegenüberstehenden Klasse ländlicher Gemeindeangehörigen verwendet wird, gewinnt er eine andere Bedeutung und schließt sich den je nach dem Landstriche wechselnden Ausdrücken an, mit denen diejenigen ländlichen Grundbesitzer, die nur Haus und Garten besitzen, im Gegensatze zu den eine vollständige Ackernahrung besitzenden Bauern bezeichnet werden, wie Büdner, Käthner, Häusler. In diesem Sinne wird er auch in den Landeskulturgesetzen gebraucht, so z. B. im § 74 des Ges. über die Ablösung der Reallasten ꝛc. v. 2. III. 50 (G.-S. S. 77), wo den Ackernahrungen die Dreschgärtnerstellen gegenüber gestellt werden.

4. Bilden nun aber auch die Gärtner eine bestimmte Klasse von Grundbesitzern, so folgt hieraus nicht ohne weiteres, daß die Bestimmung eines Rezesses, nach der die Gärtner zu den Gemeindelasten nur durch Leistung von Handdiensten beizutragen haben, als eine auf besonderem Rechtstitel beruhende Befreiung einzelner Grundstücke von Gemeindesteuern aufzufassen ist. Dies würde vielmehr nur dann anzunehmen sein, wenn die Bestimmung nicht auf die ganze Klasse der Gärtner, sondern lediglich auf die Besitzer der am Rezesse beteiligten Gärtnergrundstücke zu beziehen wäre.

Nr. 6. Entsch. v. 2. VII. 97 Nr. I 1050.

Komm.-Abg.-Ges. v. 14. VII. 93 (G.-S. S. 152) §§ 21, 78.

1. Hat sich eine juristische Person (Gilde) privatrechtlich verpflichtet, nach einem bestimmten Maßstabe zur Tilgung von Gemeindeschulden beizutragen, so ist die hieraus entspringende Berechtigung der Gemeinde kein Steuerrecht, sondern ein Bestandteil des Gemeindevermögens, und kann dem Verpflichteten gegenüber nur im Wege des Zivilprozesses geltend gemacht werden.

Solche privatrechtlichen Verträge der Gemeinden bilden kein Hindernis für Anordnungen der Aufsichtsbehörde aufgrund des § 78 des Komm.-Abg.-Ges.

2. Bei Abschluß oder Auflösung privatrechtlicher Verträge der Landgemeinden können für die Gemeinde gegen ihren Willen von der Aufsichtsbehörde rechtsverbindliche Willenserklärungen nicht abgegeben werden. Insbesondere ergiebt sich für die Provinz Hannover eine solche Befugnis auch nicht aus den §§ 42, 50, 61 der Land-Gem.-Ordn. v. 28. IV. 59.

Nr. 7. Entsch. v. 23. XI. 97 Nr. I 1758.

Komm.-Abg.-Ges. v. 14. VII. 93 (G.-S. S. 132) §§ 21, 70.

Gemäß § 70 Abs. 3 des Komm.-Abg.-Ges. unterliegen der Entscheidung im Verwaltungsstreitverfahren „Streitigkeiten über ihre in dem öffentlichen Rechte begründete Verpflichtung“ zu den Gemeindelasten. Aufgrund eines Privatvertrages, durch den die Unterhaltung eines Gemeindebullen übernommen worden ist, kann daher nicht auf Feststellung der Beitragspflicht derjenigen geklagt werden, die zur Unterhaltung des Gemeindebullen nach öffentlichem Rechte verpflichtet sind. Der Anspruch auf Zahlung des vereinbarten Entschädigungsbetrages für die Stierunterhaltung ist ein privatrechtlicher und als solcher gegen die zur Zahlung verpflichtete Vertragspartei zu verfolgen. Sollte übrigens die Stierhaltung in der Gemeinde keine Gemeindelast sein, es sich vielmehr um die Verwaltung und Nutzung von Interessentenvermögen handeln, das die rechtliche Eigenschaft von gemeinschaftlichem Privatvermögen der Separationsinteressenten hat, so würde eine Streitigkeit über die aus einer solchen Vermögensgemeinschaft sich ergebende Beitragspflicht eines Interessenten nicht der Zuständigkeit der Verwaltungsgerichte unterliegen, sondern ebenfalls von den ordentlichen Gerichten zu entscheiden sein.

Nr. 8. Entsch. Bd. XXX S. 121 vom 26. Juni 1896 I C 1/96.

Land-Gem.-Ordn. v. 3. VII. 91 (G.-S. S. 233) §§ 11, 146, 147.
Komm.-Abg.-Ges. v. 14. VII. 93 (G.-S. S. 152) § 96.

1. Nach § 39 der Schul-Ordn. für die Elementarschulen der Provinz Preußen v. 11. XII. 45 (G.-S. 1846 S. 1) sind Träger der Schullast die Ortsgemeinden. Die Unterverteilung der zur Unterhaltung der Elementarschulen erforderlichen Leistungen innerhalb der Gemeinden hat daher den Charakter der Verteilung einer Gemeindelast, die sowohl durch bestätigten Gemeindebeschluß wie durch Observanz geregelt werden kann, deren Ausbildung auch noch unter der Herrschaft des § 11 des Ges., betr. die Landgemeindeverfassungen in den sechs östlichen Provinzen, v. 14. IV. 56 (G.-S. S. 359) rechtlich möglich war. Vgl. E.-O.-V. Bd. V S. 158, Bd. VII S. 156.

2. Bestimmt ein solches Ortsrecht, daß die Aufbringung der zur Lehrerbesoldung fehlenden Summe den Grundbesitzern als eine besondere Last aufzuerlegen und von ihr diejenigen Grundbesitzer freizulassen, die

infolge der Vorschrift des § 101 der Gemeinheitsteilungsordn. v. 7. VI. 21 (G.-S. S. 53) zur Ausstattung der Schule mit Land beigetragen hatten, so liegt darin keine Überschreitung des der Gemeinde zustehenden Rechtes, Festsetzungen durch autonomes Belieben zu treffen. Sowohl § 39 Abs. 2 der Schul-Ordn. v. 11. XII. 45, wie § 43 Tit. 7 T. II A.-L.-R. enthalten lediglich subsidiäre Vorschriften, die autonome Festsetzungen nicht ausschließen.

3. Solche auf dem autonomen Belieben der Gemeinde beruhende Normen, mögen sie durch Gemeindebeschluß oder Observanz festgestellt sein, können zwar als „besondere Titel des öffentlichen Rechtes" nicht angesehen werden, selbst wenn sie die Verteilung einer bestimmten Gemeindelast abweichend von den sonstigen für die Aufbringung der Kommunalbedürfnisse örtlich geltenden Grundsätzen regeln. Sie kennzeichnen sich aber als Einführung einer besonderen, auf den Grundbesitz gelegten Steuer, die § 11 Abs. 2 der Land-Gem.-Ordn. v. 3. VII. 91 den Landgemeinden gestattet. Sie gehören daher zu denjenigen örtlich geltenden Normen, die durch § 147 Abs. 1 a. a. O. aufrecht erhalten sind.

4. Die für das Inkraftbleiben bestehender Ortsstatuten, allgemeiner Gewohnheitsrechte und Observanzen im § 147 Abs. 1 a. a. O. vorgesehene Fristbestimmung ist durch § 96 des Komm.-Abg.-Ges. v. 14. VII. 93 in Wegfall gekommen.

Nr. 9. Entsch. v. 5. X. 97 Nr. I 1467.

Land-Gem.-Ordn. v. 3. VII. 91 (G.-S. S. 233) § 147.

Die Übernahme der den Angehörigen einer Kirchengemeinde obliegenden Lasten durch die Zivilgemeinde ist rechtlich zulässig und kann sich auch auf Observanz gründen. Doch ist ein von der Partei abgegebenes allgemeines Anerkenntnis für das Bestehen eines objektiven örtlichen Rechtes nicht entscheidend; ein Anerkenntnis würde nur dann in Betracht kommen, wenn es, nach Form und Inhalt den gesetzlichen Erfordernissen entsprechend, die Verpflichtung der Partei, eine verlangte Summe der Gemeinde als Kirchenbaukostenbeitrag rc. zu schulden beträfe.

Ob eine Observanz vorliegt, d. h. eine gleichmäßige, lange Zeit hindurch fortgesetzte Übung in der den Beteiligten gemeinsamen Überzeugung von deren rechtlicher Notwendigkeit, ist Thatfrage.

Den Grundsätzen der Land-Gem.-Ordn. v. 3. VII. 91 widerspricht eine Observanz, wonach ein einzelner, abweichend von den sonstigen, die Verteilung der Umlagen anordnenden Regeln, zur Leistung einer im voraus bestimmten Quote der Gesammtumlage verpflichtet sein soll. Ihre Beibehaltung kann nur durch ausdrücklichen Gemeindebeschluß mit Genehmigung des Kreisausschusses erfolgen. (§ 147 Abs. 2 a. a. O.)

Nr. 10. Entsch. Bd. XXXII S. 136 vom 4. Juni 1897 I C 95/96.

Land-Gem.-Ordn. v. 3. VII. 91 (G.-S. S. 233) §§ 2, 3, 28. L.-V.-G. §§ 63, 64, 127, 128.

1. Abgesehen von den Fällen der §§ 127 und 128 L.-V.-G., in denen die Wahl zwischen Beschwerde und Klage gegeben und bestimmt ist, daß ein nicht als Klage bezeichnetes oder nicht den Antrag auf Entscheidung im Verwaltungsstreitverfahren enthaltendes Rechtsmittel als Beschwerde gilt, kommt es für die Zulässigkeit eines Rechtsbehelfes nicht auf die Bezeichnung an, die ihm von der Partei gegeben worden ist. Wesentlich ist nur, daß das zum Zwecke eines Angriffes gegen eine ergangene Entscheidung ein-

gereichte Schriftstück den Erfordernissen des gesetzlich zulässigen Rechtsbehelfes entspricht, und daß im Falle des Zweifels darüber, ob der Antragsteller eine Entscheidung im Verwaltungsstreitverfahren herbeiführen will, dieser sich hiermit, wenn auch nur stillschweigend und nachträglich, einverstanden erklärt hat. Auch etwa vorhandene Mängel der Klage berechtigen noch nicht zu deren Abweisung; vielmehr hat der Vorsitzende des Verwaltungsgerichtes die Pflicht, zunächst auf ihre Beseitigung durch den Kläger hinzuwirken. Vgl. E.-O.-V. Bd. VII S. 283, Bd. IX S. 84, Bd. XXV S. 432.

Eine Wiederaufnahme der in rechtsgültiger Weise zurückgenommenen Klage ist dagegen nicht zulässig. Vgl. E.-O.-V. Bd. XXVII S. 185.

2. Den Gegenstand des im § 28 der Land-Gem.-Ordn. bezüglich der Heranziehung für „wüste Hufen" zu den Gemeindelasten vorgesehenen Beschlußverfahrens und eines daran sich anschließenden Verwaltungsstreites bildet lediglich die Höhe des Jahresbetrages oder des durch Kapitalzahlung abzulösenden Jahreswertes der Gemeindeabgaben und Lasten, die von den Besitzern selbständiger Güter für ursprünglich bäuerliche, zu ihren Gütern eingezogene, der örtlichen Lage nach aber gegenwärtig nicht mehr erkennbare Grundstücke (wüste Hufen) zu zahlen sind. Der letzte Satz des § 28: „Im Falle des Streites ist zum Zwecke einer billigen Ausgleichung wie im § 3 zu verfahren" — hat keineswegs die Bedeutung, daß hierdurch ein dem § 3 entsprechendes Verfahren zum Zwecke der Feststellung gegeben ist, ob das im § 28 festgestellte Steuerrecht einer Landgemeinde gegenüber einem Gutsbesitzer besteht, der ehemals bäuerliche Grundstücke besitzt, insbesondere auch nicht zur Feststellung, ob die örtliche Lage dieser Grundstücke erkennbar ist oder nicht. Der Schlußsatz ist nur zu dem Zwecke zugefügt worden, um für solche Fälle Feststellungen zu ermöglichen, in denen eine genaue und zweifelsfreie Berechnung des früheren Abgabenbetrages nach einem fünfjährigen Durchschnitte nicht ausführbar ist und in denen die freie Schätzung eines angemessenen Beitrages an die Stelle einer auf genauen Zahlenangaben beruhenden Berechnung treten muß.

3. Wird die Vorfrage streitig, ob die Gemeindeabgabenpflicht für wirtschaftlich mit einem Gute vereinigte, rechtlich aber von dem Gemeindebezirke nicht getrennte Grundstücke allgemeinen Regeln folgt, oder ob sie sich — insbesondere auch wegen örtlicher Nichterkennbarkeit der Lage solcher Grundstücke — nach den Sondervorschriften des § 28 a. a. O. bestimmt, so hat die Entscheidung hierüber im Wege der Heranziehung durch den Gemeindevorsteher und des Einspruches mit nachfolgender Klage des Herangezogenen zu erfolgen.

Im ersteren Verfahren hat der Gemeindevorsteher als Vertreter der Abgaben fordernden Gemeinde nachzuweisen, auf Grund welcher Thatsachen und Rechtsvorschriften die Heranziehung in der Weise, wie sie geschehen, erfolgen darf. Vgl. E.-O.-V. Bd. XV S. 51. Soweit ihm der Nachweis der Abgabenpflicht nicht gelingt, ist die Freilassung der Gutsherrschaft von der geforderten Abgabe auszusprechen, ohne daß es einer Prüfung bedarf, ob die Gemeinde etwa auf einer anderen Grundlage (insbesondere der des § 28 a. a. O.) zur Erhebung einer Abgabe von der Gutsherrschaft berechtigt gewesen wäre. Vgl. E.-O.-V. Bd. V S. 185, Bd. VIII S. 176, Bd. XII S. 160. Gelangt der Gemeindevorsteher später zu der Auffassung, daß eine Abgabenforderung gegen die Gutsherrschaft, weil die Grenzen ihres Grundbesitzes in der Gemeinde nicht mehr feststellbar waren, nur auf den § 28 der Land-Gem.-Ordn. gegründet werden darf, so kann er zur Heranziehung auf Grund dieser Gesetzesvorschrift schreiten. Dagegen steht der Gutsherrschaft kein Recht zu, eine Entscheidung des Kreisausschusses im Beschlußverfahren darüber zu beantragen, nach welchen Grundsätzen und in welcher Höhe sie in Zukunft zu den Gemeindeabgaben heranzuziehen ist.

Auch die Vorschriften der §§ 28 und 3 der Land-Gem.-Ordn. berechtigen dazu nur, wenn deren ganz bestimmte Voraussetzungen vorliegen.

Nr. 11. Entsch. Bd. XXXII S. 145 vom 19. Oktober 1897 I C 147/96.

Land-Gem.-Ordn. v. 3. VII. 91 (G.-S. S. 233) § 28.

1. Die Ablehnung eines Vergleichsvorschlages durch eine Partei hat ihre Belegung mit den Kosten des Verwaltungsstreitverfahrens nicht zur rechtlichen Folge.

2. Hat der erste Richter das Pauschquantum außer Ansatz gelassen, so kann der Berufungsrichter, mag jenes auch sachlich nicht begründet gewesen sein, nicht das Gegenteil auch für die erste Instanz bestimmen, wenn nur diejenige Partei Berufung eingelegt hat, zu deren Gunsten jene Entscheidung lautete. Anderenfalls läge eine unzulässige reformatio in pejus vor.

3. In dem Verfahren gemäß § 28 der Land-Gem.-Ordn. kommt es für die Bemessung der von dem Gutsbesitzer künftig zu tragenden Gemeindeabgaben und Lasten nicht unbedingt nur auf seine thatsächlichen Leistungen während der letzten fünf Jahre vor dem 1. April 1892 an. Zum Zwecke einer, im Schlußsatze des § 28 ausdrücklich vorgeschriebenen billigen Ausgleichung kann vielmehr, wenn in jenen fünf Jahren die rechtlich bestehende Gemeindeabgabenpflicht garnicht oder nicht regelmäßig geltend gemacht war, derjenige Beitrag, der auf die eingezogenen bäuerlichen Grundstücke entfallen sein würde, geschätzt und der fünfjährige Durchschnitt unter Einstellung auch der so gewonnenen Zahlen berechnet werden.

4. Zur Befreiung von der Abgabenpflicht genügt die thatsächliche Unterlassung der Heranziehung (Verjährung durch Nichtgebrauch) nicht. Es muß vielmehr die Ersitzung eines der Heranziehung entgegenstehenden Untersagungsrechtes hinzutreten. Die Voraussetzung eines solchen ist die Erhebung von Widerspruch gegen die Heranziehung, bei dem sich der Berechtigte während rechtsverjährter Zeit beruhigt hat.

B. Gebühren und Beiträge.

1. Im Allgemeinen.

Nr. 1. Entsch. Bd. XXX S. 89 vom 11. November 1896 II C 266/96.

Komm.-Abg.-Ges. v. 14. VII. 93 (G.-S. S. 152) §§ 4, 8, 9, 13, 23, 37, 54, 69, 70, 76 und Ausf.-Anw. v. 10. V. 94 Art. 62 Abs. 3.
St.-Ordn. v. 30. V. 53 (G.-S. S. 261) § 11.

1. Zur Aufgabe des Verwaltungsrichters gehört es, zu prüfen, ob eine Gemeinde-Steuerordnung, als welche auch ein Ortsstatut über die Erhebung von Kanalisationsabgaben anzusehen ist, gegen das Gesetz, auf dem sie selbst beruht, grundsätzlich verstößt. Vgl. E.-O.-V. Bd. II S. 108, B. IV S. 74, Bd. IX S. 28.

2. Kanalisationsabgaben, die für die Benutzung öffentlicher Entwässerungskanäle, also begrifflich als Gegenleistung für die spezielle Inanspruchnahme einer im öffentlichen Interesse unterhaltenen Veranstaltung (vgl. E.-O.-V. Bd. XIII S. 231, XVIII S. 23, XX S. 52, XXVI S. 47) erhoben werden,

sind Gebühren, auch wenn die Inanspruchnahme auf einem polizeilichen Zwange beruht.

3. Ortsstatuten über die Aufbringung von Kanalisationsabgaben, die bis zum Inkrafttreten des gegenwärtigen Gesetzes in Geltung gewesen sind, bleiben gemäß § 96 Abs. 4 des Komm.-Abg.-Ges. so lange, bis sie durch rechtsgültigen Gemeindebeschluß oder durch Anordnung der Aufsichtsbehörde abgeändert werden, bestehen und trotz der veränderten Gesetzesgrundsätze unverändert. Sie gehen diesen vor und gelten ihnen zuwider. Demgemäß spricht auch der Abs. 2 des § 96 nicht mehr aus, als eine Verpflichtung der Gemeinden, die Ordnungen über die Aufbringung von Gebühren, Beiträgen, indirekten und direkten Steuern oder Diensten mit den Vorschriften des neuen Gesetzes in Übereinstimmung zu bringen. Die Kontrole hierüber ist aber lediglich durch die Aufsichtsbehörden auf dem durch § 78 vorgeschriebenen Wege durchzuführen.

Bei Kanalisationsabgaben, die auf Grund älterer rechtsbeständiger Ordnungen erfordert werden, ist also die Rechtsbeständigkeit der letzteren nach den zur Zeit ihres Erlasses gültig gewesenen und nicht nach den jetzt geltenden Vorschriften zu beurteilen. Daher bedarf der Betrag einer Gebühr, selbst wenn deren jährliche Festsetzung in einem älteren Statute den städtischen Kollegien überlassen ist, nicht der sonst etwa nach § 8 des Komm.-Abg.-Ges. erforderlichen Genehmigung der Aufsichtsbehörde.

4. Einer Abgabenforderung gegenüber, die auf Grund der lokalrechtlichen Normen über die Heranziehung der Gemeindemitglieder und auf Grund der durch den Etat festgestellten Beitragssätze erhoben wird, kann der Einzelne seinen Ermäßigungsanspruch nicht durch Angriffe gegen die thatsächliche Richtigkeit einzelner Positionen des Etats[1]) begründen.

Eine derartige Beschwerde würde nicht gegen die Handhabung des der Gemeinde gegenüber dem Einzelnen zustehenden Steuerrechtes, sondern gegen die gesammte Wirtschaftsführung der Gemeinde gerichtet sein und auf das Verlangen einer Rechtfertigung der Ordnung des Etatswesens hinauslaufen. Auf eine solche hat aber der Einzelne kein Recht. Denn in der Korporation ist der durch den verfassungsmäßigen Beschluß ihrer Organe festgestellte Gesammtwille, soweit er sich innerhalb der durch das positive Gesetz gezogenen Schranken ihrer Autonomie hält, auch für den Einzelnen rechtlich bindend. Und ebenso muß in den Stadtgemeinden, in denen der Etat von den städtischen Kollegien als bindende Verwaltungsnorm beschlossen wird, der Einzelwille, auch bezüglich der Einnahmen und Ausgaben, dem durch den Etat festgestellten Gesammtwillen sich unterordnen.

Nr. 2. **Entsch.** v. 6. I. 97 Nr. II 16.

Komm.-Abg.-Ges. v. 14. VIII. 93 (G.-S. S. 152) § 7.

Das Verwaltungsstreitverfahren findet nach §§ 7, 54 L.-V.-G. nur in den von den Gesetzen ausdrücklich bezeichneten Fällen statt. Zu diesen gehört der Anspruch auf Außerkraftsetzung eines Gemeindebeschlusses über die Einführung von Abgaben (Gebühren) nicht. Wohl aber unterliegt die Frage der Gesetzmäßigkeit einer Gebührenordnung einer richterlichen Prüfung insofern, als sie ausschlaggebend ist für die Entscheidung des Streites über die konkrete Heranziehung des Pflichtigen. Doch hängt ihre Rechtmäßigkeit von dem Maße der Vorteile, die den Grundbesitzern aus der Benutzung der Anstalt erwachsen, oder von dem Maße ihrer Belastung mit Realsteuern nicht ab.

---

[1]) Vergl. S. 498 Bd. I des Hauptwerkes, Anm. 1, letzter Abs.

Die selbständige richterliche Prüfung ist vielmehr darauf beschränkt, ob die Gebührenordnung in den vom Gesetze vorgeschriebenen Formen zu Stande gekommen ist und inhaltlich nicht die der Gemeindeautonomie gezogenen Grenzen überschritten hat.[1])

Mit dem gesetzlichen Erfordernisse fester Normen und Sätze (§ 7 des Komm.-Abg.-Ges.) ist eine Vorschrift vereinbar, wonach die Kanalgebühr von dem Nutzungswerte der angeschlossenen Grundstücke in einem solchen Prozentsatze erhoben werden soll, daß durch diesen die Hälfte der alljährlich durch den städtischen Etat festzustellenden Ausgaben für die Kanalisationsanstalt gedeckt wird.

Nr. 3. Entsch. Bd. XXX S. 97 vom 19. November 1896 II C 279/96.

Komm.-Abg.-Ges. v. 14. VII. 93 (G.-S. S. 152), §§ 1, 2, 4, 7, 8 und Ausf.-Anw. v. 10. V. 94 Art. 5 Nr. 1.

1. Eine Gebührenordnung ist als gesetz- und rechtmäßig zu erachten, falls nach ihr
   1. die Abgabe für die Benutzung einer von der Gemeinde im öffentlichen Interesse unterhaltenen Veranstaltung erhoben wird (§ 4 Abs. 1 des Komm.-Abg.-Ges.) und
   2. im voraus nach festen Normen und Sätzen bestimmt ist (§ 7) und falls die Ordnung selbst
   3. auf einem formal gültigen Beschlusse der Gemeindekollegien beruht, auch
   4. in den Ausnahmefällen des § 4 Abs. 3 und 5 die Genehmigung der Aufsichtsbehörde erhalten hat (§ 8).

Die Ausnahmen des § 4 beschränken sich auf die beiden Fälle, daß einmal eine Verpflichtung zur Benutzung einer Veranstaltung für alle Gemeindeangehörigen oder einzelne Klassen von ihnen besteht oder die Genannten auf die Benutzung der Veranstaltung angewiesen sind (Abs. 3), oder daß zweitens von der regelmäßigen Bemessung der Gebührensätze — nach den Verwaltungs- und Unterhaltskosten der Veranstaltung einschließlich der Ausgaben für die Verzinsung und Tilgung des aufgewendeten Kapitales — aus besonderen Gründen abgewichen wird. Während also die Autonomie der Gemeinden, soweit die Höhe der Gebühren (mit Ausnahme der Verwaltungsgebühren nach § 6) in Frage kommt, grundsätzlich an keine materielle Schranke gebunden ist, wird sie in dem Ausnahmefalle, wenn nämlich von der Regel der Selbstkostendeckung abgewichen werden soll, formell durch das Erfordernis der Genehmigung seitens der Auf-

---

[1]) Ebenso Entsch. v. 16. X. 96 Nr. I 1226 am Ende. Diese Entsch. enthält außerdem folgende Rechtsgrundsätze:

a) Die Verpflichtung zur Entrichtung einer Kanalisationsabgabe entsteht durch den thatsächlichen Anschluß eines Grundstückes an die von der Gemeinde hergestellte unterirdische Entwässerungsanlage und hört auf mit seiner Beseitigung. Daß die Benutzung der Gemeindeanstalt, der Anschluß, dem Grundbesitzer als eine polizeiliche Pflicht obliegt, ändert an dem Charakter der Abgabe als einer Gebühr nichts, so daß nicht etwa eine Befreiung von ihr auf Grund des § 24 des Komm.-Abg.-Ges. verlangt werden kann. Vergl. E.-O.-V. Bd. XX S. 55, XXVI S. 47.

b) Sind die Gebäude auf einem Grundstücke errichtet, um das ganze Grundstück seiner Bestimmung gemäß, als Begräbnisplatz, benutzen zu können, so bildet dieses eine wirtschaftliche Einheit. Es bildet daher, selbst wenn die Gebühr nur von bebauten Grundstücken erhoben wird, die Straßenfront des ganzen Grundstückes den Maßstab für ihre Bemessung.

c) Eine „bebauungsfähige" Straße ist vorhanden, wenn die Straße für die Bebauung fertiggestellt ist, ohne daß es darauf ankommt, ob die Bebauung der angrenzenden Grundstücke thatsächlich oder rechtlich unmöglich ist.

sichtsbehörden begrenzt. Dadurch, daß das Gesetz den Aufsichtsbehörden gestattet, Gebührenordnungen, auch wenn sie die Gebühren regelwidrig bemessen, zu genehmigen, stellt es selbst die Entscheidung über die für eine Abweichung ausreichenden Gründe unterschiedslos in das Ermessen dieser Behörden. Die solchergestalt kraft des Gesetzes gestattete Abweichung kann daher niemals gesetzwidrig sein. Und wenn nach § 4 Abs. 5 für die Gestattung der Abweichung „besondere Gründe" vorliegen müssen, so wird dadurch die Aufsichtsbehörde allerdings gezwungen, sich vor Erteilung der Genehmigung die Überzeugung von dem Vorhandensein solcher besonderen Gründe zu verschaffen. Die Erwägungen aber, durch die sie hierzu gelangt, sind interner Art und der Nachprüfung des Richters entzogen.

2. Unzulässig ist der Einwand, daß der Ertrag, z. B. einer Kanalgebühr über das durch die Gebühr zu deckende Bedürfnis weit hinausgehe; denn er wäre nicht aus dem Steuerrechte entnommen, sondern gegen das Etatsrecht der Gemeinde gerichtet und kann mit der Steuerklage umsoweniger geltend gemacht werden, als der einzelne durch den im ordnungsmäßigen Korporationsbeschlusse ausgesprochenen Gesammtwillen rechtlich gebunden wird, so daß das einzelne Gemeindemitglied die von den städtischen Kollegien festgesetzten Einnahme- und Ausgabeposten des Etats nachträglich als unrichtig anzufechten nicht in der Lage ist.

3. Beschwerden über Mängel in der Ausführung der Kanalisation können nur im Aufsichtswege erledigt werden. Sie befreien aber nicht von der Zahlung von Gebühren, weil die Befugnis zu deren Erhebung nicht auf einem Privatvertrage, sondern auf dem autonomen Hebungsrechte der Gemeinde beruht.

Nr. 4. Entsch. Bd. XXX S. 99 i. d. Anm. vom 24. Juni 1896 II C 88/96.

Komm.-Abg.-Ges. v. 14. VII. 93 (G.-S. S. 152) §§ 4, 8.

1. Der § 8 des Komm.-Abg.-Ges. verlangt die Genehmigung einer Gebühr nicht nur in dem Falle des Abs. 5, sondern auch in demjenigen des Abs. 3 des § 4 a. a. O.

Der Abs. 3 lautet:

> „Besteht eine Verpflichtung zur Benutzung einer Veranstaltung für alle Gemeindeangehörigen oder für einzelne Klassen derselben, oder sind die Genannten auf die Benutzung der Veranstaltung angewiesen, so ist unter Berücksichtigung des öffentlichen Interesses, welchem die Veranstaltung dient, und der den Einzelnen gewährten besonderen Vorteile eine entsprechende Ermäßigung der Gebührensätze gestattet; auch kann in Fällen dieser Art die Erhebung von Gebühren unterbleiben."

Wenn nun der § 8 a. a. O. bestimmt, daß die Festsetzung von Gebühren in dem Falle des § 4 Abs. 3 der Genehmigung bedarf, so ist dadurch nicht die Vorschrift wiederholt worden, daß unter Umständen die Gebühren unter das durch die Berücksichtigung der Selbstkosten gebotene Maß mit Genehmigung des Bezirksausschusses herabgesetzt werden dürfen. Solches geht schon daraus hervor, daß der nämliche Grundsatz dann Platz greifen müßte, wenn die in Abs. 3 ebenfalls behandelte Unterlassung der Erhebung von Gebühren eintreten sollte, während doch der § 8 nur von der Festsetzung von Gebühren und nicht von dem Unterbleiben einer derartigen Festsetzung spricht. Es kann vielmehr der mehrgenannte Abs. 3 des § 4 in Verbindung mit § 8 nur dahin verstanden werden, daß, falls der Thatbestand der im Abs. 3 vorgesehenen Verpflichtung, bezw. des Angewiesenseins vorliegt, einmal eine entsprechende Ermäßigung der Gebührensätze und sogar ein Verzicht auf die Erhebung von Gebühren stattfinden darf, und ferner die etwaige Festsetzung von Gebühren genehmigt werden muß.

2. Der Thatbestand der Verpflichtung, bezw. des Angewiesenseins ist schon dann gegeben, wenn die Benutzung der Gemeindeanstalt ohne Eintritt erheblicher Schäden im gewerblichen oder allgemein wirtschaftlichen Leben der Bevölkerung oder einzelner Klassen von ihr nicht füglich untersagt werden kann (Schließung einer Wasserleitung).

Nr. 5. Entsch. Bd. XXXI S. 61 vom 6. März 1897 II C 698/96.

Komm.-Abg.-Ges. v. 14. VII. 93 (G.-S. S. 152) §§ 3, 4, 7, 77.

1. Ist eine Gebührenordnung für Benutzung einer städtischen Wasserleitung nicht verfassungsmäßig, z. B. nicht durch übereinstimmenden Beschluß beider Gemeindekörperschaften, sondern nur durch Beschluß des Magistrates zu Stande gekommen, ist auch nicht etwa aus einer längeren Übung auf stillschweigende Billigung der Gemeindevertretung zu schließen, so fehlte es trotz etwaiger Genehmigung des Bezirksausschusses an einem ordnungsmäßig erlassenen Lokalgesetze. Hiernach entbehrt auch die — unter der Maßgabe einer wesentlichen Abänderung — von Aufsichtswegen genehmigte Gebührenordnung so lange der gesetzlichen Gültigkeit, als nicht die so vorgesehene Änderung die (ausdrückliche oder stillschweigende) Zustimmung auch der Gemeindevertretung erlangt hat.

2. Die Gebührenordnung, die gesetzwidrige Einzelbestimmungen enthält, ist als in ihrem übrigen Teile rechtswirksam nur dann zu erachten, wenn nach der Sachlage und der erkennbaren Absicht der zu deren Erlasse oder Genehmigung berufenen Behörden die ungültigen von den übrigen Bestimmungen getrennt werden können.

Gebühr ist die einseitig von der Staatsgewalt festgestellte Gegenleistung, das spezielle Entgelt für eine, zugleich im öffentlichen Interesse erfolgte Leistung der Stadt.

Besteht diese Leistung darin, daß die Benutzung einer städtischen Anstalt in einem Umfange gestattet wird, der nicht absolut, sondern durch das Bedürfnis des Benutzenden bestimmt ist (z. B. die Abführung der Abwässer durch die Kanäle, die Entnahme des für Haushalt oder Gewerbe benötigten Wassers aus der Leitung), so ist es vielfach nicht oder nur schwer möglich, die Höhe der Gebühr ziffermäßig genau nach dem Umfange der Leistung abzustufen (wie z. B. bei dem Gasverbrauch durch Messung des entnommenen Quantums). Deshalb ist es für notwendig oder doch zulässig erachtet, für die Bemessung der Gegenleistung einen anderen Maßstab zu wählen, der für den Umfang der zu entgeltenden Leistung einen gewissen, wenn auch nicht stets, so doch durchschnittlich zutreffenden Anhalt gewährt. Ein solcher Maßstab bleibt rechtmäßig, so lange er sich nicht als offenbar und absolut ungeeignet und darum willkürlich darstellt. So sind für die Bemessung der Kanalisationsgebühren die Frontlängen, die Flächengrößen, die Nutzungswerte der Grundstücke in alter Übung und als den §§ 4 und 7 des Ges. entsprechend erachtet (E.-O.-V. Bd. XXX S. 93, 97 ff.). Aus der gleichen Erwägung erscheint für Bemessung der Wassergebühr die Kopfzahl der Hausbewohner zunächst ebensowenig als ein absolut ungeeigneter Maßstab, wie der Nutzungswert der an die Leitung angeschlossenen Wohnungen. Mögen gegen den letzteren aus dem Gesichtspunkte der — im Übrigen vom Verwaltungsrichter nicht nachzuprüfenden — Zweckmäßigkeit und Angemessenheit immerhin Ausstellungen erhoben werden können, so wird doch durch dessen Anwendung die Gebühr noch nicht, wie der Kläger vermeint, zu einer verschleierten Wohnungs- oder Mietsteuer.

Ein solcher, für den wahrscheinlichen durchschnittlichen Bedarf brauchbarer Maßstab bleibt aber nur solange geeignet, als die Gebühr nach dem wahrscheinlichen und nicht nach dem thatsächlichen Verbrauche bemessen wird. Er ist ungeeignet, wenn der Nutzungswert da maßgebend sein soll, wo der nach jenem ermittelte wahrscheinliche Bedarf den thatsächlichen Verbrauch übersteigt, aber da nicht mehr, wo dieser über jenen hinausgeht.

4. Ist es zwar den Gemeinden durch das Gesetz nicht untersagt, die Benutzung eines zugleich öffentlichen Zwecken dienenden Wasserwerkes gegen privatrechtliche Vergütung oder gegen Gebühr zu gestatten, so ist es doch unzulässig, für denselben Akt der Benutzung sowohl Gebühr als auch Vergütung nebeneinander zu erfordern.

Denn beide bilden begrifflich das spezielle Entgelt für eine Leistung und unterscheiden sich rechtlich nur dadurch, daß diese Gegenleistung entweder vertragsmäßig vereinbart oder einseitig von der staatlichen Finanzgewalt festgestellt wird. Vergl. E.-O.-V. Bd. XVIII S. 27 ff. Hat die Staatsgewalt einmal die Feststellung des Entgeltes für eine Leistung, für eine bestimmte Art der Benutzung der Anstalt bewirkt, so ist damit die Regelung des Entgeltes für diese Leistung der Privatwillkür entzogen, die Erhebung einer Vergütung für eben diese obrigkeitlich bewertete Art der Benutzung anstatt oder neben der Gebühr ausgeschlossen.

Nr. 6. Entsch. Bd. XXXI S. 94 vom 16. Dezember 1896 II A 11/96.

Polizeikostenges. v. 20. IV. 92 (G.-S. S. 87) §§ 1, 6.
Komm.-Abg.-Ges. v. 14. VII. 93 (G.-S. S. 152) § 6 und A.-E. v. 30. XII. 95 (G.-S. 96 S. 8).

1. Durch A.-E. v. 30. XII. 95 (G.-S. 96 S. 8) ist genehmigt worden, „daß auch in denjenigen Gemeinden ...., in denen die Baupolizei durch Staatsbeamte verwaltet wird, für die Genehmigung und Beaufsichtigung von .... Bauten allgemein Gebühren nach den in den §§ 6 und 7 des Kommunalabgabengesetzes vom 14. Juli 1893 ausgesprochenen Grundsätzen erhoben und die bezüglichen Tarife durch die Minister .... festgestellt werden."

Nachdem letzteres mehrfach geschehen, sind die betreffenden Einnahmen in den Staatshaushaltsetat eingestellt. Dadurch soll nach dem Min.-Erl. vom 1. IV. 96 (M.-Bl. S. 68) für die Städte, in denen der Staat die sonstige Orts-, aber nicht mehr die Baupolizei handhabt, die im § 6 des Polizeikostenges. v. 20. IV. 92 vorgesehene Voraussetzung für jede Beitragskürzung (daß dem Staate aus der Abgabe des Polizeizweiges an die Gemeinde Ersparnisse erwachsen) weggefallen sein, weil der Staat, falls er die Baupolizei selbst wahrnähme, seine Ausgaben durch Gebühreneinnahmen voll decken würde.

Das O.-V.-G. hat diese Auffassung aus folgenden Gründen für unzutreffend erachtet:

a) Das Polizeikostenges. v. 20. IV. 92 hat lediglich den Zweck und die Bedeutung, zu bestimmen, welcher Anteil an der Gesamtlast, die durch die staatlich geführte Ortspolizeiverwaltung erwächst, endgültig dem Staate, und welcher der Gemeinde zur Last bleibt, aus Staats- oder aus Gemeindemitteln zu bezahlen ist. Dem Gesetze liegt die weitere Absicht völlig fern, auch noch zu bestimmen, in welcher Weise Staat oder Gemeinde den je auf sie entfallenden Anteil an der Last zu decken, ob sie die Mittel dazu aus den

Erträgen ihres Vermögens zu entnehmen oder erst durch irgendwie geartete Abgaben von den ihnen Beitragspflichtigen aufzubringen haben. Für den Staat und dessen Anteil wird diese Frage durch die Landes- und die jährlichen Etatsgesetze geregelt, für die Gemeinden und deren Anteil aber durch die Städteordnungen bezw. jetzt durch das Komm.-Abg.-Ges., sowie durch Gemeindebeschlüsse.

b) Baupolizei-Gebühren, die aufgrund des § 6 des Komm.-Abg.-Ges. von einer Gemeinde zur teilweisen oder vollen Deckung der Kosten der Baupolizeiverwaltung gefordert werden, sind nichts anderes, als eines der verschiedenen gesetzlichen Mittel zur Bestreitung der Gemeindebedürfnisse. Ihre Erhebung ist ein Akt des aus der staatlichen Finanzhoheit abgeleiteten kommunalen Besteuerungsrechtes, aber nicht eine Ausübung der von den Gemeinden zu verwaltenden staatlichen Polizeigewalt. Diese ihre wirtschaftliche und rechtliche Natur wird dadurch keine andere, daß sie an Stelle der Gemeinde in Gemeinden mit Kgl. Polizeiverwaltung, in denen der Staat die Baupolizei verwaltet, von diesem erfordert wird. Sie haben ihre rechtliche Grundlage nicht in der polizeilichen Norm, die die verwaltende Thätigkeit der Polizei umgrenzt und regelt, sondern lediglich und allein in dem Finanzgesetze, das die Abgabepflicht an den thatsächlichen Vorgang der Inanspruchnahme der Polizeibehörde geknüpft hat. Sie sind eine zwar aus Anlaß der Handhabung, aber nicht eine durch Handhabung der Polizeigewalt entstehende Einnahme des Staates.

An alledem wird auch dadurch nichts geändert, daß staatlicherseits — offensichtlich aus reinen Zweckmäßigkeitsrücksichten — die Gebühr durch Organe nicht der Finanz-, sondern der Polizeiverwaltung festgesetzt, eingezogen und bei den Kassen und auf den Etats dieser verrechnet wird. Infolge solcher Hülfeleistung verliert die Abgabe ebensowenig ihre ursprüngliche wirtschaftliche und rechtliche Natur, wie etwa der Synagogenbeitrag eines Juden, der mittelst der starken Hand der Polizei beigetrieben ist.

Infolge dieser rein thatsächlichen äußerlichen Beziehung zwischen Gebühr und Polizeiverwaltung wird jene nicht zu einer „mit dieser Verwaltung verbundenen Einnahme" im Sinne des § 1 des Polizeikostengesetzes.

2. Hiernach sind bei Ermittelung der Minderausgabe des Staates infolge der Abgabe der Baupolizei an eine Stadt die Gebühreneinnahmen auf Grund des A.-E. v. 30. XII. 95 nicht zu berücksichtigen.

3. Zu bemerken ist noch, daß die Gemeinden durch die Baupolizeigebühren nach § 6 des Komm.-Abg.-Ges. zwar die Kosten dieser Verwaltung, nicht jedoch auch ihren Beitrag zu den staatlichen Polizeikosten decken dürfen und daher belastet bleiben, wenn dieser trotz kommunaler Übernahme der Baupolizei nicht ermäßigt wird. Und andererseits würde der Staat, falls er wie jetzt seine Ausgaben der Baupolizei, so später die der übrigen Polizeizweige durch Gebühren decken sollte, also keine Ausgaben mehr oder nur noch geringe hätte, dennoch den vollen Beitrag von den Städten erheben können.

Nr. 7. Entsch. Bd. XXXI S. 54 vom 3. Februar 1897 II C 248/96.

Komm.-Abg.-Ges. v. 14. VII. 93 (G.-S. S. 152) §§ 3—7.

Im Gegensatze zur vertragsmäßigen, privatrechtlichen Vergütung, die z. B. auch durch stillschweigende Annahme einer durch einen Tarif gemachten Offerte begründet werden könnte, ist Gebühr das in Ausübung der Finanzgewalt einseitig festgestellte Entgelt für eine zu öffentlichen Zwecken gemachte spezielle Leistung des Abgabeberechtigten. Vgl. E.-O.-V. Bd. XVIII S. 27 ff. Sie kann nach § 4 des Komm.-Abg.-Ges. nur für die Benutzung einer im öffentlichen Interesse unterhaltenen Gemeindeanstalt erhoben werden.

Die Lokalnorm (Ordnung) darf daher die Entstehung der Gebührenpflicht nur an die Thatsache der Benutzung knüpfen; wird die Gebühr, ohne daß diese Thatsache besteht, schon wegen der bloßen Möglichkeit, die Gemeindeanstalt benutzen zu können, erfordert, so befindet sie sich insoweit mit dem Gesetze nicht in Einklang und ist darum gesetzwidrig.

Eine Wasserleitung benutzt derjenige, der selbst oder durch die von ihm beauftragten oder ermächtigten Personen — Dienstleute, Angehörige, Miether 2c. — Wasser aus der Leitung entnimmt, nicht aber der Dritte, der das so entnommene Wasser für sich verbraucht. Der thatsächlichen Wasserentnahme mag es rechtlich gleichstehen, wenn eine Vorrichtung vorhanden ist, durch die das Wasser in die der Disposition des Eigentümers oder Mieters eines Grundstückes oder einer Wohnung unterstehenden Raume geleitet, so daß diesem die jederzeitige völlig unkontrollierbare Wasserentnahme beliebig ermöglicht wird, also dann, wenn das Grundstück bezw. die Wohnung durch Rohr und Ablaßhahn an die Wasserleitung angeschlossen ist. Hat nur das Grundstück überhaupt, nicht die einzelne Mietswohnung einen solchen Anschluß, so kann das bloße Bestehen des letzteren allein nur eine Verpflichtung des Grundstücksbesitzers, nicht aber daneben noch eine solche des Mieters zur Zahlung der Gebühr für Benutzung der Wasserleitung begründen.

Wenn ferner die Gemeinde auf den öffentlichen Straßen Wasserständer zum Gebrauch für Jedermann errichtet, so liegt hierin, ebenso wie z. B. in der Unterhaltung der Straßen, eine völlig allgemeine, nicht aber eine dem Einzelnen gemachte Leistung, und es darf nicht von Jedem, der die Ständer benutzen könnte, oder von Kategorien solcher Personen dafür ein Entgelt in Form einer Gebühr erhoben werden. Bei der Widmung für den allgemeinen Gebrauch kann die Erhebung einer solchen nur insoweit zulässig erscheinen, als deren Forderung auf diejenigen, die die Ständer thatsächlich benutzen und dafür jedesmal zahlen (wie es ähnlich bei Wege- oder Pflastergeld geschieht), beschränkt wird.

Nr. 8. Entsch. Bd. XXXII S. 94 vom 30. Oktober 1897 II C 463/96 und **Bd. XXXII S. 95** vom 26. Juni 1897 II C 701/96.

Komm.-Abg.-Ges. v. 14. VII. 93 (G.-S. S. 152) § 6.

Die Gebühr ist die einseitig befohlene Gegenleistung für eine beanspruchte öffentliche Leistung (E.-O.-V. Bd. XVIII S. 28, Bd. XXIX S. 63); sie bildet also die öffentlich-rechtliche Folge der Thatsache, daß eine beanspruchte Leistung dem Beanspruchenden gewährt worden ist. Für die Entstehung der Pflicht ist es daher nicht entscheidend, ob der die Leistung Beanspruchende wußte, daß er durch deren Gewährung gebührenpflichtig werde, vielmehr genügt, daß er die öffentliche Leistung beansprucht hat.

Das Recht der Gemeinde, die Bauscheingebühr zu erheben, entsteht daher, vorausgesetzt, daß die Genehmigung und Beaufsichtigung eines Baues in Anspruch genommen ist, lediglich durch die Ausführung der Leistung und somit auch in dem Zeitpunkte dieser Ausführung.

Die Gebühr kann also mit Recht gefordert werden, wenn innerhalb des Zeitraumes, der zwischen der Inanspruchnahme und der Ausführung der Leistung liegt, eine öffentlich-rechtliche Norm in Kraft tritt, durch die die bis dahin unentgeltliche Leistung gebührenpflichtig wird. Denn die Thatsache, die die Forderung rechtfertigt, fällt dann unter die Herrschaft der neuen Norm.

Die Gebühr ist aber nicht zu erheben, wenn der Antragsteller sein Gesuch vor der Ausführung zurückzieht, oder wenn der projektierte Bau entweder nicht oder doch nur unter solchen Bedingungen genehmigt ist, die zu erfüllen der Bauunternehmer ablehnt. Im letzteren Falle fehlt es an dem Rechtstitel für die Gebühr, an der Genehmigung des beantragten Neubaues.[1])

Nr. 9. Entsch. Bd. XXXII S. 63 vom 6. Oktober 1897 II C 732/96.

Komm.-Abg.-Ges. v. 14. VII. 93 (G.-S. S. 152) §§ 4 ff.

Auf das Recht, die Erhebung von Gebühren zu beschließen, kann die Gemeinde nicht rechtswirksam durch Privatvertrag verzichten; privatrechtliche Ansprüche aus einem solchen sind vom Verwaltungsstreitverfahren ausgeschlossen.

Nr. 10. Entsch. v. 18. VI. 98 Nr. II 912.

Komm.-Abg.-Ges. v. 14. VII. 93 (G.-S. S. 152) §§ 4 ff.

1. Schlachthausgebühren können erhoben werden: a) für die Benutzung des Schlachthauses, b) für die Untersuchung der in diesem zu schlachtenden Thiere, c) für die Untersuchung des eingeführten Fleisches.

2. Die Gebühren zu a dürfen die Kosten der Unterhaltung und des Betriebes und den Betrag von 8 Prozent des Anlage- und Entschädigungskapitales, die Gebühren zu b die Selbstkosten der Untersuchung nicht übersteigen; beide bedürfen aber nicht der Aufsichtsgenehmigung. Auf der anderen Seite kann eine solche, wenn sie in überflüssiger Weise erteilt ist, nicht verhindern, daß der Verwaltungsrichter den gegen die Gesetze verstoßenden Tarif für ungültig erklärt. Die Gebühren zu c sind ohne Aufsichtsgenehmigung unzulässig, dürfen jedoch die Selbstkosten nach Maßgabe des § 11 Abs. 3 des Komm.-Abg.-Ges. übersteigen.

3. Ein Tarif, der für beide Leistungen a und b zusammen einheitliche Gebührensätze vorsieht, ist gesetzwidrig, weil gemäß § 5 des Ges. vom 18. III. 68 (G.-S. S. 277), 9. III. 81 (G.-S. S. 273) in Verbindung mit § 11 des Komm.-Abg.-Ges. für beide Gebührenarten bezüglich der Höhe die vorstehend unter Nr. 2 angegebenen verschiedenen Grundlagen bestehen.

4. Zum Zwecke richtiger Bemessung der Gebühren sind daher die Kosten der Untersuchung von Vieh, das im Schlachthause geschlachtet werden soll oder geschlachtet ist, sowie die Kosten der Untersuchung eingeführten Fleisches von den Betriebs- und Unterhaltungskosten zu trennen; als Untersuchungskosten werden nicht nur sächliche, sondern auch persönliche, also auch ein Teil der Besoldung des an der Untersuchung beteiligten Personales, insbesondere des Schlachthausinspektors und vielleicht des Tierarztes, in Betracht kommen. Die Untersuchungskosten sind wieder zu scheiden in solche, die auf das eingeführte Fleisch, und in solche, die auf das im Schlachthause untersuchte Vieh und ausgeschlachtete Fleisch entfallen; die Summe der letzteren bezeichnet den Höchstbetrag des Aufkommens an Untersuchungsgebühren für Vieh und nicht

---

[1]) Ebenso Entsch. v. 26. VI. 97 Nr. II 1192 (Pr.-V.-Bl. Bd. XIX S. 19).

eingeführtes Fleisch. Als Betriebs- und Unterhaltungskosten dürfen nur die für den wirklichen Betrieb und die Unterhaltung bestimmten Ausgaben zum Ansatze gelangen. Ausgaben für die allgemeine Kassen- und sonstige städtische Verwaltung, Polizeiaufsicht u. s. w. können nicht auf den Schlachthausbetrieb abgewälzt werden. Nicht unzulässig ist es, wenn zwecks Ermöglichung einer Gleichmäßigkeit der Hebungen statt der thatsächlich wechselnden jährlich zu verausgabenden Unterhaltungs- und Betriebskosten ein angemessener Durchschnittssatz angesetzt wird. Jedoch ist die Ansammlung eines Fonds für andere als Betriebs- und Unterhaltungszwecke, insbesondere also für Erweiterungsbauten, unstatthaft. Der Betrag der nach diesen Grundsätzen zu ermittelnden Betriebs- und Unterhaltungskosten zuzüglich 8 Prozent des Anlagekapitales und der Entschädigungssummen ist maßgebend für die Bemessung der Benutzungsgebühren. Eine Ermäßigung jener Summe um den Überschuß der Untersuchungsgebühren für eingeführtes Fleisch ist nicht geboten; jener Überschuß wird nicht durch den Schlachthausbetrieb im engeren Sinne, sondern durch die von ihm getrennt zu haltende Untersuchung erzielt. Ist der Etat des Schlachthauses durch die Stadtverordneten festgestellt, so kann die richtige Bemessung der Gebühren vor dem Verwaltungsrichter nicht mit der Behauptung angefochten werden, daß einzelne Posten unrichtig bemessen oder unnötiger Weise angesetzt seien (E.-O.-V. Bd. XXX S. 94/95), aber auch durch die Genehmigung der Stadtverordneten wird die Einstellung solcher Posten nicht gerechtfertigt, die keine wirkliche Ausgabe der Stadt, sondern nur eine buch- und rechnungsmäßige Übertragung darstellen, oder zu den Betriebs- und Unterhaltungskosten nicht gehören. Denn die Gemeindeautonomie darf hier ebensowenig wie bei sonstiger Bethätigung sich mit den Gesetzen in Widerspruch setzen. Sind unter Beobachtung dieser Regeln die Tarife zu Stande gekommen — derjenige für die Untersuchung eingeführten Fleisches mit aufsichtlicher Genehmigung — und ergiebt ihre Anwendung vorübergehend und zufällig einen Überschuß (infolge stärkerer Inanspruchnahme der Anstalt, Verminderung der Selbstkosten oder aus sonstigen Gründen), so verstößt dennoch der betreffende Tarif nicht gegen das Gesetz; denn nicht die zufällige Erzielung eines Überschusses, sondern nur die Bemessung zum Zwecke der Erzielung eines unerlaubten Überschusses ist gesetzwidrig.

2. Anliegerbeiträge.

Litteratur: Ottermann, Fluchtliniengesetz v. 2. VII. 75, Berlin 1897.

Nr. 1. Entsch. Bd. XXXII S. 110 vom 3. November 1897 II C 218/97.

Komm.-Abg.-Ges. v. 14 VII. 93 (G.-S. S. 152) § 9.

1. Der Vorschrift im § 9 Abs. 5 des Komm.-Abg.-Ges., wonach der Beschluß der genehmigenden Behörde in gleicher Weise zur Kenntnis der Beteiligten zu bringen, wie der Beschluß der Gemeinde bekannt gemacht worden, ist genügt, wenn der Magistrat (Bürgermeister) in dem Organe für seine amtlichen Bekanntmachungen zur amtlichen Kenntnis gebracht hat, das gleichzeitig abgedruckte Ortsstatut sei vom Bezirksausschusse genehmigt worden. Eine Veröffentlichung des Beschlusses des letzteren dem Wortlaute nach ist nicht erforderlich.

2. Gesetzlich zulässig sind Beiträge zum (teilweisen) Ersatze auch von rechnungsmäßig gedeckten, definitiv verausgabten Herstellungskosten bereits früher ausgeführter Gemeinde-Veranstaltungen. Waren solche Kosten schon teilweise durch

Zwecksteuern oder Beiträge von dem bevorteilten Grundstücke aufgebracht, so kann nur der noch nicht ersetzte Teil der dem Vorteile entsprechenden Quote der Gesammtkosten durch neue Beiträge erfordert werden.[1])

3. Der Gemeindebeschluß über die Erhebung von Beiträgen, z. B. von Kanalbeiträgen, enthält lediglich eine objektive Rechtsnorm, die — des förmlichen Genehmigungsverfahrens in Abs. 3 bis 6 des § 9 a. a. O. unerachtet — incidenter auf ihre Gesetzmäßigkeit (nicht auch Angemessenheit oder Zweckmäßigkeit) seitens des Verwaltungsrichters nachzuprüfen bleibt.

Materiell ist unstreitig, daß eine Kanalanlage eine durch das öffentliche Interesse erforderte Veranstaltung ist und den Eigentümern der an den kanalisierten Straßen liegenden bebauten Grundstücke, also der Klasse von Grundeigentümern, die die Beiträge zahlen sollen, im Allgemeinen zum Vorteile gereicht. Der Gemeindebeschluß entspricht hiernach dem Gesetze, falls er die Klassen der durch die Veranstaltung bevorteilten Grundbesitzer und falls er einen den Vorteilen entsprechenden Maßstab im Allgemeinen und in der Regel zutreffend bestimmt hat. Die Heranziehung des einer solchen Klasse angehörenden Eigentümers wird nicht um deswillen gesetzwidrig, weil er infolge besonderer, individueller Umstände keine oder keinen der Höhe des erforderten Beitrages entsprechenden Vorteil gehabt hat. Hat er z. B. das Grundstück erst neuerdings erworben und mit Rücksicht auf die infolge der Veranstaltung eingetretene Werterhöhung entsprechend höher bezahlt, so schließt dies nicht aus, daß ihm, als dem Eigentümer eines Grundstückes, das durch die Veranstaltuug in seiner Nutzbarkeit erhöht und dadurch dauernd bevorteilt ist, dieser Vorteil auch dann noch verbleibt und dauernd zu Gute kommt, obschon er den Gewinn, der aus der gleichzeitigen Steigerung des gemeinen Wertes durch Verkauf des Grundstückes etwa gezogen werden könnte, entweder noch nicht verwertet hat oder — weil die Wertssteigerung in die Zeit vor seinem Erwerbe fiel und von ihm in dem Kaufpreise bereits mitbezahlt ist — überhaupt nicht mehr in Geld umsetzen kann. Daß der die Beitragspflicht bedingende „wirtschaftliche Vorteil" ausschließlich nur in der Erhöhung des Verkaufswertes bestehen solle und nicht auch allein in der Erhöhung der Gebrauchsfähigkeit — falls nur diese und nicht jene dem zeitigen Eigentümer zu Gute kommt — bestehen könne, ist in dem Gesetze nicht ausgesprochen.

4. Mehrere Miteigentümer eines Grundstückes haften solidarisch. Denn die Beiträge ruhen auf den Grundstücken, haben also die Natur einer Reallast, die es mit sich bringt, daß von jedem Miteigentümer das Ganze gefordert werden kann.

Nr. 2. Entsch. Bd. XXXII S. 120 vom 20. November 1897 II C 248/97.

Komm.-Abg.-Ges. v. 14. VII. 93 (G.-S. S. 152) § 9.
Fluchtliniengeſ. v. 2. VII. 75 (G.-S. S. 561) § 15.

1. In der Stadt D. (Rheinprovinz) sind durch Ortsstatut vom 2./10. VI. 85 die Anlieger an den Straßen, die im § 15 des Fluchtliniengeſ. v. 2. VII. 75 bezeichnet sind, verpflichtet worden, im Falle eines Neubaues für die systematische Straßenentwässerung für das laufende Meter Baufront einen ortsstatutarischen Beitrag zu entrichten, der bis auf weiteres zu 20 Mk. für das laufende Meter Baufront festgesetzt und als ein solcher der öffentlichen Wegebaulast bezeichnet ist.

Sodann hat die Stadtverordnetenversammlung auf Grund des § 9 des Komm.-Abg.-Ges. beschlossen, daß vom 1. VII. 95 ab — an welchem Tage

[1]) Ebenso Entsch. Bd. XXXII S. 119 i. d. Anm. vom 3. November 1897 II C 191/97.

laut Polizeiverordnung v. 20. I. 94 der Anschlußzwang der Hausgrundstücke in Wirksamkeit trat — alle Eigentümer solcher Grundstücke, die an die unterirdischen öffentlichen Entwässerungsanlagen angeschlossen werden, zu den Kosten der Herstellung für jedes laufende Meter Straßenfront einen einmaligen Beitrag von 40 Mk., unter Anrechnung des etwa gezahlten Beitrages von 20 Mk. zu zahlen haben.

2. Eine Heranziehung auf Grund dieses Beschlusses widerspricht weder dem Ges. v. 2. VII. 75, noch dem vorangeführten Ortsstatute. Denn die Kanäle sind von vornherein neben der Straßenentwässerung zugleich für den ganz verschiedenen Zweck einer den anliegenden Grundbesitzern, keineswegs der Gemeinde obliegenden Verpflichtung der Entwässerung ihres Privateigentums hergestellt und bestimmt. Der letzteren Bestimmung werden die Kanäle erst durch den Hausanschluß dienstbar gemacht, und er ist es, der die Vorbedingung der neueingeführten Beitragspflicht bildet. Während daher die ältere auf Grund des Ges. v. 2. VII. 75 erhobene Abgabe lediglich die Kosten der Straßenanlage und -Entwässerung zu decken bezweckte, war schon früher die Gemeinde befugt, bei Benutzung der Kanäle zum Zwecke der Grundstücksentwässerung neben jenen Beiträgen noch eine weitere Abgabe in Form von Gebühren oder Zwecksteuern zu erheben. Sie ist daher durch das ältere Statut von 1885 auch nicht behindert, von der neu gewährten Ermächtigung aus § 9 des Komm.-Abg.-Ges. Gebrauch zu machen, indem sie zur weiteren Deckung der Herstellungskosten der im öffentlichen Interesse veranstalteten Kanalisation den Eigentümern derjenigen Grundstücke, die durch die Kanäle, insbesondere in Folge ihrer durch Hausanschluß bewirkten Entwässerung besondere wirtschaftliche Vorteile erlangen, einen weiteren, diesen entsprechenden Beitrag auferlegt.

Nr. 3. Entsch. Bd. XXXII S. 122 vom 3. November 1897 II C 652/96.

Komm.-Abg.-Ges. v. 14. VII. 93 (G.-S. S. 152) § 9.

1. Gemeindebeschlüsse oder Ortsstatute über die Erhebung von Beiträgen gemäß § 9 des Komm.-Abg.-Ges. werden hinsichtlich ihrer Gesetzmäßigkeit dadurch der Nachprüfung des Verwaltungsrichters nicht entzogen, daß ihre Anfechtung im Beschwerdewege unterblieben oder vergeblich versucht worden ist. Denn das im Komm.-Abg.-Ges. enthaltene zwingende Recht kann durch eine Ortssatzung nicht beseitigt werden, die formell richtig zu Stande gekommen ist.

2. Die Erhebung von Beiträgen ist auch für solche Veranstaltungen zulässig, deren Ausführung zur Zeit der Beschlußfassung über die Deckung ihrer Kosten bereits vollendet ist. Ingleichen steht nicht entgegen, daß die Kosten bereits aus bereiten Mitteln der Gemeindekasse bezahlt sind.

3. Die Eigenschaft einer Straße als einer historischen hindert die Erhebung von Beiträgen für Anlage von Bürgersteigen an ihr nicht. Denn der § 9 des Komm.-Abg.-Ges. läßt nach Wortlaut und Entstehung Beiträge zu für die Herstellung, wie für die Unterhaltung aller im öffentlichen Interesse erforderlichen Veranstaltungen der Gemeinde, daher auch für die der städtischen Straßen, soweit für sie nicht durch den folgenden § 10 und durch den § 15 des dort aufrecht erhaltenen Fluchtliniengesetz. v. 2. VII. 75 Abweichendes bestimmt ist. Der § 15 a. a. O. aber hat das Besteuerungsrecht der Gemeinden jedenfalls bezüglich der bei Erlaß des Gesetzes bereits vorhandenen und bebauten, sogenannten historischen Straßen überhaupt nicht betroffen.

4. Ebenso unzutreffend ist, daß solche Kosten nicht teilweise durch Beiträge aufgebracht werden dürfen, weil die Stadt mit jenen Kosten nicht eine freiwillige städtische Veranstaltung bestritten, sondern nur ihre öffentliche Pflicht erfüllt habe, und weil die hierzu erforderlichen Mittel von allen Einwohnern gleichmäßig aufgebracht werden müßten. Denn die Mittel für die Bestreitung der Gemeindeausgaben dürfen nach der unzweideutigen Vorschrift des § 2 des Komm.-Abg.-Ges. nur insoweit durch Ausschreibung allgemeiner Steuern aufgebracht werden, als dazu die sonstigen Einnahmen, insbesondere auch diejenigen aus Gebühren und Beiträgen nicht ausreichen. Dabei wird nicht unterschieden, ob das Geldbedürfnis durch die (mittels polizeilichen Zwanges oder aufsichtlicher Zwangsetatisierung veranlaßte oder freiwillige) Erfüllung einer öffentlich-rechtlichen Aufgabe oder außerhalb einer solchen entstanden ist. Es bildet vielmehr geradezu die Regel, daß eine Gemeinde mit ihren Ausgaben die ihr zugewiesenen öffentlichen Verpflichtungen erfüllt, und es ist unzweifelhaft die Absicht des Komm.-Abg.-Ges., daß alle und auch die Kosten, die durch jene öffentlichen Verpflichtungen entstehen, vorzugsweise von denjenigen aufgebracht werden, denen sie in erster Linie zu Gute kommen.

5. Dagegen ist es unzulässig, die Beiträge zur Unterhaltung einer bestimmten Veranstaltung nicht allen gleichartig dadurch bevorteilten Grundeigentümern, sondern nur einigen von ihnen aufzuerlegen.

Daher sind die Gemeinden zwar befugt, zur Deckung der gesammten Straßenunterhaltung von den bevorteilten Besitzern der an sämmtliche Straßen angrenzenden Grundstücke (oder den Gewerbetreibenden) Quoten der gesammten Unterhaltungskosten, die den erwachsenen Vorteilen entsprechen, als Beiträge zu erheben; sie mögen auch, falls dies dem Verhältnisse der Vorteile entsprechen sollte, die Beiträge so bemessen, daß jeder Besitzer einen gewissen Prozentsatz nicht ausnahmslos zu jeder einzelnen Straßenunterhaltungsausgabe, sondern nur zu solchen beiträgt, die gerade für den sein Grundstück begrenzenden Straßenzug aufgewendet sind; sie mögen endlich auch die Kosten nur einzelner Unterhaltungsarbeiten (z. B. nur die einer völligen Neupflasterung, nicht die bloßer Ausbesserungen, nur die der Bürgersteige und nicht des Fahrdammes) durch Beiträge, die übrigen dagegen aus allgemeinen Mitteln aufbringen lassen. Aber sie müssen die so geregelte Beitragspflicht gleichmäßig für die einheitliche städtische Veranstaltung, für die Unterhaltung des gesammten Straßennetzes festsetzen und dürfen sie nicht auf dessen Teile, auf einzelne bestimmte Straßenteile beschränken.

C. Indirekte Steuern.

1. Verbrauchssteuern.

Nr. 1. Entsch. Bd. XXXI S. 69 vom 6. März 1897 II C 449/96.

Zollvereinsvertr. v. 8. VII. 67 (B.-G.-Bl. S. 81) Art. 5 § 7 Abs. 2, § 8.
Ausf.-Anw. zum Komm.-Abg.-Ges. v. 10. V. 94 Art. 10 und Musterordnung dazu.

„Durchgeführtes Bier" im Gegensatz zum „eingeführten Bier" ist dasjenige Bier, das entweder ohne Unterbrechung des Transportes oder doch nur mit der im § 6 der Musterordnung bezeichneten Unterbrechung durch den Gemeindebezirk fortgeschafft wird, nicht aber dasjenige, das nach anders gearteter Lagerung im Gemeindebezirke aus diesem wieder „ausgeführt" wird. Auch das letztere gilt im Sinne des Zollvereinsvertrages als „zur örtlichen Konsumtion bestimmt" und darf nach diesem, wie nach dem Vereinszollgesetze von der Gemeinde besteuert werden, ohne daß für die Gemeinde eine reichsgesetzliche Verpflichtung zur Rückerstattung der Steuer bei der Wiederausfuhr besteht.

Nr. 2. Entsch. Bd. XXXII S. 90 vom 3. Juli 1897 II C 662/96.

Zollvereinigungsvertrag v. 8. VII. 67 (B.=G.=Bl. S. 81) Art. 5 II §§ 3, 4, 7.
Komm.=Abg.=Ges. v. 14. VII. 93 (G.=S. S. 152) § 14.

1. Bier, das in die Niederlage einer Brauerei in einem Gemeindebezirke eingebracht und später außerhalb des Gemeindebezirkes abgesetzt wird, gilt nicht als „durchgeführt“, sondern als „eingeführt“ im Sinne der örtlichen Steuerordnung. Vgl. E.=O.=V. Bd. XXXI S. 68.

Unter Durchführung ist nur ein wesentlich in einem Akte, insbesondere aber ohne Unterbrechung mittelst Lagerns in der Stadt sich vollziehendes Hindurchtransportieren zu verstehen.

2. Hat die Einfuhrgemeinde die Rückvergütung der Brausteuer bei der Ausfuhr des am Orte erzeugten, aber nicht diejenige der Biersteuer bei der Wiederausfuhr des von auswärts eingeführten Bieres vorgesehen, so verletzt die Steuerordnung weder die von der Verfassung oder anderen Gesetzen aufgestellten Grundsätze der Gleichheit aller Preußen vor dem Gesetze oder der gleichmäßigen Anwendung der Steuergesetze, denn jeder, der Bier in den Ort einführt, wird ohne Unterschied der Person gleich behandelt, noch befindet sie sich im Widerspruche mit dem Zollvereinsvertrage v. 8. VII. 67. Der Forderung des letzteren ist genügt, wenn das Erzeugnis eines anderen Vereinsstaates bei der Einfuhr nicht schwerer belastet wird, als es mit dem inländischen bei der Hervorbringung geschieht. Vgl. E.=O.=V. Bd. XVI S. 181.

Nr. 3. Entsch. Bd. XXXII S. 84 vom 3. Juli 1897 II C 455/96.

Zollvereinigungsvertrag v. 8. VII. 67 (B.=G.=Bl. S. 81) Art. 5 II § 2—5, 7.
Komm.=Abg.=Ges. v. 14. VII. 93 (G.=S. S. 152) § 14.

1. Aus Art. 5 II § 7 des Zollvereinigungsvertrages v. 8. VII. 67 ist nicht zu folgern, daß die Erhebung der Biersteuer im Höchstbetrage von 65 ₰ für das Hektoliter des aus anderen Gemeinden eingeführten Bieres ausgeschlossen dadurch wird, daß

a) das eingeführte Bier bereits von der Gemeinde seines Erzeugungsortes mit einem Brausteuer=Zuschlage belegt war, oder daß
b) in der Einfuhrgemeinde das am Orte erzeugte Bier mit einem geringeren Brausteuerzuschlage als 65 ₰ für das Hektoliter belastet ist.

2. Zu Nr. 1 ist zu bemerken, daß die Anrechnung der in der einen Gemeinde entrichteten Steuer auf diejenige einer anderen, später zur Besteuerung gelangenden Gemeinde nicht allein praktisch kaum ausführbar wäre, sondern auch die größte Unbilligkeit enthielte, indem dadurch diejenige Gemeinde, in der das Bier zuletzt wirklich zum Konsume gelangt, durch die übrigen um ihr Steuerrecht völlig verkürzt werden könnte. In der That hat denn auch der Vertrag den Gemeinden — in gleicher Weise wie den Staaten selbst — das Recht, eine Abgabe von bestimmter Höhe zu erheben, gewährt, ohne irgend welche Anrechnung auf den zugelassenen Betrag vorzuschreiben, oder jenes von der Rückvergütung oder Nichterhebung einer früher in einer anderen Gemeinde fällig gewordener Steuer abhängig zu machen.

3. Ebensowenig ist in Art. 5 II. § 3, der den von dem § 7 für die Gemeindebesteuerung nur übernommenen Grundsatz der Gleichmäßigkeit aufstellt und im einzelnen anwendet, vorgesehen, daß der Vereinsstaat, der die Hervorbringung mit Steuer belegt, den unter den verschiedenen Verhältnissen thatsächlich von einer gewissen Menge des Erzeugnisses erhobenen Betrag der Steuer bei der Einfuhr gleicher Gegenstände erheben könne, sondern er hat vorsorglich bestimmt, daß „der gesetzliche Betrag" dieser Abgabe als Eingangssteuer voll in Ansatz gebracht, d. h. daß ein einheitlicher Normalsatz (als gesetzlicher Betrag) erhoben werden dürfe. Demnach können auch die Gemeinden als denjenigen Betrag, der nach ihrem Ortsgesetze an Brausteuer auf das Hektoliter einheimischen Bieres entfallen wird und der demnach als Einfuhrabgabe erhoben werden darf, einen Normalsatz annehmen. Wird nun nach der Steuerordnung der Gemeinde ein Bruchteil von 50 Prozent dieses Normalsatzes, als welcher der Betrag von 2 Mk. auf 50 kg Braumalz unter Festsetzung eines normalen Ausbeuteverhältnisses von 1 Hektoliter Bier auf 50 kg Malz nach den maßgebenden Bestimmungen angenommen werden darf, erhoben, so übersteigt dieser Betrag die Einfuhrsteuer von 0,65 Mk. und ist daher durchaus gesetzlich, mag auch thatsächlich das Ausbeuteverhältnis ein größeres und dadurch der Brausteuerzuschlag in Wirklichkeit geringer sein, als die Steuer von eingeführtem Bier.

Nr. 4. Entsch. v. 10. III. 97 Nr. II 518.

Komm.-Abg.-Ges. v. 14. VII. 93 (G.-S. S. 152) §§ 19, 69, 70.

1. Durch § 19 des Komm.-Abg.-Ges. sind die bestehenden Bestimmungen wegen der Befreiung der Militärspeiseeinrichtungen und ähnlicher Militäranstalten von den Verbrauchssteuern ausdrücklich aufrecht erhalten. Der in ihnen vorgesehene Anspruch auf Rückvergütung der Schlachtsteuer ist nicht auf das in Garnisonen verzehrte Fleisch beschränkt, sondern erstreckt sich auf alles auch außerhalb jener in Lägern, Kantonnements u. s. w. verzehrte. Ebensowenig ist er dadurch bedingt, daß die Konsumtionsstelle innerhalb des städtischen Schlachtsteuerbezirkes liegt, das konsumierte Fleisch muß nur als bereits versteuert genau nachgewiesen und kontrolliert, der Identitätsnachweis geführt werden können.

2. Zu verfolgen ist der Anspruch auf Rückvergütung nicht durch Einspruch im engeren Sinne, sondern durch die durch § 69 des Komm.-Abg.-Ges. mitumfaßte Beschwerde, die sich vom Einspruche dadurch unterscheidet, daß bei ihr nicht die Rechtmäßigkeit der ursprünglichen Steuerforderung bestritten, sondern lediglich behauptet wird, es sei die ursprünglich rechtmäßige Forderung durch den Eintritt späterer Umstände nachträglich ganz oder teilweise zu einer rechtswidrigen geworden. Sie ist weder an eine Frist gebunden, noch bedarf sie schon anfänglich einer ziffermäßigen Begrenzung.

2. Lustbarkeitssteuern.

Litteratur: Aßmann, Veranstaltung und Besteuerung der Lustbarkeiten, Mühlheim 1897.

Nr. 1. Entsch. Bd. XXX S. 113 vom 7. Oktober 1896 II C 225/96.

Komm.-Abg.-Ges. v. 14. VII. 93 (G.-S. S. 152) § 15.

Das Muster einer Ordnung, betreffend die Erhebung von Lustbarkeitssteuern hat dadurch, daß es in gewissen Fällen die Höhe der

Steuer nach dem Eintrittsgelde abstuft, in diesen Fällen unentgeltliche Darbietungen nicht für steuerfrei erklärt.

Nr. 2. Entsch. Bd. XXXII S. 98 vom 23. Juni 1897 II C 738/96.

Komm.-Abg.-Ges. v. 14. VII. 93 (G.-S. S. 152) § 15.

1. Sieht eine Steuerordnung eine Lustbarkeitssteuer für Vorträge auf mechanischen Musikinstrumenten in Gastwirtschaften, Schankstuben, öffentlichen Vergnügungslokalen, Buden und Zelten vor, so ist der Thatbestand der Steuerpflicht auch dann gegeben, wenn Musikautomaten in dem jedermann zugänglichen Geschäftslokale einer Automatengesellschaft aufgestellt sind. Insbesondere steht außer Zweifel, daß letzteres ein öffentliches Vergnügungslokal darstellt. Denn es ergiebt sich gerade aus der Nebeneinanderstellung von Schank- und Gastwirtschaften einerseits mit Vergnügungslokalen und weiter mit Buden und Zelten andererseits, daß unter Vergnügungslokalen alle diejenigen Lokale zu verstehen sind, die zum Zwecke von Vergnügungen thatsächlich dienen, namentlich auch lediglich für musikalische und deklamatorische Vorträge bestimmt sind oder bestimmt werden. Ihm fehlt aber auch der Charakter der Öffentlichkeit nicht, da zu ihm der freie Zutritt jedermann, also dem Publikum, offensteht und zwar selbst dann, wenn diese Zugänglichkeit keine absolute, sondern noch an die Erfüllung gewisser besonderer Bedingungen, wie Eintrittsgeld, Anzug und dergleichen geknüpft werden. Vgl. E.-O.-V. Bd. XVIII S. 425 und XXII S. 414.

2. Als Veranstalter und als steuerpflichtig ist derjenige zu erachten, der das Instrument (den Automaten) zum Zwecke der jederzeitigen, beliebigen Inbetriebsetzung durch die Besucher des Lokales aufstellt und betriebsfähig erhält.

Nr. 3. Entsch. Bd. XXXII S. 104 vom 7. Juli 1897 II C 691/96.

Komm.-Abg.-Ges. v. 14. VII. 93 (G.-S. S. 152) § 15 und Ausf.-Anw. v. 10. V. 94 Art. 11.

Unter den Begriff der Lustbarkeit fällt die Darbietung von Vorträgen oder Bildwerken dann, wenn deren Veranstalter die Besucher zu ergötzen oder zu unterhalten beabsichtigt. Dagegen ist die Absicht der Besucher oder die thatsächlich bei diesen erzeugte Wirkung ebensowenig entscheidend, wie die weiteren Zwecke, die der Veranstalter mittels der Darbietung verfolgt, insbesondere der auf Gewinn gerichtete Zweck, wenngleich aus ihm vielfach darauf geschlossen werden kann, daß der Veranstaltung die Absicht, zu unterhalten, zu Grunde liegt.

Liegt jener Thatbestand, z. B. bei der Ausstellung eines Rundgemäldes, betr. die Kreuzigung Christi, gegen Eintrittsgeld, vor, so ist deren Besteuerung als Lustbarkeit nicht unzulässig.

3. Umsatzsteuern.

Nr. 1. Entsch. Bd. XXX S. 75 vom 30. September 1896 II C 202/96.

Ges. v. 5. V. 72 (G.-S. S. 433) über den Eigentumserwerb und die dingliche Belastung der Grundstücke, Bergwerke und selbständigen Gerechtigkeiten, § 1.

Erhebt eine Gemeinde eine Umsatzsteuer von jedem auf Grund einer freiwilligen Veräußerung erfolgenden Eigentumserwerbe eines im Gemeindebezirke belegenen Grundstückes, so ist die Steuer weder auf den obligatorischen Akt des Verkaufes noch auf die Besitzübertragung an dem veräußerten Grundeigentume, sondern erst auf den in Folge der freiwilligen Veräußerung demnächst eingetretenen Erwerb des Eigentumes am Grundstücke gelegt. Dieser hat sich erst mit der Auflassung vollzogen. Die Auflassung und die sich anschließende Eintragung in das Grundbuch hat keineswegs eine blos formale Bedeutung, sondern sie erst ist es, die nach § 1 des Ges. über den Eigentumserwerb und die dingliche Belastung der Grundstücke, Bergwerke und selbständigen Gerechtigkeiten v. 5. V. 72 das bis dahin nicht vorhanden gewesene Eigentum verleiht.

Wenn daher bei einer freiwilligen Veräußerung eines Grundstückes der Vertragsabschluß vor Einführung der Umsatzsteuer, die Auflassung aber erst nachher stattgefunden hat, so wird die Steuerpflicht gleichwohl begründet.

Nr. 2. Entsch. v. 20. I. 97 Nr. II 133.

Komm.-Abg.-Ges. v. 14. VII. 93 (G.-S. S. 152) §§ 13, 18.

Unterwirft eine Umsatzsteuer-Ordnung jeden auf Grund einer freiwilligen Veräußerung erfolgenden Eigentumserwerb der Steuerpflicht, so ist diese — als die öffentlich-rechtliche Wirkung eines privatrechtlichen Vorganges — in dem Zeitpunkte entstanden, in dem privatrechtlich das Eigentum als erworben gilt. Dies ist im Gebiete des Rheinischen Rechtes, soweit das Grundbuchrecht noch nicht eingeführt ist, im Augenblicke des Abschlusses des notariellen Kaufvertrages, nicht seiner, mit rückwirkender Kraft erfolgenden Genehmigung seitens staatlicher Aufsichtsorgane 2c., der Fall.

Wo dagegen im Gebiete des Rheinischen Rechtes das Grundbuchrecht bereits eingeführt ist, ist da das Rheinische Grundbuchrecht abweichend vom Ges. v. 5. V. 72 die Auflassung außer vor dem zuständigen Amtsgerichte auch vor einem deutschen Notar oder in Landesteilen, in denen die Gerichte zur Aufnahme von Verträgen zuständig sind, vor solchen zuläßt, ohne die Bestimmung des sofortigen Anschlusses der Eintragung zu ändern, jener Moment der Auflassung für die Steuerpflicht maßgebend, sofern auf deren Grund die Eintragung erfolgt. Denn der durch diese erst vollendete Eigentumserwerb gilt rückwärts als zur Zeit jener eingetreten. Entsch. v. 24. IV. 97 Nr. II 786.

Nr. 3. Entsch. v. 6. VII. 97 Nr. I 1069.

Ist durch eine Umsatzsteuerordnung die Steuerpflicht an den Erwerb des Eigentumes geknüpft, so ist die Steuerpflicht begründet, sobald bei einer freiwilligen Veräußerung eines Grundstückes die Auflassung unter der Herrschaft der Steuerordnung erfolgt ist; darauf, ob der Abschluß des Kaufvertrages vor Einführung der Umsatzsteuer erfolgt ist, kommt es nicht an.

Nr. 4. Entsch. v. 2. III. 98 Nr. II 355.

Der Wert der Bauwerke, die von dem Erwerber eines Grundstückes nach erfolgter Besitzübertragung für eigene Rechnung auf diesem zwischen Kauf und Auflassung errichtet sind, gehört im Gebiete weder des Allgemeinen Land- noch des Gemeinen Rechtes zu dem „Werte des veräußerten Gegenstandes zur Zeit des Eigentumswechsels“ und ist der Umsatzsteuer nicht unterworfen.

Nr. 5. Entsch. Bd. XXXII S. 71 vom 22. September 1897 II C 188/97.

Komm.-Abg.-Ges. v. 14. VII. 93 (G.-S. S. 152) §§ 13, 18.

Wenn ein Kaufvertrag geschlossen ist, und wenn nach der Uebergabe verborgene Mängel auch in gewöhnlich vorausgesetzten Eigenschaften der Kaufsache hervortreten, so hat im Gebiete des A.-L.-R.'s der Käufer die Wahl, ob er einfach bei dem Vertrage stehen bleiben oder zugleich die Minderung des Kaufpreises verlangen oder endlich von dem Vertrage nach den näheren Bestimmungen der §§ 317 ff. Tit. 5 Th. I a. a. O. unter Zurückgabe der Sache wieder abgehen will. Er ist durch die Vertragserfüllung mittels Uebergabe und Auflassung voller Eigentümer geworden, und es hängt ausschließlich von seinem freien Willen ab, ob er sich des Sacheigentumes wieder entäußern und es auf den Verkäufer zurückübertragen will. Wählt er den Rücktritt vom Vertrage unter Zurückgabe der Sache und erzwingt er ihn durch rechtskräftiges Urteil, so fällt diese Willenserklärung der Rückübertragung, wenn ihr auch freilich die wesentlichen Eigenschaften des Kaufes selbst abgehen, doch unter den Gesetzesausdruck der Veräußerung im weiteren Sinne als eines Rechtsgeschäftes, durch das Jemand ein ihm zustehendes Recht auf einen Anderen überträgt. Aber auch auf Seiten des Rückerwerbenden liegt Freiwilligkeit des Veräußerungsgeschäftes vor und zwar schon in dem Abschlusse des ursprünglichen Kaufvertrages, mag er auch zur Zurücknahme der Sache durch gerichtliches Urteil gezwungen werden. Denn wer einen derartigen Kaufvertrag abschließt, unterwirft sich damit von vornherein auch der Verpflichtung, dem Käufer für Mängel der Sache im gesetzlichen Umfange nachzukommen, im Falle der Redhibition also durch Rückerwerb den früheren Zustand wiederherzustellen.

Ein auf Grund freiwilliger Veräußerung bewirkter, steuerpflichtiger Eigentumserwerb ist hiernach in der Rückauflassung eines Grundstückes an den Verkäufer selbst dann anzunehmen, wenn diese nicht in Folge freiwilliger Aufhebung des Vertrages, sondern vermöge gerichtlichen Urteiles in Folge einer Redhibitionsklage erfolgte.

Nr. 6. Entsch. v. 12. I. 98 Nr. II 57.

Umsatzsteuer ist sowohl für die Veräußerung, wie für die — freiwillig wegen Betruges erfolgte — Rückveräußerung eines Grundstückes zu zahlen, da hier — abweichend von der Anfechtung wegen Konkurses — die Pflicht zur Rückauflassung aus dem ersten Vertrage entspringt.

Nr. 7. Entsch. v. 20. XI. 97 Nr. II 1875.

Wenn nach der Musterordnung betr. Erhebung einer Umsatzsteuer bezüglich der Befreiungen und Ermäßigungen die Bestimmungen der Landesgesetze über den Urkundenstempel analog anzuwenden sind, so sind dies

1. die jeweils geltenden Landesgesetze und jetzt dasjenige v. 31. VII. 95 und
2. nicht nur die generellen Bestimmungen seiner §§ 4 und 5, sondern auch die besonderen, in dem zugehörigen Tarife enthaltenen Bestimmungen, nach denen wegen des, den Eigentumserwerb beurkundenden Rechtsgeschäftes ein Stempel nicht erhoben wird.

Nach dem Schlußabsatze zu 2 der Tarifnummer 32 sind daher — da die lokale Ordnung Gegenteiliges nicht enthält — alle Eigentumsübertragungen von Ascendenten auf Descendenten von der Umsatzsteuer frei.

Nr. 8. Entsch. Bd. XXX S. 77 vom 2. Dezember 1896 II C 324/96.

Die durch Runderlaß der Minister des Innern und der Finanzen v. 26. II. 95 als Muster mitgeteilte Umsatzsteuerordnung verpflichtet grundsätzlich Veräußerer und Erwerber solidarisch und nicht pro rata.[1])

---

[1]) Die Minister des Innern und der Finanzen haben durch Cirkularerlaß v. 26. II. 1895 (vgl. M.-Bl. 1895 S. 112) ein Muster für eine Umsatzsteuerordnung mitgeteilt und durch Runderlaß v. 5. IV. 96 in Rücksicht auf das am 1. IV. 96 in Kraft getretene Stempelsteuer-Ges. v. 31. VII. 95 und auf das Ges., betr. die Erbschaftssteuer von demselben Tage, jenes erste Muster in einigen Punkten abgeändert.

Nr. 9. Entsch. Bd. XXX S. 78 vom 28. November 1896 II C 310/96.

Hand.-G.-B. v. 5. VI. 69 (B.-G.-Bl. S. 379) Art. 91, 99—104.

Ein Eigentumswechsel im Sinne einer hierauf gelegten Umsatzsteuer ist auch dann vorhanden, wenn der bisherige Alleininhaber der Firma einer offenen Handelsgesellschaft unter der alten Firma eine neue offene Handelsgesellschaft begründet und in diese neue Gesellschaft ein bisher auf seinen Namen eingetragenes Grundstück einbringt.

Allerdings ist die offene Handelsgesellschaft keine besondere, von derjenigen ihrer Mitglieder getrennte Rechtspersönlichkeit, wohl aber besteht ein eigenes, durch die Einlagen und den Erwerb gebildetes, von dem Privatvermögen der Mitglieder gesondertes Gesellschaftsvermögen. Subjekte dieses Vermögens sind die Gesellschafter dergestalt, daß dem Einzelnen weder ein nach ideellen Quoten geteiltes Miteigentum, noch ein nach Quoten geteiltes Anteilsrecht an dem Inbegriffe des Vermögens, sondern nur ein zeitlich wechselnder und erst bei seinem Austritte effektiv zu bestimmender Anspruch auf einen Wert- oder Summenbetrag zusteht. — An den einzelnen Sachen des Gesellschaftsvermögens, Aktivis wie Immobilien, hat der einzelne Gesellschafter kein — auch nur anteiliges — Recht. Alle rechtlichen Funktionen des Eigentumes sind in der (unter der Firma zusammengefaßten und gemäß Art. 99 bis 104 des H.-G.-B.'s vertretenen) Gesammtheit der Gesellschafter vereinigt, während zur Ausgleichung der Wertsansprüche jedes Einzelmitgliedes das Gesellschaftsvermögen die gemeinschaftlichen Mittel gewährt.

Läßt sich nun aus diesen Grundsätzen folgern, daß, wenn die beiden einzigen Mitglieder einer offenen Handelsgesellschaft ein Grundstück, das bisher in deren beiderseitigem Miteigentume stand, in das Gesellschaftsvermögen einbringen, diese Sache dadurch ihren Eigentümer nicht gewechselt hat, so trifft dieser Gesichtspunkt nicht zu, wenn „einer der Gesellschafter eine Sache, die ihm bisher allein gehört hatte, eingebracht hat. Hier scheidet die dem Vermögen der Gesellschaft einverleibte Sache nicht nur aus dem Sondervermögen des einen Gesellschafters aus, sondern durch die Einwerfung in das, einer Mehrheit von Personen unterstellte, Gesellschaftsvermögen empfängt sie insofern einen neuen Herrn, als an die Stelle des bis dahin alleinberechtigten, inferierenden Sozius der Kreis der gemeinsam berechtigten Gesellschafter tritt. Darnach erscheint die Illation in einem solchen Falle als eine „Veräußerung".

Nr. 10. Entsch. Bd. XXXI S. 43 vom 10. Februar 1897 II C 18/97.

Die offene Handelsgesellschaft ist kein besonderes, neben ihren Mitgliedern bestehendes Rechtssubjekt. Wohl aber besteht ein, von dem Privatvermögen der Mitglieder gesondertes Gesellschaftsvermögen, dessen Träger die Gesellschafter in ihrer Gesammtheit sind, dergestalt, daß dem Einzelnen weder ein nach Quoten geteiltes Anteilsrecht an dem Inbegriffe des Vermögens oder an dessen einzelnen Bestandteilen, sondern nur ein zeitlich wechselnder und erst bei seinem Austritt effektiv zu bestimmender Anspruch auf einen Wert- oder Summenbetrag zukommt. Vgl. E.-O.-V. Bd. XXX S. 79.

Demzufolge ist — wie das Reichsgericht (Entsch. Bd. 25 S. 256 ff.) eingehend dargelegt hat — in dem Vertrage, durch den zwischen dem ausscheidenden Gesellschafter und den anderen die Gemeinschaft fortsetzenden Sozien der Austritt des ersteren und die ihm in Folge dessen zu gewährende Geldsumme vereinbart wird, zwar eine Abtretung der dem Ausscheidenden zustehenden gesellschaftlichen Rechte an die in der Gesellschaft Verbleibenden enthalten, nicht aber die Übertragung, die Veräußerung des Eigentumes an den, im Gesellschaftsvermögen befindlichen, körperlichen Sachen. Und dem ist — wie weiter noch besonders hervorgehoben wird — derjenige Fall rechtlich gleich zu beurteilen, wenn bei einer aus nur zwei Personen bestehenden Gesellschaft der eine ausscheidet und dem anderen vertragsmäßig das ganze Gesellschaftsvermögen gegen Zahlung oder Kreditierung einer bestimmten Geldsumme belassen wird. Denn obwohl hier die Gesellschaft erlischt, *veräußert der Austretende nicht das Eigentum an den Gesellschaftssachen.* Er giebt vielmehr nur die Gesammtheit seiner gesellschaftlichen Rechte auf, sodaß *diese Gesammtheit auf die Person des andern Gesellschafters* übergeht. Auch der Umstand, daß dann die in der Person des letzteren vereinigten, bisherigen Rechte beider Gesellschafter sich in Eigentum an jenen Sachen umsetzen, erscheint dem Reichsgerichte nicht geeignet, dieses Eigentum als den Gegenstand der Übertragung anzusehen, sondern es erblickt diesen Gegenstand lediglich in dem des Eigentumes nicht fähigen gesellschaftlichen Rechte.

Wenn daher aus einer offenen Handelsgesellschaft, die Grundstücke besitzt und nur von zwei Gesellschaftern gebildet wird, der eine unter Übereignung der Aktiva und Passiva an den anderen ausscheidet, so bleibt *der letztere, in Folge der Vereinigung aller Gesellschaftsrechte in seiner Person, der alleinige Träger des Gesellschaftsvermögens* und damit auch des Eigentumes an den Grundstücken. Eine *umsatzsteuerpflichtige Grundstücksveräußerung liegt* mithin in einem solchem Falle *nicht* vor.

Nr. 11. Entsch. Bd. **XXXII** S. 75 vom 10. November 1897 II C 397/97.

Komm.-Abg.-Ges. v. 14. VII. 93 (G.-S. S. 152) §§ 13, 18.
Ges. v. 20. IV. 92 (R.-G.-Bl. S. 477), betr. die Gesellschaften mit beschränkter Haftung, §§ 13, 79. Hand.-G.-B. Art. 207, 213, 216.

1. Der Wirkliche Geheime Rat Hermann D. zu B. und sechs andere Personen bildeten im Jahre 1872 behufs Ankaufes und Verwertung verschiedener in C. belegener Grundstückskomplexe eine, den Bestimmungen des A.-L.-R.'s Tit. 17 T. I Abschn. 3 unterliegende Gesellschaft. Während zunächst zur Erleichterung des Geschäftsverkehres nur drei Gesellschafter im Grundbuche als Eigentümer eingetragen waren, wurden später alle Gesellschafter unter Bezeichnung der ihnen zustehenden Quoten als Miteigentümer eingetragen. In der Folge (1896) gründeten die Gesellschafter eine Gesellschaft mit beschränkter Haftpflicht und übereigneten dieser die Grundstücke durch Auflassung und Eintragung im Grundbuche. Die einzelnen Mitglieder der Gesellschaft wurden deshalb *in ihrer Eigenschaft als Veräußerer nach Maßgabe der auf sie entfallenden Quoten zur Umsatzsteuer* herangezogen.

2. Das O.-V.-G. billigte diese Heranziehung, da die Grundstücke *in das Eigentum eines von den bisherigen Eigentümern verschiedenen Rechtssubjektes* übergegangen seien und daher in der Einbringung der Grundstücke in das Gesellschaftsvermögen ein Eigentumsübergang auf Grund freiwilliger Veräußerung erblickt werden müsse. Die Gründe waren kurz folgende:

3. Ebenso, wie dies bezüglich der Aktiengesellschaften seitens des Reichsgerichtes (vgl. Entsch. in Civ. Bd. VI S. 71, VII S. 69, XXIII S. 202, in Straff. Bd. VIII S. 133) stets anerkannt ist, steht auch für *die Gesellschaften mit beschränkter Haftung* außer Zweifel, daß sie *ein von den physischen Personen ihrer Mitglieder losgelöstes selbst-*

ständiges Rechtssubjekt bilden, mögen diese nichtphysischen Rechtsträger auch auf dem Gebiete des öffentlichen Rechtes nicht in allen Beziehungen den „juristischen Personen" im Sinne der Kommunalgesetzgebung gleichstehen. Vgl. E.-O.-V. Bd. XXVII S. 41, XXIX S. 7, XXX S. 1, E.-O.-V. in St. Bd. IV S. 27, V S. 317.[1])

Die Gesellschafter stehen der Aktiengesellschaft sowohl, wie der Gesellschaft mit beschränkter Haftung dergestalt gegenüber, daß ihre Rechte in Ansehung der zum Gesellschaftsvermögen gehörenden Sachen nicht als Sachenrechte, sondern als lediglich obligatorische Rechte anzusehen sind. Hat aber das einzelne Mitglied einer Aktiengesellschaft oder einer Gesellschaft mit beschränkter Haftung keine Eigentumsrechte an den zum Gesellschaftsvermögen gehörenden Sachen, und verbleiben ihm mithin solche auch nicht an den Sachen, die es in das Gesellschaftsvermögen einbringt, so folgt hieraus, daß sich durch die Illation von Sachen eines Gesellschafters in die Gesellschaft der Übergang des Eigentumes von einem Rechtssubjekte auf ein anderes Rechtssubjekt, ein Erwerb des Eigentumes durch die Gesellschaft bei gleichzeitigem Untergange des Eigentumes des Gesellschafters, mithin eine Veräußerung, vollzieht.

Die Gesellschaft mit beschränkter Haftung, die durch Umwandlung aus einer anderen als aus einer Aktiengesellschaft entstanden ist, unterliegt daher wegen der eingebrachten Grundstücke der Umsatzsteuer.[2])

Nr. 12. Entsch. v. 28. IV. 97 Nr. II 802.

1. Handelt es sich um Erhebung der Umsatzsteuer bei Auseinandersetzung zwischen Miteigentümern (§ 4 der Musterordnung v. 26. II. 95), so wird bei dem zu solchem Zwecke erfolgenden Grundstückserwerbe seitens eines Miteigentümers das Steuerobjekt nicht gebildet durch den Wert des neu erworbenen Anteiles an dem früher gemeinschaftlichen Grundstücke, sondern nur durch dasjenige, was jener in diesem Werte mehr erhält, als er in seinem früheren Anteile an sämmtlichen Immobiliar- und Mobiliarwerten der Teilungsmasse bereits hatte.

2. Als Miteigentum gilt nicht nur das römische zu ideellen Anteilen, sondern auch das deutschrechtliche, insbesondere das der ehelichen Gütergemeinschaft.

---

[1]) Ebenso Entsch. v. 7. VII. 97 Nr. II 1246. Die Gründer einer Gesellschaft mit beschränkter Haftung sind als physische Personen von dem selbständigen Rechtssubjekte der Gesellschaft verschieden. Daher enthält die Übertragung der ihnen an den Grundstücken zustehenden Rechte eine Entäußerung des Sondervermögens eines jeden Gründers an die neue selbständige, durch die Registrierung ins Leben tretende Gesellschaft, und es dient der Gründungsvertrag zur Veräußerung von Sacheigentum an das neue, getrennt von den Einzelnen bestehende Subjekt. Soweit dabei der Gründungsvertrag den förmlichen Eigentumsübergang nur vorbereitet, hat dieser jedenfalls seine Vollendung durch die Registrierung der Gesellschaft (§ 11 d. Ges. v. 20. IV. 92) die Auflassungsverhandlung und die grundbuchrichterliche Eintragung erhalten.

Die Erhebung einer Umsatzsteuer ist also wegen der bei der Gründung eingebrachten Grundstücke auch dann begründet, wenn solche schon vorher Miteigentum aller Gesellschafter und nur solcher waren.

[2]) Doch unterliegt trotz § 79 des Ges. v. 20. IV. 92 gemäß Entsch. v. 6. X. 97 Nr. II 1633 auch die durch Umwandlung aus einer Aktiengesellschaft entstandenen Gesellschaft mit beschränkter Haftung der Umsatzsteuerpflicht wegen der eingebrachten Grundstücke ausnahmsweise dann, wenn durch die lokale Steuerordnung die Abgabe auf jeden, auch auf den nicht durch Veräußerung bewirkten Eigentumsübergang bebauter oder unbebauter Grundstücke (durch Eintragung eines neuen Eigentümers im Grundbuche) gelegt ist. Die gesetzlichen Schranken überschreitet eine solche abweichende Steuerordnung nicht.

Nr. 13. Entsch. v. 28. X. 96 Nr. II 2120.

Die Verordnung über die gerichtlichen Transskriptionen, Währschaften zc., d. d. Frankfurt a/M., 16. III. 20 Art. 6 knüpft das Recht zur Erhebung der Währschaftsgebühren (einer Art Umsatzsteuer) an zwei Voraussetzungen, einmal die Besitzveränderung und zweitens einen onerosen Rechtstitel, d. i. eine Veräußerung, die, wie Verkäufe, Tauschhandlungen, Abtretungen an Zahlungsstatt u. dergl. mehr gegen Vergütung geschehen. Zu diesen onerosen Rechtsgeschäften gehört die Realisierung des Mitgliedschaftsrechtes bei Auflösung einer Aktiengesellschaft (Teilung des Gesellschaftsvermögens unter die Aktionäre) nicht. — Dagegen liegt ein oneroser Titel, der zum Währschaftsgelde verpflichtet, vor, wenn Eltern ihrem Sohne in einem Überlassungsvertrage ein Haus gegen einen Preis von 100 000 überlassen haben derart, daß der Sohn eine auf dem Hause lastende Hypothek von 39 000 Mk. als Selbstschuldner übernimmt, während er sich die übrigen 61 000 Mk. dereinst auf sein Erbteil anrechnen lassen, sie auch den Eltern bis an ihr Lebensende mit 5 Prozent verzinsen muß. Vergl. Entsch. v. 19. IX. 93 (Pr. V.-Bl. Bd. XV S. 73).

Nr. 14. Entsch. Bd. XXXI S. 47 vom 10. März 1897 II C 318/96.

1. Das Ziel des Einspruches in Kommunalsteuerangelegenheiten ist gänzliche oder teilweise Steuerbefreiung. Wie der Einspruch begründet wird, ist nicht von Belang, sodaß die Klage, sofern sie nur über das Ziel des Einspruches nicht hinausgeht, auch anders begründet werden kann, wie der Einspruch.

2. § 8 einer Steuerordnung lautete:

> „Die Wertermittelung ist in denjenigen Fällen, in welchen die Steuer von dem Werte des Grundstückes zu berechnen ist, auf den gemeinen Wert des Gegenstandes zur Zeit des Eigentumswechsels zu richten.
>
> In keinem Falle darf ein geringerer Wert versteuert werden, als der zwischen dem Veräußerer und dem Erwerber bedungene Preis mit Einschluß der vom Erwerber übernommenen Lasten und Leistungen und unter Zurechnung der vorbehaltenen Nutzungen. Die auf dem Gegenstande haftenden gemeinen Lasten werden hierbei nicht mitgerechnet; Renten und andere zu gewissen Zeiten wiederkehrende Leistungen werden nach den Vorschriften des Ges. betr. die Erbschaftssteuer v. $\frac{30. \text{ V. } 76}{19. \text{ V. } 91}$ §§ 15 bis 19 kapitalisiert."

Dieser Wortlaut stellt es außer Zweifel, daß hier Eigentumsbeschränkungen, wie Altenteile, Renten, Nießbrauchsrechte und dergl. unter den vorbehaltenen Nutzungen zu verstehen sind, die den in Ziffern ausgedrückten Kaufpreis im engeren Sinne erhöhen und darum bei Berechnung der Umsatzsteuer und des für sie maßgeblichen Wertes mit in Anrechnung kommen sollen. Apothekenprivilegien können dagegen zu ihnen nicht gezählt werden.

3. Die Apotheken-Berechtigungen oder -Gerechtigkeiten unterliegen der auf den Erwerb von Grundstücken gelegten Umsatzsteuer nicht.[1])

[1]) Dasselbe gilt von dem sog. Brennereikontingent. Die darin liegende, von 3 zu 3 Jahren neu zu bemessende Steuerbegünstigung ist im Gesetze keineswegs mit einer bestimmten Liegenschaft oder einem bestimmten Brennereigebäude realiter verknüpft, sondern sie steht einem jeden Unternehmer zu, der die betr. Brennerei betreibt, gleichviel ob er Grundeigentümer ist oder nicht. Auch in jenem Falle ist er nicht gehindert, über das Grundstückseigentum und über das Brennereigeschäft besonders zu verfügen. Das Kontingent ist kein Bestandteil des Grundstückes, auch wenn zugleich mit dem letzteren das Brennereigeschäft veräußert wird. Entsch. v. 2. X. 97 Nr. II 1614.

Allerdings sind, soweit die älteren Landesteile in Betracht kommen, die vor oder auf Grund der Apothekerordn. v. 11. X. 01 (Rabe Bd. VI S. 610) erteilten Apothekenprivilegien durch das Gewerbesteuered. v. 2. XI. 10 (G.=S. S. 79) ihrer rechtlichen Natur als Realgerechtigkeiten nicht entkleidet worden und können nach wie vor verpfändet, veräußert und vererbt werden. Sie können gleich einem Grundstücke namentlich auch ein eigenes Blatt im Grundbuche erhalten, oder als Pertinenz eines Grundstückes an dessen Rechten teilnehmen und auf dem Blatte dieses Grundstückes eingetragen werden. Daraus folgt aber in keiner Weise, daß die Gerechtigkeit nunmehr auch in allen rechtlichen Beziehungen als ein Grundstück im gemeinen Wortverstande oder als Teil eines solchen (Substanzteil) zu gelten habe. Die rechtliche Gleichstellung buchungsfähiger Berechtigungen mit den Grundstücken findet an der verschiedenen Natur des Gegenstandes ihre (notwendige) Schranke.

Insbesondere sind auf dem Gebiete des Steuerrechtes Gerechtigkeiten, die zivilistisch als Immobilien angesehen werden, keineswegs als unbewegliche Sachen, als Grundstücke behandelt. Vgl. Erg.=St.=Ges. v. 14. VII. 93 (G.=S. S. 134) § 4 und Ausf.=Anw. v. 3. IV. 94 Art. 8, Pos. 32 des Stempeltarifes zum Ges. v. 31. VII. 95 (G.=S. S. 413) u. a.

Nr. 15. Entsch. Bd. XXXII S. 65 vom 22. Mai 1897 II C 157/97.

Komm.=Abg.=Ges. v. 14. VII. 93 (G.=S. S. 152) §§ 13, 18. B.=G.=B. §§ 93, 94, 97, 98.

1. Steuerrechtlich sind die Zubehörstücke keineswegs in allen Beziehungen ohne weiteres wie die Hauptsache zu behandeln. Vgl. E.=O.=V. Bd. XXXI S. 47 ff. Denn einmal wird eine bewegliche Sache durch ihre Eigenschaft als Pertinenz einer unbeweglichen in Wirklichkeit nicht selbst notwendig zur unbeweglichen Sache, sondern behält, der Pertinenzqualität ungeachtet, ihre ursprüngliche Natur bei. Sodann haben die privatrechtlichen Vorschriften vielfach nur das Verhältnis der Kontrahenten unter einander und zu Dritten, namentlich zu den Realinteressenten oder zu einem bisherigen Eigentümer des Pertinenzstückes im Auge, während das öffentliche Recht namentlich auf dem Gebiete der Besteuerung von derartigen Bestimmungen nicht berührt wird und daher den natürlichen Begriff des Grundstückes zum Ausgangspunkte nimmt. Für die Auslegung der Steuerordnung genügt es also nicht, daß Pertinenzstücke zivilrechtlich die Schicksale der Hauptsache zu teilen pflegen und so in gewissen rechtlichen Beziehungen den Grundstücken gleichgestellt werden, sondern es kommt darauf an, ob die mit einem solchen verbundenen Gegenstände weitergehend geradezu als Teile des Grundstückes anzusprechen sind.

2. Wird daher die Umsatzsteuer vom Werte des Grundstückes erhoben, so können die Werte der ihm eingefügten und miterworbenen Maschinen und Utensilien — jedenfalls im Gebiete des gemeinen und des rheinischen Rechtes — nur dann angerechnet werden, wenn feststeht, daß sie in das Gebäude zu dessen Herstellung und Vollendung eingefügt und demgemäß Bestandteile des Grundstückes selbst, nicht aber bloßes Zubehör sind.

4. Hundesteuer.

Nr. 1. Entsch. Bd. XXX S. 108 i. d. Anm. vom 19. November 1896 II C 152/96.

Komm.=Abg.=Ges. v. 14. VII. 93 (G.=S. S. 152) § 16.

Die Hundesteuer gehört nach dem Komm.=Abg.=Ges. v. 14. VII. 93 zu den indirekten Steuern, wie sich aus der Stelle, die der § 16 a. a. O. im System des Ges. gefunden hat, ohne weiteres ergiebt.

Nr. 2. Entsch. v. 1. XII. 97 Nr. II 1924.

Komm.-Abg.-Ges. v. 14. VII. 93 (G.-S. S. 152) § 16.

Das Komm.-Abg.-Ges. (§ 16) hindert abweichend von dem früheren Rechte (Kab.-Ord. v. 29. IV. 29) nicht, die Steuerfreiheit statt an die Thatsache der Unentbehrlichkeit des Hundes an die Thatsache des Anerkenntnisses dieser Unentbehrlichkeit seitens der Gemeindebehörde zu knüpfen. — Dann bleibt dem Verwaltungsrichter die Nachprüfung darüber, ob dies Anerkenntnis irriger Weise versagt worden, jedenfalls solange entzogen, als nicht offensichtlich die äußersten Grenzen des freien Ermessens pflichtwidrig überschritten sind.

Nr. 3. Entsch. v. 15. XII. 97 Nr. II 2009.

Komm.-Abg.-Ges. v. 14. VII. 93 (G.-S. S. 152) § 16.

„Hirtenhunde" sind die, die von berufsmäßigen Hirten für die Zwecke ihres Berufes gehalten werden, nicht aber solche, die ein Landwirt oder ein sonstiger Viehbesitzer hält, und durch seine Angehörigen oder sein Gesinde auch beim Viehhüten benutzen läßt.

Diensthunde der Forstbeamten sind nicht steuerfrei.

Nr. 4. Entsch. v. 19. I. 98 Nr. II 88.

Komm.-Abg.-Ges. v. 14. VII. 93 (G.-S. S. 152) § 16.

Unter „Warenvorräten", deren Bewachung die Freiheit von der Hundesteuer (infolge einer entsprechenden Vorschrift der maßgebenden Hundesteuerordnung) begründen kann, sind solche bewegliche Sachen verstanden, die entweder in Natur oder nach einer Be- oder Verarbeitung weiter veräußert werden sollen, also Handelsgut, nicht aber Hülfsstoffe für den Gewerbebetrieb, z. B. Brennholz des Bäckers, oder Vorräte für den Wirtschaftsbedarf.

„Backware" gehört hierher; wird diese auf einem Wagen durch den Ort gefahren, so wird ein Hund zur Begleitung des Wagens nicht als für die Bewachung unentbehrlich angesehen werden können. Auch wenn der Führer des Wagens die Ware in die Häuser trägt, wird eine Verschlußvorrichtung am Wagen zum Schutze ausreichen.

Nr. 5. Entsch. v. 7. I. 98 Nr. I 39.

Komm.-Abg.-Ges. v. 14. VII. 93 (G.-S. S. 152) §§ 16, 77.

Einer Hundesteuerordnung, deren Grundsätze von einer früher erlassenen Hundesteuerordnung abweichen, ist bei mangelnder Zustimmung der zuständigen Behörde (§ 77 Abs. 3 a des Komm.-Abg.-Ges.) ungültig.

Im Streitverfahren über die Gültigkeit einer Steuerheranziehung muß die Heranziehung außer Kraft gesetzt werden, sobald sich die Grundlage, auf der sie erfolgt ist, rechtlich als unhaltbar erweist; es kommt nicht in Frage, ob die Heranziehung auf einer anderen Grundlage (der alten Hundesteuerordnung) hätte mit rechtlicher Wirkung erfolgen können.

D. Direkte Gemeindesteuern.

1. Realsteuern.

a) Vom Grundbesitze.

Nr. 1. Entsch. Bd. XXX S. 49 vom 1. Juli 1896 II C 107/96.

K.=Ord. v. 8. VI. 34 (G.=S. S. 87) betr. die Heranziehung derjenigen Grundstücke zu Kommunalsteuern, denen wegen ihrer Bestimmung zu öffentlichen oder gemeinnützigen Zwecken die Befreiung von Staatssteuern zusteht. Komm.=Abg.=Ges. v. 14. VII. 93 (G.=S. S. 152) § 24.

1. Gehören zu Grundstücken, deren Realsteuerverpflichtung sich bis zum Inkrafttreten des neuen Komm.=Abg.=Ges. lediglich nach den Vorschriften der Kab.=Ord. v. 8. VI. 34 richtete, neben zu Beamtendienstwohnungen bestimmten Räumen auch solche Teile, die nicht zu Beamtendienstwohnungen dienen, so kann für diese Teile die Fortentrichtung der bisherigen festen Abgaben nicht im vollen Umfange gefordert werden. Vielmehr bedarf es der Absetzung desjenigen Betrages, der anteilig auf die Dienstwohnungen entfällt. Denn diese Teile müssen jetzt in der nämlichen Weise steuern, wie das Eigentum jedes Privatmannes belastet wird; sie sind nicht mehr der Kab.=Ord. v. 8. VI. 34, sondern dem gemeinen Rechte unterworfen.

2. Auch der Abbruch von Räumlichkeiten auf den zu 1 bezeichneten Grundstücken führt zu einer entsprechenden Ermäßigung der bisherigen festen Abgaben.

Nr. 2. Entsch. v. 1. VII. 96 Nr. II 1343.

K.=Ord. v. 8. VI. 34 (G.=S. S. 87) betr. die Heranziehung derjenigen Grundstücke zu Kommunalsteuern, denen wegen ihrer Bestimmung zu öffentlichen oder gemeinnützigen Zwecken die Befreiung von Staatssteuern zusteht. Komm.=Abg.=Ges. v. 14. VII. 93 (G.=S. S. 152) § 24.

Verpachtete Kirchengrundstücke sind von Entrichtung der Gemeindegrundsteuer nicht befreit. Denn ihnen kommt § 24 des Komm.=Abg.=Ges. nicht zu Statten, da ein Gut nicht unmittelbar für kirchliche Zwecke benutzt wird, wenn es zum Betriebe der Landwirtschaft oder eines landwirtschaftlichen Nebengewerbes dient oder gar behufs Gewinnerzielung verpachtet ist, mögen auch die Einkünfte hieraus für kirchliche Zwecke Verwendung finden. Ebensowenig folgt ihre Befreiung aus der Kab.=Ord. v. 8. VI. 34, da es an dem in der Kab.=Ord. vorausgesetzten notwendigen, nahen und unmittelbaren Zusammenhange der Bestimmung und Verwendung mit dem öffentlichen Zwecke fehlt.

Nr. 3. Entsch. v. 1. X. 97 Nr. I 1446.

Komm.=Abg.=Ges. v. 14. VII. 93 (G.=S. S. 152) § 24; A.=L.=R. T. II Tit. 11 §§ 772, 778.

Dienstgrundstücke der Geistlichen (§§ 772, 778 T. II Tit. II A.=L.=R.) sind nur solche, deren Verwaltung und Nießbrauch ihnen zusteht, mögen sie sie unmittelbar oder durch Verpachtung nutzen.

Nr. 4. Entsch. v. 18. VI. 97 Nr. I 949.

Komm.=Abg.=Ges. v. 14. VII. 93 (G.=S. S. 152) §§ 24, 54.

Hat eine Kirchengemeinde von Dienstgrundstücken der Geistlichen, die vor 1877 zu keinem Gemeindebezirke gehörten, von diesem Jahre ab sich ununterbrochen dem Steuerrechte einer neu gebildeten Landgemeinde unterworfen, so ist anzunehmen, daß diese gleichmäßige Übung bis zum 1. April 1895 in der Überzeugung von der rechtlichen Notwendigkeit erfolgt ist. Der Zeitraum von

16 Jahren ist für Bildung eines Herkommens ebenfalls völlig ausreichend. Insbesondere bedarf es hierzu des Ablaufes einer bestimmten, in Schleswig geltenden Verjährungsfrist nicht. Vgl. E.-O.-V. Bd. V S. 159 und Bd. VII S. 158. Daß vor Einführung der Land-Gem.-Ordn. v. 4. VII. 92 in der Provinz Schleswig-Holstein ein allgemeiner Rechtsgrundsatz, wonach eine Heranziehung des Kirchengutes zu den Gemeindeabgaben unzulässig wäre, nicht bestanden hat und die rechtliche Möglichkeit der Bildung eines örtlichen Herkommens in dieser Hinsicht vorhanden gewesen, ist bereits in E.-O.-V. v. 21. IX. 94 Nr. I 1046 dargelegt worden. Ebensowenig ist die streitige Abgabenforderung nach § 12 der Land-Gem.-Ordn. und § 54 des Komm.-Abg.-Ges. unzulässig. Jene Gesetzesbestimmungen beziehen sich nicht auf die gleichzeitige Heranziehung eines einzelnen Abgabenpflichtigen mit Zuschlägen zu verschiedenen Prinzipalsteuern, sondern auf die Beschlußfassung der Gemeinde über die Verteilung ihres Steuerbedarfes auf die verschiedenen Steuerarten.

Nr. 5. Entsch. v. 7. XII. 97 Nr. I 1845.

Komm.-Abg.-Ges. v. 14. VII. 93 (G.-S. S. 152) § 24.

1. Nach § 26 der Schl.-Holst. Land-Gem.-Ordn. v. 4. VII. 92 sind die Dienstgrundstücke der Geistlichen von den Gemeindeauflagen befreit, „soweit“ sie nicht bisher observanzmäßig zu ihnen herangezogen worden sind. Der Ausdruck „soweit“ ist nicht nur räumlich aufzufassen und auf diejenigen Grundstücke zu beziehen, die zu Gemeindeabgaben herangezogen worden sind, sondern auf die Gemeindeabgaben selbst, sodaß sich eine observanzmäßige Verpflichtung jener Grundstücke zur Teilnahme nicht nur bezüglich aller, sondern auch einzelner Lasten — und zwar ohne Beschränkung auf ein bestimmtes Maß — gebildet haben kann. Besteht eine solche zu Abgaben an eine Gemeinde, so kann aber eine andere Gemeinde die Abgaben nur dann fordern, wenn sie die Rechtsnachfolgerin der ursprünglich berechtigten Gemeinde dem Pflichtigen gegenüber ist.

2. Wird eine Nebenlandstraße in die Klasse der Nebenwege versetzt (§ 2 des Schl.-Holst. Ges. v. 26. II. 79 [G.-S. S. 94]), so ist zur Unterhaltung des Nebenweges niemand deshalb verpflichtet, weil er zur Unterhaltung der alten Nebenlandstraße verpflichtet war.

Nr. 6. Entsch. v. 3. III. 96 Nr. I 292.

Komm.-Abg.-Ges. v. 14. VII. 93 (G.-S. S. 152) § 24.

Wenn in einem „Regulativ für Gemeindeeinkommensteuer“ die Besitzer von Liegenschaften und Gebäuden zu den Gemeindelasten durch Zuschläge zur Staatsgrund- und Gebäudesteuer herangezogen werden, so liegt lediglich eine Realabgabe vom Grundbesitze vor. Gebäude, die einer Kirchengemeinde in der Provinz Hannover gehören, unterliegen gemäß § 64 der Hann. Land-Gem.-Ordn. v. 28. IV. 59 nach Maßgabe der in ihnen befindlichen Wohnräume der Gemeindebesteuerung, wenn sie auch im Übrigen unmittelbar den Zwecken der Kirche dienen und von der Gemeindebesteuerung befreit sind. Eine Befreiung tritt auch dann nicht ein, wenn die Wohngebäude von Personen genutzt werden, auf die sich die Vd. v. 23. IX 67 (G.-S. S. 1648) bezieht und wenn diese Personen die auf den Grundbesitz gelegten Steuern nach den Grundsätzen des Nießbrauchsrechtes für die Grundeigentümer zu bezahlen verpflichtet sind. Denn sie können sich solchen Steuern gegenüber auf jene Vd. nicht berufen; steuerpflichtig bleibt der hebungsberechtigten Gemeinde gegenüber die Kirchengemeinde als Grundeigentümerin.

Nr. 7. Entsch. Bd. XXX S. 54 vom 22. September 1896 I C 10/96.

K.-Ord. v. 8. VI. 34 (G.-S. S. 87), betr. die Heranziehung der dort bezeichneten Grundstücke zur Kommunalsteuer. Ges. v. 14. VII. 93 (G.-S. S. 119) wegen Aufhebung direkter Staatssteuern, § 4. Komm.-Abg.-Ges. v. 14. VII. 93 (G.-S. S. 152) §§ 4, 9, 24, 69, 70.

1. Weder die Thatsache der staatlichen Veranlagung zu den gegenüber der Staatskasse außer Hebung gesetzten Realsteuern, noch die rechtliche Möglichkeit ihrer Anfechtung mit den zulässigen Rechtsmitteln bildet für den Veranlagten im Falle seiner kommunalen Besteuerung mit Zuschlägen zu den Realsteuern ein Hindernis, Einspruch und Klage gegen diese auf die Behauptung zu stützen, daß ihm eine Kommunalsteuerpflicht überhaupt nicht obliege.

Die Verfahren aus § 4 des Ges. wegen Aufhebung direkter Staatssteuern und aus §§ 69 und 70 des Komm.-Abg.-Ges. sind getrennt zu halten. Behauptet der Steuerpflichtige Überbürdung durch unrichtige Bemessung des der kommunalen Veranlagung zu Grunde gelegten fingierten Staatssteuersatzes, so hat er den Weg des § 4 des ersteren Ges. einzuschlagen; stellt er die Gemeindesteuerpflicht in Abrede, so kann er seinen Anspruch auf Befreiung nur durch Einspruch und Klage geltend machen.

2. Der § 24 des Komm.-Abg.-Ges. regelt die Frage, inwieweit einem Grundstücke wegen seiner Bestimmung zu öffentlichen oder gemeinnützigen Zwecken Freiheit von den Gemeindesteuern zuzugestehen ist, in dem ersten Absatze unter litt. a bis k erschöpfend und hebt im folgenden zweiten alle weiter gehenden Befreiungen mit Ausnahme der auf einem besonderen Rechtstitel beruhenden auf. Wenn im vierten Absatze die Bestimmungen der Kab.-Ord. v. 8. VI. 34 nicht nur aufrecht erhalten, sondern auch auf alle Teile des Staatsgebietes ausgedehnt werden, so ist hieraus nicht zu entnehmen, daß denjenigen Grundstücken, denen vor dem Inkrafttreten des Ges. die Befreiung von der Kommunalsteuer wegen Bestimmung zu einem öffentlichen oder gemeinnützigen Zwecke zustand, die Freiheit erhalten bleibe. Denn das würde mit der im zweiten Abs. verfügten Aufhebung aller nicht auf einem besonderen Rechtstitel beruhenden Befreiungen im Widerspruche stehen. Der Einführung der Kab.-Ord. v. 8. VI. 34 kann deshalb auch nur die Natur einer die Vorschriften im ersten Abs. beschränkenden Bestimmung beigelegt werden, in Folge deren die nach ihrem Inkrafttreten zu einem der unter litt. a bis k erwähnten Zwecke gewidmeten Grundstücke nicht völlig frei werden, sondern diejenigen aus dem Kommunalverbande entspringenden Realverpflichtungen, die vor der Widmung zu dem die Steuerbefreiung begründenden Zwecke geleistet worden sind, fort zu leisten haben.

Die Frage, ob eine die Kommunalsteuerfreiheit begründende Bestimmung zu einem öffentlichen oder gemeinnützigen Zwecke gegeben ist, über die die Kab.-Ord. v. 8. VI. 34 überhaupt keine Anordnung trifft, kann daher auch nur nach den Vorschriften im § 24 a bis k des Komm.-Abg.-Ges. beurteilt werden. Vgl. E.-O.-V. Bd. XXIX S. 41 ff.

3. Die Vorschrift des § 24 Abs. 3 des Komm.-Abg.-Ges. v. 14. VII. 93, wonach bei nur teilweiser Bestimmung eines Grundstückes oder Gebäudes zu einem öffentlichen Dienste oder Gebrauche die Befreiung von der kommunalen Grundsteuer sich nur auf diesen Teil bezieht, findet in allen Fällen Anwendung, in denen ein Grundstück oder Gebäude zu einem von den in Abs. 1 a. a. O. unter litt. a bis k aufgezählten Zwecken bestimmt ist.

Die dort unter litt. k vorgesehene Befreiung der Dienstwohnungen der Volksschullehrer, als welche nur solche Räume anzusehen sind, deren Nutzung ihnen als ein Teil ihrer dienstlichen Bezüge überwiesen ist, gilt nicht auch für Dienstwohnungen der Lehrer an Lehrerbildungsanstalten. Ebensowenig gehören sie zu den, dem öffentlichen Unterrichte dienenden Räumen, wie Schul- und Lehrzimmer und die Wohnungen der Zöglinge.

Räumt dagegen die Verwaltung einer mit juristischer Persönlichkeit ausgestatteten milden Stiftung zur Unterstützung des Schulwesens in einem ihr gehörigen Gebäude einem Lehrer, dem die Aufsicht über ein ebendaselbst untergebrachtes Internat für Zöglinge einer Lehrerbildungsanstalt aufgetragen ist, unentgeltlich Wohnung ein, so kann darin eine von der Steuer befreiende unmittelbare Benutzung des betreffenden Gebäudeteiles für die Zwecke der Stiftung im Sinne der litt. i erblickt werden.

Nr. 8. Entsch. v. 18. XII. 97 Nr. II 2033.

K.-Ord. v. 8. VI. 34 (G.-S. S. 87) betr. die Heranziehung derjenigen Grundstücke zu Kommunalsteuern, denen wegen ihrer Bestimmung zu öffentlichen oder gemeinnützigen Zwecken die Befreiung von Staatssteuern zusteht. Komm.-Abg.-Ges. v. 14. VII. 93 (G.-S. S. 152) § 24.

Die Kab.-Ord. v. 8. VI. 34 will einer Schmälerung der Gemeindeabgaben durch Erwerbungen für öffentliche Zwecke entgegentreten. Sie läßt es erstens in den Fällen, wo die Grundstücke damals bereits solchen Zwecken dienten, bei dem Zustande des Jahres 1834 bewenden, und trifft zweitens für die Zukunft die Bestimmung, daß bei neuen Erwerbungen zu öffentlichen oder gemeinnützigen Zwecken die Realverpflichtungen, die vermöge des Kommunalverbandes vor der Erwerbung geleistet worden sind, fernerhin davon geleistet werden, wobei jedoch weiterhin noch ausgesprochen wird:

> Auch soll die Verpflichtung des Fiskus oder der betreffenden Anstalt auf die Erwerbung von Gebäuden beschränkt und nicht auf Grundstücke bezogen werden, die mit Gebäuden nicht besetzt sind, wie beispielsweise bei der Anlage von Festungswerken, Chausseen u. s. w.

In den beiden Teilen dieses Satzes liegt allerdings eine gewisse Tautologie, da es genügt haben könnte, wenn gesagt wäre, daß die Verpflichtung des Fiskus nicht auf die Erwerbung von Grundstücken bezogen werden solle, die mit Gebäuden nicht besetzt sind. Indessen der zweite Teil des Satzes ist insofern von ergänzender Bedeutung, als er die Annahme ausschließt, als ob nur die auf die Baulichkeit, nicht die auf den Grund und Boden gelegte Realverpflichtung fortbestehen bliebe. Durch den Zusatz wird schärfer als vordem der Erwerb bebauter demjenigen unbebauter Grundstücke mit der Folge gegenübergestellt, daß nur jener und nicht dieser die fiskalische Pflicht zur Fortentrichtung der bestehenden Realabgaben begründet. Durch den Zusatz wird aber keineswegs ausgesprochen, daß die durch den Erwerb einmal begründete fiskalische Pflicht dann fortfallen solle, wenn das zur Zeit des Erwerbes bebaute Grundstück demnächst zu einem unbebauten werde.

Sind also nach Inkrafttreten der Kab.-Ord. v. 8. VI. 34 bebaute Grundstücke dem öffentlichen Dienste oder Gebrauche gewidmet worden, so müssen — einerlei ob die zu jener Zeit aufstehenden Gebäude inzwischen völlig beseitigt oder durch neue ersetzt worden sind oder nicht — die zur Zeit der Widmung entrichteten Realabgaben in unverändertem Betrage jedenfalls dann fortentrichtet werden, wenn sie nicht in Zuschlägen zur Staatsgebäudesteuer bestehen. (Berliner Haus- und Mietssteuer nach dem Regl. v. 16. IX. 58, aufgegangen in der Gemeindegrundsteuer nach der Ordn. v. 19. I. 95; Berliner Sublevationsbeiträge nach den Ortsstatuten v. 2. IX. 69 und 24. I. 95).

Der Reichsfiskus steht gemäß § 1 des Ges. v. 25. V. 73 (R.-G.-Bl. S. 113) dem preußischen Fiskus gleich.

Ebenso Entsch. v. 18. XII. 97 Nr. II 2034 bezüglich der zur Ausgleichung der Quartierlast bestimmten Kommunalabgabe — sofern sie, wie der Berliner „Sublevationsbeitrag" als Realabgabe erhoben wird —, die allen, auch den reichsgesetzlich einquartierungsfreien Grundstücken auferlegt werden darf. Denn das Ges. v. 25. VI. 68 (B.-G.-Bl. S. 523) hat nach dem unzweideutigen Wortlaute des § 7 Abs. 4 und des hier zutreffenden Abs. 5 bezüglich der Aufbringung der Kosten für die Einquartierung der Autonomie der Gemeinden bezüglich der zu verpflichtenden Sub- und Objekte keine engeren, als die in der sonstigen Gemeindegesetzgebung bereits bestimmten Grenzen gesetzt und ihnen namentlich auch keine Beschränkung bezüglich der quartierfreien Grundstücke auferlegt.

Nr. 9. Entsch. Bd. XXX S. 62 vom 21. Oktober 1896 II C 259 96.

K.-Ord. v. 8. VI. 34 (G. S. S. 87). betr. die Heranziehung derjenigen Grundstücke zu Kommunalsteuern, denen wegen ihrer Bestimmung zu öffentlichen oder gemeinnützigen Zwecken die Befreiung von Staatssteuern zusteht. Komm.-Abg. Ges. v. 14. VII. 93 (G.-S. S. 152) § 24.

1. Zu den „Grundstücken", die nach § 24 litt. i des Komm.-Abg.-Ges. den Realsteuern vom Grundbesitze nicht unterworfen sind, müssen auch Gebäude gerechnet werden.

Bei Regelung der Steuerprivilegien hat das Komm.-Abg.-Ges. nicht an den durch die Ges. v. 21. VI. 61 (G.-S. S. 253, 317), betr. die anderweite Regelung der Grundsteuer und die Einführung einer allgemeinen Gebäudesteuer geschaffenen Unterschied zwischen Gebäudesteuern und Grundsteuern angeknüpft, sondern die allgemeineren Ausdrücke Realsteuern und Steuern vom Grundbesitze gewählt. Insbesondere ist die Scheidung von Gebäuden und Liegenschaften ersetzt durch den Ausdruck „die bebauten und unbebauten Grundstücke". Indem der Eingang des § 24 beide Arten unter der Gattung: „Grundstück" zusammenfaßt (vgl. auch unter litt. b), ist die Auslegung nicht behindert, bei dem allgemeinen Ausdrucke „Grundstücke" als Regel den gewöhnlichen Begriff der Grundstücke vorauszusetzen, der sowohl mit Gebäuden besetzte, als auch unbebaute Teile des Bodens umfaßt. Wenn daher auch unter litt. f, g und h des § 24 zunächst die Befreiung der Gebäude, insbesondere unter litt. g die der gottesdienstlichen Gebäude, allein ausgesprochen wird, so ist damit noch nicht ausgeschlossen, daß nicht auch andere, aus einem sonstigen Gesichtspunkte zu privilegierende Gebäude in Frage kommen könnten. Diesen Gesichtspunkt bringt hinterher die Bestimmung in litt. i zum Ausdrucke, indem sie überhaupt jedes für die Zwecke der Privilegierten unmittelbar benutzte Grundstück befreit, ohne die mit Gebäuden besetzten Grundstücke auszuschließen. Auch kann es schwerlich Absicht gewesen sein, die Steuerfreiheit der Armen-, Besserungs- u. s. w. Anstalten und Stiftungen für alle ihren Zwecken unmittelbar dienenden Gebäude zu gewähren (litt. h), den korporativen Religionsgesellschaften jedoch nur für die dem Gottesdienste, nicht sonstiger Religionsübung gewidmeten, obwohl die letztere doch gerade den Zweck der Korporation bildet (§ 11 Tit. 11 Teil II A.-L.-R.'s.

2. Hiernach sind z. B. Gebäude oder Gebäudeteile für jüdisch-rituelle Waschungen oder für das Schächten der Tiere, obwohl sie dem „Gottesdienste" selbst nicht gewidmet sind, kommunalsteuerfrei, sofern damit

thatsächlich rituelle Zwecke der jüdischen Religionsgesellschaft verfolgt werden, was im Einzelfalle eventuell durch Gutachten von Sachverständigen genau festzustellen ist.

Nr. 10. Entsch. Bd. XXX S. 82 vom 28. Oktober 1896 II C 235/96.[1])

Komm.-Abg.-Ges. v. 14. VII. 93 (G.-S. S. 152) § 24 und Ausf.-Anw. v. 10. V. 94 Art. 16 Nr. 1 a.

Durch die in § 24 Abs. 2 des Komm.-Abg.-Ges. ausgesprochene Aufhebung der Steuerfreiheit der Beamtenwohnungen werden die Dienstwohnungen der Offiziere zwar nicht getroffen, doch ist angesichts der „alle sonstigen Befreiungen" aufhebenden Eingangsworte des § 24 Abs. 2 auch die Steuerfreiheit für die Wohnungen der aktiven Militärpersonen zu verneinen, falls sie nicht aus einem besonderen Rechtstitel oder aus § 24 Abs. 1 hergeleitet werden kann. In letzterer Beziehung kann nur litt. c des Abs. 1 in Betracht kommen. Hiernach ergiebt sich folgender Rechtszustand:

Dienstwohnungen der Militärbeamten unterliegen den auf den Grundbesitz gelegten Realabgaben gemäß § 24 Abs. 2 des Komm.-Abg.-Ges. Dienstwohnungen der Offiziere sind grundsätzlich zwar ebenfalls steuerpflichtig, ausnahmsweise aber steuerfrei, wenn die ihnen zu Wohnungen überwiesenen Räume unmittelbar zum öffentlichen Dienste oder Gebrauche bestimmt sind. Ob dies der Fall, ist Thatfrage. Sie ist zu bejahen, wie hinsichtlich der Geschäfts-, so auch hinsichtlich der Repräsentationsräume, da auch die äußere Repräsentation des Amtes, insbesondere, sofern der Staat die entsprechenden Kosten gewährt, als die Erfüllung einer dienstlichen Pflicht zu betrachten ist.

Sie wird ferner dort zu bejahen sein, wo die räumliche Unterbringung der Militärpersonen, sofern sie nicht in einer Kaserne oder in einem sonstigen Gebäude des Staates anderweit erfolgt wäre, nach § 2 des Reichsges. v. 25. VI. 68 (B.-G.-Bl. S. 523) im Wege der Quartierleistung hätte beansprucht werden können. Denn durch die gesetzliche Einführung des Zwanges gegen Privathausbesitzer auf Gewährung des Naturalquartiers ist unzweideutig ausgesprochen, daß hier die Beschaffung der Wohnräume durch das öffentliche Interesse des Militärdienstes erfordert wird. In den Garnisonen besteht nur der Anspruch auf Naturalquartier für die Mannschaften vom Feldwebel abwärts.

Bezüglich der Offiziere, für die Naturalquartier am Garnisonorte nicht zu leisten ist, kann die Beantwortung der Frage nur aus den besonderen Umständen des Einzelfalles entnommen werden. Nun sind die Wohnräume nicht beamteter Angestellter in den unter h des § 24 benannten öffentlichen Anstalten und milden Stiftungen von der bisherigen Rechtsprechung nur dann als dem Anstaltszwecke unmittelbar dienend erachtet worden, wenn es zur sicheren Erreichung dieses Zweckes erforderlich erschien, daß die Angestellten nicht nur während der regelmäßigen Dienststunden innerhalb der Anstalt thätig sein, sondern dort dauernd anwesend bleiben und deswegen in der Anstalt auch wohnen mußten. Und dementsprechend kann unbedenklich auch die Wohnung, die einem Offizier in einer Kaserne oder in einem sonstigen Militärgebäude aus dem Gesichtspunkte der unausgesetzten Beaufsichtigung der dort untergebrachten oder beschäftigten Untergebenen angewiesen ist, als unmittelbar zum öffentlichen Dienste bestimmt und als steuerfrei angesehen werden.

---

[1]) Auf S. 329 Bd. I des Hauptwerkes in den Anm. Abs. 2 kurz wiedergegeben.

Nr. 11. Entsch. v. 26. I. 98 Nr. II 126.

Komm.-Abg.-Ges. v. 14. VII. 93 (G.-S. S. 152) § 24.

Die Gebäude der Staatseisenbahnen sind insofern nicht mehr gemeindesteuerfrei, als sie zu Dienstwohnungen dienen, oder, wie z. B. Hauptwerkstätten, Stationsgebäude, Lagerschuppen ꝛc., dem Transportgeschäfte, und nicht einem öffentlichen Gebrauche dienen. Wohl aber sind sie bezüglich der, für Behörden und Beamten überwiesenen, zu einem öffentlichen Dienste bestimmten Diensträume von der Gemeindesteuer befreit. Zu den öffentlichen Behörden gehören auch die als „Dienststellen" bezeichneten Betriebs-, Werkstätten- u. s. w. Inspektionen.

Ebenso Entsch. v. 26. I. 98 Nr. II 125. Die abweichenden Vorschriften der Verstaatlichungsgesetze, z. B. § 8 des Ges. v. 20. XII. 79 (G.-S. S. 635) sind außer Kraft getreten.

Nr. 12. Entsch. Bd. XXXII S. 153 vom 17. September 1897 I C 100/96.

Komm.-Abg.-Ges. v. 14. VII. 93 (G.-S. S. 152) § 24 e.

Der sog. „Elbumflutkanal", eine Anlage, die dazu dient, das Bett des Elbstromes bei hohem Wasserstande durch Ableitung eines Teiles des Wassers in die Kanalmulde der Elbumflut zu entlasten, gehört nicht zu den nach § 24 e des Komm.-Abg.-Ges. von der Gemeindesteuer vom Grundbesitze befreiten Anlagen. Denn sie ist

1. ihrer Zweckbestimmung nach weder eine Entwässerungs-, noch eine Bewässerungsanlage. Unter ersteren werden Anlagen verstanden, die Kulturländereien, die unter einem zu hohen Stande des Grundwassers leiden, von dem überschüssigen Wasser befreien oder zur Trockenlegung von Gewässern behufs der Benutzung ihres Bettes zur Landeskultur dienen. Bewässerungsanlagen dagegen bezwecken die Zuführung von Wasser auf Ländereien zum besseren Gedeihen der Pflanzen.

Sie ist aber

2. auch keine Deichanlage oder ein Teil einer solchen.

Als „Deichanlage" können nach der zutreffenden Annahme beider Vorderrichter nur die Dämme, die dazu bestimmt sind, die Ausbreitung des fließenden Wassers auf die zu schützenden Ländereien zu hindern, und deren Zubehör (Böschungen u. dergl.), nicht aber das Bett des eingedeichten Wasserlaufes und das innerhalb der Deiche liegende, zeitweise überflutete Vorland gelten.

Sie dient

3. auch keinem öffentlichen Gebrauche oder Dienste. Vgl. E.-O.-V. Bd. I S. 87, III S. 24.

Nr. 13. Entsch. v. 26. II. 97.

Komm.-Abg.-Ges. v. 14. VII. 93 (G.-S. S. 152) §§ 24, 69 ff.; Ges. v. 14. VII. 93 (G.-S. S. 119), über die Aufhebung direkter Staatssteuern, § 4.

1. Der Bestimmung im § 4 des Ges. über die Aufhebung direkter Staatssteuern v. 14. VII. 93, daß die Veranlagung zu den der Staatskasse gegenüber außer Hebung gesetzten Staatssteuern für die Zwecke der Gemeindebesteuerung auf die bisher von der Staatssteuer befreiten, aber der Kommunalsteuerpflicht unterliegenden Liegenschaften, Gebäude und Gewerbebetriebe auszudehnen sei, und daß gegen die infolge dieser Vorschrift bewirkte Veranlagung dieselben Rechtsmittel zulässig seien, mit denen die Veranlagung der betreffenden Staatssteuer hätte an-

gefochten werden können, ist nicht die Bedeutung beizulegen, daß den Staatssteuerveranlagungsbehörden die maßgebende Entscheidung über die Gemeindesteuerpflicht der zu veranlagenden Grundstücke und Betriebe hat übertragen werden sollen. Sie ist vielmehr mit der Vorschrift im § 69 Abs. 3 des Komm.-Abg.-Ges. in Verbindung zu bringen, nach der Einsprüche, die sich gegen den der Veranlagung zu Grunde liegenden Staatssteuersatz richten, unzulässig sind. Diese letztere Vorschrift schließt nur solche Einsprüche aus, die gegen die Höhe der den kommunalen Zuschlägen zu Grunde gelegten Staatssteuersätze gerichtet sind, und läßt diejenigen zu, die sich auf den Mangel einer Gemeindesteuerpflicht stützen (vgl. E.-O.-V. Bd. XXV S. 55 und 57). Die Verfahren aus § 4 des Ges. wegen Aufhebung direkter Staatssteuern v. 14. VII. 93 und §§ 69 und 70 des Komm.-Abg.-Ges. von demselben Tage sind daher getrennt zu halten. Behauptet der Steuerpflichtige Überbürdung durch unrichtige Bemessung des der kommunalen Veranlagung zugrunde gelegten Staatssteuersatzes, so hat er den Weg des § 4 des ersteren Ges. einzuschlagen; stellt er dagegen die Gemeindesteuerpflicht in Abrede, so kann er, abgesehen von dem im §§ 71 ff. des Komm.-Abg..-Ges. vorgesehenen Verteilungsverfahren, seinen Anspruch auf Befreiung nur durch Einspruch und Klage geltend machen.

2. Dient der Garten einer einem Provinzialverbande gehörenden Zwangserziehungsanstalt in der Hauptsache dazu, die Zöglinge der Anstalt im Gartenbau ꝛc. zu unterweisen, so läßt sich hieraus mit Recht folgern, daß diese Art der Verwendung als eine unmittelbare Benutzung für die von der Anstalt verfolgten erziehlichen Zwecke, namentlich den, die Zwangszöglinge an eine geregelte Thätigkeit zu gewöhnen, anzusehen sei, wenn auch der Garten dadurch eine, nicht den Hauptzweck bildende, Nebennutzung abwirft.

Nr. 14. Entsch. Bd. XXXII S. 165 vom 7. Mai 1897 I C 109/96.

Komm.-Abg.-Ges. v. 14. VII. 93 (G.-S. S. 152) § 14 h, i.

1. Dem Ausdrucke „milde Stiftungen“ ist keine andere Bedeutung beizulegen, als wie sie diesem Ausdrucke im gewöhnlichen Leben und in der Rechts- und Gesetzessprache zukommt.

Es hieße der Sprache Zwang anthun, wollte man von milden Stiftungen nur in dem Sinne reden, daß eine Veranstaltung in Frage kommen müsse, die der Armut steuern will. Die Mildthätigkeit kann sich sehr wohl auch auf anderen Gebieten, als dem der Unterstützung lediglich mit materiellen Mitteln, äußern. Wohlthaten brauchen nicht immer in Geld oder Geldeswert zu bestehen. Unter milden Stiftungen können nur Veranstaltungen verstanden werden, die wohlthätige Zwecke, im weitesten Sinne dieses Wortes, zu verfolgen bestimmt sind.

Es ist daher nicht grundsätzlich ausgeschlossen, den milden Stiftungen Wohlthätigkeitsanstalten beizuzählen, aus denen ihrer Zweckbestimmung entsprechend Unterstützung auch solchen Personen gewährt werden kann, die nicht im armenrechtlichen Sinne hülfsbedürftig sind.

So ist z. B. ein Kloster als „milde Stiftung“ anerkannt worden, weil sein Zweck einmal auf eine materielle Unterstützung der einer solchen in der That bedürftigen Jungfrauen mittels Gewährung des notdürftigen Lebensunterhaltes durch freie Wohnung und Präbende, sodann aber auch darauf gerichtet sei, an sich nicht unvermögenden, aber, weil unverheiratet und alleinstehend, den äußeren Gefahren des Lebens ausgesetzten und in diesem Sinne hülfsbedürftigen Damen durch Aufnahme in das Kloster den erforderlichen Schutz und dadurch die notwendige Unterstützung zu gewähren.

Dasselbe gilt von einem Damenstifte, aus dessen Einkünften Zuwendungen in wohlthätiger Absicht geschehen und an Personen gemacht werden, die ihrer, unabhängig von ihrer Vermögenslage, um deshalb bedürfen, weil sie ohne Zugehörigkeit zu dem Stifte in einer Lage wären, die sie nötigen würde, die Mildthätigkeit anderer in Anspruch zu nehmen.

2. Voraussetzung der Kommunalsteuerfreiheit des einem solchen Stifte gehörigen Grundbesitzes ist aber die unmittelbare Benutzung für seine Zwecke. Dies ist nicht nur bei dem die Wohnungen der Konventualinnen und die ihren gemeinsamen Andachten dienende Kirche enthaltenden Klosterwohnhause, sondern auch bei solchen Gebäuden der Fall, die, wie das Klosterwarthaus und Klosterknechtshaus, von Personen bewohnt werden, die dem Kloster und seinen Bewohnern Dienste zu leisten haben, die in Familienhaushaltungen der Regel nach vom Gesinde verrichtet werden.

Nr. 15. Entsch. Bd. XXX S. 126 vom 13. Oktober 1896 I C 40/66.

Komm.-Abg.-Ges. v. 14. VII. 93 (G.-S. S. 152) §§ 24, 65, 69, 70.

1. Die Einspruchsfrist beginnt in Fällen, wo die Bekanntmachung der Steuern durch den Gemeindevorstand mittels ortsüblicher Veröffentlichung der von den staatlich veranlagten Realsteuern zu erhebenden Prozentsätze bewirkt ist, mit dem ersten Tage nach der Aufforderung zur Zahlung.

2. Unter den, den Steuern vom Grundbesitze unterworfenen, in der Gemeinde „belegenen" Grundstücken versteht das Komm.-Abg.-Ges. v. 14. VII. 93 solche Grundstücke, die rechtlich der Gemeinde zugehören.

Diese Zugehörigkeit ist, wenn der Censit sie bestreitet, als Grundlage des Besteuerungsrechtes von dem Gemeindevorstande zu beweisen und sie kann auch in der Provinz Hannover nicht lediglich aus der kataster- oder grundbuchamtlichen Behandlung eines Grundstückes hergeleitet werden.

Die Grundsteuerbehörde ist nicht die „berufene obrigkeitliche" Stelle, von der über die Gemeindezugehörigkeit der fraglichen Grundstücke zu befinden ist. Und wenn von ihrer Seite auch seit Anlegung des Katasters mehr als zehn Jahre — eine vermeintlich „rechtsverjährte Zeit" — die Grundstücke als zu einer bestimmten Gemeinde gehörig behandelt sind, so folgt daraus nicht, daß dies auch künftig und auch dann zu geschehen habe, wenn sich diese Behandlung als auf einem „materiellen Irrtume" im Sinne der §§ 2a, 32i des Ges. v. 8. II. 67 (G.-S. S. 185) bezw. des Ges. v. 11. II. 70 (G.-S. S. 85) beruhend erweisen sollte.

Nr. 16. Entsch. v. 21. IX. 97 Nr. I 1387.

Komm.-Abg.-Ges. v. 14. VII. 93 (G.-S. S. 152) § 24.

Die Thatsache der Veranlagung eines Grundstückes zur Staatsgrundsteuer schließt die Befreiung von der als Zuschlag zur Staatsgrundsteuer zu erhebenden Gemeindeabgabe nicht aus, wenn diese Abgabenfreiheit durch das hierfür maßgebende Gemeindesteuerrecht vorgeschrieben ist. Hängt die Abgabenfreiheit von der Zweckbestimmung eines Grundstückes ab, so muß sie bei Eintritt der bezüglichen thatsächlichen — natürlich genau unter Beweis zu stellenden — Voraussetzungen auch ohne Rücksicht darauf, ob die erfolgte Veränderung im Grundsteuerkataster vermerkt ist oder nicht, Platz greifen. Insbesondere macht auch das Komm.-Abg.-Ges. die im § 24 aufgeführten Befreiungen, sofern die Besteuerung in Prozenten der vom Staate veranlagten Grund- und Gebäudesteuer erfolgt, nicht davon abhängig, daß sie sich aus dem staatlichen Kataster ergeben.

Nr. 17. Entsch. Bd. XXXII S. 156 vom 9. November 1897 I C 129/96.

Komm.-Abg.-Ges. v. 14. VII. 93 (G.-S. S. 152) § 25.
Erg.-St.-Ges. v. 14. VII. 93 (G.-S. S. 134) § 9.

Nach den §§ 111, 112 Tit. 8 T. I. A.-L.-R.'s ist der Nutzen, den eine Sache einem jeden Besitzer gewähren kann, ihr gemeiner Wert. Dieser Nutzen erschöpft sich aber der Regel nach nicht in den Vorteilen, die aus dem Gebrauche oder Ertrage fließen, sondern umfaßt auch diejenigen, die die Verwertung der Substanz, die Veräußerung bringt. Aus dem Begriffe des gemeinen Wertes läßt sich deshalb nicht die Folgerung herleiten, daß er nach keinem anderen Maßstabe, als dem einer Kapitalisierung der Jahreserträge gefunden werden kann; vielmehr ist in der Rechtsprechung und Wissenschaft stets anerkannt worden, daß der Verkaufspreis, der unter gewöhnlichen Verhältnissen im Verkehr erzielt werden kann, ein geeigneter Maßstab für die Ermittelung des gemeinen Wertes ist. Insbesondere hat das Reichsgericht in dem bei Gruchot, Beiträge, Bd. XXIV S. 409 abgedruckten Urteil v. 19. XI. 79 den Satz aufgestellt: „Der gemeine Wert einer Sache entspricht regelmäßig dem Kaufpreise, welcher dafür im gewöhnlichen Geschäftsverkehre nach ihrer objektiven Beschaffenheit, ohne Rücksicht auf ungewöhnliche oder lediglich persönliche Verhältnisse, also eben von jedermann zu erzielen ist."

An dieser Auffassung von der Bedeutung des gemeinen Wertes ist auch bei Anwendung der neueren Steuergesetze festzuhalten.

Daher ist bei Ermittelung des gemeinen Wertes für solche, zur Zeit noch landwirtschaftlich genutzte Grundstücke, die in Städten und deren unmittelbaren Umgebungen an einer zur Bebauung bestimmten Straße oder doch innerhalb der von einem Bebauungsplane umfaßten Fläche liegen, auch derjenige höhere Wert in Ansatz zu bringen, der durch diese Lage und die dadurch gegebene Möglichkeit künftiger Bebauung schon in der Gegenwart entsteht. Denn die Bestimmung des Grundstückes ist ein rein subjektives, von dem Entschlusse des Besitzers abhängiges Moment und kann daher bei Ermittelung des gemeinen Wertes, der nur nach objektiven, durch die Lage und Beschaffenheit des Grundstückes gegebenen Merkmalen zu beurteilen ist, nicht berücksichtigt werden. Dies ergiebt sich schon aus der landrechtlichen Begriffsbestimmung, wonach der gemeine Wert der Nutzen ist, den jeder Besitzer ziehen kann, nicht allein der, der bei der gegenwärtigen Benutzungsart thatsächlich gezogen wird.

(Folgt Beweisführung aus der Entstehungsgeschichte des Erg.-St.-Ges. und Komm. Abg.-Ges.)

Nr. 18. Entsch. v. 10. II. 97 Nr. II 312.

Komm.-Abg.-Ges. v. 14. VII. 93 (G.-S. S. 152) §§ 25—27.

Gemäß § 2 Abs. 2 der Grundsteuerordnung einer Stadtgemeinde, die teilweise dem, der Ausf.-Anw. v. 10. V. 94 beigefügten Muster nachgebildet wurde, ist der jährliche Nutzungswert festzustellen nach dem Ertrage, der für gemeingewöhnlichen Gebrauch oder Benutzung im letzten Kalenderjahre aufgekommen oder durch Schätzung ermittelt ist. Der jährliche Nutzungswert, d. i. der Nutzen, den die Sache ihrem Besitzer jährlich gewähren kann — vgl. § 112 Titel 2 Teil I A.-L.-R.'s — ist eben darum von den in jedem einzelnen Jahre thatsächlich erzielten Erträgen, die bei eigener

Bewirtschaftung notwendig wechseln, verschieden und nur aus dem Durchschnitte der Erträge mehrerer Jahre zu bestimmen. Mag indeß der Ausdruck, wonach der Nutzungswert nach dem Ertrage nur eines Jahres festgestellt werden soll, auch nicht völlig korrekt sein, so ist doch nach der Fassung des § 2 jedenfalls das völlig klar, daß über das Maß der Besteuerung in erster Reihe der thatsächlich im Vorjahr aufgekommene, der konkret erzielte Ertrag entscheidet, und daß erst in zweiter Linie, nämlich, wenn der faktische Ertrag nicht nachgewiesen werden kann, oder wenn nachgewiesen wird, daß dieser durch außergewöhnliche Benutzung erzielt und somit größer oder geringer als der gemeingewöhnliche Ertrag ist, die Ermittelung des letzteren und damit auch des jährlichen Nutzungswertes durch Schätzung, etwa nach den ortsüblichen Pacht- oder Mietswerten, einzutreten hat.

Nr. 19. Entsch. v. 17. II. 97 Nr. II 368.

Komm.-Abg.-Ges. v. 14. VII. 93 (G.-S. S. 152) §§ 25—27.

Der Ertrag eines Objektes bezeichnet im allgemeinen die Summe der durch dessen Bewirtschaftung in einer gewissen Periode neuhervorgebrachten Güter, nicht jedoch den Erlös oder auch nur den Gewinn, der durch den Verkauf des Objektes oder dessen Teile erzielt wird. Nur da, wo die Bewirtschaftung der Sache, z. B. eines Bergwerkes, Steinbruches, Thonlagers rc., gerade in der Gewinnung und in dem Absatze von Teilen ihrer Substanz besteht, enthält der Erlös aus diesem Absatze teilweise auch einen Ertrag, nämlich insoweit, als dieser Erlös denjenigen Wertsbetrag übersteigt, den die bis dahin ungetrennten und nunmehr veräußerten Substanzteile vor ihrer Trennung und als Teile der Sache bereits hatten.

Handelt es sich daher um den Erlös aus dem Verkaufe von Quantitäten Kies an Unternehmer, so darf dieser nicht ohne jeden Abzug als der durch gemeingewöhnliche Nutzung aufgekommene Ertrag eines Grundstückes und als dessen jährlicher Nutzungswert der Gemeindegrundsteuer unterworfen, es muß vielmehr die durch die Substanzentnahme herbeigeführte dauernde Entwertung des Grundstückes in Betracht gezogen werden.

Nr. 20. Entsch. v. 6. II. 97 Nr. II 275.

Komm.-Abg.-Ges. v. 14. VII. 93 (G.-S. S. 152) §§ 25—27.

Ist für die Besteuerung und Bestimmung des Nutzungswertes eines Grundstückes der gemeingewöhnliche Gebrauch, der Nutzen, den es einem jeden Besitzer gewähren kann, nach der Grundsteuerordnung entscheidend, so muß derjenige Teil des Ertrages unberücksichtigt bleiben, den das Grundstück durch Verwendung zu einem bestimmten Fabrikationsbetriebe — hier einer Dachpappenfabrik — abwirft.

Nr. 21. Entsch. v. 2. X. 97 Nr. II 1612.

Komm.-Abg.-Ges. v. 14. VII. 93 (G.-S. S. 152) §§ 25—27.

Zum steuerpflichtigen Ertrage eines vermieteten Hauses gehört zwar der Teil des Mietzinses, durch den das bloße Vorhalten der Gas- oder Wasserleitungs-Einrichtung vergütet wird, nicht jedoch der dem Vermieter erstattete Betrag des von ihm vorgelegten Preises für das von den Mietern entnommene Gas oder Wasser (§ 3 der Muster-Steuerordnung).

Nr. 22. Entsch. v. 16. III. 98 Nr. II 433.

Komm.-Abg.-Ges. v. 14. VII. 93 (G.-S. S. 152) §§ 25—27.

1. Die besteuerungsfähigen, unter „Grundstücken und Gebäuden" begriffenen Wertobjekte sind — unabhängig von den provinziellen Privatrechten — gleichmäßig für den Staat durch dessen Grundsteuergesetzgebung festgestellt und können durch autonome Gemeindebeschlüsse nicht erweitert werden. Daher unterliegen der Kommunalbesteuerung nicht bei Grundstücken die auf diesen ruhenden subjektiv-dinglichen Berechtigungen, mögen sie auch auf dem Gebiete des Privatrechtes als Immobilien behandelt werden, vgl. E.-O.-V. XXXI S. 47, und bei gewerblich benutzten Gebäuden die damit (wenn auch untrennbar) verbundenen Triebwerke und Maschinen, sowie die durch den gewerblichen Zweck besonders erforderten Fundamentierungen und dergl.[1])

2. Bei einem selbst bewirtschafteten Ackergute ist für Scheunen, Ställe und dergl. Betriebsgebäude, da sie keinen selbständigen Ertrag bringen, auch ein gesonderter Nutzungswert nicht zu berechnen. Sie sind nur als Momente für die Ermittelung des Ertrages aus den landwirtschaftlich genutzten Grundstücken zu berücksichtigen, jedoch nicht gleich dem Mietswerte der eigenen Wohnung des Grundeigentümers ein selbständiger Rechnungsfaktor für die Feststellung des Nutzungswertes der Besitzung.

Ob sog. Arbeiterwohnhäuser einen besonderen Ertrag liefern, ist Thatfrage des Einzelfalles und hängt in der Regel davon ab, ob sie den Arbeitern zur Benutzung auf Grund eines selbständig neben dem Arbeitsverdingungsvertrage bestehenden Mietsvertrages oder aber lediglich als ein Teil des Arbeitslohnes überlassen sind.

b) Insbesondere die Bauplatzsteuer.

Nr. 1. Entsch. Bd. XXX S. 68 vom 11. Juni 1896 II C 267/96.

Komm.-Abg.-Ges. v. 14. VII. 93 (G.-S. S. 152) § 27.
Ges. v. 2. VII. 75 (G.-S. S. 561), betr. die Anlegung und Veränderung von Straßen und Plätzen in Städten und ländlichen Ortschaften, §§ 10, 11.
A.-L.-R. T. I Tit. 8 § 66.

1. Dafür, daß der § 27 des Komm.-Abg.-Ges. nur bei den nach seinem Inkrafttreten vollzogenen Fluchtlinienfestsetzungen und den durch sie erfolgten Wertssteigerungen Platz greife, bietet der Wortlaut jener Gesetzesbestimmung nicht den geringsten Anhalt. Wenn das Gesetz sagt, daß „Liegenschaften, welche durch die Festsetzung von Baufluchtlinien in ihrem Werte erhöht worden sind . . . herangezogen werden können", so trifft es

---

[1]) Ebenso Entsch. v. 16. III. 98 Nr. II 432 bezüglich des grundbuchmäßig eingetragenen Rechtes, in der Breite eines Grundstückes mit Schiffsgefäßen am Kottbuser Damm (in Berlin) anzulegen und die Schiffe über die Straße hinweg ein- und auszuladen. Durch die privatrechtlichen Normen, wonach dingliche Berechtigungen die Schicksale des Grundstückes teilen, ist eine völlige Gleichstellung beider auf dem öffentlich-rechtlichen Gebiete der Besteuerung, insbesondere der Umsatzsteuer nicht herbeigeführt. Gleiche Gesichtspunkte sind auch für die staatliche Liegenschaftssteuer maßgebend; bei der Grundsteuer werden die mit dem Grundstücke verbundenen Realgerechtigkeiten und gewerblichen Anlagen nicht berücksichtigt (§ 3 der Anw. für das Verfahren bei Ermittelung des Reinertrages, G.-S. 1861 S. 257). Indem aber das Komm.-Abg.-Ges. die Gemeinden ermächtigte, die „Grundstücke" entweder durch Zuschläge oder durch besondere Steuern zu beschatzen, hat es den Umfang des eingeräumten Rechtes, das besteuerungsfähige Objekt, für die ganze Monarchie gleichmäßig bestimmt. Der Ausdruck „Grundstück" ist daher in dem Sinne aufzufassen, der nach dem Sprachgebrauche des täglichen Verkehres und — was hier zusammenfällt — nach dem der staatlichen Steuergesetze ihm zukommt.

alle Fluchtlinienfestsetzungen, die zur Zeit der Veranlagung bereits zu einer Wertserhöhung geführt haben, ohne eine Beschränkung hinsichtlich des zeitlichen Eintrittes jenes Ereignisses zu geben.

2. Gegenstand der Bauplatzsteuer ist nicht die Wertserhöhung als Ereignis, wie der Eigentumswechsel bei der Umsatzsteuer, sondern das Grundstück und das Vorhandensein einer konkreten Wertserhöhung — d. h. die in der Gegenwart sich geltend machende Wirkung des in der Vergangenheit liegenden wertserhöhenden Ereignisses — giebt nur den Grund und den Maßstab für die stärkere Heranziehung.

3. Die Bauplatzsteuer muß beweglich eingerichtet sein, da sie erhoben werden soll, wenn Grundstücke als Bauplätze gegenüber anderen Grundstücken einen Mehrwert erhalten haben, und da sie bemessen werden soll nach dem zur Zeit der Veranlagung vorhandenen Betrage des Mehrwertes und der Wert von Bauplätzen schwankt. Der Maßstab für die Steuer ist gegeben in dem Unterschiede des Wertes, den das steuerpflichtige Grundstück zur Zeit der Veranlagung ohne das Vorhandensein der Fluchtlinie haben würde, und dem, den es infolge des Vorhandenseins jener Linie hat. Von dieser auf dem Grundstücke ruhenden und von dessen Werte in der Gegenwart abhängigen Steuer kann der Steuerpflichtige auch nicht um deswillen frei werden, weil er vielleicht einen dem vollen Werte entsprechenden Preis bezahlt, selbst also von der Wertserhöhung keinen Vorteil gehabt hat.

4. Die Bauplatzsteuer ist aber nur von den Besitzern solcher Grundstücke zu entrichten, bei denen die Baufluchtlinienfestsetzung auf Grund des Ges. v. 2. VII. 75 stattgefunden hat. Dies hat in dem Unterschiede der Fluchtlinienfestsetzung nach älterem und neuerem Rechte (vgl. E.-O.-V. Bd. XXIV S. 81) seinen Grund.

Während nach älterem Rechte der Zweck ein ausschließlich polizeilicher und darauf gerichtet war, Bauten zu verhindern, die geeignet waren, für das gemeine Wesen einen Schaden oder eine Unsicherheit herbeizuführen oder die Städte und öffentlichen Plätze zu verunstalten, ist die Baufluchtlinienfestsetzung nach dem Ges. v. 2. VII. 75 eine Angelegenheit der wegebaupflichtigen Gemeinde, die zum Zwecke der Straßenanlegung erfolgt. Im Gegensatze zu dem negativen Inhalte des polizeilichen Eingreifens bezeichnet sie den ersten positiven Schritt zu einer Veranstaltung, die von der Gemeinde im allgemeinen Interesse und zum besonderen Vorteile der an dem Straßenzuge liegenden Grundstücke unternommen wird. Und in diesem den Grundstückseigentümern zufallenden Vorteile findet das Komm.-Abg.-Ges. nach der Begründung (Abs. 3) zu § 22 des Regierungsentwurfes die Rechtfertigung für die höhere oder besondere Belastung der Bauplätze. Die Steuer soll ihnen auferlegt werden nicht, weil sie einen hohen Wert besitzen, sondern weil sie ihre Wertssteigerung ohne Zuthun der Besitzer in Folge der Veranstaltungen der Gemeinden erlangt haben. Dieser Grund trifft bei Fluchtlinienfestsetzungen durch die Polizeibehörde nicht zu und darum würde für eine stärkere Belastung der von diesen Linien berührten Grundstücke nach den Grundzügen des Komm.-Abg.-Ges., die die Herstellung eines Gleichgewichtes zwischen den Leistungen der Steuerzahler und denen der Gemeinde anstreben, keine innere Berechtigung vorhanden sein. Es mag zwar sein, daß zuweilen Gemeinden sich an den polizeilichen Fluchtlinienfestsetzungen in einer Weise beteiligt haben, die den Beginn einer städtischen Straßenanlegung enthielt. Diese Zufälligkeit kann hier jedoch nicht in Betracht kommen. Der Gesetzgeber konnte nur die Verschiedenheit des rechtlichen Wesens der polizeilichen und der kommunalen Maßregel in's Auge fassen, und diese Verschiedenheit wird durch die thatsächliche Gestaltung der Verhältnisse in Einzelfällen nicht berührt. Auch § 10 des Fluchtliniengeſ. v. 2. VII. 75 ordnet dem Geſ. die Fluchtlinienfeſtſetzungen nicht etwa in der Weiſe unter, daß ſie den unter der Herrſchaft des Geſetzes erfolgten Feſtſetzungen auch auf dem hier ſtreitigen Gebiete gleichſtehen. Durch § 10 ſind nur die den Gemeinden auf dieſem Verwaltungsgebiete eingeräumten Befugniſſe und das vom Geſetze vorgeſchriebene Verfahren im Intereſſe der Einheitlichkeit ausgedehnt auf die Fälle der Aufhebung oder Abänderung älterer Fluchtlinien, im übrigen iſt der durch die älteren Feſtſetzungen geſchaffene Rechtszuſtand unverändert geblieben.

b) Vom Gewerbebetriebe.

Nr. 1. Entſch. v. 8. I. 98 Nr. II 32.

Komm.-Abg.-Geſ. v. 14. VII. 93 (G.-S. S. 152) §§ 28 ff.

1. Bei der Gewerbeſteuer muß unterſchieden werden zwiſchen der ſtaatlichen Veranlagung und der kommunalen Heranziehung. Die erſtere findet nach § 3 des Geſ. wegen Aufhebung direkter Staatsſteuern v. 14. VII. 93 auch jetzt, wo der Staat keine Gewerbeſteuer mehr erhebt, noch für die Zwecke der kommunalen Beſteuerung ſtatt; ſie begründet aber nicht für den Veranlagten eine ſubjektive Steuerpflicht, auch nicht der Gemeinde gegenüber, ſondern beſtimmt lediglich den Staatsſteuerſatz, der bei der kommunalen Beſteuerung zu Grunde zu legen iſt.

Zur Begründung der ſubjektiven Gemeindeſteuerpflicht iſt demnach auch bei der Gewerbeſteuer noch eine beſondere Heranziehung ſeitens der Gemeinde erforderlich, d. i. die Forderung eines an die Gemeinde zu zahlenden Steuerbetrages, der auf Grund des ſtaatlich feſtgeſtellten Geſammtſteuerſatzes oder Teilbetrages und nach dem Beſchluſſe der ſtädtiſchen Behörden über die zu erhebenden Zuſchlagsprozente zu beſtimmen iſt.

2. Hieraus ergeben ſich der Umfang und die Schranken der zwiefachen, gegen die eine wie die andere Maßnahme zugelaſſenen Rechtsmittel. Wird der Kommunalzuſchlag vom Geſammtſteuerſatze erfordert, ſo iſt gemäß § 69 Abſ. 3 des Komm.-Abg.-Geſ. zwar ein Einwand gegen dieſen ſtaatlich veranlagten Satz unzuläſſig, wohl aber kann behauptet werden, daß der Gewerbebetrieb nicht in der heranziehenden Gemeinde, oder daß er auch in anderen Gemeinden betrieben werde und daß die Heranziehung daher ganz unzuläſſig ſei oder nur zu einem Teilbetrage (gemäß § 38 des Gew.-St.-Geſ.) ſtattfinden dürfe.

Die Verteilung gemäß § 38 auf die Betriebsorte und die Höhe des Teilbetrages für jeden iſt durch die Rechtsmittel des Komm.-Abg.-Geſ. nicht mehr anfechtbar.

Nr. 2. Entſch. v. 23. II. 98 Nr. II 314.

Komm.-Abg.-Geſ. v. 14. VII. 93 (G.-S. S. 152) §§ 28 ff.

In Gewerbe- und Handelsbetrieben mit kaufmänniſcher Buchführung ſind Abſchreibungen nicht nur auf Gebäude, Maſchinen und Geräte, ſondern auf alle Gegenſtände des Anlage- und Betriebskapitales, und nicht nur wegen Abnutzung, ſondern auch wegen ſonſtiger Wertsverminderung zuläſſig und zwar ſo lange, als die Bewertung des Gegenſtandes nicht hinter deſſen wirklichem, zur Zeit des Jahresabſchluſſes vorhandenem Werte zurückbleibt.

Nr. 3. Entsch. v. 5. II. 98 Nr. II 199.

Komm.-Abg.-Ges. v. 14. VII. 93 (G.-S. S. 152) §§ 28 ff.

1. Eine Gewerbesteuerordnung, nach der in einer und derselben Gemeinde nur gewisse Gewerbebetriebe, z. B. nur solche, die mehr als 100 Arbeiter beschäftigen, zu einer besonderen Gewerbesteuer, die übrigen mit Prozenten der staatlich veranlagten Gewerbesteuer herangezogen werden sollen, ist gesetzlich nicht unzulässig. Vgl. Ausf.-Anw. v. 10. V. 94 Art. 20[1].

2. Ebenso widerspricht es nicht dem Gesetze, wenn bei der Veranlagung eines hiernach steuerpflichtigen, sich über mehrere Gemeinden erstreckenden Gewerbebetriebes nach der Steuerordnung die Kopfzahl der in der Betriebsgemeinde beschäftigten Arbeiter zu Grunde gelegt werden soll.

Nr. 4. Entsch. v. 5. II. 98 Nr. II 199.

Komm.-Abg.-Ges. v. 14. VII. 93 (G.-S. S. 252) §§ 28 ff., 54—57.

1. Nach den §§ 54—57 des Komm.-Abg.-Ges. und Art. 39 der Ausf.-Anw. dazu ist der jährliche Steuerbedarf der Gemeinden auf die Einkommensteuer und die Gesammtheit der Realsteuern zu verteilen (§ 54), die auf die Gesammtheit der Realsteuern entfallende Summe aber auf die einzelnen Arten der Realsteuern unterzuverteilen (§ 56). Die Beträge, die nach diesen Verteilungen auf die einzelnen Steuerarten entfallen, sind in Prozenten der vom Staate in der Gemeinde veranlagten Steuern (Einkommensteuer und Realsteuern) auszudrücken, und es sind dabei die nach der staatlichen Veranlagung auf die Gemeinde entfallenden Sollaufkommen desjenigen Jahres zu Grunde zu legen, für das die Verteilung zu bewirken ist. Zur Deckung des von der Gesammtheit der Realsteuern aufzubringenden Steuerbedarfsanteiles sind die veranlagten Grund-, Gebäude- und Gewerbesteuern in der Regel mit dem gleichen Prozentsatze heranzuziehen (§ 56 Abs. 1). Soll die Grund- und Gebäudesteuer stärker als die Gewerbesteuer oder diese stärker als jene belastet werden, so ist die Genehmigung des Kreis- oder Bezirksausschusses erforderlich (§ 56 Abs. 2), und es bedarf der besonderen Zulassung seitens der Minister des Innern und der Finanzen, wenn eine dieser Steuerarten mehr als doppelt so stark wie die andere herangezogen werden soll (§ 56 Abs. 3). Auf die in dieser Weise nach Prozenten der staatlich veranlagten Steuer bestimmten Steuerbeträge sind die Erträge der entsprechenden besonderen Steuern zu verrechnen (§ 57). Wenn also ein Teil der Gewerbebetriebe einer besonderen Gewerbesteuer unterliegt, die übrigen Betriebe aber Prozente der staatlich veranlagten Gewerbesteuer zahlen, so dürfen die von sämmtlichen Betrieben zu entrichtenden Steuern zusammen nicht mehr betragen, als der in Prozenten des staatlich veranlagten Gewerbesteuersolls ausgedrückte Betrag, der durch die Gewerbesteuern im Ganzen für die Gemeinde aufzubringen ist. Dieser Grundsatz gilt allerdings nur für die bei Beginn des Steuerjahres erfolgenden Veranlagungen der einzelnen Steuerpflichtigen, wohingegen die im Laufe des Steuerjahres eintretenden Veränderungen ohne Einfluß sind und insbesondere spätere (etwa im Rechtsmittelwege) erfolgende Ermäßigungen des staatlichen Gesammtsteuersolls oder Zugänge neuer Steuerpflichtiger eine nachträgliche Herabsetzung des Zuschlagprozentes bezw. des Einheitssatzes oder gar der Steuerbeträge, die von den bereits gemeindeseitig herangezogenen Personen zu zahlen sind, abgesehen von den Fällen des § 30 Abs. 2 des Komm.-Abg.-Ges., nicht zur Folge haben.

2. Die Gemeindebehörde hat hiernach nach der Größe der zulässigen Gesammtbelastung die Höhe der Zuschlagsprozente von den Staatssteuer-

sätzen, wie auch des Einheitssatzes für die „besondere Steuer“ zu berechnen, ehe die Veranlagung und Heranziehung der Pflichtigen erfolgt. Ist der Zuschlags- oder Einheitssatz nach dem zur Zeit der Berechnung vorhandenen Sachverhältnisse zu hoch berechnet, so hat der Herangezogene Anspruch auf Ermäßigung. Dagegen ist dieser nicht begründet, wenn er darauf gestützt wird, daß das Verhältnis sich im Laufe des Steuerjahres verändert habe (s. oben zu 1 Abs. 1), oder weil der von ihm erforderte besondere Steuerbetrag mehr, als die für die Belastung des Gesammtsteuersolls zugefallenen Prozente seines staatlich veranlagten Steuersatzes ausmache.

3. Die Notwendigkeit und Zweckmäßigkeit der beschlossenen (genehmigten, zugelassenen) Sätze für die Belastung der Steuerart oder für die besonderen Steuern ist vom Verwaltungsrichter nicht zu prüfen.

Dieselben Rechtsgrundsätze enthält die Entsch. v. 23. III. 98 Nr. II 434 hinsichtlich der abgestuften Zuschlagssteuer im Sinne des § 31 des Komm.-Abg.-Ges. Diese bedarf nur der Genehmigung des Bezirksausschusses, nicht der für besondere Gewerbesteuern vorgeschriebenen Genehmigung der Ressortminister. Daß nicht die staatlich veranlagten, sondern die um die prozentuale Abstufung erhöhten Beträge der einzelnen Pflichtigen die Prinzipalbeträge bilden sollen, nachdem die für das Steuerjahr aufzubringenden Zuschlagsprozente zu berechnen und zu erheben sind, entspricht dem in dem mittels Erlasses v. 27. XI. 95 veröffentlichten Muster einer Gewerbesteuerordnung empfohlenen Verfahren und bewegt sich im Rahmen des Gesetzes.

Doch sind sie ebenso, wie besondere Gewerbesteuern, auf den durch Belastung der Staatsgewerbesteuer zu deckenden Teil des Steuerbedarfes anzurechnen.

2. Gemeindeeinkommensteuer.

a) Wohnsitz und Aufenthalt.

Nr. 1. Entsch. Bd. XXX S. 24 vom 3. Oktober 1896 II C 180/96.

Ges. v. 30. VI. 84 (Ges.-S. S. 307), betr. Bestimmung des Wohnsitzes im Sinne der Rheinischen Gemeindeverfassungsgesetze. [1])

Nach dem neuern Rechte über die Wohnsitzgründung ist unter dem „Innehaben einer Wohnung“ nicht schon der bloße Besitz bewohnbarer Räume zu verstehen, vielmehr muß die aus den Thatsachen erkennbare Absicht hinzutreten, solche als einen der örtlichen Mittelpunkte der Lebenshaltung, und nicht lediglich als bloßes „Unterkommen“ in Fällen vereinzelter oder vorübergehender Anwesenheit (als sogenanntes Absteigequartier) regelmäßig zu benutzen. Auf eine solche Absicht wird allerdings meist dann geschlossen werden können, wenn jemand in einer Stadt, in der er früher seinen Wohnsitz hatte, die bisher von ihm bewohnten Räumlichkeiten eingerichtet zu seiner Verfügung beibehält. Doch ist der Gegenbeweis nicht ausgeschlossen.

Nr. 2. Entsch. v. 15. XII. 97 Nr. II 2006.

1. Zum Aufgeben eines Wohnsitzes reicht ein bloß innerer Entschluß, von einem künftigen Zeitpunkte ab an dem Orte eine Wohnung nicht beibehalten zu wollen, nicht aus, sondern es wird dazu die äußerlich aus Thatsachen erkennbare Ausführung dieses Entschlusses erfordert.

---

[1]) Das Ges. v. 30. VI. 84 entspricht völlig dem § 1 des R.-G. über die Doppelbesteuerung v. 13. V. 70 (B.-G.-Bl. S. 119) und dieses wieder ist sowohl für die Staats-Einkommensteuer (§ 1 des Ges. v. 24. VI. 91 G.-S. S. 175) als auch für die Kommunalabgaben maßgebend (§ 33 Abs. 1 Nr. 1 des Ges. v. 14. VII. 93 G.-S. S. 152). Vgl. auch E.-O.-V. Bd. XXVI S. 70.

2. Die Frist für die Klage an den Bezirksausschuß wird durch einen den Erfordernissen einer solchen entsprechenden, bei derjenigen Geschäftsstelle, die die für den Bezirksausschuß bestimmten Schriftstücke entgegenzunehmen hat, eingegangenen Schriftsatz auch dann gewahrt, wenn dieser als „Beschwerde" bezeichnet und bei der Regierung angebracht wird.

Nr. 3. Entsch. Bd. XXXII S. 37 vom 4. Dezember 1897 II C 116/97.

Komm.-Abg.-Ges. v. 14. VII. 93 (G.-S. S. 152) §§ 60, 83, 87.

Das Recht der Steuererhebung ist ein Ausfluß der den Gemeinden verliehenen Hoheits- und Herrschaftsstellung und es kann naturgemäß nur ausgeübt werden, so lange die Herrschaft besteht. Letztere knüpft sich, was das Gebiet der direkten Steuern anlangt, an das Vorhandensein gewisser Verhältnisse, wie Wohnsitz, Aufenthalt u. s. w. und erlischt mit deren Wegfall. Vgl. E.-O.-V. Bd. XXIX S. 19. Dieser Rechtszustand ist durch das Komm.-Abg.-Ges., insbesondere die §§ 60 und 83 ff., nicht geändert worden.

Auch nach seinem Erlasse ist die Gemeinde nicht befugt, denjenigen, der ihr durch Wohnsitz, Aufenthalt, Gewerbebetrieb oder Grundbesitz zugehörig gewesen ist, zu den direkten Gemeindeabgaben noch heranzuziehen, wenn auch das letzte jener die Gemeindezugehörigkeit und die materielle Steuerpflicht begründenden Erfordernisse zu bestehen aufgehört hat.[1])

Zu a. Einkommen aus Kapitalvermögen.

Nr. 1. Entsch. v. 7. VII. 97 Nr. II 1244.

Komm.-Abg.-Ges. v. 14. VII. 93 (G.-S. S. 152) § 33.

Ein Einkommen aus Kapitalvermögen, dessen Vorhandensein vom Pflichtigen bestritten ist, darf bei selbständiger Einkommensermittelung durch die Gemeinde nicht ohne Feststellung bestimmter thatsächlicher Anhaltspunkte angenommen werden, durch die der Kapitalbesitz wahrscheinlich wird. Solche Anhaltspunkte sind weder bloßes Hörensagen, noch die negative Feststellung, daß der Pflichtige die Unrichtigkeit der vom Steuergläubiger vorgenommenen Schätzung nicht nachgewiesen oder den Nachweis unterlassen habe, er besitze ein früher vorhandenes Kapitalvermögen zur Zeit nicht mehr.

b) Einkommen aus Grundvermögen.

Nr. 1. Entsch. v. 27. X. 97 Nr. II 1744.

Komm.-Abg.-Ges. v. 14. VII. 93 (G.-S. S. 152) § 33.

Besteht eine Einkommensquelle mit schwankenden Erträgen, z. B. die Forstwirtschaft, genügend lange, um die Ermittelung nach dem Durchschnitte der drei Vorjahre zu gestatten, so ist die Feststellung des steuerpflichtigen Einkommens, wenn sie mangels ausreichender ziffermäßiger Unterlagen nicht völlig durch Berechnung erfolgen kann, dadurch zu bewirken, daß die Ergebnisse jedes der in Betracht kommenden Vorjahre durch Schätzung

---

[1]) Dieser Rechtssatz findet aber keine Anwendung, wenn noch ein zweites, die Gemeindeangehörigkeit begründendes Band fortbesteht, wenn insbesondere der früher in der Gemeinde aufhaltsam Gewesene dort noch fortgesetzt Grundbesitz hat. — Die Wohnsitzgemeinde darf das in einer anderen Gemeinde zufließende Forensaleinkommen auch dann nicht heranziehen, wenn die letztere es thatsächlich unbesteuert läßt. Entsch. v. 22. XII. 97 Nr. II 2053.

gefunden werden und daß aus der Summe dieser Ergebnisse der Durchschnitt gezogen wird. Vgl. E.-O.-V. in St. Bd. IV S. 67.

Die Schätzung bildet ferner überall und stets das letzte Hülfsmittel der Ermittelung und darf ausnahmslos nur angewendet werden, wenn und soweit die Berechnung versagt. Ist diese nur teilweise möglich, so darf die Schätzung nur ergänzungsweise, zur Feststellung des zur Berechnung Fehlenden erfolgen. Und selbst wenn die Erhebungen nur Anhaltspunkte, die für die Schätzung verwertet werden können, ergeben haben, müssen diese bei der Schätzung soweit als möglich berücksichtigt werden. Vgl. E.-O.-V. in St. Bd. IV S. 146, vgl. auch Bd. III S. 198, Bd. IV S. 71 und S. 157. Handelt es sich daher um das Einkommen aus einem sich über mehrere Gemeinden erstreckenden, aber als Einheit selbstbewirtschafteten Grundbesitze, so ist das für die Einheit rechnungsmäßig nachgewiesene Einkommen auf die Grundstücke der einzelnen Gemeinden im Wege der Schätzung zu verteilen, wobei — abgesehen von der Flächengröße — der Grundsteuer-Reinertrag in der Regel einen brauchbaren Anhalt bildet.

c) Einkommen aus Handel und Gewerbe.

Nr. 1. Entsch. v. 18. XII. 97 Nr. II 2032.

Komm.-Abg.-Ges. v. 14. VII. 93 (G.-S. S. 152) §§ 33, 35.

Die subjektive Steuerpflicht des Unternehmers eines Gewerbebetriebes wird am Orte des Warenabsatzes durch eine ständige Mittelsperson dann nicht begründet, wenn diese Eigenhandel treibt oder Kommissionär ist oder als eigentlicher Agent nur die Warenbestellung oder Ablieferung besorgt, wohl aber dann, wenn die Mittelsperson als eigentlicher Agent Kaufgeschäfte namens des Unternehmers selbständig abschließt (gemäß § 35 des Komm.-Abg.-Ges., obwohl der Agent sein eigenes Gewerbe betreibt) oder aber — als in dienstlichem Abhängigkeitsverhältnisse zu diesem stehend und somit als uneigentlicher Agent — dessen Geschäfte betreibt.

Nr. 2. Entsch. v. 5. II. 98 Nr. II 195.

Komm.-Abg.-Ges. v. 14. VII. 93 (G.-S. S. 152) § 33.

Eine gewerbliche Unternehmung, d. h. eine auf Hervorbringung oder den Umtausch von Gütern und den Zweck des Gewinnes gerichtete Vereinigung von Kapital und Arbeit, ist begriffsmäßig mit dem Wesen des Staates und seiner Aufgaben im weitesten Sinne nicht unvereinbar und der Staat ist nicht behindert, gewerbliche Unternehmungen gleichviel welcher Art zu begründen. Eine solche ist aber die Preußische Staatslotterie, wie sich aus ihrer Geschichte und den gesetzlichen Bestimmungen ergiebt, nicht, da ihr Ertrag nicht im wirtschaftlichen Verkehre, sondern als eine Form der Besteuerung durch Ausübung der Staatshoheit (Monopol) erzielt wird. Wie bei jeder indirekten Steuer hängt die Entstehung der konkreten Leistungspflicht von der freien Willensthätigkeit des Spielers ab. Wer sich dem Lotterieplane, der den Abzug von $15\,^4/_5$ Prozent für jeden Gewinn vorsieht, durch Erwerb eines Loses aus freiem Willen unterwirft, erlangt dadurch nicht nur das Recht auf den auf sein Los fallenden Gewinn, sondern er überkommt zugleich die Pflicht zu der durch den Abzug in die Erscheinung tretenden steuerartigen Leistung.

Nr. 3. Entsch. v. 5. II. 98 Nr. II 196.

Komm.-Abg.-Ges. v. 14. VII. 93 (G.-S. S. 152) § 33.

Die Einnahmen der sog. Rennvereine aus den Eintrittsgeldern und dem an und für sich als Gewerbebetrieb wohl anzusehenden

Totalisatorbetriebe bei Wettrennen stellen kein Einkommen aus Gewerbe dar, wenn festgestellt wird, daß bei beiden Veranstaltungen die Gewinnerzielung von dem Vereine nicht als Hauptzweck, sondern nur nebensächlich und nur beiläufig erstrebt wird.

Nr. 4. Entsch. v. 4. V. 98 Nr. II 573.

Komm.-Abg.-Ges. v. 14. VII. 93 (G.-S. S. 152) § 33.

1. Nach §§ 6, 35 ff. des Ges. v. 20. IV. 92 ist zwar Trägerin des Gewerbebetriebes einer Gesellschaft mit beschränkter Haftung diese selbst (und nicht die Gesellschafter, vgl. E.-O.-V. Bd. XXVII S. 41). Dennoch gelten bei der Einkommensbesteuerung die letzteren als Gewerbetreibende, so als ob sie Mitglieder einer offenen Handelsgesellschaft wären. Muß aber das Einkommen der Gesellschafter als gewerbliches Einkommen behandelt werden, so folgt daraus weiter, daß das steuerpflichtige Reineinkommen des Gesellschafters sich keineswegs mit dem von der Gesellschaft an ihn ausgezahlten Jahresgewinnanteile zu decken braucht. Vielmehr ist er jedenfalls befugt, die zur Erzielung dieser Einnahme gemachten Ausgaben, im Besonderen auch die Zinsen der auf dieser Spezialquelle haftenden Schulden in Abzug zu bringen. Dazu gehören vornehmlich die für den Erwerb der Anteile gemachten Schulden.

2. Die Beteiligung an dem Unternehmen einer Gesellschaft mit beschränkter Haftung und die Besteuerung des Einkommens daraus findet in denjenigen Gemeinden statt, die subjektiv und objektiv steuerberechtigt sein würden, wenn der gesellschaftliche Reinertrag nicht von einer Gesellschaft mit beschränkter Haftung, sondern von einem besteuerungsfähigen Rechtssubjekte erzielt worden wäre. Danach sind subjektiv steuerberechtigt, wenn das Unternehmen im Besitze der Betriebe von gewerblichen Anlagen besteht, nicht sämmtliche, sondern nur die im § 35 des Komm.-Abg.-Ges. bezeichneten Betriebsgemeinden. Denn das Einkommen aus bloßem, mit eigenem Betriebe nicht verbundenen Besitze von gewerblichen Anlagen ist nach § 35 Abs. 2 in denselben Gemeinden steuerpflichtig, wie das Einkommen aus dem Betriebe. Indessen hat das Gesetz dabei vorausgesetzt, daß der Besitz der verpachteten gewerblichen Anlagen und der Betrieb des pachtenden Unternehmers in denselben Gemeinden stattfindet. Dehnt der Gewerbetreibende sein Unternehmen auf andere Gemeinden aus, in denen die verpachteten gewerblichen Anlagen nicht belegen sind, so gewährt § 35 (vgl. E.-O.-V. Bd. XVI S. 196) ein Besteuerungsrecht gegenüber dem Verpächter der Anlage nicht allen Betriebsgemeinden, sondern nur denjenigen, in denen die an den Unternehmer verpachtete gewerbliche Anlage belegen ist.

3. Die Verteilung des der Gesellschaft oder ihren Mitgliedern aus dem einheitlichen Gewerbeunternehmen oder dem einheitlich für mehrere gewerbliche Anlagen stipulierten Pachtpreise zufließenden Einkommens unter mehrere Belegenheits- und Betriebsgemeinden muß gemäß § 47 a. a. O. nach dem Verhältnisse der Bruttoeinnahmen oder der Lohnausgaben stattfinden. Als letztere sind, wenn das Einkommen des Verpächters aus dem Besitze der gewerblichen Anlage zur Verteilung steht, die Lohnausgaben des Pächters maßgebend. Da das Pachteinkommen aber nur unter diejenigen Betriebsstätten des Unternehmens, in denen die verpachteten gewerblichen Anlagen belegen sind, verteilt werden soll, so können auch nur die in diesen Gemeinden erwachsenen Lohnausgaben in Betracht kommen. Dagegen muß das Einkommen des Verpächters auf alle Gemeinden, in denen die verpachteten Anlagen belegen sind und in denen ein Betrieb stattfindet, verteilt werden, und nicht blos auf diejenigen, die von ihrem

Steuerrechte Gebrauch gemacht haben. Dadurch, daß einige steuerberechtigte Gemeinden den Pflichtigen nicht heranziehen, wird das subjektive und objektive Steuerrecht derjenigen Gemeinden, die von ihrem Besteuerungsrechte Gebrauch gemacht haben, nicht erweitert.

4. Ist eine Aktiengesellschaft an einer Gesellschaft mit beschränkter Haftung (im vorliegenden Falle durch Aufkauf sämmtlicher Anteile) beteiligt, so ist deren steuerpflichtiges Gesammteinkommen vorerst in diejenigen beiden Teile zu zerlegen, die aus dieser Beteiligung und die aus deren sonstigen Unternehmungen zufließen.

Nr. 5. Entsch. v. 4. VI. 98 Nr. II 914.

Komm.-Abg.-Ges. v. 14. VII. 93 (G.-S. S. 152) § 33.

1. Besteht über die Veranlagung, die durch Schätzung erfolgt ist, oder hätte erfolgen sollen, zwischen dem Pflichtigen und der Veranlagungsbehörde Streit, so hat der Verwaltungsrichter im Rechtsmittelverfahren die thatsächlichen Ergebnisse des Steuerjahres zu Grunde zu legen, wenn diese inzwischen festgestellt sind, oder nunmehr festgestellt werden können. Vgl. E.-O.-V. Bd. XXIV S. 52, XXIX S. 118.

2. Wenn auch das Einkommen des Mitgliedes einer Gesellschaft mit beschränkter Haftung aus seiner Beteiligung an der Gesellschaft dem Wesen nach nicht ein gewerbliches, sondern Kapitaleinkommen ist (vgl. E.-O.-V. Bd. XXVII S. 41, XXIX S. 8), so ist es nach der Absicht des Gesetzgebers in Bezug auf die Gemeindebesteuerung dennoch als gewerbliches anzusehen, so zwar, als ob die Gesellschafter Mitglieder einer offenen Handelsgesellschaft wären. Ihr Einkommen aus der Beteiligung besteht daher in dem Anteile nicht nur an den verteilten, sondern auch an den zur Reservebildung, Schuldentilgung u. s. w. verwendeten Reinerträgen der Gesellschaft. Hiervon sind die Zinsen der Schulden, die das Einkommen wirtschaftlich belasten, insbesondere eines Darlehns zur Zahlung der Stammeinlage an die Gesellschaft vorweg abzusetzen.

3. Inwieweit die Vergütung, die eine Zuckerfabrik mit beschränkter Haftung ihren Gesellschaftern in Baar oder in Schnitzeln für die zu liefernden Rüben gewährt, als eine Betriebsausgabe der Gesellschaft und somit als Einkommen aus Grundvermögen der Gesellschafter, oder aber als verteilter Gewinn und somit als gewerbliches Einkommen der Gesellschafter anzusehen ist, richtet sich nach folgenden Grundsätzen: Eine Gewinnverteilung ist nur dann anzunehmen, wenn die Verpflichtung zur Rübenlieferung, bzw. zur Gewährung des Entgeltes ein von der Sozietätsbeteiligung untrennbares Rechtsverhältnis darstellt, insbesondere dann, wenn der Lieferant bezüglich des Rechtes auf Entgelt überhaupt oder wegen der Höhe dieses Entgeltes von dem finanziellen Ertrage des Unternehmens abhängt. In diesem Falle ist der über den Marktpreis hinaus gewährte Teil der Vergütung, einerlei, ob es sich um sog. Pflicht-, oder um sog. Überrüben handelt, als verteilte Dividende anzusehen. Liegt dagegen ein besonderes, neben dem Gesellschaftsvertrage hergehendes, wenn auch äußerlich in derselben Urkunde konstituiertes Rechtsverhältnis vor (was namentlich dann anzunehmen ist, wenn die Vergütung für die Rüben in einem ein für allemal bestimmten oder nach anderen Umständen, als dem finanziellen Ergebnisse des Unternehmens bestimmbaren Preise besteht), so ist diese Vergütung als Betriebsausgabe auf Seiten der Gesellschaft und als Einkommen aus Grundvermögen auf Seiten der Gesellschafter anzusehen.

d) Die Steuerpflicht der Forensen.

Nr. 1. Entsch. v. 17. II. 97 Nr. II 204.

Komm.-Abg.-Ges. v. 14. VII. 93 (G.-S. S. 152) §§ 33, 51.

Die Befugnis der Forensalgemeinde, den ihr steuerpflichtigen Einkommensteil eines staatlich veranlagten Gesammteinkommens unabhängig von der staatlichen Veranlagung und selbständig zu schätzen, ist durch § 51 Abs. 1 des Komm.-Abg.-Ges. nicht erweitert, sondern beschränkt worden. Daher ist die Besteuerung eines Forensaleinkommens bis zur Höchstgrenze der staatlich veranlagten Steuerstufe da ausgeschlossen, wo feststeht, daß es diese nicht erreicht.

e) Die Steuerpflicht der nicht physischen Personen insbesondere.

α) Der Aktiengesellschaften und Kommanditgesellschaften auf Aktien.

Nr. 1. Entsch. v. 3. III. 97 Nr. II 299.

Komm.-Abg.-Ges. v. 14. VII. 93 (G.-S. S. 152) § 33.
Eink.-St.-Ges. v. 24. VI. 91 (G.-S. S. 175) § 16.

Der staatlich veranlagte Einkommensbetrag der Aktiengesellschaften ohne den Abzug von 3½ Prozent des Aktienkapitales ist ohne Nachprüfung auch dann für die Gemeindebesteuerung maßgebend, wenn die Gesellschaft gegen die staatliche Veranlagung Rechtsmittel einzulegen außer Stande war. Dies kann vorkommen, wenn die Staatsbehörde das Einkommen zwar höher, als deklariert, aber noch innerhalb derselben Steuerstufe festgestellt hat.

Nr. 2. Entsch. v. 20. XI. 97 Nr. II 1874.

Komm.-Abg.-Ges. v. 14. VII. 93 (G.-S. S. 152) §§ 33, 60.
Eink.-St.-Ges. v. 24. VI. 91 (G.-S. S. 175) §§ 16.

1. Im Sinne des Komm.-Abg.-Ges. schließen sich die Gemeindesteuern den Staatssteuern nur in denjenigen Fällen an, in denen die Zuschläge nach wirklich zu entrichtenden Staatssteuersätzen, nicht nach den von der Gemeinde fingiert veranlagten Prinzipalsätzen erhoben werden. Bei Aktiengesellschaften kann nur das letztere der Fall sein, da gemäß § 33³ a. a. O. dem staatlich veranlagten Einkommen 3½ Prozent des Aktienkapitales für die Veranlagung zur Gemeindeeinkommensteuer hinzuzurechnen sind. Ihre subjektive Steuerpflicht beginnt daher gemäß Abs. 2 Nr. 1c des § 60 a. a. O. mit dem ersten Tage des auf den Beginn des Betriebes folgenden Monates.

2. Nach dem Schlußsatze unter Nr. 3 des § 33 des Komm.-Abg.-Ges. erfaßt, — vorbehaltlich der Hinzurechnung von 3½% des Aktienkapitales — die Gemeindeeinkommensteuer in den Fällen, in denen eine Veranlagung zur Staatseinkommensteuer stattgefunden hat, das hierbei veranlagte Einkommen. Somit ist das für die Staatseinkommensteuer veranlagte Einkommen (mit dem gedachten Vorbehalte) für die Kommunalbesteuerung der Aktiengesellschaften schlechthin maßgebend und eine selbständige Ermittelung ihres Einkommens in allen Fällen ausgeschlossen, in denen eine staatliche Veranlagung stattgefunden hat. Es widerspricht deshalb den gesetzlichen Vorschriften, wenn die Gemeinde das bereits vorher staatlich veranlagte Einkommen von neuem selbständig ermittelt und das Ergebnis dieser Ermittelung dem Prinzipalsteuersatze zu Grunde legt.

3. Das hiernach für die Kommunalbesteuerung allein maßgebende staatlicherseits veranlagte Einkommen der Aktiengesellschaften besteht nach § 16 des Eink.-St.-Ges. v. 24. VI. 91 aus den Überschüssen der Gesellschaft, die als Aktienzinsen oder Dividenden verteilt oder anderweit in der dort angegebenen Weise verwendet

werden. Unter den Überschüssen ist aber — im Gegensatze zu dem Einkommen der physischen Personen, das sich aus der Differenz zwischen den das Stammvermögen nicht abändernden Jahres-Einnahmen und Ausgaben ergiebt — die Differenz zwischen dem im Beginne und dem am Ende des Jahres vorhandenen Vermögensbestande zu verstehen. In dem Plus des letzteren, in dem jährlichen Vermögenszuwachse besteht das staatlich „veranlagte Einkommen," das indeß nicht schon durch die Erzielung von Überschüssen, sondern durch deren thatsächliche Verwendung zu einem der im § 16 cit. bezeichneten Zwecke gebildet wird. Da aber diese Verwendung erst durch die von der Generalversammlung bestätigte Bilanz erkennbar wird, kann vor dem Ablaufe des ersten Geschäftsjahres ein Einkommen und somit eine objektive Steuerpflicht der Aktiengesellschaft überhaupt rechtlich nicht existieren.

Ihre Heranziehung durch die Gemeinde kann also erst für dasjenige Steuerjahr, in dessen Laufe der erste Geschäftsabschluß genehmigt ist, und zwar erst für den auf den abgeschlossenen Zeitraum folgenden Monat erfolgen.

Ebenso Entsch. v. 30. X. 97 Nr. II 1761. Auch die Nachbesteuerung für das vor der ersten Bilanz liegende Steuerjahr ist deshalb unstatthaft.

Bezweckt die Aktiengesellschaft neben dem An- und Verkaufe von Grundstücken zugleich deren Selbstbewirtschaftung oder Verpachtung, und zwar in einer Weise, daß die dadurch erzielten Einnahmen nicht als bei Verfolgung des Hauptzweckes gewonnene Nebeneinnahme anzusehen sind, und daß diese Einnahmen auch ihrem Betrage nach einen erheblichen Faktor für das Gesammtergebnis des Unternehmens abgeben, so hat sie nicht nur Einkommen aus Gewerbe, sondern auch solches aus Grundvermögen.

Nr. 3. Entsch. v. 8. XII. 97 Nr. II 1962.

Komm.-Abg.-Ges. v. 14. VII. 93 (G.-S. S. 152) §§ 33, 47.
Eink.-St.-Ges. v. 24. VI. 91 (G.-S. S. 175) §§ 13, 14, 16.

1. Handelt es sich um die Kommunalbesteuerung der Aktiengesellschaften vom Einkommen aus Grundbesitz und Gewerbebetrieb in verschiedenen Gemeinden, so ist bei einem nichtgewerblich genutzten Grundbesitze das steuerpflichtige Gesammteinkommen (das staatlich veranlagte ohne Abzug der $3\frac{1}{2}$ Procent des Grundkapitales, das kein eigentliches Einkommen, sondern der bilanzmäßig festgestellte Überschuß ist) in die auf das Gewerbe und den Grundbesitz fallenden Anteile in der Weise zu zerlegen, daß zunächst — nach den Regeln der §§ 13 u. 14 des Eink.-St.-Ges. — das wirkliche Einkommen aus Grundvermögen (für jede Einzelgemeinde besonders und im Ganzen) und das aus Gewerbe (für das einheitliche Unternehmen) ermittelt und dann nach dem Verhältnisse dieser beiden Summen das steuerpflichtige Gesammteinkommen geteilt wird. Während der auf den Grundbesitz fallende Anteil den Belegenheitsgemeinden verbleibt, ist der auf das Gewerbe entfallende gemäß § 47 des Komm.-Abg.-Ges. unter die Betriebsgemeinden zu vertheilen.

2. Die zum selbständigen Abschlusse von Rechtsgeschäften nicht ermächtigte Generalagentur einer Lebensversicherungsgesellschaft kann für diese die subjektive Steuerpflicht — eine Betriebsstätte — begründen, wenn der Agent in dienstlicher Abhängigkeit zur Gesellschaft steht, kein eigentlicher Agent, sondern deren Angestellter (Beamter) ist.

β) Der eingetragenen Genossenschaften.

Nr. 1. Entsch. v. 21. X. 96 Nr. II 2087.

Komm.-Abg.-Ges. v. 14. VII. 93 (G.-S. S. 152) § 33.

Die subjektive Gemeindesteuerpflicht eines Konsumvereins wird allein durch das Halten eines offenen Ladens, d. h. eines solchen begründet, der Dritten einen physisch ungehinderten Zutritt gestattet, ohne daß noch zu prüfen wäre, ob der Geschäftsbetrieb über den Mitgliederkreis hinausgeht. Statutarische Bestimmungen, vor dem Laden angebrachte Plakate, Bekanntmachung durch die Zeitungen, kontraktliche Verpflichtungen der Lagerhalter, sind nicht geeignet, die thatsächliche Zugänglichkeit des Ladens auszuschließen.

Ebenso Entsch. v. 5. V. 97 Nr. II 829. Auch die Novelle zum Genossenschaftsges. v. 12. VIII. 96 hat in dem bestehenden Rechtszustande nichts geändert. Insbesondere kann aus der Verschärfung des Verbotes des Waarenverkaufes an Nichtmitglieder durch Strafbestimmungen gegen Verkäufer und Käufer nicht geschlossen werden, daß die Konsumvereine trotz physisch unverschlossener Läden sich auf den Mitgliederkreis beschränken und es dürfe daher ein von der entgegengesetzten Vermutung ausgehendes Landesgesetz nicht mehr angewendet werden. Durch die Reichsgesetzgebung sind die Bundesstaaten nicht beschränkt, das in ihnen zufließende Einkommen der eingetragenen Genossenschaften der Besteuerung für staatliche und kommunale Zwecke und etwa auch dahin zu unterwerfen, daß sie alle Genossenschaften ohne Ausnahme heranziehen.

γ) der juristischen Personen.

Nr. 1. Entsch. v. 2. VI. 96 Nr. I 733.

Komm.-Abg.-Ges. v. 14. VII. 93 (G.-S. S. 152) § 33.

Eine mit den Rechten einer juristischen Person versehene gemeinnützige Anstalt unterliegt hinsichtlich ihres, nach dem Reinertrage der einzelnen Einkommensquellen einzuschätzenden Einkommens aus Gewerbebetrieb und Landwirtschaft der Gemeindebesteuerung, auch wenn das Einkommen für gemeinnützige Zwecke Verwendung findet.

„Gewerbe" liegt dann vor, wenn die Absicht des Unternehmens auf Erzielung von Gewinn gerichtet ist. Der Gewinnzweck fehlt bei einer Gärtnerei, wenn sie lediglich zu dem Zwecke stattfindet, um die Zöglinge der Anstalt durch die Arbeit darin zu bessern und zu erziehen. Ob dies der Fall, bedarf der thatsächlichen Feststellung; dagegen spricht ein ausgedehnter Handel mit Sämereien, in dem die Zwangszöglinge nur wenig beschäftigt werden, Zahlung von Staatsgewerbesteuer 2c. Auch die Tantième des Reingewinnes einer Weinhandlung für Versendung ihrer Preisverzeichnisse mit den Katalogen der Anstalt kann sehr wohl „gewerbliches" Einkommen darstellen. Die etwa fehlende Berufsmäßigkeit gehört nicht zum Begriffe des gewerblichen Unternehmens im steuerlichen Sinne.

Ob neben dem gewerblichen Gärtnereibetrieb noch Landwirtschaft (nicht etwa blos als Nebennutzung) betrieben wird, ist ebenfalls Thatfrage.

f) Die Steuerpflicht der Beamten.

Nr. 1. Entsch. v. 17. X. 96 Nr. II 2064.

Komm.-Abg.-Ges. v. 14. VII. 93 (G.-S. S. 152) § 41.

Die bei der Berliner Feuerwehr angestellten Spritzenmänner sind nach ihrem, das Beamtenverhältnis ausdrücklich ausschließenden Dienstvertrage als mittelbare Staatsbeamte trotz ihrer Pensionsberechtigung nicht anzusehen. Aus dem Vorhandensein einer Pensionsberechtigung, deren sich zahlreiche Privatbeamte, namentlich in größeren technischen Betrieben, z. B. auch die niederen technischen Werksbeamten der fiskalischen Gruben, erfreuen, ist auf die Beamtenqualität des Berechtigten ohne Weiteres nicht zu schließen.

Nr. 2. Entsch. v. 10. VII. 97 Nr. II 1269.

Komm.-Abg.-Ges. v. 14. VII. 93 (G.-S. S. 152) § 41.

Auch in der Provinz Hannover kommen den Landrabbinern als solchen die Eigenschaften eines unmittelbaren oder mittelbaren Staatsbeamten und die

Steuervorrechte eines solchen nicht zu. Sie sind nach dem Gesammtcharakter ihrer dienstlichen Stellung Kultusbeamte ihrer Gemeinden, welche letzteren ebensowenig, wie die christlichen Kirchengesellschaften, als Behörden in die Verfassung des Staates eingreifen oder in den Staatsorganismus als dessen Glieder eingefügt sind. Vgl. E.-O.-V. Bd. XIX S. 420. Auch den jüdischen Schulgemeinden gegenüber, die allerdings staatliche Aufgaben verfolgen und in die Verfassung des Staates organisch eingegliedert sind, haben sie nicht den Charakter eines Schul-, sondern ebenfalls nur eines Kultusbeamten.

Daraus, daß sie im Nebenamte die Geschäfte eines Kreisschulinspektors wahrnehmen und insoweit unmittelbare Staatsbeamte sind, ist etwas Gegenteiliges hinsichtlich ihres Hauptamtes und der Einnahmen daraus nicht zu entnehmen.

Nr. 3. Entsch. v. 15. I. 97 Nr. I 83.

Komm.-Abg.-Ges. v. 14. VII. 93 (G.-S. S. 152) § 41.

Ein im technischen Büreau der Staatseisenbahnverwaltung gegen feste Besoldung dauernd angestellter Zeichner ist kein öffentlicher Beamter, wenn bei der Anstellung der Vorbehalt gemacht ist, daß er zur Eisenbahnverwaltung in ein Privatverhältnis trete. Ihm steht daher ein Kommunalsteuerprivileg aus § 2 der Vd. v. 23. IX. 67 nicht zu. Weder eine „feste" Besoldung, noch die längere Dauer der Beschäftigung begründen für sich die Beamteneigenschaft; es gehört dazu vielmehr ein Willensakt der Behörde.

Nr. 4. Entsch. v. 29. IX. 97 Nr. II 1596.

Komm.-Abg.-Ges. v. 14. VII. 93 (G.-S. S. 152) § 41.

1. Zum Diensteinkommen eines Beamten gehört auch dasjenige, was aus einem, im amtlichen Auftrage übernommenen Nebengeschäfte zufließt.

2. Witwenkassenbeiträge, die nicht auf gesetzlicher Verpflichtung, sondern auf dem freien Willen des Beamten beruhen, sind nicht ausschließlich vom Dienst-, sondern — wie alle das Gesammteinkommen belastenden Abzüge — anteilig von dem vollen Dienst- und dem Privateinkommen abzusetzen.

3. Ebenso ist bei der Wohnungssteuer, hinsichtlich derer den Beamten ebenfalls die Wohlthaten der Vd. v. 23. IX. 67 zukommen, die Miete anteilig auf beide Einkommen zu verteilen.

Das zu besteuernde Objekt besteht bei der Einkommensteuer aus der Summe des vollen Privat- und des halben Diensteinkommens und bei der Wohnungssteuer aus der Summe der auf jedes von beiden anteilig entfallenden Quoten der Miete, sodaß die auf die andere Hälfte entfallende Mietsquote steuerfrei bleibt.

Der vom Diensteinkommen zu entrichtende Gesammtbetrag beider Steuern darf 2 Prozent des vollen Diensteinkommens nicht übersteigen; wieviel auf letzteres entfällt, ist nach dem Verhältnisse des steuerpflichtigen Gesammt-Einkommens zu dem steuerpflichtigen d. i. halben Diensteinkommen zu berechnen.

g) Die Steuerpflicht der Militärpersonen.

Nr. 1. Entsch. v. 16. X. 97 Nr. II 1687.

Komm.-Abg.-Ges. v. 14. VII. 93 (G.-S. S. 152) § 42.

Zu den Militärpersonen des aktiven Dienststandes, die im Falle ihrer Servisberechtigung von allen direkten Kommunalabgaben, mit Ausnahme der auf Grundbesitz oder Gewerbe gelegten, befreit sind, gehören zwar nicht die Zivilbeamten der Militärverwaltung, wohl aber diejenigen Militärbeamten, die

einen Militärrang haben. Daher gehören hierher auch die Büchsenmacher und Sattler bei den Truppen. Denn sie bekleiden einen militärischen Rang, wie aus der Klasseneinteilung der Militärbeamten in der Anlage zur Vd. v. 29. VI. 80 (R.-G.-Bl. S. 170) Nr. I B 2 hervorgeht; ingleichen sind sie servisberechtigt. Daß sie zu den Personen des Unteroffizier- und Gemeinenstandes nicht zu rechnen und daher staatseinkommensteuerpflichtig sind, hat auf die Kommunalsteuerfreiheit keinen Einfluß.

Nr. 2. Entsch. v. 27. X. 97 Nr. II 1712.

Komm.-Abg.-Ges. v. 14. VII. 93 (G.-S. S. 152) § 42.

Das Diensteinkommen der Mitglieder der Gendarmerie ist gänzlich, nicht blos zur Hälfte, kommunalsteuerfrei. Eine andere Auslegung des § 42 Abs. 2 des Komm.-Abg.-Ges. widerspricht dem Willen des Gesetzgebers.

h) Vermeidung der Doppelbesteuerung.

Nr. 1. Entsch. Bd. XXXI S. 73 vom 19. Dezember 1896 II C 210/96.

Komm.-Abg.-Ges. v. 14. VII. 93 (G.-S. S. 152) §§ 33, 35, 47.
Eink.-St.-Ges. v. 24. VI. 91 (G.-S. S. 175) § 16. Ausf.-Anw. v. 5. VIII. 91 Art. 27.

1. Die subjektive Steuerpflicht ist für alle nicht physischen Rechtssubjekte (für Erwerbsgesellschaften und juristische Personen) dahin geregelt, daß beide nur der Gemeinde gegenüber, in der sie Besitz oder Betrieb haben, pflichtig sind, und deren objektive Steuerpflicht dahin, daß diese nur das aus beiden Quellen zufließende Einkommen erfaßt.

Ist aber eine Aktiengesellschaft zur Staats-Einkommensteuer veranlagt, so bildet in allen Fällen der staatlich veranlagte Einkommensbetrag (ohne den Abzug der $3\frac{1}{2}\%$ des Aktienkapitales) das Steuerobjekt für die einzige berechtigte Gemeinde oder bei der Konkurrenz mehrerer das unter diese behufs der Besteuerung zu verteilende Objekt.

Jede Möglichkeit zu selbständiger Ermittelung des jener allein zustehenden, beziehungsweise des dieser Mehrheit gemeinschaftlich zustehenden und zu verteilenden Einkommens ist grundsätzlich ausgeschlossen.[1])

2. Wenn neben preußischen noch deutsche Betriebsorte konkurrieren, so sind dem staatlich veranlagten Einkommen die abgezogenen $3\frac{1}{2}\%$ des Aktienkapitales nicht voll, sondern nur im anteiligen Betrage wieder zuzusetzen.

3. Fließt der Aktiengesellschaft ihr Einkommen aus den Quellen des Grundvermögens oder Gewerbebetriebes in einer Mehrheit von Gemeinden zu, so geschieht die Verteilung des Steuerobjektes bezüglich des Einkommens aus Grundvermögen nach dem pflichtmäßigen Ermessen der Behörde (ev. nach Flächengröße, Katastralertrag u. dergl.). Vgl. E.-O.-V. Bd. XV S. 194.

---

[1]) Eine Ausnahme ist in Folge nicht völlig korrekten Verfahrens der staatlichen Veranlagungsbehörde möglich. Wenn nämlich bei geringen Überschüssen und hohem Aktienkapitale das Nichtvorhandensein eines staatssteuerpflichtigen Überschusses ohne weiteres ersichtlich ist, so erfolgt zwar eine staatliche — steuerfreie — Veranlagung, so daß der Fall des § 33 Nr. 3 am Schlusse vorliegt; aber es unterbleibt dann die ziffermäßige Feststellung des staatssteuerfreien Einkommensbetrages, so daß das von der Gemeindebesteuerung zu erfassende Objekt nicht feststeht. In Fällen solcher Art bleibt nach der Entsch. v. 11. XI. 96 — II. C. 190/96 — nur übrig, daß die Gemeinden dieses staatlich zwar veranlagte, aber ziffermäßig nicht ermittelte Einkommen seinem Betrage nach unter Anwendung des § 16 des Eink.-St.-Ges. v. 24. VI. 91 selbst feststellen. — Dagegen ist es als eine genügende staatliche Feststellung angesehen worden, wenn die Spalte 9 des durch die Ausf.-Anw. v. 5. VIII. 91 (Art. 48) mitgeteilten Formulars (Muster VII) für die fortlaufende Übersicht gehörig ausgefüllt ist. Entsch. v. 24. II. 97 II. C. 216/96. —

Bezüglich des gewerblichen Einkommens erfolgt die Verteilung nach dem Verhältnisse der in den einzelnen Gemeinden erwachsenen Ausgaben an Gehältern und Löhnen.

Für diese Verteilung nach dem Verhältnisse der Lohnausgaben unter die berechtigten Gemeinden kommt aber nur die Summe der an solchen Betriebsorten erwachsenen Löhne in Betracht, aus denen das zu verteilende Einkommen zugeflossen ist. Daher scheiden die in deutschen Gemeinden entstandenen Löhne ebenso aus, wie die, die an Orten ohne lokalisierten Betrieb entstanden sind.

Bei dieser Art der Bestimmung des der Einzelgemeinde steuerpflichtigen Einkommens könnten freilich — da die Voraussetzungen der subjektiven Steuerpflicht und die Grundsätze für Sonderung der steuer-pflichtigen und -freien Teile des gewerblichen Gesammteinkommens in Staat und Gemeinde nicht notwendig und nicht immer die gleichen sind — unter Umständen die Gemeinden weniger günstig gestellt werden, als wenn sie zur selbständigen und freien Schätzung des Gesammteinkommens und dessen ihnen pflichtigen Teiles befugt wären. Aber derartige Nachteile sind eine notwendige Folge des im Komm.-Abg.-Ges. mehrfach und im Schlußsatze des § 33 Nr. 3 mit besonderer Schärfe angewendeten Grundsatzes, nach dem das Ergebnis der staatlichen Besteuerung für die kommunale maßgebend ist. Unter den umgekehrten Verhältnissen kann aber dieser Grundsatz der Kommunalbesteuerung auch wiederum zum Vorteile gereichen. Jene Nachteile dürfen daher, selbst wenn sie bei Erlaß des § 33 Nr. 3 nicht ausreichend gewürdigt sein sollten, zu einer Auslegung nicht verwertet werden, die dem Wortlaute und der Absicht des Gesetzes zuwiderlaufen würde.

Nr. 2. Entsch. Bd. XXXI S. 82 vom 26. Mai 1897 II C 321/96.

Komm.-Abg.-Ges. v. 14. VII. 93 (G.-S. S. 152) §§ 33, 47, 49, 50; Ausf.-Anw. v. 10. V. 94 Art. 23.

1. Ist eine Aktiengesellschaft zur Staatseinkommensteuer veranlagt, so bildet in allen Fällen der staatlich veranlagte Einkommensbetrag (ohne den Abzug der $3^1/_2$ % des Aktienkapitales) das Steuerobjekt für die einzige berechtigte Gemeinde oder bei der Konkurrenz mehrerer das unter diese behufs der Besteuerung zu verteilende Objekt. Die Möglichkeit einer selbständigen Ermittelung des zu besteuernden Einkommens seitens der Gemeinde ist ausgeschlossen.

2. Konkurrieren Gemeinden des außerdeutschen Auslandes, so umfaßt das Teilungsobjekt zwar die in Preußen, wie die im außerdeutschen Auslande entstandenen und mitveranlagten Einkommensteile. Indessen müssen diese letzteren wieder ausgeschieden werden, da sie anderwärts als in der heranziehenden Gemeinde lokalisiert sind, in ihr also nicht zufließen.[1])

Nr. 3. Entsch. Bd. XXXI S. 90 vom 30. Januar 1897 II C 344/96.

Komm.-Abg.-Ges. v. 14. VII. 93 (G.-S. S. 152) §§ 33, 47.

1. Bei allen zur Staatssteuer veranlagten Aktiengesellschaften bildet der staatlich veranlagte Einkommensbetrag — ohne Abzug der anteilig auf ihn entfallenden $3^1/_2$ % des eingezahlten Aktienkapitales — dasjenige Objekt, das von der Besteuerung durch die Gemeinden, falls an ihm mehrere Gemeinden

---

[1]) Anderer Meinung Nöll, Anm. 7a zu § 47; jedoch zu Unrecht. Die sehr eingehende Begründung des O.-V.-G. aus der Entstehungsgeschichte des Komm.-Abg.-Ges. ist durchaus überzeugend.

beteiligt sind, zu erfassen und unter diese in direkter oder analoger Anwendung des § 47 des Komm.-Abg.-Ges. zu verteilen ist, während als beteiligt nur diejenigen Betriebsorte (bezw. die an diesen erwachsenen Lohnausgaben oder Bruttoeinnahmen) in Betracht kommen, aus denen das zu verteilende Einkommen zugeflossen ist, somit nicht diejenigen Betriebsorte, bezw. die an diesen zugeflossenen Teile des Gesammtüberschusses, die bei der Ermittelung des staatlich veranlagten Einkommens bereits ausgeschieden sind. Wie bei Aktiengesellschaften mit dem Sitze in Preußen daher die an deutschen Betriebsorten erwachsenen Lohnausgaben (Bruttoeinnahmen) ausscheiden, so müssen bei Gesellschaften mit einem außerpreußischen Sitze, bei dem nur das preußische und nicht auch das deutsche oder das ausländische Einkommen staatssteuerpflichtig ist, sämmtliche nichtpreußische (deutsche und ausländische) Lohnausgaben und Bruttoeinnahmen für die Verteilung des staatlich veranlagten Einkommens außer Ansatz bleiben.

2. Das zehnprozentige Voraus für die Geschäftsleitung ist jedoch zu Gunsten der auswärtigen Leitungsgemeinde nicht nochmals abzurechnen, weil jenes Moment, als für die Gewinnerzielung vornehmlich bestimmend, schon bei der staatlichen Veranlagung Berücksichtigung gefunden haben muß.[1])

Nr. 4. Entsch. Bd. XXXII S. 32 vom 15. Dezember 1897 II C 407/97.

Gew.-St.-Ges. v. 24. VI. 91 (G.-S. S. 205) § 17 und Ausf.-Anw. v. 10. IV. 92 Art. 2³.

Jedes gewerbliche Unternehmen besteht in der wirtschaftlichen Verbindung von Kapital und Arbeit durch den Gewerbetreibenden für dessen eigene Rechnung, mag der Unternehmer ein Einzelkaufmann oder eine Erwerbsgesellschaft sein. Daher ist es zulässig, zwei örtlich getrennte Geschäfte, die mit verschiedenem Kapitale und auf verschiedene Rechnung und Gefahr geführt werden, selbst dann, wenn sie objektiv der gleichen Produktion dienen, als zwei selbständige Unternehmungen und nicht als die Glieder eines einheitlichen Unternehmens zu behandeln. Wird das eine Geschäft von einem Einzelkaufmann, das andere von einer offenen Handelsgesellschaft betrieben, so sind nicht nur die Personen der Unternehmer, sondern auch die beiderseits als Betriebskapital verwendeten Vermögensmassen verschieden; werden beide Geschäfte von offenen Handelsgesellschaften, deren Mitglieder der Person nach identisch, aber an der Einlage und am Gewinne verschieden beteiligt sind, betrieben, so trifft wenigstens das letztere zu. Denn bei der offenen Handelsgesellschaft besteht, wenngleich sie kein selbständiges Rechtssubjekt ist, dennoch ein eigenes, von dem sonstigen Vermögen der Gesellschafter getrenntes, selbständiges Geschäftsvermögen. (Vgl. E.-O.-V. Bd. XXX S. 79). — Hieraus folgt, daß auch im Sinne der Kommunalsteuergesetzgebung die Einheitlichkeit einer sich über mehrere Gemeinden

---

[1]) Der staatlich veranlagte Einkommensbetrag bleibt selbst dann maßgebend, wenn die Gesellschaft gegen die staatliche Veranlagung Rechtsmittel einzulegen außer Stande war. — Nach § 33 Nr. 3 des Komm.-Abg.-Ges. kann nicht beansprucht werden, daß die staatliche Veranlagung zum Zwecke der Gemeindebesteuerung einer Nachprüfung unterzogen werde. Denn für die seltenen Fälle, in denen die Staatsbehörde das Einkommen zwar höher, als deklarirt, aber noch innerhalb derselben Steuerstufe festgestellt hat, und in denen der Censit daher nicht in der Lage ist, die sonst gegen unrichtige staatliche Veranlagungen zugelassenen Rechtsmittel einzulegen (Entsch. d. O.-V.-G. in St. Bd. II S. 136) hat das Gesetz durch Ausnahmebestimmungen ebenso wenig Fürsorge getroffen, wie es andererseits den Gemeinden Rechtsmittel gegen die etwa das kommunale Steuerinteresse schädigende, zu niedrige staatliche Veranlagung der Censiten überhaupt nicht gewährt hat. Entsch. v. 3. III. 97 II C 60/97.

erstreckenden gewerblichen Unternehmung regelmäßig die Identität des Unternehmers voraussetzt, sei dies eine physische Person obschon unter verschiedenen Firmenbezeichnungen, sei es dieselbe Erwerbsgesellschaft. Sind verschiedene Firmeninhaber in den verschiedenen Betriebsorten beteiligt, so ist die Einheitlichkeit nicht anzunehmen.

Nr. 5. Entsch. Bd. XXXII S. 35 vom 20. November 1897 II C 195/97.

Komm.-Abg.-Ges. v. 14. VII. 93 (G.-S. S. 152) §§ 47, 71 ff.

1. Bei der Verteilung des gemeindesteuerpflichtigen Einkommens aus einer über mehrere Gemeinden sich erstreckenden gewerblichen Unternehmung nach dem Maßstabe der Gehälter und Löhne (§ 47 litt. b des Komm.-Abg.-Ges.) sind die Lohnausgaben für Geschäftsreisende, die in dienstlichem Abhängigkeitsverhältnisse zum Unternehmer stehen, für diejenige Gemeinde in Ansatz zu bringen, in der sich die Geschäftsleitung und der Vertrieb der Produkte vollzieht. Denn es bildet bei einem Unternehmen, das zwei gewerbliche Niederlassungen hat — eine für die Produktion und eine zweite für die Geschäftsleitung und den Vertrieb der Produkte — die Thätigkeit des Geschäftsreisenden, da sie lediglich den Absatz bezweckt, einen Teil des an der zweiten Niederlassung umgehenden Betriebes. Und deshalb liegt auch der Ausgangs- und Mittelpunkt der Gesammtthätigkeit der Reisenden an derjenigen Stelle, für die sie den Absatz vermitteln, von der sie ihre Anweisungen empfangen und der sie die erhaltenen Bestellungen mitteilen.

2. Bei wesentlicher Veränderung in der Art, wie in dem Umfange der in den verschiedenen Betriebsstätten umgehenden Geschäftsthätigkeit ist an Stelle des dreijährigen ein kürzerer Durchschnitt der Lohnausgaben zu Grunde zu legen. Vgl. E.-O.-V. Bd. XII S. 99, XVII S. 154, XXVII S 29; E.-O.-V. in St. Bd. I S. 375.

3. Die Forensalgemeinde hat die Zuschlagsprozente von dem, ihrem Einkommensteile entsprechenden Steuersatze zu berechnen, die Wohnsitzgemeinde dagegen von derjenigen Quote des dem Gesammteinkommen entsprechenden Steuersatzes, der sich aus dem Verhältnisse des ihr pflichtigen Teiles zu dem gesammten Einkommen ergiebt.

Nr. 6. Entsch. Bd. XXX S. 16 vom 17. Oktober 1896 II C 212/96.

Komm.-Abg.-Ges. v. 14. VII. 93 (G.-S. S. 152) §§ 33, 49, 50.
Freizügigkeitsges. v. 1. XI. 67 (B.-G.-Bl. S. 55) §§ 1, 6.

Nach dem Komm.-Abg.-Ges. v. 14. VII. 93 ist entgegen dem durch das Komm.-Steuernotges. v. 27. VII. 85 (G.-S. S. 327) geschaffenen Rechtszustande (vgl. E.-O.-V. Bd. XXII S. 30) die Aufenthaltsgemeinde zur Einkommensbesteuerung nicht weiter als die Wohnsitzgemeinde befugt; sie muß daher bei der Konkurrenz mit einer Wohnsitzgemeinde ebenso wie diese den dreimonatigen Aufenthalt des Pflichtigen im Vorjahre darthun.

Dies geht hervor aus § 50 Abs. 2 des Komm.-Abg.-Ges.: „Neuanziehende, welche in einer Gemeinde wegen ihres die Dauer von drei Monaten übersteigenden Aufenthaltes zu den Gemeindesteuern herangezogen werden (§ 33 Abs. 4) sind insoweit denjenigen gleichgestellt, welche in dieser Gemeinde ihren Wohnsitz haben.“

Das Wort „insoweit“ muß im engsten Anschlusse an die vorangehenden Worte des Satzes ausgelegt werden und bedeutet dann eben, daß Neuanziehende, wenn sie auf Grund des Aufenthaltes zu den Gemeindesteuern herangezogen werden, mit dem gleichen Maße gemessen werden sollen, wie diejenigen Steuerpflichtigen, die der Gemeinde durch Wohnsitz angehören.

Diese Auslegung widerspricht auch nicht dem § 8 des Freizügigkeitsges. Denn das Reichsrecht gestattet nicht etwa den Aufenthaltsgemeinden die Besteuerung der Neuanziehenden auf Grund des drei Monate übersteigenden Aufenthaltes unmittelbar und unbeschränkt. Der § 8 enthält überhaupt keinen unmittelbar anwendbaren Rechtssatz. Er giebt den Gemeinden vielmehr nur die Befugnis, die Neuanziehenden unter der Voraussetzung eines Aufenthaltes von gewisser Dauer durch autonomen Beschluß der Besteuerung gleich den übrigen Gemeindeeinwohnern zu unterwerfen. Auf diesem letzteren Gebiete, dem der Besteuerung der Einwohner, aber sind der Landesgesetzgebung keine Grenzen gezogen. Und wenn sie die Steuerberechtigung zweier Gemeinden, von denen jede an sich berechtigt wäre, den Wohnsitz des Censiten geltend zu machen, dahin regelt, daß bei der Besteuerung diejenige Wohnsitzgemeinde ausscheidet, die einen Aufenthalt des Censiten von gewisser Dauer im Vorjahre nicht aufweisen kann, so ist ihr das völlig unbenommen. Die Aufenthaltsgemeinde aber kann weder nach dem Reichsgesetze, noch nach § 33 Abs. 4 des Komm.-Abg.-Ges. ein Mehreres beanspruchen, als sie zu beanspruchen hätte, falls es sich um die Besteuerung eines Gemeindeangehörigen handelte. Bei Anwendung des Reichsrechtes ist daher in erster Reihe immer von der Frage auszugehen, wie das Besteuerungsrecht der Wohnsitzgemeinde beschaffen ist, und erst nach Beantwortung dieser Vorfrage kann das Besteuerungsrecht der Aufenthaltsgemeinde in Betracht kommen (vgl. Nöll, Komm.-Abg.-Ges., 2. Aufl., Anm. 71 zu § 33, Anm. 6 zu § 49 und Anm. 17 zu § 50).

Nr. 7. Entsch. Bd. XXXI S. 11 vom 19. Dezember 1896 II C 271/96.

Komm.-Abg.-Ges. v. 14. VII. 93 (G.-S. S. 152) §§ 49, 50. [1]

Bei der Konkurrenz mehrerer Wohnsitzgemeinden wird das ihnen mindestens verbleibende Viertel des Gesammteinkommens nicht mehr — wie nach dem früheren Rechte — unter alle Beteiligten, sondern nur unter diejenigen verteilt, deren steuerpflichtiges Einkommen weniger als ein Viertel beträgt.

Zwar lautet § 49 Abs. 2 des Komm.-Abg.-Ges. im allgemeinen so, wie die entsprechende Vorschrift im § 9 des Komm.-Steuer-Ges. v. 27. VII. 85. Allein der Schlußsatz hat in dem neuen Gesetz eine abweichende Fassung erhalten. Denn er lautet:

„Steht dieser Anspruch mehreren Wohnsitzgemeinden zu, so ist dieser Bruchteil nach Maßgabe des § 50 zu verteilen."

Danach wird die Verteilung des Viertels nicht mehr (wie bisher) bloß von dem Vorhandensein mehrerer Wohnsitzgemeinden, sondern von dem Vorhandensein mehrerer anspruchsberechtigter Wohnsitzgemeinden abhängig gemacht.

Nr. 8. Entsch. Bd. XXXI S. 13 vom 19. Mai 1897 II C 644/96.

Komm.-Abg.-Ges. v. 14. VII. 93 (G.-S. S. 152) §§ 49, 50.

1. § 49 des Komm.-Abg.-Ges. regelt das Verhältnis zwischen den Wohnsitzgemeinden einerseits zu den Forensalgemeinden andererseits. Im Gegensatze zu dem früheren Rechte (vgl. E.-O.-V. Bd. XXXI S. 11, oben Nr. 7) gewährt

---

[1]) Vgl. Bd. I S. 452 des Hauptw. Anm. Abs. 3 am Ende.

er der Forensalgemeinde gegenüber den Anspruch auf das Viertel der einzigen Wohnsitzgemeinde oder der Gesammtheit der Wohnsitzgemeinden nur dann, wenn in der Wohnsitzgemeinde bezw. in der Gesammtheit der Wohnsitzgemeinden weniger als ein Viertel des Gesammteinkommens zufließt.

2. Der § 50 a. a. O. trifft Bestimmung für den Fall, daß mehrere Wohnsitzgemeinden unter sich konkurrieren. Er bestimmt hinsichtlich des radizierten Einkommens, daß grundsätzlich jede Gemeinde denjenigen Teil des Gesammteinkommens, der in ihr dem Censiten zufließt, zu besteuern berechtigt ist. Nur wenn dieser Teil mehr als drei Vierteile des Gesammteinkommens, nicht des nach Abzug des Forensaleinkommens den Wohnsitzgemeinden verbleibenden Restes, des Steuerpflichtigen ausmacht, findet eine Ausnahme von der Regel statt. Dann muß die Gemeinde, in der mehr als drei Vierteile des Gesammteinkommens zufließen, in analoger Anwendung des § 49 Abs. 2 mindestens das Viertel, d. h. den vierten Teil des Gesammteinkommens, für die übrigen Wohnsitzgemeinden freilassen. Bezüglich des nicht radizierten Einkommens bestimmt § 50, daß nicht alle, sondern nur die durch vorjährigen Aufenthalt qualifizierten Wohnsitzgemeinden dieses Einkommen zu dem ihrer Anzahl entsprechenden Bruchteil zu besteuern berechtigt sein sollen. Zu diesem Einkommen gehört auch das Viertel aus § 49 Abs. 2, der deshalb auf den § 50 verweist, bezw. aus § 50 Abs. 1. Immer aber kann eine Verteilung des Viertels nur unter den anspruchsberechtigten Wohnsitzgemeinden stattfinden.

3. Verpflichtung der Betriebsgemeinden zur Leistung von Zuschüssen.

Nr. 1. Entsch. Bd. XXXII S. 131 vom 9. Dezember 1896 II B 19/96.

Komm.-Abg.-Ges. v. 14. VII. 93 (G.-S. S. 152) § 53.

Bereits im Hauptwerke Bd. I S. 460 f. wiedergegeben.

Ebenso Entsch. v. 27. IV. 97 Nr. I 644, in der erhöhte Ausgaben für Zwecke des Volksschulwesens erörtert werden. Volksschulen sind Schulen, deren Besuch obligatorisch ist und die von einem Schulverbande oder der bürgerlichen Gemeinde unterhalten werden müssen. Sie verlieren diesen Charakter nicht schon dadurch, daß in ihr auch fakultativer Unterricht in solchen Lehrgegenständen erteilt wird, die außerhalb der Ziele der Volksschule liegen. — Als Vorteile der Arbeiterwohnsitzgemeinde, die von den Mehrkosten abzuziehen sind, kommen in Betracht: Schulgelder, Kommunalsteuern der Eltern, bew. Pfleger der bei der Berechnung von Mehrkosten anzurechnenden Kinder ihrem vollen Betrage nach, Erhöhung der Steuerfähigkeit der Gemeindeangehörigen durch die Nähe der Betriebsgemeinde. — Die Bemessung der Höhe des Zuschusses ist ohne jede Schranke in das pflichtmäßige Ermessen des Richters gestellt. — Gegen die nach Maßgabe des § 53 des Komm.-Abg.-Ges. ergangenen Urteile der Bezirksausschüsse findet nicht Revision, sondern Berufung statt.

Nr. 2. Entsch. Bd. XXXII S. 134 vom 6. Oktober 1897 II B 2/97.

Komm.-Abg.-Ges. v. 14. VII. 93 (G.-S. S. 152) §§ 38, 53.

Der Begriff der Überbürdung in § 53 Abs. 1 Satz 1 des Komm.-Abg.-Ges. setzt voraus, daß die den Zuschuß verlangende Gemeinde von ihrem Besteuerungsrecht den ihrer Finanzlage entsprechenden Gebrauch gemacht hat.

Die Annahme einer solchen erscheint daher mit der Thatsache, daß die Gemeinde die Einkommen unter 420 Mk. freigelassen hat, kaum vereinbar.

Nr. 3. **Entsch.** v. 29. X. 97 Nr. I 1616.

Komm.-Abg.-Ges. v. 14. VII. 93 (G.-S. S. 152) § 53.

1. Der Antrag auf mündliche Verhandlung bei dem Verwaltungsstreitverfahren auf Grund des § 53 Abs. 3 des Komm.-Abg.-Ges. ist nichts anderes, als eine vereinfachte Form der Klage. Der Antragsteller ist daher als Kläger zu behandeln, wenn er auch nur die Abwehr einer ihm angesonnenen Leistung bezweckt.

2. Die erste Voraussetzung des Anspruches auf Zuschuß zu den Kosten des öffentlichen Volksschulwesens und der öffentlichen Armenpflege aus § 53 a. a. O. ist der Nachweis des ursächlichen Zusammenhanges zwischen den innerhalb der in Anspruch genommenen Gemeinde bestehenden Betrieben von der im § 53 bezeichneten Art und dem Erwachsen von Mehrausgaben für Volksschulwesen und Armenpflege. Dieser Nachweis ist unmöglich, wenn nicht zuvor die Personen festgestellt werden, die in der Arbeiter-Wohnsitzgemeinde deshalb wohnen, weil sie in Berg-, Hütten- oder Salzwerken, Fabriken oder Eisenbahnen arbeiten, die zu der in Anspruch genommenen Gemeinde gehören. Der Regel nach ist anzunehmen, daß diejenigen Personen hierher zu rechnen sind, die schon vor dem Zuzuge in den Betrieben arbeiteten oder zuzogen, um in ihnen Beschäftigung zu finden. Ingleichen ist — mangels entgegenstehender Gründe — anzunehmen, daß diejenigen, die in Betrieben beschäftigt sind, die bei ihrem Anzuge schon bestanden, deshalb angezogen sind, um diese Beschäftigung zu finden und auch der weitere Nachweis nicht zu verschränken, daß Personen, die schon vor dem Entstehen des Betriebes zugezogen sind, dennoch ihren Wohnsitz nur deshalb genommen haben oder beibehalten, um jene Beschäftigung zu finden. Kleinliche Nachforschungen sind, als für das Gesammtergebnis unerheblich, zu vermeiden.

3. Folgende Gesichtspunkte sind für die Feststellung maßgebend, a) daß der Arbeiterwohnsitzgemeinde durch die in Betracht kommenden Betriebe Mehrausgaben für Zwecke des öffentlichen Volksschulwesens oder der öffentlichen Armenpflege erwachsen sind, die im Verhältnisse zu den ohne diese Betriebe für die erwähnten zweiten notwendigen Gemeindeausgaben einen erheblichen Umfang erreichen und eine Überbürdung der Steuerpflichtigen herbeizuführen geeignet sind, b) daß der Arbeiterwohnsitzgemeinde durch die in Betracht kommenden Betriebe Vorteile erwachsen sind.

I. Die Notwendigkeit einer Schulerweiterung durch Hinzutreten der Arbeiterkinder ist nach genauer Kenntnis der Organisation des Schulsystemes, der Verteilung der Gesammtzahl der Schüler und derjenigen der Arbeiterkinder zu beurteilen.

II. Bei den Mehrausgaben für Armenpflege sind die Mehrausgaben in den Vorjahren für Arme, die dem Personenkreise der in Betracht kommenden Fabrikarbeiter ꝛc. angehören, festzustellen und danach die für das kommende Jahr zu erwartende Mehrausgabe zu schätzen (während sie im Streitverfahren, nach Ablauf eines Jahres, nach dem wirklichen Aufwande zu ermitteln sind.)

III. Stehen die Mehrausgaben fest, so ist deren Erheblichkeit (getrennt für Volksschulwesen und Armenpflege) durch Gegenüberstellung der Gesammtausgaben einerseits und der Mehrausgaben andererseits zu prüfen.

IV. Demnächst ist eine Nachprüfung der Gegenrechnung bezüglich der den Mehrausgaben gegenüberstehenden Vorteile wahrzunehmen. Dabei ist eine Vermehrung der Gemeindeeinnahmen durch Erhöhung der Steuerkraft nur insoweit als Vorteil anzusehen, als jene nicht durch Vermehrung der Gemeindeausgaben wieder aufgewogen wird.

V. Schließlich ist zu prüfen, ob die Gesammtausgaben, nicht die Mehrausgaben für Volksschulwesen und Armenpflege allein, eine Überbürdung der Steuerpflichtigen in der Wohnsitzgemeinde gegenwärtig herbeiführen; eine erst in Zukunft drohende Überbürdung ist dabei nicht in Betracht zu ziehen. Die Frage, wann eine Überbürdung vorliegt, unterliegt dem freien, unter vernünftiger Erwägung der besonderen Verhältnisse der in Betracht kommenden Gemeinde zu treffenden Ermessen, wobei in zweifelhaften Fällen die Vergleichung mit anderen Gemeinden derselben Gegend ein geeignetes Hilfsmittel bilden kann.

Nr. 4. Entsch. v. 4. VI. 98 Nr. II 911.

Komm.-Abg.-Ges. v. 14. VII. 93 (G.-S. S. 152) § 53.

Ein ursächlicher Zusammenhang zwischen dem Betriebe und einer Mehrausgabe für Schulzwecke ist nicht anzuerkennen, wenn diese durch Einrichtung einer weiteren Schulklasse entstanden ist und die letztere auch ohne die Arbeiterkinder notwendig geworden wäre.

4. Verteilung des Steuerbedarfes auf die verschiedenen Steuerarten.

Nr. 1. Entsch. Bd. XXX S. 43 vom 30. Mai 1896 II C 38/96.

Komm.-Abg.-Ges. v. 14. VII. 93 (G.-S. S. 152) §§ 23, 26, 54, 55, 77 und Ausf.-Anw. v. 10. V. 94 Art. 39.

1. Die verwaltungsrichterliche Prüfung eines Beschlusses über die Verteilung des Steuerbedarfes auf die verschiedenen Steuerarten hat sich auf die Untersuchung der Frage zu beschränken, ob der Beschluß inhaltlich die Grenzen nicht überschreitet, innerhalb deren der Autonomie Spielraum gelassen ist und ob dabei die vom Gesetze vorgeschriebenen Formen beobachtet sind. Vorbehaltlich dieser Prüfung sind die das Ortsrecht bildenden Satzungen und Beschlüsse bindend und unanfechtbar.

Darauf, ob jener Beschluß dieser oder jener, bei der Vorbereitung des Komm.-Abg.-Ges. gelegentlich geäußerten Absicht zuwiderläuft, oder Zweckmäßigkeitsrücksichten außer Augen läßt, oder ob er von den Anschauungen hier und da abweicht, die zur Zeit, als die einzelnen Haushaltausgaben zu ihrer Deckung auf die verschiedenen Steuerarten verteilt wurden, mehr oder minder erkennbar in einzelnen Kreisen der Beteiligten hervorgetreten sind, kommt es ebensowenig an, wie auf angebliche Mängel der Vorbereitung des Beschlusses, insbesondere die Unterlassung einer, gleichmäßig auf die sachliche, wie auf die rechtliche Seite sich erstreckenden Vorprüfung, sowie deren Unzulänglichkeit oder ihre Vornahme unter dem Einflusse von Rechtsirrtümern.

2. Realsteuern sind — und zwar bis zu 150 Prozent mit mindestens gleichen Zuschlägen wie die Einkommensteuer — regelmäßig zur Bestreitung des allgemeinen Gemeindebedarfes und nicht blos ausnahmsweise zur Bestreitung derjenigen, durch Gebühren, Beiträge u. s. w. nicht gedeckten Ausgaben heranzuziehen, die den Realsteuerpflichtigen besondere Vorteile bringen.

E. Naturaldienste.

Nr. 1. Entsch. Bd. XXX S. 138 vom 13. November 1896 I C 34/96.

Komm.-Abg.-Ges. v. 14. VII. 93 (G.-S. S. 152) §§ 1, 21, 40—42, 68.
Land-Gem.-Ordn. v. 3. VII. 91 (G.-S. S. 233) §§ 18—20, 27.

1. Gemeindebeschlüsse über die Heranziehung der Steuerpflichtigen zu Naturaldiensten bedürfen der Genehmigung nur, wenn und soweit in ihnen Abweichungen von den gesetzlichen Regeln vorgesehen sind. Vgl. E.-O.-V. Bd. XXIX S. 124. Denn die Naturaldienste sind weder direkte, noch indirekte Steuern, sondern stellen eine von den Steuern verschiedene Art der Gemeindelasten dar, die besonderen Regeln folgt.

2. Aus dieser ihrer rechtlichen Natur ergiebt sich, daß ein Anspruch auf Befreiung von Naturaldiensten aus einem besonderen Rechtstitel (§ 21 des Komm.-Abg.-Ges., § 27 der Land-Gem.-Ordn.) nicht hergeleitet werden kann. Ansprüche auf Befreiung sind vielmehr lediglich nach § 68 des Komm.-Abg.-Ges. zu beurteilen. Dieser regelt zwar im Schlußsatze die Befreiung von Naturaldiensten ebenfalls; er erkennt aber nur diejenige der in §§ 40, 41 und 42 ebendaselbst bezeichneten Personen an und gedenkt der auf besonderem Rechtstitel beruhenden Befreiungen einzelner Grundstücke nicht. Sie können also auch nicht zu denjenigen Befreiungen gezählt werden, die das eine erschöpfende Regelung der Pflicht zu Gemeindeabgaben und Diensten beabsichtigende Komm.-Abg.-Ges. noch als zu Recht bestehend anerkennt.

3. Ein besonderer Rechtstitel würde übrigens dann nicht vorliegen, wenn der Anspruch auf Befreiung auf ein von einer Gemeinde als Gutsherrschaft bei Begründung der Hofstelle verliehenes Privilegium gegründet wird, da dieses zum Erwerbe der Befreiung von Gemeindelasten rechtlich nicht geeignet ist. Vgl. E.-O.-V. Bd. XI S. 128.

4. Auch auf Observanz dürfte man sich im vorliegenden Falle nicht berufen. Denn die Observanz stellt ihrer Natur nach eine Norm des objektiven Rechtes und nicht einen besonderen Rechtstitel, einen Akt vor, durch den besondere subjektive Rechte für einen einzelnen begründet werden. Die thatsächliche Freilassung könnte daher nur dann berücksichtigt werden, wenn sich aus ihr eine Ersitzung der Freiheit von Naturaldiensten herleiten ließe.

Nr. 2. Entsch. v. 17. XII. 97 Nr. I 1894.

Komm.-Abg.-Ges. v. 14. VII. 93 (G.-S. S. 152) § 68.

Nachtwachdienste und Botendienste gehören zu den Naturaldiensten im Sinne des § 68 des Komm.-Abg.-Ges.

Abweichungen von der Regel, daß Handdienste von sämmtlichen Steuerpflichtigen gleichheitlich zu leisten sind, sind nach § 68 a. a. O. zulässig. Ein Gemeindebeschluß, wonach Nachtwachen von den Besitzern nach Maßgabe der in ihrem Besitze befindlichen „nachweislichen Possessionen" geleistet werden sollen, widerspricht daher nicht dem geltenden Rechte. Ebensowenig ist es rechtsirrtümlich, unter den letzteren die ursprünglichen Besitzungen in der Gemeinde zu verstehen, derart, daß eine spätere wirtschaftliche (nicht grundbuchmäßige) Vereinigung zweier Grundstücke für unerheblich zu gelten hat, da ihre kommunalrechtliche Selbständigkeit dadurch nicht aufgehoben ist.

Nr. 3. Entsch v. 25. V. 98 Nr. II 857.

Komm.-Abg.-Ges. v. 14. VII. 93 (G.-S. S. 152) § 68.

1. **Das Komm.-Abg.-Ges. v. 14. VII. 93 kennt nur Abgaben in Geld und Naturaldienste (nicht kunst- oder handwerksmäßige Arbeiten). Naturallieferungen**

— im vorliegenden Falle hatte eine Gemeinde sämmtlichen Steuerpflichtigen die Anlieferung einer bestimmten Menge Kies aufgegeben und von den Säumigen die Erstattung der Aufwendungen für anderweite Beschaffung des Kieses verlangt — können als Gemeindelast nicht auferlegt werden.

2. Naturaldienste können nicht von allen Steuerpflichtigen in gleicher Weise unter Zugrundelegung der Einkommen-, Grund- und Gebäudesteuer verlangt werden, es sind vielmehr gemäß § 68 des Komm.-Abg.-Ges. Spanndienste von den Grundbesitzern, Handdienste von sämmtlichen Steuerpflichtigen gleichheitlich zu leisten. § 23 Abs. 2 der Rhein. Gem.-Ordn. ist durch § 96 Abs. 5 des Komm.-Abg.-Ges. beseitigt.

3. Sollte übrigens im vorliegenden Falle — was nicht zutrifft — von den Pflichtigen in erster Linie Geld erfordert, ihnen aber freigestellt sein, ihre Verpflichtung durch Lieferung einer gleichwertigen Menge Kies zu erfüllen, so würde eine direkte Steuer vorliegen, die nur auf Grund des Beschlusses über Verteilung des gesammten Steuerbedarfes, nicht neben dem letzteren erfordert werden könnte.

Nr. 4. Entsch. Bd. XXX S. 117 vom 12. Mai 1896 I C 116/95.

Land-Gem.-Ordn. v. 3. VII. 91 (G.-S. S. 233) § 18.

1. Die Vorschriften im § 18 Abs. 3 der Land-Gem.-Ordn. v. 3. VII. 91 sind zwingender Natur und lassen dem örtlichen Rechte nur insoweit Spielraum, als dies im folgenden Abs. 4, der die Frage der Anrechnung von Spanndiensten auf die zu leistenden Handdienste behandelt, gestattet ist. Vgl. E.-O.-V. Bd. XXIX S. 125.

2. Die Pflicht der gespannhaltenden Grundbesitzer zur Leistung von Spanndiensten in Natur ist hiernach aber nach Existenz und Umfang nicht von der thatsächlichen Zugtierhaltung des Herangezogenen zur Zeit der Heranziehung, sondern davon abhängig, ob und wie viel Zugtiere die Bewirtschaftung seines Grundeigentumes erfordert.[1])

F. Veranlagung und Erhebung.

Nr. 1. Entsch. Bd. XXX S. 104 vom 11. November 1896 II C 197/96.

Komm.-Abg.-Ges. v. 14. VII. 93 (G.-S. S. 152) §§ 16, 65, 69, 97 und Ausf.-Anw. v. 10. V. 94 Art. 45.

Die Heranziehung zu einer Gemeindeabgabe setzt begrifflich die Bezeichnung (Bekanntmachung) des Abgabebetrages voraus, so daß der Censit so lange noch nicht als herangezogen zu gelten hat, als ihm derjenige Abgabebetrag, den der Steuergläubiger von ihm verlangt, noch nicht mitgeteilt, bekannt gegeben ist. Die Form dieser Mitteilung (Bekanntgabe) hat das Komm.-Abg.-Ges. ausdrücklich nur für die Erhebung besonderer direkter Gemeindesteuern geregelt. Vgl. § 65 Abs. 2 a. a. O.

Für Gebühren, Beiträge und indirekte Steuern fehlt es an einer ausdrücklichen Gesetzesvorschrift über die Form, in der die Heranziehung

[1]) Ebenso Entsch. v. 9. III. 97 Nr. I 380. Ein zur Leistung von Spanndiensten Verpflichteter muß über das Maß der von ihm gehaltenen Gespanne hinaus Spanndienste leisten, falls er weniger Gespanne hält als sein Grundeigentum zur Bewirtschaftung erfordert und die Ortsverfassung bestimmt, daß die Spanndienste nach der Zahl der Zugtiere zu leisten sind, die die Bewirtschaftung des Grundbesitzes erfordert.

Hierfür ist nicht lediglich die Größe eines Grundstückes, sondern auch die Lage der dazu gehörigen Ländereien, ihre Bodenbeschaffenheit, die Art ihrer Bewirtschaftung u. A. in Betracht zu ziehen.

bekannt zu geben ist. Da aber der § 69 a. a. O. ausdrücklich ausspricht, daß dem Abgabepflichtigen gegen die Heranziehung (Veranlagung) zu Gebühren, Beiträgen, Steuern und Naturaldiensten der Einspruch zusteht, so ergiebt sich als naheliegende Konsequenz, daß die Bekanntgabe in einer der drei Formen erfolgen muß, von denen der zweite Absatz des § 69 a. a. O. den Beginn der Einspruchsfrist abhängig gemacht hat.

Die Pflicht zur Entrichtung dieser Abgaben entsteht nun zumeist durch den Eintritt besonderer, von dem freien Willen der Pflichtigen abhängiger Ereignisse. In der Regel sind daher die Personen, die pflichtig werden, ebenso wie die Beträge, die sie im Laufe des Steuerjahres zu entrichten haben, im voraus gar nicht zu übersehen. Nur ausnahmsweise (z. B. bei Kanalisationsgebühren und -Beiträgen, die nach dem Nutzungswerte der angeschlossenen Gebäude abgestuft sind, und in gewissem Umfange auch bei der Hundesteuer) wird es möglich sein, ein der „Hebeliste“ der direkten Steuern entsprechendes Verzeichnis der Pflichtigen und ihrer Abgabenbeträge schon im Beginne des Steuerjahres aufzustellen. In solchen Ausnahmefällen kann durch Bekanntmachung und Offenlegung eines solchen, der „Hebeliste“ nachgebildeten und ihr gleichwertigen Verzeichnisses die Heranziehung bewirkt und die Einspruchsfrist eröffnet werden, ohne daß dadurch der Unterschied zwischen direkten und indirekten Steuern verwischt wird.

In den regelmäßigen Fällen bleibt jedoch hinsichtlich der Gebühren, Beiträge und indirekten Steuern, zu denen auch die Hundesteuer gehört, für die Bekanntmachung nur der in Abs. 2[3] bezeichnete Weg der „Aufforderung zur Zahlung“ übrig. Diese kann durch Mitteilung des Steuerzettels oder in anderer Weise erfolgen.

Festzuhalten bleibt aber immer, daß sie dem Begriffe der Heranziehung entsprechend die Person des Pflichtigen erkennbar machen muß. Sie darf daher — wegen der Eigenart der indirekten Steuern, Gebühren und Beiträge — jedenfalls bei diesen nicht in einer ortsüblichen Bekanntmachung bestehen, die alle Einwohner und ganze Kategorien (z. B. sämmtliche Hauseigentümer oder sämmtliche Hundebesitzer) zur Zahlung einer Abgabe auffordert, zu der nach dem Ortsrechte nur Einzelne verpflichtet sind. Die nach dem Lokalgesetze Befreiten (z. B. die Besitzer an den Kanal nicht angeschlossener Häuser, diejenigen Hundebesitzer, denen das Ortsrecht Steuerfreiheit gewährleistet) werden dadurch jedenfalls nicht verpflichtet, eine solche allgemeine Aufforderung auch als gegen sie gerichtet und sich selbst als herangezogen zu betrachten.

Nr. 2. Entsch. Bd. XXX S. 110 vom 28. November 1896 II C 284/96.

Komm.-Abg.-Ges. v. 14. VII. 93 (G.-S. S. 152) §§ 16, 69, 70, 93.
Kr.-Ordn. v. 13. XII. 72 (G.-S. 1881 S. 179) § 19.

Bei dem Nebeneinanderbestehen einer Kreis- und einer Gemeinde-Hundesteuer kann der Gemeindevorstand, sofern ihm auch die Einziehung der Kreisabgabe übertragen ist, zwar beide Steuern mittels einer und derselben Heranziehungsverfügung erfordern; er muß aber erkennbar machen, welcher Betrag als Gemeinde- und welcher als Kreissteuer erfordert werde, da jede Behörde schuldig ist, ihre Verfügungen so zu begründen, daß dem dadurch Betroffenen die Möglichkeit gewährt wird, dagegen die zulässigen Rechtsmittel zu ergreifen. Vgl. E.-O.-V. Bd. VII S. 255.

Hat daher ein Gemeindevorstand in der, von ihm und unter seiner Unterschrift ausgehenden Heranziehung nicht völlig klar erkennbar gemacht, daß von einem „Hundesteuerbetrage“ ein bestimmter Teil als Kreisabgabe erfordert werde, so ist die Annahme berechtigt, daß er nur eine Gemeindeabgabe erfordert habe, und daraus folgt weiter, daß Einspruch und Klage gegen den Gemeindevorstand wegen des gesammten Betrages der Heranziehung das einzig zulässige Rechtsmittel bilden. Ergiebt sich dann im Laufe des Streitverfahrens, daß der Gesammtbetrag zwar nicht als Gemeindeabgabe, wohl aber teilweise als solche und teilweise als Kreisabgabe rechtlich hätte verlangt werden dürfen, so ist dennoch der Kläger von dem, auf die letztere Abgabe entfallenden, Betrage freizustellen, weil dieser thatsächlich als Gemeindeabgabe und darum zu Unrecht von ihm erfordert worden ist.

Nr. 3. Entsch. Bd. XXXII S. 21 vom 13. November 1897 II C 707/96.

Komm.-Abg.-Ges. v. 14. VII. 93 (G.-S. S. 152) §§ 33, 35, 47, 60, 71—73.
Eink.-St.-Ges. v. 24. VI. 91 (G.-S. S. 175) §§ 56—60.
Gew.-St.-Ges. v. 24. VI. 91 (G.-S. S. 205) § 38 und Ausf.-Anw. v. 10. IV. 92 Art. 55.

1. Der § 60 des Komm.-Abg.-Ges., der von der zeitlichen Begrenzung der kommunalen Steuerpflicht handelt, bestimmt in seinem ersten Absatze:

„Soweit sich die Gemeindesteuern den Staatssteuern anschließen und etwas anderes nicht bestimmt ist, gelten für den Zeitpunkt des Beginnes und das Erlöschen der Steuerpflicht die für die entsprechende Staatssteuer bestehenden Vorschriften."

Sodann heißt es weiter in Absatz 2:

„Im Übrigen gelten hinsichtlich der Dauer der Steuerpflicht folgende Bestimmungen:

1. Die Steuerpflicht beginnt

— — — — — —

c) soweit sie durch Grundvermögen, Betrieb von Handel oder Gewerbe, einschließlich des Bergbaues, bedingt ist (§ 33 Nr. 2, § 35), mit dem ersten Tage des auf den Erwerb des Grundvermögens oder den Beginn des Betriebes folgenden Monates . . . ."

Aus der Entstehungsgeschichte dieses Paragraphen geht hervor, daß der Eintritt der subjektiven Kommunalsteuerpflicht nur bei den Zuschlägen zu den staatlich ausgeschriebenen Steuersätzen durch § 60 Abs. 1, im übrigen aber, also auch bei Zuschlägen zu den gemeindeseitig bestimmten Prinzipalsätzen, z. B. bei Besteuerung einer in mehreren Gemeinden steuerpflichtigen Aktiengesellschaft im Wege des Verteilungsverfahrens gemäß § 71 des Komm.-Abg.-Ges., durch den Abs. 2 geregelt wird.

2. Auch aus § 38 des Gew.-St.-Ges. in Verbindung mit Art. 55 der Ausf.-Anw. dazu läßt sich der Ausschluß einer erst im Laufe des Steuerjahres steuerberechtigt gewordenen, ihre Berücksichtigung im Verteilungsverfahren nach §§ 71—73 des Komm.-Abg.-Ges. beantragenden Gemeinde nicht folgern. Das Verfahren nach § 38 des Gew.-St.-Ges. tritt von Amtswegen in unmittelbarem Anschlusse an die Veranlagung des staatlichen Gewerbesteuersatzes ein und zerlegt diesen auf die daran beteiligten Gemeinden, ohne über die von ihnen zu erhebenden Kommunalabgaben irgendwie zu befinden. Da der Steuersatz durch die Verhältnisse des Vorjahres bestimmt wird, so bleiben spätere, während des Steuerjahres eintretende Änderungen auf dessen Zerlegung ohne Einfluß; und deshalb mag die Gemeinde, in der ein Betrieb erst im Laufe des Steuerjahres neu eröffnet wird, und der kein Teil des Steuersatzes zugeteilt ist, auch keine kommunalen Zuschläge zur staatlichen Gewerbesteuer erheben können. Das Verfahren der §§ 71 bis 73 des Komm.-Abg.-Ges. dagegen tritt nur auf Antrag des Pflichtigen und erst, nachdem dessen kommunale Heranziehungen

erfolgt sind, ein; es verteilt nicht den staatlichen Steuersatz, sondern das (staatlich oder selbständig zu ermittelnde) gemeindesteuerpflichtige Einkommen und setzt zugleich die von dessen Teilen von jeder Gemeinde zu erhebenden kommunalen Steuerbeträge fest. Bei diesem Verfahren entfällt daher jeder Grund dafür, eine zur Besteuerung an sich berechtigte Gemeinde lediglich deshalb von der Verteilung auszuschließen, weil ihre Berechtigung erst im Laufe des Steuerjahres neu entstanden ist.

3. Wird erst im Laufe des Steuerjahres durch Errichtung einer neuen Betriebsstätte die Steuerpflicht des Zensiten in einer bis dahin nicht steuerberechtigten Gemeinde begründet, so ist in dem schwebenden Verteilungs-Verfahren eine zweifache Einkommensverteilung und Steuerfestsetzung, nämlich für den früheren und späteren Teil des Steuerjahres und für die in jedem Jahresteile berechtigten Gemeinden, vorzunehmen.

Dabei sind die an der neuen Betriebsstätte erwachsenden Lohnausgaben im Anschlusse an die thatsächlich gemachten für jedes der drei Vorjahre zu schätzen und mit ihrem Durchschnitt anzusetzen.

Nr. 4. Entsch. v. 8. V. 97 Nr. II 852.

Komm.-Abg.-Ges. v. 14. VII. 93 (G.-S. S. 152) §§ 36, 57, 59.

Für die Steuerfestsetzung und Berechnung des Einkommens ist maßgebend der Bestand seiner einzelnen Quellen zur Zeit der Veranlagung, also der Bestand in demjenigen Zeitpunkte, von dem ab die Veranlagung erfolgt, die Steuerpflicht entstanden war, und das ist in der Regel der Anfang des Steuerjahres, ausnahmsweise jedoch, wenn — wie bei den Zugängen des § 59 des Eink.-St.-Ges. — die Steuerpflicht erst im Laufe des Jahres entsteht, der Zeitpunkt des Eintrittes dieser Pflicht. — Wenn nun nach § 57 a. a. O. „Einkommensvermehrungen während des laufenden Steuerjahres keine Veränderung in der schon erfolgten Veranlagung begründen", so kann dies auf eine erst im Laufe des Steuerjahres und für dessen Rest stattfindende Veranlagung nur dann angewendet werden, wenn die Vermehrung erst nach der Zeit, für die die Veranlagung erfolgt ist, eintreten sollte, nicht aber, wenn die Vermehrung schon vor jener Zeit und vor Entstehung der Steuerpflicht eingetreten war; in diesem letzteren Falle liegt eben eine „schon erfolgte Veranlagung" und eine Vermehrung des veranlagten Einkommens, somit der Thatbestand des § 57 überhaupt nicht vor.

Da nun die Gemeindebehörde bei den Beamten deren gemeindesteuerpflichtigen Einkommensteil, weil dieser staatlich nicht veranlagt ist, gemäß § 36 Abs. 2 des Komm.-Abg.-Ges. nach den staatlichen Vorschriften selbständig zu ermitteln hat, so muß sie nach diesen Vorschriften auch berechtigt sein, bei dem „Zugange" eines erst im Laufe des Steuerjahres anziehenden Beamten dessen Einkommen nach dem Bestande im Momente des Anzuges zu ermitteln.

In allen Fällen dagegen, in denen die Gemeinde zur selbständigen Ermittelung des Einkommens nicht befugt ist, sondern ihren Zuschlag lediglich von dem staatlich veranlagten Steuersatze zu berechnen hat, bleibt dieser auch für einen erst im Laufe des Steuerjahres Neuanziehenden unbedingt maßgebend, sodaß in solchen Fällen eine zwischen der staatlichen Veranlagung und dem Anzuge stattgehabte Einkommensvermehrung Einfluß auf die kommunale Zugangsveranlagung nicht haben kann.

G. Rechtsmittel.

1. Frist und Form.

Nr. 1. Entsch. Bd. XXX S. 30 vom 14. Oktober 1896 II C 205/96.

Komm.-Abg.-Ges. v. 14. VII. 93 (G.-S. S. 152) §§ 47—51, 69—74.

Das Komm.-Abg.-Ges. giebt im § 69 als Rechtsbehelf gegen Heranziehungen jeder Art und zur Geltendmachung aller in dem materiellen Rechte begründeten Einwände ganz allgemein den Einspruch. Dieser „Einspruch" wird nicht schon wegen Zulässigkeit des „Antrages auf Verteilung" unstatthaft. Zunächst hat der in mehreren Gemeinden Pflichtige die Wahl, ob er gegen einzelne oder alle Heranziehungen im Wege des Einspruches vorgehen oder den Antrag auf Verteilung einbringen will. Erst nachdem der Antrag gestellt ist, tritt dieser nicht nur an Stelle des Einspruches gegen die früheren Heranziehungen, sondern schließt auch bezüglich der späteren den Einspruch aus.

Denn im letzteren Falle wäre es unzweckmäßig, neben dem umfassenden Verteilungsverfahren noch einen auf die neue Veranlagung beschränkten Sonderstreit, in dem doch auch die in jenem Verfahren behandelten Verhältnisse mit klargelegt werden müßten, zuzulassen, und dementsprechend soll hier nach der positiven Vorschrift des Gesetzes (§ 71 Abs. 2, § 73) die Einlegung oder weitere Verfolgung des Einspruches ausgeschlossen sein. Eine andere als diese Einschränkung des Einspruches ist aber in dem Gesetze nicht gegeben, und namentlich auch nicht etwa in dem § 51 Abs. 1 zu finden. Zwar verweist dieser Paragraph, nachdem er zum Zwecke der Innehaltung der von ihm gezogenen Grenze eine Herabsetzung der Teileinkommen angeordnet hat, auf die §§ 71—74. Allein dieser Hinweis ist nicht notwendig dahin zu verstehen, daß die §§ 71—74 den einzigen Weg für die Geltendmachung der aus § 51 herzuleitenden Ansprüche eröffneten, sondern das Allegat behält auch ohne eine solche Auslegung seine Bedeutung, da in der Regel der Verteilungsantrag dem Interesse des Pflichtigen mehr entsprechen wird, als der Einspruch und ein Hinweis auf den sichersten von den offenstehenden Wegen an jener Stelle wohl angebracht war. Auch die Worte des § 71 „der Antrag tritt an die Stelle des Einspruches in den Einzelgemeinden" können in ihrem Zusammenhange nicht die Bedeutung haben, daß an Stelle des Einspruches der Antrag gestellt werden müsse. Sie sind nur dahin zu verstehen, daß der Antrag, wenn er einmal gestellt sei, einen besonderen Einspruch in den Einzelgemeinden überflüssig mache und da, wo ein solcher schon erhoben, für das fernere Verfahren an dessen Stelle trete.

Nr. 2. (Ergänzend zur **Entsch.** v. 19. XII. 96 (Pr.-V.-Bl. Bd. XVIII S. 254) auf S. 474 Bd. I der III. Aufl. des Hauptwerkes.)

Komm.-Abg.-Ges. v. 14. VII. 93 (G.-S. S. 152) §§ 69, 70.

1. § 69 Abs. 3 des Komm.-Abg.-Ges. schließt den Einspruch nur für die Geltendmachung des Einwandes aus, daß der der Gemeindebesteuerung zu Grunde gelegte Staatssteuersatz unrichtig bemessen, oder (bei besonderen Gemeindeeinkommensteuern) das zur Staatseinkommensteuer veranlagte Einkommen zu einem unrichtigen Betrage festgestellt sei, nicht aber, wenn es sich darum handelt, ob und in welcher Höhe eine Gemeinde Zuschläge von jenem Staatssteuersatze erheben, den staatlich ermittelten Einkommensbetrag mit einer besonderen Einkommensteuer belegen dürfe.

2. Bezüglich der nach der Land=Gem.=Ordn. verwalteten westfälischen Städte ist der Kreisausschuß im Verwaltungsstreitverfahren zuständig geblieben.

Nr. 3. Entsch. Bd. XXXI S. 30 vom 3. März 1897 II C 353/96.

Komm.=Abg.=Ges. v. 14. VII. 93 (G.=S. S. 152) §§ 36, 37, 69.

1. Die nachträgliche Ermäßigung der Staatssteuer hat gemäß § 36 Abs. 3 des Komm.=Abg.=Ges. die entsprechende Änderung der Gemeindesteuer überall da zur Folge, wo die staatliche Veranlagung, sei es durch den Steuersatz oder durch den staatlich ermittelten Einkommensbetrag oder endlich durch die Höchstgrenze der staatlichen Steuerstufe, die Höhe der Gemeindesteuer beeinflußt.

Sie greift also insbesondere auch in den Fällen des § 36 Abs. 2 Platz, in denen der dem Gemeindezuschlage zu Grunde zu legende Steuersatz von der Gemeinde selbständig zu ermitteln ist.

2. Auch nach Ablauf der Einspruchsfrist kann der Anspruch auf eine solche Änderung mittels der nicht befristeten (vgl. E.=O.=V. Bd. XV S. 135, XXI S. 152, XXVI S. 63) auch durch § 69 des Komm.=Abg.=Ges. noch beibehaltenen „Beschwerde" geltend gemacht werden.

Nr. 4. Entsch. Bd. XXXI S. 39 vom 20. Februar 1897 II C 287/96.

Komm.=Abg.=Ges. v. 14. VII. 93 (G.=S. S. 152) §§ 9, 69, 70, 77. Ausf.=Anw. v. 10. V. 94 Art. 45 Nr. 1 Abs. 2.

1. Wenngleich die von der Beschlußbehörde genehmigte Beitrags= (Steuer=) Ordnung der gegen den Genehmigungsbeschluß eingelegten Beschwerde unerachtet, vorläufig ausgeführt werden darf, so wird dennoch die in richtiger Anwendung einer solchen Ordnung und darum rechtsgültig bewirkte Heranziehung nachträglich dann zu einer von Anfang an rechtswidrigen, wenn der Genehmigungsbeschluß und damit die genehmigte Ordnung im Beschwerdewege außer Kraft gesetzt wird.

2. Von diesem Zeitpunkte ab steht daher dem Herangezogenen an Stelle des früher materiell nicht zu begründenden Einspruches das Rechtsmittel der Beschwerde gegen die Heranziehung auf Freistellung von der erforderten Abgabe zu.

Das Komm.=Abg.=Ges. hat diese in den §§ 18 und 34 des Zust.=Ges. erwähnte Beschwerde, die nach der feststehenden Rechtsprechung des O.=V.=G.'s (vgl. Bd. XV S. 165 ff., Bd. XXI S. 152 ff., Bd. XXVI S. 1 ff.) dem Censiten neben dem Einspruche im engeren Sinne als Rechtsbehelf zustand und an keine Frist gebunden war (Bd. XXVI S. 63), weder beseitigt noch von der Innehaltung der Einspruchsfrist des § 69 abhängig gemacht. Von dem eigentlichen Einspruche unterscheidet sich die Beschwerde dadurch, daß diese, von einer ursprünglich richtigen und rechtlich unanfechtbaren Veranlagung ausgehend, deren Abänderung wegen eines später eingetretenen Ereignisses verlangt, während der Einspruch gerade die ursprüngliche Rechtmäßigkeit der Veranlagung bestreitet.

Nr. 5. Entsch. v. 23. IV. 97 Nr. II 630.

Komm.=Abg.=Ges. v. 14. VII. 93 (G.=S. S. 152) §§ 69, 70.

Wird von den Besitzern in der Gemeinde die Lieferung von Kies und Steinen zur Pflasterung eines Schulhofes gefordert, so handelt es sich nicht um Gemeindedienste, sondern um Naturalabgaben. Eine spätere Verfügung, die die letzteren in Geld umlegt, ist eine neue Heranziehung der Pflichtigen mit neuen

Rechtsmittelfristen, nicht aber eine Zwangsvollstreckungsverfügung im Sinne des § 90 des Komm.-Abg.-Ges. — Über die Umlegung von Gemeindeabgaben und Diensten hat die Gemeindeversammlung zu beschließen. Das Fehlen eines ordnungsmäßigen Beschlusses rechtfertigt die Klage aus § 70 des Komm.-Abg.-Ges.

Nr. 6. Entsch. v. 1. X. 97 Nr. I 1446.

Komm.-Abg.-Ges. v. 14. VII. 93 (G.-S. S. 152) §§ 69, 70.

Die rechtzeitige Erhebung eines Einspruches und der Erlaß eines Einspruchbescheides sind die unerläßlichen Voraussetzungen für eine Klage des Abgabepflichtigen gegen die Heranziehung zu Gemeindeabgaben.

Eine vor Zustellung des Einspruchsbescheides angestellte Klage gegen die Heranziehung zu Gemeindeabgaben ist unzulässig.

Nr. 7. Entsch. v. 23. II. 98 Nr. II 315.

Komm.-Abg.-Ges. v. 14. VII. 93 (G.-S. S. 152) §§ 69, 70.

Die Rechtsmittelfristen sind gewahrt, wenn das Schriftstück am letzten Tage der Frist bis 12 Uhr Nachts der zuständigen Behörde „übergeben", d. i. nach der Auffassung des Verkehrslebens thatsächlich in die Gewalt der Behörde gelangt, und jeder Einwirkung anderer als der behördlichen Organe entzogen ist. Dies geschieht wie durch Einwurf in den amtlichen Briefkasten, so durch Übergabe an jeden im Geschäftslokale befindlichen Beamten auch außerhalb der Bureaustunden.

Zu diesen gehört der Kastellan des betr. Gebäudes und es genügt die rechtzeitige Übergabe an ihn selbst dann, wenn seine vorgesetzte Behörde ihm die — früher gestattete — Annahme von Schriftstücken nach Ablauf der Dienststunden untersagt hat.

Nr. 8. Entsch. v. 21. XII. 97 Nr. I 1910.

Komm.-Abg.-Ges. v. 14. VII. 93 (G.-S. S. 152) §§ 69, 70.

Ist durch Ablauf der Klagefrist ein den Einspruch gegen eine Veranlagung ablehnender Bescheid des Gemeindevorstandes endgültig geworden, so kann durch einen zweiten Einspruch, auch wenn dieser fristzeitig angebracht ist, die Veranlagung nicht mehr rückgängig gemacht werden. Die Endgültigkeit des ersten Bescheides ist unanfechtbar und besteht nicht blos gegenüber den im ersten Einspruche geltend gemachten, sondern auch anderen Gründen.

2. Rechtsgrundsätze für das Verfahren.

Nr. 1. Entsch. Bd. XXXI S. 36 vom 10. April 1897 II C 454/96.

Civ.-Pr.-Ordn. § 399.
Ger.-Verf.-Ges. v. 30. I. 77 § 13.

Wird der Überbürdungsbeweis des Censiten durch Vorlegung seiner Handelsbücher angetreten, so ist der Verwaltungsrichter zwar befugt, darauf zu bestehen, daß die Handelsbücher ihm selbst vorgelegt werden. Er ist aber durch keine Gesetzesvorschrift behindert, anzuordnen, daß die Bücher am Wohnorte des Censiten einem ersuchten Richter vorgelegt werden, und er wird von dieser Befugnis zweckmäßiger Weise dann Gebrauch zu machen haben, wenn die Versendung der Handelsbücher mit Schwierigkeiten oder Unzuträglichkeiten für den Geschäftsbetrieb verbunden ist.

Vor Anordnung des Bücherbeweiſes wird außerdem zu erwägen ſein, ob nicht zweckdienlicher zunächſt von den Klägern die Einreichung ihrer Bücherabſchlüſſe nebſt den Bilanzen der drei maßgebenden Geſchäftsjahre, beziehungsweiſe die weiter erforderlichen Aufſtellungen der Betriebseinnahmen und Ausgaben zu verlangen und darüber mit den Parteien zu verhandeln iſt, damit ſo der Umfang des Streites näher begrenzt und dann erſt über die ſtreitig gebliebenen Poſitionen der Bücher- oder ſonſtige Beweis erhoben werden kann. Vgl. E.-O.-V. Bd. XXIX S. 122/123.

Nr. 2. Entſch. v. 15. I. 97 Nr. I 85.

Komm.-Abg.-Geſ. v. 14. VII. 93 (G.-S. S. 152) § 70.

Bei Reklamationsklagen gegen die Heranziehung zu den Gemeindelaſten ſteht dem Verwaltungsrichter nur die Prüfung zu, ob das örtliche Steuerrecht richtig zur Anwendung gebracht iſt, nicht aber ob die Gemeinde von ihrem Etats- und Ausgaberechte den zuläſſigen Gebrauch gemacht habe. Inſoweit kann bei der nach einem Haushaltsplane wirtſchaftenden Gemeinde der Verwaltungsrichter mit einer Nachprüfung nur dann befaßt werden, wenn die auf Feſtſtellung des Etats, bzw. der einzelnen Ausgabe bezüglichen Beſchlüſſe der Gemeindebehörden als ihre Befugniſſe überſchreitend oder die Geſetze verletzend von dem Gemeindevorſteher aus eigener Entſchließung, oder auf Anweiſung der Aufſichtsbehörde beanſtandet werden und hiergegen Seitens der Gemeindevertretung Klage erhoben wird. Vgl. Entſch. v. 16. X. 89 (Pr.-V.-Bl. Bd. XI S. 241). Die Übernahme von Laſten zu Gunſten einer Kirchengemeinde liegt nicht außerhalb der Aufgaben kommunaler Wirkſamkeit. Vgl. E.-O.-V. Bd. XII S. 155.

3. Das Verteilungsverfahren gemäß §§ 71 ff. des Komm.-Abg.-Geſ.

Nr. 1. Entſch. Bd. XXX S. 20; Beſchluß vom 9. Januar 1897 II C 461/96.

Komm.-Abg.-Geſ. v. 14. VII. 93 (G.-S. S. 152) §§ 69—73.

Der in mehreren Gemeinden Veranlagte hat (vgl. E.-O.-V. Bd. XXX S. 29) nach dem Komm.-Abg.-Geſ. gegen jede Heranziehung als Rechtsbehelf nach ſeiner Wahl entweder den Einſpruch (§ 69) oder den Antrag auf Verteilung (§ 71); dies jedoch mit den weſentlichen Beſchränkungen, daß, nachdem der Antrag wegen einer früheren Heranziehung geſtellt iſt, wegen der ſpäteren nur die Einbeziehung in das Verteilungsverfahren zuläſſig bleibt (§ 73), und daß ferner, wenn der Antrag wegen einer ſpäteren Heranziehung geſtellt wird, dieſer dann nach § 71 Abſ. 2 „an die Stelle des Einſpruchs gegen die (frühere) Heranziehung in jeder der einzelnen der beteiligten Gemeinden tritt“.[1]) Daraus iſt zweierlei zu folgern.

1. Einmal iſt der Antrag zeitlich zuläſſig erſt gegen die zweite, dann aber bis vier Wochen nach der letzten Heranziehung dergeſtalt, daß durch den Antrag jede frühere Veranlagung ſelbſt dann ſtreitig wird, wenn ſie früher mittels des Einſpruches nicht angefochten war und inzwiſchen wegen Ablaufes der Einſpruchsfriſt auch mittels des Einſpruches unanfechtbar geworden ſein ſollte.

2. Da ferner nach dem Geſetze der „Antrag an Stelle des Einſpruches tritt“, ſo muß — wenn anders ein einheitliches und abſchließendes Verteilungsverfahren ermöglicht werden ſoll — notwendig auch das Antragsverfahren (§§ 71/73) an die Stelle des Einſpruchsverfahrens (§ 70) bezüglich aller derjenigen früheren Heranziehungen treten, gegen die vor dem Antrage der Einſpruch

[1]) Ebenſo Entſch. v. 14. X. 96 Nr. II 2037 (Pr.-V.-Bl. Bd. XVIII S. 295).

bzw. Klage (§ 70) erhoben, die aber durch Beschluß oder Urteil noch nicht unanfechtbar geworden oder rechtskräftig erledigt sind. Der Gemeindevorstand, der über den Einspruch noch nicht beschlossen und der Verwaltungsrichter, der über die Klage noch nicht entschieden hat, sind daher, sobald ihnen bekannt wird, daß wegen anderweiter Heranziehung desselben Censiten das Verteilungsverfahren beantragt ist, nicht mehr befugt, ihrerseits die streitige Sache zu erledigen.

Zur Entscheidung über die ursprünglich durch den Einspruch streitig gewordene frühere Steuerforderung ist nur noch die Beschlußbehörde — selbstverständlich unter Vorbehalt der gegen ihren Beschluß durch § 72 zugelassenen Klage — berufen und zuständig. Der bis dahin mit der Sache befaßte Verwaltungsrichter erster oder zweiter Instanz hat sie an die zuständige Beschlußbehörde mittels einer „die Leitung des Verfahrens" betreffenden Verfügung (vgl. § 110 L.-V.-G.'s) abzugeben.

Nr. 2. **Entsch. Bd. XXXI S. 24** vom 6. März 1897 II C 244/96.

Komm.-Abg.-Ges. v. 14. VII. 93 (G.-S. S. 152) §§ 69—73.

1. Der in mehreren Gemeinden von Teilen seines Gesammteinkommens Veranlagte hat nach dem Komm.-Abg.-Ges. gegen jede Heranziehung als Rechtsbehelf nach seiner Wahl entweder den „Einspruch" (§§ 69 und 70 a. a. O.) oder den „Antrag auf Verteilung des Einkommens" (§ 71 a. a. O.). Nachdem er diesen Antrag gestellt hat, kann er während des darüber schwebenden Verfahrens wegen späterer Heranziehungen nicht mehr Einspruch erheben, sondern nur „Einbeziehung in das Verteilungsverfahren" beantragen (§ 73 a. a. O.).

2. Während der Einspruch nur die einzelne Heranziehung, gegen die er gerichtet ist, streitig macht, werden durch den „Antrag" — weil dieser „an die Stelle des Einspruches gegen die Heranziehung in jeder einzelnen der beteiligten Gemeinden tritt" (§ 71 Abs. 2 a. a. O.) — die früheren für das betreffende Steuerjahr bewirkten Heranziehungen auch insoweit streitig, als sie früher durch Einspruch nicht angefochten waren und inzwischen wegen Fristablaufes mittels Einspruches unanfechtbar geworden sein sollten; nicht jedoch auch diejenigen Heranziehungen, die angefochten, aber vor Einleitung des Verteilungsverfahrens bereits (durch sachlichen Einspruchsbeschluß oder durch gerichtliches Urteil) unanfechtbar oder rechtskräftig geworden waren. Vgl. E.-O.-V. Bd XXX S. 29, Bd. XXXI S. 20.

3. Die im § 71 Abs. 2 des Komm.-Abg.-Ges. vorgesehene Frist ist gewahrt, wenn innerhalb dieser der Verteilungsantrag gestellt wird

entweder bei einem der Gemeindevorstände, die die letzte oder eine der früheren (noch nicht durch Einspruchsbescheid oder Endurteil rechtskräftig erledigten) Heranziehungen bewirkt haben,

oder bei der zur Beschlußfassung über den Antrag sachlich und örtlich zuständigen Beschlußbehörde,

oder endlich — falls deren mehrere in Frage kommen — bei derjenigen Behörde, die gemäß § 58 L.-V.-G.'s und § 71 Abs. 4 des Komm.-Abg.-Ges. die zuständige Beschlußbehörde endgültig zu bestimmen hat. Vgl. E.-O.-V. Bd. XXVII S. 189.

4. Stellt sich nach Anfechtung des Einspruchsbescheides wegen der zweiten Heranziehung durch Klage heraus, daß wegen einer anderen früheren Heranziehung das Verteilungsverfahren bereits eingeleitet war, so hat der mit der Klage befaßte Richter, da das Verteilungsverfahren alle früheren, noch nicht rechtskräftig erledigten Heranziehungen mitbegreift, das Verwaltungsstreitverfahren durch einen,

das Verfahren leitenden Beschluß einzustellen und die Sache an die Beschlußbehörde abzugeben.

Hat dagegen der Gemeindevorstand über eine Eingabe, die thatsächlich ein „Antrag" ist, als über einen vermeintlichen Einspruch Beschluß gefaßt, so hat der Richter auf die erhobene Klage — sofern ein Verteilungsverfahren anderweit noch nicht schwebt — auf Außerkraftsetzung des Einspruchsbescheides zu erkennen, damit das Verteilungsverfahren von der Beschlußbehörde eingeleitet werden kann.

Nr. 3. Entsch. v. 30. IX. 1896 Nr. II 1809.

Komm.=Abg.=Ges. v. 14. VII. 93 (G.=S. S. 152) §§ 71 ff.

1. Ein Steuerpflichtiger mit doppeltem Wohnsitze war bei einem Staatseinkommensteuersatze von 450 Mk. von den Gemeinden Ch. und B. zu hoch veranlagt worden. Gegen die ihm am 29. VI. 95 zugestellte Steuerzuschrift der Gemeinde B. stellte er rechtzeitig bei dem Bezirksausschusse zu B. den Antrag auf Verteilung seines Einkommens zwischen Ch. und B. gemäß § 71 des Komm.=Abg.=Ges. v. 14. VII. 93. Dieser verwies ihn an den Minister des Innern behufs Bestimmung des zuständigen Bezirksausschusses. Der betreffende Antrag ging bei dem Minister des Innern am 23. VIII. 95, also nach Ablauf der Rechtsmittelfrist, ein.

Mit dem Vorderrichter erkannte das O.=V.=G., daß die Frist durch den rechtzeitg bei dem Bezirksausschusse zu B. eingegangenen Antrag gewahrt sei. Der § 71 des Komm.=Abg.=Ges. schreibe nicht vor, es sei dieser Antrag im Falle der Anwendbarkeit des § 58 L.=V.=G.'s bei derjenigen Behörde anzubringen, die den beschließenden Ausschuß zu bestimmen habe. Es kämen hier daher die bereits in E.=O.=V. Bd. XXVII S. 198 ausgesprochenen Grundsätze zur Anwendung, daß das erforderliche Begehren entweder bei einer der in Betracht kommenden Stellen erster Instanz, oder bei der diesen vorgesetzten höheren Instanz anzubringen sei.

2. Nur bei Berechnung des Prinzipalsteuersatzes in der Wohnsitzgemeinde wird von dem für das Gesammteinkommen zu berechnenden Staatssteuersatze ausgegangen. Die Forensalgemeinde schätzt das in ihr erwachsende Einkommen,loziert den Steuerpflichtigen hiernach in die entsprechende Stufe des Tarifes und berechnet von dem Satze dieser Stufe den Zuschlag.

Nr. 4. Entsch. Bd. XXXII S. 12 vom 26. Juni 1897 II C 424/96.

Komm.=Abg.=Ges. v. 14. VII. 93 (G.=S. S. 152) §§ 49, 71—73.

1. Das Gesetz überweist den Wohnsitzgemeinden als Grundlage für ihre Zuschlagsbesteuerung nicht den auf ein Viertel des Gesammteinkommens entfallenden Satz der Staatseinkommensteuer, sondern ein Viertel des dem Gesammteinkommen entsprechenden Steuersatzes.

Zwar kann der Wortlaut des Abs. 2 § 49 des Komm.=Abg.=Ges. zunächst den Eindruck erwecken, als ob der Anspruch der Wohnsitzgemeinde (oder gegebenen Falles der Anspruch mehrerer Wohnsitzgemeinden zusammen) sich auf ein Viertel des Einkommensbetrages und nicht auf einen Bruchteil des Steuersatzes richte; bei näherer Prüfung jedoch erweist sich das als unrichtig. Der Abs. 2 enthält nur eine Ergänzung des Abs. 1. Dieser giebt die Grundregel, die lautet: „Das Forensaleinkommen ist freizulassen, und die Freilassung vollzieht sich durch Kürzung des dem Gesammteinkommen entsprechenden Steuersatzes nach dem Verhältnisse des außer Berechnung zu lassenden Einkommes. Die Ergänzung, die der Abs. 2 bringt, geht lediglich dahin, daß in einem besonderen Falle nicht das wirkliche, sondern ein fingiertes Forensaleinkommen (das Viertel) als außer Berechnung bleibendes Einkommen in die nach Abs. 1 vorzunehmende Rechnung einzustellen ist. Er enthält also nicht eine Ausnahme von der für die Teilungsrechnung gegebenen Regel, sondern nur eine Vorschrift über die Ermittelung eines Faktors für jene Rechnung in einem Ausnahmefalle.

Dagegen hat umgekehrt die Forensalgemeinde nicht $^3/_4$ des Normalsatzes von dem Gesammteinkommen, sondern nur den Normalsatz von $^3/_4$ des Gesammteinkommens, oder richtiger ausgedrückt, von dem auf $^3/_4$ des Gesammteinkommens reduzierten Forensaleinkommen zu beanspruchen.

2. Für das Verteilungsverfahren gemäß §§ 71—73 des Komm.-Abg.-Ges. sind folgende Grundsätze maßgebend:

I. Für das Beschlußverfahren:

a) Das Beschlußverfahren kann nur eröffnet werden auf Antrag des Pflichtigen, der an Stelle des Einspruches gegen die letzte und alle früheren Heranziehungen tritt und demgemäß bezweckt, daß der Pflichtige von allen Gemeinden zusammen nicht stärker, als gesetzlich ist, herangezogen werde, so daß er seinen Minderungsanspruch gegen jede einzelne der heranziehenden Gemeinden nicht so, wie es für den Einspruch erforderlich, ziffermäßig zu begrenzen und zu begründen braucht.

b) Der Verteilungsbeschluß muß
 α) „das Teilverhältnis", d. i. das Gesammteinkommen und dessen auf jede Gemeinde zur Besteuerung entfallende Teile, und
 β) für jede der heranziehenden Gemeinden den Steuerbetrag festsetzen.

c) Beteiligt sind daher, wenngleich für das Teilverhältnis die in den übrigen Gemeinden zufließenden Einkommensteile berücksichtigt werden müssen, neben dem Pflichtigen nicht sämmtliche, sondern nur diejenigen Gemeinden, die jenen herangezogen haben (und deren Heranziehung noch nicht formell rechtskräftig feststeht). Nur gegen diese ergeht ein verbindlicher Beschuß; die übrigen mögen Behufs der Ermittelung des richtigen Teilverhältnisses im Beschlußverfahren zur Information gehört (und können im nachfolgenden Streitverfahren eventuell beigeladen) werden.

d) Für den Fall, daß eine Gemeinde den Pflichtigen zu niedrig veranlagt hat, ergiebt sich aus dieser zweifachen Festsetzung einerseits,
 daß der Steuerbetrag ohne ausdrücklichen Antrag des Pflichtigen nicht erhöht werden darf. Denn dies würde sowohl eine unzulässige reformatio in pejus sein, als auch eine unzulässige Nachforderung wegen zu geringen Ansatzes enthalten,
 und andererseits, daß der betreffende Einkommensteil der Wirklichkeit entsprechend, d. h. eventuell höher, als er von der Gemeinde ermittelt war, festgesetzt werden muß, weil sonst das „Teilverhältnis" unrichtig und damit die Steuerberechtigung der übrigen Gemeinden rechtswidrig verschoben würde.

II. Für das Streitverfahren:

a) Der — die Klage ersetzende — Antrag auf mündliche Verhandlung steht wie dem Pflichtigen, so jeder Gemeinde, über deren Steuerforderung der Beschluß sich erstreckt, zu. Er hat allen im L.-V.-G. vorgesehenen Erfordernissen einer Klage zu entsprechen und ist wie eine solche zu behandeln.

b) Eine während des schwebenden Verfahrens erfolgende Heranziehung wird auf Antrag des Pflichtigen in das Streitverfahren einbezogen.

c) An dem Streitverfahren sind — neben dem Pflichtigen — beteiligt:

α) wenn nicht das Teilverhältnis, sondern nur einzelne Steuerbeträge streitig sind, nur die, diese fordernden Gemeinden,

β) wenn zugleich das Teilverhältnis angefochten ist, alle — auch die nicht ausdrücklich benannten — Gemeinden, deren Einkommensteile dadurch streitig geworden sind, und zwar diese hier als notwendige Streitgenossen.

Daher kann im Rechtsmittelwege die eine Gemeinde zu Gunsten anderer die Erhöhung der diesen zufallenden Einkommensteile (und demzufolge auch der Steuerbeträge) — oder zu Gunsten des Pflichtigen auch deren Ermäßigung, nicht jedoch die der letzteren allein (ohne Änderung des Teilverhältnisses) beantragen.

Insbesondere darf das Urteil also — falls das Teilverhältnis unstreitig — nicht die Steuerbeträge solcher Gemeinden herabsetzen, die von dem Pflichtigen nicht beklagt sind, und es darf unter jener Voraussetzung solche nicht erhöhen, wenn die berechtigte Gemeinde selbst nicht geklagt hat.

Nr. 5. Entsch. v. 19. I. 98 Nr. II 85.

Komm.-Abg.-Ges. v. 14. VII. 93 (G.-S. S. 152) §§ 33, 36, 71 ff.

Nach § 36 Komm.-Abg.-Ges. ist die staatliche Veranlagung zur Staatseinkommensteuer auch für die Gemeindebesteuerung in der Wohnsitzgemeinde derart maßgebend, daß das für den Anfang des Steuerjahres veranlagte Einkommen während des ganzen Steuerjahres das Objekt für die Gemeinde-Einkommensteuer bildet, und daß diese Steuer im Laufe des Steuerjahres eine Erhöhung oder Ermäßigung nur insoweit findet, als die Staatseinkommensteuer, sei es infolge der Einlegung von Rechtsmitteln, sei es aus den in den §§ 57, 58 des Eink.-St.-Ges. vorgesehenen besonderen Gründen erhöht oder ermäßigt wird. Aber dieser Grundsatz gilt nur unbeschadet der von dem Komm.-Abg.-Ges. zur Vermeidung der Doppelbesteuerung gegebenen Vorschriften, die auch dann zur Anwendung kommen, wenn erst im Laufe des Steuerjahres gemäß § 60 des Komm.-Abg.-Ges. eine Gemeinde in die Reihe der am Gesammteinkommen berechtigten Gemeinden dadurch neu eintritt, daß in ihr ein Wohnsitz begründet, Aufenthalt genommen, ein Betrieb begonnen oder Grundvermögen erworben wird. Durch diesen Eintritt und von dessen Zeitpunkte ab werden die Heranziehungen, die von den vordem allein steuerberechtigten Gemeinden für den Beginn des Steuerjahres bewirkt sind, nachträglich in Bezug auf ihre Höhe rechtswidrig und können mit der Beschwerde (s. E.-O.-V. Bd. XXXI S. 34 u. 41) angefochten werden. Nach § 71 des Komm.-Abg.-Ges. steht es aber dem Censiten frei, statt die Beschwerde zu erheben, die Verteilung seines Einkommens unter die sämmtlichen nunmehr steuerberechtigten Gemeinden zu beantragen.

Für die Verteilung des Einkommens unter die sämmtlichen steuerberechtigten Gemeinden kommen dann in Betracht einerseits das Gesammteinkommen, andererseits die in den Einzelgemeinden pflichtigen Einkommensteile. Als Gesammteinkommen bleibt unter allen Umständen dasjenige Einkommen, das für den Beginn des Steuerjahres staatlich veranlagt ist, maßgebend, sei es unmittelbar (nach § 36 Abs. 1 des Komm.-Abg.-Ges.), sei es mittelbar (nach § 51 Abs. 1 oder bei Erwerbsgesellschaften nach § 33[3] das.). Dabei sind selbstverständlich diejenigen Veränderungen zu berücksichtigen, von denen das verlangte Einkommen inzwischen infolge der Einlegung von Rechtsmitteln oder nach Maßgabe der Bestimmungen in den §§ 57, 58 des Eink.-St.-Ges. betroffen ist. Für die Bestimmung der in den Einzelgemeinden zufließenden Teile des Einkommens können dagegen nur die Verhältnisse maßgebend sein, die in dem Zeitpunkte bestanden, in dem die Verteilung notwendig geworden ist, also in dem Zeitpunkte, in dem die Steuerpflicht gegenüber der zuletzt in den Kreis der Steuerberechtigten eingetretenen Gemeinde nach § 60 des Komm.-Abg.-Ges. entstanden ist.

Ergiebt die selbständig vorzunehmende Ermittelung der Einkommensteile, daß diese in ihrer Summe größer sind als das staatlich veranlagte Gesammteinkommen — sei es daß das wirkliche Gesammteinkommen von Anfang an zu niedrig geschätzt war, sei es, daß es sich im Laufe des Steuerjahres vermehrt hat —, so muß nach § 51 Abs. 1 des Komm.-Abg.-Ges. eine verhältnißmäßige Herabsetzung der Einkommensteile bis auf die Höchstgrenze der staatlich bestimmten Steuerstufe (bei Erwerbsgesellschaften nach § 33 [3] des Komm.-Abg.-Ges. bis auf den staatlichen Einkommensbetrag) stattfinden. Sind dagegen nach Lage der Verhandlungeu festgestellt oder feststellbar der Betrag des Gesammteinkommens und die Beträge der einzelnen Einkommensteile, und ist dann ferner die Summe der letzteren nicht höher als der erstere, so bleibt für die Anwendung des § 51 cit. kein Raum.

J. Nachforderung. Verjährung.

Nr. 1. Entsch. Bd. XXXII S. 40 vom 9. Januar 1897 II C 338/96.[1])

Eink.-St.-Ges. v. 24. VI. 91 (G.-S. S. 175) § 80.
Komm.-Abg.-Ges. v. 14. VII. 93 (G.-S. S. 152) §§ 83, 84, 85 und Ausf.-Anw. v. 10. V. 94 Art. 52.

Ist die Festsetzung einer staatlichen Nachsteuer nicht wegen Übergehung oder steuerfreier Veranlagung, sondern wegen zu geringer Veranlagung erfolgt, so findet bei direkten Steuern die Nachforderung entsprechender Zuschläge seitens der Gemeinden nicht statt, da Steuerpflichtige, die zu einer, ihrem wirklichen Einkommen nicht entsprechenden niedrigeren Steuerstufe bereits veranlagt worden sind, der Nachbesteuerung durch die Gemeinde nicht unterliegen.

Nr. 2. Entsch. Bd. XXXII S. 44 vom 7. April 1897 II C 486/96.

Eink.-St.-Ges. v. 24. VI. 91 (G.-S. S. 175) § 80,
Komm.-Abg.-Ges. v. 14. VII. 93 (G.-S. S. 152) §§ 83, 84, 85 A.-L.-R. Einl. § 14.

1. Während der § 80 des Eink.-St.-Ges. eine Veranlagung der Nachsteuer in den drei Fällen der Übergehung, der steuerfreien und auch der zu niedrigen Veranlagung eines Pflichtigen gestattet, hat das Komm.-Abg.-Ges. in bewußtem Gegensatze hierzu den Gemeinden das Recht zur Nachbesteuerung nur in den beiden ersten Fällen verliehen, da der § 84, obwohl sich sein Wortlaut im Übrigen an den § 80 des Staatseink.-St.-Ges. anschließt, den dritten Fall der zu niedrigen Veranlagung nicht mit übernommen hat. Diese materielle Begrenzung des kommunalen Nachbesteuerungsrechtes ist sodann im folgenden § 85 für den Spezialfall des Zuschlagssystemes dadurch zum besonderen Ausdrucke gebracht worden, daß ebendort nochmals auf die Vorschriften des Komm.-Abg.-Ges., die in den §§ 83, 84 daselbst enthalten sind, hingewiesen worden ist.

2. Die dreijährige Periode, für die den Gemeinden auch §§ 84 und 85 des Komm.-Abg.-Ges. das Recht auf Nachforderung direkter Steuern eingeräumt ist, beginnt erst mit dem Tage, an dem dieses Gesetz in Kraft getreten ist, d. h. mit dem 1. April 1895.

---

[1]) Vgl. S. 499 Bd. I des Hauptwerkes, Anm. 1.

Die Zulässigkeit der Nachforderung solcher Steuern aus den Vorjahren ist nach dem bisherigen Rechte zu beurteilen.

Nr. 3. Entsch. Bd. XXXII S. 47 vom 22. Mai 1897 II C 25/97.

Komm.-Abg.-Ges. v. 14. VII. 93 (G.-S. S. 152) § 87. Ges. v. 18. VI. 40 (G.-S. S. 140) §§ 2, 7, 14.

Handelt es sich um die Nachforderung indirekter Gemeindesteuern (die auch bei zu geringer Veranlagung nachgefordert werden dürfen) und waren sie am 1. April 1895 nach dem früheren Rechte noch nicht verjährt, so finden auf die noch laufende Verjährung die neuen Vorschriften des Komm.-Abg.-Ges. Anwendung.

Zweite Abteilung.

Kultus, Schule, Staatsangehörigkeit.

I.

Die evangelische Kirche.

Litteratur: Goßner, Preußisches evang. Kirchenrecht, Berlin 1899. — Lilge, Gesetze und Verordnungen über die evang. Kirchenverfassung in den älteren Provinzen der Monarchie, 5. Aufl., Berlin 1896. — Nitze, Handbuch der kirchlichen Amtsverwaltung, Berlin 1896. — Rieker, Die rechtliche Stellung der evang. Kirche Deutschlands, Leipzig 1893. — Sell, Entwickelung der kath. Kirche im 19. Jahrhundert, Leipzig 1898.

Materialien: Ges. v. 1. III. 97 (G.-S. S. 69) betr. die Kirchengemeinde-Ordn. (v. 1. III. 97 G.-S. S. 50/71) für die evang. Gemeinden in den Hohenzollernschen Landen. — Abg.-Haus 1896/97 Drucks. Nr. 30, Sten.-Ber. S. 335, 670. Herrenhaus 1896/97 Drucks. Nr. 12, 15, Sten.-Ber. S. 15, 35, 87, 88. — Vd. v. 25. IX. 97 (G.-S. S. 406) über die Ausübung der Rechte des Staates gegenüber der evang. Landeskirche in den Hohenzollernschen Landen. — Vd. v. 25. IX. 97 (G.-S. S. 408), betr. den Übergang der Verwaltung der Angelegenheiten der evang. Landeskirche in Hohenzollern auf den evang. Oberkirchenrat und das Konsistorium der Rheinprovinz. — Vd. v. 25. IX. 97 (G.-S. S. 405), betr. Ergänzung der Vd. v. 5. IX. 77 wegen Übergang der Verwaltung der Angelegenheiten der evang. Landeskirche auf den Oberkirchenrat und die Konsistorien der acht älteren Provinzen. — Ges. v. 2. VII. 98 (G.-S. S. 271), betr. die Kreis-Synodalordnung für die evang. Gemeinden in den Hohenzollernschen Landen; Abg.-Haus 1898 Drucks. Nr. 132, Sten.-Ber. S. 2491, 2521; Herrenhaus 1898 Drucks. Nr. 39, 42, Sten.-Ber. S. 80, 115—116. — Ges. v. 9. VI. 98 (G.-S. S. 117), betr. die Vertretung der Probstei-Synodalverbände und des Gesammt-Synodal-Verbandes der evang.-luth. Kirche der Provinz Schleswig-Holstein, sowie der Kreis-Synodalverbände des Konsistorialbezirkes Wiesbaden in vermögensrechtlichen Angelegenheiten. Abg.-Haus Drucks. Nr. 131, Sten.-Ber. S. 2491, 2521; Herrenhaus 1898 Drucks. Nr. 48, 55, Sten.-Ber. S. 80, 116. — Ges. v. 25. VI. 98 (G.-S. S. 133), betr. die Bildung von Parochialverbänden in der Provinz Schleswig-Holstein; Abg.-Haus 1898 Drucks. Nr. 138, Sten.-Ber. S. 2491, 2522; Herrenhaus 1898 Drucks. Nr. 57, 59, Sten.-Ber. S. 113—114, 134; Vd. dazu v. 29. VIII. 98 (G.-S. S. 307) über die Ausübung der Rechte des Staates. — Ges. v. 2. VII. 98 (G.-S. S. 155), betr. das Diensteinkommen der evang. Pfarrer; Abg.-Haus 1898 Drucks. Nr. 115, 178, 190; Sten.-Ber. S. 1966—2016, 2429—2462, 2466—2477, 2504—2509; Herrenhaus 1898 Drucks. Nr. 84, 87, 92, Sten.-Ber. S. 239—240, 295—324. Dazu Kirchengesetze v. 2. VII. 98 für die evang. Landeskirche der acht älteren Provinzen (G.-S. S. 159); für die evang.-luth. Kirche der Provinz Hannover (G.-S. S. 172, 243); der Provinz Schleswig-Holstein (G.-S. S. 189); für die evang. Kirchengemeinschaften des Konsistorialbezirkes Kassel (G.-S. S. 203); des Konsistorialbezirkes Wiesbaden (G.-S. S. 216); der evang.-ref. Kirche der Provinz Hannover (G.-S. S. 230). — Ges. v. 2. VII. 98 (G.-S. S. 260), betr. das Diensteinkommen der katholischen Pfarrer; Abg.-Haus 1898 Drucks. Nr. 115, 178, 190, Sten.-Ber. 1966—2016, 2477—2490, 2510—2511; Herrenhaus 1898 Drucks. Nr. 84, 87, 96, Sten.-Ber. S. 239 bis 240, 295—324. Ges. v. 21. IX. 98 (G.-S. S. 312) zur Ergänzung des Ges. v. 3. VI. 76, betr. die evang. Kirchenverfassung in den acht älteren Provinzen. Abg.-Haus 1898 Drucks. Nr. 137, Sten.-Ber. S. 2491, 2522; Herrenhaus 1898 Drucks. Nr. 56, 59, Sten.-Ber. S. 113—114, 133, 134.

A. In den neun älteren Provinzen der Monarchie.

Nr. 1. Entsch. v. 18. V. 97 Nr. I 770.

Ges. v. 3. VI. 76 (G.-S. S. 125) betr. die evang. Kirchenverfassung in den acht älteren Provinzen der Monarchie, Art. 27, 28; Vd. v. 9. IX. 76 (G.-S. S. 395) über die Rechte des Staates, Art. III.

1. Das Kirchenverfassungsges. v. 3. VI. 76 Art. 27 Abs. 2 erteilt sowohl dem Konsistorium als auch der Staatsbehörde — d. i. nach Art 28 a. a. O. in Verbindung mit Art. III Nr. 4 der Vd. v. 9. IX. 76 dem Regierungspräsidenten — unter gegenseitigem Einvernehmen die Ermächtigung, von einem Gemeindekirchenrate oder einer Gemeindevertretung verweigerte gesetzliche Leistungen, die aus dem kirchlichen Vermögen zu bestreiten sind oder den Pfarreingesessenen obliegen, in den Etat einzutragen und die weiter erforderlichen Anordnungen zu treffen. Gesetzliche Leistungen im Sinne des Art. 27 sind aber nicht allein die nach Grund und Betrag unmittelbar auf gesetzlichen Vorschriften beruhenden, sondern auch solche Leistungen, die dem pflichtigen Kirchenverbande mittelbar kraft Gesetzes obliegen, bezw. ihm durch eine nach Maßgabe der Gesetze von der zuständigen Behörde gefaßte Entschließung auferlegt worden sind. Hat daher das Gesetz eine Leistung grundsätzlich vorgesehen, aber Bestimmung über das im Einzelfalle Erforderliche nicht selbst getroffen, vielmehr dem Ermessen der zuständigen Behörde überlassen, so ist gleichwohl die Gewährung des von dieser bestimmten Betrages eine gesetzliche Leistung des Verbandes.

Das A.-L.-R. legt nun im § 164 Tit. 11 Teil II die Verpflichtung: „für den Unterhalt der bei einer Kirchengesellschaft angesetzten Beamten zu sorgen, der Gesellschaft selbst" zur Last, die (§ 110 ebenda) behufs Aufbringung der dazu erforderlichen Mittel ihre Mitglieder zu Beiträgen heranziehen kann, — läßt aber die Höhe des zu verabreichenden Unterhaltes unentschieden. Ueber diese ist demnach im streitigen Einzelfalle von der zuständigen Behörde je nach den konkreten Umständen zu befinden.

Diese ist (vgl. E.-O.-V. Bd. XXVI S. 146), sofern die Festsetzung der Pfarrgehälter ohne Parochialveränderung erfolgen soll, zweifelsohne das Konsistorium, dessen Festsetzung im Einvernehmen mit dem Regierungspräsidenten im Wege der Zwangsetatisirung durchgeführt wird. Der verwaltungsrichterlichen Nachprüfung bedarf die Durchführung nur in Bezug auf ihre Rechtmäßigkeit, nicht auch nach der Richtung hin, ob sie notwendig und zweckdienlich erscheint.

2. Eine Pfarrstelle wird in ihrem rechtlichen Bestande durch eine Parochialveränderung nicht berührt, die lediglich eine Verkleinerung des Amtsbezirkes zum Gegenstande hat.

Nr. 2. Entsch. v. 21. V. 97 Nr. I 787.

Ges. v. 3. VI. 76 (G.-S. S. 125) betr. die evang. Kirchenverfassung in den acht älteren Provinzen der Monarchie, Art. 27, 28; Vd. v. 9. IX. 76 (G.-S. S. 395) über die Rechte des Staates, Art. III.

1. Gesetzliche Leistungen im Sinne des Art. 27 Abs. 2 des Kirchenverfassungsges. v. 3. VI 76 sind nicht allein solche, die auf geschriebenem Rechte beruhen. Normen des objektiven, örtlichen Rechtes, mögen sie in Observanzen, Verträgen oder anderen Quellen des örtlichen Rechtes begründet sein, haben insoweit, als nicht das geschriebene Gesetz ihnen die Anerkennung versagt, mit diesem völlig gleiche Kraft.

2. Eine Observanz, betreffend Holzlieferung an einen Superintendenten ohne Rücksicht auf den Sitz seines Pfarramtes, setzt voraus, daß gerade diese Lieferung thatsächlich geübt und dadurch die Überzeugung der Beteiligten von einem aus den Umständen geschöpften notwendigen Rechte erkennbar geworden ist.

C. In den im Jahre 1866 einverleibten Gebietsteilen.

Nr. 1. Entsch. Bd. XXXII S. 174 vom 26. November 1897 I A 128/96.

Kirchenverf.-Ges. v. 3. VI. 76 (G.-S. S. 125) Art. 21, 23 ff.; desgl. für die Hannov. evang.-luth. Kirche v. 6. V. 85 (G.-S. S. 135) §§ 2 ff.

1. In einem Streitfalle aus der Provinz Brandenburg war (E.-O.-V. Bd. VI S. 157 ff.) ausgesprochen worden, daß die frühere Befugnis der Staatsbehörde, allein oder im Einvernehmen mit der Kirchenbehörde die Gehälter der Geistlichen verbindlich für die Gemeinden festzusetzen und zu erzwingen, in der Regel nicht mehr fortbestehe und auch auf die Konsistorien nicht übergegangen sei. Sie wurde dagegen später (Bd. XII S. 184 ff.) für das Gebiet des Gemeinen Rechtes und in dem Urt. v. 20. II. 92 (Pr.-V.-Bl. Bd. XIII S. 515) für das Gebiet des A.-L.-R.'s ausnahmsweise als fortbestehend anerkannt, wenn es sich um die Neudotierung von Stellen in Folge von Parochialveränderungen handelt. Abweichend von dem Anfangs (Bd. VI S. 157 ff.) eingenommenen Standpunkte hat sodann das O.-V.-G. (Bd. XXVI S. 146 ff.) zur Festsetzung neuer oder erhöhter Gehälter der Geistlichen die Konsistorien — und zwar jedenfalls, sofern die Festsetzung nicht bei Parochialveränderungen eintritt, die Konsistorien allein für befugt erklärt. In Ansehung der Pfarrgehaltsfestsetzungen bei Parochialveränderungen wurde damals die Frage noch offen gehalten. Allein auch in diesem Falle ist der früher eingenommene Standpunkt nicht aufrecht zu erhalten.

Es sind vielmehr neue oder erhöhte Gehälter der evangelischen Geistlichen verbindlich für die Kirchengemeinden festzusetzen, — gleichviel ob es aus Anlaß einer Parochialveränderung oder ohne Zusammenhang mit einer solchen geschieht — die Konsistorien allein, und zwar im Geltungsbereiche der Kirchenverfassungsgesetze sowohl für die acht älteren Provinzen wie für die neuerworbenen Landesteile zuständig. Denn, wenn die Kirchenverfassungsgesetze von der Veränderung bestehender oder der Bildung neuer Pfarrbezirke sprechen, die eine Mitwirkung der Staatsbehörde erheischen, so können hierunter Gehaltsfestsetzungen überhaupt nicht verstanden werden, da sie etwas von dem organisatorischen Akte einer Parochialveränderung begrifflich Verschiedenes sind. Die Befugnis der Pfarrgehaltsfestsetzung bei Parochialveränderungen hätte daher der Staatsbehörde ausdrücklich vorbehalten werden müssen, was nicht geschehen ist. Die Festsetzungen der Konsistorien dürfen jedoch, abgesehen von der überall der Staatsbehörde vorbehaltenen Mitwirkung bei Parochialveränderungen, zwangsweise (durch Zwangsetatisierung) nur im Einvernehmen mit dem Regierungspräsidenten durchgeführt werden. Auch hieraus folgt die Richtigkeit der alleinigen Zuständigkeit der Konsistorien zur Gehaltsfestsetzung. Denn es würde nicht notwendig gewesen sein, die Entscheidung über eine etwa vorhandene Überbürdung der Bevölkerung oder eine sonstige Gefährdung des Gemeinwohles der Staatsbehörde noch besonders für die Vollstreckung vorzubehalten, wenn angenommen worden wäre, daß schon die zu vollstreckende Festsetzung selbst an eine Mitwirkung der Staatsbehörde gebunden sei.

2. Nach dem Gemeinen, auch in Hannover geltenden evangelischen Kirchenrechte sind die Gemeinden verpflichtet, für alle kirchlichen Bedürfnisse innerhalb ihrer Bezirke, mithin auch für die auskömmliche Besoldung der Geistlichen, sowohl in vorhandenen, wie in neuerrichteten Stellen zu sorgen, soweit nicht aus besonderen Rechtstiteln dritte (natürliche oder juristische) Personen dazu verpflichtet sind und dieser Verpflichtung wirklich nachkommen.

Nr. 2. **Entsch.** v. 8. I. 97 Nr. I 31.

1. Die Befugnis zur Feststellung gesetzlicher Leistungen, die aus dem kirchlichen Vermögen zu bestreiten sind oder den Pfarreingesessenen obliegen, gehört zu den aus dem Summepiskopat des Landesherrn fließenden Konsistorialrechten und bildet keinen Bestandteil der Hoheitsrechte, die der Staat gegenüber der Kirche sich vorbehalten hat (Entsch. Bd. XXVI S. 152, 155). Sie ist daher im Gebiete des vormaligen Königreiches Hannover, wo ihre Ausübung von jeher den Konsistorien übertragen war, diesen trotz der Vorschrift in § 1 Abs. 2 des Ges., betr. Änderungen der Kirchenverfassung der ev.-luth. Kirche der Provinz Hannover, v. 6. V. 85 (G.-S. S. 135) verblieben. Eine Mitwirkung der Staatsbehörde greift nur insofern Platz, als es sich um die Vollstreckung handelt. Ist letztere aber nicht gegen die Eingepfarrten oder mitverpflichtete Dritte, sondern gegen die sich weigernde Korporation der Kirchengemeinde selbst zu bewerkstelligen, so kommt die Spezialbestimmung im § 5 Abs. 2 a. a. O. und die — von der Kirchen- und Staatsbehörde (Regierungspräsident) unter gegenseitigem Einvernehmen anzuordnende — Zwangsetatisierung zur Anwendung, gegen die den Gemeindeorganen die Klage im Verwaltungsstreitverfahren offensteht.

2. Das Läuten der Kirchenglocken gehört zu den kirchlichen Bedürfnissen, für die die Kirchengemeinde in Ermangelung anderweiter Deckungsmittel aufzukommen hat. Ist wegen Erschwerung der dem Küster obliegenden Pflicht, die Glocken zu läuten, was der auf Prüfung der Zuständigkeit der verfügenden Behörden und der materiellen Begründung der Anforderung im bestehenden Rechte beschränkte Verwaltungsrichter nicht nachzuprüfen hat, eine Küsterzulage vorschriftsmäßig festgestellt worden, so hat die Aufsichtsbehörde dadurch ihre Befugnisse nicht überschritten. Ebensowenig kann die Gemeinde die Zulage auf die zur Beschaffung und Einbauung der Glocken verpflichteten Patrone abwälzen.

Nr. 3. **Entsch.** v. 6. VII. 97 Nr. I 1067.

1. Gesetzliche Leistungen im Sinne des Art. 21 Abs. 2 des Ges. v. 19. III 86, betr. die Kirchenverfassung der evangelischen Kirche im Bezirke des Konsistoriums zu Kassel, sind nicht nur die nach Grund und Betrag unmittelbar auf gesetzlichen Vorschriften beruhenden, sondern auch solche Leistungen, die dem Pflichtigen mittelbar kraft Gesetzes obliegen, bezw. ihm durch eine nach Maßgabe der Gesetze von der zuständigen Behörde gefaßte Entschließung auferlegt worden sind. Hat daher das Gesetz eine Leistung grundsätzlich vorgesehen, aber Bestimmung über das im Einzelfalle Erforderliche nicht selbst getroffen, vielmehr dem Ermessen der zuständigen Behörde überlassen, so ist gleichwohl die Gewährung des von dieser bestimmten Betrages eine gesetzliche Leistung des Verbandes.

2. Nach dem Gemeinen, auch in Kurhessen geltenden evangelischen Kirchenrechte liegt den Kirchengemeinden die Pflicht ob, für alle kirchlichen Bedürfnisse innerhalb ihres Bezirkes, mithin auch für eine, als kirchliches Bedürfnis zweifellos anzuerkennende, auskömmliche Besoldung der Geistlichen zu sorgen, soweit nicht aus besonderen Rechtsverhältnissen Dritte dazu verpflichtet sind und dieser Verpflichtung wirklich nachkommen. Eine solche Rechtspflicht besteht für den Fiskus zur Hergabe der von den Gemeinden verweigerten, von der kirchlichen Aufsichtsbehörde geforderten Pfarrgehaltsaufbesserungen nicht deshalb, weil im Staatshaushaltsetat Fonds zur Verbesserung der äußeren Lage der Geistlichen ausgeworfen sind. Bewilligungen aus diesen Fonds haben die Natur freiwilliger, jederzeit widerruflicher Beihülfen und setzen die Leistungsfähigkeit der Kirchengemeinden voraus.

3. Die Höhe des den Pfarrern von den grundsätzlich pflichtigen Gemeinden zu verabreichenden Unterhaltes ist im Gesetze nirgends bestimmt und darnach von der zuständigen Behörde je nach den konkreten Umständen festzusetzen. Diese ist das Konsistorium, da die betreffende Befugnis zu den aus dem Summepiskopat des Landesherrn fließenden Konsistorialrechten gehört und keinen Bestandteil der Hoheitsrechte bildet, die sich der Staat der Kirche gegenüber vorbehalten hat. Die Festsetzung des Konsistoriums unterliegt der Nachprüfung des Verwaltungsrichters nur in Bezug auf ihre Rechtmäßigkeit, nicht auf ihre Notwendigkeit und Zweckdienlichkeit. Von den letzteren Gesichtspunkten aus würde ihr das Anerkenntnis verbindlicher Geltung wenigstens nur dann zu versagen sein, wenn sie offensichtlich ohne das Vorhandensein eines kirchlichen Bedürfnisses oder in absolut ungeeigneter Weise ergangen wäre, mithin sich als willkürlich und um deswillen als rechtswidrig kennzeichnete.

4. Der zur Zwangsetatisierung nötigen Zustimmung des Regierungspräsidenten hat eine causae cognitio vorherzugehen, die auch darauf auszudehnen ist, ob nicht durch die Vollstreckung konkurrierende Interessen des Staates, insbesondere hinsichtlich der Leistungsfähigkeit der Bevölkerung beeinträchtigt werden.

5. Ob die Zwangsetatisierung gegen die Kirchengemeinde oder die Kirchenkasse gerichtet, ist gleichgültig. Letztere ist kein für sich bestehendes Rechtssubjekt, sondern eine Verwaltungseinrichtung der Kirchengemeinde als der korporativen Trägerin sämmtlicher Vermögensrechte, die in Bezug auf die Kirche und ihre Institute im Kirchspiele bestehen. Von der Eintragung in den Voranschlag der Kirchenkasse wird daher die Gemeinde betroffen.

IV.

Schulangelegenheiten.

Litteratur: Giebe-Hildebrandt, Die Verordnungen, betr. das gesammte Volksschulwesen in Preußen, 5. Aufl., Düsseldorf 1898. — Illing-Kautz Bd. II, 7. Aufl., Berlin 1898. — Pogge, Volksschulgesetze, 2. Aufl., Berlin 1897. — Pogge, Verordnungen betr. das Volksschulwesen des Reg.-Bez. Merseburg, Breslau 1895. — v. Rohrscheidt, Das Lehrerbesoldungsgesetz v. 3. März 1897, 3. Aufl., Leipzig 1897. — Blanckenhorn, Gesetze, Verordnungen, Ausschreiben u. s. w. in Schulsachen für die Provinz Hannover, 1897/98. — Wolter, Verfügungen der Kgl. Regierung zu Potsdam, betr. das Volksschulwesen, 1897. — Sperber, Verordnungen betr. das Schulwesen im Reg.-Bez. Breslau, Breslau 1898.

Materialien: Ges. v. 3. III. 97 (G.-S. S. 25), betr. das Diensteinkommen der Lehrer und Lehrerinnen an öffentlichen Volksschulen. Abg.-Haus 1896/97 Drucks. Nr. 9, 27, 39—46, 48, 49, 52, 53, 61—64, 98, 105, 106; Sten.-Ber. S. 82—126, 337—412, 481—505, 1083—1102. Herrenhaus 1896/97 Drucks. Nr. 32, 52, 56, 57, 59, 63, 65, 66; Sten.-Ber. S. 31, 32, 51, 63—84, 150—204, 227, 228.

A. Allgemeines.

3. Rechtliche Bedeutung der Schulmatrikeln und Vokationen.

Nr. 1. Entsch. v. 15. VI. 97 Nr. I 927.

A.-L.-R. T. II Tit. 12 §§ 33 ff.

Das Recht der Lehrer auf die ihnen zukommenden Bezüge gründet sich auf die Thatsache ihrer Anstellung, der Übertragung des Amtes in Verbindung mit den allgemeinen oder besonderen Vorschriften über das Besoldungswesen und ist von der Erteilung einer Berufungsurkunde unabhängig. Wo eine solche erteilt wird, beurkundet sie nur die Thatsache der Anstellung, dient aber nicht dazu, die Rechte des Stelleninhabers ausschließlich und erschöpfend zu regeln.

Ebensowenig ist auf die in den Besoldungsvorschriften vorgesehene besondere Remuneration für Erteilung des Turnunterrichtes, der eine höhere körperliche Anstrengung und besondere Befähigung verlangt und daher als qualitative Mehrleistung eine besonders ausgesetzte Remuneration durchaus rechtfertigt, von Einfluß, daß der zur Zeit des Erlasses der Besoldungsordnung außerhalb der Pflichtstundenzahl der Lehrer erteilte Turnunterricht später in die letztere verlegt worden ist. Generelle Vorschriften über eine Pflichtstundenzahl der Volksschullehrer bestehen überhaupt nicht.

4. Rechtsverhältnisse der Schulvorstände.

Nr. 1. Entsch. Bd. XXX S. 170 vom 18. September 1896 I C 32/96.

A. L. R. T. II Tit. 10 §§ 97, 102, Tit. 12 § 13.
Regl. v. 18. V. 01 (Korn, Neue Ed.-Samml. Bd. VII. S. 266) für die niederen kath. Schulen von Schlesien und der Grafschaft Glatz, § 49.

1. Als rechtswirksamer Beschluß des Schulvorstandes kann nur eine Willensäußerung der zur Vertretung der Ortsschulbehörde befugten Personen gelten. Vgl. Erk. O.-Trib. v. 17. XII. 72 (Strieth.-Arch. Bd. 87 S. 274).

2. Die Zusammensetzung der Schulvorstände bei den katholischen Landschulen der Provinz Schlesien wird durch gesetzliche, und nicht durch Bestimmungen der Verwaltungsbehörden geregelt. Die gesetzlichen Bestimmungen sind im § 13 Tit. 12 Teil II A. L.-R.'s und im Abschnitte 49 des Regl. v. 18. V. 01 enthalten; die Instr. des Departements für den Kultus und öffentlichen Unterricht v. 28. X. 12, sowie die Bek. der Regierung zu Oppeln v. 14. XII. 16 haben nur den inneren Ausbau jener Bestimmungen zum Zwecke.

3. Der vorschriftsmäßig gebildete Vorstand einer Landschule wird durch die Abwesenheit eines ihm als ständiges Mitglied mit dem Rechte des Vorsitzes angehörenden Gutsherrn nicht beschlußunfähig, sofern dieser durch den Ortsschulinspektor zu der Beschlußsitzung eingeladen war.

4. Den gewählten Mitgliedern der Schulvorstände wohnt in dieser Stellung die Eigenschaft öffentlicher Beamten bei. Vgl. Entsch. des Komp.-Ger.-H. v. 30. I. 58 und 13. IX. 79 (J.-M.-Bl. 1858 S. 202, C.-Bl. U.-V. 1879 S. 698), Entsch. Ob.-Trib. v. 13. IV. 66 (Strieth.-Arch. Bd. 62 S. 284) und E.-O.-V. v. 28. IV. 82 (Schneider und von Bremen, Volksschulwesen Bd. I S. 95). Darin ändert auch nichts, daß sie, wie in den Erlassen des Unterrichtsministers v. 11. III. 63 (a. a. O. Bd. I S. 97) und v. 8. VIII. 96. (C.-Bl. U.-V. S. 596) ausgesprochen ist, den Disziplinarvorschriften des Ges. v. 21. VII. 52, betreffend die Dienstvergehen der nicht richterlichen Beamten (G.-S. S. 465), nicht unterliegen.

5. Wegen Ablaufes ihrer Wahlperiode ausscheidende gewählte Mitglieder der Schulvorstände bleiben bis zur Einführung der Neugewählten in Thätigkeit. Denn es darf gemäß A.-L.-R. Teil II Tit. 10 § 97 der abgehende Beamte seinen Posten in keinem Falle eher verlassen, als bis wegen dessen Wiederbesetzung oder einstweiliger Verwaltung Verfügung getroffen ist.

Nr 2. Entsch. v. 22. XII. 96 Nr. I 1556.

Im Geltungsbereiche des Ges. v. 14. X. 48 (Hann. Ges. I Abt. S. 301) vertritt der Schulvorstand gemäß §§ 18, 26, 27 a. a. O. die Schulgemeinde in vermögensrechtlicher Beziehung und verwaltet das Schulvermögen — beides unter Leitung der zuständigen Vorgesetzten, an deren Zustimmung er u. A. (§ 19[6]) gebunden ist, wenn von den Gemeindemitgliedern eine nicht schon feststehende Leistung gefordert werden soll. Beschließt er mit Genehmigung der Aufsichtsbehörde eine Erhöhung des Lehrergehaltes, so liegt zunächst zwar nur eine einseitige Willenserklärung der Korporation vor. Es entsteht aber ein gegenseitige Rechte erzeugendes, den Widerruf des Schulvorstandes ausschließendes Vertragsverhältniß, wenn der Lehrer eine demzufolge geschehene Zahlung angenommen hat. Hat die Aufsichtsbehörde auf die Beschlußfassung des Schulvorstandes etwa dadurch eingewirkt, daß sie ihre Absicht zu erkennen gab, bei Nichtbewilligung der Gehaltserhöhung eine Feststellung auf Grund des Ges. v. 26. V. 87 (G.-S. S. 175) herbeiführen zu wollen, so liegt hierin kein unzulässiger, die Freiheit der Entschließung beeinträchtigender Zwang. Auch ein Irrtum im Beweggrunde macht den Beschluß weder nichtig, noch anfechtbar, noch gewährt er ein Recht auf Wiedereinsetzung in den vorigen Stand.

Nr. 3. Entsch. v. 27. IV. 97 Nr. I 645.

A.-L.-R. T. II Tit. 12 §§ 12, 13.

Unerläßliche Voraussetzung jeder Heranziehung zu landrechtlichen Hausväterbeiträgen bildet das Vorhandensein einer mit Korporationsrechten ausgestatteten Schulsozietät. Eine solche wird aber von der Aufsichtsbehörde nicht schon durch die Zuweisung der Hausväter eines bestimmten Bezirkes zu einer von ihnen zu errichtenden Schule, sondern erst dadurch in das Leben gerufen, daß sie die Gemeinschaft der so vereinigten Hausväter gesetzmäßig mit einem Schulvorstande versieht. Denn die Schulvorsteher sind das gesetzliche Organ der Schulgemeinde für die äußeren Angelegenheiten der Schule als eines Institutes der Gemeinde und haben die Schule wie die Gesammtheit der Hausväter als juristische Person in allen Rechtsangelegenheiten zu vertreten, insbesondere auch aus deren Rechte kraft der staatlich ihnen beigelegten Zuständigkeit das Besteuerungsrecht auszuüben. So lange die Einsetzung eines Schulvorstandes nicht stattgefunden hat, ist die Hausvätergemeinschaft zu einer Korporation des öffentlichen Rechtes nicht organisiert und also handlungsunfähig.

Von den Hausvätern aus ihrer Mitte zur Abgabe von Willenserklärungen bestellte Repräsentanten bilden die örtliche Behörde im Sinne des § 46 Zust.-Ges. nicht.

C. Heranziehung zu Abgaben und Leistungen für Schulen, die der allgemeinen Schulpflicht dienen.

1. Allgemeine Rechtsgrundsätze, insbesondere für das Verwaltungsstreitverfahren 2c.

Nr. 1. Entsch. Bd. XXXI S. 170 vom 26. Februar 1897 I C 86/96.

A.-L.-R. T. II Tit. 14 §§ 78, 79 Ges. v. 24. V. 61 (G.-S. S. 241), betr. die Erweiterung des Rechtsweges, §§ 9, 10 Zust.-Ges. §§ 46, 160.

Nach dem Zust.-Ges. ist, und zwar — unter Ausschluß des ordentlichen Rechtsweges gemäß § 79 Tit. 14 Teil II A.-L.-R.'s bezw. §§ 9 und 10 des

Ges. v. 24. V. 61, das Verwaltungsstreitverfahren bezüglich streitiger Schulabgaben zulässig zunächst gegen den Beschluß, der auf Beschwerden und Einsprüche, betreffend die Heranziehung, von der veranlagenden Ortsschulbehörde ergeht (§ 46 Abs. 1 und 2), außerdem bei Streitigkeiten der Beteiligten über ihre in dem öffentlichen Rechte begründete Verpflichtung (§ 46 Abs. 3). Die Klage ist zu richten im ersteren Falle gegen die veranlagende Behörde, im letzteren gegen die Kontribuenten.

Während danach durch die Veränderung der Gesetzgebung bei der Klage gegen die Kontribuenten eine Neuerung nur insofern eingetreten ist, als der Streit, soweit er im öffentlichen Rechte wurzelt, nicht mehr im ordentlichen Rechtswege, sondern vor den Verwaltungsgerichten zum Austrage gebracht werden muß, bildet andererseits die im Verwaltungsstreitverfahren gegen die veranlagende Behörde verfolgbare Klage den Ersatz nicht nur für die Fälle, in denen nach § 79 Tit. 14 Teil II A.-L.-R.'s und nach §§ 9 und 10 des Ges. v. 24. V. 61 schon früher der Prozeß gegeben war, sondern auch für die Fälle, in denen nach dem Ges. v. 18. VI. 40 der Rekurs gegen den die Reklamation zurückweisenden Bescheid angebracht werden durfte.

Einspruch und Klage gegen die Heranziehung zu Schulunterhaltungsbeiträgen können daher niemals darauf gestützt werden, daß andere Pflichtige übergangen oder zu niedrig veranlagt seien. In einem solchen Falle steht dem Herangezogenen lediglich die Klage auf Übernahme bezw. Erstattung des von ihm zu viel Geforderten oder auf Feststellung der Beitragspflicht an sich gegenüber denjenigen Verbandsgenossen offen, die er statt seiner für öffentlich-rechtlich verpflichtet erachtet.

Nr. 2. Entsch. v. 8. I. 97 Nr. I 34.

Zust.-Ges. § 46.

Die Verbindung einer Reklamationsklage aus Abs. 2 des § 46 Zust.-Ges. mit einer Feststellungsklage aus Abs. 3 ist unzulässig, weil die nur bei der die Einzelforderung betreffenden Reklamationsklage interessierte Behörde nicht in einen Streit hineingezogen werden darf, der die Feststellung des dieser Anforderung zu Grunde liegenden Rechtsverhältnisses im Prinzipe betrifft und nach dem Gesetze nur unter den Kontribuenten zum Austrage gebracht werden kann. Nur wenn die Reklamationsklage im Laufe der ersten Instanz zurückgenommen wird, kann über die mit ihr kumulierte Feststellungsklage weiter verhandelt werden.

Ebenso Entsch. v. 15. VI. 97 Nr. I 925. Die Vereinigung beider Klagen in demselben Streitverfahren würde dem öffentlichen Interesse zuwiderlaufen. Denn die Haushaltsinteressen der abgabenberechtigten Korporation erheischen es, daß der Streit zwischen dem Herangezogenen und der veranlagenden Behörde auf möglichst einfachem und schnellem Wege zur Erledigung gelangt. Eine Einbeziehung der Frage, ob ein Dritter zu der Leistung öffentlich-rechtlich verpflichtet sei, würde den Streit in vom Wege abführende Bahnen lenken. Andererseits berührt der Streit der Pflichtigen unter einander die veranlagende Behörde überhaupt nicht, ihre Einbeziehung in den Streit der Beteiligten würde ihrer Stellung als Veranlagungsbehörde nicht entsprechen.

Nr. 3. Entsch. v. 8. I. 97 Nr. I 33.

Zur Rechtfertigung einer Berufung genügt es, wenn nur andeutungsweise und unter Bezugnahme auf die Anführungen in der Vorinstanz dargelegt wird, inwiefern der angefochtene Rechtsanspruch Anlaß zur Beschwerde giebt. — Für einen außerhalb des Schulverbandes stehenden Herangezogenen hat die Auslegung der Hebeliste keine Bedeutung hinsichtlich der Einspruchsfrist. Hat er erst durch einen Mahnzettel Kenntnis von der Heranziehung erhalten, so läuft die

Frist von dessen Behändigung. Auch die Einklagung der — in diesem Falle unverschuldeten — Mahngebühren ist hier zulässig.

Nr. 4. **Entsch.** v. 9. III. 97 Nr. I 378.

Der Grundsatz, daß Vereinbarungen der Beteiligten über eine andere, als die im Gesetze vorgesehene Regelung der Schulunterhaltungslast, wenn sie von der Aufsichtsbehörde gebilligt werden, einen Teil der örtlichen Schulverfassung, also objektive Normen des öffentlichen Rechtes bilden, gilt auch im Gebiete der Schulordn. v. 11. XII. 45. Es kann daher auch hier die Schullast statt auf den zur Schule gehörenden Gemeinden, infolge Vertrages auf einer Hausvätersozietät ruhen. Erachtet aber die Aufsichtsbehörde diese besondere Schulverfassung mit den öffentlichen Interessen nicht für vereinbar, so kann sie, falls zur Genehmigung geeignete Beschlüsse der Beteiligten nicht zu erzielen sind, kraft ihres Aufsichtsrechtes die alte Schulverfassung beseitigen und das Erforderliche selber anordnen.

Nr. 5. **Entsch.** v. 19. III. 97 Nr. I 440.

Unter „Schulsozietäten", deren Einrichtung nach pflichtmäßigem Ermessen im § 18 litt. k der Reg.-Inst. v. 23. X. 17 der Schulaufsichtsbehörde vorbehalten ist, versteht das Gesetz nicht Hausvätergemeinschaften im Sinne der §§ 29 ff. Tit. 12 Teil II A.-L.-R.'s, sondern allgemein den zu einer Schulanstalt gewiesenen örtlichen Bezirk, den Schulverband. Wollte man den Ausdruck „Schulsozietäten", wie ihn auch der, jene Befugnis der Schulaufsichtsbehörde uneingeschränkt aufrechterhaltende § 49 Abs. 3 des Zust.-Ges. gebraucht, nur auf das landrechtliche System der Unterhaltung der Schule durch die Hausväter jedes Ortes beziehen, so würde es — der Absicht des Gesetzes zuwider — Vorschriften über die Einrichtung von Schulverbänden in denjenigen Landesteilen, wo die Unterhaltungslast nicht besonderen Personengemeinden, sondern den politischen Gemeinden (und Gutsbezirken) obliegt, überhaupt nicht geben. Aus den angezogenen Gesetzesstellen läßt sich daher eine Ermächtigung der Regierungen, durch die Anordnung von Schulsozietäten den Hausvätern die Unterhaltungslast aufzuerlegen, nicht herleiten. Die Frage nach dem Träger der Unterhaltungslast innerhalb eines neugebildeten oder anders abgegrenzten Schulverbandes ist vielmehr, ganz unabhängig von etwaigen Festsetzungen der Regierungen hierüber, überall nach dem materiellen Rechte zu beantworten. Vgl. E.-O.-V. Bd. VI S. 177, Bd. XX S. 203/4, Bd. XXVI S. 165.

Nr. 6. **Entsch.** v. 17. IX. 97 Nr. I 1336.

In rein städtischen, wie auch in städtische und ländliche Bezirke umfassenden Schulverbänden ist der Magistrat — und zwar ohne Zuziehung von Deputierten der ländlichen Ortschaften — zur Schulsteuerveranlagung u. a. dann zuständig, wenn die Aufsichtsbehörde nur über die inneren Angelegenheiten der Schule mit der Schuldeputation, über die äußeren aber mit dem Magistrate verhandelt und damit diesen als Organ zur Verwaltung der Schulexterna stillschweigend anerkannt hat.

Nr. 7. **Entsch.** v. 21. XII. 97 Nr. I 1904.

1. Die Wahrung der öffentlichen (publizistischen) Ordnung auf dem Unterrichtsgebiete mit Einschluß des Privatunterrichtes und der Privatschulen liegt als ein Teil der Unterrichtsverwaltung nicht den Polizeibehörden, sondern

den dafür bestellten besonderen Behörden, den Provinzialschulkollegien und den Abteilungen der Regierungen für Kirchen- und Schulwesen, in höchster Instanz dem Unterrichtsminister ob. Diese Behörden haben die Befugnis, ihren Anordnungen nötigenfalls durch die gesetzlichen Zwangs- und Strafmittel Nachdruck zu geben, und sie können sich dabei sowohl ihrer nachgeordneten Organe, wie der polizeilichen Mitwirkung bedienen. Vgl. E.-O.-V. Bd. XXVI S. 410 411.

Im vorliegenden Falle hatte ein Landrat „im Auftrage der Regierung" die Unterweisung von Schulkindern in der polnischen Sprache in einer dazu eingerichteten Privatschule bei Strafe verboten.

2. Polizeiliche Verfügungen im Sinne des § 127 L.-V.-G. sind nur solche Verfügungen, die die Polizeibehörde als Inhaberin der Polizeigewalt in Ausübung ihrer eigenen Rechte hat erlassen wollen und wirklich erlassen hat. Verfügungen hingegen, mit denen die Polizeibehörde, von eigener sachlicher Prüfung und Entscheidung absehend, lediglich die Aufträge (Requisitionen 2c.) anderer Behörden zur Ausführung bringt, fallen nicht unter den Begriff der polizeilichen Verfügungen und werden zu solchen auch dadurch nicht, daß die Polizeibehörde behufs Durchführung der Anordnungen jener anderen Behörden von den ihr zustehenden Zwangsmitteln des § 130 a. a. O. Gebrauch macht. Vgl. E.-O.-V. Bd. VI S. 355, Bd. XII S. 412, Bd. XI S. 401, 402. Sie sind also im Verwaltungsstreitverfahren nicht angreifbar.

Ebenso Entsch. v. 21. XII. 97 Nr. I 1905 bezüglich der Schließung einer Privatschule durch eine Polizeidirektion im Auftrage der Regierung.

Nr. 8. Entsch. v. 18. I. 98 Nr. I 102.

1. Im Geltungsgebiet der Schulordn. v. 11. XII. 45 ist eine in einer Landgemeinde errichtete Schule eine Gemeindeanstalt auch dann nicht, wenn sie nur für den Bezirk dieser Gemeinde errichtet ist. Sie untersteht der Aufsicht des Landrates nur insofern, als letzterer Organ der Regierung ist. Ebensowenig ist die Schulunterhaltung eine Kommunallast der Gemeinden. Die Verpflichtung der letzteren ist vielmehr eine subsidiarische und tritt nur insoweit ein, als die Schulunterhaltung nicht anderen Personen obliegt.

2. Nicht der Landrat, sondern der Schulvorstand entscheidet, wer zur Leistung der ihrem Umfange nach unstreitigen Schullasten heranzuziehen ist, vorbehaltlich der den Herangezogenen zustehenden Rechtsmittel gemäß § 46 Abs. 1 und 2 des Zust.-Ges. Genügt der Schulvorstand seiner Verpflichtung nicht, so ist die Regierung gemäß § 18 der Reg.-Instr. befugt, die Obliegenheiten des Schulvorstandes selbst wahrzunehmen oder ihm dazu einen Vertreter zu bestellen.

3. Für die Heranziehung zu den Schullasten durch den Schulvorstand kommen nur öffentlich-rechtliche Pflichten, nicht jedoch privatrechtliche Verpflichtungen zum Schadensersatz in Betracht.

4. Der Zwangsetatisierung einer Leistung muß die Feststellung dieser Leistung vorausgehen; sie darf nicht mit der Feststellung in einem Akt erfolgen.

Nr. 9. Entsch. v. 1. III. 98 Nr. I 397.

Im Verwaltungsstreitverfahren darf die Verjährung wegen ihres Ursprunges aus dem Privatrechte nur insoweit, als es sich um privatrechtliche Zwischenfragen handelt, von denen die Entscheidung über die öffentlich-rechtliche, zur Zuständigkeit der Verwaltungsgerichte gehörige Streitfrage abhängt, berücksichtigt werden Wendet z. B. im Bereiche des A. L.-R.'s der aus § 36 Tit. 12 Teil II belangte Gutsherr des Schulortes ein durch Ersitzung erworbenes Recht auf Befreiung ein, so liegt darin zugleich die Behauptung, daß die gesetzliche Baupflicht der Hausväter bei dem Nichtvorhandensein eines anderen Pflichtigen auch die sonst dem Gutsherrn obliegenden Leistungen umfasse, sodaß der verwaltungsrichterlichen Entscheidung recht eigentlich die Frage unterbreitet wird, welche von den Parteien zu der im Streite befangenen Leistung öffentlich-rechtlich verpflichtet sei. Meint dagegen der Gutsherr nur das affirmative Recht ersessen zu haben, daß statt seiner für die nach öffentlichem Rechte von ihm zu erfüllende Leistung ein öffentlich-rechtlich nicht verpflichteter Dritter eintrete, so verfolgt er einen Anspruch, der neben dem öffentlich-rechtlichen Verhältnisse aus einem selbständigen privatrechtlichen Verhältnisse hervorgegangen ist, und über einen solchen zu entscheiden, sind nach wie vor allein die ordentlichen Gerichte zuständig.

Aus denselben Gründen ist es bei Streitigkeiten über Schulbeiträge im Sinne des § 46 des Zust.-Ges. der örtlichen Behörde zwar unverwehrt, eine Heranziehung auf die Behauptung zu stützen, daß infolge von Ersitzung der Befreiung durch einen nach öffentlichem Rechte pflichtig Gewesenen nunmehr der Herangezogene aus Gründen des öffentlichen Rechtes die Leistung tragen müsse —, nicht aber auf die Behauptung, daß die Schulanstalt oder die Schulgemeinde ihrerseits ein Recht auf Beiträge des sonst überhaupt nicht pflichtigen Herangezogenen ersessen habe.

2. Geltungsbereich des Allgemeinen Landrechts.

Nr. 1. Entsch. Bd. XXXII S. 182 vom 2. November 1897 I C 21/97.

A.-L.-R. T. II Tit. 12 §§ 23, 24, 33, 36.

Der Ehemann der Besitzerin eines selbständigen Gutes, „wo die Schule sich befindet" — § 36 Tit. 12 Teil II A.-L.-R. —, kann, gleichviel welches eheliche Güterrecht in seiner Ehe gilt, die exemte Stellung als Gutsherr des Schulortes nicht in Anspruch nehmen. Er ist vielmehr, soweit er Wohnsitz im Schulbezirke hat, als Hausvater im Sinne von A.-L.-R. II, 12 § 29 anzusehen.

„Gutsherrschaft" im Sinne der Vorschriften der §§ 33 ff. Tit. 12 Teil II des A.-L.-R.'s — wie überhaupt — kann nur der Eigentümer des Gutes sein, mit dem die Gutsherrlichkeit verbunden ist.

Wo die Beteiligung des Ehemannes an den seiner Ehefrau zustehenden Rechten und Pflichten der Gutsobrigkeit (im älteren und neueren Sinne), überhaupt von den Gesetzen zugelassen ist, fällt sie immer und überall nur unter den Begriff der Stellvertretung und ist keinesfalls als Inhaberschaft oder Mitinhaberschaft an jenen Rechten und Pflichten anzusprechen. Damit wird nicht die Stellung des Ehemannes als „Haupt der ehelichen Gesellschaft" beeinträchtigt. Daß im gewöhnlichen Sprachgebrauche unter „Gutsherrschaft" die gesammte Familie des Inhabers der Herrschaft mitverstanden werden mag, ist ohne rechtliche Bedeutung. Aus jenem Begriffe folgt aber, daß der Vertreter allerdings alle Befugnisse geltend zu machen hat, die der von ihm vertretenen Person innerhalb des Kreises der Geschäfte, auf die sich die Vertretung erstreckt, zukommen, daß er dagegen durch die Stellvertretung nicht der Rechte und Pflichten entledigt wird, die ihm persönlich zukommen. Eben deshalb hat auch ein Stellvertreter der hier in Rede stehenden Art die ihm sonst obliegenden Pflichten eines „Hausvaters" im Sinne des § 29 Tit. 12 Teil II A.-L.-R.'s zu erfüllen.

Das eheliche Güterrecht, in dem der Ehemann mit der Gutsherrin lebt, macht dabei keinen Unterschied. Von ihm ist die, als Stellvertretung anzusehende

Wahrnehmung aller Angelegenheiten, die das heutige Recht als Ausfluß der ehemaligen Gutsherrlichkeit noch anerkennt, völlig unabhängig; und andererseits ist der Kläger durch diese Stellvertretung an der Erfüllung der ihm persönlich obliegenden Verpflichtungen als „Hausvater" nicht behindert — aber auch bei dieser Erfüllung vermögensrechtlich nicht beeinträchtigt.

Nr. 2. Entsch. Bd. XXXII S. 188 vom 7. Januar 1898 I C 108/97.

A.-L.-R. T. II Tit. 1 §§ 205 ff, 210, 231, Tit 12 §§ 29, 36.

1. Hat der Ehemann der Besitzerin eines selbständigen Gutes Wohnsitz im Schulbezirke, so ist er als Hausvater zu Schulbeiträgen, die nach dem Maßstabe der Staatseinkommensteuer erhoben werden, auch von demjenigen Teile dieser Steuer pflichtig, der auf das Einkommen aus dem Gute des Schulortes entfällt — sofern nicht letzteres zu dem vertragsmäßig vorbehaltenen Vermögen der Ehefrau gehört.

2. Liegt eine Schule auf der Grenze zweier Gutsbezirke, ist z. B. der Grund und Boden für die Errichtung des Schulgehöftes von zwei Gutsherren hergegeben worden, sodaß ein Teil des Schulgebäudes in dem einen, ein Teil in dem anderen Gutsbezirke liegt, so ist der Besitzer eines jeden der beiden Güter Gutsherr des Schulortes.

Nr. 3. Entsch. v. 5. I. 97 Nr. I 15.

A.-L.-R. T. II Tit. 12 §§ 29, 36,

Die Zulässigkeit der Heranziehung eines Gutsbesitzers, der nicht Gutsherr ist, zu Schulbeiträgen hängt davon ab, ob er einen Wohnsitz im Schulbezirke hat und daher zu den „Hausvätern" gehört. Sprechen hierfür zahlreiche Thatsachen, z. B. eine eingerichtete Wirtschaft, längerer Aufenthalt der Familie, persönliche Leitung des Wirtschaftsbetriebes 2c., so begründet besonders der Umstand, daß ein Gutsbesitzer keinen Gutsvorsteher-Stellvertreter bestellt hat, die Vermutung, daß er seinen beständigen Aufenthalt auf dem Gute habe.

Nr. 4. Entsch. v. 27. IV. 97 Nr. I 645.

A.-L.-R. T. II Tit. 12 §§ 29 ff.

§ 31 Tit. 12 Teil II A.-L.-R.'s beschränkt sich auf die Bestimmung, daß in Ermangelung besonderer Stiftungen die Schulunterhaltungs- einschließlich der Baubeiträge als eine gemeine Last auf sämmtliche Hausväter jedes Ortes nach Verhältnis ihrer Besitzungen und Nahrungen zu verteilen seien. Es bedarf daher für jede Schulsozietät erst noch der besonderen Einführung eines festen, jenen Grundsätzen entsprechenden Steuerfußes, da in Ermangelung solcher Norm die Ausschreibung von Beiträgen im Einzelfalle der gesetzlichen Unterlage entbehren würde. Die Beschlußnahme hierüber steht der korporativen Gesammtheit der Hausväter und, sofern die Sozietät durch erwählte Repräsentanten vertreten wird, diesen zu. Der gefaßte Beschluß wird jedoch erst öffentlich-rechtlich gültig durch die Genehmigung der gemäß § 18 e und f der Reg.-Instr. v. 23. X. 17 hierzu zuständige Schulaufsichtsbehörde. Er ist aber gesetzwidrig und daher trotz der Genehmigung rechtsunwirksam, wenn er die zur Schule gewiesenen Rittergutsbesitzer, die zu ihr nicht im Verhältnisse von Gutsherren stehen und daher wie andere Hausväter beizutragen haben, nach einem geringeren Maßstabe, als letztere, beitragspflichtig macht.

Nr. 5. **Entsch.** v. 25. VI. 97 Nr. I 999.

A.-L.-R. T. II Tit. 12 §§ 29 ff.

§ 31 A.-L.-R.'s II 12 steht nicht der Bildung einer Observanz entgegen, wonach grundbesitzende Mitglieder einer Schulsozietät für ihre Person neben den von allen Mitgliedern nach dem Maßstabe der Einkommen- und Grundsteuer erforderten baren Schulbeiträgen zur Leistung eines Deputates in Naturalien für den Lehrer nach der Größe ihres Grundbesitzes verpflichtet sind.

Nr. 6. **Entsch.** v. 8. X. 97 Nr. I 1495.

A.-L. R. T. II Tit. 12 §§ 29 ff.

1. Die auf Erfordern des Kreisausschusses abgegebene und durch Kautionshinterlegung sichergestellte Zusicherung des Anlegers einer Kolonie (§ 19 des Ges. v. 25. VIII. 76), gewisse Schulbeiträge solange zu leisten, als die Hausväter es nicht vermögen, ist als Stiftung im Sinne des § 29 A.-L.-R.'s Teil II Tit. 12 anzusehen. Sie ist es selbst dann, wenn das Erfordern des Kreisausschusses ungesetzlich wäre, da immer noch eine Zusicherung zu Gunsten einer Schule übrig bleibt. Hat sie, ev. auch nur konkludent durch Beanspruchen der Kapitalzinsen, die Zustimmung der Hausvätersozietät und der Schulaufsichtsbehörden gefunden, so bildet eine derartige Widmung für Schulzwecke, welchen Beweggründen sie auch entsprungen sein mag, einen Teil der Schulverfassung, folglich Normen des objektiven örtlichen Rechtes und damit die Grundlage für die Entstehung öffentlich-rechtlicher Pflichten. Vgl. E.-O.-V. Bd. XI S. 169, Bd. XXI S. 189.

2. Das Maß der Leistungsfähigkeit der Hausväter ist eine reine Thatfrage, die von Fall zu Fall freier Beurteilung der Schulaufsichtsbehörde unterliegt.

3. Die Provinzialrechte.

a) Geltungsbereich der Preußischen Schulordnung vom 11. Dezember 1845.

Litteratur: Rotzoll, Die Unterhaltung der Volksschule nach der Pr. Schulordnung vom 11. XII. 45, Berlin 1898.

Nr. 1. **Entsch. Bd. XXXI S. 144** vom 19. Mai 1896 I C 17/96.

Pr.-Schulordnung v. 11. XII. 45 (G.-S. 1846 S. 1) §§ 38—41, 45, 47.
A.-L.-R. T. I Tit. 9 §§ 509, 656, T. II Tit. 14 §§ 5, 79.

1. **Dem Anspruche der dem Lehrer die Sommerweide gewährenden Ortschaft auf anteilige Entschädigung durch die übrigen zur Unterhaltung der Schule Verpflichteten kann mit Erfolg nur dann entgegengetreten werden, wenn besondere Stiftungen oder besondere Rechtsgründe bestehen, aus denen die Nichtberechtigung zur Geltendmachung eines Entschädigungsanspruches zu folgern ist.**

2. „Herkommen" bildet einen solchen besonderen Rechtsgrund, mit welchem Ausdrucke im § 39 der Schulordn. nicht Anderes gemeint ist, als mit dem Ausdrucke „Rechtstitel" in den §§ 38, 40, (vgl. E.-O.-V. Bd. IV S. 207, XII S. 214), ebensowenig, wie die erlöschende Verjährung. Denn die im § 41 der Schulordn. den Außenortschaften auferlegte Verpflichtung, die Schulortschaft für die dem Lehrer gewährte Sommerweide schadlos zu halten, wurzelt in der Gemeinschaftlichkeit der Verpflichtung zur Schulunterhaltung, also unzweifelhaft in einem öffentlich-rechtlichen Verhältnisse, und der Entschädigungsanspruch der Schulortschaft hat die Natur nicht einer privaten, sondern einer öffentlichen

Last. Von einer solchen Last macht nur die erwerbende Verjährung (Ersitzung) frei, d. h. es muß derjenige, der zur Leistung der Entschädigung aufgefordert ist, sich deren geweigert haben und seitdem rechtsverjährte Zeit hindurch von ihr freigeblieben sein.

Nr. 2. Entsch. v. 21. XII. 97 Nr. I 1909.

Pr. Schulordnung v. 11. XII. 45 (G.-S. 46 S.) 1 § 12.

Das Pflanzen der Wrucken gehört nicht zu den Arbeiten, die nach § 12 der Schulordn. v. 11. XII. 45 der Gemeinde obliegen. Denn sie ist zu Naturalleistungen, abgesehen von der Einhegung des Küchengartens, nur hinsichtlich des Ackerstückes verpflichtet, wie solche Leistungen — Bestellung, Düngung — nach den Regeln der Landwirtschaft für einen Acker gebräuchlich sind. Hierzu gehört das Besetzen von Beeten mit kleinen Pflanzen nicht.

Nr. 3. Entsch. v. 30. III. 97 Nr. I 496.

Pr. Schulordnung v. 11. XII. 45 (G.-S 46 S. 1) §§ 44 ff.

Mit der Aufhebung eines Gutsbezirkes und seiner Umwandlung in eine Landgemeinde sind auch die gutsherrlichen Rechte und Pflichten in Wegfall gekommen, der Besitzer des zu einem Teile der Landgemeinde gewordenen Gutes, dem früher die Gutsherrlichkeit zustand, ist nicht mehr Gutsherr im Sinne der §§ 44 ff. der Schulordn. v. 11. XII. 45.

Nr. 4. Entsch. v. 17. IX. 97 Nr. I 1367.

Pr. Schulordnung v. 11. XII. 45 (G.-S. 46 S. 1) §§ 39, 40, 55 ff.

Nach §§ 39, 40 in Verbindung mit §§ 55 ff. der Schulordn. v. 11. XII 45 ist in Gutsbezirken keineswegs der Gutsherr Träger der gesammten Volksschulunterhaltungslast. Dem Gutsherrn als solchen liegt — abgesehen von den in §§ 44 ff. geregelten Patronatslasten — eine Schulunterhaltungspflicht überhaupt nicht ob. Pflichtig sind vielmehr in erster Linie die Gutsanwohner, und zwar in den Grenzen ihrer von der Regierung zu bestimmenden Leistungsfähigkeit. Was über diese hinausgeht oder sich thatsächlich als unbeibringlich erweist, muß nicht der Guts-, sondern der Grundherr übernehmen.

Nr. 5. Entsch. v. 4. I. 98 Nr. I 14.

Pr. Schulordnung v. 11. XII. 45 (G.-S. 46 S. 1) §§ 44 ff., 55 ff.

1. Der Regel nach ist der Gutsherr als Eigentümer des Grund und Bodens, mit Bezug auf den er herrschaftliche Rechte ausübt, auch Grundherr und von dieser Auffassung geht auch die Pr. Schulordn. aus. Ihm stehen unter anderen Anwohnern die Ansiedler gegenüber. Zu diesen gehören in erster Linie die sog. kleinen Leute, auch wenn sie Eigentümer ihrer Besitzungen geworden sind, ferner die Besitzer von Mühlen-, Krug-, Schmiede- und anderen einzeln belegenen Grundstücken, soweit sie nicht etwa als kommunalfrei anzusehen, sondern auf gutsherrlichem Vorwerkslande errichtet sind. Dadurch, daß sie in günstigerer, ihre Existenz ermöglichender Lage sind, hören sie nicht auf, Ansiedler im Sinne der Schulordn. zu sein. Die dem Gutsherrn obliegende grundherrliche Verpflichtung wird auch dadurch nicht verändert, daß jener Teile seines Gutes veräußert. Die Erwerber werden Ansiedler auf gutsherrlichem Vorwerkslande und bleiben es auch hinsichtlich der Personen, die sich später auf den Trennstücken niederlassen oder Teile von ihnen erworben haben.

2. Anders liegt der Fall, wenn eine Trennung der gutsherrlichen Rechte von dem privatrechtlichen Eigentume am Gute stattgefunden hat. Diese konnte ausnahmsweise durch landesherrlichen Akt begründet werden und hat namentlich bezüglich domänenfiskalischer Güter vielfach stattgefunden. In solchen Fällen ist nicht der Gutsherr ohne Land, sondern der Eigentümer des Gutes wegen der grundherrlichen Verpflichtungen in Anspruch zu nehmen — dies unter der Voraussetzung, daß der Grundstückserwerber das „Substrat" der Herrschaft erworben hat. Wie es im Gutsbezirke nur einen Gutsherrn, so kann es bei der Trennung auch nur einen Grundherrn geben.[1])

Nr. 6. Entsch. v. 17. XII. 97 Nr. I 1892.

Pr. Schulordnung v. 11. XII. 45 (G.-S. 46 S. 1) § 35. Ostpr. Prov.-Recht. Zus. 216 § 6; Zust.-Ges. § 46.

1. Im Geltungsgebiete der Schulordn. v. 11. XII. 45 muß der Zwangsetatisierung von Schulunterhaltungskosten eine Feststellung des Anteiles, der auf jede Gemeinde und jeden Gutsbezirk des Schulverbandes fällt, durch den Schulvorstand vorhergehen. Denn die zu einer Schule gewiesenen Gemeinden und Anwohner auf gutsherrlichem Lande bilden keinen mit juristischer Persönlichkeit ausgestatteten Verband. Subsidiäre Träger der Unterhaltungslast mit Ausnahme der Patronatslasten sind die eingeschulten Gemeinden und Gutsanwohner, bezw. bei deren Unvermögen der Grundherr. Nur gegen sie und nur anteilsweise kann die Zahlungspflicht festgestellt werden. Hierzu ist aber gemäß § 46 des Zust.-Ges., vorbehaltlich des Einspruches und der Klage, ausschließlich die örtliche Behörde, d. i. der Schulvorstand, zuständig.

2. Durch das Schulaufsichtsges. v. 11. III. 72 ist an besonderen provinzialrechtlichen Bestimmungen nichts geändert, die die Träger der Schulunterhaltungslast zur Aufbringung von Schulrevisionskosten verpflichten. Unbedenklich gelten daher die Bestimmungen in Zusatz 216 § 6 des Ostpr. Prov.-Rechtes und § 35 der Schulordn., von denen die ersteren den Gemeinden ohne Unterschied der Religion die Stellung der Fuhren zu den Schulrevisionsreisen der Prediger in ihren Kirchspielen, sowie der Erzpriester und Inspektoren in ihren Diözesen — soweit diese Geistlichen als staatlich bestellte Schulaufsichtsbeamte fungieren — auferlegen, während die letzteren besagen:

> daß es hinsichtlich der Verpflichtung der Gemeinden, den Schulinspektoren bei ihren Geschäftsreisen entweder die Fuhren zu stellen oder die Reisekosten zu vergüten, bei der Bestimmung des Ostpreußischen Provinzialrechtes Zusatz 216 § 6 und der bisherigen Observanz verbleibe.

Nr. 7. Entsch. v. 18. V. 97 Nr. I 768.

Pr. Schulordnung v. 11. XII. 45 (G.-S. 46 S. 1) §§ 39, 40, 44 ff.

1. Die auf Grund des § 26 Abs. 1 Zust.-Ges. getroffenen Entscheidungen haben nur die streitig gewordene kommunale Eigenschaft, bezw. Zugehörigkeit festgestellt, sie haben „deklaratorische", nicht „konstitutive" Bedeutung. Ist durch solche Entscheidung rechtskräftig festgestellt worden, daß einem Gute die Eigenschaft eines selbständigen Gutsbezirkes beiwohnt, so ist dies auch von jeher so gewesen, mit allen seinen rechtlichen Konsequenzen, z. B. in Ansehung der Schulbrennholzlieferung nach Maßgabe der Schulordn. v. 11. XII. 45.

---

[1]) Ebenso Entsch. v. 18. I. 98 Nr. I 104.

2. Hat dem entgegen, z. B. der Fiskus, das Schulbrennholz geliefert, weil er sich gesetzlich dazu für verpflichtet hielt, so hat durch eine solche auf Rechtsirrtum beruhende Übung ein Herkommen nicht gebildet werden können.

b) Provinz Schlesien.

α) Katholische Volksschulen.

Nr. 1. Entsch. Bd. XXX S. 177 vom 13. November 1896 I C 113/96.

[1] Gen. Land-Schulregl. für Schlesien v. 3. XI. 1765 (Korn, Ed. Samml. Bd. VIII S. 180) § 12.
Schulregl. v. 18. V. 01 (Korn, Neue Ed.-Samml. Bd. VII S. 266) für die niederen kath. Schulen von Schlesien und der Grafschaft Glatz, §§ 26, 28, 60.
Reg.-Instr. v. 23. X. 1817 (G.-S. S. 248) § 18.

Nach dem für katholische Volksschulen in Schlesien geltenden Provinzialrechte sind die Fälle, in denen für eine mit einer Volksschule bisher nicht versehen gewesene Ortschaft eine solche aus zwingenden Gründen eingerichtet werden muß, von denjenigen Fällen zu unterscheiden, in denen dies aus Billigkeitsgründen geschehen kann. Das General-Landschulregl. v. 3. XI. 65 thut nur der ersteren Fälle besondere Erwähnung durch die Vorschrift im § 12, daß neue Schulen in den Ortschaften gegründet werden sollen, die in der Ebene mehr als eine halbe, im Gebirge mehr als eine viertel Meile von der Schule entfernt sind. Das Schulregl. v. 18. V. 1801 wiederholt diese Vorschrift im § 26, überläßt dann aber im § 60 nach nochmaliger Hervorhebung, daß bei der angegebenen Länge der Schulwege eine Notwendigkeit zur Einrichtung einer neuen Schule bestehe, dem Ermessen der Schulaufsichtsbehörde, ob auch in sonstigen Fällen, wenn nämlich „die Größe und Wohlhabenheit der Dörfer und die Menge der schulpflichtigen Kinder billige Rücksicht“ erheischt, mit der Gründung neuer Schulen vorzugehen sei. Erfolgt die Neuerrichtung einer Schule aus den Gründen, die beide Schulreglements als zwingende bezeichnen, d. h. wegen zu weiter Schulwege, so muß eine Trennung des bisherigen Schulverbandes mit der Wirkung erfolgen, daß einerseits die zu der neuen Schule gewiesenen Ortschaften aus ihren Verpflichtungen gegenüber der alten Schule ausscheiden und dafür in die Verpflichtung zur Unterhaltung der neuen Schule eintreten, andererseits aber die Unterhaltung der alten Schule nur noch den bei dieser verbleibenden Ortschaften obliegt.

Es fallen also die Kosten für die Errichtung der neuen Schule, gleichviel ob sie von der damit auszustattenden Ortschaft (Gemeinde oder Gutsbezirk) verlangt war oder nicht, den ihr unter Bildung eines besonderen Schulverbandes zuzuweisenden Kommunalbezirken zur Last. Die Schulaufsichtsbehörde ist nicht befugt, die Kosten unter unveränderter Beibehaltung des bisherigen Verbandes sämmtlichen Mitgliedern des Letzteren aufzuerlegen.

Nr. 2. Entsch. Bd. XXXI S. 175 vom 23. April 1897 I C 51/96.

Schulregl. v. 18. V. 01 (Neue Kornsche Ed.-Samml. Bd. VII S. 248) für die niederen kath. Schulen Schlesiens 2c. § 19.

1. Gemäß § 19a des Schulregl. v. 18. V. 01 wird das Bargehalt und das Brennmaterial für die Lehrer mit zwei Dritteln von den Stellenbesitzern oder den Gemeinden, mit einem Drittel von den Dominien gewährt und innerhalb dieser beiden Gruppen auf die einzelnen Gemeinden und Dominien nach dem katastrierten Ertrage unterverteilt. Sind keine Dominien vorhanden,

so haben die Gemeinden das Ganze zu tragen, und umgekehrt, vgl. E.-O.-V. Bd. VIII. S. 180.

2. In analoger Weise ist zu verfahren, wenn zwar nicht eine der beiden Gruppen von Kontribuenten ganz wegfällt, aber in einer von ihnen die Anzahl der Kontribuenten eine kleinere wird, z. B. wenn einer der zum Schulverbande gehörigen Gutsbezirke aufgelöst und mit einer eingeschulten Gemeinde vereinigt wird. Denn die Kontribuenten jeder Gruppe sind zu der auf diese entfallenden Leistung (von entweder zwei Dritteln oder einem Drittel) gemeinschaftlich auf das Ganze, mit gesetzlicher Bestimmung der Einzelanteile nach dem katastrierten Ertrage, der Schule gegenüber verpflichtet. Daraus folgt nach den Grundsätzen über die Solidarhaft, daß bei einer Verringerung der Anzahl der Kontribuenten — gleichviel ob auf Seiten der Gemeinden oder der Dominien — der Anteil der in der betreffenden Gruppe übrig bleibenden Kontribuenten sich entsprechend erhöht, wie er umgekehrt sich entsprechend ermäßigt, sofern ein neuer Kontribuent hinzutritt. Weder die Gemeinden noch die Herrschaften haben ein wohlerworbenes Recht auf dauernde Belastung nur mit demjenigen Anteile, der sich aus der Anwendung des gesetzlichen Verteilungsmaßstabes während einer der Vergangenheit angehörenden Zusammensetzung des Schulverbandes ergab. Ändert sich vielmehr diese Zusammensetzung, so hat das eine anderweite Verteilung der Last innerhalb der von der Veränderung betroffenen Gruppe zur notwendigen Folge.

Nr 3. Entsch. v. 3. XI. 96 Nr. I 1304.

Schulregl. v. 18. V. 01 (Neue Kornsche Ed.-Samml. Bd. VII S. 248) für die niederen kath. Schulen Schlesiens 2c. § 19a.

Der § 19a des Schulregl. v. 18. V. 01 findet auf Mietsentschädigungsgelder der Lehrer keine Anwendung. Diese bilden einen Teil der Schulunterhaltungskosten und sind in Ermangelung abweichender Bestimmungen der Ortsschulverfassung von den im Schulbezirke vorhandenen Gemeinden und Herrschaften zu tragen. Mangels eines besonderen Verteilungsmaßstabes im Regl. v. 18. V. 01 ist auf das Regl. v. 3. XI. 1765 zurückzugreifen. Darnach hat die Schulaufsichtsbehörde festzusetzen, in welchem Verhältnisse die Gemeinden und Herrschaften beizutragen haben. Haben Behörden und Gemeinden unter dem Einflusse eines Rechtsirrtumes angenommen, daß das Gesetzesrecht die Gutsherrschaften von einer Beisteuer zu den Mietsentschädigungsgeldern befreie, so hat sich aus einer derartigen Übung, die nicht auf der Überzeugung beruhte, einer rechtlich bestehenden Verpflichtung Genüge zu thun, sondern der Ausdruck eines Irrtumes über das geschriebene Recht war, eine Observanz nicht bilden können.[1])

Nr. 4. Entsch. Bd. XXXII S. 199 vom 19. Oktober 1897 I C 130/96.

Schulregl. für die niederen kath. Schulen Schlesiens 2c. v. 18. V. 01 (Neue Kornsche Ed.-Samml. Bd. VII S. 266) § 19a.

Während § 13 des katholischen Schulregl. v. 3. XI. 1765 die bauliche und sonstige Unterhaltung der Schulen den Gemeinden mit Konkurrenz der Herrschaft nur grundsätzlich und ohne Bestimmung der Einzelanteile auferlegt hatte, sind in den §§ 18 ff. der Nov. v. 18. V. 01 ergänzende Vorschriften über die Aufbringung des Diensteinkommens der Lehrpersonen und dessen Verteilung im Kreise der Pflichtigen enthalten. Insbesondere ist dort im § 19a vorgeschrieben, daß zu dem Bargehalt und Brennmaterial für den Lehrer die

---

[1]) Wegen der rechtlichen Bedeutung der den Lehrervokationen beigefügten Revenüenverzeichnisse (Genußzettel) siehe S. 529 Bd. I des Hauptwerkes Anm. 2 Abs. 3.

Herrschaft ein Drittel, die Gemeinde zwei Drittel geben muß, und daß im Falle der Zuschlagung mehrerer „Dörfer" zu einer Schule jene Quoten unter die Herrschaften und die Gemeinden, und zwar in jeder Gruppe für sich, nach dem katastrierten Ertrage zu verteilen sind.

Diese Vorschrift bleibt außer Anwendung, wenn der Schulverband aus räumlichen Teilen von Guts- und Gemeindebezirken, sei es allein oder zusammen mit solchen Bezirken in ihrem ganzen Umfange besteht. Alsdann ist vielmehr — in Ermangelung auch einer schulverfassungsmäßigen Regelung — der Verteilungsmaßstab von der Schulaufsichtsbehörde nach billigem Ermessen zu bestimmen.

Dazu sind die Regierungen aus ebendenselben Gründen zuständig, die ihre Zuständigkeit zur Verteilung von Aufwendungen für bauliche Bedürfnisse (E.-O.-V. Bd. XII S. 229, XIII S. 282 u. a.), für Einrichtungsstücke (Bd. XV S. 274), für einen Beköstigungszuschuß des Adjuvanten (Bd. XV S. 232) und für die Klassenbeheizung (Bd. XX S. 175) ergeben.

Nr. 5. Entsch. v. 11. I. 98 Nr. I 64.

Schulregl. v. 18. V. 01 (Neue Kornsche Ed.-Samml. Bd. VII S. 266) für die niederen kath. Schulen Schlesiens 2c. §§ 4 ff. 22 ff.

Nach schlesischem Provinzialrechte haben die jüdischen Ortseinwohner, die in Ermangelung einer eigenen jüdischen Volksschule am Orte zu der einzigen an diesem bestehenden christlichen Volksschule gehören, keinen Anspruch darauf, bei letzterer belassen zu werden, wenn eine solche Sonderschule am Orte eingerichtet wird. Die Bestimmung hierüber untersteht dem Ermessen der Aufsichtsbehörde.

β) Evangelische Volksschulen.

Nr. 1. Entsch. v. 4. III. 98 Nr. I 422.

Unter „Stiftungen" versteht das A.-L.-R. in Teil II Tit. 12 §§ 29 ff. nicht allein den Schulzwecken gewidmete Vermögensmassen mit selbständiger juristischer Persönlichkeit, sondern auch Leistungsverpflichtungen, die neben den Hausvätern oder statt ihrer von dritten, natürlichen oder juristischen Personen zu erfüllen sind. Hierher gehört daher auch eine auf Vereinbarungen der Beteiligten mit Hinzutritt aufsichtsbehördlicher Genehmigung zurückzuführende örtliche Verfassung für eine evangelische Volksschule Schlesiens, die die Dominien und Gemeinden zur Aufbringung des Lehrerdiensteinkommens zu $^1/_4$ und $^3/_4$ ohne Rücksicht auf die Konfession der Dominialbesitzer oder Gemeindeglieder verpflichtet.

f) Provinz Hannover.

Nr. 1. Entsch. v. 8. I. 97 Nr. I 33.

Eine den §§ 29 ff. Teil II Tit. 12 A.-L.-R.'s entsprechende Vorschrift, wonach jeder Hausvater, der im Schulbezirke seinen Wohnsitz hat, trotz abweichender Konfession zur Schulunterhaltung mit beitragen muß, wenn nicht eine besondere Schule seiner Konfession am Orte vorhanden ist, besteht für Hannover nicht. Ungeachtet des § 14 des Hann. Ges., betr. das christliche Volksschulwesen, v. 26. V. 45 gilt in Hannover keineswegs der Rechtssatz, daß ein jeder ipso jure irgend einem Schulverbande angehöre.

g) Provinz Schleswig-Holstein.

Nr. 1. Entsch. v. 4. III. 98 Nr. I 424.

Nach Schl.-Holst. Schulrechte widerspricht ein von der Aufsichtsbehörde genehmigter Beschluß der örtlichen Schulbehörde, wonach auch die Forensen nach ihrem Einkommen aus Grundstücken oder Gewerbebetrieben ebenso, wie zu den Lasten der bürgerlichen Gemeinde, zu denen der Schulgemeinde herangezogen werden dürfen, nicht den maßgebenden gesetzlichen Bestimmungen.

h) Kurhessen.

Nr. 1. Entsch. Bd. XXXI vom 5. Februar 1897 I B 1/97.

Kirch.-Reskript v. 13. VII. 03 (Neue Samml. der Landesordn. ꝛc. für Kurhessen Bd. IV S. 415), betr. Stiftung einer Kasse zur Verbesserung der Schullehrerbesoldungen. Beschl. v. 18. Juni 1804 und 25 Juni 1805 (das. S. 443, 457).

Nach kurhessischem Provinzialrechte besteht keine unmittelbar auf dem Gesetze beruhende Verpflichtung des Fiskus, zur Besoldung jedes Volksschullehrers eine Klafter Holz jährlich beizutragen.

Allerdings bezieht sich das Res. v. 13. VII. 03, wonach das „Konsistorium kommunikative mit der Oberrentkammer zu verfügen hat, daß ein jeder Schulmeister, der damit noch nicht versehen, eine Klafter forstfreien Holzes erhalte, demselben auch, wo es thunlich, mit Rottland aufgeholfen werde“, nicht etwa blos auf die zur Zeit des Erlasses bereits vorhanden gewesenen Lehrerstellen, sondern auch auf später errichtete. Allein eine Lieferungspflicht des Fiskus tritt immer nur unter der Voraussetzung ein, daß zuvörderst von der Schulaufsichtsbehörde, also jetzt von der die Stelle des Konsistoriums einnehmenden Regierungs-Schulabteilung, nach Prüfung des Bedürfnisses und der Durchführbarkeit der Aufbesserung die Klafter Holz einem bestimmten Lehrer als Teil der Besoldung ausgesetzt und davon der Regierungs-Finanzabteilung als der zur Verwaltung der Staatsforsten in ihrem Bezirke, anstatt der vormaligen Oberrentkammer, zuständigen Behörde Kenntnis gegeben sei. Ehe und bevor die Schulaufsichtsbehörde die ihr vorbehaltene causae cognitio vorgenommen und die Bewilligung aus Staatsforsten ausgesprochen hat, besteht zwischen der Schule und dem Fiskus ein obligatorisches Verhältnis, aus dem jene auf Erfüllung klagen könnte, nicht. Wird die Bewilligung von der Schulaufsichtsbehörde abgelehnt, so steht der Schule bezw. der diese als Kommunalanstalt unterhaltenden Einzelgemeinde nur der Weg der Beschwerde an die höhere Aufsichtsinstanz offen.

i) Vormalige Grafschaft Wied-Neuwied.

Nr. 1. Entsch. v. 19. III. 97 Nr. I 440.

Kirchenordn. für die Grafschaft Wied-Neuwied v. 24. IX. 1683 (Scotti I Samml. d. Ges. ꝛc. S. 19) Nr. 9—11, 38, 40. Kirchenordn. für Stadt Neuwied v. 4. I. 1707 (a. a. O. S. 41) Nr. 42, 43. Bd. v. 20. VII. 1784 (a. a. O. S. 224).

1. Am Ende des vorigen Jahrhunderts trug in der Grafschaft Neuwied die Kirche und die Kirchengemeinde die gesammte damalige Schullast, die aber thatsächlich nur in der Gebäudeunterhaltung bestand, da das Übrige aus dem Schulvermögen, bezw. dem Schulgelde bestritten wurde. Mit der Einverleibung der Grafschaft in die Preußische Monarchie wurde die Schule nach Preußischem Staatsrechte aus einer Veranstaltung der Kirche zu einer Staatsanstalt. Doch blieb mangels neuerer Gesetze die prinzipale Verpflichtung der Kirchengemeinde zur Tragung der gesammten Schullast in

vollem, sich nach dem jeweiligen Bedürfnisse bestimmenden Umfange bestehen, insoweit sie nicht durch Ortsrecht — sei es auf Grund gültiger Vereinbarungen der Beteiligten oder kraft rechtsbeständiger Gewohnheiten, wie solche unter der Herrschaft des Gemeinen Rechtes den Regeln der Kirchenordnungen derogieren können — erloschen ist.

2. In der Stadt Neuwied besteht für die katholische Schule eine abweichende Observanz dahin, daß nicht die Gesammtheit der Eingepfarrten, die Kirchengemeinde als solche, sondern nur die im Stadtgebiete wohnhaften katholischen Eingepfarrten die Schulunterhaltungslast tragen. Letztere bilden eine Personenvereinigung, die von der Schulaufsichtsbehörde als rechtlich bestehend anerkannt und als Korporation, als Schulsozietät anzusehen ist.

D. Verfahren bei Feststellung von Anforderungen für Volksschulen auf Grund des Gesetzes vom 26. Mai 1887.

Nr. 1. Entsch. v. 22. XII. 96 Nr. I 1559.

Ges. v. 26. V. 87 (G.-S. S. 175), betr. Feststellung von Anforderungen für Volksschulen, § 2.

Wenn auf Grund einer für ein Jahr getroffenen Feststellung der Beschlußbehörden bestimmten Lehrern von der Schulaufsichtsbehörde das Diensteinkommen in dieser Höhe zugebilligt ist, so kann dessen Fortgewährung an eben dieselben Lehrer keine neue und erhöhte Leistung der Schulunterhaltungspflichtigen im Sinne des Ges. v. 26. V. 87 bilden.

Nr. 2. Entsch. v. 18. VI. 97 Nr. I 947.

Ges. v. 26. V. 87 (G.-S. S. 175) betr. Anforderungen für Volksschulen, § 2.

Eine von der Schulaufsichtsbehörde über die bisherige Leistung hinaus aufgegebene Brennholzlieferung ist eine erhöhte Anforderung im Sinne des Ges. v. 26. V. 87, mögen auch für die Berechnung des Schulbrennholzbedarfes gewisse von der Schulaufsichtsbehörde erlassene Normativbestimmungen bestehen. Letztere regeln das Ermessen der Verwaltungsbehörden ein für allemal, beruhen aber auf diesem Ermessen, und binden die Verpflichteten nicht in der Weise, daß sie sich ihnen unbedingt zu unterwerfen haben.

E. Schulgeld.

Nr. 1. Entsch. v. 11. I. 98 Nr. I 66.

Zust.-Ges. § 46.

1. Von den Abgaben und Leistungen für Volksschulen des § 46 Abs. 1 und 2 des Zust.-Ges. ist das Schulgeld grundsätzlich und wesentlich verschieden, da es nicht von den Schulunterhaltungspflichtigen, sondern von denjenigen, denen die Fürsorge für die schulbesuchenden Kinder obliegt, als Entgelt für den Unterricht gezahlt wird und also die rechtliche Natur einer Gebühr hat. Auf Schulbeiträge bezügliche gesetzliche Vorschriften dürfen daher auf das Schulgeld nicht übertragen werden. Die Klage auf Entrichtung des Schulgeldes erfolgt heute gemäß § 46 Abs. 5 a. a. O. im Verwaltungsstreitverfahren und steht bezüglich älterer Rückstände auch dem Hebungsberechtigten zu, während er in Ansehung der Rückstände aus den letzten zwei Jahren nur zur Heranziehung des Pflichtigen befugt ist. Dagegen steht dem Pflichtigen der Verwaltungsrechtsweg nicht allein gegenüber jeder Heranziehung, sondern auch unabhängig von einer

solchen offen. Gegenüber der Behörde ist das Klagerecht von einem vorgängigen Einspruche nicht abhängig, falls es sich nicht um Schulgeld für kommunale Volksschulen (Gebühren) handelt, für die das Komm.-Abg.-Ges. maßgebend ist.

2. Die Fürsorge für Unterricht und die Bezahlung von Schulgeld gehört nicht zu der im Falle der Hülfsbedürftigkeit zu gewährenden, erstattungsfähigen Unterstützung.

F. Aufbringung der Pensionen, Gemeindebeiträge, Ruhegehaltskassenbeiträge des Gesetzes vom 23. April 1893 u. s. w.

Litteratur: Illing-Kautz, Bd. II 7. Aufl., Berlin 1898. — Pogge, Volksschulgesetze, 2. Aufl., Berlin 1897.

Nr. 1. Entsch. Bd. XXXII S. 195 vom 17. Dezember 1897 I B 52/97.

Lehrerpensionsges. v. 6. VII. 85 (G. S. S. 298) Art. 1 § 1.
Ruhegehaltskassenges. v. 23. VII. 93 (G.-S. S. 194) §§ 7, 12; L. V.-G. § 71.

1. Bei der jährlichen Feststellung der Ruhegehaltskassenbeiträge der Schulverbände kommt jede Lehrerstelle, deren Inhaber Anspruch auf Ruhegehalt hat, sofern die gesetzlichen Voraussetzungen dafür in seiner Person zutreffen, auch dann in Ansatz, wenn sie am 1. X. des Vorjahres erledigt war oder von einem erst provisorisch angestellten und noch nicht ruhegehaltsberechtigten Lehrer verwaltet wurde, der als Vergütung nur einen Teil des mit ihr dauernd verbundenen Diensteinkommens empfing.

2. Eine Klage, deren Erhebung an eine Frist gebunden ist, kann nach deren Ablauf, auch wenn sie rechtzeitig angebracht war, nicht mehr erweitert werden.

Nr. 2. Entsch. v. 1. X. 97 Nr. I 1444.

Lehrerpensionsges. v. 6. VII. 85 (G.-S. S. 298) Art. 1 § 12.
Ruhegehaltskassenges. v. 23. VII. 93 (G.-S. S. 194) §§ 1, 3, 5, 11, 12, 15. A.-L.-R. T. II Tit. 12 §§ 29 ff. Zust.-Ges. § 46.

1. Die örtliche Veranlagungsbehörde (der Schulvorstand) ist zuständig, die auf Grund des Ges. v. 23. VII. 93 durch die Regierung mittels veröffentlichten Verteilungsplanes dem Schulverbande auferlegten Ruhegehaltskassenbeiträge auf die zu deren Aufbringung ihres Erachtens nach öffentlichem Rechte Pflichtigen weiter zu verteilen, da die Einzelanteile der Herangezogenen die rechtliche Natur von Abgaben und Leistungen im Sinne des § 46 Abs. 1 des Zust.-Ges. haben.

2. Materiell sind innerhalb der Schulverbände die Ruhegehaltskassenbeiträge von den Trägern der Pensionslast — beispielsweise von der Kirchengemeinde im Falle des § 12 des Pensionsges. v. 6. VII. 85 (G.-S. S. 298) — und sofern die Träger der Pensionslast mit den zur Unterhaltung des Lehrers während der Dienstzeit Verpflichteten identisch sind, von diesen aufzubringen. Bei der Unterverteilung auf die letzteren gehen den gesetzlichen etwaige schulverfassungsmäßige Normen, sowie besondere, dritte Personen verpflichtende Rechtstitel selbst dann vor, wenn durch sie lediglich die Aufbringung der Lehrerbesoldung geregelt war und bei ihrer Anwendung auch auf die Verteilung der Ruhegehaltskassenbeiträge der Pflichtige in die Lage kommt, neben der bisher nur getragenen eine neue Last übernehmen zu müssen. E.-O.-V. Bd. XXIX S. 159, 163/164, 166 ff.

Zu den Stiftungen für gemeine Schulen (§ 29 A.-L.-R.'s II 12) sind auch dauernde Leistungsverpflichtungen zu rechnen, die Dritten an

Stelle der Hausväter oder neben ihnen nach öffentlichem Rechte obliegen. Hat ein Dritter für eine Schule eine dauernde Leistung durch Privatvertrag übernommen, so genügt zur Entstehung der korrespondierenden öffentlich-rechtlichen Pflicht eine Reihe von Handlungen, aus denen die Willensmeinung der Beteiligten hervorgeht, daß die Schulgemeinde zur Forderung der Leistung berechtigt sein soll.

3. Die Ruhegehaltskassen umfassen nur Schulverbände (Schulsozietäten, Gemeinden, Gutsbezirke) und es sind von ihnen solche Schulen ausgeschlossen, bei denen an der Pensionslast als Ausfluß der Lehrerunterhaltungslast ein Schulverband überhaupt nicht beteiligt ist. E.-O.-V. Bd. XXIX S. 158, 160 ff.

Liegt in einem Schulverbande die Pensionslast nicht diesem, sondern einem Dritten ob, so können von der Regierung diesem Schulverbande Beiträge zur Lehrerpensionskasse nicht zugeschrieben werden.

Dies ist nicht der Fall, wenn neben den Leistungen eines Dritten von sämmtlichen Hausvätern nicht als Entgelt für erteilten Unterricht und unabhängig davon, ob und wieviele ihrer Kinder die Schule besuchen, ein „Schulgeld" erhoben wird. Denn es ist dies kein Schulgeld im eigentlichen Sinne, sondern eine Schulabgabe. Es gleicht dem auch von Unterthanen ohne Kinder zu zahlenden „fixierten Schulgelde" der für Schlesien erlassenen Vd. v. 31. XII. 1768, das als Beitrag „zu dem konvenablen Unterhalte des Lehrers" eingeführt, aber von dem bis dahin üblich gewesenen wirklichen Schulgelde für die thatsächliche Inanspruchnahme des Lehrers auf das Schärfste geschieden war.

Nr. 3. Entsch. v. 11. VI. 97 Nr. I 902.

Ruhegehaltskassenges. v. 23. VII. 93 (G.-S. S. 194) §§ 6, 7, 8, 12.

Innerhalb der Grenzen eines fristmäßigen Klageangriffes aus § 12 des Ruhegehaltskassenges. v. 23. VII. 93 hat der Verwaltungsrichter die Richtigkeit des Verteilungsplanes nach allen Richtungen hin frei zu prüfen. Insbesondere hat er zu erörtern, ob der Vorschrift im § 7 a. a. O. genügt ist, wonach als Maßstab für die Verteilung die Jahressumme des ruhegehaltsberechtigten Diensteinkommens vom 1. X. des Vorjahres gelten soll. Dagegen ist einer Nachprüfung auf ihre Angemessenheit gemäß § 8 a. a. O. entzogen die nach Anhörung des Kreisausschusses bezw. Gemeindevorstandes von der Schulaufsichtsbehörde über die Berechnung des Wertes der freien Wohnung und Feuerung, sowie der ihrer Natur nach steigenden und fallenden Dienstbezüge getroffene Festsetzung. Doch hat letztere, wie aus §§ 6, 7 a. a. O. hervorgeht, keine dauernde Bedeutung, sondern muß, wenn auch nicht ohne Grund von amtswegen, so stets auf Antrag der Beteiligten, einer erneuerten Prüfung durch die Aufsichtsbehörde unterzogen werden.[1])

G. Die Schulbaulast.

1. Zuständigkeit der Aufsichtsbehörden und Verwaltungsgerichte bei Schulbaustreitigkeiten.

Nr. 1. Entsch. Bd. XXX S. 164 vom 9. Juni 1896 I C 105/95.

Zust.-Ges. §§ 47, 49 L.-V.-G. § 79 Reg. Instr. v. 23. X. 17 (G. S. S. 248. § 18.

1. Die Kurhessische Provinzialgesetzgebung, in deren Bereiche die Unterhaltung der Volksschule den bürgerlichen Gemeinden und selbständigen Guts-

[1]) Ebenso Entsch. v. 5. X. 97 Nr. I 465 bezüglich anderweiter Festsetzung des Wertes der freien Wohnung und Gartennutzung.

bezirken obliegt (vgl. E.-O.-V. Bd. XVIII S. 215 ff.), hat unentschieden gelassen, in welchem Verhältnis mehrere im Einzelfalle beteiligte kommunale Körper die in der Unterhaltungslast einbegriffene Baulast tragen sollen. Deshalb sind, wie bei ähnlicher Rechtslage in anderen Landesteilen, beispielsweise in Schlesien bei katholischen Schulen, so auch im vormals Kurhessischen Gebiete die Regierungen berufen, kraft des Staatshoheitsrechtes im Streit- oder Bedarfsfalle beim Mangel gültiger Vereinbarungen oder rechtsbeständiger Gewohnheiten nach pflichtmäßigem Ermessen festzusetzen, was von jedem Kontribuenten, Gemeinden und Gutsbezirken, zu leisten ist.

2. Solche nur mittels Beschwerde bei dem Unterrichtsminister anfechtbare Festsetzung einer Norm als Grundlage für die Verteilung ist aber von ihrer demnächstigen Anwendung auf den streitigen Baufall, der resolutorischen Entscheidung aus § 47 Abs. 1 des Zust.-Ges., wesentlich und grundsätzlich verschieden. Gegen letztere findet nach Abs. 2 a. a. O. die Klage im Verwaltungsstreitverfahren statt. Wird von der Regierung in einer und derselben Verfügung sowohl der Verteilungsmaßstab bestimmt, wie auch die Verteilung selbst bewirkt, so mag ein derartiges Verfahren wegen der Verschiedenheit der gegen jede von beiden Maßnahmen zulässigen Rechtsbehelfe unzweckmäßig sein; es verstößt indeß nicht gegen das Gesetz. Dem als baupflichtig Herangezogenen steht alsdann der Ausweg offen, die Klagen gegen das Resolut innerhalb der zweiwöchigen Präklusivfrist anzustellen, gleichzeitig aber, sofern er auch den Verteilungsmaßstab als unbillig mit der Beschwerde anfechten will, Aussetzung des Streitverfahrens bis zur Entscheidung über diese zu beantragen. Vgl. E.-O.-V. Bd. XX S. 189 ff.

3. Mit der Klage gegen ein Bauresolut kann nicht allein, vorausgesetzt daß sie gemäß dem Schlußsatze im § 47 Abs. 2 des Zust.-Ges. zugleich gegen denjenigen gerichtet wird, den der in Anspruch Genommene zu der ihm angesonnenen Leistung aus Gründen des öffentlichen Rechtes statt seiner für verpflichtet erachtet, die streitig gewordene Baupflicht, sondern nicht minder, sei es neben der Verpflichtungsfrage oder, ganz abgesehen von dieser, die Notwendigkeit und Zweckmäßigkeit der Bauanordnung an sich der richterlichen Beurteilung unterbreitet werden. Und über das Baubedürfnis, sowie die angemessenen Mittel und Wege zu seiner Befriedigung haben (vgl. E.-O.-V. Bd. XII S. 223), vorbehaltlich nur der aus § 79 Satz 3 L.-V.-G.'s sich ergebenden formellen und der durch § 49 Abs. 2 und 3 Zust.-Ges. ihnen gezogenen materiellen Schranken, die Verwaltungsgerichte in demselben Umfange und Maße, wie vordem nach § 18 der Reg.-Instr. die Regierungen, also vollkommen frei, auch nach den Gesichtspunkten der Notwendigkeit und Zweckdienlichkeit, zu befinden.

4. Schulbauten, deren Notwendigkeit von der Errichtung einer neuen Lehrerstelle abhängt, dürfen erst angeordnet werden, nachdem vorher diese, sei es durch Einverständnis der Unterhaltungspflichtigen oder in dessen Ermangelung durch eine, im Wege des Ges. v. 26. V. 87 (G.-S. S. 175) herbeizuführende vollstreckbare Feststellung der Beschlußbehörde gesichert ist.

Nr. 2. Entsch. v. 2. X. 96 Nr. I 1158.

Zust.-Ges. § 47.

1. Klagt der in Anspruch Genommene gemäß § 47 Abs. 2 des Zust.-Ges. gleichzeitig gegen einen Dritten auf Übernahme der ihm ange-

sonnenen Leistung, so hat der Verwaltungsrichter nicht nur zu prüfen, ob von dem Kläger zu Recht gefordert, sondern auch, ob der Dritte zu der Leistung verpflichtet ist, und muß, wenn er dies verneint, die Klage insoweit abweisen, anderenfalls aber aussprechen, daß der Dritte der öffentlich-rechtlich Verpflichtete ist. Er darf sich nicht auf eine Aufhebung des formell oder materiell normwidrigen Bauresolutes beschränken.

2. Zwischen der Schulaufsichtsbehörde, deren Beschluß angegriffen ist, und dem mitbeklagten Dritten, besteht eine notwendige Streitgenossenschaft. Darüber, wer verpflichtet ist, kann der Berufungsrichter ohne Zuziehung beider Beklagten weder nach der positiven, noch nach der negativen Seite hin entscheiden. Zieht er den Mitangeklagten nicht zu und unterläßt er eine positive Feststellung des Verpflichteten, so würden dadurch auch die Rechte der beklagten Regierung berührt, und ihre Revision muß zur Aufhebung der Berufungsentscheidung führen.

3. Vgl. S. 648 Anm. Abs. 2 Bd. I der 3. Aufl. des Hauptwerkes.

Nr. 3. Entsch. v. 6. X 96 Nr. I 1178.

Zust.-Ges. § 47.

1. Zwischen der veranlagenden Behörde und den Pflichtigen kann immer nur über konkrete Steuerauflagen, nicht über die — nur behufs Prüfung der Einzelhebung erforderlichenfalls in die Erörterung einzubeziehende — Steuerpflicht im allgemeinen gestritten werden. Eine Klage, die die Schulbeitragspflicht an sich bestreitet, ist daher als formell unzulässig, nicht aber als materiell unbegründet abzuweisen.

2. Die gegen einen Beschuß der Schulaufsichtsbehörde angestellte Klage aus § 47 Abs. 2 des Zust.-Ges. kann nach Ablauf der (präklusivischen) Klagefrist nicht mehr dahin erweitert werden, daß die dem Kläger durch den Beschluß angesonnene Leistung einem Dritten auferlegt werde.

Nr. 4. Entsch. v. 11. XII. 96 Nr. I 1508.

Zust.-Ges. §§ 46, 47.

Den Gutsherrn des Schulortes zu den ihm nach A.-L.-R. II 12 § 36 obliegenden Bauleistungen heranzuziehen, ist der Schulvorstand an sich befugt, da § 46 des Zust.-Ges. ganz allgemein von der Heranziehung zu öffentlich-rechtlichen Leistungen für die Volksschule handelt. Beruhigt sich der Gutsherr bei der Heranziehung, so schafft sie gegen ihn einen exekutiven Titel. Anderen Falles ist zwischen dem Schulvorstande und ihm als einem dritten, neben den Hausvätern stehenden Pflichtigen ein eine Schulbausache betreffender Streit zu Tage getreten, der das weitere Verfahren nach § 47 des Zust.-Ges. erforderlich macht. Liegen dessen Voraussetzungen vor, so darf eine Mitwirkung der Schulaufsichtsbehörde bei Entscheidung des Streites nicht unterbleiben.

Nr. 5. Entsch. v. 27. X. 96 Nr. I 1283.

Zust.-Ges. § 47.

Ein Schulbauresolut der Schulaufsichtsbehörde ist ungültig, wenn seine Durchführung das Eigentumsrecht eines Dritten verletzen würde. Dieser Fall liegt vor, wenn über ein Schulhaus verfügt wird, das von dem Gutsherrn des Schulortes der Schulsozietät unter gewissen Bedingungen geschenkt worden ist, ohne daß dazu die durch Ges. v. 23. II. 70 (G.-S. S. 118) vorgeschriebene Genehmigung eingeholt oder die Auflassung hinzugetreten war. Letztere kann durch die Übergabe nicht ersetzt werden, § 1066 I 11 A.-L.-R.'s ist durch §§ 1, 2 des Ges. v. 5. V. 72 (G.-S. S. 433) aufgehoben worden.

Nr. 6. Entsch. v. 5. I. 97 Nr. I 14.

Zust.-Ges. § 47.

Daraus, daß die Kosten einer notwendigen Anmietung von Räumen für Volksschulen beim Fehlen ausreichender eigener Gebäude den Schulbaukosten rechtlich gleichstehen, folgt die Zuständigkeit der Schulaufsichtsbehörde, über die Verpflichtung zu ihrer Aufbringung, sowie über ihre Verteilung im Streitfalle gemäß § 47 des Zust.-Ges. zu beschließen. Das Ges. v. 26. V. 87 findet auf Schulbausachen im Sinne des § 47 keine Anwendung. Um das Bestehen eines Schulverbandes zu erweisen, bedarf es nicht der Beibringung einer förmlichen Einschulungsverfügung. Vielmehr ist bei von Alters her bestehenden Verbindungen deren stillschweigende Anerkennung durch die Aufsichtsbehörde der förmlichen Einrichtung gleich zu erachten.

Nr. 7. Entsch. v. 17. XII. 97. Nr. I 1891.

Zust.-Ges. § 47.

Ist das Bestehen eines Streites unter mehreren an der Schulbaupflicht Beteiligten auch Voraussetzung der im § 47 des Zust.-Ges. zugelassenen Klage, so gehören zu den Interessenten, zwischen denen ein Streit der im § 47 Abs. 1 gedachten Art entstehen kann, auch die Schulaufsichtsbehörde und die Vertretung des Schulinstitutes, der Vorstand. Es bedarf daher eines Beschlusses der Schulaufsichtsbehörde gemäß § 47 Abs. 1 besonders auch dann, wenn von dem Bestehen der Verpflichtung eines Gutsherrn zu Leistungen für den Schulbau die Entscheidung der Frage abhängt, ob und in welchem Umfange die Schulgemeinde für fähig zu erachten ist, die Kosten des Schulbaues aufzubringen.

Ebenso Entsch. v. 8. X. 97 Nr. I 1498:

Auch eine bei Aufbringung der Baukosten zwischen den Pflichtigen und der Schulaufsichtsbehörde bestehende Meinungsverschiedenheit, nicht blos eine solche unter den Pflichtigen selbst, schafft den Streit, über den gemäß § 47 des Zust.-Ges. Beschluß zu fassen ist.

Nr. 8. Entsch. Bd. XXXI S. 153 vom 16. März 1897 I C 77/96.

Zust.-Ges. §§ 47, 49.

1. Im § 47 Abs. 2 des Zust.-Ges. ist die Klage gegen einen nach Abs. 1 a. a. O. von der Schulaufsichtsbehörde gefaßten Beschluß als statthaft bezeichnet, ohne daß dort Einschränkungen für das Klagerecht aufgestellt wären. Da Gegenstand der Beschlußfassung nicht blos die Notwendigkeit und Zweckmäßigkeit des Baues, die öffentlich-rechtliche Verpflichtung zur Aufbringung der Baukosten, sowie deren Verteilung auf Gemeinden (Gutsbezirke), Schulverbände und Dritte, statt ihrer oder neben ihnen Verpflichtete ist, sondern auch die Anordnung des Baues selbst und alles, was unter den Begriff dieser Anordnung fällt, und da alles dies auch Gegenstand des Klageangriffes sein darf, so können mit der Klage nicht nur rechtliche, sondern auch thatsächliche Verhältnisse zur Entscheidung des Verwaltungsrichters gebracht werden, und unter ihnen solche, die ihrem Wesen nach Verwaltungsmaßregeln darstellen und nur nach pflichtmäßigem Ermessen beurteilt werden können. Das freie Ermessen des Verwaltungsrichters über die durch Beschluß der Schulaufsichtsbehörde festgesetzte

Bauanordnung ist nur beschränkt durch die Bestimmungen im § 49 Abs. 2 u. 3 a. a. O. Danach sind für die im Verwaltungsstreitverfahren nach § 47 a. a. O. zu treffenden Entscheidungen die von den Schulaufsichtsbehörden innerhalb ihrer gesetzlichen Zuständigkeit über die Ausführung von Schulbauten getroffenen allgemeinen Anordnungen maßgebend; ferner bleibt die der Schulaufsichtsbehörde nach Maßgabe des Gesetzes zustehende Befugnis zur Errichtung neuer oder Teilung vorhandener Schulsozietäten unberührt. Soweit diese Bestimmungen dem Ermessen des Verwaltungsrichters keine Grenzen ziehen, darf es sich auf sämmtliche Gesichtspunkte erstrecken, unter die die Bauanordnung gebracht werden kann, vor allem also auf die Möglichkeit ihrer Durchführung. Eine Unmöglichkeit liegt aber vor, wenn die zur Bestreitung der Baukosten Verpflichteten zu deren Aufbringung nicht im Stande sind. Die Prüfung der Leistungsfähigkeit des durch Beschluß der Schulaufsichtsbehörde in Anspruch Genommenen gehört also zu der dem Verwaltungsrichter obliegenden Rechtskontrolle.

2. Die von dem Unterrichtsminister erlassenen allgemeinen Anordnungen über die Prüfung der Leistungsfähigkeit der Schulverbände sind nicht solche, die entsprechend der Vorschrift im § 49 Abs. 2 a. a. O. für den Verwaltungsrichter maßgebend und seiner Nachprüfung entzogen sind. Dies geht sowohl aus der Entstehungsgeschichte dieses Paragraphen, als auch besonders aus dem Ges. v. 26. V. 87 (G.-S. S. 175) hervor, das ausdrücklich den Grundsatz feststellt, daß die Schulaufsichtsbehörde, wenn sie für eine Volksschule Anforderungen stellt, die durch neue oder erhöhte Leistungen der Schulunterhaltungspflichtigen zu gewähren sind, von diesen aber freiwillig nicht übernommen werden, über deren Leistungsfähigkeit nicht ihrerseits die endgültige Entscheidung trifft, sondern daß die zu gewährende Anforderung, soweit solche innerhalb der gesetzlichen Zuständigkeit nach dem Ermessen der Verwaltungsbehörden zu bestimmen ist, durch Beschluß des Kreis- bezw. Bezirksausschusses, unter anderem auch mit Rücksicht auf die Leistungsfähigkeit der Verpflichteten festgestellt werden muß.

3. Nicht grundsätzlich ausgeschlossen ist ein Beschluß der Schulaufsichtsbehörde, der dem Träger der Baulast die Beschaffung der erforderlichen Mittel im Darlehnswege auferlegt.

Denn der Verbindlichkeit, die ihm gesetzmäßig obliegenden Leistungen zu gewähren, thut der Träger der Baulast erst Genüge, wenn er kein ihn dazu in den Stand setzendes, gesetzlich zulässiges Mittel unbenutzt läßt. Dahin gehört aber auch die Benutzung seines Kredites, sofern dieser allein ihm die Aufbringung der Bedarfssumme durch deren mittels Aufnahme eines Darlehens zu bewerkstelligende Verteilung der Last auf eine längere Reihe von Jahren ermöglicht. Die Aufnahme eines Amortisationsdarlehens stellt sich nicht als etwas anderes dar, als was das Gesetz von den Bauverpflichteten verlangt. Bei Eingehung der Darlehensschuld handelt es sich um Flüssigmachung der Baukosten in einer Art und Weise, die nach Lage der Verhältnisse die einzige ist, in der das unter allen Umständen zu erstrebende Ziel, nämlich die Ausführung des im öffentlichen Interesse nicht aufschiebbaren Baues innerhalb der Grenzen der Leistungsfähigkeit der Pflichtigen erreicht werden kann.

2. Begriff und Umfang der Schulbaulast.

Nr. 1. Entsch. v. 18. XII. 96 Nr. I 1535.

Zust.-Ges. § 47.

Nicht nur das zur Ausführung des Rohbaues eines Gebäudes, sondern auch das zu dessen innerem Ausbau erforderliche Holz fällt unter den

Begriff des Bauholzes, sofern nicht etwa die Ausstattung des Gebäudes mit Utensilien in Frage kommt.

Der Balkenbelag, der den unteren Raum einer Scheune vom Boden der Scheune trennt, bildet keine Utensilie, sondern einen Bestandteil des Gebäudes, und zwar auch dann, wenn er – aus wirtschaftlichen Gründen etwa — beweglich bleibt. Das zu diesem Balkenbelage nötige Holz gehört daher bei Schulscheunen zu dem vom Patrone zu liefernden Bauholze.

3. Die Schulbaupflichtigen.

a) Im Geltungsgebiete des Allgemeinen Landrechtes.

α) Bei gewöhnlichen Volksschulen.

Nr. 1. Entsch. Bd. XXXII S. 192 vom 8. Oktober 1897 I C 18/97.[1]

A.-L.-R. T. II Tit. 12 §§ 29—33, 36. Zust.-Ges. § 47.

1. Die Schulaufsichtsbehörde ist befugt, durch Beschluß aus § 47 des Zust.-Ges. den Trägern der Schulbaulast, sofern sie wegen Unvermögens die Mittel für notwendige Schulbauten in ungeteilter Summe bereit zu stellen außer Stande sind, deren Beschaffung im Wege der Ansammlung eines Baufonds aufzuerlegen. Denn es ist Recht und Pflicht der Aufsichtsbehörde, die zur Deckung der Verbandsbedürfnisse erforderlichen Beiträge in der Art sicher zu stellen, die je nach Lage der wirtschaftlichen Verhältnisse innerhalb des Verbandes geboten ist. Wenn der Schulverband die Baukosten nicht auf einmal aufzubringen vermag, weder durch Umlage auf die Verbandsgenossen, noch unter Ausnutzung seines Kredites durch Aufnahme eines Darlehns, so ist die allmähliche Ansammlung eines Baufonds der einzige Weg, auf dem die Verbandsgenossen der ihnen gesetzlich obliegenden Pflicht, bis zur Grenze ihrer Leistungsfähigkeit für Deckung der Baukosten einzutreten, genügen können. Ob der eine oder der andere Verbandsgenosse innerhalb des Schulbezirkes nur einen vorübergehenden Wohnsitz hat, ist gleichgiltig, da die Verpflichtung zu Schulbeiträgen lediglich auf der Zugehörigkeit zum Schulverbande beruht und unabhängig ist von Vorteilen, die der Einzelne von der Schuleinrichtung hat oder haben kann.

2. Im Gebiete des A.-L.-R.'s ist der Gutsherr des Schulortes nicht verpflichtet, zur Verzinsung und Tilgung von Baudarlehnen der Hausväterschaft Subsidiarbeiträge zu leisten. Bei Schulbauten hat er keine weiteren, als die im § 36 Tit. 12 Teil II A.-L.-R.'s vorgesehenen Obliegenheiten. Die Bestimmung in § 33 a. a. O., wonach Gutsherrschaften auf dem Lande verpflichtet sind, ihre Unterthanen, die zur Aufbringung ihres schuldigen Beitrages ganz oder zum Teil auf eine Zeit lang unvermögend sind, dabei nach Notdurft zu unterstützen, betrifft nur die Lehrerunterhaltungskosten.

Nr. 2. Entsch. v. 9. II. 97 Nr. I 218.

A.-L.-R. T. II Tit. 12 § 36.

Gutsherr des Schulortes ist nicht nur der am Orte der Schule wohnende Grundherr. Entscheidend allein ist, ob die Schule innerhalb desjenigen Territoriums belegen ist, über das dem Gutsbesitzer die gutsherrliche Gewalt zustand.

---

[1] Vgl. Bd. I S. 635 des Hauptwerkes.

Nr. 3. Entsch. v. 16. XI. 97 Nr. I 1727.

A.-L.-R. T. II Tit. 12 §§ 35, 36.

1. Die im Jahre 1808 erfolgte Einführung des französischen Gesetzbuches in den zum vormaligen Herzogtum Warschau gehörigen Landesteilen hat die Verpflichtungen, die nach Wiedereinführung des A.-L.-R.'s im Jahre 1816 dem Gutsherrn des Schulortes auf Grund der §§ 35 und 36 A.-L.-R.'s II 12 obliegen, nicht beeinflußt. Die Besitzer der adligen Güter in Posen sind Gutsherren über die Dorfgemeinde geblieben, obwohl ihre Stellung als Gerichtsobrigkeit und Schulpatron 1808 aufgehört hatte und ihnen 1816 die „Gerichtsherrlichkeit" nicht wiedergegeben war.

2. Die Behandlung eines selbständigen Gutes im Grundbuche, insbesondere seine Zusammenschreibung mit anderen Grundstücken, ist ohne Einfluß auf den Umfang der Schulbaulast, die dem Besitzer als Gutsherrn des Schulortes obliegt. Denn die Zusammenschreibung verschiedener selbständiger Rittergüter auf ein Hypothekenfolium hat eine Änderung ihrer kommunalen Selbständigkeit nicht zur Folge. Vgl. E.-O.-V. Bd. XXIX S. 188.

Nr. 4. Entsch. v. 17. XII. 97 Nr. I 1891.

A.-L.-R. T. II Tit. 12 § 36.

1. Unter Gut im Sinne vom A.-L.-R. II 12 § 36 ist das Gebiet zu verstehen, auf das sich bei Einführung des A.-L.-R.'s die Gutsherrschaft nach §§ 87, 88 II 7 erstreckte. Zu diesem gehört auch das von den Gutsunterthanen bewohnte Dorf und sein Gemeindebezirk. § 36 cit. bezieht sich daher auch auf Schulen in Landgemeindebezirken, sofern sie ehemals der Gutsherrlichkeit des Besitzers des jetzigen Bezirkes unterstellt gewesen sind.

2. Der Besitzer eines Güterkomplexes ist zur Hergabe von Baumaterialien nicht schon dann verpflichtet, wenn solche innerhalb dieses Komplexes vorhanden sind, sondern nur, wenn das für sich bestehende, selbständige, in sich abgegrenzte Gut, in dem sich die Schule befindet, Baumaterialien enthält. Nicht das Gebiet einer ganzen Herrschaft, sondern ein innerhalb dieses Gebietes in rechtlicher Selbständigkeit bestehender Gutsbezirk ist dasjenige Gut, mit dessen Besitz die gutsherrlichen Pflichten hinsichtlich des Schulortes verbunden sind. Den erforderlichen Beweis hat der in Anspruch genommene Gutsbesitzer zu führen.

3. Ein Anspruch auf Befreiung von der Verpflichtung zur Hergabe von Baumaterialien kann nicht schon auf die Thatsache der Nichtheranziehung, sondern nur auf Ersitzung des Rechtes auf Freilassung (durch Ausübung wenigstens zu drei verschiedenen Malen) gestützt werden.

Nr. 5. Entsch. v. 22. IV. 98 Nr. I 765.

A.-L.-R. T. II Tit. 12 § 36.

Die gutsherrliche Verpflichtung zur unentgeltlichen Hergabe von Bauholz liegt nur vor, wenn nach Bestreitung der Wirtschaftsnotdurft des Gutsherrn noch ein Ueberschuß an Bauholz im Gutswalde verbleibt. Diese Wirtschaftsnotdurft ist aber nicht etwa einzuschränken auf thatsächlich vom Gutsherrn selbst in Angriff genommene Bauten. Die Wirtschaftsbedürfnisse des Gutsherrn sind an und für sich nach dem Zustande der Gutsgebäude und unabhängig davon festzustellen, ob der Gutsherr Schritte zur Beseitigung vorhandener Baumängel unternommen hat. Steht es fest, daß das im Gutswalde vorhandene Bauholz

noch nicht einmal zu den auf dem Gute an und für sich notwendigen Reparaturen und Neubauten ausreicht, so braucht zu Schulbauten Bauholz nicht hergegeben zu werden.

Nr. 6. Entsch. v. 20. V. 98 Nr. I 934.

A.-L.-R. T. II Tit. 12 § 36.

1. Hat jemand gegen den Fiskus ein Recht auf Bauholzlieferung ersessen, so ist dies ein privatrechtliches Verhältnis, das die durch das A.-L.-R. geregelte öffentlich-rechtliche Schulbaulast nicht ändert, sondern neben ihr besteht. Doch folgt daraus nicht, daß der Verwaltungsrichter Einwendungen im Streitverfahren aus § 47 Abs. 3, daß der Kläger aus privatrechtlichem Grunde dem Beklagten gegenüber zur Leistung verpflichtet gewesen sei, nicht zu beachten habe. Hat der Kläger auf Grund eigener privatrechtlicher Verpflichtung eine dem Beklagten, nach öffentlichem Rechte obliegende Verpflichtung erfüllt, so hat er überhaupt keinen Erstattungsanspruch und kann also einen solchen auch nicht im Verwaltungsstreitverfahren durchsetzen.

2. Ein Recht auf Holzlieferung für eine Schule, das als Reallast anzusehen ist, gehört zu den gemäß § 91 Abs. 2 des Ges. v. 2. III. 50 in Verbindung mit § 2 des Ges. v. 27. IV. 72 (G.-S. S. 417) ablösbaren Berechtigungen und konnte daher nach dem Jahre 1872 nicht mehr ersessen werden.

3. Die Pertinenzien eines Schulgebäudes sind rechtlich ebenso zu beurteilen, wie dieses selbst. Ist daher ein Zaun ein Zubehör des Schulgebäudes mit Einschluß der Schulmeisterwohnung, was bei einem mit der letzteren verbundenen Garten der Fall ist, so erstreckt sich die Verpflichtung zur Hergabe der Materialien auch auf diesen Zaun.

4) Das Maß der dem Gutsherrn obliegenden baulichen Leistungen für die Schule ist in A.-L.-R. II 12 § 36 gesetzlich bestimmt und kann durch Observanz nicht erweitert werden.

β) Bei Schul- und Küsterhäusern insbesondere.

Nr. 1. Entsch. Bd. XXXI S. 148 vom 16. März 1897 I C 9/97.

Ges. v. 21. VII. 46 (G.-S. S. 392), betr. den Bau und die Unterhaltung der Schul- und Küsterhäuser, § 3.

1. Das Ges. v. 21. VII. 46 beläßt es grundsätzlich (vgl. E.-O.-V. Bd. XVI S. 263) bei der im § 37 Tit. 12 Teil II A.-L.-R.'s dem kirchlichen Verbande auferlegten Baulast und beteiligt die zur Unterhaltung der gemeinen Schule Verpflichteten nur insoweit, als sich nach Erlaß des Gesetzes im Schulinteresse das Bedürfnis von Neu- oder Erweiterungsbauten herausgestellt. Von diesem Grundgedanken aus erstreckt sich die Verpflichtung des Kirchenverbandes auf Erweiterungsbauten, die nicht durch das Bedürfnis der Schule erforderlich werden; sie erstreckt sich ferner auf den gänzlichen oder teilweisen Neubau des alten Schul- und Küsterhauses auch dann, wenn ein solcher Neubau durch das Bedürfnis der Schule erforderlich geworden, wenn er aber nicht die Erweiterung, sondern nur eine Wiederherstellung der vorhandenen und bisher für die Schule benutzten Räume im früheren Umfange bezweckt.

In analoger Weise ist zu verfahren, wenn gleichzeitig das Bedürfnis zu einem Erhaltungsbau, der durch gänzliche oder teilweise Erneuerung des alten Hauses zu bewirken ist, wie auch zu einem mit jenem in Verbindung zu bringenden Erweiterungsbaue hervortritt. Doch ist, wenn bei dem Neubau eines Schul- und Küsterhauses eine Schulstube, die in dem alten Gebäude bereits vorhanden gewesen war, wiederum in konstruktiver Verbindung mit dem neuen Gebäude hergestellt und dabei sowohl im Schulinteresse — zur Aufnahme einer größeren Kinderzahl — an Flächenraum ausgedehnt, wie auch gleichzeitig zur Erfüllung hygienischer Anforderungen erhöht wird, nur in ersterer, aber nicht auch in letzterer Aenderung des bisherigen Zustandes, soweit von ihr der Ersatz für den alten Raum betroffen wird, eine Erweiterung im Sinne des § 3 des Ges. v. 1846 zu erblicken. Die Erhöhung über demjenigen Teile des neuen Grundflächenraumes, der den früheren ersetzen soll, stellt lediglich eine durch das Bedürfnis der Küsterei zufolge ursprünglicher Widmung des Hauses für Küster- und Schulzwecke erforderlich gewordene Erweiterung, mithin — ähnlich wie die erstmalige Dielung einer Schulstube oder wie die Errichtung eines zweiten Abortgebäudes für die Kinder allein außer dem seither von ihnen und dem Lehrer gemeinschaftlich benutzten (vgl. E.-O.-V. Bd. XIV S. 248/249) — eine Vervollständigung (ampliatio) der Baulichkeiten des Küsterschulhauses dar. Es bildet also hier den Maßstab für die Verteilung der Bau- wie der Unterhaltungskosten zwischen den Schul- und den Pfarrbaupflichtigen lediglich die erweiterte im Verhältnisse zu der ursprünglichen Grundfläche, während im Falle gleichzeitiger Erhöhung der Schulstube deren nunmehriger größerer im Vergleiche mit dem früheren geringeren Luftraume (kubischen Inhalte) außer Betracht bleibt.

2. Vereinbarungen der Beteiligten über die Aufbringung von Schulbaukosten erlangen öffentlich-rechtliche Wirksamkeit erst durch die Genehmigung der Schulaufsichtsbehörde.

Nr. 2. Entsch. v. 30. III. 97 Nr. I 497.

Ges. v. 21. VII. 46 (G.-S. S. 392), betr. den Bau und die Unterhaltung der Schul- und Küsterhäuser.

Die alten Agrargesetze (Kab.-O. v. 28 IX. 11, Ed. v. 14. IX. 11 G.-S. S. 300 § 44, Kab.-O. v. 5. XI. 12 G.-S. S. 194, Gemeinheitsteilungsordn. v. 7. VI. 21 G.-S. S. 53 § 101) handeln bei den Dotierungen der Landschullehrer mit Land immer nur von den Schulen, und nicht von den Küstereien. Die bei Gelegenheit der Gemeinheitsteilungen für die Schulen ausgeworfenen Dotationen gehören also nicht zur Küsterpfründe. Ersatzbauten der zu ihrer Bewirtschaftung erforderlichen Scheunen liegen daher den Schulbaupflichtigen ob.

Erweiterungen des Küsterschulhauses berühren die Unterhaltungspflicht der Pfarrbaupflichtigen für diejenigen Teile des Hauses (und Stalles) nicht, die schon vor der Erweiterung vorhanden waren und von dieser nicht betroffen werden.

Nr. 3. Entsch. v. 22. IV. 98 Nr. I 765.

Ges. v. 21. VII. 46 (G.-S. S. 392), betr. den Bau und die Unterhaltung der Schul- und Küsterhäuser.

Nicht durch die organische Vereinigung des Küster- und Lehreramtes in einer Person, sondern lediglich durch die Thatsache, daß das Schulhaus zugleich die Wohnung des Küsters ist, wird es zu einem „Schul- und Küsterhause", und zwar auch in solchen Fällen, wo ein gewöhnliches, von der Kirchengemeinde früher nicht unterhaltenes Schulhaus erst nachträglich zur Wohnung des Küsters dient.

b) Nach Provinzialrechten.

β) In Schlesien.

Nr. 1. Entsch. v. 16. III. 97 Nr. I 415.

Schulregl. v. 18. V. 01 (Neue Kornsche Ed.-Samml. Bd. VII S 266.) § 19a. A.-L.-R. T. II. Tit. 11 §§ 246, 603, 610, 784.
Ges. v. 21. VII. 46 (G.-S. S. 392) betr. den Bau und die Unterhaltung der Schul- und Küsterhäuser.

1. Die zu einer katholischen Schule in Schlesien geschlagenen Gemeinden und Herrschaften bilden keine Schulgemeinde mit juristischer Persönlichkeit

und werden durch den Schulvorstand nicht vertreten. Die Schulunterhaltungslast ruht auf den Gemeinden in Konkurrenz mit den Herrschaften.

2. Nach dem Ges. v. 26. V. 87 (G.-S. S. 175) steht die Feststellung neuer oder erhöhter Aufforderungen, die für eine Vermehrung der Lehrkräfte von den Verpflichteten zu gewähren sind, in Ermangelung deren Einverständnisses nicht mehr wie ehedem den Aufsichtsbehörden und ebensowenig jetzt den Verwaltungsgerichten, sondern ausschließlich den Beschlußbehörden, d. i. bei Landschulen dem Kreisausschusse, vorbehaltlich der Beschwerde an den Provinzialrat, zu. Seitdem kann, da sonst die zwangsweise Anhaltung der Beteiligten zur Erbauung von Schulräumen nötig wäre, die demnächst wegen Fehlens der vorausgesetzten Lehrkräfte unbenutzt bleiben müßten, die Notwendigkeit einer baulichen Anlage, die mit der Errichtung einer neuen Lehrerstelle in untrennbarem Zusammenhange steht, erst bejaht werden, nachdem vorher die letztere, sei es durch Zustimmung sämmtlicher Träger der Unterhaltungslast oder durch vollstreckbare Feststellung der Beschlußbehörden rechtlich gesichert ist (vgl. E.-O.-V. Bd. XXX S. 169).

3. Sind Schulanmietungskosten, die die rechtliche Natur von Schulbaukosten haben, dadurch, daß das Küsterschulhaus wegen drohender Gefahr des Einsturzes nicht länger benutzbar war, verursacht und nur zur Beschaffung von Ersatz für die von den kirchlichen Interessenten zu unterhaltenden bisherigen Unterrichts- und Wohnräumen aufgewendet worden, so fallen sie nur diesen zur Last.

4. Daraus, daß eine Kirche ein Pfarrhaus hat, kann nicht ersehen werden, ob sie mit einer anderen Kirche in einer unio aeque principalis (in dem Verhältnisse zusammengeschlagener Mutterkirchen, § 246 A.-L.-R.'s II 11) oder in einer unio per subjectionem (im Filialverhältnisse der Tochterkirche zur Mutterkirche) steht. Das Vorhandensein oder Nichtvorhandensein eines Pfarrhauses gestattet einen Rückschluß auf die rechtliche Natur der Verbindung nicht.

5. Soll die Uebernahme der Patronatsbaulast in dem Kaufvertrage über ein mit dem Patronate ausgestattetes Gut öffentlich-rechtliche Wirksamkeit besitzen, so bedarf es gemäß A.-L.-R. II 11 §§ 603, 610 der Genehmigung der geistlichen Oberen zu der auf die Patronatsbaulast bezüglichen Abrede.

6. Eine die Küsterschulbaulast abweichend vom Gesetze regelnde Observanz konnte sich nach den Grundsätzen des A.-L.-R.'s uneingeschränkt, nach denen des Ges. v. 21. VII. 46 insoweit bilden, als sie die kirchlichen Interessenten, sei es die Kirchengemeinde oder den Patron oder beide günstiger stellte, und sie verlor, wenn sie mit letztbezeichnetem Inhalte schon vor dem Ges. v. 46 bestand, durch dessen Erlaß ihre Geltung nicht. E.-O.-V. Bd. XXV S. 194/5. Nicht minder war und ist unter der Herrschaft des Schlesischen Schulregl. v. 3. XI. 1765 eine Observanz rechtlich möglich, die bestimmt, wie sich die bei Schulerweiterungsbauten nach Maßgabe des Ges. v. 46 den Trägern der Schulbaulast zufallende Quote zwischen diesen, d. i. den zur Schule geschlagenen Gemeinden und Dominien verteilt. Vertrag und Observanz schließen sich aber wechselseitig aus.

7. Mit der Klage aus § 47 Abs. 2 des Zust.-G. gegen einen vermeintlich Drittverpflichteten können Rechte, deren für sich bestehenden einzigen Grund die Acquisitivverjährung bildet, nicht verfolgt werden. Vgl. E.-O.-V. Bd. XXI S. 190. Ihre Verfolgung gehört vor den ordentlichen Richter.

8. Erforderlich werdende Grunderwerbskosten sind von der Beitragspflicht des Patrones, bezw. Gutsherrn nicht ausgenommen. Wenn auch nach der Rechtsprechung des R.-G.'s (Entsch. in Civilsachen Bd. IX S. 253) die Pfarrbaupflicht nur die Beschaffung einer Pfarrwohnung durch Bauen umfassen soll, so erstreckt sich doch die Schulbaupflicht darüber hinaus auf die Bereitstellung der benötigten Räumlichkeiten und folglich auch auf die Hergabe von Mitteln zum Grunderwerbe, wo solche aufgewendet werden müssen, um

einen notwendigen Bau zu ermöglichen. E.-O.-V. Bd. XXVIII S. 157/8. Ebensowenig folgt aus der Nichtverpflichtung des landrechtlichen Schulgutsherrn, von seinem Grund und Boden Bauholz für andere Zwecke als zur Unterhaltung der Gebäude, namentlich zur Herstellung von Zäunen unentgeltlich zu verabfolgen, die Freiheit des Kirchenpatrones von den Baarkosten der Umwehrung eines neuen Schulgehöftes, falls sie nicht durch persönliches Verschulden des Küsterlehrers veranlaßt sind (A.-L.-R. II 12 § 37, 11 § 784). Die gleiche Verpflichtung trifft im Bereiche des provinzialen Schlesischen Schulrechtes, wie die Gemeinden, so die Gutsherren im Schulverbande. Düngerstätte, Brunnen, Abortanlage, Hofpflaster, Baumschulterrain, Turnplatz kennzeichnen sich im Allgemeinen als Zubehörstücke eines ordnungsmäßig ausgestatteten Schulhauses, sofern sie auf allgemeinen Anordnungen der Schulaufsichtsbehörde beruhen und über das notwendige Maß nicht hinausgehen, bezw. die Leistungsfähigkeit der Pflichtigen angemessen berücksichtigen.

9. Wegen der rechtlichen Natur der Schulbauresolute vgl. E.-O.-V. Bd. XXV S. 186. Auf den rechtlichen Bestand eines einmal erlassenen Resolutes ist das Hervortreten neuer Streitpunkte über Einzelheiten der Ausführung ohne Einfluß.

10. Nach den Vorschriften des Ges. v. 21. VII. 46 bildet das Grundflächenmaß beider mit einander in Verbindung gebrachter Bauteile (Erweiterungsbau und Wiederherstellungsbau) auch dann den Verteilungsmaßstab zwischen den kirchlichen und den Schulinteressenten, wenn an Stelle eines eingeschossigen ein zweigeschossiges Gebäude geplant ist. Eine Abweichung hiervon durch Vereinbarung der Beteiligten unter Genehmigung der beiderseitigen Aufsichtsbehörden ist rechtlich nicht unzulässig.

11. Gegenüber einer überschläglich geschätzten Bausumme kann das Resolut nur eine Verteilung nach Quoten vornehmen. Geschieht dies nach dem Staatssteuerfuße, so kommen im Gutsbezirke nicht nur die betr. Staatssteuern des Gutsherrn, sondern die aller Gutseinwohner zur Berechnung.

Nr. 2. Entsch. v. 15. III. 98 Nr. I 499.

Die Bestimmungen im § 12 des Regl. v. 18. V. 01 über das Mindesteinkommen „eines Lehrers“ gelten in Ermangelung gesetzlicher Vorschriften für den zweiten, wie für den ersten Lehrer. Steht also auch jenem auf dem Lande „ein gutes, beständiges Haus“ zu, so haben auch die dem zweiten Lehrer mangels eines solchen Hauses gewährten Mietsgelder die rechtliche Natur der Baukosten. Mangels eines im Regl. v. 18. V. 01 vorgesehenen Maßstabes für deren Verteilung unter Dominien und Gemeinden haben die Schulaufsichtsbehörden das Beitragsverhältnis festzusetzen. Dasselbe gilt für Beheizungskosten.

Besteht über die Verteilung der Mietskosten unter den Beteiligten Streit, so ist dieser gemäß § 47 Abs. 1 des Zust.-Ges. zunächst durch Beschluß der Schulaufsichtsbehörde zu entscheiden.

c) In Kurhessen.

Nr. 1. Entsch. v. 6. X. 96 Nr. I 1178.

Zust.-Ges. § 47.

Nach Kurh. Provinzialrechte sind außerhalb des Geltungsbereiches des Konsistorialausschreibens und Regulatives v. 28. II. 1766 (neue Samml. d.

Landesordn. Bd. III S. 175) Träger der gesammten Schulunterhaltungs- einschl. der Baulast, und zwar auch bei den mit einer Küsterei verbundenen Schulen, die bürgerlichen Gemeinden und selbständigen Gutsbezirke (E.-O.-V. Bd. XVIII S. 215, XXIX S. 196). Bezüglich der Verteilung der Last in zusammengesetzten Schulverbänden steht mangels gesetzlicher Vorschrift den Regierungen gemäß § 18 e, f der Reg.-Justr. v. 23. X. 17 (G.-S. S. 248) die Befugnis zu, im Streit- oder Bedarfsfalle in Ermangelung gültiger Vereinbarungen oder rechtsbeständiger Gewohnheiten nach pflichtmäßigem Ermessen, vorbehaltlich der Beschwerde im Aufsichtswege, aber ohne Nachprüfung durch den Verwaltungsrichter, den Verteilungsfuß (Staatssteuerfuß rc.) zu bestimmen.

Die Dorf- und Gemeindeordnung für die Gemeinde Momsbach v. 24. V. 1745 ändert hieran nichts; sie schreibt bezüglich der Kosten an Kirche, Pfarr- und Schulhaus nur vor, daß innerhalb der Gemeinde die Verteilung nachbargleich, mit Heranziehung auch der Einmietlinge erfolgen solle. Die Teilnahme anderer Verpflichteter, insbesondere der Gutsherren, läßt sie unberührt.

VII.

Staatsangehörigkeit.

Litteratur: Aßmann, Reichsges. über den Erwerb und Verlust der Bundes- und Staatsangehörigkeit nebst den gesetzlichen Bestimmungen über die Beurkundung des Personenstandes und der Eheschließung, die Erteilung von Heimatsscheinen und Pässen, Mühlheim 1897. — Reger, Handausgabe kleinerer Reichsverwaltungsgesetze rc., Ansbach 1897.

Nr. 1. Entsch. Bd. XXX S. 399 vom 22. Mai 1896 I A 161/95.

Ges. v. 1. VI. 70 (B.-G.-Bl. S. 355) über die Erwerbung und den Verlust der Bundes- und Staatsangehörigkeit, §§ 7, 13, 21.
Freizügigkeitsges. v. 1. XI. 67 (B.-G.-Bl. S. 55. §§ 2—5) Zust.-Ges. § 155.

1. Einem Deutschen, der seine Staatsangehörigkeit durch zehnjährigen Aufenthalt im Auslande verloren hat, demnächst, ohne eine andere Staatsangehörigkeit erworben zu haben, in das Reichsgebiet zurückkehrt und sich in einem Bundesstaate niederläßt, muß auf Ansuchen die Aufnahmeurkunde erteilt werden, sofern nicht die Voraussetzungen zutreffen, unter denen nach §§ 2 bis 5 des Freizügigkeitsges. die Abweisung oder die Versagung der Fortsetzung des Aufenthaltes gerechtfertigt ist. Fehlt es an diesen Voraussetzungen, so ist die höhere Verwaltungsbehörde nicht befugt, seinen Anspruch auf Erteilung der Aufnahmeurkunde durch Ausweisung aus dem Staatsgebiete zu vereiteln. Anderenfalls würde der Anspruch zu einem völlig inhaltlosen und leeren werden, da es von dem Belieben der Landespolizeibehörde abhängt, ob sie die Niederlassung verwehren und damit den Eintritt der Voraussetzung hindern will, von der das Gesetz den Anspruch auf Erteilung der Aufnahmeurkunde abhängig macht.

2. Wegen des Begriffes „Niederlassung“ im Sinne des § 21 Abs. 5 des Reichsges. v. 1. VI. 70 vgl. E.-O.-V. Bd. XXII S. 389. Zu ihrer Begründung ist nur die Beschaffung eines Unterkommens und nicht die einer festen Arbeitsstelle erforderlich. Doch kann aus dem Unterlassen der

Nachsuchung einer Erwerbs- und Arbeitsgelegenheit unter Umständen der Mangel ernstlicher Absicht, einen dauernden Aufenthalt zu begründen, sehr wohl gefolgert werden.

Nr. 2. Bescheid v. 1. X. 97 Nr. I Sen.

Ges. v. 1. VI. 70 (B.-G.-Bl. S. 355) über die Erwerbung und den Verlust der Bundes- und Staatsangehörigkeit, § 21.

Abgesehen von dem Ausnahmefalle des § 21 Abs. 5 des Reichsges. v. 1. VI. 70 können frühere Angehörige deutscher Bundesstaaten, auch wenn sie eine andere Staatsangehörigkeit nicht erlangt haben, die verlangte Staatsangehörigkeit nur durch Naturalisation wieder erlangen. Die Ausnahme des § 21 Abs. 5 ist auf den Fall des § 21 Abs. 4 nicht zu beziehen. Denn hier wird nur von Wiederverleihung der Staatsangehörigkeit gesprochen und über ihre Form nichts bestimmt. Es bleibt sonach bei der Regel, wonach sie in der Form der Naturalisation zu erfolgen hat.

Gegen die Versagung der Naturalisation findet die Klage im Verwaltungsstreitverfahren nicht statt.

Nr. 3. Entsch. v. 11. I. 98 Nr. I 65.

Gegen einen Bescheid des Regierungspräsidenten, der es ablehnt, über die Entlassung aus der Preußischen Staatsangehörigkeit eine beantragte „Entlassungszusicherung“ zu erteilen, findet die Klage im Verwaltungsstreitverfahren nicht statt. Eine falsche Rechtsbelehrung ändert hieran nichts.

Dritte Abteilung.

Polizeiliche Angelegenheiten.

I.

Besondere polizeiliche Angelegenheiten.

A. Wasserpolizei und die damit im Zusammenhange stehenden Streitigkeiten der Beteiligten.

a) Wasserpolizeiliche Verfügungen im Sinne des § 66 des Zust.-Ges. betr. Räumung von Gräben, Bächen und Wasserläufen (Privatflüssen). Streitigkeiten der Beteiligten.

Nr. 1. Entsch. Bd. XXXII. S. 266. v. 25. IX. 97. III. B. 13/97.

§ 7. Ges. v. 28. II. 43. (G.-S. S. 41), § 66 Zust.-Ges.

1. Die Bestimmung des Abs. 2 des § 7 des Gesetzes über die Benutzung der Privatflüsse vom 28. II. 43, wonach, wenn über die Verpflichtung zur Räumung unter den Betheiligten Streit entsteht, die Räumung einstweilen, unter Vorbehalt richterlicher Entscheidung, nach Maßgabe des Besitzstandes, und wenn auch dieser nicht feststeht, von den Uferbesitzern zu bewirken ist, ist durch den § 66 des Zust.-Ges. wesentlich geändert worden. Nach § 66 ist bei einem Streite über die Räumungspflicht nicht mehr der Besitzstand maßgebend, weder wenn die allgemeine Räumungspflicht den Gegenstand des Streites bildet (E.-O.-V. Bd. XXIV S. 279), noch in dem Falle eines Streites über die Ausführung einer einzelnen von der Polizeibehörde geforderten Räumung. Die Wasserpolizeibehörde hat Demjenigen die Räumung aufzugeben, den sie für den Räumungspflichtigen hält und der Verwaltungsrichter hat, sofern er überhaupt durch Mitbelangung eines Dritten mit der Frage der Verpflichtung zur Räumung befaßt wird, definitiv hierüber nach den Vorschriften zu befinden, welche die Räumungspflicht an sich regeln; auf den Besitzstand kommt es nirgends an und eine vorläufige Verpflichtung zur Räumung wegen des Besitzstandes giebt es nicht mehr.

2. Ob außer dem Vorflutbedürfnisse auch sanitäre Gründe bei einer polizeilichen Anordnung wegen Räumung leitend gewesen sind, ist unerheblich. Es würden allein wegen dieser Gründe, wenn der zu räumende Wasserlauf ein Privatfluß ist, die Betroffenen allerdings nicht zur Räumung verpflichtet sein (E.-O.-V. Bd. XI S. 244). Indessen, wenn es sich um Beschaffung von Vorflut handelt, durch die Beschaffung der Vorflut also die sanitären Verhältnisse gebessert werden können, dann besteht auch eine öffentlich-rechtliche

Pflicht, so zu räumen, daß wieder Vorflut vorhanden ist. Die Erschwerung der Räumungspflicht durch Einleitung von Wirtschafts- und Schmutzwässern ist nicht geeignet, eine öffentlich-rechtliche Räumungspflicht Derjenigen, welche die Einleitung vornehmen oder dabei mitwirken, zu begründen; sie kann noch weniger dazu führen, daß Niemand mehr räumungspflichtig sei. Es können vielmehr (vergl. Erk. vom 19. III. 94 III. 353 im Pr. Verw.-Bl. Jahrg. XV S. 431, vom 20. IX. 94 III. 1026 in den Mitteilungen aus der Rechtsprechung der Verwaltungsgerichte Bd. I S. 109 und vom 19. X. 96 III 1291 im Pr. Verw.-Bl. Jahrg. XVIII S. 108) die Betroffenen deswegen sich nur der zivilrechtlichen Rechtsbehelfe bedienen, welche Demjenigen, dessen Verbindlichkeit zur Räumung durch eine unrechtmäßige Zuführung von Wasser erschwert wird, gegen den Urheber der unzulässigen Wasserzuleitung behufs ihrer Abwehr oder auf Schadensersatz gegeben sind. Die Räumungspflicht gegenüber der Wasserpolizeibehörde selbst wird durch die Erschwerung nicht berührt.

Nr. 2. Entsch. v. 19. II. 98. III. 253.

§ 10. Vorflutges. v. 10 XI. 1811; § 100 I. 8. A.-L.-R.

Es ermächtigt der § 10 des Vorflutges. vom 15. XI. 11, soweit es sich um die durch den § 100 Titel 8 Theil I des A.-L.-R. bereits geregelte Unterhaltungspflicht von Gräben und Kanälen handelt, die Polizeibehörde mit ausdrücklichen Worten zur Geltendmachung der Räumungsverpflichtung auch dann, wenn aus der Vernachlässigung derselben Nachtheil für die Gesundheit der Anwohner entsteht. Aber auch da, wo es sich um die durch § 7 des Privatflußgesetzes vom 28. II. 1843 geregelte Räumungspflicht von Privatflüssen handelt, kann unter Umständen die Beschaffung der Vorflut auch aus gesundheitspolizeilichen Rücksichten geboten erscheinen, sofern nämlich die zu den üblen Gerüchen Veranlassung gebenden Sinkstoffe zugleich ein Vorflutshindernis bilden.

Nr. 3. Entsch. v. 28. X. 95. III. 1335.

Zust.-Ges. § 66.

1. Es ist das wesentliche Merkmal einer Räumungsanordnung im Sinne des § 66 des Zust.-Ges., daß die geforderte Leistung auf eine (dauernde) Räumungspflicht gegründet wird, eine solche also durch die Verfügung zur Geltung gebracht werden soll. Keinen Unterschied macht es dabei, aus welchem Motive oder zu welchem Zwecke die Räumungsanordnung erlassen ist. Dieselbe verliert daher ihren Charakter nicht dadurch, daß gesundheitspolizeiliche Interessen den Grund zu ihrem Erlasse geboten haben.

2. Es ist ferner von dem O.-V.-G. bereits früher (Entsch. Bd. XXIV S. 256 ff.) dargelegt worden, daß die Worte im letzten Abs. § 66 den Sinn haben, daß Räumungsanordnungen, welche nicht von der ordentlichen Wasserpolizeibehörde erlassen sind, auch nicht einem Angriffe auf Grund des § 66 unterworfen sind. Räumungsanordnungen der ordentlichen Wasserpolizeibehörde können immer nur auf dem im § 66 vorgezeichneten Wege angefochten werden, auch wenn sie sich auf Gräben u. s. w. beziehen, welche im Bezirke eines Deichverbandes gelegen sind; insbesondere gilt dies auch für den Fall, daß die Zuständigkeit derselben zum Erlasse der Räumungsanordnung deshalb bestritten wird, weil hierzu angeblich eine andere Behörde (Deichbehörde u. s. w.) ausschließlich berufen sein soll. Für eine Anwendung des § 127 des L.-V.-G. ist unter keinen Umständen Platz.

Nr. 4. Entsch. v. 8. X. 96. III 1246.

§ 100 Tit. 8. T. I. A.-L.-R. · § 10 Vorflutges. v. 11. XI. 1811.

Der Wasserpolizeibehörde liegt es ob, darüber zu befinden, ob und wie ein Graben (§ 100 Titel 8 Theil I A.-L.-R.) zu räumen ist (§ 10 des Vorflutges. vom 15. XI. 11); lehnt sie ein Einschreiten gegen den Räumungspflichtigen ab, so steht dem die Räumung in Anregung bringenden Oberlieger nur die Beschwerde bei der Aufsichtsbehörde mit dem Ziele, die Wasserpolizeibehörde zum Erlasse einer Anordnung (§ 66 Abs. 1 des Zust.-Ges., vergl. Entsch. Bd. XXV S. 282) zu veranlassen, nicht aber die Klage gegen den Räumungspflichtigen zu.

Nr. 5. Entsch. v. 24. IX. 96. III. 1194.

Vorflutges. v. 11. XI. 1811; § 100 I. 8. A. L. R.

1. Unter den § 10 des Vorflutges. fällt ebensowenig, wie unter die materiellrechtliche Vorschrift des § 100 Titel 8 Teil I des A.-L.-R., eine Wasserfurche, die zwar zum Abflusse des Wassers dient, sich jedoch bald hier bald da befindet

2. Die Frage, ob ein ordentlicher und gewöhnlicher Ablauf des Wassers vorhanden sei, ist thatsächlicher Natur.

Nr. 6. Entsch. v. 15. III. 98. III. 878.

Zust.-Ges. § 66.

Die Wasserpolizeibehörde ist nicht berufen, über privatrechtliche Räumungsverbindlichkeiten an Stelle des Zivilrichters zu befinden und sie zu executieren. Wenn sie aber bei Erlaß einer Räumungsanordnung irrtümlich annimmt, daß ein privatrechtlicher Vertrag eine von der Polizei erzwingbare Räumungsverbindlichkeit zu Gunsten der Staatsgewalt begründe, so ändert dies nichts daran, daß sie durch ihre Verfügung nicht in ein zwischen zwei Privatpersonen bestehendes Vertragsverhältnis hat eingreifen, sondern eine öffentlich-rechtlich erzwingbare Verbindlichkeit zur Räumung hat geltend machen wollen. Hierzu ist die Polizei zuständig. Gegen eine solche Räumungsanordnung der zuständigen Behörde können die Betroffenen, sofern die Notwendigkeit der Räumung nicht bestritten ist, nach der ausdrücklichen Vorschrift des § 66 Abs. 2 des Zust.-Ges. mit der Klage aber nur durchdringen, wenn sie sie zugleich gegen den richten, welchen sie statt ihrer aus Gründen des öffentlichen Rechts zu der ihnen angesonnenen Leistung für verpflichtet erachten. Ist das nicht geschehen, so muß die Klage abgewiesen werden.

Nr. 7. Entsch. v. 21. IX. 96. III. 1178.

§ 7 Ges. v. 28. II 43.; § 19 des Deich-Ges. v. 28. I. 48.

Ein Lehrer und Kantor gehört als bloßer Nutznießer eines der Kirchengemeinde gehörigen Grundstücks weder zu den Uferbesitzern, denen nach dem § 7 des Gesetzes vom 28. II. 43 die Pflicht zur Räumung obliegt, wo nicht Provinzialgesetze, Lokalstatuten, ununterbrochene Gewohnheiten oder spezielle Rechtstitel ein Anderes bestimmen, und unter denen nur die Eigentümer zu verstehen sind (Entsch. Bd. XVIII S. 262), noch ist er einem Uferbesitzer gleich zu stellen. Es ist namentlich die Gleichstellung auch nicht nach den Bestimmungen des Märkischen Provinzialrechts und des A.-L.-R. über die

Rechte und Pflichten der Kirchenbedienten überhaupt und in Ansehung der zu ihrer Unterhaltung bestimmten Grundstücke der Kirchengemeinden möglich, wie denn anerkannt ist, daß nach diesen Bestimmungen die der Räumungspflicht verwandte Deichlast als solche nicht den Kirchenbedienten, sondern den Kirchengemeinden obliegt (v. Scholtz und Hermensdorff, Provinzialrecht, 3. Aufl. von Günsburg S. 394 Anm. 1 und Koch, A.-L.-R., 8. Aufl. Bd. IV S. 548 Anm. 13b). Um einen Kirchenbedienten zur Erfüllung der Räumungspflicht der Kirchengemeinde als der Uferbesitzerin statt dieser der Polizei gegenüber für verpflichtet halten zu können, hätte es daher einer dem § 19 des Gesetzes über das Deichwesen vom 28. I. 48 und dem § 55 des Wassergenossenschaftsgesetzes vom 1. IV. 79, nach denen die Exekution zur Erfüllung der Deichpflicht bezw. wegen rückständiger Beiträge zu den Genossenschaftslasten auch gegen die Nutzungsberechtigten des verpflichteten Grundstücks vorbehaltlich ihres Regresses an die eigentlich Verpflichteten stattfindet, entsprechenden Vorschrift bedurft. Eine solche Vorschrift ist nicht vorhanden.

Nr. 8. Entsch. v. 21. XI. 95. III. 1447.

§ 10 Vorflutges.; § 100 I. 8. A. L.-R.

1. Durch Verfügung einer Wasserpolizei-Behörde wurde die Klägerin aufgefordert, einen Graben reinigen zu lassen. Nach fruchtlos erhobenem Einspruche und nachdem die Behörde den Graben auf Kosten der Klägerin hatte räumen lassen, klagte letztere auf Aufhebung der Räumungsanordnung mit der Behauptung, sie habe bereits vor Erlaß derselben den Graben bis auf die alte Sohle räumen lassen, durch die von der Polizeiverwaltung angeordnete und im Wege der Zwangsvollstreckung ausgeführte Räumung sei der Graben unter die alte Grabensohle vertieft und über die alte Grabenbreite verbreitert worden.

2. Die Klage wurde durch Entsch. vom 21. XI. 95 III 1447 abgewiesen. Es wurde ausgeführt: Bei Beurteilung der rechtlichen Zulässigkeit der Klage ist davon auszugehen, daß die Klägerin mit der Behauptung, der Graben sei durch die zwangsweise Räumung über die alte Breite hinaus verbreitert und über die alte Sohle hinaus vertieft worden, nicht gegen die Festsetzung und Ausführung eines Zwangsmittels (§ 133 Abs. 2 L.-V.-G.) Klage habe einlegen wollen, sondern daß die Klage darauf gestützt wird, die Behörde habe die Verbreiterung und Vertiefung des Grabens über die alten Dimensionen hinaus bereits angeordnet. Dieses Fundament der Klage ist ebenso zulässig wie das weitere, der Graben sei vor Erlaß der Anordnung bereits ordnungsmäßig geräumt worden. Es besteht kein Streit, daß der Graben ein solcher ist, durch den das Wasser seinen ordentlichen und gewöhnlichen Ablauf hat (§ 100 I 8 A.-L.-R.). Die Behörde hatte daher das Recht, die Klägerin zur Räumung anzuhalten (§ 10 des Ges. vom 15. XI. 11) und zwar, wie das O.-V.-G. vielfach ausgesprochen hat, in den Dimensionen, die der Graben als Vorflutgraben (§ 100 I 8 A.-L.-R.) vor Erlaß der Anordnung gehabt hat. Verschlammung und Verkrautung verändern nicht ohne weiteres die alten Dimensionen des Grabens. Allerdings können sie dazu führen, so daß die öffentlich-rechtliche Verpflichtung zur Unterhaltung und Räumung sich nur auf die verkleinerten Dimensionen bezieht, wenn der Ablauf des Wassers in den verkleinerten Dimensionen mit Rücksicht auf das längere Bestehen dieses Zustandes als der ordentliche und gewöhnliche anzusehen ist; da es aber dem Ermessen des Instanzrichters unterliegt, welche Zeitdauer erforderlich ist, um diesen Zustand herbeizuführen, so kann dem Vorderrichter mit Recht nicht vorge-

worfen werden, er habe das Gesetz verletzt, wenn er eine neun Jahre lang bestehende Verkrautung und Verschlammung nicht dazu ausreichend erachtet hat.

Nr. 9. **Entsch.** v. 26. III. 98. III. 445.

§ 100 I. 8. A.-L.-R.

Die Wasserpolizeibehörde kann (Entsch. Bd. III S. 210, Bd. IIIV S. 237, Pr. Verw.-Blatt Jahrg. XIV. S. 161 und Jahrg. XV. S. 194) eine Grabenräumung nur alsdann anordnen, wenn zur Zeit des Erlasses der Verfügung oder doch bis zu verhältnißmäßig kurzer Zeit vor ihrem Erlaß thatsächlich ein Graben, durch den das Wasser seinen ordentlichen und gewöhnlichen Ablauf hatte, vorhanden gewesen ist.

Nr. 10. **Entsch.** v. 19. X. 96. III. 1291.

§ 100 I. 8. A.-L.-R.; § 10 Vorflutges. v. 11. XI. 1811.

1. An der Ansicht, daß der § 100 I 8 A.-L.-R. die Bedeutung einer öffentlich-rechtlichen Vorschrift hat, muß festgehalten werden. Sie folgt, abgesehen von der mangelnden Bezeichnung eines Berechtigten für die Geltendmachung der Räumungspflicht, daraus, daß der § 100 nach dem Aufbau des achten Titels zufolge des Marginales zu § 33 dem dort beginnenden Abschnitte angehört, welcher von den Einschränkungen des Eigentümers zum Besten des gemeinen Wesens bei Gebäuden, beim Bauen, bei Wäldern und schließlich bei Gräben und Wasserleitungen handelt, im Wesentlichen mit dem gemeinsamen Inhalte, daß im öffentlichen Interesse für die gesetzlich vorgesehenen Fälle die Pflicht der Unterhaltung vorgeschrieben wird, während aus dem Eigentume an sich die Befugnis folgen würde, eine Sache dem Verfall und dem Untergange zu überlassen. Erst mit dem § 102 beginnen die „Einschränkungen des Eigentums zum Besten des Nachbarn". Damit ist die Räumungspflicht aus § 100 zu einer öffentlich-rechtlichen Verpflichtung erklärt. Selbst wenn dies noch nicht aus dem A.-L.-R. selbst folgen sollte, so würde es doch jedenfalls durch den § 10 des Vorflutges. vom 15. XI. 1811 und den § 66 des Zust.-Ges. geschehen sein, in denen die öffentlich-rechtliche Natur der gesetzlichen Räumungspflicht bei Gräben anerkannt und zu zweifellosem Ausdrucke gebracht ist.

2. Diese öffentlich-rechtliche Räumungspflicht ist die Polizeibehörde befugt geltend zu machen, auch wenn es an einem allgemeinen Interesse fehlt. Der § 10 des Vorflutges., welcher die Voraussetzungen des polizeilichen Einschreitens zum Zwecke einer Räumung regelt, verlangt ein solches allgemeines Interesse nicht, sondern bezeichnet ausdrücklich das Interesse eines einzelnen Grundstücksbesitzers als genügend.

3. Wie das O.-V.-G. schon vielfach ausgesprochen hat, ist es für die Anwendung des § 100 I 8 A.-L.-G. ohne Belang, von wem, aus welchem Grunde und zu welchem Zwecke ein Graben oder Kanal, wodurch das Wasser seinen ordentlichen und gewöhnlichen Ablauf hat, angelegt worden ist; entscheidend ist nicht der Ursprung des Grabens oder Kanals, sondern allein die Thatsache, daß er vorhanden ist und das Wasser durch ihn seinen ordentlichen und gewöhnlichen Ablauf hat. Selbst eine unbefugte oder widerrechtliche Anlegung schließt die Anwendung des § 100 nicht aus; ebensowenig, daß das ablaufende Wasser dem Graben oder Kanal künstlich zugeführt wird. Ist hierdurch der thatsächliche Zustand, auf den es bei dem § 100 allein

ankommt, herbeigeführt worden und so greift, solange dieser Zustand besteht, der § 100 Platz. Gegen eine widerrechtliche künstliche Zuleitung von Wasser insbesondere kann nur von den hiergegen in den Gesetzen gegebenen Rechtsbehelfen Gebrauch gemacht werden. Geschieht dies nicht oder wird dadurch nicht der Erfolg erreicht, daß ein Graben oder Kanal, wodurch das Wasser seinen ordentlichen und gewöhnlichen Ablauf hat, nicht mehr vorhanden ist, so bewendet es bei der gegenüber der Polizeibehörde bestehenden Räumungspflicht.

4. Unerheblich ist es ferner, ob das Grundstück, das nach dem Graben entwässert, sein natürliches Gefälle nach dem Grundstücke, über das der Graben geht, hat. Es fragt sich nur, ob nach der Beschaffenheit des Grabens oder Kanals und nach dessen Niveau das Wasser in diesem seinen ordentlichen und gewöhnlichen Ablauf findet.

Nr. 11. Entsch. v. 4. XI. 95. III. 1369.

§ 100 I. 8. A.-L.-R.

Irrig ist die Annahme, daß der § 100 I 8 A.-L.-R. nur solche Gräben betrifft, welche das Wasser aus Privatflüssen oder Bächen abführen. Allerdings ist diese Ansicht in früheren Zeiten von dem vormaligen Ober-Tribunal vertreten worden (Rechtsfälle Bd. 8 S. 86, Schlesisches Archiv Bd. 5 S. 133); dieses selbst aber hat jene Ansicht später wieder fallen lassen (Striethorst, Archiv Bd. 44 S. 140, Bd. 59 S. 275), und das mit Recht, da sie in der That unhaltbar ist. Gerade die der geregelten Abführung des sonst wildablaufenden Wassers dienenden Gräben hat der § 100 im Auge. Ferner setzt der § 100 nicht eine Einwilligung des Eigentümers zu der Anlegung des Grabens voraus. Sie genügt daher weder, wie dies in einem Urteile des O.-V.-G. v. 15. X. 85 ausgesprochen ist, um die öffentlich-rechtliche Räumungspflicht des Eigentümers zu begründen, noch ist sie zu dessen Begründung erforderlich. Lediglich der thatsächlich bestehende Zustand ist entscheidend. Damit fällt z. B. die Einwendung, daß ein Pächter ohne Wissen des Eigenthümers einen Graben geschlagen hat. Weiter ist es für die Anwendung des § 100 gleichgültig, zu welchem Zwecke und aus welchem Grunde die Anlegung des Grabens erfolgt ist. Der § 100 greift daher auch dann Platz, wenn, ohne daß die Bestimmungen in § 103 ff. daselbst befolgt sind, ein Graben lediglich im Interesse der oberhalb liegenden Grundeigentümer hergestellt ist. Aus dieser rechtlichen Erwägung fällt ein Vorbringen, daß der Graben nur als Privatgraben und zu Privatzwecken angelegt sei. Endlich kann auch ein Einwand, daß es einem Graben an einem wesentlichen Kennzeichen der Gräben im Sinne des § 100, nämlich an dem bestimmungsgemäßen Ziele, fehle, wenn das Wasser, nachdem der Graben sein Ende erreicht, wild über den unterhalb liegenden Grund und Boden sich ergieße und in Wasserlachen stehen bleibe, nicht für zutreffend erachtet werden. Wenn damit gesagt sein würde, daß ein Graben im Sinne des § 100 in einen anderen Graben oder ein sonstiges Gewässers münden müsse, da sonst nicht angenommen werden könne, daß er dem ordentlichen Ablaufe des Wassers diene, so wäre diese Ansicht irrig. Entscheidend ist ausschließlich der Umstand, daß das von dem oberhalb gelegenen nachbarlichen Grundstücke kommende Wasser, soweit der Graben besteht, durch diesen und in diesem seinen ordentlichen geregelten Ablauf findet. Es ist daher schon früher von dem Oberverwaltungsgerichte ausgesprochen worden, daß der § 100 auch auf einen solchen Graben Anwendung findet, welcher auf dem Grundstücke des Verpflichteten endet (vergl. Gruchots Beiträge zur Erläuterung des Preußischen Rechts Bd. 18 S. 773).

Nr. 12. Entsch. v. 5. I. 98. III. 13.

§ 10 Vorflut; § 66 Zust.-Ges.; § 100 I. 8. A.-L.-R.

Der Begriff der Räumung ist keineswegs auf die Auskrautung und Reinhaltung eines bestehenden Wasserlaufes beschränkt; unter ihn fällt vielmehr, wie das O.-V.-G. in gleichmäßiger Rechtsprechung angenommen hat, die Beseitigung aller Abflußhindernisse, gleichviel ob diese durch die Natur oder von Menschenhand geschaffen sind, und in letzterem Falle, ob ein Dritter oder der Inanspruchgenommene selbst sie veranlaßt hat (Entsch. Bd. VIII S. 232, Bd. XXVIII S. 273). Voraussetzung für die Anwendung des § 66 des Zust.-Ges. ist nur, daß die Räumungsanordnung auf die öffentlich-rechtliche Pflicht zur dauernden Räumung des fraglichen Wasserlaufes und nicht darauf gestützt wird, daß der Inanspruchgenommene der Urheber des Abflußhindernisses sei (Entsch. Bd. XX S. 309, Bd. XXVIII S. 274). Zur eigenmächtigen Veränderung, insbesondere zur Verlegung eines Wasserlaufes an eine ihm geeigneter erscheinende Stelle ist der Verpflichtete nicht befugt (Bd. VIII S. 232). Ebensowenig ist er berechtigt, einen offenen Vorflutgraben nach seinem Belieben durch einen Drainstrang zu ersetzen. Die Befugnis der Wasserpolizeibehörde, im Wege der Räumungsverfügung die Wiederherstellung des früheren Zustandes zu verlangen, ist auch trotz eines seit Beseitigung des offenen Grabens verflossenen Zeitraums anzuerkennen, einmal, wenn es sich nur um einen nicht erheblichen Zeitablauf von z. B. 1½ Jahren handelt und ferner, wenn inzwischen die Vorflut in Drains, wenn auch in vermindertem Maße, fortbestanden hat und daher der Wasserlauf, wie er früher vorhanden war, auch in der Zwischenzeit niemals ganz beseitigt gewesen ist.

Nr. 13. Entsch. v. 18. II. 97. III. 223.

§ 66 Zust.-Ges.

Allerdings ist es richtig, daß der mit einer wasserpolizeilichen Verfügung in Anspruch Genommene, wenn er die Klage nur gegen die Wasserpolizeibehörde selbst und nicht zugleich im Sinne des § 66 Abs. 2 dritter Satz des Zust.-Ges. gegen den für verpflichtet erachteten Dritten richtet, aller Einwendungen gegen die Verfügung verlustig geht, welche sich darauf gründen, daß nicht er, sondern irgend ein anderer räumungspflichtig sei. Dagegen bleiben ihm alle diejenigen Einwendungen, welche gegen die Rechtsbeständigkeit der Verfügung an sich, also dahin gerichtet sind, daß dieselbe weder gegen den Kläger, noch gegen irgend einen Dritten habe gerichtet werden dürfen. Dahin gehört nicht nur der Einwand, daß die Polizei zum Erlasse der Anordnung nicht zuständig oder daß die Räumung nicht nothwendig gewesen sei, sondern insbesondere auch der Einwand, daß eine öffentlich-rechtliche Räumungspflicht, die von der Polizei geltend gemacht werden könne, überhaupt nicht in Frage stehe.

Nr. 14. Entsch. v. 2. VI. 97. III. 824.

§ 100 I. 8. A.-L.-R.; Hannov. Ges. v. 22. VIII. 47 § 147.

Die Wasserpolizeibehörde ist nach § 100 Titel 8 Teil I des A.-L.-R. und nach § 10 des Vorflutgesetzes vom 15. XI. 11, welche Vorschrift durch den § 147 des Hannoverschen Gesetzes vom 22. VIII. 47 nicht aufgehoben ist, berechtigt, die zur Herstellung der gestörten Vorflut erforderlichen Räumungsmaßregeln anzuordnen. Sie wird hieran auch nicht durch den etwaigen gleichzeitigen Charakter der Wasserabzüge als Wegegräben und Zubehörteile eines öffentlichen Weges gehindert, da die angeführten gesetzlichen Bestimmungen auch für solche Gräben gelten, die zugleich Wege- und Vorflutgräben sind, wie das O.-V.-G. bereits mehrfach ausgesprochen hat (vergl. Preuß. Verw.-Blatt Jahrg. 14 S. 378 und Jahrg. 15 S. 595).

Nr. 15. Entsch. v. 23. III. 98. III. 430.

§ 100 I. 8. A.-L.-R.; § 10 Vorflutges. vom 11. XI. 1811.

Auf einem Besitze hatte sich bis zum Jahre 1895 ein Graben befunden, durch den das Wasser der Seitengräben einer Landstraße seinen ordentlichen und gewöhnlichen Ablauf hatte (§ 100 T. 8 Teil I A.-L.-R.). Diesen Graben schüttete Kläger zu und ersetzte ihn durch eine Drainleitung, ohne daß die Vorflutinteressenten oder die Wasserpolizeibehörde hierzu ihre Genehmigung gegeben hätten. Der Amtsvorsteher ordnete die Öffnung des Grabens an. Kläger erhob Einspruch und, mit diesem zurückgewiesen, Klage. In der Berufungsinstanz wies der Bezirksausschuß die Klage ab. Die hiergegen vom Kläger angebrachte Revision erachtete das O.-V.-G. unter folgender Ausführung für begründet: Wenn der § 100 I. A.-L.-R. den Eigentümer öffentlich-rechtlich verpflichtet, diejenigen über sein Eigentum gehenden Gräben, wodurch das Wasser seinen ordentlichen und gewöhnlichen Ablauf hat, zu unterhalten, so wird durch § 10 des Vorflutges. die Voraussetzung und das Maß für das Einschreiten der Wasserpolizeibehörde näher bestimmt. Danach hängt das Einschreiten der Polizeibehörde davon ab, daß Nachteil für die Besitzer anderer Grundstücke oder nutzbarer Anlagen oder für die Gesundheit der Anwohner entsteht. Die gleiche Voraussetzung muß gelten, wenn zwar nicht die Räumung oder die Auskrautung vernachlässigt sind, sondern wenn der Graben verlegt oder in eine Drainleitung verwandelt worden ist. Stellen sich dabei keine Nachteile für die Besitzer anderer Grundstücke oder nutzbarer Anlagen oder für die Gesundheit der Anwohner heraus, so fehlt es an einer Ermächtigung der Polizei, von dem Räumungspflichtigen die Öffnung des alten Grabens zu verlangen. Deshalb geht der Vorderrichter unrichtig davon aus, der beklagte Amtsvorsteher sei befugt, die Räumung des Grabens zu fordern, selbst wenn er durch die Drainage überflüssig geworden sei.

Nr. 16. Entsch. v. 26. VI. 97. III. 951.

Ges. v. 28. II. 43 § 7.

Nach dem § 7 des Gesetzes über die Benutzung der Privatflüsse vom 28. II. 43 hat bei den Privatflüssen der Uferbesitzer nur die Pflicht zu einer Räumung, welche zur Verschaffung der Vorflut, d. h. zur Erhaltung oder Wiederherstellung des durch die Bodenverhältnisse gegebenen Wasserabflusses, erforderlich ist (s. z. B. Entsch. Bd. XI S. 244, Bd. XVIII S. 268, Bd. XXI S. 310). Über diese Grenze hinaus kann die Räumungspflicht des Uferbesitzers weder durch eine polizeiliche Verfügung noch durch eine Polizeiverordnung ausgedehnt werden (vergl. z. B. das Urteil des O.-V.-G. v. 13. I. 96 III. 60 in der Deutschen Juristen-Zeitung Bd. I S. 304 und das Urteil desselben v. 13. IV. 96 III. 476 in den Mitteilungen aus der Rechtsprechung der Verwaltungsgerichte Bd. II S. 389). Unter Räumung ist nicht blos die Entfernung dessen, was bereits in den Wasserlauf hineingelangt ist und den Abfluß hemmt, zu verstehen, sondern auch schon die Verhinderung, daß dergleichen in ihn hineingelangt, und deshalb kann die Befestigung und Instandsetzung der Ufer und die Verhinderung von Auskolkungen unter den Begriff der Räumung fallen, nämlich soweit sie zur Befriedigung des Vollflutbedürfnisses dienen (Entsch. Bd. VIII S. 229, Bd. IX S. 263, Preuß. Verw.-Bl. Jahrg. XV S. 195).

Nr. 17. Entsch. Bd. XXX. S. 305 vom 18 VI. 96. III. C. 146/95.

Zust.-Ges. §§ 18, 34, 47, 56, 66.

1. Den Verwaltungsgerichten ist die Entscheidung der Streitigkeiten der Beteiligten (Interessenten) vorbehalten über ihre in dem öffentlichen Rechte begründete Berechtigung oder Verpflichtung zu den Gemeindenutzungen und Lasten (§§ 18, 34 Zust.-Ges.), zu den Abgaben und Leistungen für Schulen (§ 46) und darüber, wem von ihnen die öffentlich-rechtliche Verbindlichkeit zum Schul- und Wegebau (§§ 47, 56) und zur Räumung von Gräben und sonstigen Wasserläufen (§ 66) obliegt. Danach tritt die Zuständigkeit der Verwaltungsgerichte nicht ein, wenn unter den Parteien die Anwendung des öffentlichen Rechts außer Streit ist und von dem Beklagten unter Anerkennung seiner öffentlich-rechtlichen Verpflichtung zu den betreffenden Leistungen lediglich bestritten wird, daß dem Kläger ein Ersatzanspruch überhaupt oder in dem behaupteten Umfange zusteht. Sie tritt aber auch nicht unbedingt dann schon ein, wenn der Beklagte seine öffentlich-rechtliche Pflicht in Abrede nimmt. Wollte man so weit gehen, dann würde die Zuständigkeit der Verwaltungsgerichte nicht blos für die Feststellungsklage und die Klage auf Ersatz des an Stelle des Beklagten Geleisteten begründet sein, sondern auch für die Klage auf Ersatz des dem Kläger aus der unterbliebenen oder nicht gehörig bewirkten Erfüllung der öffentlich-rechtlichen Pflicht erwachsenen Schadens und für alle sonst aus der öffentlich-rechtlichen Pflicht des Beklagten abzuleitenden Ansprüche. Dies ist in dem Urteile Bd. XXIII S. 130 der Entsch. bereits ausgesprochen worden (vergl. Entsch. des Reichsgerichts in Zivilsachen Bd. XXVII S. 207). Unter den Streitigkeiten der Beteiligten über ihre in dem öffentlichen Rechte begründeten Verpflichtung zu Verbandslasten und gewissen Leistungen sind nur Streitigkeiten unter solchen Personen zu verstehen, die als Träger der öffentlich-rechtlichen Verbindlichkeit für den Verband oder die Behörde in Betracht kommen können. In diesem Sinne ist auch die Begründung zu dem Zust.-Ges. (von Brauchitsch, Verwaltungsgesetze, 10. Aufl. Bd. I S. 190) aufzufassen.

2. Die Ersatzklage aus § 66 Abs. 4 Satz 3 des Zust.-Ges. ist dann nicht begründet, wenn die öffentlich-rechtliche Verpflichtung im Sinne des § 66 (die dauernde Räumungspflicht) des Klägers weder von der Behörde noch von dem Beklagten behauptet war und wird auch von ihm selbst zur Zeit der Erfüllung der vermeintlich dem Beklagten obliegenden Verbindlichkeit nicht vorausgesetzt, die Leistung vielmehr von ihm in dem Bewußtsein bewirkt worden ist, daß die öffentlich-rechtliche Pflicht nicht für ihn, sondern den Umständen nach notwendig für einen andern bestehe.

3. Ueber die Stellung des I. und IV. Senats und des Reichsgerichts siehe Entsch. des O.-V.-G. Bd. XVIII S. 171, Bd. XXIII S. 129, 147, Bd. XXV S. 264, Entsch. des Reichsgerichts in Zivilsachen Bd. XXVII S. 207.

4. Von der dauernd zu erfüllenden Räumungspflicht unterscheidet sich begrifflich die aus anderen Gründen polizeilich erzwingbare Pflicht zur Ausführung einer einzelnen Räumung (z. B. wenn Jemand, der nicht räumungspflichtig ist, ein Vorfluthindernis geschaffen hat, und dies beseitigen soll). Verfügungen der letz-

teren Art sind nicht nach § 66 des Zust.-Ges., sondern nach den §§ 127 fgd. des L.-V.-G. anzugreifen. Wird eingewendet, daß ein dritter zu der Leistung verpflichtet sei, so braucht gegen ihn die Klage nicht zugleich gerichtet werden; es giebt sogar eine solche Klage nicht; die Verfügung ist vielmehr aufzuheben, wenn der Einwand begründet ist (Entsch. Bd. XX S. 308, Bd. XXV S. 289, Bd. XXVIII S. 273).

1. Entsch. des Reichsgerichts III. Zivilsenat v. 11. Febr. 1896: „Durch das Gesetz vom 1. August 1883 ist die Zuständigkeit der Verwaltungsgerichte auch durch gewisse Streitsachen, welche nach allgemeinen Grundsätzen als „Bürgerliche Rechtsstreitigkeiten" anzusehen wären, ausgedehnt worden und wird, wenn einmal begründet, auch durch den Hinzutritt privatrechtlicher Elemente (Geschäftsführung, nützliche Verwendung, notwendige Cession u. s. w.) nicht ausgeschlossen. (von Brauchitsch B. 1 S. 187.) In allen diesen Fällen aber ist die Zuständigkeit der Verwaltungsgerichte davon abhängig, daß der streitige Anspruch aus öffentlich-rechtlichen Verhältnissen hergeleitet wird. (Entsch. des O.-V.-G. Bd. 18 S. 169, Bd. 23 S. 131.) Namentlich ist nach § 18 Abs. 3 des erwähnten Gesetzes der Streit zweier Beteiligten darüber, wem von ihnen die Verpflichtung zur Tragung einer Gemeindelast obliege, nur dann den Verwaltungsgerichten überwiesen, wenn die betreffende Verpflichtung ihre Grundlage im öffentlichen Rechte hat. Auch die Entsch. des R.-G. Bd. 32 S. 345, Bd. 34 S. 307 beziehen sich lediglich auf solche Fälle, in welchen die streitige Verpflichtung auf dem öffentlichen Rechte beruht. (Preuß. Verw.-Bl. Jahrg. 17 S. 286.)

2. Die Bezeichnung „Beteiligte" stammt aus der Kreisordnung vom 13. Dezember 1872. Nach § 61 daselbst waren „Beteiligte" diejenigen, an die die Wegepolizeibehörde Anforderungen in Betreff eines polizeilich zu erzwingenden Wegebaues stellen wollte und stellte. Gehörten sie verschiedenen Amtsbezirken an, so sollte der Kreisausschuß denjenigen Amtsvorsteher bezeichnen, der mit der Zwangsverfügung u. s. w. vorzugehen hatte. Ebenso sollte nach § 135 II. 1b. der Kreisausschuß entscheiden, von wem und auf wessen Kosten das Erforderliche für den Wegebau geschehen müsse. Dem Beteiligten blieb der Rechtsweg offen gegen den, welchen er zu der ihm angesonnenen Leistung für verpflichtet erachtete. Eine gleiche Vorschrift bestand, nur daß das Wort „Beteiligte" nicht gebraucht wurde, für Räumungssachen (§ 135 III 1. c.). Der § 61 Abs. 3 wurde durch § 55 des Kompetenzgesetzes vom 26. Juli 1876 ersetzt, der Ausdruck „Beteiligter" blieb; für § 135 III. 1c. erging § 98 des Kompetenzgesetzes:

> „Entsteht über die Verpflichtung zur Räumung von Gräben u. s. w. unter den Beteiligten Streit, so entscheidet hierüber der Kreisausschuß im Streitverfahren."

von Brauchitsch bemerkt dazu:

> „Nach vorgängiger Vernehmung der Beteiligten: es handelt sich um Räumung auf gemeinsame Rechnung."

Auch brachte das Kompetenzgesetz die §§ 77 ff., welche von dem Streite der Beteiligten über Leistung von Schulbeiträgen und zum Bau und zur Unterhaltung einer Schule handeln. Die Motive (bei von Brauchitsch S. 252 I. Aufl.) sagen, daß von den Kreisverwaltungsgerichten die Rechtsfrage zu entscheiden sei, wem die Verpflichtung zur Tragung der Kosten obliege und nach welchen Grundsätzen die Kosten unter die Verpflichteten zu verteilen seien. Die Novelle zur Kreisordnung (19. März 1881) brachte dann in Bezug auf die Unterhaltung der öffentlichen Wege in Art IV. § 2 Abs. 4 die Vorschrift, daß die Streitigkeiten der Beteiligten darüber, wem von ihnen die öffentlich-rechtliche Verpflichtung zur Anlegung u. s. w. eines öffentlichen Weges obliege, zur Zuständigkeit der Verwaltungsgerichte gehören. Das Zuständigkeitsgesetz vom 1. August 1883 hat diese Bestimmung auch auf Räumungs- und Schulbausachen ausgedehnt. In der Entsch. Bd. 3 S. 208 wird ausgeführt, daß zu den Beteiligten im Sinne des § 98 des Kompetenzgesetzes nur diejenigen zu rechnen seien, denen eine Leistung von der Polizeibehörde angesonnen werde, oder die sich als Verpflichtete gegenüberstehen (S. 209). Ebenso Bd. 3 S. 190 und in Schulsachen ist das Wort „Beteiligte" gleichfalls in jenem Sinne aufgefaßt in den Entscheidungen Bd. 7 S. 221, Bd. 9 S. 136, 137. Der Abs. 3 § 66 des Zuständigkeitsgesetzes spricht deutlich: „wem von ihnen" die Pflicht obliegt. Es giebt also eine Feststellungsklage (§ 231 der Zivilprozeßordnung), die im Verwaltungsstreitverfahren zu verfolgen wäre, nicht schon dann, wenn der Kläger ein Vermögens- oder anderes Interesse an der Feststellung eines Rechtsverhältnisses, hier der abstrakten Räumungspflicht, also nur ein rechtliches Interesse im Sinne des § 231 hat, vielmehr ist erforderlich, daß der Kläger zu den Beteiligten im Sinne des § 66 des Zuständigkeitsgesetzes gehört; beteiligt wird allemal der sein, von dem die Polizei eine Räumung fordert oder gefordert hat, oder der sich durch eine Anordnung der

Polizei bedroht sieht, nicht aber der Oberlieger, der nur ein Privatinteresse hat, daß der sein Wasser abführende Graben geräumt wird und der als Verpflichteter nach Lage der betreffenden Sache niemals in Frage kommt.

Nr. 18. Entsch. v. 4. IV. 95. III. 433.

§ 66 Zust.-Ges.

Nach § 66 Abs. 2 des Zust.-Ges. ist die Klage gegen den Beschluß der Wasserpolizeibehörde, soweit der Inanspruchgenommene zu der ihm angesonnenen Leistung aus Gründen des öffentlichen Rechts statt seiner einen dritten für verpflichtet erachtet, zugleich gegen diesen zu richten, d. h. der Klageantrag muß dahin gehen, daß der Dritte statt des Klägers die von der mitbeklagten Wasserpolizeibehörde angeordnete Räumung vornehme. Die Bedeutung der Vorschrift im Abs. 2 liegt, wie in dem Erkenntnisse des O.-V.-G. vom 23. V. 87 (Entsch. Bd. XV S. 331) ausgeführt worden ist, wesentlich darin, daß, wenn die Klage gegen einen die Räumung eines Wasserlaufes anordnenden Beschluß der Wasserpolizeibehörde lediglich gegen diese Behörde gerichtet ist, der Kläger der Behörde gegenüber den Einwand, daß zu der ihm angesonnenen Leistung aus Gründung öffentlichen Rechts nicht er, sondern ein Dritter verpflichtet sei, verliert und der Anordnung, soweit sie nicht aus anderen Gründen rechtswidrig ist, unbeschadet seines Rechts, den Ersatz des von ihm Geleisteten im Wege der Klage gemäß Abs. 4 Satz 3 a. a. O. von dem zur Leistung Verpflichteten zu fordern, Folge leisten muß. Nach geltendem Rechte werden die ergehenden Entscheidungen zwar auch dem Beigeladenen gegenüber giltig (§ 70 des L.-V.-G.), der Beigeladene aber kann zu nichts verurteilt werden. Die Beiladung kann daher kein Mittel sein, den Kläger von der ihm angesonnenen Leistung zu befreien.

Nr. 19. Entsch. v. 3. X. 95 III. 1223.

§ 66 Zust.-Ges.

Unter den Begriff der Räumung fällt die Beseitigung aller Abflußhindernisse, gleichgültig ob diese durch die Natur oder von Menschenhand geschaffen sind und in letzterem Falle, ob ein Dritter oder der Inanspruchgenommene selbst sie geschaffen hat. Wesentlich für die Anwendung des § 66 des Zust.-Ges. und in Folge dessen für die Frage, welches Rechtsmittel gegen die Anordnung zulässig ist, erscheint, daß die Räumung nicht verlangt wird, weil der Inanspruchgenommene der Urheber des Abflußhindernisses sei, sondern weil er die öffentlich-rechtliche Pflicht der dauernden Räumung habe (Entsch. Bd. XX S. 309, Preuß. Verw.-Bl. Jahrg. XIII S. 351, Jahrg. XV S. 26; Entsch. vom 2. IV 94 — III C. 98/93 —). Wenn der § 66 Abs. 2 Satz 3 eine Klage gegen den Dritten abweichend von den Vorschriften in den §§ 127 ff. des L.-V.-G. und unter der Voraussetzung zuläßt, daß der Dritte zu der dem Kläger angesonnenen Leistung aus Gründen des öffentlichen Rechts verpflichtet ist, so hat diese Bestimmung den Sinn und die Bedeutung, daß, wenn der Dritte und nicht der Kläger öffentlich-rechtlich zur dauernden Räumung des Wasserlaufes verpflichtet ist, der Kläger von der angesonnenen Leistung frei und der Dritte in die Verpflichtung durch Erkenntnis eingesetzt wird. Das Fundament der Klage muß demnach sein, daß die dauernde Pflicht zur Räumung nicht bei dem Kläger, sondern bei dem Dritten ruhe. Daraus ergiebt sich, daß als Fundament der Klage unstatthaft ist: die Verpflichtung des Dritten, den Inanspruchgenommenen für die von der Wasserpolizei angeordnete Räumung (§ 66) schadlos zu halten, und die Verpflichtung des Dritten, den Wasserlauf zu räumen, wie in der Verfügung gefordert wird, aber nicht in Folge einer dauernden Räumungspflicht, sondern weil die Wasserpolizeibehörde aus anderen Gründen die Wegnahme der Vorflutshindernisse von dem Dritten verlangen kann. In letzterer Beziehung hat das O.-V.-G. wiederholt ausgesprochen, daß sich die Polizei an den Urheber polizeiwidriger Zustände mit der Auflage halten kann, diesen Zuständen Abhülfe zu schaffen. Damit ist zwar ausgedrückt, daß die Polizeibehörde ein Recht hat, den Urheber zur Abstellung der von diesem geschaffenen polizeiwidrigen Zustände anzuhalten, und daß der Urheber verpflichtet ist, einem entsprechenden Gebote nachzukommen, aber die Verpflichtung, die selbstgeschaffenen Vorfluthindernisse zu beseitigen, ist begrifflich nicht gleichzustellen der Verpflichtung, den Wasserlauf dauernd zu räumen, und die erstere Verpflichtung erzeugt auch nicht etwa die zweite. Beide können nebeneinander bestehen. Daraus folgt weiter, daß eine Klage aus § 66 Abs. 2 Satz 3 nicht auf die Behauptung gestützt werden darf, der Dritte habe die Abflußhindernisse, deren Beseitigung mit einer Räumungsverfügung (§ 66 Abs. 1) gefordert wird, verursacht, und sei deshalb zu ihrer Beseitigung verbunden, sondern nur darauf, er sei aus Gründen des öffentlichen Rechts zur dauernden Räumung des Wasserlaufs verpflichtet, diese Verpflichtung liege dem Dritten, nicht dem Kläger, ob.

Nr. 20. Entsch. v. 23. VI. 97. III. 923.

Die Wasserpolizeibehörde hatte von der Klägerin die Reinigung eines Baches verlangt, den die Klägerin und mehrere Andere verunreinigt hatten. Das O.-V.-G. erachtete den Einwand, daß die Verfügung hätte an alle Urheber gerichtet werden müssen, für nicht durchschlagend.

Nr. 21. Entsch. Bd. XXX. S. 296 v. 2 VII. 96. III C. 198/95.

Ges. v. 28. II. 43 § 7 (G.-S.-S. 41.); A.-L.-R. Teil II. Tit. 11 § 710.

1. Das Obertribunal hat die kirchliche Baulast gemäß § 710 II 11 A.-L.-R. nach einer ununterbrochenen Gewohnheit (Observanz siehe Rehbein, Entsch. des Obertribunals Bd. I S. 27) festgestellt, sowohl dahin, daß sie dem jedesmaligen Inhaber der Pfarre des Kirchspiels und nicht dem Kirchspiele obliegt (Entsch. des Obertribunals Bd. XIII S. 97), wie auch dahin, daß sie sich nach der ununterbrochenen Gewohnheit des Beitragsverhältnisses bestimmt zwischen dem Patron und der Kirchengemeinde (Striethorst, Archiv Bd. XXVII S. 71), zwischen mehreren Patronen einer Kirche (Entsch. Bd. LI S. 288, Striethorst, Archiv Bd. LXI S. 140) und auch zwischen der Kirchengemeinde und einer bürgerlichen Gemeinde, wiewohl zwischen beiden eine Verbands- oder auch nur eine Interessengemeinschaft nicht bestand (Entsch. Bd. LXI S. 228, Striethorst Bd. LXXX S. 183). Auch zur Begründung der Verbindlichkeit des Staates zur Unterhaltung der Brücken eines einzelnen Gemeindebezirks ist die Observanz für geeignet erachtet worden (Entsch. Bd. LXV S. 196). Ebenso hat das Reichsgericht für das gemeine Recht die Observanz und das Herkommen zur Regelung der kirchlichen Baulast zwischen zwei Kirchengemeinden und zwischen einer Kirchen- und einer bürgerlichen Gemeinde für geeignet erachtet (Entsch. in Civilsachen Bd. XI S. 212, XXXIII S. 306; Kirchliches Gesetzblatt des Oberkirchenrats 90/91 S. 50). Für das Kirchen- und öffentliche Wegerecht, soweit danach Observanzen überhaupt zu berücksichtigen sind, ist das O.-V.-G. von gleichen Grundsätzen hinsichtlich der den Patronen und den Kirchengemeinden, sowie der den Gemeinden und Gutsherrschaften u. s. w. obliegenden Leistungen ausgegangen (Entsch. Bd. XVIII S. 177, Bd. XII S. 275, Bd. XIII S. 289, Bd. XVI S. 290). Dasselbe gilt für die ununterbrochene Gewohnheit

des § 7 des Privatflußgesetzes v. 28. II 43; es ist nicht richtig, daß sie nur innerhalb eines Verbandes als eine allgemeine, für die gleichartigen Rechtsverhältnisse der Verbandsgenossen maßgebende Rechtsnorm in Betracht kommt.

2. Das Privatflußgesetz unterscheidet nicht, ob die ununterbrochene Gewohnheit für die Privatflüsse in ihrem ganzen Laufe oder doch für die in räumlich abgegrenzten Verbänden belegenen Strecken die einheitliche Norm für alle beteiligten Uferbesitzer bildet. Das Gesetz hat es bei dem Hergebrachten bewenden lassen wollen, gleichviel ob sich daraus die Räumungspflicht für die Strecke eines einzelnen Uferbesitzers oder eine Mehrheit von Uferbesitzern bestimmt. Nach derselben Richtung hin sind ferner auch neue Rechtsbildungen zugelassen.

Nr. 22. Entsch. v. 27. XI. 97. III. 1605.

§ 7 Ges. v. 28. II. 43.

Der Ausdruck „ununterbrochene Gewohnheiten" im § 7 Ges. v. 28. II. 43 ist gleichbedeutend mit Observanz. Ihr Bestehen oder Nichtbestehen hat auch der Revisionsrichter frei nachzuprüfen.

Nr. 23. Entsch. v. 7. XI. 97. III. 1488.

§ 110 I. 8. A.-L.-R.

Daß die in Auseinandersetzungs-, Gemeinheitsteilungs- und Ablösungs-Rezessen über die Regelung öffentlich-rechtlicher Verhältnisse, wie über den Bau und die Unterhaltung öffentlicher Wege und Gräben, über das Beitragsverhältnis zu den Gemeinde-, Kirchen- und Schullasten getroffenen Festsetzungen nicht lediglich den Charakter von vertragsmäßigen, nach den Normen des Privatrechts zu beurteilenden Abmachungen zwischen den Interessenten an sich tragen, sondern als unter Mitwirkung der hierzu staatlich verordneten Auseinandersetzungsbehörden zu Stande gekommene autonome Satzungen des lokalen öffentlichen Wege-, Gemeinde-, Kirchen- und Schulrechts bezw. als die Beurkundung solcher Satzungen, mithin nicht sowohl als besondere Rechtstitel im Sinne des Privatrechts, sondern als objektives lokales öffentliches Recht zu gelten haben, ist von dem O.-V.-G. bereits wiederholt (vergl. Entsch. Bd. IV S. 109 ff., Bd. VI S. 186 ff. und S. 190 ff., Bd. XIII S. 260 ff.) und insbesondere in der Bd. XIV S. 246 abgedruckten Entscheidung ausgesprochen worden. Es folgt dies u. A. aus den Bestimmungen der §§ 4, 43 und 159 der Verordnung v. 20. VI. 17, den §§ 7 und 11 der Verordnung v. 30. VI. 34 sowie dem § 9 des Ausf.-Ges. v. 7. VI. 21. Speziell in Beziehung auf die Ausweisung und Regulierung von Entwässerungs-, Bewässerungs- und Grenzgräben seitens der Auseinandersetzungsbehörden treffen Bestimmungen die §§ 97 und 98 der Gemeinheitsteilungs-Ordnung v. 7. VI. 21 und der § 138 der Verordnung v. 20. VI. 17. Die letztere Bestimmung nennt unter den „Gegenständen, die bleibende Verhältnisse in Absicht der Grundteilung betreffen und worüber die angemessenen Bestimmungen in dem Plane enthalten sein müssen", insbesondere auch „Abzugs- und Bewässerungsgräben". Die Bestimmung der Lage, Breite und Tiefe der Gräben und ihrer Eigenschaft als Grenzgräben, Ent- oder Bewässerungsgräben ist daher Aufgabe der Auseinandersetzungsbehörde und Teil des das Auseinandersetzungsverfahren abschließenden Rezesses, und an diese Bestimmungen ist die Wasserpolizeibehörde bei Ausübung ihrer öffentlich-rechtlichen Befugnisse in Beziehung auf die so ausgewiesenen Gräben gebunden, so lange nicht in rechtsgültiger Weise unter Zustimmung der Rechtsbeteiligten eine Abänderung der Rezeßbestimmungen stattgefunden hat.

b) Strom-, Schiffahrts- und Ortspolizei, öffentliche Flüsse und ihre Schiffbarkeit, Strombauverwaltungsgesetz, Uferschutzbauten, Fähren, Wasserbauinspektoren.

Nr. 1. Entsch. v. 7. V. 98. III. 688.

Das Erk. v. 17. XII. 79 (Entsch. Bd. VI S. 94) begründet den Satz, daß die öffentlichen Flüsse in kommunaler Beziehung regelmäßig zu den sie umgebenden Gemeinde- und Gutsbehörden gehören. Damit sollte nicht ausgesprochen werden, daß im Gegensatze zu einer bestimmten historischen Entwickelung oder zu einem die kommunale Zugehörigkeit anderweitig regelnden Staatsakte die öffentlichen Flüsse immer Teile der angrenzenden Gemeindebezirke seien, sondern daß weder das gemeine Eigentum des Staats an den öffentlichen Flüssen noch der öffentlich-rechtliche Charakter der schiffbaren Ströme die kommunalen Verhältnisse beeinflussen und daß ihre Grundfläche in Bezug auf diese Frage nicht anders zu behandeln sei, als Grundstücke, die nicht im allgemeinen Eigentume des Staats stehen und nicht res publicae oder res extra commercium seien.

Nr. 2. Entsch. v. 8. IV. 95. III. 446.

Ein Nebenarm oder eine Ausbuchtung eines öffentlichen Flusses ist auch ein solcher (Entsch. Bd. XVIII S. 285) und teilt dessen Eigenschaften (Entsch. Bd. XI S. 238).

Nr. 3. Entsch. v. 20. XI. 97. III. 1566.

1. Ein Teil der Saale ist der Landesschule Pforta bei ihrer Gründung zu privatem Eigentume überwiesen worden. Innerhalb dieser Strecke befand sich eine Kiesablagerung, deren Beseitigung der Regierungspräsident im Interesse des Flößereibetriebes von der Landesschule verlangte. Die letztere klagte gegen den die Verfügung aufrechterhaltenden Bescheid des Oberpräsidenten; das O.-V.-G. hob den Bescheid aus folgenden Gründen auf:

2. Die Verpflichtung der Klägerin, zur Beseitigung der dem Flößereibetriebe hinderlichen Kiesablagerung im Saalebette wird sowohl in der Verfügung des Regierungspräsidenten als auch in dem Bescheide des Oberpräsidenten auf den von dem O.-V.-G. in einer größeren Anzahl von Entscheidungen (Bd. VII S. 351, Bd. VIII S. 330, Bd. X S. 180, Bd. XII S. 311, Bd. XIII S. 325, Bd. XVI S. 321, Bd. XVIII S. 414, Bd. XXIII S. 396, Bd. XXIV S. 399, Bd. XXVII S. 426) ausgesprochenen Rechtsgrundsatz gestützt, daß dem Eigentümer die öffentlich-rechtliche Verbindlichkeit obliege, sein Eigentum jederzeit und dauernd in einem mit dem Gemeinwohle verträglichen Zustande zu erhalten und nur so zu benutzen, daß polizeilich zu schützende öffentliche Interessen nicht beeinträchtigt und gefährdet werden. Dieser Satz läßt aber eine Anwendung auf den hier vorliegenden Fall überhaupt nicht zu. Denn es handelt sich hier nicht um die Abwendung von Gefahren, welche durch polizeiwidrige Zustände auf dem Eigentume der Klägerin für die Allgemeinheit hervorgerufen sind, sondern vielmehr darum, daß die Klägerin durch die Beseitigung der an sich — abgesehen von dem Flößereibetriebe — zu keinerlei Gefahren Veranlassung gebenden Kiesablagerung die in ihrem Eigentume stehende Flußstrecke für den Betrieb eines bestimmten Gewerbes her-

richten und tauglich erhalten soll. Selbst was den Flößereiverkehr anlangt, ist nicht sowohl eine durch die Kiesablagerung hervorgerufene Gefahr, als vielmehr nur eine erhebliche Erschwerung und bei niedrigem Wasserstande gänzliche Verhinderung des Betriebes zur Rechtfertigung der Verfügung geltend gemacht worden. Der oben angeführte Rechtsgrundsatz, der in der Entsch. Bd. VIII S. 330 auf die Erwägung gestützt worden ist, daß ohne ihn eine geordnete menschliche Gesellschaft nicht bestehen könne, würde aber eine von diesem Grunde nicht mehr getragene Ausdehnung über das naturgemäße und in der bisherigen Rechtsprechung nicht verlassene Gebiet seiner Anwendung erhalten, wenn aus ihm eine Verpflichtung des Eigentümers hergeleitet würde, sein Eigentum zu Gunsten des Gewerbebetriebes dritter Personen auf seine Kosten in Stand zu setzen und zu erhalten, also nicht mehr im Sicherheitsinteresse zum Schutze anderer gegen die von seinem Eigentume ausgehenden Gefahren, sondern im Wohlfahrtsinteresse zur Förderung von Handel und Wandel kraft seines Eigentums Aufwendungen zu machen. Eine so weitgehende Auslegung jenes Satzes ist daher unzulässig. Dementsprechend hat das O.-V.-G. denn auch bereits Entsch. Bd. X S. 180 ausgeführt, daß aus dem mehrerwähnten Grundsatze die Verpflichtung des Eigentümers eines Privatflusses, seinerseits Uferbauten auf seine Kosten zum Schutze der anliegenden Grundstücke vor Uferabbruch auszuführen, nicht hergeleitet werden könne. Es würde auch nicht abzusehen sein, wo die Verpflichtung des Eigentümers zur Erhaltung der Flößbarkeit eines Flusses, wenn die obige Rechtsregel hier Platz greifen könnte, ihre Begrenzung finden sollte, da zu einer solchen Erhaltung ebensowohl auch umfangreiche Uferbefestigungen und Flußbauten erforderlich werden können. Nur der Staat aber und der Regel nach nicht der einzelne Privateigentümer eines Flusses oder einer Flußstrecke ist vermöge des ihm zu Gebote stehenden Apparates an technisch geschulten Kräften sowie vermöge seiner Organisation und seiner Mittel in der Lage, so umfangreiche und einer einheitlichen Vorbereitung und Leitung bedürfende Maßnahmen, wie sie zur Erhaltung eines Flusses in flößbarem Zustande meistens erforderlich sind, zur ordnungsmäßigen Ausführung zu bringen. Die allgemeine Pflicht des Eigentümers, sein Eigentum in einem polizeilich zu schützende Interessen nicht gefährdenden Zustande zu erhalten, kann aber ferner, wie das O.-V.-G. in mehrfachen Entsch. (Bd. XVI S. 321, Bd. XVIII S. 414) ausgesprochen hat, in solchen Fällen überhaupt nicht geltend gemacht werden, in denen die öffentlich-rechtlichen Pflichten des Eigentümers durch spezielle Rechtsnormen bereits anderweit positiv geregelt worden sind und an diesen ihre rechtliche Schranke finden. Eine solche Regelung hat aber, was den Flößereibetrieb auf Privatflüssen betrifft, bezüglich der Rechte und Pflichten der Eigentümer des Flusses sowie der Uferbesitzer, Stauungs- und Leitungsberechtigten in erschöpfendem Maße das Privatflußgesetz v. 28. II. 43 in den §§ 8—12 getroffen. Nirgends aber sieht es, sei es für bereits flößbare (§ 12) sei es für erst flößbar zu machende Privatflüsse (§§ 8—10) eine Verpflichtung des Eigentümers vor, für die zur Sicherheit und Bequemlichkeit des Flößereibetriebes erforderlichen Anstalten seinerseits zu sorgen.

3. Sofern daher die im Eigentume der Klägerin stehende, unbestritten nicht schiffbare Saalestrecke, wie anzunehmen, ein Privatfluß ist, steht der Anwendung des mehrerwähnten Rechtsgrundsatzes außer den oben geltend gemachten allgemeinen Gründen schon der Umstand entgegen, daß die positiven Bestimmungen des Privatflußgesetzes keinen Raum zu darüber hinausgehenden Anforderungen an den Eigentümer lassen. Sollte dagegen, was dahingestellt bleiben kann, aus Bestimmungen des sächsischen Partikularrechts im Gegensatze zu den Vorschriften des A.-L.-R. (§ 38 Tit. 15, § 21

Tit. 14 (Teil II) der Charakter dieser Saalestrecke als eines öffentlichen Stromes gefolgert werden können, so würde die der Klägerin auferlegte Leistung in der zu ihrer Begründung herangezogenen Rechtsregel, weil diese hierher überhaupt unanwendbar ist, ebenfalls keine Stütze finden.

Im Uebrigen sei hier bemerkt, daß in Wirklichkeit die Saale an der Strecke, weil sie nicht schiffbar ist, auch kein öffentlicher Fluß ist. Die Vorschriften des sächsischen Partikularrechts stimmen mit denen des A.-L.-R. überein.

Nr. 4. Entsch. Bd. XXXI. S. 233. v. 3. XII. 96. III A. 21/96.

L.-V.-G. §§ 127, 128, 130.

1. Der Polizeipräsident zu Danzig, welcher neben der ihm obliegenden Ortspolizeiverwaltung mit der einen Zweig der Landespolizei bildenden Verwaltung der Strom-, Schiffahrts- und Hafenpolizei für eine bestimmte Stelle der Weichsel betraut ist, hatte eine Verfügung erlassen, wodurch gewisse Einrichtungen bei auf der Weichsel fahrenden Dampfern im Interesse der zu befördernden Personen und während ihrer Beförderung angeordnet worden waren. Das O.-V.-G. erachtete diese Anordnung als eine landespolizeiliche, erlassen von einem Organe des Regierungspräsidenten und in dessen Auftrage. Gegen die Anordnung war deshalb nur die Beschwerde an den Oberpräsidenten für zulässig erachtet worden (§ 130 L.-V.-G).

2. Der Oberpräsident hatte einen sachlichen Bescheid auf die bei ihm eingelegte Beschwerde nicht erlassen, sondern sich nur für unzuständig erklärt. Dies erachtete das O.-V.-G. als genügend zur Anstellung der Klage, denn auch ein keine sachliche Entscheidung treffender Beschwerdebescheid sei ein solcher, gegen den die Verwaltungsklage stattfinde und auf diese Klage könne nur in der allgemein zulässigen Weise entschieden werden, d. h. einerseits unter den Beschränkungen des Abs. 3 § 127 und des Abs. 2 des § 128 L.-V.-G., andererseits auch allein so, daß entweder der Bescheid und die dadurch aufrecht erhaltene Verfügung außer Kraft gesetzt oder die Klage abgewiesen werde.

In Preußen ist der staatsrechtliche Grundsatz anerkannt, daß nur das Gesetz gesetzlich eingesetzte Behörden beseitigen und an ihrer Stelle andere Behörden mit eigener Amtsgewalt schaffen kann. In Frankreich gilt derselbe Grundsatz. Aucoc (conférences sur l'administration et le droit administratif 1878—1882 I. Nr. 31) drückt dies dahin aus: le pouvoir législatif a seul le droit d'établir la competence des autorités qui dirigent la société ou statuent sur les contestations relatives á l'application de la loi (Mayer, Theorie des Fränzösischen Verwaltungsrechts S. 30). Daraus folgt, daß wenn das Gesetz eine Behörde mit eigener Amtsgewalt, durch die sie befähigt wird zu Willensäußerungen mit bindender Kraft, geschaffen hat, diese Amtsgewalt nicht durch eine bloße Verwaltungsmaßregel von der Behörde auf eine andere übertragen werden darf. Dazu bedarf es ebenfalls des Gesetzes. Die Strom- und Schiffahrtspolizei ist gesetzlich Landespolizei (Entsch. Bd. III. S. 213 Bd. VIII. S. 337 Bd. XV. S. 240, Erk. vom 17. Februar 1896 III. 200), die Exekutive, also der König und die Minister, dürfen daher ohne Gesetz den mit der Landespolizei beauftragten Behörden ihre Zuständigkeit nicht nehmen und anderen Behörden nicht übertragen. Der § 138 des L.-V.-G. hat hierin nichts geändert und nichts ändern wollen. In diesem Paragraphen ist nur ausgedrückt, daß wenn besondere unmittelbar von dem Minister für Handel und Gewerbe ressortierende Behörden in der Verwaltung der Strom-, Schiffahrts- und Hafenpolizei beauftragt sind, diese Behörden die Befugnis haben, Polizeivorschriften zu erlassen. Durch den Paragraphen werden einerseits die bisher zur Verwaltung der genannten Polizeizweige berufenen Behörden gesetzlich anerkannt, dann aber andererseits nichts bestimmt, wie solche Behörden zur Verwaltung jener Zweige neu berufen werden können (vergl. Entsch. Bd. XV. S. 340). Das letztere richtet sich nach allgemeinen staatsrechtlichen Grundsätzen. Den Wasserbauinspektoren ist durch kein Gesetz der Auftrag geworden, als Behörde mit eigener Amts- und polizeilicher Verfügungsgewalt die Strom- und Schiffahrtspolizei zu verwalten, dagegen war und ist es zulässig, ihnen Geschäfte der Strom- und Schiffahrtspolizeiverwaltung im Auftrage der Landespolizei zu übertragen. Die

Amtsgewalt bleibt bei der Landespolizeibehörde, sie bedient sich aber der Wasserbauinspektoren als Organe, als Hilfsbeamter (autorités auxiliaires) dergestalt, daß sie niemals selbständig zu entscheiden und polizeiliche Verfügungen erlassen können, die dann mit eigenen Rechtsmitteln gegen sie anzugreifen sind, sondern die von ihnen erlassenen Verfügungen gelten als vorläufige Verfügungen der Behörde, von der sie den Auftrag haben und in deren Namen sie verfügen. Ihre auftragsweise polizeiliche Aktion gilt nur so lange, als sie von der Landespolizeibehörde nicht gemißbilligt wird. Bis dahin haben sie in deren Auftrage und Namen gehandelt. Es muß deshalb als zulässig erachtet werden, daß gegen die Verfügung des Wasserbauinspektors zunächst bei dem Regierungspräsidenten remonstriert (oder die formlose Beschwerde eingelegt) und wenn dann die Verfügung des Wasserbauinspektors aufrecht erhalten wird, die ordentliche Beschwerde nach § 130 des L.-V.-G. bei dem Oberpräsidenten eingelegt wird. Auf der anderen Seite kann aber der Betroffene sofort Beschwerde bei dem Oberpräsidenten erheben, weil ja der Wasserbauinspektor im Auftrage des Regierungspräsidenten die Verfügung erlassen hat (vergl. Entsch. vom 10. September 1891 III. 771 und 4. Juni 1891 III, 499). Eine Klage gegen den Wasserbauinspektor giebt es nicht, weil er keine Kreis- oder Ortspolizeibehörde ist. Stellt man sich auf diesen Standpunkt, so stehen sich gleich: die Wasserbauinspektoren gegenüber der Landespolizeibehörde, die Gemeinde- und Gutsvorsteher gegenüber dem Amtsvorsteher, die Polizeireviervorstände gegenüber der Polizeidirektion, die Vorstände der Fischereigenossenschaften gegenüber den Amtsvorstehern und Oberfischmeistern. (Erk. v. 18. II. 95. III. 217 Entsch. Bd. 276 S. 292.)

Nr. 5. Entsch. Bd. XXX. S. 281 v. 17. II. 96. III B. 66/95.

L.-V.-G. §§ 9, 127 ff., 132, 138; Zust.-Ges. §§ 56, 66, 95; Kr.-Ord. § 59; A.-L.-R. Tit. II. Tit. 15. § 52.

1. Die Fürsorge für die Freihaltung des Leinpfades in öffentlichen Flüssen gebührt als eine die Schiffahrt betreffende Angelegenheit den zur Ausübung der Strom- und Schiffahrtspolizei berufenen Behörden, nicht der Ortspolizeibehörde (§ 59 Kr.-Ord.); dieser Zweig der Polizei ist demnach landespolizeilicher Art, soweit nicht besondere Behörden, was als gesetzlich zulässig (§ 138 des L.-V.-G., § 95 Nr. 1 des Zust.-Ges.) verordnet ist, rechtsgültig für gewisse Ströme eingesetzt worden sind (Entsch. Bd. III S. 213, Bd. VIII S. 337, Bd. XV S. 340).

2. Der Leinpfad ist nur dem Gebrauche der Schiffer und auch lediglich für die Zwecke der Schiffahrt, im übrigen unbeschadet des Verfügungs- und etwa noch möglichen Nutzungsrechts der Uferbesitzer frei zu halten (Entsch. Bd. XXIV S. 234).

Nr. 6. Entsch. v. 17. II. 96. III. 206.

Eine Ortspolizeibehörde hatte dem Kläger aufgegeben, einen ohne polizeiliche Erlaubnis errichteten Zaun, der den Leinpfad verenge, zu beseitigen. Das O.-V.-G. hob die Verfügung auf und führte aus:

a) Die Fürsorge für die Freihaltung des Leinpfades an öffentlichen Flüssen gebührt als eine die Schiffahrt betreffende Angelegenheit den zur Ausübung der Strom- und Schiffahrtspolizei berufenen Behörden, und daß dies die Ortspolizeibehörden nicht sind, ergiebt sich aus dem zweiten Abs. des § 59 der Kr.-Ordn., wonach die Strom- und Schiffahrtspolizei von der Zuständigkeit der Amtsvorsteher ausgenommen und womit sie zugleich als eine der Zuständigkeit der Ortspolizeibehörde überhaupt entzogene Angelegenheit bezeichnet worden ist. Dieser Zweig der Polizei ist demnach landespolizeilicher Art, und hierfür ist die Zuständigkeit des Regierungspräsidenten begründet, soweit nicht besondere Behörden, was als zulässig gesetzlich (s. § 138 des L.-V.-G. und § 95 Nr. 1 Zust.-Ges.) anerkannt ist, rechtsgültig für gewisse Ströme u. s. w. eingesetzt worden sind (Bd. III S. 213, Bd. VIII S. 337, Bd. XV S. 340 ff.). Hiervon ist die beklagte Ortspolizeibehörde bei Erlaß ihrer Verfügung auch ausgegangen, gleichwohl hat sie nicht nur nicht zum Ausdruck gebracht, daß sie lediglich als Organ des Regierungspräsidenten eine Anordnung desselben dem Kläger zur Kenntnis brächte, dergestalt, daß der Kläger die gegen landespolizeiliche Verfügungen des Regierungspräsidenten zulässigen Rechtsmittel zu ergreifen hätte, sondern, wie die Verfügung lautet, läßt sie sich nur als eine ortspolizeiliche, d. h. als eine solche beurteilen, zu deren Erlaß sich die Beklagte in Übung ihrer ortspolizeilichen Amtsgewalt für befugt erachtet hat. Gegenteiliges hat die Polizei im Laufe des Verfahrens selbst nicht behauptet, wie denn auch die Verfügung nicht zugleich auf bau- und wegepolizeiliche Rücksichten, deren Wahrung der Ortspolizeibehörde gesetzlich zugewiesen ist, hätte gestützt werden können, wenn sie nicht als eine ortspolizeiliche erlassen worden wäre. Die angebrachte Klage war sonach zulässig (§§ 127, 128 L.-V.-G.).

b) Aus baupolizeilichen Rücksichten läßt sich die Verfügung nicht halten. Obschon das mit dem Zaun besetzte Land nach dem Baufluchtenplan für eine demnächst anzulegende Straße bestimmt ist, so war um deswillen der Kläger an der Einzäunung doch nicht behindert, weil die Umwährungen, wie das O.-V.-G. in Abweichung von seiner bisherigen Rechtsprechung des Näheren nachgewiesen hat (Entsch. Bd. XXV S. 379 ff., Bd. XXVI S. 350 ff.), nicht unter die Bauten fallen, deren Herstellung auf Grund eines Baufluchtenplanes gemäß § 11 des Ges. vom 2. VII. 75 schon vor der Anlage der Straße polizeilich verboten werden darf. Ebensowenig ist der Zaun schon wegen der unterlassenen Einholung der polizeilichen Genehmigung zu beseitigen. Daß die Genehmigung nicht eingeholt ist, stellt nur einen Verstoß in der Form dar, den die Ortspolizeibehörde zwar rügen, aus dem sie aber nicht Anlaß nehmen darf, die Beseitigung anzuordnen, sofern auf Antrag nach dem bestehenden Rechte die Genehmigung erteilt werden mußte (s. Entsch. Bd. XXIV S. 342). Es ist aber außer Streit, daß dem Kläger die Genehmigung zur Errichtung des Zaunes nicht versagt werden durfte und auch jetzt nicht versagt werden darf, falls ihm die unbeschränkte Verfügung über das eingezäunte Land zusteht.

c) Wäre anzunehmen, daß die Beklagte die Beseitigung des Zaunes auch deshalb verlangt, weil er auf einen öffentlichen Weg gesetzt worden ist, so hätte das die Bedeutung, daß damit das eingezäunte Land zum Teil für den öffentlichen Verkehr in Anspruch genommen ist, und es hätte demgemäß die Klage als Einspruch an die Wegepolizeibehörde abgegeben werden müssen (§ 56 des Zust.-Ges., Entsch. Bd. XXVI S. 357), ohne daß die Möglichkeit vorgelegen hätte, in diesem Verfahren über die Berechtigung eines derartigen Anspruches zu entscheiden. Eine solche Inanspruchnahme des eingezäunten Landes für den öffentlichen Wegeverkehr ist indeß von der Polizei augenscheinlich nicht beabsichtigt, wie sie denn auch in dieser Instanz gegenüber den ihr ungünstigen Ausführungen des Vorderrichters nicht darauf zurückgekommen ist, daß der Zaun beseitigt werden müsse, weil er auf einem öffentlichen Wege errichtet worden sei. Die Polizei geht vielmehr ersichtlich davon aus, daß das Ufergrundstück, soweit es als Leinpfad benutzt werden darf, dem gemeinen Gebrauche eröffnet sei und daß sie daher dasselbe Ziel, welches sie durch die Inanspruchnahme eines öffentlichen Weges vorlängs der Persante bisher ohne Erfolg zu erreichen bemüht gewesen ist, durch die Nötigung der Besitzer zur Freihaltung eines Leinpfades in der Breite von 10 m zu erreichen vermöchte. Hierin irrt die Polizei jedoch, da der Leinpfad nur dem Gebrauche der Schiffer und auch lediglich für die Zwecke der Schiffahrt, im Übrigen unbeschadet des Verfügungs- und etwa noch möglichen Nutzungsrechtes des Uferbesitzers, freizuhalten ist (s. Entsch. Bd. XXIV S. 234).

d) Die Ortspolizeibehörde ist zu der Anordnung, daß ein Leinpfad überhaupt und in einer bestimmten Breite insbesondere für Zwecke der Schiffahrt freizuhalten ist, kraft ihrer gesetzlich abgegrenzten Amtsgewalt nicht berufen. Es hat hier auch nicht ein derartig dringliches Bedürfnis vorgelegen, daß es der unmittelbaren einstweiligen Regelung durch die Ortspolizeibehörde bedurft hätte, weil die Entschließung des am Orte nicht anwesenden Regierungspräsidenten rechtzeitig nicht eingeholt werden konnte, weshalb dahin gestellt bleiben kann, ob die Ortspolizeibehörde in derartigen Fällen in Übung der eigenen Amtsgewalt oder als Organ des Regierungspräsidenten vorzugehen und ob sie also ihre Anordnung als ihre eigene oder als eine solche des Regierungspräsidenten zu erlassen hat. Wollte man aber auch annehmen, daß der Regierungspräsident im vorliegenden Falle der Beklagten allgemein mit dem Uferschutz auch die Fürsorge für den Leinpfad übertragen hat, so durfte dies doch nicht derart geschehen, daß die Ortspolizeibehörde nunmehr in Übung der eigenen Amtsgewalt die erforderlichen Anordnungen als ortspolizeiliche zu erlassen hatte. Die Ortspolizeigewalt kann durch Entschließung der höheren Verwaltungsbehörden nicht beliebig erweitert und namentlich auch nicht auf Angelegenheiten erstreckt werden, die den Landespolizeibehörden vorbehalten sind. Eine derartige Befugnis hätte, weil es sich hierbei um eine Änderung der sachlichen Zuständigkeit der Behörden handelt, gesetzlich begründet werden müssen, und sie ist im § 3 des L.-V.-G. nicht begründet, weil hier augenscheinlich eine im Einzelnen die Zuständigkeit für die Geschäfte der allgemeinen Landesverwaltung regelnde rechtsgültige Norm wie für die Oberpräsidenten, die Regierungspräsidenten und die Landräte, so auch für die neben und an Stelle derselben in Betracht kommenden anderen Behörden vorausgesetzt worden ist. Ob für eine polizeiliche Angelegenheit die Orts- oder die Landespolizeibehörde sich zutreffend für zuständig erachtet hat, wird solange, als gegen polizeiliche Verfügungen nur die Beschwerde an die vorgesetzten Polizeiinstanzen das zulässige Rechtsmittel war, nicht gerade von wesentlicher Bedeutung gewesen sein, ist es aber nunmehr, nachdem durch die neueren Gesetze die Rechtsmittel gegen polizeiliche Verfügungen auf die Klage im Verwaltungsstreitverfahren ausgedehnt und je nach dem Charakter der verfügenden Polizeibehörde in den §§ 127 ff. des L.-V.-G., §§ 56 ff., 66 ff. des Zust.-Ges. u. s. w. verschieden geregelt sind. Der Polizeibehörde steht freilich die Befugnis zu, sich ihrer Organe für die Übung ihrer Polizeigewalt zu bedienen, aber doch nur in der Art, daß die Organe die Anordnungen als Entschließungen der Polizeibehörden treffen und als deren Verfügungen zur Kenntnis der Beteiligten so bringen, daß sie nicht in Zweifel darüber bleiben, es seien die Verfügungen als solche der Polizeibehörden mit den hierfür gegebenen Rechtsmitteln anzufechten. In diesem Sinne ist dem Regierungspräsidenten nicht verwehrt, auf die Ortspolizeibehörden für die Regelung landespolizeilicher Angelegenheiten zurückzugehen. Hiervon als dem bestehenden Recht ist das O.-V.-G. seither schon für das polizeiliche Gebiet im allgemeinen ausgegangen (s. Entsch. Bd. X S. 207, 366, Bd. XXVI S. 381, Bd. XXVII S. 299) und dasselbe gilt für die von der Zuständigkeit der Ortspolizeibehörde ausgenommene und der Landespolizeibehörde vorbehaltene Strom- und Schiffahrtspolizei. Es ist auch nicht erkennbar, daß die Erlasse der Minister des Innern und für Handel und Gewerbe vom 13. I. 62 und 12. III. 84 (M.-Bl. 62 S. 27 und 84 S. 208) auf einer anderen Anschauung beruhen und daß hier insbesondere angenommen worden ist, es seien die zufolge einer Ermächtigung der Landespolizeibehörden in ihrer Eigenschaft als Strom- und Schiffahrtspolizeibehörden von ihren Organen ergangenen Anordnungen nicht als landespolizeiliche Verfügungen zu beurteilen und nicht als solche mit den gegen die Landespolizeibehörde zugelassenen Rechtsmitteln anzufechten.

Nr. 7. Entsch. Bd. XXX. S. 290 v. 11. V. 96 III A. 60/95.

A.-L.-R. Teil II. Tit. 15. § 52; L.-V.-G. §§ 127 ff., 130.

1. Die Schiffahrtspolizei steht gesetzlich der Landespolizeibehörde, früher der Regierung, jetzt dem Regierungspräsidenten zu. Wenn nun mit Genehmigung des Ministers für Handel und Gewerbe durch eine allgemeine Verfügung einer Regierung (im Jahre 1877) die Wasserbauinspektoren mit der Wahrnehmung der Schiffahrtspolizei beauftragt worden sind, so wird damit nicht eine eigene selbständige Amtsgewalt der Wasserbauinspektoren in schiffahrtspolizeilichen Angelegenheiten begründet, denn die Landespolizeibehörde hat ebensowenig wie sonst irgend eine Behörde, die Befugnis, sich ihrer gesetzlichen Zuständigkeiten und Obliegenheiten zu entäußern und sie auf andere Behörden oder Beamten zu übertragen. Dagegen sind sie befugt, sich der ihnen nachgeordneten Behörden und Beamten als ihrer Organe bei der Ausübung und Wahrnehmung ihrer Amtsobliegenheiten zu bedienen. In diesem Sinne sind derartige Beauftragungen der Wasserbauinspektoren mit der Handhabung der Schiffahrtspolizei aufzufassen. Sie handeln, wenn sie in diesen Angelegenheiten kraft allgemeiner oder besonderer Aufträge thätig werden, lediglich als Organe der Landespolizeibehörde, die nach wie vor Träger der Schiffahrtspolizei bleibt. Die von den Wasserbauinspektoren erlassenen schiffahrtspolizeilichen Verfügungen sind danach als solche des Regierungspräsidenten jetzt aufzufassen; sie bestehen so lange, als sie nicht vom Auftraggeber gemißbilligt werden, und gegen sie findet jetzt § 130 A.-L.-R. die Beschwerde unmittelbar bei dem Oberpräsidenten statt (vergl. Entsch. Bd. XXVII S. 292). Neben den Beschwerden ist es den Beteiligten nicht verwehrt, sich mit einer Gegenvorstellung an den Regierungspräsidenten zu wenden. Geht der Regierungspräsident sachlich auf eine Prüfung ein und erteilt einen Bescheid, so ist dagegen als gegen eine neue Verfügung die Beschwerde an den Oberpräsidenten zulässig (Entsch. Bd. VII S. 254, Bd. XIX S. 114, s. S. 449 Entsch. Bd. II d. W.).

2. Der Kläger hatte über einen Strom mit Erlaubnis des Staats (§ 52 Tit. 15 Teil II A.-L.-R.) eine Brücke gelegt, die Durchlaßklappen für die Masten der Schiffe hatte. Die Landespolizeibehörde konnte im Interesse der Schiffahrt dem Kläger die Öffnung der Klappen und eine solche Vorrichtung aufgeben, daß die Schiffer die Klappe selbst zu öffnen im Stande waren. Der Kläger hatte die Wahl, entweder die Brücke zu beseitigen oder die Auflage sich gefallen zu lassen, die durch die Schiffahrtsinteressen geboten waren.

3. Der Einwand, daß der Kläger nicht Alleineigentümer der Brücke sei, wurde als nicht erheblich verworfen, da die übrigen Miteigentümer abwesend und der Kläger thatsächlich die Verfügungsgewalt über die Brücke ausübte, auch örtlicher Repräsentant der übrigen Miteigentümer war (vergl. Erk. v. 6. VI. 94 Entsch. Bd. XXVI S. 393, siehe S. 435 Bd. II d. W.).

Nr. 8. Entsch. Bd. XXXII. S. 263 v. 27. XI. 97. III A. 22/97.

§ 62 Tit. 15. Teil II. A.-L.-R.

1. Daß die Strom-, Schiffahrts- und Hafenpolizei zur Landespolizei gehört und dem Regierungspräsidenten zusteht, ist allgemein anerkannt, vergl. z. B. Pr. Verw.-Bl. Jahrg. XVIII S. 262, und namentlich auch vom O.-V.-G. schon oft ausgesprochen worden, so in den Urteilen v. 17. II. 96,

11. V. 96, 3. XII. 96 und 18. III. 97 (Entsch. Bd. XXX S. 285 und S. 292, Bd. XXXI S. 233, Pr. Verw.-Bl. Jahrg. XIX S. 61); speziell für Dalben (eingerammte Pfähle) ist die Zuständigkeit des Regierungspräsidenten in den Urteilen v. 3. X. 89 — III A. 5/89 — und v. 2. IV. 91 — III. A. 32/90 — angenommen, bei denen es sich um die Wiederherstellung solcher im Interesse der Schiffahrt handelte. Das Erkenntnis v. 19. XII. 94 (Pr. Verw.-Bl. Jahrg. XVI S. 360) betrifft lediglich die Frage, ob im Sinne des Gesetzes, betreffend die Kosten Königlicher Polizeiverwaltungen in Stadtgemeinden v. 20. IV. 92 (G.-S. S. 87) § 6 die Hafenpolizei als ein Zweig der Ortspolizei anzusehen sei.

2. Es kann keinem Zweifel unterliegen, daß in öffentlichen Flüssen niemand ohne Genehmigung der zuständigen Behörde etwas vornehmen darf, was über den Gemeingebrauch hinaus geht, daß die Beseitigung dessen, was hiernach der Genehmigung bedurfte, aber die Genehmigung nicht erhalten hat, von der Polizeibehörde lediglich deshalb verlangt werden kann, weil es nicht genehmigt worden ist, und daß eine erteilte Genehmigung jederzeit widerruflich ist. Da die Erteilung der Genehmigung nicht unter bestimmten Voraussetzungen erfolgen muß, so besteht, abgesehen von dem Gemeingebrauch, kein Recht darauf, etwas in einem öffentlichen Flusse zu haben. Das Verlangen der Beseitigung dessen, was ohne Genehmigung gemacht worden ist, also der Wiederherstellung des durch das polizeiwidrige Handeln gestörten früheren Zustandes, verletzt daher den Betroffenen nicht in seinen Rechten, und ist durch die Verwaltungsklage mit Erfolg nur anfechtbar, wenn es an jedem polizeilichen Motive fehlen sollte. So ist in dem Urteile des O.-V.-G. v. 11. V. 96 (Entsch. Bd. XXX S. 295) anerkannt worden, daß die Beseitigung einer Privatbrücke über einen öffentlichen Fluß im Interesse der Schiffahrt verlangt werden dürfe, selbst wenn zu ihrer Anlegung eine Erlaubnis erteilt worden sei. Ferner ist in dem Urteile v. 22. II. 94 III. 231 ausgesprochen, daß in einem öffentlichen Gewässer niemand ohne Erlaubnis der Wasserpolizeibehörde befugt sei, Baggerungen oder Veränderungen des Flußbettes vorzunehmen, sofern er nicht ein besonderes Recht hierzu erworben hat, und das Verbot solcher ungenehmigten Baggerungen und Veränderungen ist ohne weiteres für zulässig erklärt worden. In dem Urteile v. 18. III. 97 (Pr. Verw.-Bl. Jahrg. XIX S. 61) ist ausgeführt, es bestehe kein über den Gemeingebrauch hinausgehendes Recht auf Anbringung oder Beibehaltung einer Schöpfvorrichtung innerhalb des Laufes eines Stromes; die Landespolizeibehörde, die allein die öffentlich-rechtliche Verfügungsgewalt über die Wasserstraße und deren Bestand habe, könne daher die Entfernung der ohne ihre Erlaubnis hergestellten Schöpfvorrichtung verlangen, auf das Motiv, welches sie zum Einschreiten veranlaßt habe, hätte nur dann eingegangen werden können, wenn behauptet worden wäre, daß die Behörde sich durch Willkür oder Chikane bei Erlaß der Verfügung habe leiten lassen. Soweit es sich um Bauten handelt, ist auch im § 62 Tit. 15 Teil II A.-L.-R. ausdrücklich verordnet, daß niemand an oder in öffentlichen Flüssen Wasserbaue ausführen soll, ohne sich vorher bei dem Staat gemeldet und die Genehmigung desselben erhalten zu haben.

3. Wenn in der vom Könige erlassenen Polizeiverordnung für die Häfen und Binnengewässer von Stettin und Swinemünde v. 22. VIII. 33 (G.-S. S. 88) auch einzelne Obliegenheiten der Polizeidirektion zu Stettin übertragen sind, z. B. im § 25 die Genehmigung zur Festlegung von Hölzern in der Oder, so ist doch keineswegs die Zuständigkeit des Regierungspräsidenten als Landespolizeibehörde für die Angelegenheiten der Strom-Schiffahrts- und Hafen-

polizei überhaupt oder für eine Anordnung von der jetzt in Rede stehenden Art beseitigt worden. Ebensowenig können die rechtlich bestehenden Zuständigkeiten der Polizeibehörden durch Observanz geändert werden (vgl. Entsch. Bd. VI S. 117 und Bd. XXVI S. 415, 416).

Nr. 9. Entsch. v. 16. IV. 98. III. 532.

§ 62. Tit. 15. Teil II. A.-L.-R.; §§ 239, 240. 241; Tit. 9. Teil I. A.-L.-R. Strombauverwaltungsgesetz v. 20. VIII. 83 § 15.

1. In dem Urteile v. 27. XI. 97 (Entsch. Bd. XXXII S. 263) ist ausgeführt worden, daß auch für den Hafen zu Stettin der Königliche Regierungspräsident daselbst die Strom-, Schiffahrts- und Hafenpolizei hat, daß die nach dem § 62 Tit. 15 Teil II des A.-L.-R., dessen fortdauernde Geltung dabei angenommen worden ist, erforderliche Genehmigung des Staates zu Wasserbauten an oder in öffentlichen Flüssen von der Landespolizeibehörde zu erteilen ist, daß eine solche Genehmigung jederzeit widerruflich ist, und daß derjenige, der ohne Genehmigung in einem öffentlichen Flusse etwas vorgenommen hat, was über den Gemeingebrauch hinausgeht und der Genehmigung bedurfte, zur Beseitigung des Ausgeführten angehalten werden und eine Verwaltungsklage dagegen nur Erfolg haben kann, wenn es bei dem Verlangen der Beseitigung an allen polizeilichen Motiven mangeln sollte. An diesen Ausführungen ist festzuhalten. Es kann namentlich auch nicht zugegeben werden, daß der § 62 oder die §§ 96, 97 I. 8 durch den § 15 des Gesetzes, betreffend die Befugnisse der Strombauverwaltung gegenüber den Uferbesitzern an öffentlichen Flüssen, v. 20. VIII. 83 (G.-S. S. 333) aufgehoben seien. Nach dem § 15 sind die für einzelne Landesteile geltenden Vorschriften nur, insoweit sie Materien betreffen, welche Gegenstand des Gesetzes v. 20. VIII. 83 sind, außer Kraft getreten. Gegenstand des Gesetzes ist aber nicht, ob und wann jemand nach den Bestimmungen des A.-L.-R. an oder in öffentlichen Flüssen Wasserbaue führen darf (vgl. Mahraun, Das Strombauverwaltungsgesetz S. 64/65 Anm. 1 zu § 15). Nach den §§ 96, 97 Tit. 8 Teil I und den §§ 61, 62 Tit. 15 Teil II A.-L.-R. ist wie zu Wasserbauten in öffentlichen Flüssen, so auch zu Wasserbauten an öffentlichen Flüssen die Genehmigung des Staates, d. h. der Landespolizeibehörde erforderlich. Hiernach ist ein Projekt zur Anlegung eines Bohlwerkes genehmigungspflichtig. Es geht fehl, wenn geltend gemacht wird, daß es sich dabei nur um eine Uferbefestigung handele, zu der jeder Uferbesitzer befugt sei. Hinsichtlich der Uferbefestigungen an öffentlichen Flüssen wird im Tit. 9 Teil I des A.-L.-R. das Nähere verordnet. Mag sich auch der § 241 nur auf den § 240 und nicht mit auf den § 239 beziehen, im Falle des § 239 also keine Genehmigung notwendig sein, so ist doch blos eine Uferbefestigung, durch die lediglich das Ausreißen des Stromes verhindert werden soll, genehmigungsfrei.

2. Wenn die Versagung einer Erlaubniß vom Gesetze nicht an bestimmte Voraussetzungen gebunden ist, so läßt sich auch die Hinzufügung von Bedingungen zu der erteilten Erlaubnis, außer beim Mangel jeden polizeilichen Motivs, nicht mit Erfolg durch die beschränkte Klage aus § 127 Abs. 3 und § 130 Abs. 1 des L.-V.-G. anfechten.

3. So wenig wie für Bauten im Flusse, ist für Bauten am Flusse bestimmt, daß die Genehmigung zu ihnen unter Umständen erfolgen muß.

Nr. 10. Entsch. v. 18. III. 97. III. 395.

§§ 237. Tit. 9 Teil I.; §§ 38 ff. Tit. 15. Teil II. A.-L.-R.

1. Das O.-V.-G. hat sich in wiederholten Entsch. über die Voraussetzungen, unter denen die Schiffbarkeit eines Gewässers anzunehmen ist, ausge-

sprochen, insbesondere in der Entsch. Bd. XXVIII S. 285 des Näheren ausgeführt, daß sich die Schiffbarkeit nach der Fähigkeit und Tauglichkeit des Gewässers, dem Schiffsverkehre zu dienen, nicht danach, ob das Gewässer thatsächlich zur Schiffahrt benutzt wird, bestimmt und in der Entsch. Bd. XXIX S. 240 dargethan, daß es dabei auf die Flößbarkeit nicht ankommt. Auch ist es unerheblich, ob der Fluß durch Geräte für den Fischfang zeitweilig gesperrt wird (Entsch. Bd. XXVIII S. 288).

2. Aus der Öffentlichkeit des Flusses folgt zweierlei, einmal, daß er der Fürsorge der Landespolizeibehörde und nicht der der Ortspolizeibehörde unterstellt ist (Entsch. Bd. XI S. 233) und daß hinsichtlich der Nutzungsbefugnisse nicht die Vorschriften des Ges. vom 28. II. 43 (G.-S. S. 41), sondern die für öffentliche Ströme erlassenen (u. A. §§ 237 ff. Titel 9 Theil I des A.-L.-R., §§ 38 ff., 44 ff., 47 ff. Titel 15 Teil II a. a. O.), maßgebend sind. Danach hat ein Anlieger kein über den Gemeingebrauch des Flusses hinausgehendes Recht auf Anbringung oder Beibehaltung einer Schöpfvorrichtung innerhalb des Stromlaufes (Nieberding, Wasserrecht § 55 S. 170 ff.; Scheele, das Preußische Wasserrecht, S. 16 ff.; Endemann, das ländliche Wasserrecht, S. 24 ff.). Wenn zum Nachweise der Berechtigung eines Anliegers behauptet werden sollte, der Staat habe den betreffenden Fluß erst schiffbar gemacht, deshalb befänden sich gemäß § 41 Tit. 15 Teil II A.-L.-R. die früheren Eigenthumsrechte an dem Flusse jetzt noch in den Händen der Uferbesitzer, so wäre zu entgegnen, daß die in § 41 vorbehaltenen „Eigentumsrechte" nur soweit bestehen bleiben sollen, als sie mit der Bestimmung eines öffentlichen Stromes als Wasserstraße vereinbar sind, auch daß unter den „Eigentumsrechten" an einem Privatflusse nur die Gesamtheit der Nutzungsrechte, wie Fischerei, Jagd u. s. w. zu verstehen sind (Entsch. Bd. XVIII S. 259, Bd. XXIV S. 259, Bd. XXIX S. 287, Pr. Verwalt.-Blatt Jahrg. XIV S. 177), das Recht, Schöpfvorrichtungen im Flusse zu halten, zu diesen Nutzungsrechten aber nicht gehört.

3. Hat die Landespolizeibehörde die Beseitigung einer im Flusse befindlichen Schöpfvorrichtung angeordnet, so ist die Anordnung analog der Inanspruchnahme eines Weges oder Wegeteils für den öffentlichen Verkehr durch die Wegepolizeibehörde zu beurteilen (§ 56 des Zust.-Ges., Entsch. Bd. XXVIII S. 226, 238, Bd. III S. 351, Bd. V S. 224, Bd. IX S. 202 208, 219, Bd. X S. 213, Bd. XX S. 303, Bd. XXV S. 207, Bd. XXIX S. 231). Das Ausscheiden einer Grundfläche aus dem Bestande der öffentlichen Wasserstraße kann daher nur mit ausdrücklicher oder stillschweigender Zustimmung der Landespolizeibehörde geschehen. Sie allein hat die öffentlich-rechtliche Verfügungsgewalt über die Wasserstraße und deren Bestand. Diese Verfügungsgewalt ist nicht Gegenstand des bürgerlichen Verkehrs, sie unterliegt nicht der Beschränkung oder Aufhebung durch ein Institut des Privatrechts, wie z. B. durch das der Verjährung (vergl. Entsch. Bd. IX S. 218).

4. Wenn die Landespolizeibehörde eine Fläche des Stromes für den öffentlichen Verkehr in Anspruch nimmt, so ist die erforderliche thatsächliche Voraussetzung die Zugehörigkeit der Grundfläche zum Bestande der Wasserstraße (§ 127 Abs. 3 des L.-V.-G.); auf das Motiv, welches die Behörde zum Einschreiten veranlaßt hat, kann im V.-St.-V. nur dann eingegangen werden, wenn behauptet wird, die Behörde habe sich durch Willkür oder Chikane bei Erlaß der Verfügung leiten lassen.

Nr. 11. Entsch. v. 22. X. 96. III. 1312.

§§ 38. ff. Tit. 15. Teil II. A.-L.-R.

1. Es kann keinem Zweifel unterliegen, daß eine nicht blos vorübergehende, sondern länger dauernde Benutzung eines bestimmten Teiles eines öffentlichen Flusses zur Lagerung von Hölzern so wenig unter den an Strömen zustehenden Gemeingebrauch fällt, wie etwa die Benutzung einer öffentlichen Straße oder eines öffentlichen Platzes zu einer lange Zeit währenden Lagerung unter den Gemeingebrauch an öffentlichen Wegen fällt.

2. Danach hat kein Einzelner ein festes Sonderrecht auf die Lagerung von Holz an einer bestimmten Stelle. Diese ist vielmehr von der Erlaubnis der Strompolizeibehörde abhängig, die ihrerseits nicht an bestimmte Schranken gebunden ist und auf deren Erteilung der Einzelne keinen Anspruch hat, die auch, wenn einmal erteilt, zurückgenommen werden kann.

c) Wassergenossenschaften.

Nr. 1. Entsch. Bd. XXX. S. 301 v. 1. X. 96. III C. 27/96.

Ges. betr. Bildung von Wassergenossenschaften v. 1. IV. 79; §§ 57, 58, 65, 78, 79, 80, 82; Privatflußgesetz § 56.

1. Der § 56 des Privatflußgesetzes überträgt die Befugnis zur Ausübung des Beitrittszwanges zu einer Wassergenossenschaft, für welchen es sonst eines jedesmaligen Aktes der Gesetzgebung bedürfen würde, der landesherrlichen Verordnung. Diese ist nicht bestimmt, ein bereits rechtsgültig vereinbartes Statut lediglich zu genehmigen oder zu bestätigen, sondern an Stelle des Gesetzes in Ermangelung der Vereinigung der Beteiligten zwingendes Recht für alle Genossen zu schaffen. Dem Verwaltungsrichter steht nur zu, zu prüfen, ob die betreffende landesherrliche Verordnung in gesetzmäßiger Weise verkündet worden ist; zu einer Prüfung aber, ob in dem Vorverfahren die vorgeschriebenen Förmlichkeiten beobachtet sind, mit der Wirkung, daß bei Verneinuug dieser Frage der Verordnung die Rechtswirksamkeit abzusprechen wäre, giebt ihm das Gesetz keine Befugnis.

2. Hat ein Vorbesitzer der Bildung der Genossenschaft zugestimmt, so kann ein neuer Erwerber der Parzelle nicht die nochmalige Anhörung (§§ 79, 80 Ges. vom 1. IV. 79) verlangen. Beteiligt am Verfahren ist die betreffende Parzelle und zur Abgabe von Erklärungen für dieselbe ist der jeweilige Eigentümer legitimirt, und seine Erklärungen sind für die Besitznachfolger bindend.

Nr. 2. Entsch. v. 23. VI. 97. III. 922.

§ 66 des Wassergenossenschaftsgesetzes v. 1. IV. 79.

Auf Klagen aus § 66 Abs. 2 des Wassergenossenschaftsgesetzes soll die Frage in positiver Gestalt zur Erledigung gebracht werden, für welche bestimmte, an sich von der Beitragspflicht betroffenen Zeit der im § 66 Abs. 2 gemeinte „Zustand“ als bestehend anzusehen ist. Denn es kann dies weder in der Vollstreckungsinstanz, noch durch eine Gegenklage der Genossenschaft auf Wiederheranziehung der befreiten Grundstücke zu den Beiträgen, da das Gesetz eine solche Klage nicht kennt, geschehen.

Nr. 3. Entsch. v. 10. XII. 96. III. 1551.

§ 66. Ges. v. 1. IV. 79.

Ob die Besitzer, die aus § 66 Ges. vom 1. IV. 79 klagen, nach ihrer zeitigen Vermögenslage die Kosten der Folgeeinrichtungen aufzubringen vermögen oder nicht, darauf kommt es nicht entscheidend an. Für die Frage, ob ein Genosse aus der Genossenschaft auszuscheiden oder von Beiträgen freizulassen ist, ist allein wesentlich, ob das der Genossenschaft angehörige Grundstück von dem Unternehmen Nachteil oder doch keinen Vorteil hat und deshalb ist bei entstehendem Streite nicht zu prüfen, ob der Genosse die Kosten für die Folgeeinrichtungen, der es behufs der durch die Entwässerung der Genossenschaft ermöglichten wirtschaftlicheren Nutzungsart bedarf, nach seiner Vermögenslage zu leisten vermag, sondern ob sich die Aufwendung der Kosten für die Folgeeinrichtungen für das Grundstück behufs Erzielung einer wirtschaftlicheren Nutzungsart überhaupt und abgesehen von der Vermögenslage des jeweiligen Besitzers verlohnt.

d) Entwässerung, Verschaffung von Vorflut.

Nr. 1. Entsch. v. 4. I. 97. III. 12.

Zust.-Ges. §§ 66, 98.

In ein und demselben Verfahren kann nicht zugleich die Streitfrage, ob ein Grundbesitzer räumungspflichtig ist und die davon verschiedene Frage, ob er zur Verschaffung von Vorflut verpflichtet ist, zum Austrage gebracht und ein Antrag auf Vorflutverschaffung daher in dem auf Räumung von Gräben gerichteten Verfahren auch nicht einmal alternativ oder eventuell gestellt werden. Denn auch abgesehen davon, daß das Verfahren und die Zuständigkeit in beiden Fällen verschieden geregelt ist, bezweckt der Antrag auf Verschaffung von Vorflut die künftige Regelung der Entwässerung in einer anderen als der bisherigen Art und Weise, und das Verfahren auf Grund dieses Antrages kann daher überhaupt nicht eröffnet werden, solange streitig ist, ob nicht die Entwässerung bereits nach dem bisherigen Rechtszustande in der nämlichen Weise stattfindet, in welcher sie nach Inhalt des Antrages auf Vorflutverschaffung für die Zukunft geregelt werden soll.

Nr. 2. Entsch. 27. VI. 95. III. 847.

§§ 16, 17, 19, 20, 22 des Privatflußgesetzes v. 28. II. 43; § 74 des Zust.-Ges.

1. Daß eine von dem Uferbesitzer an einem Privatflusse, der dessen Wasser zur Bewässerung benutzen will und die Vermittelung des Kreisausschusses gemäß § 19 Nr. 1 und § 20 des Ges. v. 28. II. 43 und § 74 des Zust.-Ges. in Anspruch genommen hat, mit dem Antrage, daß ein im Präklusionsbescheide vorbehaltener Widerspruch für unbegründet erklärt werde, gegen den Widersprechenden angestellte Klage zulässig und für sie in erster Instanz der Kreisausschuß zuständig ist, kann keinem Zweifel unterliegen (vgl. die Urt. des O.-V.-G. v. 19. X. 78, 13. X. 87 und 4. VI. 88 in den Entsch. Bd. IV S. 279, Bd. XV S. 334, Bd. XVI S. 308). Nach § 22 Abs. 3 des Privatflußges. und § 74 Abs. 1 des Zust.-Ges. richtet sich das Restitutionsverfahren gegen die Präklusion, nicht gegen den im Präklusionsbescheide gemachten Vorbehalt, und kann nur von dem Präkludirten, nicht von dem Unternehmer der Bewässerungsanlage herbeigeführt werden.

2. Die Pflicht zur Zurückleitung des abgeleiteten Wassers besteht gegenüber den anderen Uferbesitzern schlechthin. Neben sie treten zu Gunsten der Triebwerksbesitzer die besonderen Beschränkungen nach den §§ 16 und 17 des Privatflußges. Ist der erhobene und im Präklusionsbescheide vorbehaltene Widerspruch nicht auf die Unterlassung der vorgeschriebenen Zurückleitung des abgeleiteten Wassers, sondern lediglich auf die Entziehung des zum Betriebe notwendigen Wassers gestützt, so kann in dem V.-St.-V. über diesen Widerspruch auch nur untersucht werden, ob seine Grundlage vorhanden ist, also im Sinne des § 16 Abs. 1 unter b des Ges. v. 28. II. 43, ob das zum Betriebe in dem bisherigen Umfange notwendige Wasser entzogen wird oder nicht.

Nr. 3. Entsch. v. 18. I. 97. III. 74.

Zust.-Ges. § 68.

Der Umstand, daß der Grundbesitzer, welcher Vorflut für seine Grundstücke braucht, diese Vorflut ohne das Verfahren nach § 68 Zust.-Ges. sich selbst (rechtswidrig) verschafft hat, macht einen entsprechenden späteren Antrag auf Verschaffung der Vorflut im geregelten Verfahren nicht überflüssig. (Ebenso Erk. v. 10. XII. 96 III 1554.)

Nr. 4. Entsch. v. 18 XII. 96. III. 1554.

Zust.-Ges. § 68; Vorflutedikt §§ 15 ff.

Es kann keinem Bedenken unterliegen, daß die Vorschriften der §§ 13 und 15 ff. des Vorflutediktes auch dann zur Anwendung gelangen, wenn der Antrag auf Verschaffung von Vorflut nicht von einem einzelnen Grundbesitzer, sondern von einer Wassergenossenschaft gestellt wird, welche sich des Wassers aus ihrem Meliorationsgebiete entledigen will. Nach § 68 des Zust.-Ges. in Verbindung mit §§ 15 ff. des Vorflutediktes hat sich der die Vorflut verlangende Grundstücksbesitzer unter Beibringung der im § 15 geforderten Nachweise an den Kreisausschuß zu wenden, welcher das im § 16 vorgeschriebene Verfahren einleitet und alsdann über den Antrag beschließt. Nach § 17 muß die im § 16 unter b angeordnete Ausmittelung, „ob durch die beabsichtigte Entwässerung nicht andere Grundbesitzer leiden oder ein Nachteil davon für die Schiffahrt oder öffentlichen Anlagen zu besorgen sei?“ selbst für den Fall stattfinden, wenn beide Teile über die Ablassung gütlich einverstanden sind. Nach § 18 hat ferner der Kreisausschuß nicht nur darüber zu beschließen, ob die Ablassung des Wassers überhaupt stattfinden könne, sondern auch unter welchen Modalitäten sie ausgeführt werden müsse. Gegen den so ergangenen Beschluß ist das Verwaltungsstreitverfahren eröffnet. Der genehmigte Entwässerungsplan endlich wird durch Schiedsrichter, welche auch die Entschädigung zu bestimmen haben, zur Vollziehung gebracht. Das so geordnete Verfahren hat den Zweck, auf den Antrag des die Vorflut auf fremden Grundstücken in Anspruch nehmenden Grundbesitzers unter behördlicher Leitung über das Vorhandensein der Voraussetzungen des Antrages (§§ 11, 13) und die Wahrung der öffentlichen Interessen (§ 16 unter b) zu befinden, die Interessen beider Teile nach Möglichkeit zu vereinigen (§ 16 unter a), einen die Modalitäten der Ausführung mit umfassendem Entwässerungsplan aufzustellen (§ 18) und diesen nach erfolgter Genehmigung oder durchgeführtem Verwaltungsstreitverfahren zur Ausführung zu bringen unter gleichzeitiger Festsetzung der Entschädigung (§§ 21 ff.). Es soll also die gesammte beantragte Vorflutsregulierung unter behördlicher Leitung und unter Mitwirkung von Sachverständigen zu einem endgültigen, den Interessen sowohl der Beteiligten wie der Allgemeinheit entsprechenden Abschluß gelangen.

e) Wassernutzung, Bewässerung, Uferbesitz, Eigentum an Privatflüssen, Flußbett.

Nr. 1. Entsch. v. 7. XI. 95. III. 1390.

Privatflußges. v. 28. II. 43 § 4; A.-L.-R. Teil I. Tit. 9 § 99.

1. Nach dem § 4 des Ges. über die Privatflüsse v. 28. II. 43, welcher die im § 99 Tit. 8 Teil I A.-L.-R. gegebene Vorschrift, daß in Privatflüssen zum Nachteile der Nachbarn und Uferbewohner durch Hemmung des Ablaufes derselben nichts unternommen oder verändert werden darf, weiter ausbaut, erscheint die Wasserpolizeibehörde befugt, jegliche Einbauten in Privatflüsse, auch wenn sie zur Herstellung einer Uferanlage erforderlich sind, zu untersagen und die Beseitigung derartiger bereits hergestellter Einbauten anzuordnen, falls dadurch der freie Abfluß des Wassers gehemmt wird.

2. Wenn ein Privatfluß durch Abspülen Teile eines Ufergrundstückes vernichtet und nunmehr den Raum einnimmt, den jene bisher eingenommen hatten, so bleibt die frühere Eigentumsgrenze nicht bestehen, sondern weicht mit der Uferlinie, mit der sie stets zusammenfallen muß, zurück. Der Teil des Flusses, der innerhalb der früheren Eigentumsgrenze liegt, ist daher nicht Eigentum des Uferbesitzers, sondern teilt die rechtliche Natur des ganzen Flusses. Dem Uferbesitzer stehen folglich diesem Teile des Flusses gegenüber auch keine besonderen aus dem früheren Zustande abzuleitenden Rechte zu, insbesondere nicht das Recht, durch Anschüttungen den Flußlauf an dieser Stelle wieder zu verdrängen und sein Ufergrundstück bis zur früheren Linie wieder auszudehnen. Eigenmächtige Handlungen dieser Art fallen unter das Verbot des § 4 (vgl. Entsch. Bd. XVIII S. 365/366).

f) Stauanlagen für Wassertriebwerke, Merkpfahlsetzung.

Nr. 1. Entsch. v. 14. II. 95. III. 201.

Vorflutges. v. 11. XI. 1811 §§ 1—7; Zust.-Ges. § 67.

In Streitsachen, welche anläßlich einer kommissarischen Festsetzung der Höhe des Wasserstandes und behufs Anfechtung derselben entstehen, fällt die Parteirolle des Beklagten nicht den Kommissarien, sondern demjenigen zu, welcher an der Aufrechterhaltung des Beschlusses beteiligt ist. Dies ist der Antragsteller des Verfahrens auf Ermittelung des zulässigen Wasserstandes nach Maßgabe des Ges. v. 15. XI. 11, falls der Besitzer der Stauanlage den Beschluß angefochten hat, umgekehrt aber der Besitzer der Stauanlage und sowohl der Antragsteller, wie der Besitzer der Stauanlage, falls sie beide den Beschluß mit der Klage angefochten haben.

Nr. 2. Entsch. Bd. XXXII. S. 269 v. 25. III. 97. III C. 124/96.

Zust.-Ges. § 67; Vorflutges. v. 15. XI. 11. §§ 1, 4, 5; A.-L.-R. Teil II. Tit. 5 §§ 243 ff.

1. Eine Streitigkeit im Sinne des § 67 Abs. 3 des Zust.-Ges. liegt nur dann vor, wenn die Interessenten in einem anhängigen Merkpfahlsetzungs-

verfahren (§§ 1 ff. Vorflutges.) darüber uneinig sind, ob die Höhe des Wasserstandes durch rechtskräftiges Urteil u. s. w. bestimmt und der Merkpfahl von der Kommission daher nach Maßgabe dieser deutlichen Bestimmung zu setzen sei.

2. Zur Nachprüfung und Feststellung, ob der Merkpfahl die festgesetzte Stauhöhe noch richtig angebe, ist weder durch den § 67 das V.-St.-V. eröffnet, noch auch durch Merkpfahlsetzungsverfahren nach §§ 1 ff. des Vorflutges. gegeben. Denn dies Verfahren bezweckt nicht die Setzung eines Merkpfahles als solchen, sondern die Festsetzung der Höhe des Wasserstandes zur Beseitigung der Nachteile der Anlieger (Entsch. Bd. XXIV S. 265).

3. Bei konzessionierten Anlagen ist die Polizei befugt, den Inhaber der Stauanlage zur Wiederherstellung des behufs Normierung der bewilligten Stauhöhe gesetzen Merkpfahls durch polizeiliche Verfügung anzuhalten (Entsch. Bd. XXIII S. 230). Es liegt kein Grund vor, das Gleiche nicht dann anzunehmen, wenn es sich um einen auf Grund des § 1 des Vorflutgesetzes bei Mühlen gesetzten Merkpfahl handelt, denn das Merkpfahlsetzungsverfahren nach Maßgabe dieses Gesetzes charakterisiert sich als eine die zulässige Stauhöhe über dem Fachbaum regelnde Ergänzung des landrechtlichen, nur die Lage des Fachbaums betreffenden Konzessionierungsverfahrens (Entsch. Bd. XXIV S. 264).

Nr. 3. Entsch. v. 9. XI. 96. III. 1396.

Vorflutges. §§ 1 ff.: Zust.-Ges. § 67.

Die Festsetzung der Höhe des Wasserstandes bei Stauwerken und die Setzung eines Merkpfahles erfolgt nicht ausschließlich auf Grund der §§ 1 ff. des Vorflutges. v. 15. XI. 11, sondern auch auf Grund eines gewerblichen Konzessionsverfahrens, in welchem die Innehaltung eines bestimmten Wasserstandes und die Bezeichnung dieses Wasserstandes durch einen Merkpfahl zur Betriebsbedingung gemacht ist. Für die Erfüllung einer solchen Betriebsbedingung, namentlich auch für die zur Bezeichnung der zugelassenen Höhe des Wasserstandes dienende Setzung eines Merkpfahles Sorge zu tragen, ist Sache der Polizei. Es ist dabei kein Raum für das in dem Vorflutgesetze vorgeschriebene Verfahren und das damit im Zusammenhange stehende Verwaltungsstreitverfahren nach den Absätzen 2 und 3 des § 67 des Zust.-Ges. (vgl. das bei Hahn, Preußische Gesetzgebung über Vorflut u. s. w., 2. Aufl., S. 37 Anm. 6 angezogene Reskript v. 11. VII. 67, sowie Entsch. Bd. XXIX S. 279 ff.). Aufgabe der Polizei ist es auch, die Erhaltung des in Erfüllung einer Konzessionsbedingung gesetzten Merkpfahles zu überwachen und bei dessen Abgange den Inhaber der Stauanlage zu seiner Erneuerung anzuhalten (Entsch. Bd. XXIII S. 230 ff. und Bd. XXVI S. 280 ff.).

Nr. 4. Entsch. v. 28. III. 95. III. 402.

Vorflutges. §§ 1—7.

Die §§ 1 ff. des Vorflutges. vom 11. XI. 11 greifen auch bei Stauanlagen zu Bewässerungszwecken und bei Stauanlagen in einem Graben oder Kanal Platz (Lette nnd von Rönne, Landeskulturges. Bd. II S. 584, Oppenhoff, Ressortverh. (S. 198 Anm. 7).

Nr. 5. Entsch. v. 8. I. 94. III. 19.

Vorflutges. §§ 1—7.

1. Wie die Einleitung des Ges. vom 15. XI. 11 und dessen § 1 zum klaren Ausdruck bringen, ist das in den §§ 1 ff. geordnete Merkpfahlsetzungs-

Verfahren dazu bestimmt, den durch übermäßiges Anstauen des Wassers bei den Mühlen entstehenden Nachteilen abzuhelfen und es ist nicht von Amtswegen, sondern blos auf Antrag derer, die dabei interessiert sind, einzuleiten. Hiernach kann Antragsteller, wie nicht der Stauberechtigte selbst (Entsch. Bd. XXIV S. 262), so auch nicht die Ortspolizeibehörde, welche die allgemeinen Interessen, nicht diejenigen eines Einzelnen wahrzunehmen hat, sondern nur Jemand sein, der durch ein übermäßiges Anstauen des Wassers Nachteil leidet. Wenn in dem Reskripte vom 6. V. 63 (Zeitschrift des Revisions-Kollegiums Bd. 15 S. 34) als interessiert im Sinne des § 1 des Vorflutges. Jeder bezeichnet ist, welcher durch Rückstau eines Stauwerks leidet, insbesondere auch ein Wegebaupflichtiger oder anderweit bei Erhaltung eines Weges Beteiligter wegen des demselben durch Rückstau drohenden Schadens, so ist damit zugleich der Kreis der Antragsberechtigten geschlossen, d. h. ausgesprochen, daß Jemand, der nicht selbst durch Rückstau leidet, nicht Antragsteller sein kann.

2. Es hat im § 1 nicht ausgeschlossen werden sollen, daß, wenn dem Gesetze zuwider der Mangel der Antragsberechtigung unberücksichtigt geblieben ist, derjenige, der thatsächlich den Antrag gestellt hat, die hierdurch veranlaßten Kosten tragen muß. Ebensowenig sprechen die Reskripte vom 20. I. 40, 29. VI. 40 und 20. IX. 56 (M.-Bl.) 40 S. 57 und 260, 56 S. 260 — vgl. auch noch das Reskript vom 25. IV. 40 a. a. O. 40 S. 182 —, wonach die Kosten nicht von allen Interessenten, sondern blos von denjenigen Interessenten, welche Provokanten waren, zu tragen sind, für die Kostenfreiheit des rechtlich unbefugten Antragstellers. Denn in den Reskripten ist an den Fall der Antragstellung Seitens eines Nichtinteressenten nicht gedacht, sondern die Antragsberechtigung des oder der für kostenpflichtig erachteten Provokanten vorausgesetzt.

Nr. 6. Entsch. v. 20. IV. 91. III. 339.

Vorflutges. §§ 1—7, 8.

1. Daß zu dem in den §§ 1 ff. des Gesetzes wegen des Wasserstaues bei den Mühlen u. s. w. vom 15. XI. 11 für die Setzung eines Merkpfahles vorgeschriebenen Verfahren nicht notwendiger Weise sämtliche Grundbesitzer u. s. w., welche ein Interesse an der Stauhöhe haben, zugezogen werden müssen, folgt daraus, daß im Gesetze kein Verfahren vorgesehen ist, in welchem sämtliche Interessenten ermittelt werden könnten.

2. Die nach Maßgabe des Gesetzes bewirkte Festsetzung der Stauhöhe und Setzung eines Merkpfahles verpflichtet den Stauberechtigten (§ 8) nur dazu, den Wasserstand nicht „über die durch den Merkpfahl festgesetzte Höhe aufzustauen" und wenn es diese Höhe übersteigt, die Schleusen zu öffnen sowie alle nur zeitlichen Hindernisse des Abflusses zu beseitigen. Die für den Stauberechtigten aus der Setzung des Merkpfahle hervorgehenden Verpflichtungen sind daher erfüllt, wenn er dem Wasser, sobald es die durch den Merkpfahl festgesetzte Höhe übersteigt, durch Öffnen der Schleusen u. s. w. Abfluß verschafft.

Nr. 7. Entsch. v. 4. X. 88. III. 776.

Gew.-Ord. § 16, 25.

Der § 16 der Gew.-Ord. schreibt vor, daß zur Errichtung von Stauanlagen für Wassertriebwerke die Genehmigung der nach den Landesgesetzen zuständigen Behörde erforderlich sei und nach § 25 unterliegen dieser Genehmigung Veränderungen in der Lage oder Beschaffenheit der Betriebsstätte. Der Wortlaut des § 16 ergibt, daß nicht alle Stauanlagen, sondern nur solche für Wassertriebwerke unter obige Bestimmung fallen. Stauanlagen für Wassertriebwerke heißen aber Stauanlagen, welche zum Betriebe eines Wassertriebwerkes bestimmt sind. Demzufolge ist dem Erk. des Reichsgerichts vom 19. XI. 79 (Rechtsprechung in Strafsachen Bd. 1 S. 88) beizutreten, wenn es ausführt: „Die Stauanlagen an sich sind außerhalb des Kreises der durch die Gewerbeordnung normierten gewerblichen Verhältnisse geblieben und nur in ihrer Beziehung und Richtuug auf Wassertriebwerke in den Kreis derselben hineingezogen worden. Diese Beziehung ist daher maßgebend gewesen.“ In gleichem Sinne spricht sich bereits das Erk. des O.-V.-G. vom 17. XII. 83 (Entsch. Bd. X S. 277) aus.

Nr. 8. Entsch. v. 2. III. 96. III. 296.

§§ 243, 244. Tit. 15. Teil II. A. L.-R.; Gew.-Ord. v. 17. I. 45 §§ 27, 36, 38.

Nach der Bestimmung des § 243 Tit. 15 Teil II des A.-L.-R., daß Erhöhungen des Fachbaumes nicht anders, als unter Aufsicht der Landespolizei, mit Zuziehung der benachbarten Interessenten und nur soweit es diesen unschädlich ist, vorgenommen werden können, ist, wie sich aus dem Marginale „Polizeigesetze in Mühlensachen“ ergiebt, eine eigenmächtige Erhöhung des Fachbaumes, soweit nicht die beschränkende, bewegliche Aufsätze auf dem Fachbaum betreffende Vorschrift im § 244 Anwendung findet, verboten, und ihre Beseitigung darf als die einer polizeiwidrigen Einrichtung von der Polizei ohne weiteres verlangt werden. Indessen kann auf Grund des § 243 gegenwärtig doch nur noch gegen solche Erhöhungen des Fachbaumes eingeschritten werden, die vor dem Inkrafttreten der Preußischen Gewerbeordnung v. 17. I. 45 vorgenommen worden sind. Denn die Vorschrift des § 243 über die Notwendigkeit der Genehmigung einer Erhöhung des Fachbaumes ist in die Bestimmungen der Gewerbeordnung v. 17. I. 45 über das Erfordernis besonderer polizeilicher Genehmigung zur Errichtung und Veränderung von durch Wasser oder Wind bewegten Triebwerken (Mühlen ꝛc.) jeder Art (§§ 27, 36, 38), und demnächst in die entsprechenden Bestimmungen des Gesetzes, betreffend die Errichtung gewerblicher Anlagen, vom 1. VII. 61 (§§ 2, 10, 11) und der Reichs-Gewerbeordnung (§§ 16, 23, 25) für durch Wasser bewegte Triebwerke (Mühlen u. s. w.) bezw. Stauanlagen für Wassertriebwerke übergegangen und darin aufgegangen.

Nr. 9. Entsch. v. 30. I. 96. III. 136.

§ 244 II. 15. A.-L.-R.; Vorflutges. § 1.

Gegen die Unzulässigkeit der Merkpfahlsetzung bei einem festen Wehre, d. i. bei einem Wehre, dessen Einrichtung nicht so beschaffen ist, daß nach ihr beliebig auf die Höhe des Wasserstandes beim Wehre eingewirkt werden kann, sprechen der allgemeine Wortlaut des § 1 des Vorflutges. v. 15. XI. 11, welcher keinen Unterschied zwischen festen und nicht festen Wehren macht, und die rechtliche Natur des Merkpfahlsetzungsverfahrens als Ergänzung des landrechtlichen Konzessionierungsverfahrens für den Fachbaum und den Sicherpfahl, welches bei jedem Fachbaume und Sicherpfahle stattfand (vgl. Entsch. Bd. XXIV S. 264 u. 265). Es kommt ferner in Betracht, daß die Höhe des Wasserstandes, die im Merkpfahlsetzungsverfahren festgestellt werden soll, nicht blos durch das Wehr und dessen Beschaffenheit, sondern durch die Einrichtung der gesammten Stauanlage und deren Handhabung, bei einer Mühle also insbesondere auch durch die Beschaffenheit der Mühlenschleuse, der Gerinne und der Wasserräder beeinflußt wird und daher bei einem festen Wehre gleichfalls eine Einwirkung auf die Höhe des Wasserstandes möglich ist. Außerdem wird selbst bei einem festen Wehre durch eine Merkpfahlsetzung der Erfolg herbeigeführt, daß das Recht zu beweglichen Aufsätzen, welches der § 244 Tit. 15 Teil II des A.-L.-R. giebt, eingeschränkt wird. Während nämlich nach dem § 244 dieses Recht besteht mit der alleinigen Beschränkung, daß den Ober- und Unterliegern kein Nachteil entstehen darf, kann, wenn ein Merkpfahl gesetzt worden ist, kein beweglicher Aufsatz gemacht werden, der ein Steigen des Wassers über die durch den Merkpfahl bezeichnete Wasserstandshöhe zur Folge hat, ohne daß es auf einen Nachteil für andere oder auch nur die Gefahr eines solchen ankommt. Denn das vorschriftswidrige Aufstauen ist nicht davon abhängig, daß jemand wirklich beschädigt oder der Gefahr einer Beschädigung ausgesetzt worden ist (vgl. z. B. Jahrbuch für Entsch. des Kammergerichts Bd. XI S. 274).

Nr. 10. Entsch. v. 16. X. 97. III. 1387.

§§ 649, 596, 600 I. Teil A.-L.-R.; Vorflutges. §§ 1—7.

Wie der Gerichtshof bereits in einem früheren Erkenntnisse Bd. II S. 44 dieses W.) näher ausgeführt hat, gehört das Recht, das Wasser bis zu einer bestimmten Höhe zu stauen, nicht zu den jura discontinua im Sinne des § 649 Tit. 9 Teil I des A.-L.-R., sondern fällt unter den § 596 daselbst. Die Ausübung muß also nach der Besitzergreifung während des Zeitraums der ordentlichen Verjährung jährlich wenigstens einmal erfolgt sein, um den Erwerb des Rechts herbeizuführen (§ 596). Wenn der Anfang und das Ende des Besitzes nachgewiesen ist, so wird vermutet, daß die Ausübung des besessenen Rechts auch in der Zwischenzeit fortgesetzt worden ist (§ 599). Dagegen ist aber auch über jeden der vorgenannten beiden Zeitpunkte ein besonderer Beweis erforderlich (§ 600). Das, worauf es nach den gesetzlichen Bestimmungen ankommt, ist der Nachweis der Ausübung des in Anspruch genommenen Staurechts jährlich wenigstens einmal (§ 596) oder wenigstens der Nachweis des Anfanges und des Endes des Besitzes (§§ 599 und 600). Es scheiden dabei alle diejenigen Thatsachen aus, welche lediglich zum Gegenstande haben, daß ein Wehr während eines Zeitraumes von mindestens 30 Jahren überhaupt zum Stau benutzt sei und daß diese Benutzung beliebig stattgefunden habe. Einer solchen beliebigen und regellosen Benutzung, welche vor der Setzung des Merkpfahls in den meisten Fällen den regelmäßigen Zustand bildete, ist das Merkpfahlsetzungsverfahren gerade bestimmt ein Ende zu machen. Es würde zwecklos sein oder doch zu einer den Interessen der Antragsteller entsprechenden Regelung der Stauhöhe nur ganz ausnahmsweise führen können, wenn bereits aus der bisherigen beliebigen Ausübung des Staurechts ein Schluß zu gunsten der vom Stauberechtigten in Anspruch genommenen Stauhöhe gezogen werden könnte.

g) Hannoversches Recht.

Nr. 1. Entsch. Bd. XXXII. S. 272 v. 6. XI. 97. III C. 9/97.

Hannov.-Ges. vom 22. Aug. 47; §§ 77, 79, 96, 112; Zust.-Ges. § 81.

1. Wenn es sich um die Setzung eines Stauzieles für eine schon vorhandene Stauanlage nach § 79 des Hannoverschen Gesetzes vom 22. VIII. 47 über Ent- und Bewässerung der Grundstücke sowie über Stauanlagen und zwar eines Stauzieles, durch welches wegen einer Verpflichtung des Stau-

berechtigten, das Oberwasser auf einer gewissen Höhe zu erhalten, der zulässige niedrigste Wasserstand bestimmt und örtlich möglichst sicher bezeichnet werden soll (§ 75), so ist das Verwaltungsstreitverfahren darüber, ob auf Grund eines feststehenden Titels (z. B. eines Vergleichs der Parteien) die Setzung eines Stauziels erfolgen kann, also über eine öffentlich-rechtliche Frage, zulässig (§ 48 Abs. 1 Ziffer 2 und Abs. 2 des Zust.-Ges.). Insbesondere greifen nicht die noch fortdauernd geltenden (Urteil des O.-V.-G. vom 22. IX. 92, Pr. Verw.-Blatt Jahrg. XIV S. 162) §§ 96 und 121 Abs. 1 des Ges. vom 22. VIII. 47 Platz, nach denen Streitigkeiten über das Dasein und den Umfang von Berechtigungen, den Besitz und die Pflicht zur Entschädigung, vor die ordentlichen Gerichte gehören und eine zur Entsch. der Gerichte gehörende Streitfrage, wenn sie nicht durch Vergleich erledigt werden kann, von der Verwaltungsbehörde in den Weg Rechtens zu verweisen ist.

2. Die Rechtspflicht, ein gewisses Oberwasser zu halten, ist an sich allerdings nur eine private, keine öffentlich-rechtliche; ein dahingehender Vergleich hat also blos die Bedeutung eines privatrechtlichen Titels. Die Setzung eines Stauziels nach dem Gesetze vom 22. VIII. 47 aber hat, wie die eines Merkpfahls nach dem Vorflutgesetze vom 15. XI. 11, öffentlich-rechtliche Wirkungen, namentlich die, daß die Nichtbeachtung des Stauziels strafbar ist (§ 146 des Ges. vom 22. VIII. 47) und daß gegen sie polizeilich eingeschritten werden kann (§ 83). Hieraus folgt jedoch noch nicht, daß nicht auf Grund eines solchen Vergleichs trotz seiner privatrechtlichen Natur die Setzung des Stauziels angeordnet werden könnte. Nach den §§ 4 und 5 des Ges. vom 15. XI. 11 ist, wenn die Höhe des Wasserstandes durch rechtskräftige Urteile, durch das Einverständnis aller Interessenten, durch gültige Verträge, Verleihungen oder rechtsverjährten Besitz bestimmt ist, der Merkpfahl danach zu setzen. Das Einverständnis aller Interessenten, die gültigen Verträge und der rechtsverjährte Besitz sind Titel des Privatrechts und die rechtskräftigen Urteile werden ebenfalls meist eine privatrechtliche Unterlage haben. Die Titel, nach denen in dem Verfahren gemäß dem Gesetze vom 15. XI. 11 die Höhe des Wasserstandes durch einen Merkpfahl zu bezeichnen ist, können also auch privatrechtliche Titel sein. Nach dem § 77 des Ges. vom 22. VIII. 47, der zufolge § 79 für schon vorhandene Stauanlagen mitgilt, ist sowohl über die zulässige größte als über die zulässige geringste Höhe des Wasserstandes, sowie über die für jede Jahreszeit anzunehmenden Stauzeiten in erster Linie die Einigung der Beteiligten oder eine vorhandene rechtsverbindliche Bestimmung entscheidend. Die Einigung der Beteiligten ist dabei ihrem Wesen nach ein privatrechtlicher Titel, und die vorhandene rechtsverbindliche Bestimmung kann wenigstens ein solcher sein. Hiernach muß, wenn im § 75 von einer Verpflichtung, das Oberwasser auf einer gewissen Höhe zu erhalten, die Rede ist, ohne irgend eine Einschränkung hinzuzufügen und ohne daß die Materialien des Ges. den geringsten Anhalt für eine Einschränkung bieten, auch unter dieser Verpflichtung eine privatrechtliche mitverstanden werden.

h) Schleswig-Holsteinisches Recht.

Nr. 1. Entsch. v. 2. VII. 96. III. 904.

Wasserlösungsordnung v. 16. VII. 57; § 1.

Von der Verpflichtung aus § 1 der Wasserlösungsordnung v. 16. VII. 57 wird der Grundbesitzer nur frei, wenn sie durch einen öffentlich-rechtlichen Titel (§ 9) auf einen Andern übergegangen ist.

Nr. 2. Entsch. v. 9. XI. 96. III. 1399.

Wasserlösungsordnung v. 16. VII. 57; Zust.-Ges. §§ 66, 82.

Im Geltungsbezirke der Wasserlösungsordnung für die Geestdistrikte des Herzogtums Holstein v. 16. VII. 57 greifen nicht die Vorschriften des § 66, sondern des § 82 des Zust.-Ges. Platz, und es ist daher der Rechtsbehelf des Einspruchs (§ 66 Abs. 1 u. 2) mit darauf folgender Klage ausgeschlossen. Da an Stelle des im § 10 der Wasserlösungsordnung gedachten Oberbeamten nach § 3 der Verord. v. 22. IX. 67 (G.-S. S. 1587) der Landrat getreten ist, so ist ferner nicht der Amtsvorsteher, sondern nur der Landrat zum Erlasse von wasserpolizeilichen Entscheidungen und Anordnungen auf dem platten Lande zuständig (Entsch. Bd. XXV S. 294). Hat ein Amtsvorsteher außerhalb seiner Zuständigkeit eine wasserpolizeiliche Verfügung erlassen, so liegt eine Entscheidung im Sinne des § 10 der Wasserlösungsordnung und des § 82 des Zust.-Ges. nicht vor, sondern lediglich eine polizeiliche Verfügung im Sinne des § 127 des L.-V.-G., gegen welche, da die Rechtsbehelfe des § 82 des Zust.-Ges. nicht Platz greifen können, die Beschwerde an den Landrat und gegen dessen Bescheid weitere Beschwerde an den Regierungspräsidenten zulässig ist. Der in letzter Instanz ergangene Bescheid des Regierungspräsidenten ist mit Klage anzufechten und auf die Klage sind dann der Bescheid und die Verfügung außer Kraft zu setzen.

B. Deichpolizei.

Nr. 1. Entsch. v. 18. IX. 97. III. 1225.

Deichges. v. 28. I. 48. § 1.

Es kann dahingestellt bleiben, ob Weidenanpflanzungen innerhalb des Inundationsgebietes schon an sich oder doch wenigstens unter bestimmten Voraussetzungen, insbesondere wenn sie durch Begünstigung von Sand- und Schlickablagerungen zu Erhöhungen der Uferflächen Veranlassung geben, unter den Begriff „Deiche oder ähnliche Erhöhungen der Erdoberfläche“ im Sinne des § 1 des Deichgesetzes v. 28. I. 48 gebracht werden können. Denn jedenfalls kann diese Bestimmung, wie auch vom O.-V.-G. bereits in einem früheren Erkenntnisse v. 4. V. 96 in Sachen der Stadtgemeinde Landsberg wider den Oberpräsidenten der Provinz Brandenburg angenommen worden ist, nach dem klaren Wortlaute des § 1 des Gesetzes („Deiche ... dürfen ... nicht anders ... neu angelegt, verlegt, erhöht, sowie ganz oder teilweise zerstört werden“) einer auf Beseitigung solcher bereits vor 1848 vorhandenen Anlagen gerichteten polizeilichen Verfügung nicht zur Grundlage dienen. Nicht gegen das Fortbestehen der bei Inkrafttreten des Deichgesetzes bereits existierenden Deiche oder ähnlichen Erhöhungen der Erdoberfläche richtet sich das Gesetz, sondern nur gegen Abänderungen des in dieser Beziehung bestehenden Zustandes ohne zuvorige ausdrückliche Genehmigung der Regierung, an deren Stelle nach § 96 des Zust.-Ges. nunmehr der Bezirksausschuß getreten ist.

Nr. 2. Entsch. v. 15. VI. 98. III. 879.

Deichges. v. 28. I. 48. § 1; Zust.-Ges. § 96.

Das Oberverwaltungsgericht hat sich in einem Urteile v. 3. III. 90 (Entsch. Bd. XIX S. 305) mit einem angelegten Feldbrandziegelofen beschäftigt. Damals handelte es sich um das zeitweise Niederlegen der zu dem Fabrikate zu verwendenden Erde und die Aufschichtung der rohen Ziegel behufs Bildung des Brennofens und diese Herstellungen wurden für deichähnliche Erhöhungen der Erdoberfläche nicht erachtet. Anders ist, wenn ein Ofen errichtet ist, der nicht blos aus den zu brennenden Ziegeln besteht, sondern dessen Umfassungswände aus sogenannten Bleichsteinen hergestellt worden sind und der für alle im Laufe des Sommers zu brennenden Ziegel stehen bleibt. Bleichsteine sind bei früheren Bränden mangelhaft gebrannte, nicht zum Verkauf geeignete Steine. Durch ihre Verwendung erhält der Ofen den Charakter einer baulichen Anlage, die dem Andringen des Wassers widersteht und seine Ausbreitung beschränkt (Urt. des Kammergerichts v. 30. III. 85, Jahrbuch Bd. V S. 341). Ein solcher Ofen muß deshalb als eine deichähnliche Erhöhung der Erdoberfläche angesehen werden, die, wenn nicht genehmigt (§ 96 des Zust.-Ges.), auf Erfordern des Regierungspräsidenten beseitigt werden muß (§ 1 Abs. 2 des Deichges.).

C. Fischereipolizei.

D. Jagdpolizei.

a) Jagdscheine.

Nr. 1. Entsch. Bd. XXXI. S. 242 v. 9. XI. 96. III A. 28/96.

Jagdscheingesetz. v. 31. VII. 95 §§ 6, 7, 8.

Der Jagdschein enthält die polizeiliche Erlaubnis zum Jagen, er dient als Legitimation gegenüber den polizeilichen Organen bei Ausübung der Jagd. Ob dem Nachsuchenden die polizeiliche Erlaubnis erteilt werden kann oder nicht, hängt allein davon ab, ob gegen ihn die in den §§ 6 und 7 enthaltenen polizeilichen Gründe der Versagung vorliegen. Ist dies nicht der Fall, so ist die Erlaubnis zu erteilen und das die Erlaubnis aussprechende Legitimationspapier gegen Entrichtung der im § 4 bestimmten Abgaben (die Ausnahme des § 5 vorbehalten) auszuhändigen. Wenn die Behörde auch für befugt erachtet werden muß, die Aushändigung des Scheines zu verweigern, so lange die gesetzlich bestimmte Abgabe nicht entrichtet ist, so bringt das Gesetz die Entrichtung der Abgaben mit der Erteilung der Erlaubnis doch nicht derartig in Verbindung, daß, wenn die Abgabe kreditiert oder irrtümlich nicht gezahlt ist, die Erlaubnis zum Jagen hinfällig und das ausgehändigte Legitimationspapier ungültig (nichtig) wird. Ist daher ein Jagdschein ohne Entrichtung der gesetzlichen Abgabe ausgehändigt worden, so bleibt nur übrig, sie nachträglich einzuziehen; die Jagdpolizeibehörde ist nicht befugt, den Jagdschein dem Empfänger wieder abzunehmen oder für ungültig zu erklären.

Nr. 2. Entsch. v. 26. I. 98. III. 125.

Jagdscheinges. vom 31. VII. 95. §§ 1, 4, 5, 9.

Das Jagdscheingesetz v. 31. VII. 95 behandelt (§ 9) die Versagung des Jagdscheins als Versagung einer polizeilichen Erlaubnis, also als polizeiliche Verfügung im Sinne der §§ 127 ff. des L.-V.-G. Nun ist anerkannten Rechts, daß, wenn eine polizeiliche Erlaubnis nur unter Bedingungen oder

Auflagen erteilt wird, dagegen das Verwaltungsstreitverfahren ebenso zulässig ist, als wenn die Erlaubnis gänzlich versagt ist. Das Jagdscheingesetz hat keinen entgegengesetzten Standpunkt eingenommen. Das Verwaltungsstreitverfahren findet daher nicht blos dann statt, wenn der Jagdschein gänzlich versagt wird (§§ 6 und 7 a. a. O.), sondern auch dann, wenn die Erteilung an die Bedingung der Bürgschaftsstellung (§ 1 Abs. 2) oder der Zahlung einer erhöhten Jagdscheinabgabe (§ 4 Abs. 1) geknüpft wird oder die Erteilung eines unentgeltlichen Jagdscheins abgelehnt wird (§ 5). Ist die Jagdpolizeibehörde dabei von thatsächlichen oder rechtlichen Irrtümern ausgegangen, so unterliegt ihre Verfügung der Aufhebung durch den Verwaltungsrichter. Diese Rechtsansicht teilen die Minister für Landwirtschaft, Domänen und Forsten und des Innern in einem Reskripte vom 12. V. 96 $\frac{\text{I B 2681}}{\text{I B 4877}}$, worin ausgesprochen ist, daß gegen den in letzter Beschwerdeinstanz ergangenen Bescheid der Oberpräsidenten, durch welchen einem Ausländer die Erteilung eines Jahresjagdscheines für 15 Mk. versagt wird, die Klage bei dem Oberverwaltungsgerichte stattfindet.

Nr. 3. Entsch. v. 19. III. 98. III. 407.

Jagdscheinges. v. 31. VII. 95 § 6 Ziff. 1.

1. Der Thatbestand des § 6 Ziffer 1 des Jagdscheinges. v. 31. VII. 95 liegt vor, wenn aus bestimmten Thatsachen (Handlungen oder Unterlassungen) der vernünftige Schluß zu ziehen ist, die betreffende Persönlichkeit werde bei Ausübung der Jagd mit dem Schießgewehre unvorsichtig sein oder die öffentliche Sicherheit gefährden. Dieser Schluß läßt sich sowohl aus einer einzigen Thatsache als aus einer Reihe von Thatsachen gewinnen, nur müssen die Thatsachen einen sicheren Schluß auf den gänzlichen Mangel einer Eigenschaft des Betreffenden zulassen, nämlich der Zuverlässigkeit hinsichtlich der Handhabung des Schießgewehres oder hinsichtlich der Achtung vor der Person, der Ehre und des Vermögens Anderer (Entsch. Bd. XI S. 293, Bd. XVIII S. 299).

2. Ein vorsichtiger Jäger schießt nur auf Gegenstände, die er schießen darf und als solche erkennt; er unterläßt den Schuß, wenn er den Gegenstand nicht mit Sicherheit erkennen kann. Wer dagegen handelt, dem fehlt die Zuverlässigkeit in der Handhabung des Schießgewehres, er ist von der Ausübung der Jagd auszuschließen, so lange die begründete Befürchtung besteht, er werde in ähnlicher Weise unvorsichtig mit dem Schießgewehre umgehen.

Nr. 4. Entsch. v. 19. I. 98. III. 87.

Jagdscheinges. v. 31. VII. 95 §§ 7, 8; St.-G.-B. §§ 367 Nr. 8.

Nach § 7 Nr. 2 in Verbindung mit § 8 des Jagdscheingesetzes kann dem Empfänger der Jagdschein wieder abgenommen werden, wenn er in den letzten fünf Jahren wegen unbefugten Schießens (§ 367 Nr. 8 des Reichsstrafgesetzbuches) bestraft worden ist. Mit Unrecht wird diese Voraussetzung für die Entziehung des Jagdscheins dann nicht für vorliegend erachtet, wenn nur ein amtsgerichtlicher Strafbefehl erlassen und die Strafe nicht nach kontradiktorischer Verhandlung durch Urteil verhängt sei. Das Jagdscheingesetz erfordert nur die rechtskräftige Bestrafung und die Bestrafung durch einen rechtskräftigen amtsgerichtlichen Strafbefehl ist eine solche.

b) Jagdpolizeibehörde, gemeinschaftliche und Einzeljagdbezirke, Beteiligte, isolirte Höfe, Waldenklaven, Jagdaufkünfte und deren Verteilung, mit Ausschluß des Hannoverschen und Kurhessischen Jagdrechts, Wildschaden.

Nr. 1. Entsch. Bd. XXX. S. 313 v. 15. VI. 96. III B. 89/95.

Zust.-Ges. v. 26. VII. 76 § 91; Zust.-Ges. v. 1. VIII. 83 § 105; Jagdpolizeiges. v. 7. III. 50 §§ 7, 10, 12.

1. Der Landrat, als Jagdpolizeibehörde, hatte einem Jagdpächter durch polizeiliche Verfügung untersagt auf einem Grundstücke die Jagd auszuüben, von der Annahme ausgehend, daß das Grundstück nicht zu dem dem Jagdpächter verpachteten gemeinschaftlichen Jagdbezirke einer Gemeinde, sondern zu dem gemeinschaftlichen Jagdbezirke eines benachbarten Gutsbezirks gehöre, was streitig war. Die Verfügung wurde aufgehoben und ausgeführt: Das Einschreiten des Landrats würde zulässig sein, wenn der § 91 des Zust.-Ges. v. 26. VII. 76 noch Geltung hätte. Diese Vorschrift ist jetzt durch den § 105 des Zust.-Ges. v. 1. VIII. 83 ersetzt, danach ist zwischen den Beteiligten, zu denen der Landrat nicht gehört, im Verwaltungsstreitverfahren zu entscheiden, zu welchem Jagdbezirke das fragliche Grundstück gehört. Das Einschreiten der Polizei wäre nur dann gerechtfertigt, wenn er sich auf allgemeine, den Wirkungskreis der Polizeibehörde bestimmende Gesetzesvorschriften stützen ließe. Es liegt aber kein von der Polizeibehörde wahrzunehmendes Interesse vor, ob ein Grundstück zu diesem oder jenem Jagdbezirke gehört (vgl. wegen der Waldenklaven Entsch. Bd. XVIII S. 295).

2. Die in einem Gutsbezirke belegenen Grundstücke sind nicht anders zu behandeln, als Grundstücke, die in einem Gemeindebezirke liegen. Alle Grundstücke über 300 Morgen im Gutsbezirke gehören zum gemeinschaftlichen Jagdbezirke des Gutsbezirks, den der Gutsvorsteher zu verpachten oder zu administrieren hat, falls die Jagd nicht ruhen soll (Verwaltungsarchiv Bd. I S. 112).

Die unter Nr. 1 der Entsch. entwickelten Grundsätze scheinen anfechtbar. Die Frage, ob ein Grundstück zu einem bestimmten Jagdbezirk gehört, ist öffentlich-rechtlicher Natur; die Beachtung der betreffenden Vorschriften kann nicht der Willkür der Beteiligten (§ 105 Zust.-Ges.) allein überlassen werden. Was das Gesetz in dieser Hinsicht bestimmt, bildet einen Teil der öffentlichen Ordnung, deren Aufrechterhaltung der Jagdpolizei obliegt. Daher dürfte es dem Sinne und der Absicht des Gesetzes mehr entsprechen, anzunehmen, daß die Jagdpolizei darüber zu wachen hat, daß die Jagdbezirke richtig gebildet werden. Wird gegen das Gesetz verstoßen, so ist es Aufgabe der Jagdpolizei durch polizeiliche Verfügungen dagegen einzuschreiten. Haben die Betheiligten gemäß § 105 des Zust.-Ges. geklagt und der Verwaltungsrichter inter omnes bestimmt, wie die Jagdbezirke begrenzt werden, so hat sich danach auch die Jagdpolizeibehörde zu richten (vergl. Kunze im Verw.-Archiv Bd 5 S. 195 ff.).

Nr. 2. Entsch. Bd. XXXII. S. 436 v. 18. V. 97. I A. 62/99.

Königliche Forst- und Jagdschutzbeamte sind befugt, hinsichtlich der Forst- und Jagdvergehen, mindestens wenn Gefahr im Verzuge ist, auch außerhalb der Staatsforsten als Beamte der Forst- und Jagdpolizei aufzutreten.

Die Entsch. sucht die Ausführungen von Kunze, Verw.-Arch. Bd. II. S. 550 ff. zu widerlegen und schließt sich den Gründen der Rechtsgr. Entsch. in Strafsachen Bd. II. S. 308, Bd. VII. S. 274, Bd. X. S. 106, Bd. XX. S. 344 an. Es handelt sich im vorliegenden Falle aber nur um eine Beschlagnahme auf einem nichtfiskalischen Jagdterrain, nicht um die Revision der Jagdscheine.

Nr. 3. Entsch. Bd. XXXII. S. 444 v. 7. V. 97. I A. 48/98.

Verord. der Österreichisch-Bayerischen Landesadministrations-Kommission v. 21. IX. 1815. (Soltner, Samml. Rheinischer Ges. Bd. I. S. 329.)

1. Im Geltungsbereiche der Verordn. v. 21. IX. 15 besteht eine gesetzliche Vorschrift nicht, daß frei umherlaufende Bracken totgeschossen werden dürfen.

2. Den Vorschriften über das Totschießen frei umherlaufender Hunde ist nicht die Bedeutung beizulegen, daß sie die Befugnis dazu überhaupt erst begründet hätten und ohne sie eine solche Befugnis gar nicht bestehen würde. Vielmehr regeln jene gesetzlichen Vorschriften lediglich eine sich aus allgemeinen Rechtsgrundsätzen ergebende Befugnis zur Abwehr eines Eingriffs in das Jagdrecht, indem sie die Voraussetzungen, unter denen ein fremder Hund totgeschossen werden darf, genauer bestimmen (vgl. § 64 ff. Tit. 16 Teil II A.-L.-R., sowie die Entsch. des Obertribunals Bd. 82 S. 155 ff., ferner §§ 52 ff. der Hannoverschen Jagdordnung v. 11. III. 59). Fehlen solche Vorschriften, so muß auf die allgemeinen Rechtsgrundsätze zurückgegangen und danach beurteilt werden, ob das Totschießen des Hundes gerechtfertigt war oder nicht. Das Recht zur Selbstverteidigung gegenüber einem rechtswidrigen Eingriff in das Jagdrecht, mag er von einer Person oder einer Sache (einem Tiere) ausgehen, unterliegt aber auch z. B. nach dem Rheinischen Bürgerlichen Gesetzbuche keinem Zweifel, obschon in diesem das Selbstverteidigungsrecht (die passive Selbsthülfe) nicht ausdrücklich anerkannt ist (vgl. Crome im Rheinischen Archiv Bd. 79 IV S. 9 ff.). So hat denn auch der Kompetenzgerichtshof von ebendemselben rechtlichen Gesichtspunkte aus für das betreffende Rechtsgebiet das Totschießen jagender Hunde, die weder einzufangen noch abzurufen sind, für zulässig erklärt (Entsch. Nr. 1713, 1905, 1906). Freilich darf die erlaubte Selbstverteidigung nur soweit gehen, als zur Abwehr des Eingriffs erforderlich ist (vgl. § 228 des Bürgerlichen Gesetzbuchs für das Deutsche Reich), mithin gegenüber einem im Jagdgebiete umherlaufenden fremden Hunde nicht weiter, als nötig ist, um die fernere Beeinträchtigung des Jagdrechts durch den Hund zu verhindern. Ein Totschießen des Hundes erscheint also vom Gesichtspunkte der Selbstverteidigung aus nur dann gerechtfertigt, wenn die Abwehr des Hundes nur durch dessen Vernichtung geschehen kann. Läßt sich der Hund durch andere Mittel unschädlich machen, so darf er nicht totgeschossen werden. Jedenfalls also dann nicht, wenn es ausführbar ist, ihn anzulocken und einzufangen.

3. Das im § 4e der Verordn. v. 21. IX. 15 enthaltene Verbot der Jagd mit Bracken ist als eine nicht aufrecht erhaltene Beschränkung der Jagdausübung durch die spätere Gesetzgebung — § 4 des Ges. v. 31. X. 48 (G.-S. S. 343) — allerdings beseitigt, ebenso wie dies hinsichtlich der Vorschrift im § 9 Nr. 2 der Verordn. v. 18 VIII. 14 geschehen ist (vgl. Entsch. des Obertribunals im Rheinischen Archiv Bd. 52 II. A. S. 53). Aus der Zulässigkeit des Gebrauchs der Bracken bei Ausübung der Jagd kann indeß in Ermangelung einer das Überlaufen der Hunde betreffenden besonderen gesetzlichen Vorschrift — wie sie sich im § 66 Tit. 16 Teil II A.-L.-R., § 33 Abs. 2 der Hannoverschen Jagdordnung v. 11. III. 59 findet — nicht gefolgert werden, daß die Bracken, wenn sie überlaufen, einen besonderen Schutz genießen (vgl. Entsch. des O.-V.-G. Bd. XII S. 420). Auf ein billiges Maß nachbarlicher Duldung hat der Eigentümer des bei der Jagd benutzten überlaufenden Hundes an sich keinen Rechtsanspruch, mag auch das Überlaufen der Hunde bei der Jagd mit solchen kaum zu verhindern sein. Die Ansicht, daß nur bei fortgesetztem Laufen-

lassen des Hundes oder bei unmittelbarer Gefahr des Ergriffenwerdens von Wild die Tötung notwendig werden könne, beschränkt ohne rechtlichen Grund das Selbstverteidigungsrecht gegenüber einem Eingriffe in das Jagdrecht, der abgewehrt werden darf, auch wenn er nur von kurzer Dauer ist und den Wildstand nur durch Verscheuchen gefährdet.

Nr. 4. Entsch. Bd. XXXI S. 238 v. 4. II. 97. III C. 106/96.

Jagdpolizeiges. § 2a.

Die Voraussetzungen für einen eigenen Jagdbezirk (§ 2a des Jagdpolizeigesetzes) liegen nicht vor, wenn ein Teil der 300 Morgen im Geltungsbereiche des Jagdpolizeigesetzes, ein anderer Teil im Geltungsbereiche der Hannoverschen Jagdordnung liegt. Die Bestimmungen beider Gesetze decken sich nicht, das Jagdpolizeigesetz verlangt außer dem Zusammenhange eine Größe von mindestens 300 preußischen Morgen (1 Morgen = 0,2553 ha) und forst- oder landwirtschaftliche Benutzung, die Hannoversche Jagdordnung eine Größe von mindestens 300 hannoverschen Morgen (1 Morgen = 0,2621009 ha) und sieht von dem Erfordernisse forst- oder landwirtschaftlicher Benutzung ab.

Nr. 5. Entsch. v. 10. VI. 95. III. 732.

Jagdpolizeiges. § 2a.

1. Das Bd. XVI S. 345 ff. der Entsch. des O.-V.-G. (S. 67 Bd. II d. W.) veröffentlichte Urteil betraf folgenden Fall. Damals hatte der Eigentümer der durch fremden Besitz getrennten Parzellen an dem sie verbindenden Wege das Eigentum nur insofern in Anspruch genommen, als er den Grund und Boden, den Wegekörper, erworben haben wollte, während außer Streit war, daß der Grund und Boden mit einem von seiner Entschließung unabhängigen Wegerecht belastet war und insbesondere die rechtliche Bestimmung hatte, den Zugang zugleich zu den längs des Weges belegenen, den Zusammenhang seines eigenen Besitzes unterbrechenden fremden Grundstücken zu vermitteln.

2. Der § 2a des Jagdpolizeigesetzes spricht dem Besitzer einer land- oder forstwirtschaftlich benutzten Fläche von mindestens 300 Morgen die Befugnis zur eigenen Ausübung des Jagdrechtes zu, sofern der Zusammenhang durch kein fremdes Grundstück unterbrochen wird. Dies wird in dem anschließenden Nachsatze dahin eingeschränkt, daß die Trennung, welche Wege oder Gewässer bilden, als eine Unterbrechung des Zusammenhanges nicht angesehen wird. Daß eine solche Wirkung neben den Gewässern den Wegen beigelegt wird, hat augenscheinlich darin seinen Grund, daß diese ein den Übergang von einem Trennstück zum andern ermöglichendes Kommunikationsmittel bilden. Indeß bezieht sich der Schlußsatz nicht auf die Wege aller Art ohne Rücksicht auf ihre rechtliche Eigenschaft. Sofern der Zusammenhang einer Besitzung nur durch einen Weg unterbrochen wird, der im Eigentume des Besitzers der getrennten Parzellen steht, ergiebt sich schon aus dem Vordersatze, daß ein solcher Weg, weil er für den Eigentümer der getrennten Besitzung nicht ein fremdes Grundstück ist, den im Sinne des Gesetzes für die Anerkennung der Besitzung als eines eigenen Jagdbezirks erforderlichen Zusammenhang nicht unterbricht. Die Anwendung des Nachsatzes kann nur in Frage kommen, wenn der den Zusammenhang thatsächlich unterbrechende Weg, weil er dem Eigentümer der getrennten Parzellen nicht gehört, zwar diesem gegenüber ein fremdes Grundstück ist, ihm jedoch für den Übergang und also für die Herstellung des Zusammen-

hanges nach öffentlichem oder privatem Rechte zur Verfügung steht, wobei übrigens dahingestellt bleiben kann, ob dies für die auf privatrechtlichem Titel beruhende Befugnis ohne Unterschied gilt. Soweit hiernach der Schlußsatz des § 2a Anwendung findet, ist seine Wirkung die, daß der Weg, was die Beurteilung der Zusammenhangsfrage anbelangt, als Bestandteil der angrenzenden Grundstücke und demgemäß seinem Eigentümer gegenüber wie ein fremdes, den Zusammenhang seines am Wege vor und hinter jenen Grundstücken belegenen Besitzes unterbrechendes Grundstück behandelt wird. Die Anwendung des Schlußsatzes des § 2a und damit der Eintritt der bezeichneten Rechtswirkungen ist aber ausgeschlossen in dem Falle der Unterbrechung des Zusammenhanges einer zu einem Jagdbezirke nach ihrer Größe und Nutzungsart geeigneten Besitzung durch fremde Grundstücke bei dem gleichzeitigen Vorhandensein eines Weges, welcher die getrennten Bestandtheile der Besitzung verbindet und dem Eigentümer dieser Besitzung uneingeschränkt, nicht durch ein Wegerecht belastet, gehört. Unter dieser Voraussetzung gilt der Weg für den Besitzer der durch ihn verbundenen Parzellen nicht als ein fremdes Grundstück, wohl aber ist er es für die Besitzer derjenigen Grundstücke, an denen er sich entlang hinzieht, und deshalb trennt er zwar die letzteren Grundstücke, nicht aber auch die ersteren, welche er vielmehr verbindet.

3. Hiervon als dem bestehenden Rechte ist auch in dem Entwurfe eines neuen Jagdgesetzes vom Jahre 1883 ersichtlich ausgegangen, denn, wenn nach § 19 Wege, Triften, Deiche und Eisenbahnen als Bestandteile der von ihnen durchschnittenen Jagdbezirke gelten, so kann hierbei nur an öffentliche Wege gedacht sein, da es anderenfalls der Erwähnung der Triften nicht bedurft hätte, die begrifflich ebenfalls Wege sind, nämlich solche, welche einem bestimmten Kreis Beteiligter und den angrenzenden Besitzern insbesondere zum Verkehre angewiesen sind. Dies hat die zur Beratung des Entwurfes eingesetzte Kommission des Abgeordnetenhauses in dem neu formulierten § 19 durch Hinzufügung des Wortes „öffentliche" vor dem Worte „Wege" als völlig selbstverständlich ohne weitere Begründung zum Ausdrucke gebracht (siehe Drucks. des Herrenhauses 1883/84 Bd. 1 Anl. Nr. 5 und des Abgeordnetenhauses Anl. Bd. 4 S. 1873/89).

4. Lediglich dem privaten Gebrauche des Besitzers bestimmte Parzellen, die von dem Besitzer allein als Weg benutzt werden, trennen demnach die neben denselben belegenen fremden Grundstücke; sie sind ferner, da das Gesetz für die Formgestaltung des eigenen Jagdbezirks keine besonderen Anforderungen aufstellt, zur Herstellung des Zusammenhanges zwischen verschiedenen Parzellen desselben Besitzers geeignet.

Nr. 6. Entsch. v. 11. VI. 98. III. 858.

Zust.-Ges. § 105.

Nach § 105 des Zust.-Ges. unterliegen Streitigkeiten der Beteiligten über ihre in dem öffentlichen Rechte begründeten Berechtigungen und Verpflichtungen hinsichtlich der Ausübung der Jagd, insbesondere über Beschränkungen in der Ausübung des Jagdrechts auf eigenem Grund und Boden und über Bildung von gemeinschaftlichen Jagdbezirken, der Entscheidung im Verwaltungsstreitverfahren. Zuständig im Verwaltungsstreitverfahren ist in erster Instanz, abgesehen von Stadtkreisen, der Kreisausschuß. Wenn der Besitzer eines selbständigen Gutes mit dem Antrage auf Anerkennung seines „Jagdrechts" auf den ihm gehörigen Gutsländereien klagt, so hat dieser Antrag die Bedeutung, daß der Kläger die Berechtigung zur eigenen Ausübung des Jagdrechts auf den genannten Grundstücken geltend machen will. Ein Streit hierüber kann aber nur unter den Beteiligten ausgetragen werden, solche sind in einem Gutsbezirke der Gutsvorsteher und der Eigentümer des betreffenden Grundstücks; weder die Jagdpolizeibehörde (Entsch. Bd. XVIII S. 297, Bd. XXX S. 315) noch eine sonstige Polizeibehörde gehören zu den Beteiligten nach jetziger Lage der Gesetzgebung (Entsch. Bd. XXX S. 315). Glaubt daher der Gutsbesitzer ein Recht zur eigenen Ausübung der Jagd auf seinen Gutsländereien zu haben, so kann er im Streitfalle vor dem Kreisausschusse nur gegen den Gutsvorsteher oder seinen Stellvertreter mit Erfolg klagen. Eine gegen einen Distriktskommissar angestellte Klage muß abgewiesen werden.

Nr. 7. Entsch. v. 4. VI. 96. III. 759.

Jagdpolizeiges. §. 2.

Der § 2 des Jagdpolizeigesetzes v. 7. III. 50 knüpft die Befugnis zur eigenen Ausübung der Jagd an das Eigentum, dem der Lehns- oder Fideikommißbesitz, das gemeine Eigentum des Staates u. s. w., gleich stehen. Die Überlassung fremder Grundstücke zur Nutzung (§§ 259 ff. Tit. 21 Teil I A.-L.-R.), insbesondere zur Jagdnutzung, ersetzt das Eigentum nicht. (Der Fall lag so: Es besaß Jemand 170 Morgen und pachtete 130 Morgen; er glaubte irrtümlich, daß er nunmehr mit den 300 Morgen einen eigenen Jagdbezirk bilden könne.)

Nr. 8. Entsch. Bd. XXXI. S. 239 v. 8. III. 97 C. 99/96.

Jagdpolizeiges. §§ 9, 10, 11, 12. Rheinische Landgemeinde-Ord. vom 23. VII. 45 §§ 76, 85.

1. Ein Grundbesitzer hatte zu seinem einen eigenen Jagdbezirk (§ 2a des Jagdpolizeigesetzes) bildenden Grundbesitze mehrere damit in unmittelbarem Zusammenhange stehende Fläche erworben. Mit dem Erwerbe erlangte er das Recht zur eigenen Ausübung der Jagd trotz bestehender Jagdpachtverträge (Entsch. Bd. XXIV S. 291, Bd. XXVIII S. 316, Pr. Verw.-Bl. Jahrg. XIV S. 319, Jahrg. XVI S. 449) auf den Flächen, denn auf Grund dieser Thatsache schieden sie aus dem gemeinschaftlichen Jagdbezirke der Gemeinde rechtlich aus und es hörte die Berechtigung der Gemeindebehörde (§ 9), über die Jagdnutzung zu verfügen (§ 10), auf.

2. Das Recht des betreffenden Grundbesitzers ist eine im öffentlichen Rechte liegende Berechtigung und eine Klage auf Anerkennung seines Jagdrechts muß sich im V.-St.-V. gemäß § 105 des Zust.-Ges. gegen einen „Beteiligten" richten; als beteiligt gelten im vorliegenden Falle nur die Besitzer der den gemeinschaftlichen Jagdbezirk der Gemeinde bildenden Grundstücke, die ihrerseits davon ausgehen, daß das Recht zur Ausübung der Jagd auf den fraglichen Flächen nicht dem Besitzer, sondern ihnen kraft der öffentlich-rechtlichen Vorschrift des § 4 des Jagdpolizeigesetzes zustehe. Die Vertretung der Gesammtheit der Grundbesitzer nach außen überhaupt und im V.-St.-V. gebührt nach rheinischem Rechte dem Bürgermeister. Die Grundbesitzer bilden eine Zwangsgenossenschaft des öffentlichen Rechts (Entsch. Bd. XXVIII S. 315), die Genossenschaft wird nach außen (und den Mitgliedern der Genossenschaft gegenüber) gemäß § 9 durch die Gemeindebehörde vertreten. Wer die Gemeindebehörde im Sinne dieser Vorschrift ist, richtet sich nach den maßgebenden Städte- und Landgemeinde-Ordnungen, es ist dasjenige Organ der politischen Gemeinde, welches ihr Vertreter nach außen ist, die Leitung der Gemeindeverwaltung, sowie die Ausübung obrigkeitlicher Funktionen in der Hand hat. In Gutsbezirken ist es der Gutsvorsteher. Der Erlaß der

Ressortminister vom 31. I. 58 (Oppermann, Jagdpolizeigesetz S. 43) nimmt daher mit Recht an, das Jagdpolizeigesetz habe in § 9 „diejenige Gemeindebehörde, welche nach außen hin ein aktives obrigkeitliches Amt bekleide, verpflichten wollen, den öffentlichen Behörden des Staats als Organ für die Verwaltung der Interessenten-Jagd zu dienen". Auf gleichem Standpunkte steht das Reskr. derselben Minister v. 19. XII. 60 (M.-Bl. 61 S. 14), das ausspricht, daß im Geltungsbereiche der Städteordnung v. 30. V. 53 der Magistrat die im § 9 des Jagdpolizeigesetzes gemeinte Behörde sei. In beiden Erlassen wird hervorgehoben, daß eine rechtliche Konkurrenz der Gemeinde- und Stadtverordnetenversammlung nicht eintrete. Als Konsequenz dieser Ansicht wird in einem Erlasse v. 7. II. 62 (Oppermann S. 45) richtig aufgestellt, daß in den rheinischen Landgemeinden der Bürgermeister (§§ 76, 85 des Ges. vom 23. VII. 45) die Jagdangelegenheiten verwalte, dem Gemeinderate aber eine Mitwirkung nicht zustehe. Der gemeinschaftliche Jagdbezirk, als eine neben der politischen Gemeinde stehende Korporation, hat mit dieser nicht alle, sondern nur diejenigen Einrichtungen und Organe gemeinschaftlich, die das Jagdpolizeigesetz als solche anerkennt oder die sich aus der Natur der Sache ergeben, denn die Jagdangelegenheiten des gemeinschaftlichen Jagdbezirks sind keine Gemeindeangelegenheiten. Insbesondere fehlt dem gemeinschaftlichen Jagdbezirke eine Repräsentanz der einzelnen Mitglieder der Genossenschaft, die, wie die Gemeindevertretung oder Gemeindeversammlung, Stadtverordnetenversammlung u. s. w. in Gemeindeverwaltungsangelegenheiten, über die Verwaltung der gemeinschaftlichen Jagd (§§ 10, 11, 12 des Jagdpolizeigesetzes) zu beschließen hätte. Beschluß und Ausführung liegen vereinigt in einer Hand. Deshalb wird in der Verordnung, betreffend das Jagdrecht und die Jagdpolizei im ehemaligen Herzogtum Nassau, v. 30. III. 67 (G.-S. S. 426) und in dem Gesetze, betreffend das Jagdrecht und die Jagdpolizei im Herzogtum Lauenburg, v. 17. VII. 72 (Offizielles Wochenblatt S. 215), die beide im wesentlichen auf den gesetzgeberischen Gedanken des Jagdpolizeigesetzes v. 7. III. 50 beruhen, und zwar in ersterer der Gemeinderat, der nach dem Gemeindegesetze v. 26. VII. 54 (Nassauisches Verordnungsblatt S. 166) den kollegialen Gemeindevorstand bildet, in letzterem der Gemeindevorstand mit den im Jagdpolizeigesetze der „Gemeindebehörde" zugewiesenen Aufgaben ausdrücklich betraut.

3. In einem Erlasse v. 3. V. 97 (M.-Bl. S. 101) ist der Minister für Landwirtschaft den vorstehenden Ausführungen beigetreten.

In der Frage, ob ein Grundbesitzer, der zu einem weniger als 300 Morgen großen Grundbesitze so viel erwirbt, daß er nunmehr 300 Morgen oder mehr zu eigen hat, sofort mit dem Erwerbe das Recht auf eigene Ausübung der Jagd trotz bestehender Jagdpachtverträge besitzt, sind die Gerichte und die Litteratur noch immer nicht überall zur richtigen Ansicht gelangt. Bekanntlich nimmt das O.-V.-G. in seiner Rechtsprechung an, daß in solchem Falle der Eigenjagdbesitzer das Jagdausübungsrecht sofort erlangt, sobald er Eigentümer einer 300 Morgen großen Grundfläche (§ 2 Litt. a des Jagdpolizeigesetzes) geworden ist und daß der Ablauf des von dem Gemeindevorsteher abgeschlossenen Jagdpachtvertrages nicht abzuwarten ist (vgl. Entsch. Bd. XX S. 320 für Hannover, Bd. XXIV S. 285; Erk. v. 9. II. 92 Pr. Verw.-Bl. X Jahrg. 14 S. 319; Entsch. Bd. XXIV S. 291; Bd. XXVIII S. 316). Gleiche Absicht vertreten: Kunze, Jagdpolizeigesetze S. 14 Anm. 4 und im Verw.-Arch. Bd. V S. 195; Dalcke, Jagdrecht 3. Aufl. S. 18. Einzelne Civilgerichte sind entgegengesetzter Ansicht, so das Obertribunal Entsch. Bd. XLIX S. 36, Strietz. Arch. Bd. XCVI S. 5; Oppenhoff, Rechtspr. Bd. X S. 740; Amtsgericht Oranienburg und Landgericht II Berlin, deutsche Jägerzeitung 1894 S. 129, 144; Bauer Jagdgesetze S. 28; Strafkammer zu Neu-Ruppin Erk. v. 19. I. 95 u. s. w. Gleiche Ausführungen machen Wagner, Jagdgesetzgebung; Kohli, Jagdges. S. 33; Dernburg, Pr. Privatrecht Bd. I § 229 Anm. 8; Rehbein, Entsch. des Ob. Trib. Bd. I S. 834, 835 I. Anm.; Ziebarth, Forstrecht S. 301; Berger, Verw.-Arch. Bd. IV S. 166; Lehfeld, Jagdrechts-Kunde S. 24 u. s. w. Dagegen hat das Oberlandesgericht zu Köln in seinem Urteile v. 26. I. 97 (Bd. 91 des Archivs für das Civil- und Kriminalrecht der Rheinprovinz) sich auf den öffentlich-rechtlichen Standpunkt gestellt, von dem auch das O.-V.-G. ausgeht.

Nr. 9. Entsch. v. 4. XII. 97. III. 1638.

Jagdpolizeiges. §§ 9, 10.

Das O.-V.-G. hat in einem die Rheinprovinz betreffenden Urteile v. 8. III. 97 (Entsch. Bd. XXXI S. 239 s. oben) ausgesprochen, daß die Jagdangelegenheiten des gemeinschaftlichen Jagdbezirks in den rheinischen Landgemeinden von dem Bürgermeister zu verwalten seien, ohne daß dem Gemeinderate eine Mitwirkung zustehe. Die Grundsätze, auf denen dieses Urteil beruht, führen für das Gebiet der westfälischen Landgemeindeordnung auf Grund des § 23, wonach der Gemeindevorsteher die ausführende Behörde ist und des § 41, wonach der Gemeindevorsteher unter der Aufsicht des Amtmannes die Gemeindeangelegenheiten zu verwalten hat, in Verbindung mit den Bestimmungen über die Rechte und Pflichten der Gemeindeversammlung, der Gemeindevertretung und des Amtmannes dazu anzunehmen, daß dasjenige Organ der politischen Gemeinde, welches ihr Vertreter nach außen ist und die Leitung der Gemeindeverwaltung sowie die Ausübung obrigkeitlicher Funktionen in der Hand hat, nur der Gemeindevorsteher sein kann. Der Gemeindevorsteher hat daher auch allein als Gemeindebehörde im Sinne des § 9 des Jagdpolizeigesetzes v. 7. III. 50 über die Verpachtung der Jagd im gemeinschaftlichen Jagdbezirke zu bestimmen, und wenn die Gemeindevertretung sich hiermit beschäftigt, so kann es höchstens in der Bedeutung einer gutachtlichen Äußerung oder eines Wunsches geschehen. Hält sich ein Beschluß innerhalb der Grenzen einer bloßen gutachtlichen Äußerung oder eines Wunsches nicht, so wird damit in die Befugnisse des Gemeindevorstehers eingegriffen und es werden die eigenen Befugnisse der Gemeindevertretung überschritten. Die Beanstandung eines solchen Beschlusses ist deshalb gerechtfertigt.

Nr. 10. Entsch. v. 23. I. 96. III. 112.

Verord. v. 30. III. 67. (G.-S. S. 426) §§ 6, 13; Zust.-Ges. §§ 105, 106.

Die Zulässigkeit der Klage des Besitzers eines zum gemeinschaftlichen Jagdbezirke einer Gemeinde gehörigen Grundstücks auf Zahlung ratierlicher Pachtanteile (§ 13 der Verord. v. 30. III. 67) kann sich niemals auf § 105, sondern nur auf § 106 des Zust.-Ges. gründen. Der letztere lautet:

> Auf Beschwerden und Einsprüche, betreffend die von der Gemeindebehörde .... festgestellte Verteilung der Erträge der gemeinschaftlichen Jagdnutzung, beschließt die Gemeindebehörde ...... Gegen den Beschluß findet innerhalb zwei Wochen die Klage bei dem Kreisausschusse .... statt.

Danach soll also in Verbindung mit der Verordnung v. 30. III. 67 den Besitzern derjenigen Grundstücke, auf welchen die gemeinschaftliche Ausübung des Jagdrechts (§§ 6, 11) stattfindet, das Verwaltungsstreitverfahren unter der Voraussetzung des § 106 zum Zwecke der Verfolgung ihrer Rechte aus § 13 der Verordnung eröffnet werden. Nach letzterem Paragraphen werden in Nassau die Pachtgelder und Einnahmen von der durch einen angestellten Jäger beschossenen Jagd in die Gemeindekasse gezahlt und nach Abzug der etwa entstehenden Verwaltungskosten durch den Gemeinderat (Nassau) unter die Besitzer derjenigen Grundstücke, auf welchem die gemeinschaftliche Ausübung des Jagdrechts stattfindet, nach dem Verhältnisse des Flächeninhalts dieser Grundstücke verteilt. Glaubt ein Besitzer sich durch die festgestellte Verteilung benachteiligt, weil bei der Verteilung der Aufkünfte sein Grundbesitz nicht nach dem Flächeninhalte berücksichtigt ist, so steht ihm nach fruchtlos erhobenem Einspruche u. s. w. die Klage gegen die Besitzer der den gemeinschaftlichen Jagdbezirk bildenden Grundstücke zu. Der Klage aus § 106 ist aber der Erfolg zu versagen, wenn gegen die festgestellte Verteilung nicht vorab bei dem Gemeinderate Einspruch oder Beschwerde erhoben und darauf von letzterem Beschluß gefaßt ist. Auch darf die Anfechtung des Beschlusses nur dahin gehen, daß die festgestellte Verteilung berichtigt werde, und zwar für den Zeitraum, für den sie aufgestellt ist. Eine abstrakte Feststellungsklage, daß ein bestimmtes Grundstück berechtigt sei, an den Jagdpachtverträgen überhaupt Teil zu nehmen, giebt es nicht (Entsch. Bd. XIV S. 312, Erk. v. 15 XI. 88, Pr. Verw.-Bl. Jahrg. X S. 211).

Nr. 11. Entsch. v. 14. XII. 96. III. 1573.

Landgem.-Ord. v. 3. VII. 91 § 71; Zust.-Ges. §§ 34, 106; Jagdpolizeiges. § 11.

Nach § 71 der Landgemeindeordnung v. 3. VII. 91 (vgl. § 34 des Zust.-Ges.) findet die Klage im Verwaltungsstreitverfahren statt gegen Beschlüsse des Gemeindevorstehers (Gemeindevorstandes), die ergangen sind auf Beschwerde oder Einspruch, betreffend das Recht zur Teilnahme an den Nutzungen und Erträgen des Gemeindevermögens. Voraussetzung dieser Klage ist daher die Inanspruchnahme von Nutzungen des Gemeindevermögens (Entsch. Bd. III S. 76, 82, Bd. V S. 160; Beschluß des R.-Ger. v. 26. I. 89, Pr. Verw.-Bl. Jahrg. X S. 338). Die Nutzungen des gemeinschaftlichen Jagdbezirkes einer Gemeinde (oder eines Gutsbezirks) gehören aber nicht zu den Nutzungen des Vermögens der politischen Gemeinde, sondern zu den Erträgen der neben der politischen Gemeinde bestehenden, von der Gemeindebehörde in Personalunion mit vertretenen öffentlich-rechtlichen Korporation der zum gemeinschaftlichen Jagdbezirke gehörenden Grundbesitzer (Entsch. Bd. XXVIII S. 315, Pr. Verw.-Bl., Jahrg. XVI S. 449). Der § 71 der Landgemeindeordnung ist daher nicht anwendbar, wenn es sich um die Teilnahme an den Erträgen dieser öffentlich-rechtlichen Korporation handelt, vielmehr kommt dann der § 106 des Zust.-Ges. zur Anwendung. Nach dieser Vorschrift kann mit Klage im Verwaltungsstreitverfahren angefochten werden derjenige Beschluß der Gemeindebehörde, durch den die von ihr festgestellte Verteilung der zur Gemeindekasse (§ 11 des Jagdpolizeigesetzes) gezahlten Nettoerträge der Jagdnutzung auf Einspruch oder Beschwerde aufrecht erhalten worden ist. Sind die Erträge überhaupt nicht zur Gemeindekasse gelangt, so kann dagegen mit dem Rechtsmittel aus § 106 des Zust.-Ges., das beschränkter ist als dasjenige aus § 71 der Landgemeindeordnung, nicht vorgegangen werden (Entsch. Bd. XIV S. 312, Pr. Verw.-Bl., Jahrg. XIII S. 294, Jahrg. XIV S. 455, Jahrg. XVI S. 330). Insbesondere ist das Rechtsmittel nicht geeignet, die Gemeindebehörde zu veranlassen, schuldige Jagdpachtgelder zur Gemeindekasse einzuziehen und darauf zur Verteilung zu bringen. Glaubt ein Grundbesitzer, daß die Gemeindebehörde pflichtwidrig die Einziehung der Jagdpachtgelder und deren Verteilung unterlasse, so kann dagegen im Verwaltungswege nur durch Anrufen der Aufsichtsbehörde, die in Jagdangelegenheiten dieselbe ist, wie in Kommunalangelegenheiten, Abhilfe verlangt werden.

Nr. 12. Entsch. Bd. XXX. S. 319 v. 1. X. 96. III C. 30/96.

Jagdpolizeiges. v. 7. III. 50. § 7.

Die Absätze 1 und 3 des § 7 des Jagdpolizeiges. vom 7. III. 50 lauten:

„Grundstücke, welche von einem über 3000 Morgen im Zusammenhange großen Walde, der eine einzige Besitzung bildet, ganz oder größtenteils eingeschlossen sind, werden, wenn sie nicht unter die Bestimmungen des § 2 fallen, dem gemeinschaftlichen Jagdbezirke der Gemeinde nicht zugeschlagen. Die Besitzer solcher Grundstücke sind verpflichtet, die Ausübung der Jagd auf denselben dem Eigentümer des sie umschließenden Waldes auf dessen Verlangen gegen eine nach dem Jagdertrage zu bemessende Entschädigung zeitpachtweise zu übertragen oder die Jagdausübung gänzlich ruhen zu lassen.

Macht der Waldeigentümer von seiner Befugnis, die Jagd auf der Enklave zu verpachten, beim Anerbieten des Besitzers nicht Gebrauch, so steht dem letzteren die Ausübung der Jagd auf dem enklavirten Grundstücke zu."

Der Abs. 1 spricht von Grundstücken, welche von einem über 3000 Morgen großen Walde ganz oder größtenteils eingeschlossen sind, und von dem Walde, der diese Grundstücke umschließt. Im Abs. 3 werden die ganz oder größtenteils eingeschlossenen Grundstücke „Enklaven" und „enklavirte Grundstücke" genannt. Die Motive geben keine Definition, was eine Enklave ist; es werden darin Ausdrücke wie „Waldenklave," „Enklave," „einschließender Wald," „ganz oder größtenteils eingeschlossen" gebraucht (Kunze, Jagdpolizeiges. S. 24). Ebensowenig findet sich in der Litteratur eine nach allen Richtungen befriedigende Definition von „Enklaven". Das Ministerialreskript vom 1. VI. 50 (M.-Bl. S. 192) besagt nur: „Die Umschließung „größtenteils" nach § 7 läßt sich nicht genau definiren, wird aber jedenfalls über die Hälfte umfassen müssen." Nach dem geographischen und staatsrechtlichen Sprachgebrauche ist eine Enklave ein in fremdem Gebiete liegender oder davon eingeschlossener Landstrich, ein Einschlußgebiet. In demselben Sinne wird von Guts- und Gemeindeenklaven gesprochen. Würde der § 7 nur Enklaven oder enklavirte Grundstücke erwähnen, so gehörte zu ihrem Begriffe, daß sie als fremde Grundstücke im Walde und vom Walde gänzlich umgeben lägen (sogenannte Ganzenklaven). Dazu paßten die in § 7 gebrauchten Worte „einschließen" und „umschließen". Ihr Gebrauch läßt aber zugleich erkennen, daß der Wald die fremde Grundfläche umklammern, ringsherum begrenzen muß. Wenn der § 7 die größtenteils eingeschlossenen Grundflächen (die sogenannten Halbenklaven) den gänzlich eingeschlossenen jagdrechtlich gleichstellt, auch in Abs. 3 beide Arten „Enklaven" und „enklavirte Grundstücke" nennt, so ist mit Sicherheit anzunehmen, daß der Gesetzgeber nur an solche im Walde liegende und vom Walde umgebene fremde Grundstücke gedacht hat, die im Großen und Ganzen den Ganzenklaven gleich kommen, von denen also noch gesagt werden kann, daß sie im Walde liegen und vom Walde umgeben sind, wiewohl sie eine oder mehrere offene, vom Walde nicht begrenzte Stellen haben. Diese offenen Stellen müssen demnach gegen den vom Walde begrenzten Umring vollständig zurücktreten, sie dürfen dem allgemeinen Eindrucke der Einschließung des Ganzen durch den Wald keinen Abbruch thun. Es genügt also nicht, daß die Umgrenzung durch den Wald mehr als die Hälfte beträgt, die Fläche muß auch im Walde liegen und von ihm eingeschlossen sein. Bei der Prüfung, ob eine Fläche vom Walde eingeschlossen ist, ist nicht von dem Grundstücke, um dessen Eigenschaft als Enklave es sich handelt, sondern von dem über 3000 Morgen großen Walde auszugehen und zu fragen, welche Grundfläche der Wald umschließt; die auf diese Weise ermittelte Grundfläche ist eine Enklave. Hieraus ergiebt sich, daß eine Grundfläche, welche nur mehr als zur Hälfte vom Walde begrenzt wird, aber nicht im Walde liegt, vom Walde nicht umschlossen ist, keine Enklave im Sinne des § 7 sein kann. Dies trifft zu bei Flächen, die in der Form eines Winkels in den Wald hineinragen, bei denen der Winkel nicht ein spitzer von wenigen Graden, sondern ein rechter oder fast ein rechter oder gar ein stumpfer ist. Bei solchen Flächen fehlt das sack- oder zungenartige Hineinspringen in den Wald, ihre offene Seite hat eine solche Ausdehnung, daß von einer Einschließung oder Umschließung des Waldes keine Rede sein kann; die Strecke, die der Wald berührt, ist im Verhältnisse zu der, die er nicht berührt, zu gering, die erstere ist nur der größere, nicht der größte Theil des Umringes.

Nr. 13. Entsch. v. 30. I. 96. III. 103.

Jagdpolizeiges. § 7; Zust.-Ges. § 105.

Ein Streit über die jagdrechtliche Stellung einer Grundfläche als Waldenklave, in dem darüber gestritten wird, ob die Grundfläche von einem über 3000 Morgen großen Walde ganz oder größtenteils eingeschlossen und daher als außerhalb des gemeinschaftlichen Jagdbezirks stehend zu erachten sei oder zum gemeinschaftlichen Jagdbezirke gehöre (§ 7 des Jagdpolizeiges. vom 7. III 50, § 105 des Zust.-Ges.), darf nicht einseitig zwischen dem Gemeindevorsteher, als Vertreter des gemeinschaftlichen Jagdbezirks, und dem Besitzer des einschließenden Waldes, sondern muß zwischen allen Beteiligten, das sind der Gemeindevorsteher, der Waldbesitzer und der Eigentümer der Grundfläche, ausgetragen werden, es müßte denn das besondere Verhalten eines Beteiligten, insbesondere das Anerkenntnis der Enklaveneigenschaft durch den Eigentümer der Grundfläche, eine Ausnahme rechtfertigen und seine Zuziehung zum Verfahren entbehrlich machen.

Nr. 14. Entsch. v. 28. III. 95. III. 404.

Jagdpolizeiges. § 5.

Ein Schiffahrtskanal ist als ein Terrainhindernis anzusehen und geeignet einen Hof zu isolieren.

Nr. 15. Entsch. v. 25. XI. 95. III. 1468.

Jagdpolizeiges. § 5.

Bei der Prüfung, ob ein isolierter Hof vorliegt, kommt es nicht darauf an, auf welcher Straße (Wege) man von dem einen Hofe zum anderen gelangt; vielmehr ist entscheidend die direkte Entfernung von Hof zu Hof, auch abgesehen von einer Verbindung durch eine Straße oder einen öffentlichen Weg. Ein Streit über die Zulässigkeit der Ausschließung eines Hofes aus dem gemeinschaftlichen Jagdbezirke gemäß § 5 des Jagdpolizeigesetzes ist nach öffentlich-rechtlichen Grundsätzen von den Verwaltungsgerichten (§ 105 des Zust.-Ges.) zu entscheiden, er betrifft die Zugehörigkeit zu der eine öffentliche Zwangsgenossenschaft darstellenden Gemeinschaft der Besitzer derjenigen Grundstücke, welche den Jagdbezirk bilden (Erk. vom 28. II. 95 III. 263; Pr. Verw.-Bl. Jahrg. XVI S. 449), und über diese Zugehörigkeit kann durch eine private, den öffentlich-rechtlichen Vorschriften zuwiderlaufende Vereinbarung nicht Bestimmung getroffen worden (jus publicum privatorum pactis mutari non potest).

Nr. 16. Entsch. Bd. XXXI S. 245 v. 3. XII. 96. III C. 57/96.

Wildschadenges. §§ 5, 6, 7, 8.

1. Hat der Amtsvorsteher einen Beteiligten zum Schätzungstermine in Wildschadenssachen nicht gehörig geladen und ist dann die Klage gegen

den Bescheid des Amtsvorstehers erhoben, so bedarf es nicht etwa der Wiederholung des Ermittelungsverfahrens.

2. Der Wildschaden ist binnen drei Tagen anzumelden. Der Tag, an dem der Schaden bemerkt worden, ist nicht mit zu rechnen.

Eine Beweispflicht für den Beschädigten, den Nachweis zu führen, daß er an einem bestimmten Tage den Schaden bemerkt habe, besteht nicht.

3. Die Einführung der Anmeldefrist hat die Bedeutung, daß die Versäumung der Frist den Verlust des Rechtes nach sich zieht, den Ersatzanspruch geltend zu machen. Die Beweispflicht richtet sich, soweit im V.-St.-V. auf sie überhaupt zurückzugehen ist, nach dem für die bürgerlichen Rechtsstreitigkeiten maßgebenden Grundsatze, daß sie derjenigen Partei zufällt, die aus der Versäumung der Frist das Recht zur Ablehnung des Anspruchs ableitet.

5. Ist ein weiterer Wildschaden nach der Anmeldung eines Schadens entstanden, so hat der Amtsvorsteher in dem Schätzungstermine den weiteren Schaden auf Antrag der Beschädigten mit abzuschätzen, sofern nicht etwa die dreitägige Frist versäumt ist. Einer besonderen Anmeldung und eines nochmaligen Termins bedarf es nicht.

6. Der Beschädigte hat Anspruch, daß der Schaden an Bäumen nicht nach dem Werte zur Zeit ihrer Beschädigung, sondern nach dem bei Eintritt der normalen Abtriebszeit erzielbaren Werte bestimmt wird. Aber der Beschädigte hat nicht Anspruch auf den erst in Zukunft erzielbaren vollen Wert, sondern nur auf einen Geldbetrag in der Höhe, daß er unter Hinzurechnung der bis zum Eintritte der normalen Abtriebszeit zu erhebenden Zinsen soviel erhält, als er ohne die Beschädigung aus dem Waldbestande bei Eintritt der Abtriebszeit zu erzielen vermochte. (Windscheid, Pandekten, Bd. II S. 83.)

Nr. 17. Entsch. v. 26. III. 98. III. 442.

Wildschadengeſ. v. 11. VII. 97 §§ 1, 2, 3, 6, 7, 9.

Nach § 6 des Wildschadengeſ. hat der Beschädigte, der auf Grund der §§ 1 bis 3 Ersatz für Wildschaden beansprucht, diesen Anspruch bei der für das geschädigte Grundstück zuständigen Ortspolizeibehörde anzumelden. Darauf hat die Ortspolizeibehörde zur Ermittelung und Schätzung des Schadens Termin anzuberaumen (§ 7) und auf Grund des Ergebnisses der Vorverhandlungen einen Vorbescheid zu erteilen (§ 9), gegen den innerhalb zwei Wochen die Klage bei dem Kreisausschusse, in Stadtkreisen bei dem Bezirksausschusse, stattfindet. Gegen einen Vorbescheid, durch den der Waldbesitzer verurteilt ist, dem Enklavenbesitzer einen bestimmten Ersatz zu leisten, steht sowohl dem Waldbesitzer als dem Enklavenbesitzer die Klage zu; die Klage des Waldbesitzers kann sich nur richten gegen den Enklavenbesitzer und diejenige des letzteren gegen den Waldbesitzer. Der Amtsvorsteher kann in einem sich nach § 10 entwickelnden Verwaltungsstreitverfahren niemals Partei sein, wie das Oberverwaltungsgericht wiederholt (z. B. in den Urteilen vom 6. III. 93 — Entsch. Bd. XXIV S. 294 — vom 9. IV. 97 — III. 442 — Pr. Verw.-Bl. Jahrg. 93/94 S. 596 — und vom 22. IX. 97 — III. 1248, — vergl. ferner Verwaltungsarchiv Bd. I S. 612) klar ausgesprochen hat. Der Vorbescheid ist keine polizeiliche Verfügung (§§ 127 ff. des L.-V.-G.), sondern ein Akt administrativer Rechtsprechung zwischen bestimmten Privatpersonen und nur diese sind befugt, behufs Angriffs gegen den Vorbescheid Klagen gegen einander anzustellen. Kläger ist derjenige, der zu seinen Gunsten den Vorbescheid abgeändert wissen will, Beklagter derjenige, den die Abänderung beschweren würde. Greifen beide Parteien den Vorbescheid an, so sind beide Parteien

Kläger und Beklagte in einer Person. Daraus folgt, daß ein Streit über Wildschadensersatzansprüche nicht ohne Zuziehung des Schadenersatzberechtigten und Schadenersatzverpflichteten als Parteien ausgefochten werden kann.

Nr. 18. Beschluß v. V. 93. III. 284.

Zust.-Ges. § 103 Abs. 2; Wildschadengeſ. § 14.

Gegen die Anordnung oder Versagung der im § 14 des Wildschadenges. vom 11. VII. 91 genannten Maßregeln der Aufsichtsbehörden (Jagdpolizeibehörden) findet nach § 103 Abs. 2 des Zust.-Ges. innerhalb zwei Wochen die Beschwerde an den Bezirksausschuß statt, dessen Beschluß endgiltig ist.

Nr. 19. Entsch. v. 23. IV. 94. III. 500.

Wildschadenges. v. 11. VII. 91.

Nach dem Wildschadenges. findet ein Anspruch auf Ersatz von Wildschaden nicht statt, der auf Grundstücken eines selbständigen (eigenen) Jagdbezirkes entstanden ist.

Nr. 20. Entsch. v. 25. IX. 97. III. 1286.

Wildschadenges. §. 6.

Nach § 6 des Wildschadenges. vom 11. VII. 91 muß Wildschaden bei Vermeidung des Verlustes auf Ersatz drei Tage, nachdem der Beschädigte von der Beschädigung Kenntnis erhalten hat, angemeldet werden. Ob der Schaden früher entstanden war, ist unerheblich. Für die Anmeldung ist keine Form vorgeschrieben, es genügt eine Anmeldung durch konkludente Handlungen. Eine solche kann darin gefunden werden, daß der Ersatzberechtigte noch im Schätzungstermine zu erkennen giebt, er beansprucht Ersatz für den im Termine vorgefundenen Schaden.

c) Hannoversches Jagdrecht.

Nr. 1. Entsch. v. 4. II. 97. III. 163.

Jagdpolizeiges. §§ 2a, 7; Hannov. Jagdord. v. 11. III. 59 § 2.

1. Bloße Privatwege stehen, wie nicht im Sinne des § 2 unter a des Jagdpolizeigesetzes, so nicht im Sinne des § 2 Abs. 1 Satz 2 der Hannov. Jagdordn. v. 11. III 59 den Wegen, welche den Zusammenhang nicht durchbrechen, gleich, sondern behalten rechtlich die Natur gewöhnlichen Privateigentums, das nur thatsächlich sein Eigentümer in einer besonderen Weise für sich benutzt.

2. Es ist anerkannt, daß ein Streit über die Eigenschaft einer Fläche als einer Waldenklave nach dem § 7 des Jagdpolizeigesetzes nur unter Zuziehung ihrer Eigentümer ausgetragen werden kann, sofern nicht deren besonderes Verhalten, insbesondere das Anerkenntnis der Enklaveneigenschaft durch sie, eine Ausnahme rechtfertigt und ihre Zuziehung zum Verfahren entbehrlich macht. Dasselbe hat für einen Streit über die Eigenschaft einer Fläche als einer von einem oder mehreren Jagdbezirken umschlossenen oder begrenzten Fläche nach § 4 der Hannov. Jagdordnung zu gelten.

Nr. 2. Entsch. v. 28. II. 95. III. 261.

Hannov. Jagdord. §§ 2, 3, 4.

Die Hannoversche Jagdordnung bestimmt in § 2 Absatz 1:

„Der Grundeigentümer, welcher eine zusammenhängende Fläche von mindestens 300 Hannoverschen Morgen besitzt, ist auf derselben zur

Ausübung der Jagd berechtigt. Die Trennung, welche Wege oder Gewässer bilden, ist als eine Unterbrechung des Zusammenhanges einer solchen Jagdfläche nicht anzusehen."

Im Absatz 2 werden nähere Bestimmungen für den Fall getroffen, daß mehrere Miteigentümer vorhanden sind.

Der § 3 schreibt dann weiter vor:

„Insofern die Ausübung der Jagd nach den vorstehenden Bestimmungen nicht den einzelnen Grundeigentümern zusteht, wird sie, vorbehaltlich der im § 4 bestimmten Ausnahmen, von der Gesammtheit der beteiligten Grundeigentümer jeder Feldmark (Feldmarksgenossen) verwaltet."

Der § 4 lautet:

„Wenn 1) Feldmarken an und für sich oder nach Ausscheidung der darin belegenen Einzeljagdbezirke (§ 2) und ausgenommenen Grundstücke (§ 3 Nr. 3), oder 2) einzelne Grundstücke, welche von dem Jagdbezirke der Feldmark, zu der sie gehören, durch zwischenliegende Jagdbezirke (Einzeljagdbezirke, § 2, oder Feldmarksjagdbezirke, § 3) getrennt sind, oder 3) Grundstücke, welche einer Feldmark nicht angehören, eine zusammenhängende Fläche von 300 Morgen (siehe § 2) nicht bilden, so sind dieselben den sie umschließenden oder begrenzenden Jagdbezirken gegen einen entsprechenden Pachtpreis anzuschließen, und nur, wenn von den Eigentümern oder Interessenten der letzteren der Anschluß abgelehnt wird, als selbständige Jagdbezirke . . . zuzulassen."

Es frägt sich, wie der Satz 2 Abs. 1 § 2 auszulegen ist:

„Die Trennung, welche Wege o d e r G e w ä s s e r bilden, ist als eine Unterbrechung des Zusammenhanges einer solchen Jagdfläche nicht anzusehen."

Das Jagdpolizeigesetz v. 7. III. 50 enthält im § 2 eine gleiche Vorschrift:

„Die Trennung, welche Wege und Gewässer bilden, wird als eine Unterbrechung des Zusammenhanges nicht angesehen."

Diese Bestimmung ist durch Gesetz v. 1. III. 73 in der Provinz Schleswig-Holstein eingeführt, sie findet sich fast wörtlich wieder im § 4 des Gesetzes, betreffend das Jagdrecht und die Jagdpolizei im ehemaligen Herzogtume Nassau, v. 30. III. 67 und in § 6 des Gesetzes, betreffend das Jagdrecht und die Jagdpolizei im Herzogtume Lauenburg v. 17. VII. 72. Der § 3 des Kurhessischen Gesetzes v. 7. IX. 65 bestimmt:

Insbesondere sind Straßen, Wege, Gräben, Bahnlinien, Flüsse, Bäche und dergleichen, wenn sie eine solche Grundfläche durchschneiden, nicht als Unterbrechung derselben zu betrachten."

Das Frankfurter Ges. v. 20. VII. 50 schreibt in Art. 2 vor:

„Die Trennung, welche Wege oder Gewässer bilden, wird als eine Unterbrechung des Zusammenhanges nicht angesehen",

und in den vormaligen bayerischen Landesteilen gilt die Bestimmung des bayerischen Ges. v. 30. III. 50 (Artikel 2):

„Straßen und Wege, sowie Flüsse und Bäche unterbrechen nicht die Kontinuität des Jagdbezirks."

Bei dieser Übereinstimmung des Wortlauts läßt sich ohne Zwang annehmen, daß die verschiedenen Gesetze von gleichen Grundgedanken ausgegangen sind und daß die Materie in a l l e n G e s e t z e n g l e i c h m ä ß i g geordnet ist. Für das Jagdpolizeigesetz v. 7. III. 50 liegt bereits eine reiche Judikatur vor, insbesondere hat das O.-V.-G. in Übereinstimmung mit Verfügungen der Centralinstanzen in dem Erk. v. 19. IV. 88 (Entsch. Bd. XVI S. 344) die Vorschrift dahin deklariert: Wege trennen nicht, sie verbinden aber auch nicht. In einem Urteile v. 2. IV. 94 (III B. 11/94) ist dann weiter ausgeführt, ein Zusammenhang zweier Flächen finde dann nicht statt, wenn der Weg nicht zwischen den Flächen dergestalt durchgehe, daß sie an beiden Seiten des Weges liegen. Damit werden aber die sämmtlichen Zweifel über die Auslegung der genannten gesetzlichen Vorschriften nicht gelöst. Einen wichtigen Fingerzeig für ihre Lösung bieten die Verhandlungen des Landtages, welche sich an die Vorlegung des Entwurfs einer Jagdordnung für den ganzen Umfang der Monarchie (Nr. 5 Drucksachen des Herrenhauses, Sitzungsperiode 1883/84) geknüpft haben (Grunert, Die Jagdgesetzgebung Preußens, S. 43, 47, 105). Der Entwurf enthielt die Vorschrift (§ 19):

„Wege, Triften . . . gelten als Bestandteile der von ihnen durchschnittenen Jagdbezirke. Für sich allein können sie einen Jagdbezirk nicht bilden . . . Der räumliche Zusammenhang im Sinne dieses Gesetzes wird durch Wege, Triften . . . nicht hergestellt, wenn sie die einzige Verbindung zwischen solchen Grundflächen bilden, welche ohne den Weg, die Trift . . . durch fremde Grundstücke getrennt sein würden."

Der Absatz 2 fand im Herren- und Abgeordnetenhause Billigung. Die Kommission des Abgeordnetenhauses äußerte sich zu § 19:

„Dieser Paragraph rief eine sehr langwierige Diskussion hervor. Bei seiner Formierung kam Folgendes in Betracht: 1. Öffentliche Wege, Triften, Deiche . . . sollen den ohne sie vorhandenen Zusammenhang von Grundstücken nicht aufheben; sie sollen aber auch andererseits, wenn Grundstücke ohne sie nicht verbunden sind, für sich allein den räumlichen Zusammenhang dieser Grundstücke nicht herstellen, sie sollen also weder trennen noch verbinden.

Aus diesen Erwägungen ist die Jagdausübung auf diesen Strecken folgendermaßen geordnet. Dieselben werden von ihrer Mittellinie ab den angrenzenden Grundstücken zugeschlagen, derart, daß die Quergrenzen durch senkrechte Linien gebildet werden, welche von den Endpunkten jedes angrenzenden Grundstückes auf die Halbierungslinie dieser Strecken gefällt werden... Durchschneiden diese Strecken ein und dasselbe Grundstück, so wachsen sie diesem Grundstück allein zu . . . Gehören solche Strecken einem Privatbesitzer, und liegen sie innerhalb seiner Grundstücke, so sind sie von selbst integrierende Teile derselben, und gilt dann für sie lediglich dasselbe, wie für diese Grundstücke."

Das von der Kommission des Abgeordnetenhauses angenommene Prinzip der Zuschlagung oder der Vorschiebung der am Wege liegenden Grundstücke nach der Mitte desselben auf dem kürzesten Wege (bei geraden, parallelen Wegegrenzen senkrecht nach der Mittellinie) erscheint auch für die Hannoversche Jagdordnung als das allein richtige. Dasselbe Prinzip muß auch, wenn sich zwei öffentliche Wege schneiden oder ein öffentlicher Weg in den andern einmündet, hinsichtlich der in der Diagonale liegenden Grundstücke Anwendung finden. Demgemäß unterbrechen öffentliche Wege nicht den ohne sie vorhandenen Zusammenhang eines Jagdbezirks, sie verbinden aber auch nicht solche Grundstücke, welche ohne sie nicht verbunden wären; sie werden bei geraden, parallelen Wegegrenzen von ihrer Mittellinie ab den angrenzenden Grundstücken zugeschlagen, dergestalt, daß die Quergrenzen durch senkrechte Linien gebildet werden, welche von den Endpunkten jedes angrenzenden Grundstücks auf die Mittellinie der Wege gefällt werden. Werden danach die an verschiedenen Seiten eines Weges liegenden Grundstücke in den Weg bis zur Mittellinie vorgeschoben und hängen dann die vorgeschobenen Flächen mit einander zusammen, so findet ein Zusammenhang im Sinne der Jagdordnung statt, im andern Falle nicht.

Nr. 3. Entsch. v. 12. V. 97. III. 460.

Zust.-Ges. § 105 Ziffer 3; Hannov. Jagdord. v. 11. III. 59. § 4.

Eine Klage fällt unter den § 105 Ziff. 3 des Zust.-Ges. (Streit über die den Eigentümern von Feldenklaven zu gewährende Entschädigung), wenn der Klageantrag auch nicht auf eine zahlenmäßig bestimmte Summe gerichtet ist, sondern auf einen auf Grund des Gutachtens eines Sachverständigen festzusetzenden Betrag geht.

d) Kurhessisches Jagdrecht.

Nr. 1. Entsch. Bd. XXXII S. 277 v. 2. X. 97. III C. 32/97.

Kurh. Ges. v. 7. IX. 65. §§ 4, 5.

1. Hat Jemand 100 Kasseler Acker erworben und das Ablösungskapital gezahlt, so erwirbt er das Recht zur eigenen Ausübung der Jagd; er braucht nicht mehr der Gemeinde eine Anzeige zu erstatten, daß sein Grundbesitz von der Gemeindejagdverpachtung ausgeschlossen sein soll.

2. Nur die „bestehenden" Jagdpachtverträge müssen ausgehalten werden. Unter „bestehenden" Jagdpachtverträgen sind nur die zu verstehen, die zur Zeit des Eigentumserwerbes schon ein gegenwärtiges Recht des Jagdpächters geschaffen haben, nicht auch solche, die zwar schon abgeschlossen sind, Wirksamkeit aber erst von einer späteren Zeit ab haben sollen. (Ist also das Ablösungskapital am 1. Okt. gezahlt und am 15. Okt. die Auflassung erfolgt, so stehen die Jagdpachtverträge, die bis 1. Dez. bereits galten und auf Grund deren der Pächter die Jagd ausübte, der eigenen Ausübung durch den Erwerber der Grundfläche bis 1. Dez. entgegen, nicht aber ein am 14. Okt. abgeschlossener Vertrag, der erst vom 1. Dez. die Jagd auf einen neuen Pächter überträgt.)

E. Schutzwaldungen. Waldgenossenschaften. Gemeinschaftliche Holzungen.

Nr. 1. Entsch. v. 22. IV. 95. III. 505.

Waldschutzges. v. VII. 75. §§ 8, 10; L.-V.-G. § 63 Satz 3; Verw.-Ger.-Ges. v. 3. VII. 75 §§ 35.

Der § 8 Abs. 2 des Ges., Landesverw.-Ges. § 63 Satz 3 v. 6. VII. 75 lautet:

> Der Antrag muß die gefährdeten und gefahrbringenden Grundstücke, sowie die Art der Gefährdung genau bezeichnen und einen bestimmten Vorschlag über die zu ergreifenden Schutzmaßregeln enthalten.

Es ist nicht richtig, daß dasjenige, was nach dieser Bestimmung der Antrag enthalten muß, nicht in einer in Bezug genommenen Anlage enthalten sein dürfe, sondern in dem Antrage selbst vollständig enthalten sein müsse. Die Bestimmung des Abs. 2 entspricht im wesentlichen dem § 35 Satz 2 des Gesetzes, betreffend die Verfassung der Verwaltungsgerichte und das Verwaltungsstreitverfahren, v. 3. VII. 75:

> In derselben, d. i. in der Klage, ist ein bestimmter Antrag zu stellen und sind die Person des Verklagten, der Gegenstand des Anspruchs, sowie die den Antrag begründenden Thatsachen genau zu bezeichnen,

womit jetzt der § 63 Satz 3 des L.-V.-G. übereinstimmt, und der Antrag vertritt die Klage, mit der sonst das Verwaltungsstreitverfahren eröffnet wird (vgl. Öhlschläger und Bernhardt, Gesetz, betreffend Schutzwaldungen und Waldgenossenschaften Anm. 1 zu § 8 S. 114; von Brauchitsch, die neuen Pr. Verw.-Ges. Bd. IV 15. Aufl. S. 254 Anm. 10). Der für die Klageschrift im V.-St.-V. vorgeschriebene Inhalt aber braucht nicht notwendig in der Klageschrift selbst vollständig zu stehen, sondern kann sich auch aus deren Anlagen ergeben. Dies muß für den Antrag nach § 8 Abs. 2 umsomehr gelten, als dieser, abgesehen von dem Falle des § 10, zunächst nur die Grundlage für ein vorbereitendes Verfahren durch einen Kommissar des Waldschutzgerichts zu bilden bestimmt ist. Auch die Entstehungsgeschichte des § 8 Abs. 2 ergiebt keinen Anhalt für eine entgegenstehende Auffassung.

F. Ansiedelungen und Kolonien. Errichtung von Feuerstellen in der Nähe von Waldungen. Dismembrationssachen.

a) Ansiedelungen und Kolonien.

Nr. 1. Entsch. Bd. XXXII. S. 383 v. 3. VI. 97. IV C. 18 97.

Ans.-Ges. v. 25. VIII. 76 § 15.

Der § 15 des Ansiedelungsges. vom 25. VIII. 76 fordert zur Begründung des Einspruches Thatsachen, welche die Annahme rechtfertigen, daß die Ansiedelung den Schutz der Nutzungen benachbarter Grundstücke gefährden werde. Zu solchen Thatsachen gehört aber nicht ohne weiteres der in jedem Falle nach Ablauf eines längeren oder kürzeren Zeitraumes selbstverständlich zu erwartende Wechsel in der Person des Besitzers eines Ansiedelungsgrundstücks; nicht die allgemeine Möglichkeit, sondern die nach den Umständen eines jeden einzelnen Falles erweislich zu machende Wahrscheinlichkeit, daß jener Besitzwechsel eine Gefährdung der Nutzungen von Nachbargrundstücken zur Folge haben werde, ist nach dem Gesetze zur Begründung eines Einspruches erforderlich.

2. Es ist davon auszugehen, daß der Besitz eines landwirtschaftlich genutzten Grundstücks, das eine Familie allein allerdings zu ernähren nicht ausreicht, an sich nicht ungeeignet ist, als Grundlage eines selbständigen wirtschaftlichen Unternehmens zum Zwecke der Ansiedelung für jemand zu dienen, der zur Bestreitung des Lebensunterhaltes für sich und seine Familie noch anderer Erwerbs- oder Einnahmequellen bedarf.

Nr. 2. Entsch. Bd. XXX. S. 397 v. 25. III. 96. IV C. 122 95.

Ansiedelungsges. v. 25. VIII. 76. 14, 15.

Die Ansiedelungsgenehmigung ist nichts Anderes, als eine polizeiliche Überwachungsmaßregel gegen mögliche Gefährdung dem Schutze der Polizei anvertrauter Interessen (Entsch. Bd. VI S. 370); sie ist ein Verwaltungsakt, durch welchen festgestellt wird, daß nach der vorgenommenen Prüfung die mögliche Gefährdung, die das Unternehmen nach den Gesichtspunkten in den §§ 14, 15 des Ges. v. 25. VIII. 76 mit sich bringen kann, ausgeschlossen ist. Indem das Gesetz die Rechtskontrole dieser polizeilichen Verwaltungsthätigkeit eingeführt und zwar nicht nur gegen die Erteilung der Genehmigung, sondern auch gegen deren Versagung die Klage im V.-St.-G. gegeben hat, so sind damit dem Richter doch nicht die Funktionen der verwaltenden Polizeibehörde an deren Stelle in vollem Umfange übertragen worden. Innerhalb der Schranken, die das Streitverfahren für die Verteilung der

Parteirollen und für das Vorbringen der Parteien zieht, kann nur darüber entschieden werden, ob der Bescheid zu Recht besteht oder als rechtswidrig aufzuheben, nicht aber dahin, daß die Genehmigung zu erteilen sei.

Nr. 3. Entsch. Bd. XXX. S. 391 v. 28. X. 96. IV B. 121/96.

Ansiedelungsges. v. 3. I. 45 §§ 27, 28; Ergänzungsges. v. 24. V. 53 § 11; Ansiedelungsges. v. 25. VIII. 76 §§ 13, 15, 17; Ansiedelungsges. für die Prov. Hessen-Nassau v. 11. VI. 90 § 3.

Wird die Ansiedelungsgenehmigung ausgesprochen und dagegen von einem Widersprechenden geklagt, so ist der Antragsteller als Partei, nicht als Beigeladener am Verwaltungsstreitverfahren zu beteiligen.

Nr. 4. Entsch. Bd. XXXI. S. 398 v. 28. IV. 97. IV C. 32/96.

Ansiedelungsges. v. 25. VIII. 76 §§ 14, 15; Feldpolizeiges. v. 1. IV. 80 §§ 47 ff.; A.-L.-R. §§ 8. 71 Tit. 22 Teil I.

1. Wenn Jemandem die servitutarische Berechtigung eingeräumt ist, einen Weg uneingeschränkt, auch für eine neue Ansiedelung, zu benutzen, so liegt ein jederzeit offener Weg im Sinne des § 14 des Ansiedelungsges. vor.

2. Die Errichtung einer Ansiedelung gehört zu den „ganz neuen Anlagen", welche die §§ 8 und 71 Tit. Teil I A.-L.-R. im Auge haben, zu deren Zwecken also der Besitzer des herrschenden Grundstückes sich des Weges nicht bedienen darf, wenn es ihm nicht besonders zugestanden ist. (Streithorst, Arch. Bd. 87 S. 198, Bd. 76 S. 158, Bd. 25 S. 276; Entsch. des O.Trib. Bd. 68 S. 231.

Nr. 5. Entsch. Bd. XXXII. S. 374 v. 21. VI. 97. IV B. 73/97.

Ans.-Ges. v. 11. VI. 90 § 2.; Feld- und Forstpolizeiges. v. 1. IV. 80 §§ 47, 52.

1. Wie schon in den Endurteilen v. 21. IX. 81 und 1. III. 82 dargelegt ist (Entsch. Bd. VIII S. 349 u. 352), ist das Recht eines Ansiedelungslustigen, sich in der von ihm beabsichtigten Weise anzusiedeln, keineswegs durch eine nicht angefochtene und daher endgiltig gewordene Abweisung eines früheren Genehmigungsgesuches ein für allemal beseitigt worden. Es steht ihm daher offen, dies Gesuch zu wiederholen, und die Polizeibehörde kann sich bei solcher Wiederholung der Aufgabe nicht entziehen, das Gesuch, soweit geboten, zu instruieren und auf dasselbe zu entscheiden.

2. Der Nachweis der Zugänglichkeit der Ansiedelung kann dadurch nicht geführt werden, daß der Ansiedler einen Pachtvertrag vorweist, in dem ihm ein privater Zugangsweg nur für einige Jahre verpachtet wird.

Nr. 6. Entsch. Bd. XXXII. S. 379 v. 12. VII. 97. IV B. 68/97.

Ans.-Ges. v. 25. VIII. 76 § 14.

1. Der Umstand, daß ein Landstreifen als Leinpfad für den Schiffsverkehr dient, macht ihn nicht zu einem öffentlichen Wege (Pr. Verw.-Bl. Jahrg. X S. 269).

2. Abgesehen von der Zugänglichkeit ist ein Weg im Sinne des § 14 des Ansiedelungsgesetzes v. 25. VIII. 76 nur dann ein jederzeit offener, wenn dem Ansiedler das Recht der jederzeitigen Benutzung des Weges für alle seine Bedürfnisse zusteht, sodaß der Weg nicht ohne die Zustimmung des Ansiedlers geschlossen werden kann (vgl. Pr. Verw.-Bl. Jahrg. IX S. 415).

3. In dem Erkenntnisse Bd. V S. 397 der Entsch. wurde dargethan, daß ein Eisenbahnparallelweg, obwohl er die Eigenschaft eines Privatweges habe, doch für die Wärterhäuser an der Eisenbahn ein offener Weg im Sinne des § 14 sei, und zwar deshalb, weil die Eisenbahnverwaltung, also die Ansiedlerin, die volle Disposition über den Weg habe. Daraus kann irgend ein Schluß auf den Fall nicht gezogen werden, wo dem Ansiedler keinerlei Disposition über den zur Ansiedelung führenden Weg zusteht.

4. Das Ansiedelungsgesetz vom 25. VIII. 76 erwähnt einen Zugang zu Wasser nicht, während allerdings in dem Ges. für die Provinz Hannover v. 4. VII. 87 eine Schiffahrtsstraße als solche zugelassen ist. Wenn nun auch dieser Umstand an sich nicht genügen würde, nachzuweisen, daß auch für das Gebiet des Ges. von 1876 eine Schiffahrtsstraße zuzulassen sei, zumal nach den Motiven zu § 15 Abs. 1 des Ansiedelungsges. für Hannover anzunehmen ist, daß die Gleichstellung der Schiffahrtsstraße mit den Landwegen eine Abweichung von dem im allgemeinen zum Vorbilde genommenen Ges. von 1876 darstellt, so wird doch unter ganz besonderen Umständen eine Schiffahrtsstraße auch im Gebiete des Ges. von 1876 für genügend zu erachten sein, falls die der Anforderung des § 14 daselbst zugrunde liegenden Voraussetzungen dafür vorhanden sind. Es kommt dafür in Betracht, daß die Forderung des jederzeit offenen Weges in § 14 des Ges. — wie sich unzweideutig aus den Motiven und Verhandlungen ergiebt — nicht im privaten Interesse des Ansiedlers, etwa aus Fürsorge für seine privaten Bedürfnisse gegeben ist, sondern an erster Stelle im öffentlichen Interesse. Es soll gewährleistet sein, daß der Zugang im öffentlichen Interesse jederzeit frei ist, daß z. B. dem Postboten, dem Exekutor, der Feuerpolizei u. s. w. die Möglichkeit gegeben ist, jederzeit bei eintretendem Bedürfnisse die Ansiedelung erreichen zu können, daß der Schulbesuch gesichert ist u. s. w. Sonach wird man die Zulassung einer Schiffahrtsstraße als jederzeit offenen Weg auch nur da für rechtlich möglich erachten können, wo in einem bestimmten Gebiete die Schiffahrtsstraßen nach der Übung des gewöhnlichen Lebens allgemein als Kommunikationswege angesehen nnd benutzt werden, sodaß auch regelmäßig der im öffentlichen und im behördlichen Interesse erforderliche Verkehr diese Straße benutzt. So wird es z. B. im Gebiete des Spreewaldes keinem Anstande unterliegen können, eine Ansiedelung an einem der zahlreichen Wasserläufe, soweit er schiffbar und für den Ansiedler jederzeit zugänglich ist, aus § 14 für zulässig zu erklären. Denn dort vollzieht sich der übliche Verkehr auf dem Wasserwege; der Postbote, die Schulkinder, die Kirchgänger u. s. w. sind im allgemeinen, wenigstens vorwiegend auf den Wasserweg angewiesen. Wollte man dagegen überall da, wo die Möglichkeit eines Wasserweges vorliegt, ohne weiteres das Vorhandensein eines jederzeit offenen Weges annehmen, so würde Ansiedelungen an Flußläufen u. s. w. aus § 14 überhaupt nicht entgegengetreten werden können, wenn auch sonst gar kein Zugang zu der Ansiedelung vorhanden wäre. Daß das Gesetz mit einer solchen Möglichkeit nicht rechnet, ist klar.

b) Errichtung von Feuerstellen in der Nähe von Waldungen.

Nr. 1. Entsch. Bd. XXXI. S. 389 v. 28. IV. 97. IVC. 58/96.

Ansiedelungsges. v. 25. VIII. 76 §§ 14, 16; Feld- u. Forstpolizeiges. v. 1. IV. 80 § 47 ff.

1. Wird nach erfolgter Erteilung der Ansiedelungsgenehmigung ein Haus nicht auf dem Platze errichtet, der in dem vorgelegten Plane angegeben war,

sondern auf einer andern Stelle, so ist es wesentlich eine Thatfrage, ob die örtliche Verschiebung der Ansiedelung noch durch die erteilte Ansiedelungsgenehmigung gedeckt wird oder ob sich die Ausführung des Baues als etwas Neues, Nichtgenehmigtes darstellt. Ist die Verschiebung nur eine geringe, und deshalb anzunehmen, daß dagegen Einsprüche nicht würden erhoben worden sein, so wird sie als durch die Genehmigung gedeckt gelten können.

2. Die erteilte Genehmigung wird deshalb nicht hinfällig, weil die Verrückung des Hauses (ca. 25 m, im vorliegenden Falle nach dem Walde hin) die Anwendung des Feld- und Forstpolizeigesetzes (§§ 47 ff.) nötig macht. Die Vorschrift in § 52 ist eine Verfahrensvorschrift. Als solche haben die Behörden sie nicht zu übersehen. Es wird durch den § 52 keine materiell wirkende Vorschrift dahin gegeben, daß ein rechtmäßig aus den §§ 13 ff. des Ansiedelungsgesetzes zum Abschlusse gekommenes Ansiedelungsverfahren deshalb unwirksam und ungültig sei, weil aus später hervortretenden Gründen sich noch die Notwendigkeit ergiebt, für die im Ansiedelungsverfahren rechtmäßig genehmigte Ansiedelung auch noch die für Errichtung einer Feuerstelle aus den §§ 47 ff. des Feldpolizeigesetzes vorgesehene Genehmigung einzuholen. Die letztere kann dann nachträglich erteilt werden.

3. Bei Anwendung der §§ 47 ff. wird es vielfach angezeigt erscheinen, die zur Verhütung von Feuersgefahr vorgesehene mildere Bestimmung der Auferlegung von diese Verhütung bezweckenden Bedingungen (z. B. Anbringung von Funkenfängern) besonders dann in Anwendung zu bringen, wenn die Errichtung der Feuerstelle nicht in unmittelbarer Nähe des Waldes, sondern in einiger Entfernung erfolgt. Solche Bedingungen sind öffentlich-rechtlicher Natur und ihre Beobachtung von der Polizei zu überwachen.

Nr. 2. Entsch. Bd. XXXI S. 396 v. 25. XI. 96. IV C. 47/96.

Feld- und Forstpolizeiges. v. 1. IV. 1880. §§ 47 ff.

Werden gemäß §§ 47 ff. Ges. v. 1. IV. 80 dem Ansiedler Bedingungen behufs Abwendung der Feuersgefahr auferlegt, so sind diese öffentlich-rechtlicher Natur, die der Regelung und der Obhut der Polizeibehörde unterstehen.

c) Ansiedelungen und Kolonien in den Provinzen Hannover und Hessen-Nassau.

Nr. 1. Entsch. Bd. XXX S. 391 v. 28. X. 96. IV B. 121/96.

Ges. v. 3. I. 45 §§ 27, 28. (G.-S. S. 25); Ergänzungsges. v. 24. V. 53 § 11 (G.-S. S. 240); Ansiedelungsges. v. 25. VIII. 76 §§ 13, 15, 17; Ansiedelungsges. für Hessen-Nassau v. 11. VI. 90 § 3. (G.-S. S. 173.)

Schon das Gesetz v. 3. I. 45, welches zuerst das Ansiedelungsrecht für den damaligen ganzen Umfang der Monarchie regelte, stellte eine mit der Gründung der Ansiedelung verbundene „Gefahr für das Gemeinwesen" als den für die Versagung der Genehmigung durchgreifenden Grund hin und subsumierte darunter auch die Benachteiligung „benachbarter Gemeinden, Forst- und Gutsbesitzer", da dabei nicht nur Privat-, sondern auch öffentliche Interessen, der Schutz der Rechtsordnung und die Erschwerungen der polizeilichen Beaufsichtigung konkurrieren. Von den so statuierten Versagungsgründen behielt das für die östlichen Provinzen und die Provinz Westfalen erlassene Ges. v. 25. VIII. 76 in den §§ 14 und 15 nur den Mangel eines offenen Zugangsweges als im polizeilichen Interesse wesentlich und die Gefährdung der Nutzungen benachbarter Grundstücke aus dem Feld- oder

Gartenbau, der Forstwirtschaft, der Jagd oder der Fischerei bei. Auf demselben Standpunkte stehen die für die Provinzen Hannover und Schleswig-Holstein unter dem 4. VII. 87 bezw. dem 13. VI. 88 erlassenen, denselben Gegenstand betreffenden Gesetze, nur daß dieselben noch die vorgängige, dem öffentlichen Interesse und den örtlichen Verhältnissen entsprechende Regelung der Gemeinde-, Kirchen- und Schulverhältnisse vorschreiben und für die Moordistrikte die nötige Entwässerung des zu bebauenden Terrains vorsehen. Die Bestimmung des § 11 des Ges. v. 24. V. 53, wonach die Gemeinden einer Ansiedelung widersprechen konnten, wenn der Antragsteller nicht ein zur Ausführung des Baues und zur Einrichtung der Wirtschaft hinlängliches Vermögen nachweisen konnte, wurde bereits für das Ges. v. 25. VIII. 76 als mit den Grundsätzen des Reichsgesetzes über die Freizügigkeit v. 1. XI. 67 nicht vereinbar aufgehoben. Im Gegensatze zu dieser Entwickelung der Gesetzgebung soll nach § 3 des für die Provinz Hessen-Nassau unter dem 11. VI. 90 ergangenen Gesetzes die Ansiedelungsgenehmigung versagt werden können, wenn „der Einspruch durch Thatsachen begründet wird, welche die Annahme rechtfertigen, daß die Ansiedelung das Gemeindeinteresse . . . . gefährden werde". Diese von dem Provinziallandtage empfohlene Bestimmung wurde von der Königlichen Staatsregierung in den dem Herrenhause vorgelegten Gesetzentwurfe nicht aufgenommen, da ein provinzielles Bedürfnis zur Einführung dieser von dem Rechte der übrigen Provinzen abweichenden Vorschrift nicht ersichtlich gemacht sei und es nach den Bestimmungen des Freizügigkeitsgesetzes unzulässig sein würde, eine Beeinträchtigung der Gemeindeinteressen allgemein und ohne jede nähere Bestimmung als fakultativen Grund zur Ablehnung der Ansiedelungsgenehmigung einzuführen (Drucks. des Herrenhauses, Session 1890 Nr. 52). Gleichwohl nahm die Kommission des Herrenhauses die Vorschrift in das Gesetz auf, da sie vom Provinziallandtage empfohlen sei (Drucks. Nr. 77 und St. Ber. über die Sitzung am 26. IV. 90 S. 130, 131). Eine sachliche Begründung der Bestimmung wurde darauf von dem damaligen Mitgliede des Herrenhauses, Dr. Miquel, gegeben. Die bezüglichen Ausführungen beginnen mit dem Hinweis darauf, daß viele Fälle gedacht werden können, in denen eine Ansiedelung den öffentlichen Interessen widerspreche, ohne daß gerade die in der Regierungsvorlage berücksichtigten Fälle vorlägen. Als Beispiel wird auf die Gefährdung „der offenbaren wichtigsten Interessen der Gemeinden" durch das außerhalb des Bebauungsplanes sich vollziehende s. g. wilde Bauen hingewiesen, und sodann noch betont, daß, wenn das Oberverwaltungsgericht auch für die gemeinrechtlichen Gebiete der Monarchie das unbeschränkte Recht zur Bebauung aus dem Eigentume am Grund und Boden herleite, eine Einschränkung dieses Rechtes durch das Ansiedelungsgesetz für die Fälle zu statuieren sei, wenn nachgewiesen sei, daß wesentlich allgemeine Interessen der Gemeinde der Ansiedelung entgegenständen (St. Ber. S. 134). Dieser Begründung gegenüber ist dann weder im Herrenhause noch im Abgeordnetenhause die Bestimmung von irgend einer Seite weiter beanstandet worden. Nach derselben wie nach der ganzen legislatorischen Entwickelung der Materie fehlt jeder Anhalt dafür, daß unter „Gemeindeinteressen" etwas anderes als die Interessen der Gemeinden als solcher, d. h. diejenigen Interessen verstanden sind, die den Gemeinden als Korporationen des öffentlichen Rechtes eigentümlich sind. Dazu gehören aber Grundstücksspekulationen nicht. Es ist den Gemeinden nicht verwehrt, Grundstücke, die sie besitzen, günstig zu veräußern. Auf diesem Gebiete stehen sie aber regelmäßig jedem privaten Rechtssubjekte gleich. Sie können nicht von ihrem Einspruchsrechte aus § 3 Gebrauch machen, wenn eine Ansiedelung ihre Grundstücksspekulationen beeinträchtigt. Daß solche Beeinträchtigung die finanzielle Lage der Gemeinde, und so mittelbar die Belastung der Angehörigen mit Gemeindeabgaben ꝛc. beeinflußt, macht die Wertserhöhung oder Verminderung der Gemeindegrundstücke noch nicht zum Gegenstande des öffentlichen Interesses, dem die Gemeinde als solche zu dienen hat, und die das Ansiedelungsrecht allein berücksichtigt. So wenig eine Gemeinde von ihrem Einspruchsrechte Gebrauch machen kann, um die Möglichkeit von Neubauten auf ihr gehörige Bauplätze zu beschränken und so deren Wert zu erhöhen, ebensowenig kann sie jenes Recht zur Förderung etwa geplanter Grundstücksverkäufe ausüben.

Nr. 2. Entsch. Bd. XXXII S. 381 v. 13. XII. 97. IV B. 93/97.

Hessen-Nassauisches Ansiedelungsges. v. 11. VI. 90 §§ 1, 3.

1. Der Einspruch gemäß § 3 des Ges. v. 11. VI. 90 kann, abgesehen von dem mangels eines Einspruchs der Gemeindebehörde nicht in Betracht kommenden Gemeindeinteresse, nur durch Thatsachen begründet werden, welche die Annahme rechtfertigen, daß die Ansiedelung den Schutz der Nutzungen benachbarter Grundstücke aus dem Feld- oder Gartenbau, aus der Forstwirtschaft, der Jagd, oder der Fischerei gefährden werde. Es können daher alle Einwendungen, welche diesen gesetzlichen Voraussetzungen nicht entsprechen, nicht berücksichtigt werden. Dies gilt z. B. von einem Einwande, daß bei der regen Bauthätigkeit in der betreffenden Gemeinde die Benutzung benachbarter Grundstücke als Bauplätze zu erwarten sei, sie aber in dieser Eigenschaft durch die beabsichtigte Ansiedelung im Wege der Anlegung von Arbeiterhäusern entwertet werden würden.

2. In den Fällen des § 3 kann die Ansiedelungsgenehmigung zwar versagt werden, sie muß es aber nicht, und deshalb muß abgewogen werden, welche Interessen die überwiegenden sind, ob diejenigen, welche für die Zulassung der Ansiedelung sprechen, oder diejenigen, welche § 3 vor Beeinträchtigung schützen will.

3. Die Beschaffung billiger und gesunder Arbeiterwohnungen in der Nähe einer Betriebsstätte ist von sozialpolitischer Bedeutung; es stellt dies ein wichtiges öffentliches Interesse dar, welches von dem Verwaltungsrichter gleichfalls in Betracht zu ziehen ist.

4. Wenn ein Klageantrag auf Erteilung der versagten Ansiedelungsgenehmigung gerichtet ist, so kann ihm insoweit dem Wortlaute nach nicht entsprochen werden, weil im Verwaltungsstreitverfahren nur darüber zu befinden ist, ob der angegriffene Bescheid zu Recht besteht oder nicht, wogegen die Erteilung der Ansiedelungsgenehmigung selbst nicht Sache des Verwaltungsrichters ist. Einer ausdrücklichen Abweisung dieses formell inkorrekten Klageantrages bedarf es jedoch nicht, wenn der Bescheid aufgehoben wird.

Nr. 3. Entsch. Bd. XXXII S. 385 v. 23. XI. 97. IV. B. 96/97.

Ansiedelungsges. v. 4. VII. 87 § 16.

Nur insoweit die Ansiedelung d. i. die Errichtung eines Wohnhauses als solchen die Gefährdung des Schutzes der Nutzungen benachbarter Grundstücke herbeiführt, findet der Nachbar in dem Ges. v. 4. VII. 87 Schutz gegen Beeinträchtigung, nicht aber gegen Schädigungen, die sich aus dem Bauen auf dem Nachbargrundstücke überhaupt, abgesehen von seiner Bewohnbarkeit, ergeben. Es handelt sich immer um keine solche Gefährdung, die dadurch verlaßt wird, daß Gebäude von Menschen bewohnt werden und hiermit eine Ansiedelung entsteht. Ob die zu errichtenden Gebäude die Nachbargebäude beschatten, ist unerheblich.

Nr. 4. Entsch. Bd. XXXI S. 405 v. 10. V. 97. IV B. 167/96.
Ansiedelungsges. für Hessen-Nassau v. 11. VI. 90 § 2.

1. Der § 2 des Ges. v. 11. VI. 90 verlangt einen fahrbaren, jederzeit offenen Weg oder die Sicherung eines solchen Weges. Der jederzeit offne Weg muß regelmäßig als Fahrweg passierbar sein.

2. Im Ansiedlungsverfahren kann dem Ansiedler nicht die weitergehende Verpflichtung, daß er selbst einen öffentlichen Weg verbessere und unterhalte, auferlegt werden. Dazu ist der nach öffentlichem Rechte Wegebaupflichtige verpflichtet und anzuhalten. Ist der Weg kein öffentlicher, so könnte sich unter Umständen in Zukunft für den Ansiedler die polizeilich erzwingbare Verpflichtung ergeben, durch Besserung des Weges die Zugänglichkeit zur Ansiedelung herzustellen. Es soll die Zugänglichkeit zur Ansiedelung im ordnungs- und sicherheitspolizeilichem Interesse derart gesichert werden, daß sie lediglich für den Verkehr mit den Ansiedlern sowie zu Zwecken polizeilicher Kontrolle u. s. w. und für den Fall der Feuersgefahr u. s. w. erreichbar ist. Das wegepolizeiliche Interesse kommt dabei nicht entscheidend in Betracht.

3. Wenn das O.-V.-G. der Ansicht ist, daß der angegriffene Bescheid der Polizei, die die Genehmigung versagte, rechtswidrig und die Genehmigung unter gewissen Bedingungen zu erteilen sei, so erfolgt die Aufhebung des Bescheides mit der Maßgabe, daß die Genehmigung von der Polizei unter den betreffenden Bedingungen zu erteilen sei; die Genehmigung selbst wird vom Verwaltungsrichter nicht direkt erteilt (Entsch. Bd. XXX S. 397).

G. Dismembrationssachen.

Nr. 1. Entsch. Bd. XXXII S. 370 v. 29. X. 97. I C. 19/97.
Ansiedelungsges. v. 25. VIII. 76 §§ 3, 7, 9, 11.

1. Nach § 7 des Ges. vom 25. VII. 76 hat in den Fällen dieses Gesetzes der Schulvorstand die aus dem Schulverbande entspringenden Lasten zu verteilen. Gegen die in urkundlicher Form festgesetzte Verteilung findet nach § 9 das V.-St.-V. statt. Letzteres hat sich auf die Prüfung zu beschränken, ob die Verteilung den Vorschriften des Gesetzes gemäß — in materieller und formeller Beziehung — erfolgt ist; in ersterer Hinsicht kommt besonders § 3, in letzterer § 9 in Betracht. Der § 3 schreibt vor:

> „Die Verteilung der im § 2 bezeichneten Lasten ist nach dem Maßstabe der Grund- und Gebäudesteuer zu bewirken.
>
> Falls dieser Maßstab nicht anwendbar ist oder von dem Verhältnisse des Ertrags- (Nutzungs-) Wertes der einzelnen Teilstücke erheblich abweicht, so ist deren besonders zu ermittelnder Ertrags- (Nutzungs-) Wert der Verteilung zu Grunde zu legen. Hierbei sind die für die Grund- und Gebäudesteuer bestehenden Vorschriften zum Anhalt zu nehmen."

Diese Vorschriften sind bindend.

2. Wenn der § 11 des Ges. v. 25. VIII. 76 bestimmt:
„Streitigkeiten über die Existenz, den Umfang oder die rechtliche Natur der zu verteilenden Abgaben und Leistungen verbleiben der richterlichen Entscheidung" —

so ist damit deutlich zum Ausdrucke gebracht, daß die Abänderung des Verteilungsplanes aus Gründen des im § 11 erwähnten Inhalts nur in einem Streitverfahren vor den ordentlichen Gerichten beantragt werden kann. Auf diesem Standpunkte steht auch die gleichmäßige Rechtsprechung des O.-V.-G. Bd. XII S. 210, Bd. XXVIII S. 380, Bd. XXIX S. 183). Daneben können allerdings auch die Verwaltungsgerichte in die Lage kommen, über die Existenz, den Umfang oder die rechtliche Natur streitiger verteilter Abgaben und Leistungen zu befinden, sofern diese Fragen Gegenstand eines Streites werden, zu dessen Entscheidung sie zuständig sind — wie dies auch die für die neuerworbenen Provinzen erlassenen Gesetze ähnlichen Inhalts ausdrücklich anerkennen (vgl. für die Provinz Hannover das Gesetz v. 4. VII. 87 — G.-S. S. 324; für die Provinz Schleswig-Holstein das Ges. v. 13. VI. 88 — G.-S. S. 243).

H. Baupolizei.

Litteratur: Reinartz. Die Befugnisse der Polizeibehörden bei Anlegung und Veränderung von Straßen in Städten u. ländlichen Ortschaften (Pr. Verw.-Bl. Jahrg. XIX. S. 233); derselbe, die Rechte der Gemeinden aus den §§ 11 und 12 des Baufluchtengesetzes (Pr. Verw.-Bl. Jahrg. XVIII. S. 393); derselbe, Auslegung des Ges. v. 2. VII. 75 Verw.-Arch. Bd. 7 S. 91.

Nr. 1. Entsch. Bd. XXX S. 370 v. 21. X. IV A. 83/95.

L.-V.-G. §§ 127 ff., 131.

1. Durch die Einreichung eines Antrags auf Erteilung eines Baukonsenses erlangt der Antragsteller keinen andern Anspruch als den auf seine Prüfung. Nach welchem objektiven Rechte die Prüfung zu erfolgen hat, richtet sich nach der Zeit, in welcher sie abschließend stattfindet. Wie für die Polizeibehörde so für die Beschwerdeinstanz und den Richter im Streitverfahren ist dabei dasjenige öffentliche Recht maßgebend, das zu der Zeit, wo die Verfügung ergeht, in Kraft steht. Entspricht ein Bauprojekt zwar nicht der Bauordnung, unter deren Herrschaft es zur Prüfung eingereicht wird, wohl aber einer späteren Bauordnung, so kann seine Genehmigung nicht versagt werden, während letztere die maßgebende geworden ist und ebenso steht es in dem umgekehrten Falle, wenn spätere Ordnungen die an Bauten zu stellenden Anforderungen verschärfen. (Entsch. Bd. XXIV S. 351, insbesondere 354.)

2. Wird gegen eine Verfügung geklagt, durch die der Baukonsens verweigert wird, so kann nur auf Aufhebung der Verfügung, nicht auf Erteilung des Konsenses geklagt werden.

3. Die Entscheidung des Verwaltungsrichters kann nur in dem Sinne erfolgen, daß die Verfügung als zu der Zeit ihres Ergehens zu Unrecht erlassen, aufgehoben wird.

4. Eine kommunale Ordnung, durch welche Gebühren für Erteilung des Baukonsenses eingeführt werden, ist keine Polizeiverordnung, sie ist für die Handhabung des Baupolizeirechts weder maßgebend noch überhaupt von der Polizei zu handhaben.

5. Die Polizei kann die Erteilung eines Baukonsenses ablehnen, wenn der Nachsuchende gar nicht die Absicht hat, im Laufe der Zeit, für die der Konsens giltig sein soll, mit dem Baue ernstlich zu beginnen.

Nr. 2. Entsch. Bd. XXXII S. 345 v. 4. XI. 97. IV A. 35/97.

Zust.-Ges. § 145; L.-V.-G. §§ 127 ff.

1. Der Bericht der Kommission des Abg.-Hauses (Drucks. 1882/83 Nr. 158 S. 105, 106) faßt die Ergebnisse ihrer Beratung über den jetzigen § 145 des Zust.-Ges. folgendermaßen zusammen:

„Alsdann gab die Frage bezüglich der Dispense von Bestimmungen der Baupolizeiordnung zu einer längeren Diskussion Veranlassung.

Der § 147 der Regierungsvorlage schließt sich dem § 132 des Entwurfes von 1880 an. Die Kommission konnte sich nicht überzeugen, daß der Entwurf von 1880 das richtige getroffen. Insbesondere hielt man es nicht für angemessen, den Kreis- und Bezirksausschüssen — obschon dies Kollegien seien — eine so allgemeine Dispensationsbefugnis einzuräumen, daß sie sich schließlich über alle baupolizeilichen Vorschriften einfach hinwegsetzen könnten. Dies gehe viel zu weit und stelle alle Baupolizeiordnungen in Frage, zerstöre auch die Autonomie der Gemeinden auf dem so wichtigen Gebiete der Baupolizei. Man könne eine Dispensationsbefugnis überhaupt nur nach Maßgabe der bestehenden Baupolizeiordnungen zulassen. Nur in dem Rahmen dieser Ordnungen dürfe die Kompetenz der Einzelbeamten, sowie der Kreis- resp. Bezirksausschüsse . . . eintreten. Gegen den Beschluß der dispensierenden Behörde dürfe, da es sich um eine res merae gratiae handle, nicht die Klage, sondern nur die Beschwerde Platz greifen. Sei die dispensierende Behörde ein Einzelbeamter, so gehe die Beschwerde selbstverständlich an dessen Aufsichtsbehörde, sonst an die vorgesetzte Kollegialinstanz. Zur Beschwerde erscheine nicht blos der legitimiert, welcher den Dispenz nachsuche, sondern auch die zur Erteilung der Bauerlaubnis zuständige Behörde, welcher deshalb der Beschluß zuzustellen sei."

Der jetzige § 145 ist demnächst ohne weitere Erörterungen angenommen und Gesetz geworden. In seiner Fassung liegt eine Gegenüberstellung der zur Erteilung der Bauerlaubnis zuständigen Behörde nicht nur gegen die kollegialen Beschlußbehörden, sondern auch gegen die Einzelbeamten, deren Dispensationsbefugnis der Paragraph regelt. Doch mag dahingestellt bleiben, ob eine Ausnahme von baupolizeilichen Bestimmungen, welche die Baupolizeibehörde zu bewilligen befugt ist, unter Umständen als eine Dispensation im Sinne dieser gesetzlichen Bestimmung angesehen werden und ob sonach diese Behörde zu den in Abs. 1 neben dem Kreisausschusse und dem Bezirksausschusse erwähnten, zur Erteilung von Dispensen zuständigen Organen gehören kann, deren einen solchen Dispens betreffende Verfügungen der Anfechtung nur im Wege der Beschwerde an die Aufsichtsbehörde unterliegen; jedenfalls ist z. B. in den Bestimmungen der Baupolizeiverordnung für die Städte des Regierungsbezirks Frankfurt a/O. v. 28. XI. 95 der Baupolizeibehörde eine solche Stellung nicht eingeräumt. Der § 41 daselbst schreibt vor:

1. „Ausnahmen von den Bestimmungen dieser Baupolizeiverordnung können, soweit sie im Vorstehenden besonders vorgesehen sind, von der Ortspolizeibehörde zugelassen werden.
2. Zur Zulassung von weiter gehenden Ausnahmen ist in Städten von mehr als 10000 Einwohnern der Bezirksausschuß, in anderen Städten der Kreisausschuß überall zuständig."

Der § 6 daselbst ordnet unter Ziffer 3 zunächst als Regel an, daß jede Baulichkeit, welche unmittelbar an der Nachbargrenze errichtet wird, mit einer selbständigen Brandmauer abgeschlossen werden muß u. s. w. Im Abs. 3 heißt es dann weiter:

> „Für Gebäude auf bereits bebaut gewesenen Grundstücken kann, falls eine mit dem Nachbargebäude gemeinsame Brandmauer vorhanden ist, von der Forderung der Errichtung einer selbständigen Brandmauer ausnahmsweise Abstand genommen werden; es muß alsdann jedoch ein holzfreier massiver Kern der gemeinsamen Brandmauer von mindestens 0,25 m Stärke verbleiben."

Hierdurch wird der Ortspolizeibehörde keine Dispensationsbefugnis im Sinne des § 145 des Zust.-Ges. verliehen, deren Ausübung eine res merae gratiae wäre, und daher der Anfechtung nur im Wege der Beschwerde an die Aufsichtsbehörde unterläge, sondern es wird eine nach ihren thatsächlichen Voraussetzungen fest umgrenzte materielle Vorschrift über die Handhabung der baupolizeilichen Bestimmungen durch die Ortspolizeibehörde gegeben, bei deren Anwendung diese Behörde der Kontrole des Verwaltungsrichters ebenso wie in anderen Fällen unterliegt, in denen ihrem pflichtmäßigen Ermessen ein Spielraum gewährt ist.

2. Hat Jemand ein Baugesuch, das früher abgelehnt worden, der Polizei von neuem eingereicht, so muß die Polizei sich von neuem darüber schlüssig machen, sie hat eine neue Verfügung zu erlassen, die nach den §§ 127 ff. des L.-V.-G. anfechtbar ist. Dieser Grundsatz erleidet aber eine Ausnahme, wenn und insoweit in der früheren Verfügung ein Gebot oder Verbot enthalten war. Dieses bleibt, wenn es einmal unanfechtbar geworden ist, bestehen (Entsch. O.-V.-G. Bd. XII S. 366 ff., 369). Dabei ist aber wieder zu unterscheiden, ob die unanfechtbar gewordene ältere Verfügung nur eine einmalige Leistung forderte, oder aber ein auf die Dauer wirkendes Gebot oder Verbot enthielt. In einem Falle ersterer Art hat das O.-V.-G. in einem früheren Erk. ausgesprochen, daß es der Polizei freilich unbenommen bleibe, ihre unanfechtbare Verfügung (damals betreffend die Beseitigung einer Treppe) durchzuführen, daß dadurch aber dem Kläger das Recht nicht entzogen werde, eine Entscheidung darüber zu verlangen, ob die beabsichtigte Wiederherstellung der Anlage sich im Einklange mit dem öffentlichen Baurechte befinde. Die Wirkung einer solchen, eine einmalige Leistung fordernden Verfügung ist erschöpft, wenn ihr einmal Genüge geleistet worden ist. Wenn Jemandem in einem früheren Verfahren sowohl die dauernde Auflage z. B.: „die Wände an den nachbarlichen Grenzen sind als Brandmauern aufzuführen. Dieselben dürfen nirgends auf Balken stehen u. s. w." — als auch die Anordnung einer einmaligen Leistung, nämlich Balken aus der Mauer wieder entfernen zu lassen, gemacht worden ist, so steht die letztere Anordnung einem neuen Konsensgesuche nicht entgegen. Dagegen besteht jene dauernde Auflage fort, vorausgesetzt, daß die Vorbedingungen ihres Erlasses fortbestehen. Daher liegt, wie Bd. XV S. 413 ff., 415 der Entsch. unter Bezugnahme auf Bd. I S. 332 ausgeführt ist, eine neue polizeiliche Verfügung vor, wenn der von der älteren Verfügung Betroffene behauptet, daß die thatsächlichen Zustände, auf denen sie beruht, sich geändert haben und die Polizeibehörde sich weigert, die verhängte Beschränkung in Wegfall zu bringen. Dasselbe gilt von einer Änderung des objektiven Rechtes zu Gunsten des von der Verfügung Betroffenen. Die Vorbedingung des Erlasses der Verfügung war erstens ein bestimmter Thatbestand, und zweitens eine Rechtsnorm, welche ge-

stattete, aus diesem Thatbestande ein Verbot oder dauernd wirkendes Gebot abzuleiten. Tritt diese Rechtsnorm außer Kraft, so fällt eine wesentliche Vorbedingung für den Erlaß der Verfügung weg. Sie hätte so nicht erlassen werden dürfen, wenn damals bereits das geänderte Recht gegolten hätte, und sie kann nicht aufrechterhalten werden, wenn es nicht mehr gilt. Eine Weigerung, die behauptete Änderung des rechtlichen Zustandes an sich oder in der Anwendung auf den besonderen Fall anzuerkennen und in Folge dessen die verhängte Beschränkung in Fortfall zu bringen, ist gleichfalls eine neue mit den geordneten Rechtsmitteln angreifbare Verfügung.

3. Der Bauherr ist verpflichtet, der Baupolizeibehörde bei Nachsuchung eines Baukonsenses diejenigen technischen Unterlagen zu unterbreiten, deren sie bedarf, um zu beurteilen, ob das Bauvorhaben nach den geltenden Bestimmungen genehmigt werden kann. In Anwendung dieses aus den §§ 66, 67 Tit. 8 Teil I des A.-L.-R. sich ergebenden Grundsatzes ist in einzelnen Baupolizeiverordnungen noch besonders vorgeschrieben, daß, soweit es zur baupolizeilichen Prüfung erforderlich, der Bauplan in seinen einzelnen Teilen durch Einzelzeichnung zu erläutern sei. Dies gilt erst recht von Fällen, in denen verlangt wird, daß von einer regelmäßig zu stellenden baupolizeilichen Forderung ausnahmsweise Abstand genommen werde.

Nr. 3. Entsch. Bd. XXXII S. 338 v. 7. IV. 97. IVB. 173/96.

Zust.-Ges. § 56.

1. Das O.-V.-G. hat stets angenommen, daß die Bauerlaubnis nicht mit Rücksicht auf etwa entgegenstehende Privatrechte versagt werden könne, daß vielmehr nur öffentliche Interessen in Betracht kämen, auf der anderen Seite aber anerkannt, daß auch andere als baupolizeiliche Gesichtspunkte im engsten Sinne zu berücksichtigen sind. Der Baukonsens ist daher definirt als die Erklärung der zuständigen Behörde, daß dem beabsichtigten Baue Hindernisse in dem öffentlichen Rechte nicht entgegenstehen (Entsch. Bd. XII S. 369, Bd. XIII S. 394).

2. In den Entsch. Bd. XXIII S. 315 und Bd. XXVII S. 386 ist ausgeführt, daß bei der Prüfung der Baugesuche u. a. auch gesundheitspolizeiliche Gesichtspunkte in Betracht kommen können. Dasselbe gilt von den Interessen des öffentlichen Wegewesens. Wenn Jemand den Konsens zu einem Baue mitten auf unbestritten öffentlicher Straße nachsuchte, so würde die Baupolizeibehörde, auch wenn sie nicht gleichzeitig Wegepolizeibehörde ist, berechtigt sein, die Konsenserteilung ohne sonstige Prüfung des Projektes abzulehnen, und der Antragsteller würde nicht einwenden können, der in Aussicht genommene Bauplatz sei allerdings öffentliche Straße, daraus könne aber die Baupolizeibehörde keinen Versagungsgrund entnehmen.

3. Anders liegt die Sache, wenn der Antragsteller behauptet, das zu bebauende Gelände sei nicht Teil eines öffentlichen Weges, sondern stehe in seinem unbeschränkten Privateigentume. Die Ablehnung des Konsenses enthält in einem solchen Falle ein Verbot, auf dem in Aussicht genommenen Platze zu bauen, da dieser zu einem öffentlichen Wege gehöre. Gegenüber der Behauptung freien Privateigentums stellt sich die polizeiliche Verfügung inhaltlich als eine Inanspruchnahme des Platzes für den öffentlichen Verkehr dar. Hieraus ergiebt sich zunächst die Notwendigkeit, das besondere Verfahren des § 56 des Zust.-Ges., Einspruch, Beschluß der zuständigen Polizeibehörde und demnächst Klage, einzuschlagen. Hätte die den Konsens versagende Behörde zugleich die Wegepolizei zu verwalten, so wäre

eine sofortige Klage gegen die den Konsens verweigernde Verfügung als verfrüht abzuweisen, und als Einspruch zur weiteren Behandlung an die Polizeibehörde abzugeben. Ist die versagende Behörde nicht zugleich die Wegepolizeibehörde, so ist es der gewiesene Weg, daß die Baupolizeibehörde das Baugesuch der Wegepolizeibehörde mitteilt, damit diese sich darüber schlüssig machen kann, ob der Bauplatz für den öffentlichen Verkehr in Anspruch zu nehmen ist. Verneint die Wegepolizeibehörde diese Frage, so scheidet dieser Gesichtspunkt für die Baupolizeibehörde aus. Andernfalls kann die Wegepolizeibehörde entweder selbst auf Grund des § 56 des Zust.-Ges. an den Baulustigen verfügen, oder im Einverständnisse mit ihr kann nunmehr die Baupolizeibehörde den Konsens versagen; sie darf dem Baulustigen aber keinen Zweifel darüber lassen, daß die Konsensverweigerung auf einer Verfügung der Wegepolizeibehörde beruht. Dann findet gegen die den Konsens versagende Verfügung der Baupolizeibehörde Einspruch bei der Wegepolizeibehörde und gegen deren abweisenden Beschluß die Klage statt (vgl. Entsch. Bd. VIII S. 331 ff. und Bd. XVIII S. 390 ff., woselbst in gleichem Sinne Fälle entschieden sind, in denen der Grund zur Versagung des Baukonsenses auf dem Gebiete der von der Landespolizeibehörde wahrzunehmenden Strompolizei bezw. der dem Landrate als dem Organe der Landespolizeibehörde zustehenden Chausseepolizei lag).

Nr. 4. Entsch. Bd. XXXII S. 335 v. 17. V. 97. IV B. 159/96.

Ges. v. 12. IV. 88, G.-S. S. 52; Ges. v. 13. VII. 83, G.-S. S. 131.

Durch die Einleitung der Zwangsverwaltung eines Hauses wird dasselbe nach den Bestimmungen der §§ 139 ff. des auch im Gebiete des rheinischen Rechts gültigen (vgl. Ges. vom 12. IV. 88 (G.-S. S. 52) Ges. über die Zwangsvollstreckung in das unbewegliche Vermögen vom 13. VII. 83 (G.-S. S. 131) für den betreibenden Gläubiger beschlagnahmt; dem Eigentümer wird die Verwaltung des Hauses entzogen und ihm jede Einmischung in die Geschäftsführung des Verwalters untersagt. Die Verwaltung geht auf den Zwangsverwalter über, ihm wird das Grundstück übergeben, er hat dasselbe nach Maßgabe der Vorschriften des genannten Gesetzes und der Allg. Verf. des Justizministers vom 7. III. 92 (J.-M.-Bl. S. 87) unabhängig von etwaigen Weisungen des Eigentümers zu verwalten, für eine ordnungsmäßige Benutzung des Grundstücks zu sorgen, die Einkünfte einzuziehen, die zur Unterhaltung des Hauses notwendigen gewöhnlichen Ausbesserungen vorzunehmen, überhaupt alles zu thun, was erforderlich ist, um das Haus im wirtschaftlichen und nutzbaren Stande zu erhalten (Rassow und Küntzel Beiträge Bd. XXXIII S. 1112, Krech und Fischer Zwangsversteigerungsges. 2. Aufl. S. 449). Danach kann nicht zweifelhaft sein, daß der Zwangsverwalter auch berechtigt und verpflichtet ist, das von ihm verwaltete Gebäude stets in einem den baupolizeilichen Vorschriften entsprechenden Zustande zu erhalten und alle diejenigen Ausbesserungen und Änderungen vorzunehmen, die nach dem bestehenden Baurechte erforderlich sind, damit das Gebäude den polizeilichen Vorschriften gemäß weiter bestehen und genutzt werden kann. Die Polizei kann sich mit auf die Beseitigung polizeiwidriger Zustände des Hauses gerichteten Maßregeln nur an ihn wenden.

Nr. 5. Entsch. Bd. XXXII S. 354 v. 24. IV 97. IV. B. 27/97.

Wenn das Baupolizeirecht darüber Bestimmungen trifft, wie Grundstücke bebaut werden können, wie die Umfassungswände der Häuser beschaffen sein müssen, wo insbesondere diese Wände als Brandmauern herzustellen sind, wo es sich also um die Lage, Größe und Konstruktion der Bauten handelt, so tritt dann regelmäßig die Frage nach dem Privateigentume am Grund und Boden der Bauten ganz zurück. Ein Haus hört baupolizeilich um deswillen nicht auf, ein Ganzes zu sein, weil etwa sein Baugrund im geteilten Eigentume verschiedener Personen steht. Und umgekehrt errichtet ein Bauunternehmer an einer von ihm angelegten Straße ganze Reihen von Häusern, die deshalb, weil er Eigentümer des Grund und Bodens ist, doch nicht Ein Haus werden, die vielmehr als selbständige Häuser entstehen, mit Grenzen, die sie von dem anstoßenden Hause oder Grundstücke als Nachbargrundstücke trennen. Dafür, ob dies der Fall, ob es sich um Ein bebautes Grundstück oder um mehrere selbständige und deshalb gegeneinander abgegrenzte Grundstücke handelt, ist keineswegs an erster Stelle die Frage nach dem Eigentume am Grund und Boden, danach, ob der Baugrund im Grundbuche als Einheit oder als verschiedene, selbständige Grundstücke behandelt ist, entscheidend, sondern die wirtschaftliche Bestimmung und die dem entsprechende Konstruktion der Bauten, also die Frage, ob die räumlich zusammenhängenden Grundstücke in der Hand eines und desselben Eigentümers eine wirtschaftliche Einheit bilden.

Nr. 6. Entsch. Bd. XXXII S. 357 v. 9. XII. 97. IV B. 64/97.

1. Im Allgemeinen werden die rechtlichen Grenzlinien von Grundstücken bestimmt durch den räumlichen Umfang der Eigentumsrechte, welche einer bestimmten Person am Grund und Boden zustehen, und gerade im Gegensatze zu dieser rechtlichen Begrenzung der Grundstücke stehen die Grundgerechtigkeiten (z. B. ein Traufrecht), welche jene Grenzlinie überschreitend zwar die Befugnisse des Eigentümers einschränken, niemals aber das Eigentum selbst und die für dieses gezogenen Grenzen aufheben können. Ferner wird durch die bloße Abschreibung eines Trennstücks von einem bereits angelegten Grundbuchblatte und durch die Übertragung desselben auf ein besonderes Grundbuchblatt — ohne einen Wechsel in der Person des Eigentümers — eine Änderung in den bisherigen Eigentumsverhältnissen des Trennstücks nicht bewirkt; die nachbarlichen Verhältnisse der beiden verschiedenen Eigentümer sind ungeachtet einer solchen Übertragung unverändert geblieben.

2. Es unterliegt anderseits keinem Zweifel, daß ein räumlich zusammenhängendes, im Eigentume ein und derselben Person stehendes und so in gewisser Hinsicht ein Ganzes darstellendes Grundstück baupolizeilich sehr wohl in mehrere selbständige Grundstücke zerfallen kann, für die unter einander Nachbargrenzen im Sinne des Baupolizei-Rechtes bestehen. So, wenn ein Grundstückseigentümer seinen Besitz in mehrere Bauplätze teilt und diese mit Häusern besetzt. Immer entstehen so aber Nachbargrenzen nur unter der Voraussetzung, daß die neben einander liegenden Häuser oder Bauplätze von einander unabhängige, wirtschaftlich selbständige Einheiten bilden.

Nr. 7. Entsch. Bd. XXXII S. 341 v. 18. X. 97. IV. 45/97.

§ 66 Tit. 8 Teil I. A.-L.-R.; § 6 b Ges. v. 11. III. 50; §§ 24, 46 Ges. v. 3. XI. 38.

1. Die Bestimmung des § 66 I 8 des A.-L.-R., „doch soll ... zur Verunstaltung der Städte und öffentlichen Plätze kein Bau oder keine Veränderung vorgenommen werden“, ist nach der Rechtsprechung des O.-V.-G. (Entsch. Bd. IX S. 380—382) nur von einer groben Verunstaltung, der Herbeiführung eines positiv häßlichen, jedes offene Auge verletzenden Zustandes, zu verstehen.

2. Zwar sind nach der Rechtsprechung des O.-V.-G. bei der Prüfung von Baugesuchen von der Baupolizeibehörde auch andere als baupolizeiliche Gesichtspunkte im engsten Sinne zu berücksichtigen. Der Baukonsens ist daher definiert als die Erklärung der zuständigen Behörde, daß dem beabsichtigten Baue Hindernisse in dem öffentlichen Rechte nicht entgegenstehen (Entsch. Bd. XII S. 369, Bd. XIII S. 394). Wenn die Ortspolizeibehörde aber aus anderen als baupolizeilichen Gesichtspunkten den Baukonsens versagen will, so muß sie für das Gebiet, dem die Versagungsgründe angehören, zuständig sein. Handelt es sich z. B. darum, ob ein nach Ausführung eines Baues verbleibender Gang, der einen Teil einer Bahnhofsanlage bildet, den Bedürfnissen des Eisenbahnverkehrs noch genügt, so ist nicht die Ordnung, Sicherheit und Leichtigkeit des Verkehrs auf öffentlichen Straßen, Wegen oder Plätzen, wofür nach § 6 b des Ges. über die Polizeiverwaltung v. 11. III. 50 die Ortspolizei zu sorgen hat, in Frage. Vielmehr fällt die Angelegenheit unter § 24 des Eisenbahnges. v. 3. XI. 38, wonach die Eisenbahngesellschaft verpflichtet ist, die Bahn nebst den Transportanstalten fortwährend in solchem Stande zu erhalten, daß die Beförderung mit Sicherheit und auf die der Bestimmung des Unternehmens entsprechende Weise erfolgen könne. Hierzu kann die Gesellschaft im Verwaltungswege angehalten werden. Die Ausübung der hier der Verwaltung zugewiesenen Befugnisse steht aber keineswegs den Ortspolizeibehörden, sondern den Bahnaufsichtsbehörden zu. Dementsprechend ist auch in dem § 1 des auf Grund des § 46 des Eisenbahnges. von den Ministern des Innern und für Handel, Gewerbe und öffentliche Arbeiten unter dem 24. XI. 48 erlassenen Regulativs (M.-Bl. S. 390) ausgesprochen worden, daß zu dem Ressort der (jetzt aufgehobenen) Königlichen Eisenbahn-Kommissariate die Wahrung der Rechte des Staates den Eisenbahngesellschaften gegenüber, sowie der Interessen der Eisenbahnunternehmungen als gemeinnütziger Anstalten und der Interessen des die Eisenbahn benutzenden Publikums gehöre.

Nr. 8. Entsch. Bd. XXX S. 379 v. 11. XI. 96. IV A. 4/96.

L.-V.-G. § 127.

1. Wenn eine Bauordnung bestimmt, der Hof des Gebäudes müsse so groß sein, daß auf jede Wohnung mindestens 30 qm Hoffläche unbebaut bleiben, so ist bei der Beurteilung, wie viel Wohnungen in dem Gebäude vorhanden sind, davon auszugehen, daß unter der Wohnung die Gesammtheit derjenigen Räume zu verstehen sind, in welchen ein gemeinschaftliches Wohnungsbedürfnis befriedigt wird.

2. Ist entgegen den Vorschriften der Bauordnung eine Wohnung zu viel vorhanden, so kann die Polizei verlangen, daß eine Wohnung geräumt wird, denn der polizeiwidrige Zustand des Grundstückes ist durch die Einrichtung der einen Wohnung im Hause herbeigeführt.

3. Vergrößert der Eigenthümer den Hofraum oder läßt er eine andere Wohnung eingehen, so kann er auf Grund dieser veränderten Sachlage eine anderweite Entschließung der Polizei einholen, gegen die die Rechtsmittel aus den §§ 127 ffg. L.-V.-G. zulässig sind.

Nr. 9. Entsch. Bd. XXX S. 384 v. 21. XI. 96. IV B. 79/96.

Feuerord. für das Fürstenthum Lüneburg v. 14. XI. 65 (Hannov. G.-S. S. 544).

Der Abs. 1 des § 14 der Feuerordnung für das Fürstentum Lüneburg v. 14. XI. 65 findet auf Reparaturen von bereits vorhandenen Dächern keine Anwendung.

Nr. 10. Entsch. Bd. XXXII S. 363 v. 8. VII. 97. IV A. 9/97.

Baufluchten-Ges. v. 2. VII. 75 §§ 11. 12.

1. Der § 12 des Ges. v. 2. VII. 75 bestimmt: „Durch Ortsstatut kann festgestellt werden, daß an Straßen oder Straßenteilen, welche noch nicht gemäß den baupolizeilichen Bestimmungen des Ortes für den öffentlichen Verkehr und den Anbau fertig hergestellt sind, Wohngebäude, die nach diesen Straßen einen Ausgang haben, nicht errichtet werden dürfen."

Durch Ortsstatut kann also nur die „Errichtung von Wohngebäuden" an unfertigen Straßen untersagt werden. Nun ist allerdings die Anwendung des § 12 nicht lediglich auf die Fälle zu beschränken, in welchen völlig selbständige Wohnhäuser neu errichtet werden, oder in welchen bisher zu anderen Zwecken benutzte Bauwerke in Wohnhäuser umgewandelt werden. Die Bestimmungen des § 12 können vielmehr unter Umständen auch dann zur Anwendung kommen, wenn ein bereits vorhandenes Wohnhaus erweitert, vergrößert wird. Andererseits darf aber nicht jede, auch noch so geringfügige Erweiterung eines Wohnhauses dem „Errichten eines Wohnhauses" im Sinne des § 12 gleichgestellt werden. Vielmehr ist stets nach Lage des einzelnen Falles zu prüfen, ob die Erweiterung nach ihrer Art und ihrem Umfange, sowie nach ihrem Verhältnisse zur Art und zum Umfange des bereits vorhandenen Gebäudes als das Errichten eines Wohnhauses aufgefaßt werden muß (Urteil v. 28. IX. 82, Entsch. Bd. IX S. 315). Nach dem Urteile v. 28. IX. 82 sollte im Anschlusse an ein bereits vorhandenes Wohnhaus ein Gebäude errichtet werden, welches mehr als 17 m Höhe, 14 m Länge und 14 m Tiefe hatte und zu Wohnungen bestimmt war. Eine Erweiterung von dieser Art und diesem Umfange wurde der Errichtung eines Wohngebäudes gleichgeachtet. Wenn es sich aber nur darum handelt, daß ein bereits vorhandenes Empfangszimmer einer größeren Villa um einen Raum von ca. 3 m im Quadrat vergrößert, und daß eine bereits bestehende hölzerne Veranda durch eine auf gemauerten Pfeilern in Glas- und Eisenkonstruktion zu errichtende Veranda ersetzt werden soll, so erscheinen diese Erweiterungen an sich und auch im Verhältnisse zu dem Umfange der bestehenden Villa so geringfügig, daß auf sie der § 12 des Ges. v. 2. VII. 75 nicht angewendet werden kann. Und wenn man auch bei der Auslegung des § 12 soweit gehen wollte, eine Erweiterung stets als Errichtung eines Wohnhauses anzusehen, sofern nur die, durch die Erweiterung geschaffenen neuen Räume, für sich betrachtet, nach Größe und Einrichtung zu einer Wohnung ausreichen könnten, so würde doch auch bei Anwendung einer solchen Regel der genannte Erweiterungsbau nicht unter den § 12 fallen. Denn eine Veranda kann auch in Verbindung mit einer etwa 3 m im Quadrat umfassenden Vergrößerung eines Empfangsraumes keinesfalls als eine „Wohnung" bezeichnet werden, zumal wenn der Charakter der Villa nach ihrer Bestimmung und Benutzung durch die Vergrößerung des Empfangsraumes und die Umwandlung der offenen Veranda in eine geschlossene in keiner Weise verändert wird, auch das Verhältnis des Gebäudes zur öffentlichen Straße im wesentlichen unberührt bleibt. Eine so geplante Erweiterung einer Villa kann demnach nicht als ein Bau aufgefaßt werden, welchen der Gesetzgeber mit den Vorschriften des § 12 hat treffen wollen. Es liegt nur eine unwesentliche Veränderung und Erweiterung eines vorhandenen Wohngebäudes, aber nicht die „Errichtung eines Wohngebäudes" vor.

2. Daß eine Umzäunung nicht unter die Bauten des § 11 des Ges. v. 2. VII. 75 fällt, hat das O.-V.-G. bereits wiederholt ausgeführt (Entsch. Bd. XXV S. 379). Ein Grundstücksbesitzer, der die durch die Fluchtlinie betroffenen Grundflächen bisher noch nicht für den öffentlichen Verkehr abgetreten hat, ist daher z. B. berechtigt, seine Grundstücke in ihrer bisherigen Begrenzung mit einem eisernen Gitter auf massivem Unterbau zu umwehren. Daß ferner der § 12 nicht auf eine solche Umzäunung angewendet werden kann, bedarf keiner Ausführung. Der § 12 bezieht sich nur auf Wohngebäude.

Nr. 11. Entsch. Bd. XXXII S. 367 v. 11. X. 97. IV B. 152/96.

Ges. v. 2. VII. 75 § 11.

1. Für die Beurteilung, ob ein Um- oder Ausbau im Sinne des Ges. v. 2. VII. 75 — vgl. Friedrichs, Kommentar 3. Aufl. S. 72 — vorliegt, kann es nicht von ausschlaggebender Bedeutung sein, ob die anderweite Zweckbestimmung des Gebäudes oder Gebäudeteils und die dementsprechende Benutzung schon vor dem Zeitpunkte der baulichen Veränderung, welche für sie als erforderlich erachtet wird, stattgefunden hat. Es genügt, daß die baulichen Veränderungen eine neue Zweckbestimmung der von der Fluchtlinie getroffenen Räume ermöglichen, sie dazu erst geeignet machen sollen. Wollte man hiervon nicht ausgehen, so wäre der Zweck der Bestimmung des § 11 fast immer zu vereiteln. Der Zweck der Bestimmung ist aber der, zu verhindern, daß eine Wertserhöhung des Gebäudes durch solche bauliche Veränderungen erfolgt, die eine Veränderung der Zweckbestimmung des Gebäudes oder der von der Fluchtlinie durchschnittenen Räume in sich schließen.

2. Es handelte sich um folgendes: Der Kläger besitzt zu ebener Erde ein Möbellager. Er hatte die Genehmigung nachgesucht, ein nach der Straße gehendes gewöhnliches Fenster in ein Schaufenster umzuwandeln. Die Polizei versagte die Genehmigung; das O.-V.-G. wies die Klage ab; es nahm an, daß das Möbellager sich in einen wertvollen „Laden" umwandeln würde.

Nr. 12. Entsch. Bd. XXXII S. 360 v. 11. X. 97. IV B. 85/97.

Baufluchtengesetz. v. 2. VII. 75 § 12.

1. Eine Straße, welche einmal nach den für die Ortschaft, zu der sie gehört, geltenden Grundsätzen eine anbaufähige, fertige Straße geworden ist, wird durch Einverleibung in eine Kommune, für welche schärfere Anforderungen gelten, nicht wieder eine unfertige, eine projektierte, oder erst eine in Entstehung begriffene Straße.

2. Wenn eine Straße zu jener Zeit die äußere Beschaffenheit eines unbefestigten Landweges hatte, so würde dies allein die Eigenschaft eines Weges als fertige Straße, insbesondere einer ländlichen Ortschaft, nicht ausschließen, wenn die eigentliche Ortslage, der Ortsbering, die Dorfstraße, von keiner besseren Beschaffenheit und jene Straße dazu bestimmt war, dem inneren Verkehre der Ortschaft und dem Anbaue zu dienen. Fehlt es an einer eigentlichen Ortslage, einer Dorfstraße, so fehlt auch der Maßstab für die Beurteilung, ob der Landweg so beschaffen war wie jener.

Nr. 13. Entsch. v. 3. II. 98. IV. 1758.

Baufluchtengesetz. § 12.

1. Das O.-V.-G. ist in einem Erk. v. 27. II. 97 III B. 143/96 davon ausgegangen, daß eine Straße, welche zu irgend einer Zeit in klarer und

erkennbarer Weise einmal eine nach bestehender Ortsverfassung fertige, anbaufähige Straße gewesen sei, in der Regel nicht wieder eine unfertige, projektierte werden (Friedrichs, 3. Aufl., S. 89 und die dort angeführten Erk.) und daß daran auch eine Veränderung der kommunalen Zugehörigkeit nichts ändern könne. Es ist zwar unzweifelhaft richtig, daß auf das einverleibte Gebiet das allgemeine örtliche Recht der Gemeinde, in welche es einverleibt wird, in der Regel ohne weiteres Anwendung findet, dennoch fehlt es auch in dieser Beziehung an Ausnahmen nicht.

2. Das O.-V.-G. hat ausgesprochen und immer daran festgehalten, daß eine einmal bestehende alte Straße auch dadurch, daß neue Fluchtlinien an ihr festgesetzt werden, nicht wieder in eine projektierte verwandelt werden kann; die Festsetzung von Fluchtlinien gilt als die Setzung einer besonderen Rechtsnorm für diese Straße, also eine Änderung der Ortsverfassung. Nach denselben Gesichtspunkten ist es zu beurteilen, wenn eine Straße, welche nach der Ortsverfassung des Gebietes, welchem sie bisher zugehörte, eine zum Anbaue bestimmte Ortsstraße war, in ein Gebiet eingemeindet wird, nach dessen Ortsverfassung ihr die Erfordernisse fehlen, welche an solche Straßen gestellt werden.

Nr. 14. Entsch. v. 30. IX. 97. IV. 1605.

Fluchtlinien-Ges. §. 12.

Ist eine Straße eine historische Straße (zum Anbaue bestimmt), so verliert sie diesen Charakter nicht durch die Eingemeindung in eine andere Gemeinde (Erk. v. 23. V. 94, Pr. Verw.-Bl. Jahrg. XV S. 496). Bei Beurteilung der Frage, wie weit Straßen sich als städtische Straßen mit einem städtischen Verkehre und Anbaue entwickelt haben, kommt es wesentlich darauf an, bis zu welcher Grenze (nach außerhalb der Stadt) und in welchem Umfange sie bis zum Erlasse der die Voraussetzungen einer fertigen Straße regelnden polizeilichen Norm dem Anbaue thatsächlich gedient haben (Erk. v. 19. I. 94, Pr. Verw.-Bl. Jahrg. XV S. 299).

Nr. 15. Entsch. Bd. XXXI S. 349 v. 2. I. 97. IV B. 133/96.

Fluchtlinien-Ges. v. 2. VII. 75 §§ 7, 8, 11, 12.

1. Die Befugniß der Polizeibehörde, einen geplanten Bau in Gemäßheit des § 11 des Ges. v. 2. VII. 75 die Genehmigung zu versagen und seine Ausführung zu hindern, tritt schon dann ein, wenn sich die Gemeindebehörden und die Polizeibehörde über eine bestimmte Fluchtlinie, welche festgesetzt werden soll, geeinigt haben (Friedrichs, Baufluchtliniengesetz., 3. Aufl., S. 79).

2. Ist ein Bau vor diesem Zeitpunkte genehmigt und begonnen worden, so kann er nachher nicht mehr gehindert werden. Unkonsentierte Bauten, die dem öffentlichen Baurechte widersprechen, können dagegen, auch wenn sie begonnen sind, polizeilich beseitigt werden.

3. Die Festsetzung einer Fluchtlinie schafft neues Baurecht, insofern für sie auf Grund der ordnungsmäßigen Festsetzung die Rechtswirkungen von § 11 eintreten; der Fluchtlinienplan bildet so einen Teil der Verfassung der Gemeinde (Erk. des Reichsgerichts v. 28. XI. 91, Pr. Verw.-Bl. Jahrg. XIII S. 343).

4. Wird auf Grund des § 12 ein neues Statut erlassen, so tritt die damit bewirkte Änderung des Baurechts mit dem Inkrafttreten des Statuts ein.

Nr. 16. Entsch. Bd. XXXI S. 360 v. 31. V. 97. IV A. 142/96.

Städteordnung für Westfalen v. 19. III. 56 §§ 10, 56.

1. Im Interesse größerer Sicherheit vor Feuersgefahren und vor Gefährdung der Gesundheit durch den Genuß verseuchten Brunnenwassers kann allgemein durch Polizeiverordnung der Anschluß aller bebauten Grundstücke an eine städtische Wasserleitung vorgeschrieben werden (Entsch. Bd. XXVIII S. 354).

2. Diese Polizeiverordnung bedarf der Zustimmung des Magistrats (§§ 10, 56 Städte-Ordn. für Westfalen v. 19. III. 59).

Nr. 17. Entsch. Bd. XXXI S. 355 v. 14. IV. 97. IV C. 116/96.

§ 10 II. 17. A.-L.-R. § 6 Ges. v. 11. III. 50.

1. Das O.-V.-G. hat stets angenommen, daß die Weiterleitung der Dachabfallröhren über den Bürgersteig nach der Straßenrinne zum Gebiete der Hochbaupolizei, nicht der Straßenpolizei gehört. Es kommt dabei der Gesichtspunkt zur Geltung, daß es sich um die unmittelbare, mit der Anlage des Gebäudes direkt verbundenen Fortführung, gleichsam die Verlängerung des Hausabfallrohres, also eines Teiles der Dachrinnenanlage handelt (vgl. § 21 der Berliner Bauordnung v. 15. I. 87, Pr. Verw.-Bl. Jahrg. XII S. 210, 327).

2. Auch wo eine entsprechende Vorschrift in einer Baupolizeiordnung nicht besteht, kann die Polizei gemäß § 10 Tit. 17 Teil II A.-L.-R. und § 76 Ges. v. 11. III. 50 im Interesse der Leichtigkeit des Verkehrs verbieten, daß das Regenwasser aus dem Abfallrohr auf den Bürgersteig sich ergießt.

3. Baupolizeiordnungen müssen für Städte vom Magistrat genehmigt sein, sonst ist die Verordnung ungültig (Rosin, Polizeiverordnungsrecht, 2. Aufl. S. 232). Genehmigt aber der Magistrat eine bereits publizierte Verordnung erst nachträglich, so wird der Mangel nicht behoben.

J. Wegepolizei.

a) Popularklagen, Beteiligte in verschiedenen Polizeibezirken, Amtsvorsteher als ordentliche Wegepolizei, Wegepolizei auf Deichen, persönlich beteiligte Amtsvorsteher, Nachbarhilfe, interimistische Entscheidungen des Kreisausschusses, Verkehrsbedürfnis, Guts- und Gemeindevorsteher, Wegebaupflicht im Allgemeinen.

Nr. 1. Entsch. v. 5. VII. 97. IV. 1231.

Zust.-Ges. § 55, 56.

Allerdings wird unter der Bezeichnung „Kommunikationsweg“ nach dem gemeinen Sprachgebrauche in der Regel ein für den öffentlichen Verkehr bestimmter Weg verstanden. Dieser Umstand schließt die Annahme im besonderen Falle nicht aus, daß Auseinandersetzungsinteressenten nicht einen öffentlichen Weg, sondern einen privaten Weg damit meinen, dessen Benutzung nicht dem Publikum, sondern nur einem bestimmten Interessenkreise, diesem aber in dem für die Benutzung öffentlicher Wege zulässigen Umfange kraft Privatrechts zugestanden werden soll.

Nr. 2. Entsch. v. 4. XI. 97. IV. 1695.

Zust.-Ges. §§ 55, 56.

Zum Nachweise der Eigenschaft eines Weges als eines öffentlichen genügt, daß derselbe von den rechtlich Beteiligten stillschweigend dem öffentlichen Verkehre gewidmet ist.

Nr. 3. Entsch. Bd. XXXII S. 425 v. 4. XI. 97 IV A. 80/96.

Zust.-Ges. §§ 55, 56.

Auch Weinbergswege können öffentliche Wege sein, wenn sie nicht nur einem bestimmten Kreise von Interessenten oder der Gemeinde nach rein privatrechtlichen Verhältnissen zur Kultur der Weinberge dienen, sondern auch als dem allgemeinen Verkehre gewidmet und daher zur Verfügung der Polizei stehend erscheinen. Die Polizeibehörde ist zum Schutze des Eigentums, über die Abwehr strafbarer Handlungen hinaus, ausnahmsweise dann als befugt anzusehen, wenn der regelmäßige Weg der Wahrung der privaten Vermögensinteressen, der Civilprozeß, nach Lage des besonderen Falls nicht gangbar ist, insbesondere, wenn auf diese Weise eine Abhilfe nicht rechtzeitig zu erlangen sein würde oder wenn besondere polizeilich zu schützende Interessen (z. B. sicherheitspolizeiliche) ein gleichzeitig thatsächlich zum Schutze des Privateigentums dienendes Einschreiten verlangen.

Nr. 4. Entsch. v. 3. II. 98. IV. 1226.

Bei solchen Wegen, bei denen die Grenzlinie der wegebaupflichtigen Verbände im Wegeterrain liegt, ist die Wegebaupflicht regelmäßig eine ideell geteilte, gemeinschaftliche, weil das Prinzip der realen Teilung der Unterhaltungslast sich als sachwidrig und undurchführbar erweisen würde (ebenso Erk. v. 12. XII. 96 IV C 60/96).

Nr. 5. Entsch. v. 30. IX. 97. IV. 1604.

Allerdings ist es richtig, daß eine Observanz sich nicht zwischen einzelnen Individuen zur Begründung und Abgrenzung ihrer beiderseitigen Rechte und Pflichten bilden, nicht subjektive Rechte und Verbindlichkeiten zwischen einzelnen Rechtssubjekten schaffen kann (Entsch. Bd. VIII S. 231). Die Observanz kann vielmehr nur einen zwischen mehreren Rechtssubjekten bestehenden Verband, eine unter ihnen bestehende Gemeinschaft rechtlich regeln. Aber dieser Verband braucht nicht ein korporativer zu sein, auch ist es nicht notwendig, daß die unter den Beteiligten bestehende Gemeinschaft eine rechtliche ist; es genügt vielmehr als Grundlage einer Observanz auch eine thatsächliche Gemeinschaft, deren Grund auf dem Gebiete des Wegeunterhaltungsrechts in der Regel darin liegt, daß die observanzmäßig Verpflichteten zur Zeit der Entstehung der Observanz an dem guten Zustande des Weges ein wirtschaftliches Interesse hatten.

Nr. 6. Entsch. Bd. XXX S. 213 v. 28. X. 96. IV A. 48/96.

A.-L.-R. Teil II. Tit. 15 §§ 11, 17, 79; Tit. 17 § 10; Ges. v. 20. VIII. 83 § 8 (G.-S. S. 333). Ges. v. 6. VII. 75 §§ 2, 4 (G.-S. S. 416).

1. Der Grundsatz, nach welchem jedem Eigentümer die öffentlich-rechtliche Pflicht obliegt, sein Grundstück in einem solchen Zustande zu erhalten, daß polizeilich zu schützende öffentliche Interessen nicht gefährdet werden (Entsch. Bd. XVIII S. 414) beruht nicht auf speziellen Normen des A.-L.-R., sondern auf dem Begriffe des Eigentums selbst und den allgemeinen Pflichten des Eigentümers, ohne welche eine menschliche Gemeinschaft überhaupt nicht bestehen kann (Entsch. Bd. VIII S. 330). Dieser Grundsatz hat auch im Gebiete des gemeinen Rechts Geltung (Dernburg, Pandekten Bd. I. 4. Aufl. S. 472).

2. Derjenige, dem bezüglich öffentlicher Wege die Wegebaulast obliegt, ist nach öffentlichem Rechte verpflichtet, alle zum Schutze und zur Sicherheit

der Wegeanlage und ihrer Benutzung nötigen Vorkehrungen zu treffen, die Wegeanlage und den sich auf ihr bewegenden Verkehr gegen Gefahren zu schützen. Diese Verpflichtung besteht auch in den Fällen, in welchen die Gefahr ohne sein Verschulden von außen herantritt (Entsch. Bd. XXIV S. 194). Gleiches trifft für die Verpflichtungen desjenigen zu, dem nach den Normen des öffentlichen Rechts die Unterhaltung des Leinpfades und die Sorge für den Schiffahrtsverkehr obliegt.

3. Der im § 79 Tit. 15 Teil II A.-L.-R. ausgesprochene Grundsatz über die Verpflichtung des Staates, für die Sicherheit der Schiffahrt zu sorgen, gilt auch im gemeinen Rechte (Beseler, Deutsches Privatrecht § 197 III). Diese Verpflichtung bezieht sich ebenfalls auf den Leinpfad (Pr. Verw.-Bl. Jahrg. 7 S. 324, Jahrg. 12 S. 366, Entsch. v. 6. XII. 92 IV 1146).

4. Wird der Leinpfad durch einen Bergsturz in Folge elementarer Vorgänge bedroht, so hat der Staat und nicht der Eigentümer des Berges die nötigen Vorkehrungen zu treffen. Der Eigentümer hat nur die Vorkehrungen des Staats zu dulden. Der Grundsatz zu 1 erleidet sonach keine Anwendung. Der Eigentümer würde haften, wenn die Gefahr aus seinen Handlungen oder Unterlassungen, aus der Art der Nutzung oder Benutzung des Grundstückes entstanden wäre (§§ 2, 4 Ges. betreffend Schutzwaldungen und Waldgenossenschaften v. 6. VII. 75, und § 8 Ges. betreffend die Befugnisse der Strombauverwaltung v. 20. VIII. 83).

Nr. 7. Entsch. v. 12. VII. 97. IV. 1273.

Der Umstand, daß ein Weg als Leinpfad für den Schiffsverkehr dient, macht ihn nicht zu einem öffentlichen Wege für den gemeinen Verkehr (vgl. Pr. Verw.-Bl. Jahrg X S. 269).

Nr. 8. Entsch. Bd. XXXII S. 210 v. 8. VII. 97. IV B. 146/96.

Zust.-Ges. § 56.

1. Der Wegebaupflichtige wird durch die Pflasterung eines öffentlichen Weges (Kommunikationsweges), die ein Dritter ausführt, nicht öffentlich-rechtlich verpflichtet, das Pflaster in gutem Zustande zu erhalten oder sich an der Unterhaltung des Pflasters zu beteiligen. Ihm liegt nur die Pflicht ob, dafür zu sorgen, daß der Weg denjenigen Ansprüchen genügt, die nach dem darauf stattfindenden Verkehre und nach dessen weiterer Entwickelung an einen gewöhnlichen Kommunikationsweg gestellt werden müssen.

2. In einem Erk. v. 27. IX. 97 IV C 92/97 ist ausgesprochen, daß der ordentliche Wegebaupflichtige eine von einem Dritten angelegte Pflasterung allerdings dann zu unterhalten hat, wenn eine derartige Befestigung wegen der Beschaffenheit des Wegekörpers und der starken Benutzung desselben mit schwerem Fuhrwerke im Interesse des öffentlichen Verkehrs notwendig gewesen ist.

Nr. 9. Entsch. v. 27. IX. 97. IV. 1589.

Wenn der Wegebaupflichtige beim Empfange eines Provinzialzuschusses zur Pflasterung eines Weges sich der Provinz gegenüber verpflichtet, den Weg stets in gutem Pflaster zu unterhalten, so entsteht dadurch für ihn keine öffentlich-rechtliche Pflicht der Wegepolizei gegenüber.

b) Rechtsmittel gegen Anordnungen der Wegepolizeibehörde und Streitigkeiten der Beteiligten (§§ 55 und 56 Zust.-Ges.).

Nr. 1. Entsch. v. 26. VI. 95 IV. 952.

Zust.-Ges. § 56; Ges. v. 19. IV. 81 Art. IV § 2 Abs. 2; L.-V.-G. § 129 Abs. 5.

Daß ein Einspruch (§ 56 des Zust.-Ges.) als Klage bezeichnet und an den Kreisausschuß gerichtet wird, nimmt ihm die rechtliche Wirkung nicht, daß durch seine Einreichung die gesetzliche Frist für die Einlegung des allein zulässigen Rechtsmittels des Einspruchs gewahrt wird. Abgesehen davon, daß das O.-V.-G. sich in stets gleichmäßiger Rechtsprechung zu dem Grundsatze bekannt hat, daß die unrichtige Bezeichnung eines Rechtsmittels den Verlust desselben nicht zur Folge habe, ergiebt sich die rechtliche Wirksamkeit eines beim Kreisausschusse eingelegten Einspruchs aus den Bestimmungen im § 56 Abs. 2 und 3 des Zust.-Ges., welche lauten:

> „Wird der Einspruch der Vorschrift des ersten Absatzes zuwider innerhalb der gesetzlichen Frist bei denjenigen Behörden erhoben, welche zur Beschlußfassung oder Entscheidung auf Beschwerden gegen Beschlüsse oder Verfügungen der Wegepolizeibehörde zuständig sind, so gilt die Frist als gewahrt.
>
> Der Einspruch ist in solchen Fällen von den angerufenen Behörden an die Wegepolizeibehörde zur Beschlußfassung abzugeben."

Diese Bestimmungen decken sich inhaltlich vollständig mit den vor diesem Gesetze geltenden des Artikels IV § 2 Abs. 2 des Ges. v. 19. III. 81, betreffend die Abänderung der Bestimmungen der Kreisordnung. Nach der Regierungsvorlage zum Erlasse eines Zuständigkeitsgesetzes sollten jene Bestimmungen sogar wörtlich wiederholt werden. Die Kommision des Abgeordnetenhauses beschloß jedoch die jetzige abweichende Fassung, um eine Übereinstimmung mit der gleichartigen Vorschrift im § 129 Abs. 5 des L.-V.-G. herzustellen (vgl. Bericht der Kommission S. 95). Demgemäß hat dann die jetzige Fassung seitens der gesetzgebenden Faktoren Aufnahme in das Gesetz gefunden. Sie stellt sich somit als eine lediglich redaktionelle Änderung der gleichen Vorschriften des Artikel IV § 2 Abs. 2 a. a. O. dar (vgl. Entsch. Bd. VIII S. 190).

Nr. 2. Entsch. v. 24. I. 98 IV 172.

Zust.-Ges. § 56.

Durch den Einspruch (§ 56 des Zust.-Ges.) soll die Wegepolizeibehörde lediglich in den Stand gesetzt werden, ihre Information in thatsächlicher und rechtlicher Beziehung zu ergänzen und nach gründlicher Instruierung nochmals in der Sache Entscheidung zu treffen, geeignetenfalls also auch die getroffenen auf unvollständiger Information beruhenden Anordnungen abzuändern oder aufzuheben. Das Einspruchsverfahren bildet sonach zwar die notwendige Voraussetzung des nachfolgenden Streitverfahrens, bleibt jedoch seiner Bedeutung nach ein Informationsverfahren, welches weder die Wegepolizei in Beziehung auf ihre Verteidigung, noch den Einsprechenden in Beziehung auf die Begründung der Klage irgendwie beschränkt.

Nr. 3. Entsch. v. 21. X. 97 IV 1760.

Zust.-Ges. §§ 55, 56.

Der Verwaltungsrichter hat die Rechtskontrolle über Verfügungen und Beschlüsse aus § 56 Zust.-Ges. in der Weise zu üben, daß er die gegen die

Wegebaupflichtigen erhobenen Anforderungen nicht nur auf ihre rechtliche Zulässigkeit, sondern auch nach freiem Ermessen auf ihre Angemessenheit und Zweckmäßigkeit zu prüfen verpflichtet ist. Es ist deshalb unzulässig, die Anordnungen der Polizei im ganzen Umfange aufzuheben, wenn sie nach dem Ermessen des Verwaltungsrichters innerhalb der Grenzen der Last, die dem Verpflichteten auferlegt ist, wenn auch in einem minderen Maße, für das Verkehrsbedürfnis notwendig sind (Entsch. Bd. XIX S. 225).

Nr. 4. Entsch. Bd. XXX S. 244 v. 11. VII. 96 IV C. 144/95.

Zust.-Ges. § 56.

1. Auf Grund von Verhandlungen zwischen dem Kläger und einer Stadtgemeinde (Beklagte) hatte der Kläger die Stadtgemeinde beauftragt, Steinplatten vor seinem Grundstück zu legen und den Betrag erstattet. Unter der Behauptung, daß die Zahlung nur in der irrtümlichen Annahme des Klägers, zur Unterhaltung des Bürgersteigs öffentlich-rechtlich verpflichtet zu sein, geleistet worden sei, forderte er den Betrag im V.-St.-V. zurück. Die Klage wurde wegen Unzuständigkeit des Verwaltungsrichters abgewiesen, weil die Zahlung lediglich auf Grund eines privatrechtlichen Vertrages gefordert und geleistet worden sei. Dann heißt es weiter: Wird ein privatrechtlicher Vertrag und die auf Grund dieses Vertrages geleistete Zahlung wegen Irrtums angefochten, so bestimmt sich die Natur dieser Streitigkeit nur nach dem privatrechtlichen Charakter des Vertrages und nicht danach, ob der behauptete Irrtum sich auf öffentlichrechtlichen oder privatrechtliche Vorschriften und Verhältnisse bezieht (Entsch. Bd. XXIII S. 26), Entsch. des Reichsgerichts in Civilsachen Bd. XXV S. 306, Bd. XXVIII S. 14, 15). Über die Rechtsgültigkeit eines privatrechtlichen Abkommens haben die Civilgerichte zu erkennen, auch wenn in diesem Streite als Inzidentpunkt die Frage nach der öffentlichrechtlichen Verpflichtung zur Unterhaltnng des Bürgersteigs und nach dem Umfange dieser Verpflichtung zur Erörterung kommt.

2. Über Streitigkeiten der Beteiligten siehe Entsch. Bd. XXV S. 239, Bd. XXIX S. 256, Bd. XXX S. 244 u. 305.

c) Entwässerung von Wegen, polizeimäßige Reinigung, Bürgersteige (Fußgängerbanketts).

Nr. 1. Entsch. v. 21. X. 97. IV 1760.

Die Polizeibehörde ist befugt, die Befestigung der Bürgersteige in einer bestimmten Art und Weise zu verlangen, wenn das Verkehrsbedürfnis es erfordert; was verlangt wird, kann nicht nur in einer Polizeiverordnung, sondern auch in einer Einzelverfügung an den Pflichtigen bestimmt werden. (Entsch. Bd. II S. 266, Bd. III S. 184, Bd. IV S. 247, 256, Bd. V S. 441, Pr. Verw.-Bl. Jahrg. VII S. 27.)

Nr. 2. Entsch. v. 14. II. 98. IV 321.

Die Pflicht zur polizeimäßigen Reinigung der Straßen besteht sowohl für ländliche, als für städtische Ortschaften. In ländlichen wie in städtischen Ortschaften kann kraft örtlichen Rechts (Observanz) diese Pflicht den Anbauern, an Stelle der Gemeinde, aufgelegt sein. Entstehen neue Ortsteile, so wird dadurch in der Verpflichtung nichts geändert. Bürgersteige giebt es nicht blos in den Städten, sondern auch in Landgemeinden.

d) Land- und Heerstraßen.

Nr. 1. Entsch. v. 3. VI. 97. IV 1018.

§ 1. Tit. 15. Teil II. A.-L.-R.

Wenn auch nach § 1 Tit. 15 Teil II A.-L.-R. Wege, die von einer Grenze des Landes zu einer anderen, oder von einer Stadt, von einem Zollamte entweder zu einem andern oder zu Meeren und Hauptströmen führen, Land- oder Heerstraßen genannt werden, so ist doch damit nicht eine Rechtsvermutung aufgestellt, vielmehr geben jene Umstände nur einen Anhalt für die immer noch erforderliche Prüfung, ob der Weg dem allgemeinen, über das lokale Interesse hin ausgehenden Verkehr ausdrücklich oder stillschweigend gewidmet ist.

e) Chausseen, Chausseegelderhebung.

Nr. 1. Entsch. Bd. XXX S. 207. v. 11. IV. 96. IV B. 28/96.

Zust.-Ges. §§ 56, 57; Ministerielle Anweisung zum Bau der Kunststraßen v. 6. IV. 34 § 44 (von Börne, Wegepolizei S. 231).

1. Hat jemand gegen die Wegepolizeibehörde auf Aufhebung einer wegebaupolizeilichen Verfügung geklagt (§ 56 Abs. 4 Satz 2 des Zust.-Ges.) und ist seine Klage (wegen verspäteter Einlegung) abgewiesen worden, so kann daraus der Dritte, der auf Erstattung des Geleisteten belangt wird (§ 56 Abs. 6 Satz 3), keinen Einwand herleiten.

2. Wenn eine Drumme zur Entwässerung einer Chaussee in einen Chausseegraben eingelegt wird und letzteren ersetzt, so liegt nichts weiter vor als ein bedeckter Chausseegraben. Die Unterhaltung hat derjenige, der die Chaussee zu unterhalten hat, denn die Drumme ist ein Zubehör der Chaussee (vgl. Entsch. Bd. XX S. 236).

In einem Streite zwischen einer Gemeinde (in Westfalen) und dem Provinzialverbande über die Unterhaltung eines Durchlasses, der in einem früher als Hohlweg verlaufenden Kommunalwege angelegt war, um letzteren beim Bau einer Provinzial-Chaussee in diese hineinzuführen (Erk. v. 9. X. 95. IV B. 93/95. Entsch. Bd. XXX. S. 213) führte das O.-V.-G. aus: Die Verhandlungen geben keinen Anhalt dafür, daß die Anlage des Durchlasses im Interesse des Wasserabflusses von der Chaussee nötig gewesen wäre. Dies Bauwerk hat lediglich die Bedeutung einer Brücke, um den Übergang vom Kommunalwege auf die Chaussee zu ermöglichen. Eine solche Brücke ist der Regel nach nicht Zubehör der Chaussee, ihre Unterhaltung kann unter diesem Gesichtspunkte nicht von dem Provinzialverbande gefordert werden, er müßte denn ausnahmsweise den Durchlaß aus besonderen Gründen zu unterhalten haben.

Nr. 2. Entsch. Bd. XXX S. 210 v. 6. V. 96. VI. B. 2/96.

Zust.-Ges. § 56.

1. Wird mit Zustimmung oder doch ohne Widerspruch der Wegepolizeibehörde und der Wegebaupflichtigen ein Weg einschließlich einer in seinem Zuge belegenen Brücke dem öffentlichen Verkehre dauernd gewidmet, so wird auch die Brücke ein Bestandteil eines öffentlichen Weges. Damit wird die Zuständigkeit des Amtsvorstehers zum Erlasse einer Verfügung auf Reparatur der Brücke begründet.

2. Es giebt keinen Rechtssatz, daß jeder, der eine Chaussee erbaut, verpflichtet sei, alle infolge des Chausseebaues notwendig werdenden Veränderungen in dem mit der Chaussee in Verbindung stehenden Chausseenetze und in der Herstellung der von der Chaussee berührten Wege auf seine Kosten herzustellen und zu unterhalten.

1. In einer Verf. des Ministers des Innern vom 5. VI. 97 (M.-Bl. S. 134) wird darauf hingewiesen, daß innerhalb der Stadtkreise die Chausseepolizeigewalt (abgesehen von der Chausseebaupolizei) den städtischen Ortspolizeibehörden zusteht, daß dagegen in den kreiseingesessenen Städten jene Polizeigewalt nicht den städtischen Polizeibehörden, sondern den Landräten zukommt. (Entsch. Bd. III S. 355, Bd. XI S. 212, Bd. XXI S. 249, Erlaß vom 13. XII. 59 M.-Bl. S. 336.)

2. Minist.-Verf. v. 26 VII. 77 (M.-Bl. S. 187): Die Befugnis der Landräte zur Festsetzung der Polizeistrafen wegen Chaussee-Polizei-Kontraventionen beruht nicht blos auf der ihnen durch das Regulativ v. 7. VI. 44 (G.-S. S. 167) erteilten Ermächtigung, sondern auch auf dem im Zirkular-Erlasse der Ministerien für Handel, Gewerbe und öffentliche Arbeiten, der Finanzen und des Innern v. 13. XII. 59 anerkannten Grundsatze, daß die Verwaltung der Chaussee-Polizei den Landespolizeibehörden zusteht, Ortspolizeibehörden zur vorläufigen Straffestsetzung wegen Kontraventionen gegen chausseepolizeiliche Anordnungen gesetzlich nicht kompetent sind, diese Kompetenz vielmehr allein den Landräten oder den künftighin mit Ausübung der Chaussee-Polizei-Verwaltung zu beauftragenden Behörden zukommt. Aus diesem Grundsatze folgt die Befugnis der Landräte, in ihrer Eigenschaft als Verwalter der Chaussee-Polizei, vorläufig Strafen nach Maßgabe des § 1 des Ges. v. 14. V. 52 (G.-S. S. 245) festzusetzen. Ist aber hiernach die Befugnis der Landräte zur vorläufigen Straffestsetzung wegen Kontraventionen gegen chausseepolizeiliche Vorschriften nicht lediglich aus dem Regulativ v. 7. VI. 44 abzuleiten, so rechtfertigt sich auch nicht die Annahme, daß der Begriff der von den Landräten zu bestrafenden Chaussee-Polizei-Kontraventionen nur nach diesem Regulativ zu beurteilen sei. Unter Chaussee-Polizei-Vertretungen sind vielmehr alle Übertretungen der speziell zum Schutze der Chaussee ergangenen polizeilichen Vorschriften zu verstehen, gleichviel ob diese Vorschriften durch Gesetz oder Polizei-Verordnung erlassen sind.

f) Fähren und Brücken.

Nr. 1. Entsch. Bd. XXXI S. 207 v. 23. XII. 98. IV B. 128/95.

Ges. v. 20. VIII. 83. §§ 5, 6.

1. Aus dem § 5 des Strombauverwaltungsgesetzes v. 20. VIII. 83 ergiebt sich, daß künstliche Anlandungen, solange die Strombauverwaltung den Besitz und die Nutzung derselben nach Maßgabe der §§ 5 u. 6 festhält, innerhalb der durch § 5 gezogenen Grenzen dem gewöhnlichen Verkehre entzogen sind und insoweit lediglich der staatshoheitlichen Verfügung unterliegen. Die Anlandungen stehen bis zum Übergange in den Besitz des Eigentümers im allgemeinen, wie die öffentlichen Flüsse selbst, in der Verfügungsgewalt der Ortspolizeibehörde nicht (vgl. Entsch. Bd. XII S. 249).

2. Es ist nicht ausgeschlossen, daß über eine künstliche Anlandung durch Mitwirkung und unter Zustimmung aller Beteiligten, insbesondere der Strombauverwaltung und der Wegepolizeibehörde, ein dem öffentlichen Verkehre dienender Weg entsteht. In diesem Falle würde der Wegepolizeibehörde das Recht, die Unterhaltung des Weges zu überwachen, zustehen, wie dies bezüglich der Brücken über öffentliche Flüsse verordnet ist (Entsch. Bd. XVIII S. 229).

3. Die Wegepolizeibehörde kann nicht etwa durch Zwangsverfügung die Strombauverwaltung anhalten, eine Fähre (§ 5 Abs. 4) anzulegen oder zu unterhalten (Entsch. Bd. XXVI S. 250).

Nr. 2. Entsch. Bd. XXXI S. 194 v. 28. XI. 96. IV C. 55/96.

1. Eine Observanz kann sich nicht zwischen einzelnen Individuen zur Begründung und Abgrenzung ihrer beiderseitigen Rechte und Pflichten bilden, sie kann nicht subjektive Rechte und Verbindlichkeiten schaffen (Entsch. Bd. VIII S. 231, Entsch. des R.-Ger. Bd. XXXIII S. 200). Die Observanz kann vielmehr nur einen bereits zwischen mehreren Rechtssubjekten bestehenden Verband,

eine unter ihnen bestehende Gemeinschaft rechtlich regeln. Dieser Verband braucht kein komporativer zu sein; die Gemeinschaft braucht keine rechtliche zu sein, es genügt eine thatsächliche, örtliche Gemeinschaft (Pr. Verw.-Bl. Jahrg. IX S, 6, 438, Entsch. Bd. XXX S. 298).

2. Die observanzmäßige öffentlichrechtliche Verpflichtung des Eigentümers einer Mühle als solcher zum Brückenbau hört auf, sobald die Mühle abgebrochen und das Grundstück nicht mehr als Mühle benutzt wird.

Nr. 3. Entsch. v. 21. II. 98. IV. 364.

Brücken über öffentliche Ströme sind besondere, für sich bestehende Kommunikationsanstalten (Entsch. Bd. XII S. 249, Bd. XXII S. 183), die Anfahrtsrampen, also die Teile des Weges, die den Verkehr von dem Wege auf die Brücke überleiten, sind weder Teile noch Zubehörungen der Brücke; sie sind Teile des Weges, in dessem Zuge sie liegen (Erk. v. 21. XII. 87, Pr. Ver.-Bl. Jahrg. X S. 47).

g) Eisenbahnpolizei, Zufuhrwege zu Eisenbahnanlagen; öffentliche Wege, die der Eisenbahnunternehmer zu unterhalten hat.

Nr. 1. Entsch. v. XXXI S. 198 v. 3. II. 97. IV B. 102/95.

§§ 56, 57. Zust.-Ges; Eisenbahngesetz v. 3. XI. 38. § 4.

1. In dem Verfahren nach § 56 Zust.-Ges. ist von der Wegepolizeibehörde, dann vom Verwaltungsrichter zu entscheiden, ob ein Weg, auch wenn er über Bahnterrain geht, öffentlich ist. An dem Verfahren kann sich die Königliche Eisenbahnverwaltung nur als Vertreterin des Eisenbahnfiskus (des Unternehmers) nicht als Eisenbahnpolizeibehörde beteiligen.

2. Die Anwendung des § 57 a. a. O. unterbleibt, sobald durch besondere Gesetze (z. B. § 4 des Eisenbahngesetzes v. 3. XI. 38) ein anderes Verfahren, betreffend Einziehung und Verlegung öffentlicher Wege, vorgeschrieben ist.

3. Die Landespolizeibehörde, welche auf Grund des § 4 des Eisenbahngesetzes Wege eingezogen hat, bleibt zuständig, wenn sich nachträglich zeigt, daß das landespolizeiliche Verfahren nicht gänzlich durchgeführt war.

Nr. 2. Entsch. Bd. XXXII S. 219 v. 24. VI. 97. IV C. 1/97.

Bahnpolizeiregl. v. 30. XI. 85. (R.-G.-Bl. S. 289). §§ 1, 3, 53, 54, 55, 70; Zust.-Ges. § 55, 56; Enteignungsge' v. 14. VI. 74 § 14.

1. Die polizeiliche Zuständigkeit der Bahn-Polizei- und Aufsichts-Organe erstreckt sich räumlich nicht weiter, als auf das Bahngebiet, d. h. auf die ganze Bahn und die dazu gehörigen Anlagen, als welche neben dem Planum dessen Böschungen, Dämme, Gräben, Brücken, ferner die Bahnhöfe, Haltestellen und Stationen in Betracht kommen. Dieses Bahngebiet fällt nicht notwendig mit den privatrechtlichen Grenzen des im Eigentume der Eisenbahnverwaltung stehenden Geländes zusammen, sondern beschränkt sich auf dasjenige Gebiet, welches unmittelbar den Eisenbahntransportzwecken dient. Die sachliche Zuständigkeit der Bahnpolizei erstreckt sich soweit, als solches zur Aufrechterhaltung der für den Eisenbahnbetrieb erlassenen oder noch zu erlassenden Polizeiverordnungen, insbesondere zur Durchführung der Bahnpolizeireglements (Betriebsordnungen) erforderlich ist. Dies ist in der Entsch. des O.-V.-G. Bd. XXIII S. 369 ff. aus den §§ 1, 3, 53, 54, 55, 70 des Bahnpolizeireglements v. 30. XI. 85 (R.-G.-Bl. S. 289)

nachgewiesen, mit welchen die entsprechenden Paragraphen der jetzt geltenden Betriebsordnung für die Haupteisenbahnen Deutschlands v. 5. VII. 92 (R.-G.-Bl. S. 691 ff.) übereinstimmen.

2. Bei den Projektfeststellungen werden häufig weitgreifende Veränderungen des Systems der Wege und Wasserläufe angeordnet, deren Notwendigkeit zwar eine Folge des Bahnbaues ist, die aber mit dem Bahnbetriebe und den diesem dienenden Anlagen unmittelbar gar nichts zu thun haben. Die Neuanlegung öffentlicher Zufuhrwege ebenso wie die Verlegung bestehender öffentlicher Wege auf weite Strecken hin kann Gegenstand der Planfeststellung werden, häufig sogar in der Art, daß der Eisenbahnunternehmer an der Unterhaltung gar nicht beteiligt wird. Wenn mit dem Eisenbahnprojekte solche Anlagen genehmigt werden, so wird damit keineswegs die in Bezug auf sie den ordentlichen Polizeibehörden nach den allgemeinen gesetzlichen Bestimmungen zustehende Einwirkung aufgehoben und auf den Minister der öffentlichen Arbeiten übertragen, dergestalt, daß beispielsweise nur diesem und nicht der Wegepolizeibehörde in Bezug auf solche von dem Projekt berührte öffentliche Wege für alle Zukunft die Sorge dafür, daß den Bedürfnissen des öffentlichen Verkehrs Genüge geleistet wird, obläge. Dies ist auch, soweit bekannt, seit dem Inkrafttreten des Eisenbahnges. v. 3. XI. 38 in der Verwaltungspraxis nicht beansprucht worden.

3. Handelt es sich um Anlagen, welche zwar innerhalb der Grenzen des Eigentums des Eisenbahnfiskus liegen, aber nicht zum Bahngebiete, zur Bahnanlage im rechtlichen Sinne gehören, vielmehr Bestandteile öffentlicher Wege im Sinne des gemeinen Wegerechts sind, welche dadurch, daß die Projektfeststellung sie berührt hat, der Zuständigkeit der Wegepolizeibehörde nicht entzogen werden, so können gewiß bei wegepolizeilichen Maßregeln, welche derartige, sich mit Bahnanlagen kreuzende Wege betreffen, auch Interessen der Bahnpolizei in Betracht kommen. Ein derartiges Zusammentreffen verschiedenartiger öffentlicher Interessen kommt auch in anderer Weise häufig vor; die Wegepolizeibehörde hat regelmäßig auch Interessen der Sicherheitspolizei, der Wasserpolizei, der Baupolizei mit in Betracht zu ziehen und, wenn nötig, pflichtmäßig wahrzunehmen, ohne zu der geplanten Maßregel unzuständig zu werden, wenn etwa der betreffende Zweig der Polizeiverwaltung einer anderen Behörde übertragen ist. So hat die Wegepolizeibehörde auch die Interessen der Sicherheit des Bahnbetriebes zu berücksichtigen und wird, um sich von diesen Kenntnis zu verschaffen, zweckmäßig den sachverständigen Rat der Eisenbahnbehörde einholen; ihre Zuständigkeit wird aber dadurch, daß sie dies unterläßt, nicht in Frage gestellt.

4. Die Ausführung einer gegen den Eisenbahnfiskus gerichteten Anordnung kann nicht ohne zuvoriges Einvernehmen mit der den verpflichteten Eisenbahnfiskus vertretenden Behörde erfolgen, und bei dieser Gelegenheit sind etwaige Kollisionen auszugleichen, soweit sie die Wegepolizeibehörde, oder, bei der Prüfung der Notwendigkeit und Angemessenheit der Maßregel, der Verwaltungsrichter nicht schon berücksichtigt hat (Entsch. Bd. XXIV S. 222, 227). Dem stehen auch die älteren Entsch. des O.-V.-G. nicht entgegen. In dem Bd. II der Entsch. S. 399 ff., 409 entschiedenen Falle war die Ortspolizeibehörde gegen Akte der Staatshoheit, nämlich gegen Truppenübungen eingeschritten, in dem Bd. III S. 192, 193 a. a. O. entschiedenen Falle hatte die Ortspolizeibehörde das Rangieren von Zügen auf der Kreuzung von Bahngeleisen mit einem Kommunikationswege beschränken wollen, hatte mithin unmittelbar in den nach bahnpolizeilichen Rücksichten geregelten Bahnbetrieb eingegriffen (vgl. Entsch. Bd. XXIX S. 232).

5. Ohne weiteres als rechtswidrig aufzuheben wäre eine Verfügung, wenn sie sich mit einer, sei es allgemeinen, sei es besonderen Anordnung einer vorgesetzten Behörde, welche diese innerhalb ihrer Zuständigkeit erlassen hat, in Widerspruch befände. Dies würde z. B. vorliegen, wenn durch die landespolizeiliche Prüfung und Genehmigung festgesetzt wäre, daß gewisse Wegestrecken von Bepflanzung frei zu halten seien. Dann würde die polizeiliche Anordnung, die Wege zu bepflanzen, eine Abänderung des Projektes und damit eine Aufhebung einer landespolizeilichen Anordnung darstellen, zu welcher die Ortspolizeibehörde nicht befugt sein würde.

6. Ist einem Unternehmer gemäß § 14 des Ges. v. 14. VI. 74 die Verpflichtung zur Herstellung und Unterhaltung eines öffentlichen Weges auferlegt worden, so sind die zuständigen Ortspolizeibehörden (Amtsvorsteher u. s. w.) für die Folge berechtigt, von dem Unternehmer hinsichtlich der Unterhaltung alles dasjenige zu verlangen, was nach Maßgabe des bestehenden Bedürfnisses den geltenden Bestimmungen entsprechend von dem Wegebaupflichtigen gefordert werden kann. Es kann daher nötigenfalls auch die nachträgliche Verbreiterung eines Weges gefordert werden, ohne daß es hierzu erst noch einer besonderen landespolizeilichen Festsetzung nach § 14 bedarf (Seydel, Enteignungsges. II. Aufl. S. 93 zu § 14; Entsch. Bd. IX S. 238 und Bd. XXIV S. 222, 224).

Nr. 3. Entsch. Bd. XXXII S. 203 v. 12. VII. 1897. IV C. 112/96.

§§ 4, 8. Ziff. 5. Ges. v. 3. XI. 38; § 14. Ges. v. 11. VI. 74.

1. Einen öffentlichen Weg ohne einen zur Unterhaltung öffentlichrechtlich Verpflichteten kann es nicht geben. Der Eisenbahnunternehmer tritt in den Kreis der Unterhaltungspflichtigen nur durch eine ihm von der Landespolizeibehörde gemachte Auflage ein, mag sie ausdrücklich ausgesprochen oder sonst aus der Genehmigung des Bahnbauprojektes zu folgern sein. Diese Befugnis der Landespolizeibehörde bezw. des Ministers der öffentlichen Arbeiten beruht auf den §§ 4, 8 Ziffer 5 Ges. v. 3. XI. 38 (Entsch. Bd. IX S. 186).

2. Dem Eisenbahnunternehmer liegt es nicht nur ob, diejenigen Wege anzulegen und zu unterhalten, die zur Vermittelung des Verkehrs innerhalb des Bahngebietes dienen, also auch die Bahnhofszufuhrwege im engeren Sinne, die die Bahnhofsanlage mit dem nächsten öffentlichen Wege verbinden, und die begriffsmäßig nicht öffentliche Wege im Sinne des gemeinen Wegerechts sind, sondern er hat auch diejenigen Veränderungen des öffentlichen Wegenetzes, Wegeverlegungen, sowie Neuanlegungen von Wegestrecken vorzunehmen, durch welche lediglich die Nachteile ausgeglichen werden, die aus dem Eingriffe in die bestehenden, auf Kosten des Wegebaupflichtigen geordneten Verkehrsverhältnisse durch die Ausführung des Unternehmers verbunden sind. Dementsprechend ist dem Unternehmer auch die dauernde Unterhaltung solcher Anlagen aufzulegen, insofern durch sie eine Vermehrung der Belastung des ordentlichen Wegebaupflichtigen entsteht. Dagegen ist es nicht Aufgabe des Unternehmers, Verbesserungen in den bisherigen Verhältnissen der Wege oder solche Wegeeinrichtungen herzustellen, die dazu dienen sollen, um dem durch die Bahnanlage naturgemäß wachsenden Verkehrsbedürfnisse des Publikums gerecht zu werden (Entsch. Bd. IX S. 186, X S. 182; Seydel, Ges. über die Enteignung Anm. 4, 7, 8 zu § 14 a. a. O.).

3. Die Landespolizeibehörde ist nicht befugt, bei Gelegenheit der Genehmigung eines Eisenbahnbaues Andern als dem Unternehmer, insbesondere den ordentlichen Wegebaupflichtigen, öffentlichrechtliche Auflagen zu machen.

Nr. 4. Entsch. Bd. XXX S. 184 v. 1. II. 96 IV C. 93/95.

Ges. über die Eisenbahnunternehmungen v. 3. XI. 38 § 4. Zust.-Ges. § 56.

1. Eine Vermehrung in der Wegeunterhaltungslast, die sich als Folge der durch die Anlage einer Eisenbahn veranlaßten Veränderung oder Verlegung der öffentlichen Wege ergiebt, darf nicht dem nach gemeinem Wegerechte Unterhaltungspflichtigen zur Last fallen; vielmehr hat insoweit die Bahnverwaltung einzutreten und die Unterhaltungslast zu übernehmen (Entsch. Bd. IX S. 186 ff.).

2. Dagegen ist die Bahnverwaltung nicht verpflichtet, das Mehr in der Unterhaltung der verlegten und veränderten Wege zu tragen, das nur eine Folge des gesteigerten Verkehrs ist (Entsch. Bd. XVII S. 319).

Nr. 5. Entsch. Bd. XXX S. 192 v. 21. X. 96 IV C. 123/95.

Ges. v. 3. XI. 38 § 4. Zust.-Ges. § 56.

1. Wenn durch die bei einem Bahnbau vorgenommene Veränderung eines öffentlichen Weges die Wegebaulast vermehrt und der Eisenbahnunternehmer deshalb nach Maßgabe der Vermehrung in den Kreis der Unterhaltungspflichtigen eingetreten ist, so hat er in gleichem Maße wie der ordentliche Wegeunterhaltungspflichtige für die Erhaltung des Weges in einem dem Verkehrsbedürfnisse genügenden Zustande aufzukommen und kann unter Umständen auch zu einer notwendigen Pflasterung des Weges anteilig herangezogen werden.

2. Eine Vermehrung der Unterhaltungslast kann sowohl quantitativ — bei Verlängerung oder Verbreiterung der Wegestrecke — als auch qualitativ — z. B. bei Überführungen — eintreten. Dementsprechend gestaltet sich die Berechnung der Mehrlast verschieden. Während sie im ersteren Falle einfach aus der Vergrößerung der Wegefläche hervorgeht, kann sie in dem anderen Falle nur darauf beruhen, daß dieselbe Wegestrecke nach ihrer Veränderung durch die Neuanlage eine andere Art der Unterhaltung erfordert.

3. Die Verpflichtung des Unternehmers zur ordnungsmäßigen Ausführung der in dem genehmigten Projekte vorgesehenen oder ihm daneben als Bedingungen vorgesehenen Anlagen in Bezug auf öffentliche Wege ist zwar auch eine öffentlichrechtliche und im Verwaltungswege erzwingbare, sie ist aber keine Wegebauverpflichtung im Sinne des öffentlichen Wegerechts. Ihre besondere rechtliche Natur zeigt sich schon darin, daß über die Auflagen, die dem Unternehmer im Interesse des Wegewesens zu machen sind, nicht die ordentliche Wegepolizeibehörde, sondern die Landespolizeibehörde und der Minister zu befinden haben (Erk. des O.-V.-G. v. 28. II. 83 Archiv für Eisenbahnwesen 1843 S. 388; Gleim, Preußisches Eisenbahnrecht Bd. I S. 180; Eger, Eisenbahnrecht Bd. I S. 561). Dasselbe gilt für die Frage, ob die bei der Genehmigung des Baues der Bahn dem Unternehmer gemachten Auflagen ordnungsmäßig erfüllt sind. Die nachträgliche Erfüllung hat demnach auch die Landespolizeibehörde zu verlangen, nicht die ordentliche Wegepolizeibehörde.

h) Inanspruchnahme von Wegen für den öffentlichen Verkehr (§ 56 des Zust.-Ges.) Privatrechte an öffentlichen Wegen.

Nr. 1. Entsch. Bd. XXXI S. 191 v. 24. IV. 97 IV C. 17/97.

Zust.-Ges. §§ 55, 56.

1. Eine ganz allgemein gehaltene öffentliche Bekanntmachung (durch Aushang oder öffentliche Blätter) stellt keine Inanspruchnahme im Sinne

des § 56 des Zust.-Ges. dar. Die Anordnungen der Wegepolizeibehörde auf Grund der §§ 55, 56 sind polizeiliche Verfügungen und müssen sich deshalb — im Gegensatze zu Polizeiverordnungen — an bestimmte einzelne Personen richten und bestimmte einzelne Fälle regeln. Auch die Inanspruchnahme kann nur aus Anlaß eines bestimmten Falles und gegen eine bestimmte Person ergehen, welche die Öffentlichkeit des Weges bestreitend das ausschließliche Eigentum oder ein die Öffentlichkeit und die ausschließliche Verfügung der Polizei beschränkendes Recht an dem Wege behauptet oder aber thatsächlich in Ausübung eines solchen behaupteten Rechtes in den Bestand des Weges oder in den Verkehr auf demselben eingreift.

2. Ein Beschluß der Wegepolizeibehörde muß aufgehoben werden, wenn ihm die gesetzlich notwendige Voraussetzung einer ordnungsmäßig auf Grund des § 56 ergangenen Inanspruchnahme mangelt. In diesem Falle kann der materiellen Seite der Sache vom Verwaltungsrichter nicht näher getreten werden (Erk. v. 4. XII. 91 Pr. Verw.-Bl. Jahrg. XIII. S. 271).

Nr. 2. Entsch. v. 16. XI. 95 VI 1593.

Zust.-Ges. § 56. L.-V.-G. § 127.

1. Der Mangel der polizeilichen Erlaubnis zur Errichtung einer baulichen Anlage (z. B. eines Zaunes) bewirkt noch nicht ohne weiteres einen unstatthaften, von der Polizeibehörde abzustellenden Zustand; ein solcher Zustand ist vielmehr erst dann vorhanden, wenn die ohne polizeiliche Erlaubniß ausgeführte Anlage gegen das bestehende, dem Schutz der Polizeibehörde anvertraute öffentliche Recht verstößt (vergl. Entsch. Bd. XIII S. 393 und die daselbst angeführten früheren Entscheidungen).

2. Ist dasjenige Terrain, welches ein Grundstücksbesitzer durch einen ohne polizeiliche Erlaubnis hergestellten Zaun abgesperrt hat, nach bestehendem Rechte dem öffentlichen Verkehre zu dienen bestimmt, so stellt sich eine Verfügung der Polizeiverwaltung, welche die Beseitigung des Zaunes im verkehrspolizeilichen Interesse fordert, als eine Inanspruchnahme des durch den Zaun abgesperrten Terrains für den öffentlichen Verkehr dar. Die Rechtsmittel gegen eine solche polizeiliche Anordnung aber sind durch § 56 des Zust.-Ges. abweichend von der Regel des § 127 des L.-V.-G. und damit unter Ausschluß der letzteren besonders geordnet. Ist statt des Einspruchs die Beschwerde eingelegt, so ist diese an die Wegepolizei abzugeben, damit sie als Einspruch behandelt wird.

3. Die Androhung einer Geldstrafe zur zwangsweisen Durchführung einer von der Polizeibehörde erlassenen Anordnung ist nach § 132 des L.-V.-G. unzulässig, wenn die Ausführung der Anordnung durch einen Dritten sehr wohl thunlich war.

i) Einziehung und Verlegung öffentlicher Wege (§ 57 des Zust.-Ges.).

Nr. 1. Entsch. Bd. XXX S. 222 v. 9. V. 96. IV C. 119/95.

Zust.-Ges. §§ 56, 57.

1. Der § 57 des Zust.-Ges. giebt der Wegepolizeibehörde das Recht, über die Einziehung öffentlicher Wege zu beschließen und das betreffende Verfahren einzuleiten. Zu einer Einwirkung auf die Beseitigung eines Privatweges steht ihr eine Befugnis nicht zu.

2. In dem Streite über die Einziehung eines öffentlichen Weges giebt der § 57 den Mitgliedern des Publikums den Einspruch und die Klage im denk-

bar vollsten Umfange, so daß mit dem Rechtsbehelfe jedes Einzelnen zugleich das allgemeine öffentliche Interesse Wahrung findet.

3. Die Eigenschaft der Öffentlichkeit kann einem Wege seit dem Zust.-Ges. v. 1. VIII. 83 nur auf Grund des § 57 und dessen Verfahren entzogen werden. Vor dem Erlasse des Gesetzes regelte sich die Einziehung öffentlicher Wege rechtlich analog nach den für die Anlegung öffentlicher Wege maßgebenden Grundsätzen. Demzufolge genügten konkludente Handlungen, die das Einverständnis der Rechtsbeteiligten erkennen ließen.

4. Die Klage derjenigen, die gegen das die Einziehung des Weges betreffende und veröffentlichte Vorhaben Einspruch erheben, richtet sich wesentlich nur gegen den Beschluß, soweit er die Einsprüche zurückweist. Der ergehende Spruch des Verwaltungsrichters bindet die Polizeibehörde. Er kommt nur dann nicht mehr in Betracht, wenn sich die thatsächlichen und rechtlichen Verhältnisse, auf Grund deren er ergangen ist, inzwischen so geändert haben, daß seine Anwendbarkeit von selbst fortfällt. Dann leitet die Polizeibehörde das Verfahren aus § 57 von neuem ein.

Nr. 2. **Entsch. Bd. XXXII S.** 215 v. 17. V. 97. IV B. 67/96.

Zust.-Ges. §§ 56, 57.

Um für die Dauer und endgültig zu entscheiden, ob ein Weg die Eigenschaft eines öffentlichen hat, ist das besondere Verfahren des § 56 des Zust.-Ges. gegeben. Daher hat, ehe zur Einziehung eines Weges geschritten werden kann, die Polizeibehörde zu prüfen, ob nicht, wenn die Eigenschaft der Öffentlichkeit des Weges bestritten wird, in dem Verfahren nach § 56 eine Feststellung erfolgt, daß der Weg ein öffentlicher ist. Solange diese streitige Frage nicht in dem geordneten Verfahren endgültig entschieden ist, muß von der Einziehung des Weges (§ 57) abgesehen werden.

Nr. 3. **Entsch. Bd. XXXII S.** 217 v. 12. VII. 97. IV C. 19/97.

Zust.-Ges. §§ 56, 57.

In einem nach § 57 des Zust.-Ges. eingeleiteten Verfahren (Einziehung oder Verlegung öffentlicher Wege) kann nicht über den Ersatz einer einzuziehenden Wegestrecke befunden werden. Dazu ist nur das Verfahren nach § 56 geeignet.

Nr. 4. **Entsch. Bd. XXX S.** 231 v. 11. VII. 96. IV B. 115/95.

Zust.-Ges. §§ 56, 57.

Unter das durch § 57 des Zust.-Ges. geschützte Interesse gegenüber einer von der Wegepolizei beabsichtigten Einziehung eines öffentlichen Weges fällt auch das Interesse der einzelnen Glieder des Publikums, einen Weg zur Verbindung ihrer Wohnplätze nicht blos mit anderen Wohnplätzen, sondern auch mit anderen Grundstücken bezw. zu Gewerbeanlangen benutzen zu können (Entsch. Bd. XIX S. 253).

Nr. 5. **Entsch. Bd. XXXII S.** 213 v. 10. V. 97. IV A. 13/97.

Zust.-Ges. § 57.

Die Benutzung eines öffentlichen Weges durch den Anlieger beruht der Regel nach auf keinem anderen und weitergehenden Rechtsgrunde, als die Benutzung der öffentlichen Wege durch jederman. Der Umstand, daß jemand Besitzer des anliegenden Grundstücks ist, verleiht ihm kein besonderes

Recht auf die Benutzung eines Weges. Es steht ihm auch gegen eine von der Polizeibehörde herbeigeführte Art der Sperrung des Weges, z. B. für den Fahrverkehr, kein anderes im V.-St.-V. verfolgbares Klagerecht zu, als jedem Anderen, der an der Offenhaltung des Weges ein Interesse nimmt. § 57 des Zust.-Ges. greift nur Platz, wenn die Polizei einen öffentlichen Weg in dem darin vorgesehenen Verfahren einzieht.

k) Heranziehung der Fabriken, Bergwerke und ähnlicher Unternehmungen zu Vorausleistungen für den Wegebau.

Nr. 1. Entsch. Bd. XXXI S. 225 v. 31. III. 97. IV B. 171/96.

Ges. v. 14. V. 88. (G.-S. S. 116).

1. Die gesetzlichen Vorausleistungen zu den Kosten der Wegeunterhaltung stellen keine dingliche Belastung der beitragspflichtigen Betriebe dar, sie sind vielmehr als persönliche Verpflichtungen der Unternehmer aufzufassen (Entsch. Bd. XXIV S. 241). Geht ein solcher Betrieb im Laufe des Jahres in die Hand eines Andern über, so ist regelmäßig jeder von ihnen nach Verhältnis ihrer in das betreffende Jahr fallenden Besitzzeit haftbar. Aber eine solche Verteilung setzt voraus, daß es sich um regelmäßige durchschnittliche Jahresbeiträge handelt, bei wesentlich gleichbleibendem Betriebsumfange und wesentlich gleichartiger Benutzung der Wege, dabei ist nicht in Betracht zu ziehen, in welche Besitzzeit die jährlichen Unterhaltungsarbeiten gerade fallen.

2. Wegen der umfassenderen, für längere Zeit dauernden Wegebesserung siehe Entsch. Bd. XXII S. 257, Bd. XXVI S. 293. Ebenso ist hier entschieden worden.

Nr. 2. Entsch. Bd. XXXI S. 228 v. 20. V. 97. IV C. 6/97.

Ges. v. 4. VIII. 91 (G.-S. S. 334).

Es bestimmt sich der auf Grund des § 1 Ges. v. 4. VIII. 91 zu leistende Beitrag nicht allein durch die Kosten, die im Heranziehungsjahre für die bewirkte Wegeunterhaltung thatsächlich entstanden sind, sondern nach einem Durchschnittssatze, der sich nach den Kosten der regelmäßigen Wegeunterhaltung während einer längeren Periode bemißt (Entsch. Bd. XXII. S. 262, 264).

Nr. 3. Entsch. Bd. XXXI S. 230 v. 24. V. 97. IV B. 142/96.

Ges. v. 26. II. 77.

1. Die dem Unternehmer eines Fabrikbetriebes auferlegte Beitragspflicht darf nicht davon abhängig gemacht werden, ob die Wegestrecke bis unmittelbar an die Betriebsstätte heranführt, sowie ob zwischen dem Unternehmer und dessen Lieferanten (z. B. der Zuckerrüben) besondere privatrechtliche Vereinbarungen getroffen worden sind, vermöge welcher nicht der Unternehmer, sondern dessen Lieferant die Kosten des Transports trägt (Entsch. Bd. XXVII S. 224 ff.).

2. Voraussetzung der Beitragspflicht ist immer eine dauernde Abnutzung der Wegestrecke.

Nr. 4. Entsch. Bd. XXX S. 233 v. 20. V. 96. IV B. 133/95.

Ges. v. 4. VIII. 91 (G.-S. S. 334) § 1.

1. Es kommt für die Frage, ob die Abnutzung einer Straße durch den Betrieb einer Grube stattfindet, lediglich in Betracht, ob der Betrieb der Grube

die erhebliche und dauernde Abnutzung der Straße verursacht, ob diese Abnutzung die Folge jenes Betriebes ist (Entsch. Bd. XVI S. 300). Findet der Transport von Steinen, die in der Grube gewonnen werden, auf der Straße thatsächlich statt, so ist der Transport als eine Wirkung des Grubenbetriebes anzusehen, die Abnutzung findet durch den Betrieb statt. Dies macht die Grube beitragspflichtig, sofern ferner die Abnutzung dauernd und erheblich ist.

2. Der Verwaltungsrichter kann bei Bemessung des Beitrags auch Billigkeitsrücksichten walten lassen.

3. Werden die in einer Grube gewonnenen Steine in einer Hütte verbraucht, so ist der Fall gegeben, daß Grube und Hütte beitragspflichtig sind, und jeder Betrieb wird die Hälfte zu tragen haben (vgl. Entsch. Bd. XXII S. 266, Erk. v. 4. V. 95 bei Bochmann, Mitteilungen Bd. II S. 157 und Entsch. Bd. XXVII S. 236).

Nr. 5. Entsch. Bd. XXX S. 240 v. 27. VI. 96. IV B. 112/95.

Ges. v. 4. VIII. 91 (G.-S. S. 334).

Wenn mehrere Unternehmer, die sämmtlich zu Vorausleistungen nicht herangezogen werden konnten, weil bei keinem von ihnen die Voraussetzung der Erheblichkeit erfüllt würde, zu einem einheitlichen Unternehmen vereinigt werden, dessen Verkehr dann die Voraussetzung der Erheblichkeit erfüllt, so tritt die Berechtigung der Wegebaupflichtigen erst vermöge dieser Vereinigung in Wirksamkeit, da erst hierdurch sämmtliche Voraussetzungen des Gesetzes zusammentreffen.

Nr. 6. Entsch. Bd. XXXII S. 236 v. 16. XII. 97. IV. B. 22/97.

Ges. v. 4. VIII. 1891 (G.-S. S. 334).

1. Die durch die Thatsache der dauernden erheblichen Abnutzung herbeigeführte Präzipualleistungspflicht ist aus der gemeinschaftlichen Vekturanz heraus (bei der Frage nach der Verteilung der Last) einheitlich zu beurteilen, aber die Frage, nach welchem Maßstabe die Mehrbelastung den einzelnen Betrieb trifft, ist davon verschieden.

2. Von einer Verteilung der Präzipualpflicht kann nur da die Rede sein, wo auf beiden Seiten eine solche Pflicht vorhanden ist. Fällt demnach eine Spezialvekturanz des einen Betriebes nicht unter das Gesetz, weil die Abnutzung keine erhebliche ist, so fällt auch die Pflicht zur Leistung eines Präzipualbeitrages fort, und dann muß die gesammte Spezialvekturanz, die den beiden Betrieben gemeinschaftlich ist, demjenigen Betriebe allein angerechnet werden, der unter das Gesetz fällt, da sie jedenfalls in ihrer Gesammtheit eine Folge dieses Betriebes ist. So muß einer Zuckerfabrik die gesammte Vekturanz der Rübenzufuhr zugerechnet werden, weil der Rübenbauer als Unternehmer nicht unter das Gesetz fällt.

3. Wenn der den Rohstoff liefernde Produzent auf derselben Wegestrecke noch eine anderweite Spezialvekturanz, etwa eine zweite Fabrik, hat, so daß auf diese Weise seine gesammte Vekturanz auf der Wegestrecke eine erhebliche Abnutzung verursacht, so ist eine Verteilung des Beitrags gleichfalls möglich und sie muß alsdann auch erfolgen. Dann liegt eine Präzipualleistung auf beiden Seiten vor, es bedarf nur noch einer Verteilung nach ziffermäßigen Unterlagen

l) Provinzialrechte.

Nr. 1. Entsch. Bd. XXXII S. 240 v. 10. III. 97 IV B. 140/96.

§§ 11, 13, 15 Tit. 15 Teil II A.-L.-R.

Nach dem in Ostpreußen geltenden Rechte liegt gemäß §§ 11, 13, 15 II 15 A.-L.-R., weil durch Provinzialgesetze oder besondere Wegeordnungen nichts anderes bestimmt ist, die Unterhaltung der Landstraßen, abgesehen von den Hand- und Spanndiensten, dem Fiskus ob. Diese Vorschrift ist zwingender Natur; sie kann weder durch Observanz noch auch durch freiwillige Übernahme eines Dritten außer Wirksamkeit gesetzt werden.

Nr. 2. Entsch. Bd. XXXII S. 241 v. 20. IX. 97 IV C. 29/97.

§ 5 Zusatz 226 des Ostpreuß. Provinzialrechts.

Gegenüber der Behauptung, daß sich eine die Gemeinde verpflichtende Observanz bilden könne, kommt die ausdrückliche Bestimmung des § 5 Zusatz 226 des Ostpreuß. Provinzialrechts in Betracht, wonach die Besitzer der Grundstücke, durch welche eine Landstraße geht, verbunden sind, längs der Straße tüchtige und breite Gräben fortwährend zu unterhalten. Eine Observanzbildung über diese Verpflichtung ist unzulässig, auch durch einen Rezeß ist eine Abänderung derselben nicht möglich.

Nr. 3. Entsch. Bd. XXXII S. 229 v. 28. VI. 97 IV C. 8/97.

Zust.-Ges. § 56 Abs. 4.

1. Wenn nach früherem Rechte gegen ein Resolut der Verwaltungsbehörde eine Klage im ordentlichen Rechtswege auf Erstattung von Wegeunterhaltungskosten durchgeführt und der Beklagte verurteilt war, so steht dieses Erkenntnis einer Klage gegen denselben Beklagten, mit der Behauptung, er sei in einem neuen Falle ersatzpflichtig (§ 56 Abs. 4 Zust.-Ges.), nicht entgegen, wenn der Civilrichter über den abstrakten Anspruch im Erkenntnisse keinen Ausspruch gethan, sondern darüber nur inzidenter entschieden hat.

2. Unrichtig ist, daß Städte nach Ostpreußischem Provinzialrechte zu der dem Fiskus obliegenden Unterhaltung von Landstraßen Hand- und Spanndienste nicht zu leisten haben (Entsch. Bd. XXVI S. 199).

Nr. 4. Entsch. Bd. XXXII S. 233 v. 8. VII. 97 IV C. 22/97.

Zust.-Ges. § 56 Abs. 4; §§ 53, 54 Tit. 15 Teil II A.-L.-R.

1. Bei den früher gegen die Resolute der Verwaltungsbehörden über die Verpflichtung zur Wegeunterhaltung gegebenen Klagen im ordentlichen Rechtswege bestand nicht, wie jetzt bei der Klage im V.-St.-V. gegen eine Anordnung der Wegepolizeibehörde (§ 56 Abs. 4 des Zust.-Ges.), die Notwendigkeit der Beschränkung auf den besonderen Baufall, es konnte auf Feststellung der abstrakten Verbindlichkeit geklagt werden.

2. Die §§ 53 u. 54 Tit. 15 Teil II A.-L.-R. stehen in enger Beziehung zu einander. Brücken über öffentliche Ströme werden als selbständige Verkehrsanstalten behandelt, sie sind nicht Bestandteile der Wege, in derem Zuge sie liegen, und ihre Unterhaltung regelt sich unabhängig von den für diese Wege geltenden Normen. Das Gegenteil ist bei den Brücken über Privatflüsse der Fall.

Nr. 5. Entsch. Bd. XXXII S. 244 v. 14. IV. 97 IV C. 9/97.

In der Altmark gilt im allgemeinen das Recht der Kurmark. Nach letzterem sind bezüglich der öffentlichen Wege nicht die einzelnen Grundbesitzer (Anlieger, Separationsinteressenten), sondern die Kommunalbezirke wegebaupflichtig (Entsch. Bd. X S. 223, Bd. XIII S. 293, Bd. XXVII S. 213).

Nr. 6. Entsch. Bd. XXXII S. 242 v. 27. IX. 97 IV C. 60/97.

Wegeord. v. 11. VII. 91 § 43.

1. Nach altmärkischem Rechte sind die öffentlichen Wege nicht von den einzelnen Grundbesitzern, sondern von den kommunalen Körperschaften, in deren Bezirken die Wege liegen, zu unterhalten.

2. Unter den „besonderen Titeln" des § 43 der Wegeordnung v. 11. VII. 91 sind nur öffentlichrechtlich wirksame Titel zu verstehen. Die früheren öffentlichrechtlichen Verpflichtungen zweier Gemeinden konnte nur dann durch Vereinbarung geändert werden, wenn die Vereinbarung von der Wegepolizeibehörde genehmigt war.

Nr. 7. Entsch. Bd. XXX S. 252 v. 7. X. 96 IV C. 94/95.

Kr.-Ord. § 75, Zust.-Ges. §§ 55, 56; Wegeordn. für Sachsen v. 11. VII. 91 §§ 24, 26, 43 (G.-S. S. 316).

1. Die Vertreter einer Zuckerfabrik hatten am 8. VI. 58 zum Protokoll des Kreissekretärs die Erklärung abgegeben:

„Wir haben die Genehmigung zur Regulierung und Pflasterung des Kommunikationsweges X. erhalten. Wir verpflichten uns dagegen, diesen Weg, solange die Zuckerfabrik besteht, in gutem Zustande zu erhalten".

Das Erk. spricht aus, daß schon vor Erlaß der Kr.-Ordn. der Kreissekretär als Vertreter des Landrats eintreten konnte und daß der § 75 der Kr.-Ordn. dem bis dahin geltenden Rechte entspricht.

2. Ferner wurde nach Lage der Sache angenommen, daß die Zuckerfabrik, obwohl die nach gemeinem Wegebaurechte verpflichtete Gemeinde zur Verhandlung nicht zugezogen worden sei, doch die Wegebaulast durch die der Wegepolizeibehörde gegenüber abgegebene Erklärung öffentlichrechtlich übernommen habe. Es heißt dann: Das O.-V.-G. ist schon bisher davon ausgegangen, daß, sofern nicht besondere Gesetzesbestimmungen dem entgegenstehen, durch eine der Wegepolizeibehörde gegenüber abgegebene und von ihr angenommene einseitige Erklärung, durch welche jemand an Stelle der nach gemeinem Rechte Wegebaupflichtigen die Pflicht der Unterhaltung eines Weges übernimmt, in der Regel ein öffentlichrechtlicher Titel für die Wegebaulast geschaffen wird.

3. Bei Schaffung neuer öffentlicher Wege bedarf es der Zustimmung der Gemeinde nicht, wenn ihr daraus keine Lasten erwachsen, sie also nicht als Rechtsbeteiligte dabei erscheint (Erk. v. 25. VI. 89 Preuß. Verw.-Bl. Jahrg. X S. 589).

4. Wenn ein Dritter unter Zustimmung der Polizeibehörde, aber ohne Zustimmung der Gemeinde einen neuen Weg herstellt und dem öffentlichen Verkehre übergiebt, so folgt daraus nicht ohne weiteres die Verpflichtung der Gemeinde, für die Unterhaltungspflicht dieses Weges einzutreten (Erk. v. 31. XII. 87 u. v. 9. XII. 90 im Preuß. Verw.-Bl. Jahrg. IX S. 250 u. XII S. 339).

5. Es kann aber auch nicht in Zweifel gezogen worden, daß die Verpflichtung aus jenem Abkommen v. 8. VI. 58 auf die jetzigen Besitzer der Fabrik über-

gegangen ist. Es ist eine Verpflichtung, die mit Rücksicht auf den Grundbesitz übernommen und zu leisten ist (vgl. Entsch. Bd. XXVII S. 202 und Erk. v. 25. VI. 89 Preuß. Verw.-Bl. Jahrg. X S. 590).

6. Die von der Wegepolizeibehörde angenommene Verpflichtungserklärung stellt einen besonderen Titel im Sinne der §§ 24, 43 der Wegeordnung v. 11. VII. 1891 dar.

Nr. 8. Entsch. Bd. XXX S. 263 v. 14. XII. 95 IV C. 84/95.

Zust.-Ges. §§ 55, 56.

Zwei Gemeinden (in der Provinz Sachsen) hatten bis zum Jahre 1868 eine Brücke in der Weise unterhalten, daß jede Gemeinde den von ihr erbauten Teil der Brücke im Stande hielt. Im Jahre 1868 wurde das Abkommen geschlossen:

> „für die Zukunft in Bezug auf die Unterhaltung der Brücke, daß dieselbe künftighin gemeinsam zu erfolgen hat und nicht wie bisher jede Gemeinde die von ihr selbst gebaute Hälfte allein unterhält.

Das O.-V.-G. nahm an, daß dies Abkommen kein besonderer Titel im Sinne des § 43 der Wegeordnung v. 11. VII. 91 sei, es enthalte nur eine Abänderung des bisherigen Unterhaltungsmodus, setze also die gemeinsame Unterhaltungspflicht als bestehend voraus und reguliere nur die Art und Weise, wie die Parteien sie ausüben sollen.

Nr. 9. Entsch. Bd. XXX S. 265 v. 21. XII. 95 IV C. 50/95.

Zust.-Ges. §§ 55, 56.

1. Das kurfürstliche Geleitsgeld war eine öffentliche Abgabe, ein Wegegeld.

2. Ist in einem von der Obrigkeit (1685) abgeschlossenen Rezesse eine Einigung mehrerer Dörfer u. s. w. über die Unterhaltung eines Weges erfolgt, so enthält dieser Rezeß öffentliches Recht. Die notwendige Voraussetzung ist, daß die Regelung sich unter der Zustimmung der zuständigen Polizeiobrigkeit vollzieht, weil durch diese erst als durch die Kraft des Staatswillens die Bildung eines öffentlichen Rechtssatzes ermöglicht wird (Entsch. Bd. XX S. 242; G. Meyer, Staatsrecht S. 25 Anm. 2.).

Nr. 10. Entsch. Bd. XXXII S. 247 v. 16. XII. 97 IV B. 33/96.

A.-L.-R. Tit. 15 Teil II § 15; Pol.-Verord. v. 3. I. 1688; Wegeord. v. 11. VII. 91 § 44.

1. Es steht fest (vgl. die Erk. des O.-Trib. in dessen Entsch. Bd. VI S. 163, Bd. XVIII S. 440, Bd. XIX S. 330 ff.), daß dem § 4 Sect. I Kap. IX der Kurfürstlich Brandenburgischen Polizeiordnung des Herzogtums Magdeburg v. 3. I. 1688 — abgedruckt in v. Rönne, Wegerecht des Preußischen Staates S. 547 — nach § 2 des Patents wegen Wiedereinführung des A.-L.-R. v. 9. IX. 1814 (G.-S. S. 89) provinzialgesetzliche Kraft beizumessen ist, und daß sonach auf Grund des § 15 Tit. 15 Teil II A.-L.-R. für die Pflicht zur Unterhaltung der Landstraßen nicht die Bestimmungen dieses Titels, sondern die provinzialgesetzlichen Vorschriften maßgebend waren. Es ist ferner nicht zweifelhaft, daß nach letzteren nicht der Staat, sondern „die Ingesessenen, so sich der Straßen bedienen und darinnen der Ort gelegen, oder diejenigen, so solches von alters her thun müssen, der Observanz gemäß“ die Pflicht zur Unterhaltung sowohl der Land- und Heerstraßen als auch der Kommunikationswege hatten, und daß zwischen beiden Arten von Wegen nur insofern ein Unterschied bestand, als nach

dem Edikte v. 14. VII. 42 bei Land-, Heer- und Poststraßen die in einer Entfernung auf eine bis eine und eine halbe Meile von dem Orte der Wegebesserung liegenden Dörfer nach einem bestimmten Maßstabe Hand- und Spanndienste leisten mußten, während diese Hülfsleistung bei Kommunikationswegen fortfiel (Entsch. des O.-V.-G. Bd. XV S. 294, Bd. XXIV S. 204). Irrig ist aber die Anschauung, daß eine anderweite Verpflichtung zur Unterhaltung der Land- und Heerstraßen in dem Gebiete des Herzogtums Magdeburg durch Observanz nach Einführung des A.-L.-R.'s nicht habe entstehen können, weil nach der Vorschrift des § 15 Tit. 15 Teil II zwar den Provinzialgesetzen und den besonderen Wegeordnungen der Vorzug vor dem Landrecht eingeräumt, dem Gewohnheitsrecht und dem Herkommen diese Stellung aber nicht gewährt worden sei. Es ist zwar richtig, daß nach dem angeführten § 15 die Anwendung des § 11 a. a. O. nur durch Provinzialgesetze und besondere Wegeordnungen ausgeschlossen wird, und daß dazu das Herkommen oder die Observanz nicht gehört (Entsch. des O.-Trib.'s v. 14. VI. 64, Striethorst, Archiv Bd. LV S. 135, Entsch. des O.-V.-G.'s Bd. XVII S. 289, Bd. XXII S. 218). Wenn aber die Provinzialgesetze und besonderen Wegeordnungen selbst für ihre Vorschriften nur soweit Geltung in Anspruch nehmen, als nicht das Herkommen etwas anderes bestimme, so kann die Giltigkeit und Anwendung einer solchen Vorschrift durch den § 15 a. a. O. nicht ausgeschlossen sein. Indem der § 15 die Geltung der Vorschriften von Provinzialgesetzen uneingeschränkt zuläßt, hat er zugleich die rechtliche Möglichkeit der Observanzbildung jedenfalls für den Fall anerkannt, daß in den Provinzialgesetzen diese Möglichkeit ausdrücklich ausgesprochen ist. Die angeführte Bestimmung der Polizeiordnung des Herzogtums Magdeburg erklärt „die Ingesessenen, so sich der Straßen bedienen, und darinnen der Ort gelegen oder diejenigen, so solches von alters her thun müssen, der Observanz gemäß weiter zu verfertigen und zu unterhalten schuldig", und hat dadurch der Observanzbildung auf diesem Gebiete im weitesten Sinne Raum gegeben. Das hat auch schon das O.-Trib. in dem bereits angeführten Erk. (Entsch. Bd. XIX S. 335) angenommen und aus dem Inhalte der Bestimmung dargelegt, daß „der in dem vorliegenden Provinzialgesetze beachtete Grund der Verpflichtung zum Straßenbau in der Lage der Straße zu suchen und die Eingesessenen des Orts oder der Feldmark, wo die Straße läuft, nur dann nicht verpflichtet sind, wenn durch Observanz anderen diese Last obliegt".

2. Da somit nach dem Wegerechte, das bis zum Erlaß der Wegeordnung für die Provinz Sachsen v. 11. VII. 91 für das Herzogtum Magdeburg galt, der Träger der öffentlichen Wegebaulast nur subsidiär und vorbehaltlich der Ausbildung anderweiter Rechtsnormen bestimmt war, so konnte die Wegebaulast sich wie durch Observanz, so auch auf Grund einseitiger und freiwillig erklärter Verpflichtungen unter Mitwirkung derjenigen Staatsbehörde, welcher die der Fürsorge für die Befriedigung des öffentlichen Verkehrsbedürfnisses oblag, abweichend gestalten (vgl. Entsch. Bd. XXVIII S. 234, Bd. XXX S. 256 ff.). Wenn nun in einem Falle im Jahre 1847 die Regierung, Erste Abteilung, der die Vertretung sowohl des Wegebaufiskus als auch der Landespolizei oblag, den sonstigen Beteiligten gegenüber die Erklärung abgab, daß sie die Straße als Landstraße herstellen und unterhalten werde, so ist in dieser Erklärung ein besonderer öffentlich-rechtlicher Titel der Wegebaulast zu erblicken. Hat aber der Fiskus in diesem Sinne den Ausbau und die Unterhaltung der Straße übernommen, so folgt daraus ohne weiteres, daß er dauernd verpflichtet blieb, die ganze Straße zu unterhalten. Die freiwillige, einseitige Übernahme des

Baues und der Unterhaltung der Straße bildet den Verpflichtungsgrund für den Fiskus.

3. Für die Beurteilung der Frage, ob dem Provinzialverbande die Unterhaltung einer Straße obliegt, kann es nicht darauf ankommen, ob ihm auf Grund des § 44 der Wegeordnung für die Provinz Sachsen diese Strecke vom Fiskus zur weiteren Unterhaltung übergeben worden ist. Lag dem Fiskus ihre Unterhaltung ob, so ging diese Verpflichtung ohne weiteres auf den Provinzialverband über, und es ist dafür ohne Belang, daß der Fiskus der Ansicht war, daß ihn diese Verpflichtung aus irgend einem Grunde nicht treffe, und deshalb dem Provinzialverbande diese Strecke nicht mit übergeben hat.

Nr. 11. Entsch. Bd. XXXI S. 212 v. 24. II. 97 IV C. 102/96.

Ges. v. 21. VI. 75 §§ 2, 3.

1. Nach §§ 2, 3 des Ges. v. 21. VI. 75 steht es in der Wahl der zu Hand- und Spanndiensten (in der Provinz Posen) Verpflichteten, ob sie in **natura** leisten oder ein Geldäquivalent geben wollen. Erst wenn infolge einer vollstreckbaren Forderung weder die Naturaldienste noch die Zahlung geleistet werden, geht die Wahl auf die Wegepolizeibehörde über.

2. Vorher geht das Wahlrecht auf die Wegepolizei nicht über, selbst wenn sie Grund zu der Annahme hat, der Pflichtige wolle oder werde die geforderten Dienste nicht in natura leisten.

Nr. 12. Entsch. Bd. XXX S. 270 v. 1. VII. 96 IV C. 8/96.

Zust.-Ges. §§ 56, 60; Hannov. Ges. v. 4. V. 52 § 26 (G.-S. S. 83), Hannov. Ges. v. 28. IV. 59 § 42 (G.-S. S. 393); Hannv. Ges. v. 28. VII. 51 §§ 22—25, 45, 56—58 (G.-S. S. 141).

1. Das Hannoversche Wegegesetz v. 28. VII. 51 schreibt für die im § 24 vorgesehene gütliche Vereinbarung zur Verbindung mehrerer Ortsgemeinden zu gemeinschaftlicher Unterhaltung der Gemeindewege eine besondere Form nicht vor. Maßgebend für die Form einer solchen Vereinbarung sind vielmehr die Vorschriften der Gemeinde-Verfassungsgesetze. Nach diesen gehört ein Beschluß der Gemeindeversammlung und die Bestätigung der Verwaltungsbehörden zur Rechtswirksamkeit der Vereinbarung; stillschweigend, durch die Thatsache einer gemeinschaftlichen Unterhaltung, kann eine solche Vereinbarung nicht geschlossen werden. Im Falle des § 74 handelt es sich nicht um eine unmittelbar durch das Gesetz den Gemeinden auferlegte Last, sondern um eine für zulässig erklärte Ausnahme von der allgemeinen Regel, bei welcher es von der freien Entschließung der Gemeinden abhängt, ob und welche Last sie bleibend übernehmen wollen (Simon, Hannoversche Wegegesetze S. 10 Anm. 3).

2. Das O.-V.-G. hat wiederholt anerkannt, wie aus den Bestimmungen des Hannoverschen Wegegesetzes selbst hervorgeht, daß es absolut bindende Regeln aufstellen und von diesen nur die Ausnahme zulassen wollte, die im Gesetze selbst genannt sind. Dies ist bezüglich der bisherigen Verpflichtungen zum Wegebau im § 45 des Wegegesetzes ausdrücklich ausgesprochen. Dieser Grundsatz soll aber auch für die Zukunft maßgebend sein. Der gemeinrechtliche Grundsatz, wonach bestehende Gesetze durch Gewohnheitsrecht abgeändert werden können, gilt hier nicht. Ebensowenig kann durch privatrechtliche Verträge die öffentliche Verbindlichkeit zum Wegebau geändert oder aufgehoben werden (§ 23). Dasselbe trifft aber auch bezüglich der behördlich genehmigten Verträge und damit der Rezesse der Regel nach zu. Nach § 24 trifft die Wegepflicht die Ortsgemeinde, durch deren Bezirk der Weg läuft und soweit letzteres der Fall ist. Von dieser Regel sind lediglich die im

§ 24 unter 1 u. 2 und die im § 25 genannten Ausnahmen zulässig. Unter diese Ausnahme muß man nach § 24 Abs. 2 Nr. 1 in Verbindung mit Abs. 3 zwar eine „gütliche Vereinbarung über die Verbindung mehrerer benachbarten Ortsgemeinden" ebenso rechnen, wie die nach Abs. 3 daselbst und § 60 Ziffer 3 des Zust.-Ges. in Ermangelung einer solchen gütlichen Vereinbarung durch Beschluß der Behörde herbeigeführte derartige Verbindung. Aber sonst ist eine Konstituierung einer öffentlichrechtlichen Wegelast durch behördlich genehmigten Vertrag und infolgedessen durch Rezeß ausgeschlossen.

3. Zur Anwendung des § 24 Ziffer 1 u. Abs. 3 gehört, daß die dabei beteiligten politischen Gemeinden als solche bezw. durch ihre Vertreter an einer Rezeßschließung teilnehmen oder gemäß § 3 wenigstens sämmtlich gehört werden, daß der Inhalt der Vereinbarung oder des Beschlusses über die Absicht, von der Regel des § 24 eine Ausnahme zu begründen, hinlängliche Gewißheit bietet und daß die zuständige Behörde die Vereinbarung bestätigt. Nach der Verordnung v. 16. VIII. 67 kann unter Umständen die Generalkommission diese Behörde sein.

4. Für ungeteilte Marken hat der § 25 des Wegegesetzes besondere Rechtsregeln gegeben, es soll die Wegepflicht den bei der Mark beteiligten Gemeinden in bisherigem Umfange obliegen.

Nr. 13. Entsch. Bd. XXXII S. 253 v. 14. X. 97 IV C. 67/96.

Wegeord. für Schleswig-Holstein v. 1. III. 42; §§ 223, 225 Abs. 2, 228; Wegeges. v. 26. II. 79 § 14.

1. Der § 225 Abs. 2 der Schl.-Holst. Wege-Ord. v. 1. III. 42 bestimmt:

> Wenn eine Auftheilung der Wege unter den Mitgliedern der Kommune bereits stattgefunden oder wenn die Abhaltung dieser Wegelasten bereits kontraktlich genügend festgestellt ist oder auf allgemeinen Rechtsgründen beruht, so hat es hierbei sein Verbleiben.

Diese Vorschrift bezieht sich sowohl auf die den einzelnen wegebaupflichtigen Grundbesitzern, als auch auf die den Kommunen nach gesetzlicher Regel obliegenden Lasten.

2. In den „allgemeinen Rechtsgründen" ist die Observanz mit begriffen.

3. Schon Entsch. Bd. XXIII S. 194 ff. ist dargelegt worden, daß die materiellen Vorschriften über die Wegepflicht der Nebenwege nicht im § 223, sondern im § 225 der Wege-Ordn. v. 1. III. 42 enthalten sind. Die darin gegebenen Bestimmungen finden nach § 14 des Wegegesetzes v. 26. II. 79 mit den daselbst angegebenen Maßgaben auch auf die sog. Nebenwege II. Klasse (§ 228) Anwendung.

Nr. 14. Entsch. Bd. XXXI S. 216 v. 23. XII. 96 IV C 54/96.

Wegeord. für die Herzogtümer Schleswig u. Holstein v. 1. III. 42 § 225; Abänderungsges. v. 26. II. 79 § 14.

Dem Verwaltungsrichter steht es nicht zu, nachzuprüfen, ob eine von der Gemeinde beschlossene, vom Kreisausschusse bestätigte Wegeverteilung billig und zweckmäßig ist. Eine solche Nachprüfung ist nur bei den Kommunal-Aufsichtsbehörden zu erreichen (Schleswig-Holstein).

Nr. 15. Entsch. Bd. XXX S. 200 v. 4. XI. 96 IV C. 30/96.

Ges. v. 3. XI. 38 § 4, Ges. v. 11. VI. 74 §§ 3, 14.

1. Nach dem im linksrheinischen Gebiete geltenden Rechte sind — abgesehen von den Staats- und Departementsstraßen — regelmäßig die Ge-

meinden, in deren Bezirken der öffentliche Weg liegt, unterhaltungspflichtig. Ausnahmen können auf Grund spezialgesetzlicher Bestimmung vorkommen, z. B. auf Grund des § 4 Ges. v. 3. XI. 38 oder des § 14 Ges. v. 11. VI. 74.

2. Unbestimmt ist die Auflage der Polizei nicht, wenn sie verlangt, daß ein Weg in ordentlichen und fahrbaren Zustand versetzt werde.

K. Gewerbepolizei.

Litteratur: Die Regelung des V.-St.-V. im Rahmen der Novelle vom 26. VII. 97 von Hoffmann, Pr.-Verw.-Bl. Jahrg. XX. S. 1; H. Böttger, Geschichte und Kritik des neuen Handwerkergesetzes; Böttger, Apothekengesetze, II. Auflage; Hoffmann, Organisation des Handwerks.

a) Allgemeines, Gewerbefreiheit, Zulassung zum Gewerbebetriebe, Ausübung desselben.

Nr. 1. Entsch. v. 5. III. 98. III 337.

Gew.-Ord. § 176.

Während die Pr. Gew.-Ordn. v. 17. I. 45 in § 146 bestimmte:

> „Als Lehrlinge sind nur diejenigen Personen zu betrachten, welche in der durch einen Lehrvertrag ausgesprochenen Absicht bei einem Lehrherrn eintreten, um gegen Lehrgeld oder unentgeltliche Hülfsleistung ein Gewerbe bis zu derjenigen Fertigkeit zu erlernen, welche sie zu Gesellen befähigt",

und auch die Gew.-Ordn. für den Norddeutschen Bund v. 21. VI. 69 im § 115 eine Definition des Begriffs Lehrling dahin gab:

> „Als Lehrling ist jeder zu betrachten, welcher bei einem Lehrherrn zur Erlernung eines Gewerbes in Arbeit tritt, ohne Unterschied, ob die Erlernung gegen Lehrgeld oder unentgeltliche Hülfsleistung stattfindet, oder ob für die Arbeit Lohn gezahlt wird",

ist in der jetzigen Reichsgewerbeordnung absichtlich von jeder Begriffsbestimmung abgesehen worden (von Landmann-Rohmer, Gewerbeordnung, 3. Aufl., Bd. II. S. 227). Hierbei hat es auch das Ges., betreffend die Abänderung der Gewerbeordnung, v. 26. VII. 97 (R.-G.-Bl. S. 663) belassen (Hoffmann, die Organisation des Handwerks und die Regelung des Lehrlingswesens auf Grund des Reichsges. v. 26. VII. 97, S. 129, Anm. 2). Immer aber ist noch als ein wesentliches Merkmal für die Eigenschaft als Lehrling anzusehen, daß die Beschäftigung ausschließlich oder wenigstens hauptsächlich zum Zwecke der Ausbildung in dem betreffenden Gewerbe oder Gewerbszweige erfolgt (von Landmann-Rohmer a. a. O. S. 227, 228 und in dem bisherigen § 126 der Gew.-Ordn die Worte „durch den Zweck der Ausbildung" sowie in den §§ 126 und 126a in der Fassung des Ges. v. 26. VII. 97 die Worte „zur Anleitung"). Es kann nun zwar an sich auch jemand, dessen Ausbildung als Lehrling in dem betreffenden Gewerbe von der dafür am meisten maßgebenden Stelle aus, d. i. von der Innung selbst, für abgeschlossen erklärt worden ist, noch zur weiteren Ausbildung in dem Gewerbe beschäftigt werden, also Lehrling bleiben. Indessen dies ist doch nur unter besonderen Verhältnissen der Fall.

b) Gast- und Schankwirtschaft, Kleinhandel mit Branntwein und Spiritus, Stellvertretung in diesen Gewerben, Verlust und Entziehung der Konzession, Polizeiliches Einschreiten, Polizeistunde, die in den §§ 33a, 33b und 33c aufgeführten Gewerbe (Lustbarkeiten u. s. w.).

Nr. 1. Entsch. Bd. XXX S. 334 v. 18. V. 96. III. C. 15/96.

L.-V.-G. §§ 74 Abs. 3, 82, 93, Abs. 1, 121, 123, 126; Zust.-Ges. § 114.

1. Der Kaufmann W. suchte die Erlaubnis zum Betriebe der Schankwirtschaft nach. Der Kreisausschuß erteilte die Genehmigung. Auf Berufung des Vorsitzenden des Kreisausschusses hob der Bezirksausschuß den Beschluß auf, worauf W. mündliche Verhandlung beim Kreisausschusse beantragte. Der Kreisausschuß erteilte wiederum die Erlaubnis, nachdem ein Kommissar zur Wahrnehmung des öffentlichen Interesses ernannt worden war. Der Vorsitzende legte nochmals Berufung ein und der Bezirksausschuß versagte die Genehmigung. Auf die von W. noch vorgebrachte Revision hob das O.-V.-G. die beiden Urteile des Bezirksausschusses und des Kreisausschusses als ungesetzlich auf. Es führte aus:

2. Es ist außer Zweifel, daß die mit der Revision angefochtene Entscheidung des Bezirksausschusses ein von dem Bezirksausschusse in zweiter Instanz erlassenes Endurteil ist. Gegen derartige Urteile ist nach dem § 93 Abs. 1 des L.-V.-G. das Rechtsmittel der Revision an das O.-V.-G. gegeben, „soweit nicht gemäß besonderer gesetzlicher Vorschrift diese Urteile endgültig oder die gegen dieselben stattfindenden Rechtsmittel in abweichender Weise geregelt sind“. Die letztere Ausnahme greift hier nicht Platz. Aber auch die erstere ist trotz der Vorschrift des § 114 Abs. 4 des Zust.-Ges., wonach die Entscheidungen der Bezirksausschüsse über Anträge auf Erteilung der Erlaubnis zum Betriebe der Gast- oder Schankwirtschaft u. s. w. endgültig sind, im vorliegenden Falle nicht gegeben. Denn diese Vorschrift setzt, wie der Zusammenhang des Abs. 4 mit den vorhergehenden Absätzen des § 114 klar ergiebt, voraus, daß der Bezirksausschuß als zweite Instanz im V.-St.-V. entschieden hat, nachdem die nachgesuchte Erlaubnis zum Betriebe der Gast- oder Schankwirtschaft vom Kreis-(Stadt-)Ausschuß im Beschlußverfahren versagt worden ist. Das ist hier nicht nur nicht geschehen, sondern der Kreisausschuß hat im Gegenteil die Erteilung der vom Kläger erbetenen Konzession beschlossen, er konnte auch so beim Mangel eines Widerspruchs der Gemeinde- und der Ortspolizeibehörde beschließen. Erst der Bezirksausschuß hat auf die vom Vorsitzenden des Kreisausschusses eingelegte Beschwerde die Erlaubnis versagt. Dieser Beschluß steht jedoch dem vom § 114 geforderten und insbesondere in dessen Abs. 4 vorausgesetzten Beschlusse des Kreisausschusses nicht gleich, da er gar nicht erlassen und der Beschluß des Kreisausschusses durch ihn nicht abgeändert werden durfte.

3. Daß ein im Beschlußverfahren ergangener Beschluß, gegen welchen nur dann, wenn er auf Versagung der nachgesuchten Erlaubnis oder Genehmigung geht, der Antrag auf mündliche Verhandlung im V.-St.-V. zugelassen ist, ein endgültiger im Sinne des § 126 des L.-V.-G. ist, wenn er auf Erteilung der Erlaubnis oder Genehmigung lautet, ist vom O.-V.-G. stets angenommen worden; so schon in dem Urteile v. 19. IX. 77 (Entsch. Bd. III S. 239) für das damalige Recht bei einer gleichen Sache, d. i. bei einem Antrage auf Erteilung der Erlaubnis zum Betriebe der Gast- oder Schankwirtschaft, ferner für das jetzige Recht z. B. in den Urteilen v. 12. VI. 90, 19. XII. 89 und 21. I. 95 (Entsch. B. XIX S. 4 und 323, Bd. XXVII S. 309), bei Sachen der nämlichen Art und in dem Urteile v. 30. XI. 93 (Entsch.

Bd. XXV S. 373) bei einem Antrage auf Genehmigung eines Ortskrankenkassenstatuts. An dieser Ansicht, welcher sich Theorie und Praxis angeschlossen haben (vgl. Mueller, die Begriffe der Verwaltungsrechtspflege und des Verwaltungsstreitverfahrens, S. 62 und v. Brauchitsch, Bd. I, 13. Aufl., S. 132 Anm. 216 und S. 392 Anm. 11), ist auch gegenüber den Ausführungen in einem Erlasse des Ministers des Innern v. 5. III. 95 II 2575 festzuhalten. Es ist allerdings richtig, daß jetzt nach dem § 114 des Zust.-Ges. und den §§ 82 und 121 des L.-V.-G. nur noch für die Erteilung der Erlaubnis zum Betriebe der Gast- oder Schankwirtschaft beim Widerspruch der Gemeinde- oder Ortspolizeibehörde das V.-St.-V. notwendig ist und daß der Bezirksausschuß sowohl im Beschlußverfahren als im V.-St.-V. die zweite Instanz für den Kreis-(Stadt-)Ausschuß ist, während früher nach den §§ 128, 24 des Zust.-Ges. v. 26. VII. 76 beim Widerspruche der Gemeinde- oder Ortspolizeibehörde stets das V.-St.-V. eintreten mußte und im Beschlußverfahren der Bezirksrat, im V.-St.-V. aber das Bezirksverwaltungsgericht die zweite Instanz für den Kreis-(Stadt-)Ausschuß war. Indessen diese Änderungen des Rechtszustandes berühren die Frage nach der Endgültigkeit des die Erlaubnis erteilenden Beschlusses nicht. Entscheidend hierfür ist, daß, wie im früheren, so auch im jetzigen Rechte gegen einen solchen Beschluß kein Rechtsbehelf gegeben ist, dem Antragsteller nicht, weil er nur gegen einen versagenden Beschluß den Antrag auf mündliche Verhandlung im Verwaltungsstreitverfahren hat, der Natur der Sache nach auch nur gegen einen versagenden Beschluß den Antrag haben kann, der Gemeinde- oder Ortspolizeibehörde sowie dem Vorsitzenden des Kreis-(Stadt-)Ausschusses nicht, weil sie überhaupt nicht einen Antrag auf mündliche Verhandlung zu stellen ermächtigt sind. In dem Urteile vom 19. IX. 77 ist denn auch auf diejenigen Bestimmungen des damaligen Rechts, welche seitdem geändert worden sind, gar kein Gewicht gelegt worden. Wie sehr es geboten ist, den die Erlaubnis erteilenden Beschluß als einen endgültigen, der nur mit der Klage aus dem § 126 des L.-V.-G. angefochten werden kann, anzusehen, zeigt sich noch an der Folge, welche die Zulassung einer Beschwerde des Vorsitzenden im öffentlichen Interesse gemäß § 123 Abs. 1 des L.-V.-G. hat, daß nämlich, wie im vorliegenden Falle geschehen, der Antrag auf mündliche Verhandlung im V.-St.-V. nicht zu einer mündlichen Verhandlung vor der Behörde, welche den versagenden Beschluß erlassen hat, dem Bezirksausschusse, sondern zu einer mündlichen Verhandlung vor dem Kreisausschusse führt, während es im Wesen des Antrags auf mündliche Verhandlung liegt, daß diese bei derselben Behörde stattfindet, welche beschlossen hat. Daß gegen den die Erlaubnis erteilenden Beschluß insbesondere die Beschwerde aus Gründen des öffentlichen Interesses nach § 123 Abs. 1 des L.-V.-G. nicht gegeben ist, erhellt auch schon aus dem Wortlaute des § 128 Abs. 1 selbst, indem danach die Einlegung der Beschwerde auch den Vorsitzenden zusteht, also die Vorbedingung für das Beschwerderecht der Vorsitzenden die Möglichkeit einer Beschwerde Seitens der Parteien ist und diese Möglichkeit bei dem die Erlaubnis erteilenden Beschlusse fehlt.

4. Da der erste Beschluß des Kreisausschusses endgiltig war, konnte er weder mit der Beschwerde vom Vorsitzenden des Kreisausschusses angefochten werden, noch ihm ein V.-St.-V. folgen. Er bleibt in Kraft, d. h. der Kläger behält die ihm durch den Beschluß erteilte Konzession, die er nur dann nicht gehabt hätte, wenn der Beschluß auf eine dagegen nach § 126 des L.-V.-G. erhobene Klage außer Kraft gesetzt worden wäre. Eine sachliche Entscheidung über das Konzessionsgesuch selbst wird damit nicht getroffen. Es erledigt sich der noch mögliche Einwand gegen die Zulassung der Revision, nach dem § 114 des

Zust.-Ges. sei jedenfalls das ausgeschlossen, daß das O.-V.-G. nach begründet befundener Revision und Aufhebung der Vorentscheidung an die Stelle des Bezirksausschusses trete und statt dessen zu einer sachlichen Entscheidung berufen sei. Mit seinem Ausspruche entscheidet das O.-V.-G. nicht sachlich, sondern schafft nur ungesetzliche Entscheidungen aus der Welt.

In einem Erlasse v. 23. Juli 1896 (M.-Bl. S. 140) stellt sich der Minister des Innern auf den Boden des obigen Erkenntnisses und giebt die Anweisung, daß geeignetenfalls die Ortspolizeibehörden gegen die Erteilung der Schankkonzession rechtzeitig Widerspruch erheben sollen, um sich das Recht, ein Rechtsmittel einzulegen, zu wahren.

Nr. 2. Entsch. v. 10. V. 94. III. 576.

Gew.-Ord. § 33.

Der § 1 der Berliner Polizeiverord. v. 27. X. 55 bestimmt, daß die zwischen der Baufluchtlinie und den Bürgersteigen liegenden Vorplätze nur zu Gartenanlagen benutzt werden sollen und daß Abweichungen hiervon polizeilicher Erlaubnis bedürfen. Die Erteilung dieser Erlaubnis ist in das Ermessen der Polizei gestellt. Wenn infolge der Versagung der Erlaubnis die Polizei in dem darauf folgenden V.-St.-V. geltend macht, daß durch Berührungen des in dem Vorgarten befindlichen Publikums mit dem draußen sich bewegenden Ruhestörungen entstehen können, so genügt dies, um die Versagung der Erlaubnis, in Vorgärten Schankwirtschaft zu betreiben, zu rechtfertigen. Die Versagung beruht auf objektiven polizeilichen Gründen, nicht auf Willkür, Chikane oder anderen pflichtwidrigen Motiven (vgl. auch Pr. Verw.-Bl. Jahrg. XV S. 583, XII S. 405, XIV S. 17, 114, 514).

Nr. 3. Entsch. v. 18. II. 97. III. 221.

Zust.-Ges. § 119; Gew.-Ordn. § 53.

Die Vorschriften in den §§ 171 ff. der Preußischen Gewerbeordnung v. 17. I. 45, wonach vom Strafrichter auf Entziehung der Befugnis zum selbstständigen Gewerbebetriebe als Strafe erkannt werden konnte, bestehen nicht mehr. Würden sie noch bestehen und wäre auf Entziehung der Konzession als Strafe vom Strafrichter erkannt worden, so würde die Entziehung im Gnadenwege erlassen werden können. Jetzt wird nach der R.-Gew.-Ord. in Verbindung mit den Vorschriften in dem § 119 des Zust.-Ges. über die Entziehung einer Schankkonzession unabhängig von einer strafrechtlichen Verfolgung vom Verwaltungsrichter im Verwaltungsstreitverfahren entschieden und ein die Kriminalstrafe erlassender Gnadenakt berührt die Folgen nicht, die aus den Handlungen oder Unterlassungen des Inhabers einer Konzession vom Verwaltungsrichter zu ziehen sind (§ 53 R. G. Ord.).

Nr. 4. Entsch. v. 28. V. 91. III. 497.

Gew.-Ord. §§ 37, 53.

1. Wenn nach § 53 der Gew.-Ord. die Erlaubnis zum Betriebe der Schankwirtschaft zurückgenommen werden kann, falls aus Handlungen oder Unterlassungen des Inhabers der Mangel derjenigen Eigenschaften, welche bei der Erteilung der Erlaubnis (§ 53) vorausgesetzt werden mußten, klar erhellt, so ist an sich nicht erforderlich, daß gegen den Inhaber der Konzession bereits Fälle des Mißbrauchs des Gewerbes zur Förderung des verbotenen Spiels u. s. w. vorgelegen haben; vielmehr genügt es, wenn der Inhaber durch sein Verhalten

klar zu erkennen gegeben hat, daß die Besorgnis, er werde sein Gewerbe in der gedachten Art mißbrauchen, nicht mehr ausgeschlossen erscheint.

2. Die Worte des Gesetzes „klar erhellt“ verlangen nur, daß der Richter aus dem, was gegen den Schankwirt vorliegt, aus seinem positiven oder negativen Verhalten, die volle Überzeugung gewonnen hat, es sei von ihm ein Mißbrauch des Gewerbes für die Zukunft zu besorgen.

Nr. 5. Entsch. v. 22. IV. 95. III. 506.

Gew.-Ord. § 53.

Im verwaltungsgerichtlichen Verfahren auf Entziehung der Schankkonzession kann nach dem Grundsatze der freien Beweiswürdigung die Bestrafung des Schankwirts als ein Beweismittel für die Thatsache, daß der Bestrafte die Handlung, wegen deren seine Verurteilung erfolgt ist, auch wirklich begangen habe, verwertet werden. Es darf sich aber der Verwaltungsrichter nicht der Prüfung derjenigen Einwendungen entziehen, die der Bestrafte, sei es in thatsächlicher, sei es in rechtlicher Beziehung, gegen die Richtigkeit der strafrechtlichen Entscheidung im V.-St.-V. geltend macht.

Nr. 6. Entsch. v. 3. X. 92. III. 901.

Gew.-Ord. §§ 37, 53.

1. Wenn in § 53 Abs. 2 der R.-Gew.-Ord. bestimmt ist, die Erlaubnis zum Betriebe der Schankwirtschaft könne zurückgenommen werden, wenn aus Handlungen oder Unterlassungen des Inhabers der Mangel derjenigen Eigenschaften, welche bei Erteilung der Erlaubnis vorausgesetzt werden mußten, klar erhellt, so sind darunter allerdings — wie in der Entsch. O.-V.-G. Bd. I S. 266 ff. näher dargelegt ist — nur solche Handlungen oder Unterlassungen zu verstehen, welche in die Zeit nach Erteilung der Erlaubnis fallen, dies schließt jedoch nicht aus, Handlungen oder Unterlassungen aus früherer Zeit insoweit zu berücksichtigen, als sie zur Beurteilung des späteren Verhaltens des Inhabers der Erlaubnis dienen können.

2. Die Ansicht, daß nicht der Zeitpunkt der Erteilung der Erlaubnis, sondern der des Beginnes des Schankwirtschaftsbetriebes maßgebend sei, ist nicht richtig. Die Erörterung der die Erlaubnis erteilenden Behörde, ob der Erteilung der Erlaubnis Gründe entgegen stehen, kann sich nur auf die Verhältnisse erstrecken, wie sie bis zum Zeitpunkte der Erteilung der Erlaubnis — wodurch dieses Verfahren seinen Abschluß erhält — vorliegen, es muß daher die Möglichkeit gegeben sein, alle späteren Vorkommnisse in dem Verfahren wegen Zurücknahme der Erlaubnis zu berücksichtigen. Daß die bezüglichen Handlungen oder Unterlassungen in einem bereits bethätigten Mißbrauche der erteilten Erlaubnis bestehen, wird nicht erfordert, wie ja auch solche Handlungen oder Unterlassungen, welche zur Versagung der Erlaubnis führen, sich nicht als Mißbrauch der noch gar nicht erteilten Erlaubnis darstellen können.

3. Nach der Rechtsprechung des O.-V.-G. fällt unter den Begriff der Völlerei im Sinne des § 33 der Gew.-Ord. jeder Genuß geistiger Getränke, welcher über die diesem Genuß gesetzlich gezogene Schranke hinausgeht. Dies ist aber der Fall, wenn geistige Getränke, deren Ausschank eine besondere den Nachweis des Bedürfnisses voraussetzende Erlaubnis erfordert (s. den angeführten § 33, die Kabinetsordre v. 21. VI. 44 — G.-S..S. 214 — und die ministerielle Bekanntmachung v. 14. IX. 79 — M.-Bl. 254 —), ohne eine solche Erlaubnis ausgeschänkt werden.

Nr. 7. Entsch. Bd. XXXI. S. 291 v. 3. V. 97. III. A. 66/96.

R.-Gew.-Ord. §§ 15. Abs. 21, 33, 53, 147 Nr. 1.

1. Die Entziehung der Erlaubnis zum Betriebe der Gastwirtschaft, der Schankwirtschaft und des Kleinhandels mit Branntwein oder Spiritus kann nicht wegen Mangels der bei der Genehmigung vorausgesetzten Eigenschaften des Betriebslokals erfolgen. Die in den Entsch. Bd. II S. 328, Bd. IV S. 318, Bd. VIII S. 275 nach dieser Richtung aufgestellten Rechtsgrundsätze können nicht mehr aufrecht erhalten werden.

2. Im Sinne des § 33 Gew.-Ord. ist es selbstverständlich, daß die Erlaubnis zum Wirtschaftsbetriebe sich nur auf das im Zeitpunkte der Genehmigung bestehende, von der zuständigen Behörde geprüfte und zugelassene Lokal bezieht und daß der Betrieb in einem anderen Lokale als dem genehmigten gemäß § 147 Nr. 1 strafbar ist, sei es weil es hierfür der besonderen Genehmigung bedarf, sei es weil hierin eine Abweichung von den in der Genehmigung festgesetzten Bedingungen zu finden ist. Ersteren Falls darf die Polizei durch polizeiliche Verf. vorbeugend einschreiten zu Folge des § 15 Abs. 2, letzteren Falls auf Grund ihres Berufes, der Verübung strafbarer Handlungen zu begegnen. Die Voraussetzung für die Annahme eines anderen Lokals als des genehmigten liegt nicht blos dann vor, wenn der Betrieb in andere Räume verlegt wird, sondern auch dann, wenn das Lokal gegenüber dem Zustande zur Zeit der Genehmigung ein anderes geworden ist.

3. Eine wesentliche Änderung des Lokals liegt z. B. vor, wenn ein Gastwirt die konzessionierten Fremdenzimmer eingehen läßt und nur noch Schankwirtschaft betreibt.

Nr. 8. Entsch. v. IV. 97. III. 513.

Gew.-Ord. §§ 33, 53.

Die bloße Duldung eines Glücksspiels in einem Privatzimmer ist nach § 285 R.-St.-G.-B. nicht strafbar und nicht verboten; es kann aus seiner Duldung durch einen Schankwirt nicht ohne weiteres gefolgert werden, er werde Glücksspiele auch in seinen offenen Räumen dulden.

Nr. 9. Entsch. v. 6 X. 97. III. 1336.

Gew.-Ord. §§ 33, 53.

Wenn ein Schankwirt aus Eigennutz ein hohes, wenn auch kein Glücksspiel, in seinem Lokale duldet, dazu mitwirkt, daß ein Gast von einem Spieler ausgebeutet wird und ihm bei dieser Ausbeutung in der gemachten Zeche ein nicht unerheblicher Vorteil zufällt, so ist von ihm anzunehmen, daß, wenn er von einer starken Zecherei oder einem verbotenen Glücksspiele einen ähnlichen Vorteil hat, beide dulden werde und es rechtfertigt sich die Entziehung der Schankkonzession.

Nr. 10. Entsch. v. 7. VII. 97. III. 993.

Gew.-Ord. §§ 33, 53.

Ein Glücksspiel liegt begrifflich nur dann vor, wenn der Ausfall des Spieles wesentlich vom Zufalle abhängt und zugleich der Gegenstand des Spiels für den Spielenden von solcher Bedeutung ist, daß seine Erlangung als Gewinn, seine Hingabe als Verlust betrachtet werden kann. Ein Spiel,

dessen Ausfall nicht wesentlich vom Zufalle abhängt, wird auch dadurch nicht zum Glücksspiele, daß die Einsätze nach den Verhältnissen der Spieler für sie einen nicht unerheblichen Vermögenswert darstellen.

Nr. 11. Entsch. v. 26. VI. 98. III. 928.

Gew. Ord. §§ 33, 53.

Auch aus der Abhaltung von Tanzlustbarkeiten ohne polizeiliche Erlaubnis kann der Schluß gezogen werden, der betreffende Schankwirt werde künftig die Völlerei fördern, denn er übertritt eine Vorschrift, die mit dazu bestimmt ist, die Völlerei einzuschränken.

Nr. 12. Entsch. v. 18. II. 97. III. 224.

Gew.-Ord. §§ 33, 53.

Aus der Art, wie geistige Getränke, wenn auch nicht im Übermaße, auf Rechnung verabfolgt worden sind, kann geschlossen werden, daß einem Schankwirte der Mißbrauch seines Gewerbes zur Förderung der Völlerei zuzutrauen sei, insbesondere läßt sich dies dann rechtfertigen, wenn Zöglinge einer Unterrichtsanstalt durch Eröffnung des Kredits zum Genusse von Getränken in einer erheblichen Art verleitet werden.

Nr. 13. Entsch. v. 16. III. 91. III. 232.

Gew.-Ord. §§ 33, 53.

Aus dem Umstande, daß ein Gastwirt dem Trunke völlig ergeben ist und an delirium tremens leidet, kann gefolgert werden, er werde künftig die Völlerei fördern.

Nr. 14. Entsch. Bd. XXXII S. 287 v. 29. III. 97. III. C. 117/96.

R.-Gew.-Ord. § 33.

Eine Polizeiverordnung, die den Schankwirten jeden kreditweisen Verkauf von Branntwein verbietet, ist ungiltig (Johow, Jahrbuch für Entsch. des Kammergerichts Bd. VIII S. 150). Das Verbot des kreditweisen Verkaufs von Branntwein ist nur insoweit gerechtfertigt und zulässig, als damit der Trunksucht entgegengetreten werden soll.

Nr. 15. Entsch. Bd. XXXII S. 288 v. 8. II. 97. III. B. 71/96.

Gew.-Ord. § 41.

1. Die Gew.-Ord. enthält keine Vorschrift, aus der sich eine Beschränkung der Schank- und Gastwirte rücksichtlich der von ihnen zu beschäftigenden Kellner und Kellnerinnen entnehmen ließe. Demgemäß ist die Polizei nicht ermächtigt, die Schank- und Gastwirte in der Wahl der Kellner oder Kellnerinnen durch polizeiliche Verfügung zu beschränken; dasselbe gilt für Polizeiverordnungen (Entsch. Bd. IV S. 329).

2. Insbesondere erklärte das O.-V.-G. eine Pol.-Verord. für ungiltig, die bestimmte:

> Als Kellnerinnen dürfen nur solche Frauenspersonen angenommen werden, von denen Nachteiliges in sittlicher Beziehung nicht bekannt geworden ist.

Hat aber ein Schankwirt durch Annahme lüderlicher Kellnerinnen das Gewerbe zur Förderung der Unsittlichkeit gemißbraucht oder ist aus der Annahme ein solcher Mißbrauch für die Zukunft zu befürchten, so kann die Klage auf Konzessionsentziehung erhoben werden.

Nr. 16. Entsch. v. 8. VI. 98 III. 839.

Gew.-Ord. §§ 1, 41.

Das O.-V.-G. hat in dem Erkenntnisse vom 8. II. 97 (Entsch. Bd. XXXII S. 288 ff.) ausgeführt, daß es gegen den § 41 der Gew.-Ordn. verstoße, wenn eine Person wegen ihres in der Vergangenheit nicht makellos gebliebenen Lebenswandels von der genannten Erwerbsthätigkeit, mag sie bereits begonnen sein oder mag erst die Absicht bestehen, sie zu beginnen, durch polizeiliche Verfügung ausgeschlossen wird. Nach § 1 Abs. 1 der Gew.-Ordn. ist der Betrieb eines Gewerbes jedermann gestattet, soweit nicht durch die Gewerbeordnung Ausnahmen und Beschränkungen vorgeschrieben oder zugelassen sind, und § 41 Abs. 1 verordnet:

> „Die Befugnis zum selbständigen Betriebe eines stehenden Gewerbes begreift das Recht in sich, in beliebiger Zahl Gesellen, Gehilfen, Arbeiter jeder Art und, soweit die Vorschriften des gegenwärtigen Gesetzes nicht entgegenstehen, Lehrlinge anzunehmen. In der Wahl des Arbeits- und Hilfspersonals finden keine anderen Beschränkungen statt, als die durch das gegenwärtige Gesetz festgestellten."

Da die Gew.-Ordn. nichts davon enthält, daß eine geschlechtlich bescholtene Person als Gehilfin in dem Schankgewerbe nicht zuzulassen sei, darf ihre Zulassung polizeilich nicht gehindert werden. Die landesgesetzlich (z. B. im § 10 II 17 des A.-L.-R.) geordneten Machtbefugnisse der Polizei finden in den Bestimmungen der Gewerbeordnung ihre Schranke. Dagegen ist allerdings die Polizeibehörde durch die reichsgesetzlichen Vorschriften nicht behindert, die Art der Ausübung des Gewerbes und der Thätigkeit des Hilfspersonals eines Gewerbetreibenden polizeilich zu regeln, es wird in dieser Beziehung, was das Schankgewerbe betrifft, auf die bekannten sog. Kellnerinnen-Verordnungen und auf die Einführung einer Polizeistunde hingewiesen. Ebensowenig sind die Gewerbetreibenden und ihr Hilfspersonal von der Beachtung derjenigen Beschränkungen entbunden, welche sich aus allgemeinen polizeilichen, teils in Gesetzen, teils in Polizeiverordnungen enthaltenen Vorschriften ergeben und die für jedermann, er mag ein Gewerbe betreiben oder nicht, Anwendung finden (Ausf.-Anw. v. 4. IX. 69 M.-Bl. S. 202). Es würde deshalb zulässig sein, gegen eine Kellnerin, die mit einer ansteckenden Krankheit behaftet ist, aus sanitätspolizeilichen Gründen ebenso einzuschreiten wie gegen eine beliebige dritte Person, die dem Gewerbestande nicht angehört.

Nr. 17. Entsch. Bd. XXXII S. 290 v. 19. V. 97 III C. 147/96.

Gew.-Ord. §§ 15, Abs. 2, 147 Nr. 1; A.-L.-R. Teil II Tit. 17 §§ 2, 10.

1. Die Polizeibehörden sind selbständig befugt, gegen einen konzessionspflichtigen Gewerbebetrieb, der, weil nicht konzessioniert, unerlaubt ist, einzuschreiten, und nicht etwa blos darauf angewiesen, die strafgerichtliche Verfolgung herbeizuführen (§§ 2 und 10 Tit. 17 Teil II A.-L.-R. und §§ 15 Abs. 2 und 147 Nr. 1 der R.-G.-Ord., Entsch. Bd. II S. 298).

2. Es ist nicht richtig, daß bei dem gleichzeitigen Einschreiten der Polizeibehörde und des Strafrichters wegen des gleichen Thatbestandes die Entscheidung des letzteren für die erstere maßgebend ist (vgl. Entsch. Bd. XVIII S. 406 und Bd. XXX S. 326, in denen das polizeiliche Vorgehen trotz entgegen-

stehender strafgerichtlicher Urteile für zulässig angesehen worden ist, und speziell für den Fall des § 15 Abs. 2 der Gew.-Ordn. Schenkel, Gew.-Ordn., 2. Aufl., Bd. I S. 91 Anm. 7 zu § 15: „Die Verhinderung des Betriebes kann auch eintreten, wo Freisprechung erfolgt ist"). Das Einschreiten der Polizei richtet sich gegen den gesetzwidrigen Zustand und will dessen Fortdauer verhindern; das der Strafgerichte bezweckt etwas hiervon wesentlich Verschiedenes, nämlich lediglich die Herbeiführung der Bestrafung wegen eines gesetzwidrigen Handelns oder Unterlassens. Bei ihrem Einschreiten hat die Polizeibehörde die Selbständigkeit und Unabhängigkeit, welche grundsätzlich jeder Behörde gegenüber Behörden anderer Art zusteht, auch gegenüber den Strafgerichten, und dies gilt bei dem Einschreiten gegen einen konzessionspflichtigen, aber nicht konzessionierten Gewerbebetrieb ebenfalls, da insoweit weder durch die §§ 2 und 10 Tit. 17 Teil II A.-L.-R. oder die §§ 15 Abs. 2 und 147 Nr. 1 der R.-Gew.-Ordn. noch durch sonstige Vorschriften der Polizeibehörde Beschränkungen auferlegt sind.

Nr. 18. Entsch. v. 2. XI. 96 III. 1371.

St.-G.-B. § 365; Gew.-Ord. § 33.

Es ist zulässig, die Polizeistunde selbst auf 8 Uhr abends festzusetzen; zwar ist nicht zu verkennen, daß eine hiernach erfolgte Festsetzung der Polizeistunde einen sehr weit gehenden Eingriff in den Wirtschaftsbetrieb darstellt; allein sie ist noch keine vollständige Verhinderung desselben oder einer solchen gleichzustellen.

Nr. 19. Entsch. v. 30. V. 92 III. 516.

R.-St.-G.-B. § 365.

Daß für Lokale, in welchen vorwiegend Branntwein ausgeschänkt wird, die Erlaubnis sie bis 11 Uhr abends offen zu halten (Polizeistunde) von einer Polizeibehörde grundsätzlich nicht erteilt wird, ist weder als willkürlich noch als chikanös, sondern als auf polizeilich zulässigen Gesichtspunkten beruhend anzuerkennen.

Nr. 20. Entsch. v. 23. II. 98 III. 274.

Kab.-Ord. v. 7. II. 37 (G.-S. S. 19); St.-G.-B. §§ 366 Ziffer 1, 167.

Eine Polizeibehörde hatte einem Schankwirt aufgegeben, in dem zu seiner Schankwirtschaft gehörigen Garten an Sonn- und Feiertagen die Veranstaltung von Konzerten während des benachbarten Gottesdienstes einer Baptistengemeinde, weil letzterer gestört werde, zu unterlassen. Das O.-V.-G. gab der Klage aus folgenden Gründen statt:

Nach Angabe der Polizeibehörde handelt es sich um den Schutz derjenigen Gottesdienste der Baptistengemeinde, die nachmittags von 4 bis 6 Uhr und also zu einer Zeit stattfinden, für die der wirtschaftliche Verkehr und der Schankbetrieb insbesondere einer Beschränkung zum Zwecke der Wahrung der äußeren Heilighaltung der Sonn- und Festtage durch die auf Grund der Kab.-Ordre v. 7. II. 37 erlassenen Polizeiverordnungen v. 22. II. 89 und v. 10. X. 96 überhaupt nicht unterworfen ist. Die Veranstaltung der Konzerte zu dieser Zeit stellt demnach einen strafbaren Thatbestand im Sinne des § 366 Nr. 1 St.-G.-B. nicht dar. Darin aber, daß die Veranstaltung der Konzerte, weil sie, wie dem Schankwirt bekannt, den Gottesdienst der Baptistengemeinde zu stören geeignet sind, gegen § 167 St.-G.-B. verstößt, ist dem

Vorderrichter nicht beizutreten. Denn wenn es auch für die Anwendung dieser Vorschrift nach der Rechtsprechung des Reichsgerichts nicht wesentlich ist, ob die Störung des Gottesdienstes durch eine Handlung innerhalb oder außerhalb des für den Gottesdienst bestimmten Raumes verursacht wird, so kann doch als vorsätzliche Verhinderung oder Störung des Gottesdienstes durch Erregung von Lärm oder Unordnung eine gewerbliche Thätigkeit nicht beurteilt werden, bei der die Annahme, es sei über das zur Förderung des wirtschaftlichen Zweckes Erforderliche behufs der Störung des Gottesdienstes in der Nachbarschaft hinausgegangen, als völlig ausgeschlossen erscheint. Eine hiervon abweichende Auffassung ist auch in dem Urteile v. 8. X. 92 (Entsch. Bd. XXIII S. 409 ff.) nicht vertreten, da hier zu der Frage, ob die Veranstaltung einer Prozession auf der öffentlichen Straße während des Gottesdienstes in der an dieser Straße gelegenen evangelischen Kirche wegen des damit verbundenen Geräusches strafbar war, gar nicht Stellung genommen worden ist. Ob aber in diesem Urteile die Befugnis der Polizei zum Verbot der Prozession deshalb anerkannt worden ist, weil für die Prozession die der Verfügungsgewalt der Polizei unterliegende öffentliche Straße in Anspruch genommen war, oder deshalb, weil die Gottesdienste der evangelischen Kirche als einer von dem Staat anerkannten „ausdrücklich aufgenommenen" Religionsgesellschaft vor jeglicher Störung unbedingt zu schützen sind, und ob sich ein soweit gehender polizeilicher Schutz zu Gunsten der Gottesdienste der ausdrücklich aufgenommenen Religionsgesellschaften rechtfertigen läßt, was in dem diesseitigen Urt. v. 3. V. 97 (Bochmann, Mitteilungen Jahrg. IV S. 13) nicht schlechthin, sondern nur in Anbetracht der für die Regelung der ortspolizeilichen Zuständigkeit damals in Betracht kommenden Polizeiverordnung verneint worden ist, kann dahin gestellt bleiben. Selbst wenn dies, soweit die Polizei durch eine Polizeiverordnung nicht eingeschränkt ist, anzuerkennen wäre, so bestimmt doch kein Gesetz, daß, was für die Gottesdienste der ausdrücklich aufgenommenen Religionsgesellschaften gilt, auch für die Gottesdienste der geduldeten Religionsgesellschaften zu gelten hat. Inwiefern sich die Befugnis der Ortspolizei zum Schutz der außerhalb der Zeit, für die zur Wahrung der äußeren Heilighaltung der Sonn- und Festtage allgemeine Beschränkungen getroffen worden sind, verlegten Gottesdienste der geduldeten Religionsgesellschaften gegenüber erlaubter wirtschaftlicher Thätigkeit rechtfertigen ließe, ist nicht ersichtlich. Jedenfalls ist hierfür ganz unwesentlich, daß die Konzerte zur Förderung des Schankbetriebes und daß sie nicht im Schanklokal, sondern im Garten stattfinden.

c) Gewerbliche Einrichtungen (§ 120 der Reichs-Gew.-Ordn.), gewerbliche Anlagen (§§ 16 ff.), geräuschvolle Anlagen (§ 27), gefährliche Gewerbebetriebe, Abdeckereien, Enteignung von gewerblichen Anlagen (§ 51).

Allgemeine Verfügung v. 1. VII. 98, betr. die Abänderung der technischen Anleitung zur Wahrnehmung der den Kreis- u. s. w. Ausschüssen bei Genehmigung gewerblicher Anlagen übertragenen Zuständigkeiten (M.-Bl. S. 187).

Nr. 1. Entsch. v. 3 XI. 97. III. 1489.

Gew.-Ord. §§ 16 ff., A.-L.-R. Tit. 17. § 10 Teil II.

Das Erkenntnis Entsch. Bd. XII S. 323 bezieht sich auf eine Fabrikanlage, die zur Zeit des damaligen polizeilichen Einschreitens (vgl. jetzt die Bekanntmachungen v. 15. II. und 1. IV. 86 — R.-G.-Bl. S. 28 und 68) gemäß der §§ 16 ff. der R.-G.-Ord. der Konzession nicht bedurfte und nicht konzessioniert war. Gegen den Betrieb einer derartigen Anlage kann die Ortspolizeibehörde einschreiten, wenn er mit Gesundheitsgefahr für das Publikum verknüpft ist. Dagegen nehmen die nach den §§ 16 ff. einer besonderen polizeilichen Genehmigung bedürfenden und demgemäß genehmigten Anlagen eine Ausnahmestellung ein. Für sie ergeben sich die Grenzen des polizeilichen Einschreitens aus der erteilten Genehmigung. Weiter gehende Anforderungen darf die Polizeibehörde nicht stellen (Entsch. Bd. XXXIII S. 254, Urteil v. 1. VII. 95 — III 878).

Nr. 2. Entsch. v. 29. X. 96. III. 1349.

Kab.-Ord. v. 24. II. 1816. G.-S. S. 108.

Ob einem Flusse schon durch andere Personen ungereinigtes Wasser zugeführt wird, ist gleichgültig gegenüber dem Verbote der Polizei, ungereinigte Abwässer in einen Fluß zu leiten. An der Befugnis der Behörden, der weiteren Verunreinigung in Flüssen entgegenzutreten, wird hierdurch nichts geändert. Daß diese Befugnis für den Regierungspräsidenten aber schon auf Grund der Kabinetsordre v. 24. II. 16 begründet ist, wird zu Unrecht in Abrede genommen. Die hier getroffene Anordnung:

> daß Niemand, der eines Flusses sich zu seinem Gewerbe bedient, Abgänge in solchen Massen in den Fluß werfen darf, daß derselbe dadurch nach dem Urteil der Provinzialbehörde erheblich verunreinigt werden kann —

ist dem Sinne und Wortlaute nach auch für die Fälle der Zuleitung des in Folge des Gewerbebetriebs angesammelten Schmutzwassers einer gewerblichen Anlage maßgebend. Ein Recht auf die Zuleitung von Gebrauchs- und Klosetwassers in ungereinigtem Zustande, hat niemand, und eine hiervon abweichende Auffassung ist auch in dem Urteile des Reichsgerichts Entsch. in Civilsachen Bd. XVI S. 180 nicht vertreten.

Nr. 3. Entsch. v. 19. IX. 95. III. 1161.

A.-L.-R. §§ 29, 32, 33 Tit. 6. Teil I, § 10 Tit. 17 Teil II.

1. Die Polizei ist nicht genötigt, für die Abstellung des von einem Bache ausgehenden gesundheitsschädlichen Zustandes ausschließlich die Uferbesitzer, in Anspruch zu nehmen, sie hat vielmehr die Wahl, sich ebenso an den Urheber des polizeiwidrigen Zustandes zu halten. Für eine abweichende Auffassung ist es nicht zulässig, sich auf die in den Entsch. des Oberverwaltungsgerichts Bd. VII S. 348 und Bd. XII S. 313 veröffentlichten Urteile zu berufen. Denn daraus, daß in dem ersten Urteile der Einwand des Eigentümers, der polizeiwidrige Zustand seines Grabens sei von einem Dritten verursacht, deshalb abgelehnt worden ist, weil für die Polizeibehörde keine Nötigung bestände, ihrerseits dem zwischen dem Eigentümer und dem Dritten bestehenden Rechtsverhältnisse nachzugehen, und daß in dem zweiten Urteile der Polizeibehörde die Befugnis zur Inanspruchnahme eines Dritten für die Herstellung eines polizeimäßigen Zustandes auf einem fremden Grundstück, von dringenden, in anderer Art nicht abstellbaren Notständen abgesehen, abgesprochen worden ist, folgt nicht, daß der Rückgriff der Polizeibehörde auf einen Dritten behufs Abstellung eines von ihm auf einem fremden Grundstücke verursachten polizeiwidrigen Zustandes grundsätzlich für unzulässig erachtet worden ist. Das Oberverwaltungsgericht hat im Gegenteil in ständiger Rechtsprechung die Befugnis der Polizeibehörde anerkannt, sich neben dem Eigen-

tümer zur Abstellung des auf dessen Grundstück geschaffenen polizeiwidrigen Zustandes auch an den Urheber halten zu dürfen; so namentlich der zweite Senat a. a. O. Bd. XI S. 242 ff. und in dem Urteile v. 28. VI. 86, der dritte Senat u. A. in dem Urteile v. 10. IX. 91 (Pr. Verw.-Bl. Jahrg. XIII S. 351) und der vierte Senat in dem Urteile v. 22. XII. 94 (a. a. O. Jahrg. XVI S. 350). Hieran ist festzuhalten. Da die Polizeibehörde auf Grund des § 10 Titel 17 Teil II des Allgemeinen Landrechts befugt ist, dem Dritten die Erzeugung eines polizeiwidrigen Zustandes auf einem fremden Grundstücke zu untersagen, so ist nicht abzusehen, weshalb sie behindert sein sollte, sich wegen der Abstellung des nach derselben Vorschrift nicht zu duldenden polizeiwidrigen Zustandes an den Dritten dann zu halten, wenn der Eigentümer sich hierzu nicht freiwillig bereit findet. Wollte man der Polizeibehörde grundsätzlich diese Befugnis absprechen, so käme man auch zu einem offenbar unannehmbaren Ergebnisse für den Fall, daß die Abstellung des polizeiwidrigen Zustandes von dem Eigentümer wegen Unvermögens oder aus anderen Gründen nicht erzwungen werden kann. Ob die Polizeibehörde von dem ihr zustehenden Wahlrechte in dem einzelnen Falle einen angemessenen Gebrauch gemacht hat, entzieht sich als eine Frage der Zweckmäßigkeit der Nachprüfung des Verwaltungsrichters.

2. Die Polizeibehörde darf die Veranstalter eines polizeiwidrigen Zustandes für dessen Abstellung sowohl gemeinschaftlich, wie auch den Einzelnen für das Ganze in Anspruch nehmen, je nachdem sich aus Rücksicht auf die alsbaldige Erreichung eines polizeimäßigen Zustandes das Eine oder das Andere empfiehlt (§§ 29, 32, 77 Tit. 6 Teil I A.-L.-R.). Inwiefern sie in Übung ihres Ermessens in dem einzelnen Fall einen angemessenen Gebrauch gemacht hat, unterliegt der Nachprüfung des Verwaltungsrichters nur dahin, ob hierbei die äußersten Grenzen des Ermessens überschritten sind.

Nr. 4. Entsch. v. 23. VI. 97 III. 923.

Eine Stadtgemeinde, durch deren Gebiet ein Privatfluß geht, kann polizeilich angehalten werden, den Privatfluß zu reinigen, wenn nicht blos das Hineingelangen der Straßenabwässer, sondern auch das der Hausabwässer, der Fäkalien und Wirtschaftsabgänge durch städtische Einrichtungen bewirkt oder doch ermöglicht wird und die Gemeinde deshalb insoweit ebenfalls als Miturheberin des polizeiwidrigen Zustandes anzusehen ist, auch die Anteile anderer Urheber nicht zu ermitteln sind. Sie ist aber nicht für solche Abgänge verantwortlich, die aus gewissen Fabriken u. s. w. kommen und bei denen jeder Urheber für seinen Anteil ersichtlich und zur Abstellung der Übelstände gesondert angehalten werden kann. Gegen solche Urheber kann sich die polizeiliche Aktion direkt richten und hat sich zu richten, es ist unzulässig deshalb die Gemeinde in Anspruch zu nehmen.

Nr. 5. Entsch. v. 10. XI. 97. III. 1525.

§ 10. II. 17. A.-L.-R.

Wenn das klappernde Geräusch eines Maschinenbetriebes auf jeden Menschen einen unangenehmen, ruhestörenden Einfluß ausübt und auf nervöse und leidende Personen gesundheitsgefährlich wirkt, da ist die Polizei einzuschreiten befugt (Entsch. Bd. XXIII S. 268, Pr. Verw.-Bl. Jahrg. XV S. 586, XII S. 353, XIII S. 473, XIV S. 269, 393). Wenn dagegen eingewendet wird, das Reichsgericht gehe bei Anwendung der civilrechtlichen Grundsätze der actio negatoria davon aus, daß in Fabrikorten jeder Grundbesitzer das Maß von Belästigung durch Lärm (und Rauch) zu dulden habe, das nach den örtlichen Verhältnissen pflege ertragen zu werden und das mit einem Fabrikbetriebe unvermeidlich verbunden sei (Erk. v. 15. V. 96, 37/96 III, Juristische Wochenschrift 25. Jahrg. S. 361), so ist dagegen einzuwenden, daß das Reichsgericht gegen unerträgliche Einwirkungen auf das Nachbargrundstück auch civilrechtlichen Schutz gewährt (Juristische Wochenschrift a. a. O. S. 343 und 344; Entsch. in Zivilsachen Bd. VI S. 218, Bd. XII S. 174, Bd. XVII S. 104. Bolze, Praxis des Reichsgerichts Bd. XX Nr. 62; Gruchot, Beiträge Bd. XXVII S. 905) und das O.-V.-G. ebenfalls bei der Frage, ob die Einwirkungen eines Betriebes auf das Nachbargrundstück das polizeiliche Maß des Zulässigen und Gewöhnlichen überschreiten, den örtlichen Verhältnissen gerecht wird. Die letzteren können aber dann nicht Ausschlag gebend sein, wenn die Einwirkungen den Nachbarn durchaus unerträglich sind und gesundheitsschädlich wirken.

Nr. 6. Entsch. v. 6. XI. 97. III. 1502.

A.-L.-R. §. 10 II. 17.

Die Polizeibehörde ist befugt, das subjektive Empfinden der Mitglieder des Publikums bei der Abwendung von Gesundheitsgefahr mit zu berücksichtigen, sie hat die Aufgabe, darüber zu wachen, daß das Zusammenleben und Zusammenwirken der Menschen nicht durch ungewöhnliche Einwirkungen auf einander unverträglich gemacht wird, und dabei sind nicht blos gesunde, für starke Geräusche und Erschütterungen unempfindliche Naturen, sondern auch in ihren Nerven bereits geschwächte Personen zu berücksichtigen (Entsch. Bd. XXIII S. 268 und Erk. v. 11. II. 95 III Nr. 181).

Nr. 7. Entsch. Bd. XXXII S. 282 v. 26. V. 97 III A. 5/97.

Gew.-Ord. § 16.

1. Die Gew.-Ord. erklärt in § 16 die „Schlächtereien" für genehmigungspflichtig; die Materialien zu § 16 geben keinen bestimmten Anhalt für die Feststellung dieses Begriffs. Die Pr. Gew.-Ord. v. 17. I. 45 (§ 27) gebrauchte das Wort „Schlachthäuser". Über die Auslegung des letzteren Wortes in der Praxis giebt ein Ministerial-Erlaß v. 14 IV. 48 (M.-Bl. S. 170) Aufschluß, wonach unter den „Schlachthäusern" nur öffentliche und solche Privat-Schlachthäuser zu verstehen sind, die „blos zu dem Behuf, um darin das Schlachten für andere Gewerbetreibende zu bewirken, errichtet werden, nicht aber Schlächtereien der einzelnen Gewerbetreibenden überhaupt." Wenn die Reichsgesetzgebung statt des Wortes „Schlachthäuser" den Ausdruck „Schlächtereien" wählte, so war nach dem Protokolle des Bundesraths v. 5. VII. 73 (von Landmann, Gew.-Ord. Anm. zu § 16) beabsichtigt, damit „alle Schlachtstätten ohne Unterschied, also nicht blos die von einer größeren Anzahl von Metzgern gemeinschaftlich benutzten Schlachthäuser, sondern auch jede von einem einzelnen Metzger in seiner Behausung zum Schlachten benutzte Räumlichkeit" zu treffen. Die Reichsgesetzgebung erweiterte also die Genehmigungspflicht. Beide Gesetzgebungen haben aber nur diejenigen Räumlichkeiten im Auge, welche von den Metzgern (Fleischern, Schlächtern und Schlachtern) zum Zwecke des Schlachtens benutzt werden; deshalb können auch nur solche Tiere in Betracht kommen, die von Metzgern geschlachtet werden, dies sind gewisse Vierfüßler, nicht aber Federvieh oder Fische u.s.w. Daran hat die Praxis und die Landesgesetzgebung, der es gemäß § 23 Abs. 2

der Gew.-Ord. vorbehalten blieb, für solche Orte, in welchen öffentliche Schlachthäuser in genügendem Umfange vorhanden sind oder errichtet werden, die fernere Benutzung bestehender und die Anlage neuer Privat-Schlächtereien zu untersagen, im Großen und Ganzen festgehalten (vgl. für den entgegengesetzten Standpunkt Schenkel, Gew.-Ord. 2. Aufl. Bd. 1 S. 110, 111 und das dort erwähnte Badische Reskript v. 19. I. 90)

2. Die Preußische Landesgesetzgebung (über die Bayerische, Sächsische und Württembergische siehe von Landmann, III. Aufl., Anm. 3 zu § 23 der Gew.-Ord. S. 196) bestimmt in dem Gesetze vom $\frac{18.\ III.\ 68}{9.\ III.\ 81}$ (G.-S. S. 277 und 273), wie in denjenigen Gemeinden, in welchen eine Gemeindeanstalt zum Schlachten von Vieh errichtet ist, durch Gemeindebeschluß angeordnet werden kann, daß innerhalb des ganzen Gemeindebezirks oder eines Teils desselben das Schlachten sämmtlicher oder einzelner Gattungen von Vieh ausschließlich in dem öffentlichen Schlachthause vorgenommen werden dürfe (§ 1). Der § 2 spricht von Schlachtvieh, seiner Zerlegung in Hälften und Vierteln, von Kleinvieh, und bisher ist, soweit bekannt geworden, der Schlachthauszwang nur auf diejenigen Vierfüßler ausgedehnt worden, mit deren Schlachtung sich die Metzger befassen. Dies mit Recht, denn die Ausdrücke Schlachtvieh, Schlächterei, Schlachthaus, Schlächter sind korrespondierende Begriffe des gewöhnlichen Lebens, wie der Gesetzessprache.

Nr. 8. Entsch. v. 18 XII. 97 III. 1706.

Gew.-Ord. § 27.

Der § 27 der Gew.-Ord. bezieht sich nicht auf Schankwirtschaften. Ebenso von Landmann, Gew.-Ord. III. Aufl. S. 219; Reger, Gew.-Ord. II. Aufl. S. 39.

Nr. 9. Entsch. v. 23. IV. 98 III. 582.

Gew.-Ord. §§ 27, 51, 54; Zust.-Ges. §§ 111, 113.

Der § 27 der Reichsgewerbeordnung bestimmt:

> Die Errichtung oder Verlegung solcher Anlagen, deren Betrieb mit ungewöhnlichem Geräusch verbunden ist, muß, sofern sie nicht schon nach den Vorschriften der § 16 bis 25 der Genehmigung bedarf, der Ortspolizeibehörde angezeigt werden. Letztere hat, wenn in der Nähe der gewählten Betriebsstätte Kirchen, Schulen oder andere öffentliche Gebäude, Krankenhäuser oder Heilanstalten vorhanden sind, deren bestimmungsmäßige Benutzung durch den Gewerbebetrieb auf dieser Stelle eine erhebliche Störung erleiden würde, die Entscheidung der höheren Verwaltungsbehörde darüber einzuholen, ob die Ausübung des Gewerbes an der gewählten Betriebsstätte zu untersagen oder nur unter Bedingungen zu gestatten sei.

Der Sinn dieser Vorschrift geht dahin, daß der Ortspolizeibehörde eine Entscheidung darüber, ob die Ausübung eines Gewerbes, dessen Betrieb mit ungewöhnlichem, die bestimmungsmäßige Benutzung von Kirchen, Schulen u. s. w. erheblich störenden Geräusche verbunden ist, an der gewählten Betriebsstätte zu untersagen oder unter Bedingungen zu gestatten, nicht zusteht, daß vielmehr die höhere Verwaltungsbehörde darüber zu befinden hat. Beschließt die höhere Verwaltungsbehörde, daß der Betrieb nur unter Bedingungen zu gestatten sei, so ist dieser Beschluß für das Vorgehen der Ortspolizeibehörde maßgebend (Entsch. Bd. XXV S. 393, 395). Der Beschluß steht in seinen Wirkungen einem Beschlusse über einen Antrag auf Genehmigung zur Errichtung gewerblicher Anlagen (§§ 16 ff. Gew.-Ord.) gleich; wie hierbei die Ortspolizeibehörde die Innehaltung der von der konzessionierenden Behörde gestellten Bedingungen mit polizeilichen Mitteln (§§ 127 ff., 132 ff. des L.-V.-G.) zu überwachen hat, so gebührt auch in dem Falle des § 27 der Gew.-Ord. nicht der höheren Verwaltungsbehörde, sondern der Ortspolizeibehörde die Aufrechterhaltung der von der ersteren gestellten Betriebsbedingungen. Die Gewerbeordnung enthält keine Vorschrift, in welchem Verfahren die höhere Verwaltungsbehörde sich über die Zulassung der in § 27 genannten Betriebe schlüssig machen soll. Der § 54 bezieht sich, wie sein Wortlaut klar ergiebt, auf § 27 nicht, ebensowenig ist an anderer Stelle die Anwendbarkeit der §§ 20, 21 vorgesehen. Auch der § 51 greift nicht Platz. Er beschränkt sich auf Vorschriften über die Untersagung gewerblicher Anlagen, zu deren Betriebe der Unternehmer durch die erteilte Genehmigung (§§ 16 ff.) ein Recht erlangt hat und auf solche nicht genehmigungspflichtige gewerbliche Anlagen, deren Betrieb, wenn auch mit Nachteilen für das Gemeinwohl verbunden, sich doch innerhalb der durch die Gesetze und polizeilichen Vorschriften gezogenen Grenzen bewegt (Entsch. Bd. XXIII S. 254, Erk. v. 16. IV. 91 — Nr. III. 328 — und Erk. v. 17. XI. 92 — Nr. III. 1051 — Pr. Verw.-Bl. Jahrg. 12 S. 415 und Jahrg. 14 S. 248, Anm. 8 zu § 112 des Zust.-Ges. bei von Brauchitsch, Verwaltungsgesetze). Solche nicht genehmigungspflichtigen Betriebe und Anlagen dagegen, welche den Gesetzen zuwiderlaufen, z. B. mit einer Gesundheitsgefahr für das Publikum verbunden sind (§ 10 Tit. 17 Teil II A.-L.-R.), oder deren Untersagung oder nur bedingungsweise Zulassung auf dem § 27 vorgesehenen Wege gestattet ist, bilden keinen Gegenstand der im § 51 behandelten Enteignung. Beim Mangel reichsgesetzlicher Vorschriften konnte das Landesrecht das Verfahren, betreffend die Einholung der nach § 27 der Gew.-Ord. zu erlassenden Entscheidung, selbständig regeln. Dies ist im Landesverwaltungsgesetze und im Zust.-Ges. geschehen. Der § 111 des Zust.-Ges. bestimmt:

> „Der Bezirksausschuß beschließt auf Antrag der Ortspolizeibehörde darüber, ob die Ausübung eines Gewerbes in Anlagen, deren Betrieb mit ungewöhnlichem Geräusch verbunden ist, an der gewählten Betriebsstätte zu untersagen oder nur unter Bedingungen zu gestatten ist (§ 27 der Reichsgewerbeordnung)".

und gemäß § 113 a. a. O. findet gegen den Beschluß des Bezirksausschusses, wie bei der Genehmigung gewerblicher Anlagen (§ 16 Gew.-Ord., § 109 Zust.-Ges.), die Beschwerde an den Minister für Handel und Gewerbe statt. Der Beschluß des Bezirksausschusses ist gemäß der §§ 54 Abs. 3, 115 ff. des L.-V.-G. im Beschlußverfahren, nicht im Verwaltungsstreitverfahren zu erlassen (Entsch. Bd. XIV S. 322, Bd. XXV S. 395).

d) Straßengewerbe (§ 37 Reichs-Gew.-Ordn.), Auktionatoren und Fleischbeschauer (§ 36), Geschäftsvermittler, Schwimm- und Tanzlehrer, Winkelkonsulenten, Trödler, Kleinhandel mit Bier (§ 35), Pfandleiher (§§ 35, 38), Auswandererunternehmer, Hufschmiede (§ 30a).

Nr. 1. Entsch. Bd. XXXI S. 297 v. 8. VII. 96 IV B. 86/96.

R.-G.-Ord. § 37.

Die R.-G.-Ord. hat in § 37 das Gewerbe derjenigen Personen, die auf öffentlichen Straßen oder Plätzen ihre Dienste anbieten, nicht selbständig geregelt, vielmehr diese Regelung den Ortspolizeibehörden überlassen.

Demgemäß bilden die zu erlassenden Polizeiverordnungen die Norm, die für die Zulassung und die Untersagung des Gewerbebetriebes maßgebend ist.

Nr. 2. Entsch. Bd. XXXII S. 295 v. 26. IV. 97 IV B. 90/96.

Gew.-Ord. §§ 1, 37.

Es ist früher regelmäßig angenommen worden, daß der Gewerbebetrieb der Abfuhrunternehmer zu den im § 37 der Gew.-Ord. bezeichneten sogenannten Straßengewerben gehört (vgl. z. B. Schenkel, Gew.-Ord., 2. Aufl., Bd. I S. 300, Anm. 2, und Biermann, Privatrecht und Polizei in Preußen S. 86, Anm. 2, auch die Ausführung des Präsidenten des Staatsministeriums und Ministers des Innern v. 28. X. 92 zur Begründung des Konflikts, über den demnächst vom I. Senat des O.-V.-G. durch das Urt. v. 21. X. 93 I. 974 — Pr. Verw.-Bl. Jahrg. XV S. 134 — entschieden worden ist: „Der § 37 gestatte der Ortspolizeibehörde, das Abfuhrwesen unter Umständen in einer Hand zu vereinigen, zu monopolisieren"). Dagegen haben die Minister des Innern und der Finanzen in der Verfügung v. 16. I. 94 (M.-Bl. d. i. V. S. 29) mit Rücksicht auf die Entstehungsgeschichte und den Wortlaut des § 37 die entgegengesetzte Ansicht ausgesprochen. Dieser hat sich der Strafsenat des Kammergerichts unter Aufgabe der in seinem Urt. v. 14. III 95 aufgestellten gegenteiligen Rechtsansicht in dem Urt. v. 13. II. 96 (Pr. Verw.-Bl. Jahrg. XVII S. 475 und Deutsche Juristen-Zeitung Bd. I S. 222) angeschlossen. Die Verfügung v. 16. I. 94 und das Urt. vom 13. II. 96 haben seitdem fast allgemeine Zustimmung gefunden, so in den Kommentaren zur Gew.-Ord. von von Landmann 3. Aufl., mitbearbeitet von Rohmer, S. 360 Anm. 3 zu § 37, Berger-Wilhelmi, 14. Aufl., S. 56 Anm. zu § 37 und Neukamp, 2. Aufl., S. 55 Anm. 4 zu § 37, s. auch von Brauchitsch, Pr. Verw.-Ges., Bd. V S. 35, Anm. 1 zu § 37. Das R.-Ger. hat in dem Urt. v. 5. III. 96 (Pr. Verw.-Bl. Jahrg. XVIII S. 130 und Beiträge zur Erläuterung des Deutschen Rechts Bd. XI S. 1145) die Anwendung des § 37 auf das Abfuhrgewerbe wenigstens für „nicht unbedenklich" erklärt, ohne weiter zur Sache bestimmte Stellung zu nehmen, und Reger, Gew.-Ord., 2. Aufl., S. 74, Anm. zu § 37 hält den Transport der Fäkalien nur soweit für unter den § 37 fallend, als nicht diese Thätigkeit dem Gebiete des privaten Gewerbebetriebes entzogen und in den Kreis der Aufgaben der politischen Gemeinden einbezogen sei. Die neuere Ansicht erscheint auch als die richtigere.

Nr. 3. Entsch. Bd. XXXII S. 302 v. 16. VI. 97 III B. 91/96.

Gew.-Ord. §§ 1, 37.

1. Wie in dem von dem Gerichtshof am 26. IV. 97 in einer zwischen der Stadtpolizeiverwaltung zu Bochum und einem dortigen Abfuhrunternehmer schwebenden Verwaltungsstreitsache erlassenen Urteile näher ausgeführt worden ist, gehört die Abfuhr von Fäkalien, da sie nicht nur den Transport des Inhaltes der Abtrittsgruben, sondern auch und zwar in erster Linie deren Entleerung und Reinigung zum Gegenstande hat, allerdings nicht zu denjenigen Gewerben, die durch den § 37 der Gew.-Ord. der Regelung durch die Ortspolizeibehörde unterstellt worden sind. Diese ist daher auch nicht berechtigt, den Betrieb des Abfuhrgewerbes von einer besonderen Erlaubnis abhängig zu machen oder sonst einzelne Unternehmer davon auszuschließen, da dies gegen den im § 1 der Gew.-Ord. aufgestellten Grundsatz der Gewerbefreiheit verstoßen würde.

2. Eine andere Frage aber ist es, ob die Stadtgemeinden nicht berechtigt sind, auf Grund des § 10 der Städteordnung für die Rheinprovinz v. 15. V. 56

durch besondere statutarische Anordnungen die Fäkalienabfuhr in den Kreis der von ihnen zu erledigenden Aufgaben zu ziehen und sie zu einer Gemeindeangelegenheit zu machen. Bei den wichtigen Interessen, welche sich an eine geordnete Fortschaffung der Fäkalien insbesondere in Beziehung auf das öffentliche Gesundheitswesen knüpfen, und bei der mit dem Umfange und der Volkszahl der Städte für diese wachsenden Schwierigkeit, ohne eine einheitliche Zusammenfassung des Abfuhrbetriebes der ihnen auf diesem Gebiete obliegenden Aufgabe zur Förderung des Wohls ihrer Angehörigen nachzukommen, kann dies nicht wohl bezweifelt werden, und die thatsächliche Entwickelung der Verhältnisse hat denn auch dahin geführt, daß eine Reihe größerer Städte dazu übergegangen ist, die Beseitigung der Fäkalien auf dem Wege der Schwemmkanalisation oder der Abfuhr zu einem Gegenstand ihrer unmittelbaren Thätigkeit zu machen.

3. Dies hat durch ein Ortsstatut v. 24. II. 91 auch die Stadt Düsseldorf gethan, und daneben hat die Ortspolizeibehörde durch eine Polizei-Verord. vom gleichen Tage in Verbindung mit einer ergänzenden Polizei-Verordnung v. 2. V. 92 aus gesundheitspolizeilichen Gründen, wozu sie nach § 5 und § 6 unter f und i des Ges. über die Polizeiverwaltung vom 11. III. 50 befugt war, die Verpflichtung gegen die Grundbesitzer ausgesprochen, die Grubenräumung nur durch die Seitens der Stadt dazu bestimmten Personen bewirken zu lassen. Damit ist eine rechtsgültige Unterlage geschaffen, auf Grund deren die Stadt die Abfuhr der Fäkalien allein in ihre Hand nehmen und durch einen mit einem einzigen Unternehmer geschlossenen Vertrag diesem die Ausführung der ihr obliegenden Aufgabe als ihrem verantwortlichen Organe übertragen konnte. Wenn damit thatsächlich alle übrigen Personen von der Fäkalienabfuhr ausgeschlossen sind, so enthält diese Regelung doch keinen Eingriff in das durch § 1 der Gew.-Ord. statuierte Prinzip der Gewerbefreiheit; der Betrieb des Abfuhrgewerbes steht vielmehr nach wie vor jedem Unternehmer frei, und es ist diesem Betriebe nur innerhalb des von dem Ortsstatute umfaßten Bezirkes der Stadt Düsseldorf faktisch der Boden entzogen, nicht etwa, indem ein Monopol für einzelne andere Unternehmer geschaffen, sondern indem die Abfuhr zu einer Gemeindeangelegenheit gemacht und dadurch aus dem Bereiche der gewerblichen Thätigkeit überhaupt ausgeschieden ist (von Landmann, III. Aufl., Anm. 2 zu § 1 S. 47 und Anm. 2 zu § 10 S. 100; Gutachten des Reichsjustizamts v. 23. IV 92, abgedruckt bei Reger, Bd. XIII S. 116; Verf. der Minister des Innern und des Finanzministers v. 16. I. 94, M.-Bl. 1894 S. 29; Erk. des O.-V.-G. v. 9. I. 94, Pr. Verw.-Bl. Jahrg. 15 S. 307; Rheinisches Archiv Bd. 45 Abt. II S. 28; von Brauchitsch Bd. II S. 33 u. S. 45 Anm. 7 zu § 11 und Bd. V S. 35 Anm. 1 zu § 37).

4. Der in dieser Weise durch Ortsstatut und Polizei-Verordnung geschaffenen Ordnung der Verhältnisse muß sich aber ein jeder fügen. Die Polizei ist daher berechtigt, zur Verhinderung einer Störung dieser Ordnung gegen jedermann einzuschreiten, und sie kann deshalb auch einen Dritten ohne Rücksicht darauf, ob er durch die Ausübung der Abfuhr innerhalb des in Rede stehenden Bezirkes sich selbst einer strafrechtlich verfolgbaren Übertretung schuldig machen würde oder nicht, die Vornahme von Abfuhrarbeiten für die Zukunft verbieten.

Nr. 4. Entsch. v. 16. VI. 97 III. 892.

Gew.-Ord. § 37.

Solange eine Stadtgemeinde nicht die Abfuhr der Fäkalien durch Ortsstatut (§ 11 der Städteordnung v. 9. III. 56, G.-S. S. 237) zu einer städtischen Einrichtung gemacht hat und eine diese Einrichtung sichernde Polizeiverordnung nicht erlassen ist, darf die Polizeibehörde Abfuhrunternehmer, die von Seiten der Stadtgemeinde mit der Abfuhr betraut werden, nicht gegenüber andern Abfuhrunternehmern unter Vorschützung polizeilicher Gesichtspunkte bei Erteilung der Genehmigung zur Abfuhr der Fäkalien irgend wie begünstigen. Ihre Verfügungen würden sonst der Aufhebung unterliegen.

Nr. 5. Entsch. v. 5. II. 94 III. 161.

Gew.-Ord. § 37.

1. Der Begriff des öffentlichen Platzes im Sinne des § 37 Gew.-Ord. ist im weitesten Umfange zu fassen, so daß jeder Platz darunter fällt, welcher dem öffentlichen Verkehre dient, mag dieser sich auch ganz oder fast ausschließlich auf bestimmte Arten oder Zwecke des Verkehrs beschränken. Hieran wird auch weder dadurch, daß der Platz als ein Teil des Bahngebietes oder Zubehör der Bahnanlage anzusehen ist, noch auch durch das Eigentum des Eisenbahnfiskus an demselben etwas geändert. Die erstere Thatsache kann nur dahin führen, neben der Ortspolizeibehörde, welcher nach § 37 die Regelung der sogenannten Straßengewerbe auf den öffentlichen Plätzen zusteht, der Bahnpolizeibehörde auf Grund des § 55 Abs. 4 der Betriebsordnung für die Haupteisenbahnen Deutschlands v. 5. VII. 92 (R.-G.-Bl. S. 714) eine gewisse konkurrierende Befugnis bei der Ordnung der Ausübung der betreffenden Gewerbebetriebe auf dem Bahnhofsplatze einzuräumen.

2. Die erste Voraussetzung für ein polizeiliches Vorgehen auf Grund des § 37 der Gew.-Ord. bildet das Vorhandensein einer allgemeinen polizeilichen Verordnung über die Ausübung des betreffenden Gewerbes. Hierauf weist das Wort „Regelung" hin, auch ist diese Auslegung des § 37 durch die von den beteiligten Ministern unter dem 4. IX. 69 erlassene Anweisung zur Ausführung der Gew.-Ord. (M.-Bl. 1869 S. 205) als die allein richtige anerkannt worden. Unter Nr. 14 daselbst heißt es, daß die polizeilichen Anordnungen in Bezug auf die im § 37 bezeichneten Straßengewerbe jedenfalls in genereller Weise, d. h. in der Form von Polizeiverordnungen getroffen werden müßten.

Nr. 6. Entsch. Bd. XXX S. 323 v. 27. VI. 96 IV B. 143/95.

Zust.-Ges. § 119; Gew.-Ord. §§ 20, 21, 37, 40.

1. Nach der Berliner Polizeiverordnung v. 3. XII. 75 werden unterschieden Institutsdienstmänner und selbständige Dienstmänner. Die ersteren, welche von dem konzessionierten Inhaber eines Dienstmannsinstituts angenommen werden, müssen im Besitze eines polizeilich ausgestellten Dienstscheines sein, das Gewerbe der letzteren darf nur auf Grund einer vom Polizeipräsidium erteilten Erlaubnis betrieben werden.

2. Soll der Betrieb des Gewerbes eines selbständigen Dienstmannes untersagt werden, so muß die Polizei gemäß § 119 des Zust.-Ges. (§§ 37, 40, 20 u. 21 Gew.-Ordn.) klagen, während die Entziehung des Dienstscheines durch polizeiliche Verfügung erfolgt, gegen die die Rechtsmittel nach den §§ 127 ff. L.-V.-G. zulässig sind.

Nr. 7. Entsch. v 26. I. 98 III. 130.

Gew.-Ord. § 35.

Wenn jemand Schilder mit der Aufschrift „Dienstbüreau" anbringen läßt, ohne erkennbar zu machen, daß er keine gewerbsmäßige Besorgung fremder

Rechtsangelegenheiten betreiben will (§ 35 Gew.-Ord.), so wird anzunehmen sein, daß er es auf diesen Betrieb doch abgesehen hat. Ob darunter eine Thätigkeit fällt, die allein in der Ratserteilung (ohne Anfertigung von Schriftstücken) besteht, kann dahin gestellt bleiben.

Nr. 8. Entsch. v. 22. I. 98 III. 110.

Gew.-Ord. § 35.

Wer den Gewerbebetrieb aus § 35 der Gew.-Ordn. ausdrücklich bei der Polizeibehörde anmeldet (§ 35 Abs. 4), muß die Vermutung gegen sich gelten lassen, daß er diesen Betrieb entweder bereits begonnen hat oder doch zu beginnen unmittelbar im Begriffe stehe. Die Klage auf Untersagung ist daher unzulässig.

Nr. 9. Entsch. v. 20. IV. 98 III. 555.

Gew.-Ord. § 35.

Zur Untersagung eines Gewerbebetriebes gemäß § 35 der Gew.-Ord. können auch Thatsachen verwertet werden, die sich vor Beginn der Ausübung desselben ereignet haben . . . Wie die Entstehungsgeschichte des § 35 ferner erkennen läßt, hat durch die Worte „wenn Thatsachen vorliegen" nur zum Ausdrucke gebracht werden sollen, daß der Richter seine Überzeugung von der Unzuverlässigkeit durch thatsächliche Vorgänge — Handlungen oder Unterlassungen — zu begründen habe, keineswegs hat eine Beweisregel dahin aufgestellt werden sollen, daß sich die Überzeugung stets auf eine Mehrheit von Thatsachen stützen müsse.

Nr. 10. Entsch. Bd. XXXI S. 301 v. 12. VII. 96 IV B. 116/96.

St.-G.-Ord. § 35.

1. Ist einem Gewerbetreibenden gemäß § 35 R.-Gew.-Ord. das Gewerbe rechtskräftig untersagt worden, so wirkt die Untersagung ganz allgemein und absolut, nicht auf die Untersagung an einem einzelnen Orte u. s. w. (Entsch. Bd. XXVI S. 286).

2. Auch ist jede Klage auf nochmalige Untersagung unzulässig. An jedem Orte, wo der Beklagte das ihm untersagte Gewerbe betreiben will, ist die Polizei berechtigt, sowohl auf Grund der Untersagung die Bestrafung nach § 148 Nr. 4 Gew.-Ord. herbeizuführen, als auch mit Zwangsmitteln die Fortsetzung des unbefugten Gewerbebetriebs zu verhindern.

Nr. 11. Entsch. v. 9. II. 98 III. 190.

Gew.-Ord. § 35.

Die von dem Minister für Handel und Gewerbe erlassene Verord. v. 18. III. 85 bestimmt unter Nr. 14, daß diejenigen, welche die Besorgung fremder Rechtsangelegenheiten und bei Behörden wahrzunehmender Geschäfte gewerbsmäßig betreiben, den zuständigen Polizeibehörden und deren Organen auf Erfordern ihre Geschäftsbücher und die gesammten auf ihren Geschäftsbetrieb bezüglichen Schriftstücke zur Einsicht vorzulegen haben. Damit ist nicht ausgesprochen, daß die Gewerbetreibenden ihre Geschäftsbücher der Ortspolizei stets in deren Geschäftsräumen zur Einsicht vorzulegen haben. Mit dem Wortlaute ist die Auslegung durchaus vereinbar, daß den Gewerbetreibenden nur die Gestattung der Einsicht in ihre Geschäftsbücher zur Pflicht gemacht worden ist, was im allgemeinen auch zur Sicherung einer gehörigen polizeilichen Kontrolle ausreichen wird. Umsoweniger ist anzunehmen, daß den Gewerbetreibenden der hier in Betracht kommenden Art. unbedingt die Vorlage der Geschäftsbücher in den Räumen der Ortspolizeibehörden, die sich für sie als eine nicht unerhebliche Störung in der Ausübung des Gewerbes erweisen kann, zur Pflicht hat gemacht werden sollen, als das Landesgesetz für den Gewerbebetrieb der Agenten von Feuer-Versicherungen sich darauf beschränkt hat, die Befugnis der Polizeibehörden zur Einsicht der Geschäftsbücher festzustellen (Ges. v. 8. V. 37 S. 102). Danach muß daran festgehalten werden, daß die Ortspolizeibehörden, wie dies in dem Urt. des O.-V.-G. v. 2. VI. 90 (Entsch. Bd. XIX S. 339 ff.) bereits dargelegt ist, die Geschäftsbücher in den Räumen des Gewerbetreibenden einzusehen haben, es sei denn, daß sich nach der Art dieser Räume oder aus anderweiten Gründen dort die Einsicht nicht gehörig ermöglichen läßt und deshalb die Vorlegung der Geschäftsbücher behufs der Einsicht in den Räumen der Polizeibehörde als geboten zu erachten ist (Min.-Bl. 1843 S. 38 und 1861 S. 289).

Nr. 12. Entsch. v. 29. IV. 97 III. 626.

Gew.-Ord. § 35; Tit. 17 § 10 Teil II A.-L.-R.; L.-V.-G. §§ 127 ff.

Ein Tanzlehrer bedarf zur Ausübung seines Gewerbes keiner polizeilichen Genehmigung (Entsch. Bd. XXVI S. 287), weder im Allgemeinen noch für ein bestimmtes Lokal. Hat die Polizeibehörde einen Antrag, in dem eine Genehmigung zur Erteilung von Tanzunterricht erbeten ist, abgelehnt, so sind die Rechtsmittel aus den §§ 127 ff. des L.-V.-G., wie in den Entsch. Bd. VIII S. 311 und Bd. XII S. 366 dargethan ist, nicht gegeben. Anders, wenn die Polizeibehörde eine beabsichtigte Abhaltung des Tanzunterrichts in einer bestimmten Wirtschaft verbietet, weil daraus Gefahren für das Publikum entstehen. Gegen dieses Verbot sind die genannten Rechtsmittel zulässig und ein Rechtsmittel muß Erfolg haben, wenn der Verwaltungsrichter die von der Polizei angenommene Gefahr für das Publikum verneint.

Nr. 13. Entsch. v. 5. XI. 98 III. 1507.

Gew.-Ord. § 35.

Ein Tanzlehrer muß zuverlässig sein in der Fernhaltung von Unsittlichkeiten vom Gewerbe und demjenigen Tanzlehrer ist das Gewerbe zu untersagen, der die Unsittlichkeit darin fördert, mag er dies im Zustande der Zurechnungsfähigkeit oder der Unzurechnungsfähigkeit thun.

Nr. 14. Entsch. v. 2. IV. 98 III. 486.

Gew.-Ord. §§ 1, 35.

Die Gewerbeordnung wird von dem im Absatze 2 des § 1 niedergelegten Grundsatze, daß ihren Vorschriften rückwirkende Kraft nicht innewohnt, dergestalt beherrscht, daß dies Prinzip auch auf die sie abändernden und ergänzenden Gesetze Anwendung findet (Entsch. Bd. VIII S. 282, Bd. XI S. 313, 316, 317, 318—321). In Ermangelung entgegenstehender besonderer Bestimmungen unterliegt daher auch die durch Art. 5 der Novelle v. 6. VIII. 96 eingeführte Zulässigkeit der Untersagung des Kleinhandels mit Bier diesem Grundsatze. Bis zum Inkrafttreten der Novelle, dem 1. Januar 1897, war eine Untersagung des Kleinhandels mit Bier unzulässig. Ein Händler ist daher trotz im Laufe des Jahres 1896 erlittener Bestrafungen wegen Zuwiderhandlungen gegen § 33 der Gew.-Ord. beim Inkrafttreten der Novelle im Sinne des Absatzes 2 § 1 der Gew.-Ord. „zum Betriebe des Gewerbes berechtigt" gewesen und es kann unter alleiniger Zugrundelegung der im Jahre 1896 begangenen Strafthaten später nicht mit Erfolg auf Untersagung des Gewerbebetriebes geklagt werden.

Nr. 15. Entsch. v. 7. V. 98 III. 689.

Gew.-Ord. §§ 1, 35.

Das O.-V.-G. ist in ständiger Rechtsprechung (siehe Entsch. Bd. VIII S. 280 ff. Bd. XI S. 308 ff.) davon ausgegangen, daß die Fortsetzung der vor dem Inkrafttreten der Gewerbeordnung und der sie ergänzenden Gesetze begonnenen Gewerbebetriebe nicht um deswillen zu beanstanden sei, weil der Inhaber des Gewerbebetriebes zur Zeit des Inkrafttretens dieser Gesetze derjenigen Eigenschaften ermangele, von deren Vorhandensein erst durch die neueren Gesetze die Aufnahme und die Fortsetzung des Gewerbebetriebes abhängig gemacht worden ist. Es ist dies, soweit die Gew.-Ord. und die sie ergänzenden Gesetze nicht ausdrücklich ein anderes verfügen, wie nach allgemeinen Grundsätzen, so insbesondere auch mit Rücksicht auf den zweiten Abs. des § 1 der Gew.-Ord. für rechtlich begründet erachtet und auch allgemein anerkannt (Landmann, Gew.-Ord. 3. Aufl., Bd. I S. 57 ff.). Hieran ist für die Anwendung des § 35 in der Fassung des Ges. v. 6. VIII. 96 festzuhalten, da hier weder ausdrücklich bestimmt, noch sonst dem Wortlaute zu entnehmen ist, daß die Untersagung des vorher begonnenen Kleinhandels mit Bier, wofür es einer besonderen Genehmigung weder früher bedurfte, noch jetzt bedarf, auch dann schon zulässig sein soll, wenn der Inhaber des Kleinhandels zur Zeit ihres Inkrafttretens wegen Zuwiderhandlung gegen die Vorschriften des § 33 bestraft ist.

e) Wandergewerbescheine (§§ 55 ff. Gew.-Ord.), Legitimationsscheine (§ 43), Legitimationskarten (§§ 44, 44a), Genehmigung zum Feilbieten von Druckschriften (§ 56 Abs. 3 u. 4).

Nr. 1. Entsch. v. 16. III. 96 III. 365.

Gew.-Ord. §§ 42, 44a, 55; Handelsg.-B. Art. 272 Nr. 4, 350.

Der Kläger ist Agent, er steht zu verschiedenen Handelshäusern nicht in einem Dienstverhältnisse, sondern in einem Vertragsverhältnisse, Inhalts dessen er in einem gewissen geographischen Gebiete durch gewerbsmäßige Vermittelung von Kaufgeschäften dauernd den Absatz der Waaren jener Handelshäuser zu besorgen und hierbei die Interessen der Handelshäuser zu wahren hat (Art. 272 Nr. 4 H.-G.-B.; Staub, H.-G.-B. IV. Aufl. S. 139). Als Agent kann aber der Kläger (Entsch. Bd. XX S. 338) eine Legitimationskarte (§ 44a Gew.-Ordn.) nicht erhalten, andererseits darf der Kläger sein Gewerbe außerhalb seiner gewerblichen Niederlassung nicht etwa auf Grund des § 42 Abs. 1, wie die Versicherungsagenten, ohne polizeiliche Genehmigung ausüben. Der § 42 Abs. 1 lautet:

> „Wer zum selbständigen Betriebe eines stehenden Gewerbes befugt ist, darf dasselbe innerhalb und unbeschadet der Bestimmungen des dritten Titels auch außerhalb des Gemeindebezirks seiner gewerblichen Niederlassung ausüben"

und die Motive zur Gew.-Ordn. v. 21. VI. 69, welche für die jetzige Fassung (Novelle v. 1. VII. 83) noch maßgebend sind, bemerken:

„§ 39 (jetzt § 42) stellt im Gegensatze zu den Bestimmungen der meisten Landesgesetze über den Gewerbebetrieb im Umherziehen ein überaus wichtiges Prinzip fest. Während nach der Mehrzahl der letzteren jede nicht besonders dem stehenden Gewerbebetriebe vorbehaltene Ausübung des Gewerbes außerhalb des Wohnortes als umherziehender Betrieb aufgefaßt und den Bestimmungen über das Hausiergewerbe unterworfen werden konnte, wird durch § 39 (jetzt § 42) festgestellt, daß die Ausübung des stehenden Gewerbes außerhalb des Wohnortes soweit frei ist, als das vorliegende Gesetz nicht besondere Einschränkungen vorschreibt. Eine Ausübung des stehenden Betriebes außerhalb des Wohnortes, die nicht durch den Titel III als Hausierbetrieb ausdrücklich qualifiziert ist, gilt daher als Ausübung des stehenden Betriebes. Dies ist namentlich gegenüber der bisherigen preußischen Gesetzgebung folgenreich für die Gewerbebefugnisse der Versicherungsagenten. Das Gewerbe der Versicherungsagenten besteht in der Vermittelung von Versicherungsverträgen zwischen den zu Versichernden und der Versicherungsunternehmung. Von den verschiedenen Zweigen des Gewerbes der Vermittelung von Geschäften ist durch Abschnitt III nur derjenige dem Gewerbebetriebe im Umherziehen zugezählt, welcher in dem Aufsuchen von Waarenbestellungen besteht. Die Geschäftsvermittelung der Versicherungsagenten ist also nach dem Entwurfe als ein Ausfluß des stehenden Gewerbebetriebes zu betrachten, nicht als Gewerbebetrieb im Umherziehen. Sie ist daher von einer polizeilichen Genehmigung nicht abhängig“ (St. Ber. 1869 Bd. III S. 120).

Es ist klar, daß unter den § 42 solche Gewerbebetriebe nicht fallen, für die in dem Tit. III der Gew.-Ordn. (Hausiergewerbe) besondere Bestimmungen erlassen sind. Zu diesen besonderen Bestimmungen gehört die Vorschrift in § 55, wonach der, welcher außerhalb seines Wohnortes ohne Begründung einer gewerblichen Niederlassung (d. h. ohne daß er außerhalb des Wohnortes eine gewerbliche Niederlassung begründet) und ohne vorgängige Bestellung Waaren feilbieten oder Waarenbestellungen aufsuchen will u. s. w., eines Wandergewerbescheines bedarf, soweit nicht in Gemäßheit des § 44a eine Legitimationskarte genügt. Die Legitimationskarte genügt nur dann, wenn Waarenbestellungen durch im Dienste eines Gewerbtreibenden stehende Reisenden für die Zwecke des Betriebes des Dienstherrn im Sinne der Entsch. Bd. XX S. 338 gesucht werden. Der Kläger, welcher kein Reisender ist und nicht im Dienste der Handelshäuser steht, sondern selbständiger Gewerbetreibender ist, kann daher aus diesem Gruude eine Legitimationskarte nicht erhalten. Wäre er Kommissionär (Art. 360 H.-G.-B.), so würde er die Ausstellung einer Legitimationskarte für sich oder für seinen Reisenden beantragen können.

Nr. 2. Entsch. Bd. XXX S. 418 v. 17. XI. 96 I A. 39/96.

Preßgeſ. v. 7. V. 74 § 1.

Der Titel einer Druckschrift ist nicht minder ein Teil ihres Inhalts, als der Text selbst. Die Zulässigkeit eines die Wahl des Titels beschränkenden polizeilichen Verbots ist daher nach § 1 des Preßgesetzes v. 7. V. 74 zu beurteilen und nach diesem zu verneinen (Goltdammer, Archiv für Strafrecht Bd. 39 S. 451; Kommentar zum Preßgesetze von Schwarze u. Appelius, 3. Aufl. S. 5 Anm. 6 zu § 1, Entsch. des O.-V.-G. Bd. XXIII S. 276, Bd. XXVIII S. 326.)

Nr. 3. Entsch. v. 17. XII. 91 III. 1136.

Verordn. v. 31. XII. 83 G.-S. 1884 S. 7; L.-V.-G. § 74 Abs. 3.

Für das V.-St.-V., das nach § 3 der Verordn. v. 31. XII. 83 stattfindet (Versagung der Erlaubnis, Druckschriften im Umherziehen feilzuhalten), ist, wenn gegenüber dem die Genehmigung eines Druckschriftenverzeichnisses versagenden Beschlusse des Bezirksausschusses auf mündliche Verhandlung angetragen wird, Kläger der Kolporteur. Ein Beklagter ist nicht vorhanden, auch ist eine öffentliche Behörde, die die Rolle des Beklagten wahrzunehmen hat, gesetzlich nicht bezeichnet. Es greift daher § 74 Abs. 3 L.-V.-G. Platz und es ist ein Kommissar zu ernennen.

Nr. 4. Entsch. Bd. XXXI S. 304 v. 12. IV. 97 III C. 20/97.

R.-Gew.-Ord. § 56 Nr. 10.

In § 56 Nr. 10 der Gew.-Ordn. sind von dem Ankauf oder Feilbieten im Umherziehen Druckschriften, andere Schriften und Bildwerke ausgeschlossen, insofern sie in sittlicher oder religiöser Beziehung Ärgernis zu geben geeignet sind. Worauf es also entscheidend ankommt, ist, daß die zum Vertrieb im Umherziehen bestimmte Druckschrift ꝛc. selbst durch ihren Inhalt ein solches Ärgernis zu geben geeignet ist. Dies liegt freilich auch dann vor, wenn in der ihrem eigentlichen Inhalt nach unbedenklichen Druckschrift auf eine andere verwiesen wird, deren Titel schon ein derartiges Ärgernis zu geben geeignet ist, oder wenn die Verweisung in einer Art erfolgt, daß hierin ein Ärgernis in sittlicher oder religiöser Beziehung zu finden ist. Unvereinbar ist es aber mit dem Wortlaute des Gesetzes, eine völlig unbedenkliche Druckschrift schon deshalb von dem Kolportagebetrieb auszuschließen, weil der Inhalt derjenigen Druckschrift, auf die in ihr verwiesen worden ist, ein Ärgernis zu geben geeignet ist, obschon weder der Titel der anderen Druckschrift, noch die Art, wie auf sie verwiesen worden ist, in sittlicher oder religiöser Beziehung zu beanstanden ist. Von der Prüfung des Inhalts der Druckschriften, auf welche verwiesen wird, ist ganz abzusehen, da es sich um ihren Vertrieb im Umherziehen nicht handelt.

Nr. 5. Entsch. Bd. XXXI S. 306 v. 8. V. 97 III C. 37/97.

St.-Gew.-Ord. § 56 Nr. 10.

Den durch § 56 Abs. 2 der Gew.-Ordn. vom Ankauf oder Feilbieten im Umherziehen ausgeschlossenen Gegenständen sind durch die am 1. I. 97 in Kraft getretene Novelle v. 6. VIII. 96 (R.-G.-Bl. S. 685) Art. 12 unter Nr. 10 außer Bäumen aller Art, Sträuchern, Schnitt-, Wurzel-Reben und Sämereien, mit Ausnahme von Gemüse- und Blumensamen, auch noch „Futtermittel" hinzugefügt worden. Die Nr. 10 war bereits übereinstimmend im Art. 11 des Entwurfs des Gesetzes enthalten, und es ist dazu in der Begründung des Entwurfs bemerkt worden (St. Ber. über die Verhandlungen des Reichstages, 9. Legisl.-Per., IV. Session 1895/97, I. Anlagebd., Aktenstück Nr. 85, S. 431):

„Dabei ist die Rücksicht vorwiegend, daß die Gefahr einer Übervorteilung der Käufer wegen der Schwierigkeit der Beurteilung des Wertes dieser Waaren besteht."

„Auch bei dem Hausierverkehr mit Futtermitteln sind die Abnehmer der Gefahr der Täuschung besonders ausgesetzt."

Bei der zweiten Beratung des Entwurfs im Reichstage hat sodann der stellvertretende Bevollmächtigte zum Bundesrat für das Großherzogtum Baden, ohne insoweit Widerspruch zu finden, ausgeführt:

> „Sodann, meine Herren, was die Futtermittel betrifft, so handelt es sich hier um ein Gebiet, bei welchem — leider, sage ich — die Fälschungen auch bereits eingesetzt haben, und es ist eine Frage des landwirtschaftlichen Fortschritts, dafür eine Sicherung zu verlangen, daß die Futtermittel nur in gutem Zustande, in guter Zusammensetzung an das Publikum gebracht werden. Denken Sie an Palmkuchen, Leinölkuchen, Reismehl: wie kann man die kaufen, wenn man nicht die Garantie einer Untersuchung hinter sich hat."

Danach sind Ölkuchen zu den Futtermitteln im Sinne des § 56 Nr. 10 zu rechnen. Bei ihnen werden vielerlei Fälschungen versucht und oft verdorbene und darum dem Vieh schädliche Stücke in den Handel gebracht.

Nr. 6. Entsch. v. 12. VI. 97 III. 866 u. v. 26. VI. 97 III. 955.

Ges. v. 6. VIII. 96 R. G. Bl. S. 685.

Das Ges. v. 6. VIII. 96 bestimmt in Art. 23: „Dieses Gesetz tritt mit dem 1. Januar 97 in Kraft". Schon aus dieser Bestimmung ergiebt sich, daß der Gesetzgeber die für das Jahr 1897 und später zu erteilenden Wandergewerbescheine den Vorschriften des Gesetzes v. 6. VIII. 96 hat unterwerfen wollen.

Nr. 7. Entsch. v. 1. II. 97 III. 148.

Gew. Ord. §. 57a Ziffer 2.

Nach § 57a Ziffer 2 der Gew.-Ord. ist der Wandergewerbeschein in der Regel zu versagen, wenn der Nachsuchende blind, taub oder stumm ist oder an Geistesschwäche leidet. Die Motive bemerken hierzu: „Die Vorschrift des § 57a Ziffer 2 will verhindern, daß körperliche oder geistige Gebrechen zum Deckmantel der Bettelei gemißbraucht werden, ganz abgesehen von der Gefahr, in welcher blinde, geistesschwache oder auch taube Personen beim Verkehr auf öffentlichen Wegen, Straßen und Plätzen naturgemäß schweben. Soweit notwendig, muß die öffentliche Armenpflege für diese Gebrechlichen eintreten. Erscheint im einzelnen Falle die Erteilung des Wandergewerbescheines ausnahmsweise unbedenklich, so giebt die Fassung des § 57a die Möglichkeit dazu."

Nr. 8. Entsch. v. 13. VI. 95 III. 756.

L.-V.-G. § 74 Abs. 3; Zust.-Ges. § 117; Gew.-Ord. § 57 Nr. 3 u. 4.

1. Das Gesetz hat die Parteirolle als Beklagten für das V.-St.-V. im Falle des § 117 Zust.-Ges. der Ortspolizeibehörde nicht ausdrücklich übertragen. Ebenso ist es hierfür unwesentlich, wenn die Ortspolizeibehörde in Anlaß nimmt, der Erteilung des Wandergewerbescheines zu widersprechen. Ein förmliches Widerspruchsrecht ist durch das Gesetz der Ortspolizeibehörde nicht zugewiesen, und deshalb kann auch nicht in Frage kommen, daß die Ortspolizeibehörde in dem Streitverfahren zur Wahrung und Vertretung eines Widerspruchsrechts als Partei notwendig zu beteiligen ist. Wie der Ortspolizeibehörde dann, wenn der Wandergewerbeschein ungeachtet ihres Widerspruchs durch Beschluß des Bezirksausschusses erteilt ist, kein Klagerecht zusteht (§ 117 des Zust.-Ges.), so fällt ihr auch die Parteirolle als Beklagter dann nicht zu, wenn der Wandergewerbeschein entsprechend ihrem Antrage, dem nur die Bedeutung einer gutachtlichen Äußerung zukommt, versagt ist. Es verbleibt vielmehr

bei der Regel des § 74 Abs. 3 des L.-V.-G., wonach in allen Fällen, in welchen für das Verwaltungsstreitverfahren die Rolle als Kläger und Beklagter behufs Wahrnehmung des öffentlichen Interesses zu übernehmen nicht zufolge besonderer gesetzlicher Vorschrift einer bestimmten Behörde zugewiesen ist, der Vorsitzende des Verwaltungsgerichts einen Kommissar zu bestellen hat.

2. Nach § 57 Nr. 4 der Gew.-Ord. in der Fassung des Gesetzes v. 1. VII. 83 ist der Wandergewerbeschein zu versagen,

wenn der Nachsuchende wegen gewohnheitsmäßiger Arbeitsscheu, Bettelei, Landstreicherei, Trunksucht übel berüchtigt ist.

Daß für die Anwendung dieser Vorschrift nicht schon die Thatsache der Bestrafung genügt, daß vielmehr, sofern die an sich keine notwendige Voraussetzung bildende Bestrafung feststeht, noch als weiteres Erfordernis das Übelberüchtigtsein hinzutreten soll, ergiebt der Wortlaut, namentlich in Berücksichtigung der Nr. 3, woselbst lediglich die Thatsache der Bestrafung wegen der hier näher bestimmten strafbaren Handlungen als Versagungsgrund vorgeschrieben ist, wird aber durch die Erwägungen bestätigt, welche erkennbar den Reichstag zur Beibehaltung der Nr. 4 in der dem Ges. v. 21. VI. 69 entsprechenden Formulierung bestimmt haben. Wie das Gesetz lautet, kommt es also nicht sowohl darauf an, ob der Nachsuchende der Arbeitsscheu 2c. ergeben oder ob er dieserhalb bestraft ist, als vielmehr darauf, ob er auch wegen gewohnheitsmäßiger Arbeitsscheu 2c. übel berüchtigt, wofür indeß immerhin wird berücksichtigt werden müssen, daß der Hang zur Arbeitsscheu 2c. auch bereits durch deren Vorbestrafung bethätigt worden ist.

f) Privatkranken-, Privatentbindungs- und Privat-Irrenanstalten.

Nr. 1. Entsch. v. 18. XII. 97 III. 1708.

Gew.-Ord. §§ 70, 53 Abs. 2; L.-V.-G. § 117.

1. Daß der § 30 der Gew.-Ord. unter a von Thatsachen, welche die Unzuverlässigkeit des Unternehmers in Beziehung auf die Leitung oder Verwaltung der Anstalt darthun, spricht, schließt nicht aus, schon aus einer einzelnen Thatsache die Unzuverlässigkeit zu folgern. Es besteht insoweit eine Analogie mit dem § 53 Abs. 2 der Gew.-Ord., der zur Zurücknahme der betreffenden Genehmigungen und Bestallungen Handlungen oder Unterlassungen des Inhabers verlangt, nach allgemeiner Annahme aber dahin auszulegen ist, daß auch schon aus einer Handlung oder einer Unterlassung des Inhabers der Mangel der bei der Erteilung der Genehmigung oder Bestallung vorausgesetzten Eigenschaften entnommen werden darf.

2. Was das Verfahren anlangt, so kann die Genehmigung durch einen Bescheid des Vorsitzenden des Bezirksausschusses versagt werden. Keiner der Fälle liegt vor, in denen der Erlaß eines Bescheides durch den Vorsitzenden gemäß § 117 des L.-V.-G. ausgeschlossen ist.

Nr. 2. Entsch. Bd. XXXI S. 284 v. 1. IV. 97 III B. 84/96.

R.-Gew.-Ord. § 30.

Eine konzessionspflichtige Privatkrankenanstalt ist nur dann anzunehmen, wenn Betten für die darin zu behandelnden Kranken vorhanden sind.

Nr. 3. Entsch. Bd. XXXI S. 288 v. 1. IV. 97 III C. 31/97.

R.-Gew.-Ord. § 30.

Zu den baulichen und sonstigen technischen Einrichtungen, von denen der § 30 Gew.-Ord. spricht, kann auch ein Garten gehören.

Nr. 4. Entsch. v. 5. III. 96 III. 319.

Gew.-Ord. § 30.

Erscheint Derjenige, der die Genehmigung zur Errichtung einer Privatkrankenanstalt nachsucht, nur nach einer bestimmten einzelnen Richtung hin, z. B. nur in Bezug auf die eigene Leitung der Heilbehandlung unzuverlässig, und kann dieser beschränkten Unzuverlässigkeit durch Auferlegung gewisser Bedingungen abgeholfen werden, so ist, statt die Erlaubnis gänzlich zu versagen, eine Bedingung aufzuerlegen, daß die ärztliche Leitung einem approbierten Arzte zufalle.

g) Apotheker, Aerzte, Droguenhändler, Handel mit Gift, Zahnärzte, Genfer Kreuz, Kaiserlicher Adler, Wappen, Impfzwang.

Nr. 1. Entsch. Bd. XXXI S. 270 v. 29. III. 97 III B. 43/96.

Medizinaledikt v. 27. IX. 1725 (Rabe, Sammlung Bd. 1 Abteil. 1 S. 736); Verordn. v. 17. XI. 1798 (nov. corpus tom X. S. 1789 Nr. 85).

1. Es besteht ein von der Polizeigewalt verschiedenes, besonderes Aufsichtsrecht gegenüber den approbierten, sich jedoch in keinem Beamtenverhältnisse befindenden Ärzten nicht. Approbierte Ärzte sind als solche keine Beamte.

2. Wenn eine Polizeibehörde einen Arzt mit einer Ordnungsstrafe belegt, so liegt darin eine ohne vorausgegangene Androhung erlassene polizeiliche Verfügung, gegen welche die Rechtsmittel nach den §§ 127 ff. L.-V.-G. zulässig sind.

3. Das Medizinaledikt v. 27. IX. 1725 wie die Verord. v. 17. XI. 1798 sind vom Könige erlassen und gehörig publiziert, sie haben noch Gesetzeskraft, deshalb kann danach jetzt noch ein Arzt bestraft werden, der einen Apotheker „vor den anderen vorschlägt und rekommandiert". Eine solche „Rekommandation" kann die Polizei durch die ihr zu Gebote stehenden Mittel verhindern.

Nr. 2. Entsch. Bd. XXX S. 326 v. 5. X. 96. III A. 12/96.

Gew.-Ord. § 147 Ziffer 3, R.-St.-G.-B. § 360 Ziffer 8.

1. Ein Zahntechniker hatte auf seinem Schilde die Worte angebracht „in Amerika approbierter Zahnarzt". Die Polizeibehörde untersagte ihm dies, die Klage wurde abgewiesen.

2. Begründung: Daß Jemand, der sich auf seinem Geschäftsschilde als im Auslande, speziell als in Amerika approbierter Zahnarzt bezeichnet, polizeilich hieran nicht auf Grund des § 147 Ziffer 3 der Gew.-Ord. in Verbindung mit § 10 Tit. 17 Teil II des A.-L.-R. gehindert werden kann, hat das O.-V.-G. in dem Urteile vom 6. IX. 88 (Entsch. Bd. XVII S. 356) angenommen. Die beklagte Polizeibehörde ist aber der Ansicht, daß die Richtigkeit der in dem Urteile v. 9. IX. 88 ausgesprochenen Rechtsauffassung erheblichen Bedenken unterliege, und hat verschiedene abweichende Entscheidungen von Strafgerichten: ein Erkenntnis des Kammergerichts v. 25. XI. 86, ein vom Kammergerichte am 3. XI. 87 bestätigtes Erkenntnis des Landgerichts I zu Berlin v. 11. VII. 87 und ein Erkenntnis desselben Gerichts v. 19. V. 90, mit denen noch andere neuere Erkenntnisse übereinstimmten, herangezogen. Allein es muß an der früheren Auslegung des § 147 Ziffer 3 der Gew.-Ord. auch bei erneuter Prüfung festgehalten werden, umsomehr, als das Obertribunal stets ebenso entschieden, auch das Reichsgericht sich im gleichen Sinne ausgesprochen hat (Zehnter, die Führung zahnärztlicher Titel, S. 58—61, S. 61—63) und

die sonstige Rechtsprechung überwiegend auf demselben Boden steht (die Mitteilungen bei Zehnter S. 51 ff., S. 71 ff., sowie bei Stenglein, die strafrechtlichen Nebengesetze des Deutschen Reiches, 2. Aufl., S. 661—663, und bei Reger, Gew.-Ord. 2. Aufl. S. 286—288). Daß in den angezogenen oder anderen Erk. neue, bei dem Urteile vom 6. IX 88 noch nicht berücksichtigte Erwägungen sich fänden, kann nicht anerkannt werden: es handelt sich um Ausführungen, die in wesentlich übereinstimmender Weise schon anderweit gemacht worden sind (vergl. die Zusammenstellung bei Zehnter S. 37—51). Von den beiden Alternativen des § 147 Ziffer 3 der Gew.-Ord. trifft die erste: „Bezeichnung als Zahnarzt" in vorliegendem Falle nicht zu, weil hiermit die Bezeichnung als im Inlande approbierter Arzt gemeint ist und bei der Bezeichnung als in Amerika approbierter Zahnarzt gerade die inländische Approbation verneint wird. Die zweite Alternative: „Beilegung eines ähnlichen Titels, durch den der Glaube erweckt wird, der Inhaber desselben sei eine geprüfte Medizinalperson," aber ist bei der Bezeichnung als in Amerika approbierter Zahnarzt nur unter besonderen Umständen — bei auffallend kleiner, versteckter Schrift für die Worte „in Amerika" oder dergleichen, wie sie hier nicht vorliegen, gegeben. Als andere Strafvorschrift außer dem § 147 Ziffer 3 könnte bei dem, der sich als im Auslande approbierter Zahnarzt bezeichnet, überhaupt blos der § 360 Nr. 8 des St.-G.-B. in Betracht kommen. Dieser greift jedoch zweifellos nicht Platz (Zehnter S. 53), da „in Amerika approbierter Zahnarzt" weder eine Würde ist, noch ein Titel, unter dem eine durch höhere Verleihung zu erwerbende, mit Rangstellung verbundene Benennung zu verstehen ist (Olshausen, St.-G.-B., 4. Aufl., S. 1295). Wenn die Polizeibehörde geltend macht, mindestens sei zu verlangen, daß derjenige, der eine ausländische Approbation habe, die ihm danach zukommende Bezeichnung genau in dem Wortlaute, in welchem sie ihm verliehen worden, führe, so kann auch dem nicht zugestimmt werden. Da es erlaubt ist, die ausländische Approbation im Inlande zum Ausdrucke zu bringen, so ist nicht abzusehen, weshalb dies nur mit den ausländischen Worten, nicht auch mit den entsprechenden inländischen sollte geschehen dürfen (ebenso Zehnter S. 57, 58).

Dagegen ist das polizeiliche Vorgehen gegen den Kläger deshalb gerechtfertigt, weil es ihm an einer ordnungsmäßigen Approbation in Amerika fehlt. Der Kläger hat seine Behauptung einer solchen darauf gestützt, daß er sich von 1876 bis 1878 im Auslande aufgehalten, während dieser Zeit die Universität zu Philadelphia in Nord-Amerika besucht und daselbst 1878 den Grad eines Doktors der Medizin und Zahnarztes erworben habe, und ein hierauf bezügliches Diplom vorgelegt. Dieses Diplom ist vorhanden, in lateinischer Sprache von der facultas universitatis Americanae apud Philadelphiam erteilt, mit zwei Siegeln von „the American University of Philadelphia" versehen und von John Buchanan M. D. unterschrieben. In ihm wird bezeugt, daß die facultas universitatis Americanae apud Philadelphiam den Kläger zum medicinae doctorem et dentium medicum erwählt und gemacht und ihm alle Rechte und Privilegien, die zu diesem Grade gehörten, gegeben und eingeräumt habe. Es steht jedoch fest, daß nachdem der Doktor John Buchanan die Licenz zur Gründung einer „American University of Philadelphia" und einen Freibrief, nach welchem die Universität zur Verleihung des Doktortitels berechtigt war, erlangt hatte und er schon zu Anfang der 70er Jahre wegen Verkaufs betrügerischer Doktordiplome wiederholt bestraft worden war, 1872 die medizinische Fakultät seiner s. g. Universität aufgehoben und 1880 der Freibrief der American University of Philadelphia durch gerichtliches Urteil revozirt und alle von der Universität ausgestellten Doktordiplome für ungesetzlich und betrügerisch erklärt und annulliert worden sind (vgl. Entsch. Bd. XVII S. 360, 361; Zehnter S. 17 und 18). Auch das Diplom des Klägers zum Doktor der Medizin und Zahnarzt sind daher ungültig und unwirksam, und eine ordnungsmäßige Approbation des Klägers in Amerika ist beim Mangel einer anderen, außer der durch die Universität zu Philadelphia, überhaupt nicht vorhanden. Dadurch, daß er sich trotzdem auf seinem Geschäftsschilde als in Amerika approbierter Zahnarzt bezeichnet, macht sich zwar der Kläger noch nicht einer strafbaren Handlung schuldig. Namentlich ist nicht der § 147 Ziffer 3 Gew.-Ord. verletzt. Wohl aber fällt dem Kläger ein Verstoß gegen die gewerbliche Ordnung zur Last, wegen dessen die Ortspolizeibehörde nach § 10 Tit. 17 Teil II des A.-L.-R. einschreiten kann. In dem Urteile v. 10. VI. 95 (Entsch. Bd. XXVIII S. 326) ist ausgeführt, daß es einem Gewerbetreibenden nicht erlaubt sei, sich den Anschein zu geben, als sei er im Besitze der zu einem bestimmten Gewerbe erforderlichen Erlaubnis (Konzession u. s. w.), und daß die Polizei berechtigt sei, hiergegen behufs Verhinderung eines Irrtums des Publikums über das Vorhandensein einer solchen Erlaubnis, behufs Verhinderung einer irrtümlichen Annahme seitens des Publikums, es mit einem konzessionierten Gewerbebetriebe zu thun zu haben, einzuschreiten. Bei dem in diesem Urteile entschiedenen Falle handelte es sich allerdings um den Anschein des Besitzes einer inländischen Konzession, und ebenso hatten die in dem Urteile angezogenen früheren Entsch. des O.-V.-G. lediglich ein polizeiliches Einschreiten gegen den Anschein des Besitzes inländischer Genehmigungen u. s. w. zum Gegenstande. Die Befugnis zum polizeilichen Einschreiten ist indessen auch anzuerkennen, wo eine ausländische Erlaubnis (Approbation u. s. w.) in Frage steht. Es mag sein, daß das ausländische Gewerberecht im Inlande keinen Schutz genießt und eine Verletzung des ausländischen Gewerberechts weder strafrechtlich, noch polizeilich verfolgbar ist (Zehnter S. 73). Dadurch, daß sich Jemand unwahrer Weise auf eine nicht vorhandene ausländische Approbation beruft, wird aber nicht blos das ausländische Gewerberecht verletzt, sondern es wird zugleich ein Irrtum des inländischen Publikums hervorgerufen, es mit einem besonders qualifizierten Gewerbebetriebe zu thun zu haben. Es trifft also auch die Erwägung, die dafür, das polizeiliche Einschreiten für zulässig zu erklären, bei dem Urteile v. 10. VI. 95 und bei den darin erwähnten früheren Urteilen entscheidend gewesen ist, ebenfalls zu.

Nr. 3. Entsch. Bd. XXXI S. 308 v. 25. II. 97. III B. 66/96.

R.-Gew.-Ord. § 147 Ziff. 3.

Ein im Deutschen Reiche approbierter Zahnarzt, der in Amerika in gradum in arte dentariae chirurgiae doctoralem zugelassen ist und sich Dr. chir. dent. nennt, verstößt nicht gegen den § 147 Ziffer 3 der Gew.-Ord. Das Wort „Doktor" und seine Abkürzung „Dr." ist allerdings in Norddeutschland, weil darunter ohne weiteren Zusatz der allgemein qualifizierte Arzt verstanden wird, geeignet, die Täuschung hervorzurufen, es sei der Betreffende ein für die Ausübung der gesammten Heilkunde geprüfter praktischer Arzt. Durch den Zusatz „chir. dent." ist der Irrtum, es handle sich um einen allgemein qualifizierten Arzt, ausgeschlossen.

Nr. 4. Entsch. v. 20. X. 97. III. 1416.

Gew.-Ord. § 147 Ziffer 3.

Die Bezeichnung American Dentist ist im Sinne des § 147 Ziffer 3 der Gew.-Ord. nicht als Beilegung eines der Bezeichnung als Zahnarzt ähnlichen Titels anzusehen, durch den der Glaube erweckt wird, der Inhaber sei eine geprüfte Medizinalperson. Diese Annahme entspricht auch dem, was in Theorie und Praxis herrschende Ansicht ist (Zehnter, die Führung zahnärztlicher Titel S. 77/78, S. 79 und S. 81/82 sowie die daselbst angeführten Urt. und v. Landmann, Gew.-Ord., 3. Aufl. besorgt von Rohmer Bd. IV S. 421: „Die Bezeichnung American Dentist ist für sich allein nicht strafbar, wohl aber in Verbindung mit dem Titel Dr."). Wenn dagegen angeführt wird, daß unter der Bezeichnung American Dentist nur eine Person verstanden werden könne, welche in Amerika ausgebildet sei oder von Amerika komme, so mag dies zutreffen; es schließt aber von selbst die weitere Folgerung aus, daß, weil Dentist Zahnarzt bedeute, zugleich zum Ausdrucke komme, die Person sei eine im Inlande approbierte Medizinalperson. Denn wenn auch Dentist Zaharzt bedeuten dürfte (Zehnter S. 81/82), so kann doch American Dentist immer nur eine in Amerika als Zahnarzt ausgebildete Person bedeuten, nicht, wie es der § 147 Ziffer 3 fordert, eine im Inlande geprüfte Medizinalperson. Für jeden, der die Worte versteht, ist klar, daß der Betreffende nur in Amerika, nicht im Inlande approbiert ist. Wer aber die Worte selbst nicht versteht, kann und muß sich erkundigen. Unterläßt er eine solche Erkundigung und wird er getäuscht, so ist es nicht die Bezeichnung American Dentist, sondern es sind seine eigene Unkenntnis und der Mangel an Erkundigung, welche die Täuschung herbeiführen.

Nr. 5. Entsch. v. 2. IV. 98 III 481.

Gew.-Ord. § 147 Ziffer 3.

Der Kläger übt die Tierheilkunde aus, befindet sich aber nicht im Besitze einer Approbation als Tierarzt nach § 29 der R.-Gew.-Ord. Er hat an seinem Wohnhause ein Schild mit der Aufschrift: „E. F. Tierärztlicher Praktikant" angebracht. Durch schriftliche Verfügung gab ihm die Polizeibehörde die Beseitigung des Schildes auf. Seine hiergegen erhobene Klage wies der Bezirksausschuß zurück mit folgender Ausführung: Zur Anwendung des § 147 Ziffer 3 der Gew.-Ord. genüge es, wenn die gebrauchte Bezeichnung auch nur geeignet sei, bei dem nichtsachkundigen Teile des Publikums den Glauben zu erwecken, der Inhaber sei eine geprüfte Medizinalperson. Das Publikum, welches als Kundenkreis für den Kläger besonders in Betracht komme, sei nach Lage der Verhältnisse die ländliche Bevölkerung der Umgegend. Nach der Bildungsstufe dieses Kundenkreises müsse aber die Frage, ob durch die in Rede stehende Bezeichnung der Glaube erweckt werden könne, der Kläger sei eine geprüfte Medizinalperson, bejaht werden. Denn der approbierte Tierarzt, welcher praktiziere, werde offiziell „praktizierender" oder „praktischer Tierarzt" genannt, und die vom Kläger geführte Bezeichnung sei nur eine Umstellung dieses Titels, indem das Hauptwort zum Eigenschaftswort und umgekehrt gemacht werde. Die gegen dieses Urteil eingelegte Berufung wies das O.-V.-G. zurück und führte aus: Mit Recht hat der Vorderrichter berücksichtigt, daß das Publikum, für welches die Bezeichnung bestimmt ist, sich besonders leicht über die Qualifikation des Klägers täuschen wird. Daß gerade in Norddeutschland die Bezeichnung „Praktikant" sehr häufig Anwendung finde, um die blos thatsächliche Ausübung einer Beschäftigung zu bezeichnen bei einem Manne, der keine Approbation besitze, kann zwar nicht zugegeben werden. Vor allem aber kommt in Betracht, daß sich der Kläger „Tierärztlicher Praktikant" nennt und sich damit eine Bezeichnung beilegt, die die Umkehrung von „Praktischer Tierarzt" ist und als solche der Bezeichnung als Tierarzt sehr nahe steht.

h) Hebammen.

Nr. 1. Entsch. v. 22. XII. 97 III. 1727.

Gew.-Ord. §§ 30, 53.

Das O.-V.-G. hat bereits in dem Bd. XX S. 343 ff. der Entsch. angezogenen Urteile v. 7. X. 85 Nr. I 1105 ausgeführt, daß zur Erhebung von Klagen auf Zurücknahme des Hebammen-Prüfungszeugnisses die Ortspolizeibehörden für legitimiert zu erachten seien, weil zu ihrem Berufe die Handhabung der Gewerbe- und Gesundheitspolizei gehöre, und es ihnen daher auch zustehen müsse, die geeigneten Maßregeln zum Schutze der Staatsangehörigen gegen Gefahren zu treffen, die für deren Leben und Gesundheit daraus erwachsen könnten, daß die unter gewissen Voraussetzungen zur Ausübung eines Gewerbes zugelassenen Personen diese Voraussetzungen nicht erfüllten und sich des Mißbrauches des Gewerbes schuldig machten. Diese Rechtsauffassung ist seitdem in konstanter Praxis festgehalten und in dem an oben bezeichneter Stelle Bd. XX S. 343 der Entsch. abgedruckten Urteile v. 27. X. 90 wiederholt eingehend begründet worden (vgl. die im Pr. Verw.-Bl. Jahrg. XI S. 303 abgedruckte Entsch. v. 2. XII. 89 Nr. III 1041). Der Regierungspräsident ist daher zur Anstellung der Klage nicht legitimiert.

i) Innungen.

Nr. 1. Entsch. v. 11. V. 98 III. 713.

Gew.-Ord. §§ 100b, 103, 97.

Der Bezirksausschuß hatte auf Schließung einer Innung erkannt insbesondere, weil eine seit längerer Zeit erfolgte Verteilung von Mietseinkünften aus einem der Innung gehörenden Hause unter die Innungsmitglieder statut- und gesetzwidrig und aus ihr zu entnehmen sei, daß die Innung andere als die gesetzlich zulässigen Zwecke verfolgt habe. Das O.-V.-G. änderte ab und führte aus:

Die Verteilung der Mietseinkünfte unter die Innungsmitglieder verstößt zwar gegen die Bestimmungen im § 100 b der Gew.-Ord. und im § 48 Abs. 1 des Statuts der Innung. Von einer Gefährdung des Gemeinwohls durch sie (§ 103 Ziffer 3 erster Halbsatz der Gew.-Ord.) kann jedoch keine Rede sein. Sie läßt sich daher nur insofern in Betracht ziehen, als in ihr die Verfolgung anderer als der gesetzlich zulässigen Zwecke (§ 103 Ziffer 3 zweiter Halbsatz) zu finden wäre. Dies ist zu verneinen. Ob andere als die gesetzlich zulässigen Zwecke von einer Innung verfolgt werden, ist nach deren gesammten Verhalten unter Berücksichtigung ihres Statuts zu beurteilen. Von diesem Standpunkte aus ist deswegen allein, weil seit einigen Jahren Überschüsse, für die sich keine andere Verwendung bot, offenbar mehr aus Irrtum über die Unzulässigkeit eines solchen Verfahrens, als in bewußtem Zuwiderhandeln gegen Gesetz und Statut, verteilt worden sind, noch nicht anzunehmen, daß die Innung andere als die gesetzlich zulässigen Zwecke verfolgt, zumal mit Sicherheit zu erwarten ist, daß sie, durch den gegenwärtigen Rechtsstreit über die Unzulässigkeit der Verteilung belehrt, letztere künftig von selbst oder auf Anordnung der Aufsichtsbehörde vollständig unterlassen wird. Wenn es sich weiter fragt, ob die beiden anderen Gründe, auf welche die Klage gestützt ist, die Schließung rechtfertigen, so ist auch dies nicht anzuerkennen. Eine zu geringe Mitgliederzahl bildet überhaupt als solche keinen Grund für die Schließung; die hierfür in § 103 der Gew.-Ord. aufgeführten Fälle lassen keine Ausdehnung im Wege der Analogie zu. Und sollte die Innung die Erfüllung der ihr durch § 97 der Gew.-Ord. gesetzten Aufgaben vernachlässigt haben, so würde dies nur dann zur Schließung führen, wenn eine wiederholte Aufforderung der Aufsichtsbehörde ohne Erfolg geblieben wäre (§ 103 Ziffer 2).

Nr. 2. **Entsch. Bd. XXXI** S. 257 v. 8. X. 96 III B. 52/95.

Gew.-Ord. §§ 94, 104, 105, 107, 108, 109; Zust.-Ges. § 125.

1. Bei der zwangsweisen Schließung einer Innung gilt sowohl in materieller als in formeller Beziehung das Gleiche, wie nach dem § 94 der Gew.-Ord. bei einer freiwilligen Auflösung der Innung. Wenn daher aus den Bestimmungen der Abs. 1 bis 3 § 94 bei ihrer Anwendung im Falle der zwangsweisen Schließung einer Innung Differenzen zwischen der Ortsgemeinde und der Innung entstehen, so unterliegen auch diese Streitigkeiten der Entscheidung des Bezirksausschusses, insbesondere wenn die Gemeinde die Ausantwortung des Vermögens der aufgelösten Innung beansprucht (§ 125 Abs. 1 des Zust.-Ges.).

2. Unter den § 125 Abs. 1 des Zust.-Ges. fällt auch eine Streitigkeit zwischen der Gemeinde und der aufgelösten Innung darüber, ob die Innung eine sog. alte Innung ist und deshalb auf Grund des Art. 3 des Ges. v. 18. VII. 81 ihre Schließung angeordnet werden konnte.

3. Trotz der erfolgten Schließung ist die Innung im V.-St.-V. noch passiv legitimiert bis zur Beendigung des Liquidationsverfahrens (vgl. Handelsgesetzgebung Art. 134 ff., 172, 205, 244 a; Kr.-Verf.-Ges. § 47; Hülfskassenges. § 30).

4. Es folgt eine Rechtsgeschichte der Kaufmannsgilden.

5. Eine Gewandschneidergilde (früher mit ausschließlicher Gewerbebefugnis ausgestattet) kann aufgelöst werden, auch wenn sie thatsächlich ihren früheren gewerblichen Charakter ganz verloren und Gewandschneider (Tuchhändler) nicht mehr zu Mitgliedern hat.

k) Marktverkehr.

l) Maße und Gewichte. Taxen.

m) Zwangs- und Bannrechte.

n) Schauspielunternehmer.

Nr. 1. **Entsch.** v. 20. XI. 97 III. 1570.

§ 10 Tit. 17 Teil II A.-L.-R.

Das Erk. betrifft die von der Polizei verbotene Aufführung des Schauspiels „Die Verliebten" von Maurice Donnay. Das O.-V.-G. führt, nachdem der Inhalt des Stückes näher angegeben ist, aus: Die Wirkung eines solchen Stückes, das die bezüglich der Ehe in Deutschland bestehenden sittlichen Anschauungen direkt umkehrt, kann auch gerade darum, weil dies nicht in roher und durch grobe Sinnlichkeit verletzender Sprache, sondern in verfeinerter Weise, in gefälligen, vielfach poetisch angehauchten Formen und in fesselnden Dialogen geschieht, nur eine verwirrende sein und muß das sittliche Empfinden schädigen. Dagegen ist die Polizei einzuschreiten befugt.

Nr. 2. Entsch. v. 9. I. 98 III 31.

§ 10 Tit. 17 Teil II A.-L.-R.

Die Polizei kann die Aufführung eines Theaterstückes von Anfang an verbieten, aber auch die bereits erteilte Erlaubnis aus polizeilichen Gründen zurücknehmen.

Nr. 3. Entsch. v. 20. II. 96 III. 231.

A.-L.-R. Teil II Tit. 17 § 10.

Die Aufführung des Theaterstückes „Die Puppengräfin" war verboten worden. Das O.-V.-G. hält das Verbot aufrecht und führte aus: Eine derartige Vorführung ist, wenn es auch der Dichter selbst nicht beabsichtigt haben mag, doch geeignet, bei einem Teile des Publikums, das sich aus beiden Geschlechtern, aus den verschiedensten Ständen und Altersklassen zusammengesetzt oder doch zusammensetzen kann, in Ärgernis erregender Weise das Scham- und Sittlichkeitsgefühl gröblich zu verletzen. Es ist dies umsomehr der Fall, als der vorgeführten Szene die breite Ausmalung eines Maitressenverhältnisses mit allen seinen thatsächlich wohl vorkommenden, darum aber nicht weniger widerwärtigen Einzelheiten, Ursachen und Folgen: einer verkuppelnden, äußerlich und innerlich verlumpten Mutter, einer nicht viel besseren Schwester, einem vollkommen verkommenen Neffen, der seine Kenntnis für sich ausbeutet und sich sein Schweigen abkaufen läßt, dem äußeren Schein eines ärmlichen, arbeitsamen Lebens, der bewußten Täuschung Anderer u. s. w., zum Hintergrunde und zur Unterlage dient. Die Erregung sittlichen Ärgernisses ist dabei nicht blos eine abstrakte Möglichkeit, sondern eine aus den Thatsachen sich ergebende Wahrscheinlichkeit. Daß hiergegen auf Grund des § 10 Tit. 17 Teil II des A.-L.-R. von der Polizei durch ein Verbot der Aufführung eingeschritten werden kann, ist schon wiederholt vom O.-V.-G. ausgesprochen worden.

o) Gewerbegerichte.

Allgem. Verf. v. 18. VIII. 98, betr. die dienstliche Aufsicht über die Geschäftsführung der Gewerbegerichte (M.-Bl. S. 188).

p) Feuer-Versicherungen, Versicherungsanstalten im Allgemeinen, staatliche Aufsicht über Privatgesellschaften.

Nr. 1. Entsch. v. 30. IV. 94. III. 524.

§ 340 Ziffer 6 des Pr.-St.-G.-B. v. 14. IV. 51; § 360 Ziffer 9 des R.-St.-G.-B.

1. Bei der Genehmigung, welche von dem Gesetze zur Errichtung einer Versicherungsanstalt vorgeschrieben ist, ist zu prüfen, ob den Mitgliedern ein Rechtsanspruch auf die Leistungen zusteht, oder ob statutenmäßig ein derartiger Rechtsanspruch ausgeschlossen ist. Das Oberverwaltungsgericht hat in gleichmäßiger Rechtsprechung das erstere angenommen, besonders in den Urt. v. 13. VII. 78, 19. XI. 88 und 3. I. 89 (Entsch. Bd. XVII. S. 424/425, S. 422/423 und S. 423), ferner in den Urt. v. 19. IX. 89 III. 833, 23. VI. 90 III. 525 und 5. I. 93 III. 14. An dieser Ansicht wird auch gegenüber den Urt. des Kammergerichts und des Oberlandesgerichts zu Königs-

berg festgehalten. Das Urt. des Kammergerichts v. 11. XII. 90 (Jahrbuch für Entsch. desselben Bd. XI S. 199) betrifft gar nicht die Frage, ob für die Notwendigkeit der Genehmigung das Vorhandensein eines Rechtsanspruchs wesentlich ist oder nicht, sondern allein die, ob das Vorhandensein eines Rechtsanspruchs durch die Klagbarkeit der zugesicherten Bezüge bedingt ist. Wenn das Kammergericht letzteres verneint hat, so stimmt dies nur mit dem überein, was auch von dem O.-V.-G. selbst schon mehrfach ausgesprochen worden ist (Urt. v. 20. X. 86 — Pr. Verw.-Bl. Jahrg. X S. 256 und v. 3. I. 89 — Entsch. Bd. XVII S. 425 Anm.). Bei der Frage aber, ob das Erfordernis der Genehmigung von dem Vorhandensein eines Rechtsanspruchs abhängt, steht das Kammergericht nach seinem Urt. v. 9. V. 92 (Archiv für Strafrecht Bd. XL S. 60, Jahrbuch Bd. XIII S. 399) vollständig auf dem gleichen Standpunkte, wie das O.-V.-G. Von den Gründen der Urt. des Oberlandesgerichts zu Königsberg v. 9. XII. 89 (Archiv für Strafrecht Bd. XXXVII S. 448) und v. 25. IX. 90 erledigt sich die Ausführung, daß die Klagbarkeit oder Nichtklagbarkeit der Gegenleistungen des Vereins nicht maßgebend sei, damit, daß es hierauf auch nach der Ansicht des O.-V.-G. nicht ankommt. Die Annahme, wegen des Wortes „bestimmt" im § 360 Nr. 9 des R.-St.-G.-B. (Anstalten, welche bestimmt sind, gegen Zahlung eines Einkaufsgeldes oder gegen Leistung von Geldbeiträgen beim Eintritt gewisser Bedingungen oder Fristen, Zahlungen an Kapital oder Rente zu leisten), dem die landesgesetzliche Vorschrift im § 360 Nr. 6 des Pr. St.-G.-B. v. 14. IV. 51 genau entspricht, sei es für die Anwendbarkeit dieser Vorschriften auf einen Verein entscheidend, ob die Gewährung der Unterstützungen an die Mitglieder den Hauptzweck (Hauptbestimmung) oder wenigstens einen Mithauptzweck (Mithauptbestimmung) des Vereins bilde, während es gleichgültig sei, ob eine rechtliche Verpflichtung zur Gewährung der Unterstützungen übernommen werde, erscheint nicht zutreffend. Das Wort „bestimmt" bietet keinen Anhalt dafür, zwischen Hauptzweck und Nebenzweck zu unterscheiden, und die Fassung des Gesetzes weist in ihrer Gegenüberstellung von Leistung und Gegenleistung auf ein obligatorisches, ein Versicherungsverhältnis hin, wie denn auch die im Erk. v. 30. X. 90 (Entsch. des O.-V.-G. Bd. XX S. 347) dargelegte Entstehungsgeschichte des § 340 Nr. 6 des Pr. St.-G.-B. ergiebt, daß man bei dieser Vorschrift nur Versicherungsanstalten im Auge gehabt hat. Übrigens würde, wenn die Ansicht des Oberlandesgerichts richtig wäre, ein Verein, der die Unterstützung seiner Mitglieder nur zum Nebenzwecke hat, selbst dann keiner Genehmigung bedürfen, wenn den Mitgliedern auf die Unterstützungen ein fester Rechtsanspruch gegeben ist: eine Konsequenz, die entschieden abgelehnt werden muß. Daß der Strafrichter bei der Prüfung, ob eine Versicherungsanstalt im Sinne des § 360 Nr. 9 des St.-G.-B. vorliege, von anderen Gesichtspunkten auszugehen habe, wie der Civilrichter, kann nicht anerkannt werden. Der rechtliche Begriff der Versicherungsanstalt kann für den Strafrichter kein anderer sein, als für den Civilrichter, und ist auch für den Verwaltungsrichter der nämliche. Gegenüber dem noch geltend gemachten Argumente aus dem Interesse der öffentlichen Ordnung und dem Bedürfnisse eines Schutzes unerfahrener Leute darf lediglich auf die Ausführungen in dem diesseitigen Urt. v. 3. I. 89 (Entsch. Bd. XVII S. 423 Anm.) Bezug genommen werden.

Nr. 2. Entsch. v. 19. XII. 95. III. 1579.

Genossenschaftsges. v. 1. V. 89 § 79.

Wie anerkannt ist (Entsch. Bd. XXVI S. 403), sind gegen Vereine und Versammlungen polizeiliche Verordnungen und Verfügungen, die aus polizeilichen, von dem besonderen Vereins- und Versammlungsrechte unabhängigen Gründen Anforderungen stellen, zulässig. Das Gleiche muß für eingetragene Genossenschaften und die Versammlungen der Genossenschaften gelten; der § 79 des Ges. v. 1. V. 89, welcher für die Auflösung von Genossenschaften wegen gesetzwidriger, das Gemeinwohl gefährdender Handlungen oder Unterlassungen oder wegen Verfolgung anderer, als der in dem Gesetze bezeichneten geschäftlichen Zwecke bestimmte Vorschriften trifft, hat mit den Befugnissen der Polizei zum Einschreiten außerhalb des Genossenschaftsgesetzes und nicht behufs einer Auflösung der Genossenschaft nichts zu thun und kann daher dieses Einschreiten nicht beschränken. Auf der anderen Seite sind aber Polizeiverordnungen gegenüber den Genossenschaften auch nicht in weiterem Umfange zulässig, wie gegenüber sonstigen Vereinen und den Versammlungen ihrer Mitglieder, sie müssen also, soweit sie nicht aus dem Vereins- und Genossenschaftsgesetze selbst hergeleitet werden können, sich auf andere gesetzliche Vorschriften stützen lassen.

Nr. 3. Entsch. Bd. XXXI S. 319 v. 30. XI. 96. III B. 25/96.

Hannov. Gew.-Ord. v. 1. VIII. 47 § 43; Ges. v. 17. V. 53 G.-S. S. 293.

1. In der Provinz Hannover ist derjenige, der als Agent einer auswärtigen, zum Betriebe von Versicherungsgeschäften im Preußischen Staatsgebiete nicht zugelassenen Versicherungsgesellschaft, ohne Namen der Gesellschaft selbstständig Verträge am Orte seiner Agentur abzuschließen, Versicherungsgeschäfte vermittelt, namentlich Versicherungsverträge entgegennimmt, Prämien einzieht und Versicherungsgelder auszahlt, nicht strafbar (Erk. des Kammergerichts v. 5. III. 94 Jahrbuch Bd. XV S. 215).

2. Das Gesetz v. 17. V. 53, insbesondere dessen die Strafbarkeit der Agenten für nicht konzessionierte Unternehmen betreffender § 7, gilt in der Provinz Hannover nicht.

3. Der § 43 der Hannoverschen Gew.-Ord. v. 1. VIII. 47 gilt noch. Er ist dahin zu verstehen, daß er zum Geschäftsbetriebe einer ausländischen Versicherungsanstalt durch Agenten in Hannover der Genehmigung bedarf. Ist ein Agent ohne die Genehmigung thätig, so kann die Polizei dem entgegentreten.

L. Vereine, geschlossene Gesellschaften, Gebrauch der deutschen Sprache, Prozessionen, Religionsunterricht, Freimaurerorden, Erwerbs- u. Wirtschaftsgenossenschaften, sozialdemokratische Vereine.

Litteratur: Förstenberg, Sächsische Gesetze, betr. Vereins- und Versammlungsrecht.

Nr. 1. Entsch. Bd. XXXI S. 418 v. 12. III. 97 I A 89/96.

Vereinsges. v. 11. III. 50 §§ 9, 10; Verf.-Urk. Art. 12.

1. Nach § 10 des Vereinsgesetzes bedürfen „gewöhnliche Leichenbegängnisse" keiner vorgängigen Genehmigung oder Anzeige, während sonst nach § 9 öffentliche Versammlungen unter freiem Himmel von der Ortspolizeibehörde vorher schriftlich genehmigt sein müssen. Nicht jedem von einem dissidentischen Prediger geleiteten Leichenbegängnisse kann wegen dessen religiöser Richtung die Eigenschaft eines „gewöhnlichen" abgesprochen

werden. Mit der durch Art. 12 der Verf.-Urk. allen Religionsgesellschaften gewährleisteten Freiheit öffentlicher Religionsübung würde eine solche Unterscheidung, für die das Vereinsgesetz keinen Anhalt bietet, nicht im Einklange stehen (Entsch. des Kammergerichts Bd. X S. 251; Altmann, Praxis in Kirchen-Sachen S. 481). Die Rechtsprechung sieht zutreffend ein Leichenbegängnis für ungewöhnlich dann an, wenn dabei eine über die Zwecke der Leichenbestattung hinausgehende Absicht verfolgt wird oder durch die besondere Art der Ausführung die öffentliche Ordnung gefährdet wird (Entsch. des Ob.-Trib. in Goltdammers Arch. Bd. VII S. 91, Bd. XXV S. 475; Oppenhoffs Rechtsprechung Bd. XVII S. 468 ff., Bd. XX S. 106; Entsch. des Kammergerichts Bd. XII S. 238, Bd. XIII S. 370; Groschuff, Preußische Strafges. S. 62). In der Mitwirkung eines dissidentischen Predigers an sich können hiernach die Merkmale der Ungewöhnlichkeit eines Leichenbegängnisses nicht gefunden werden. Die Mitwirkung eines dissidentischen Predigers kann auch nicht ebenso beurteilt werden wie die Beteiligung eines Laien durch Halten einer Grabrede. Nun sollen freilich gewisse dissidentische Prediger derartige Gelegenheiten zu Angriffen auf die evangelische Landeskirche benutzen und dadurch Beunruhigung und Aufreizung erregen. Soweit etwas derartiges geschieht, liegen zweifellos jene Merkmale der Ungewöhnlichkeit des Leichenbegängnisses vor. Aber es läßt sich nicht aus dem häufigen Vorkommen solcher Ausschreitungen seitens dissidentischer Prediger, wodurch die betreffenden Leichenbegängnisse zu ungewöhnlichen werden, folgern, daß alle von dissidentischen Predigern geleiteten Leichenbegängnisse, ohne Rücksicht auf das Vorkommen ähnlicher Ausschreitungen im einzelnen Falle, ungewöhnliche seien (Erk. des Kammerger. v. 9. VI. 98. S. 358/98).

2. Wenn die Bestimmungen des Vereinsges. (§ 9 letzter Satz und § 5) nicht ausschließen, daß die Polizei vermöge ihrer im § 10 Tit. 17 Teil II des A.-L.-R. anerkannten Befugnisse zur Verhütung drohender Störungen einschreite (Delius, Vereinsrecht, S. 58; Groschuff S. 54 Note 1 zu § 5), so müssen doch Thatsachen vorliegen, welche die Befürchtung des Eintritts solcher Störungen gerade in diesem Falle rechtfertigen (Entsch. Bd. XXI S. 407; Delius S. 60). Haben Sprecher oder Prediger dissidentischer Religionsgesellschaften sonst mehrfach bei Leichenfeiern aufreizende Reden gehalten, so ist dies doch kein genügender Grund, um jeden dissidentischen Prediger, von dem nicht behauptet worden ist, daß auch er sich derartiges schon früher habe zu Schulden kommen lassen, die Abhaltung einer solchen Feier zu untersagen.

3. Die Landespolizeibehörde, nicht die Ortspolizeibehörde, ist diejenige Behörde, welche in die Lage kommen kann, zur Aufrechterhaltung der äußeren kirchlichen Ordnung das unbefugte Amtieren dissidentischer Prediger auf kirchlichen Begräbnisplätzen zu verbieten (Entsch. Bd. XVI S. 386).

Nr. 2. Entsch. Bd. XXXI S. 409 v. 18. XII. 96. I B. 40/96.

§ 10 Tit. 17 Teil II A.-L.-R.; Verord. v. 11. III. 50 G.-S. S. 277 § 5.

1. Die Polizei kann zur Verhütung polizeiwidriger Umstände das Erforderliche anordnen und die durch die jeweiligen Umstände des Einzelfalls gerechtfertigten nötigen Anstalten treffen. Geht sie darüber hinaus, so ist ihre Verfügung rechtswidrig.

2. Gegenüber den das Versammlungsrecht Ausübenden ist die Polizei nicht lediglich auf die Handhabung derjenigen Bestimmungen beschränkt, die zur Regelung des Versammlungsrechts gesetzlich (Verordn. v. 11. III. 50) erlassen

worden sind; vielmehr sind jene Personen den neben diesen Bestimmungen bestehenden gesetzlichen (allgemeinen) Vorschriften unterworfen, und es ist also auch ihnen gegenüber das Einschreiten der Polizei gerechtfertigt, wenn es in dem dem Schutze der Polizei anvertrauten Interesse ergeht, die öffentliche Ruhe, Sicherheit und Ordnung zu erhalten oder bevorstehende Gefahren vom Publikum abzuwenden (Entsch. Bd. XXV S. 401).

3. Die Polizei hatte eine Versammlung der Heilsarmee untersagt, weil sich das Publikum auf der Straße versammeln und dadurch Verkehrs- und Ruhestörungen herbeigeführt werden würden. Das O.-V.-G. hob die Verfügung auf und führte aus, die Polizei könne an sich erlaubte Handlungen nicht ohne weiteres untersagen, weil sich das schaulustige Publikum dabei ungebührlich betrage, die Polizei habe zunächst diesem Gebahren des Publikums entgegenzutreten (Entsch. Bd. XI S. 387).

4. Auch daß Ärgernis in religiöser Beziehung erregt werde, könne daraus nicht hergeleitet werden, daß religiöse Lieder unter Zugrundelegung von weltlichen Melodieen abgesungen würden. Anders wäre es, wenn Melodieen von Liedern bekannten obszönen Inhalts Verwendung fänden.

Nr. 3. **Entsch. Bd. XXXII S. 395 v. 5. X. 97 I A 31/97.**

Vereinsges v. 11. III. 50; Verf.-Urk. Art. 27, 29.

1. Im Art. 27 der Verf.-Urk. ist das Recht jedes Staatsbürgers, durch Wort seine Meinung frei zu äußern, ohne Beschränkung in Bezug auf den Gebrauch einer bestimmten Sprache anerkannt. Dies Recht haben die Staatsbürger selbstverständlich auch bei Ausübung des ihnen durch Art. 29 der Verf.-Urk. gewährleisteten Versammlungsrechts. Daß hierbei ausnahmsweise nur die deutsche Sprache gebraucht werden dürfe, ist nirgends angedeutet, weder in der Verf.-Urk. noch in dem auf Grund des Art. 30 Abs. 2 ebenda ergangenen Ges. v. 11. III. 50. Im übrigen bedarf es nicht des weiteren Nachweises, daß nicht überhaupt bei Ausübung des verfassungsmäßig gewährleisteten Versammlungsrechts der Gebrauch der deutschen Sprache ausschließlich zugelassen ist. In den Gesetzen findet sich kein Verbot, in öffentlichen Versammlungen eine andere als die deutsche Sprache zu gebrauchen; es läßt sich daher aus dem Gebrauche einer fremden Sprache im allgemeinen kein Auflösungsgrund entnehmen. Als in den Sitzungen des Abgeordnetenhauses v. 8., 9. und 29. I. 97 die Frage eingehend erörtert wurde, scheint auch darüber Einverständnis geherrscht zu haben, daß der Gebrauch einer fremden Sprache bei Ausübung des Versammlungsrechts nicht grundsätzlich ausgeschlossen ist. Wenigstens ist von keiner Seite versucht worden, die entgegengesetzte Ansicht zu begründen.

2. Es könnte eingewendet werden, daß die Ausübung des Versammlungsrechts nur zugelassen sei, wenn auch die Ausübung des Überwachungsrechts möglich sei. Dabei würde aber von der irrigen Voraussetzung zweier verschiedener subjektiver Rechte ausgegangen werden. Denn neben dem Versammlungsrechte der Staatsbürger besteht kein besonderes Recht des Staats auf Überwachung der Versammlungen. Was hierunter verstanden wird, ist vielmehr nur eine Beschränkung des Versammlungsrechts oder, wenn man hierin nur eine Anerkennung der natürlichen Freiheit der Staatsbürger, sich zu versammeln, sieht, eine Beschränkung dieser Freiheit. Abzuweisen ist daher die Vorstellung von zwei sich gegenüberstehenden Rechten, von denen das eine stärker oder doch nicht weniger stark sei als das andere. In einer Kollision mit dem sogenannten Überwachungsrechte kann also auch nicht eine Schranke für die

Ausübung des Versammlungsrechts gefunden werden (vgl. Entsch. Bd. I S. 347 ff.).

3. Ein polizeiliches Einschreiten gegen Versammlungen kann sich nur auf das Vereinsgesetz stützen, wenn es lediglich wegen der von der Abhaltung der Versammlungen zu befürchtenden Gefahren erfolgt (Entsch. Bd. XXVI S. 403). Durch die Staatsgefährlichkeit einer Bewegung, welcher die Versammlungsthätigkeit dient, können die gesetzlichen Befugnisse der Polizei nicht erweitert werden und kann ihr also auch unter diesem Gesichtspunkte nicht das Recht erwachsen, den sonst zugelassenen Gebrauch einer fremden (polnischen) Sprache zu verbieten.

4. Es fragt sich, inwieweit der Gesetzgeber durch die Bestimmung inbetreff der Überwachung das Versammlungsrecht hat beschränken wollen. Nach § 4 des Ges. v. 11. III. 50 ist die Ortspolizeibehörde befugt, in jede Versammlung, in der öffentliche Angelegenheiten erörtert oder beraten werden sollen, einen oder zwei Polizeibeamte oder eine oder zwei andere Personen als Abgeordnete zu senden. Die Befugnis ist der Ortspolizeibehörde eingeräumt, damit sie sich auf diese Weise von den Verhandlungen Kenntnis verschaffen kann. Der im März 1849 vorgelegte Entwurf eines Versammlungs- und Vereinsgesetzes enthielt im § 3 die Bestimmung, daß bei Versammlungen, in denen öffentliche Angelegenheiten erörtert oder beraten werden sollen, jedermann der Zutritt zu gestatten sei. Die Motive zum Entwurfe bemerkten, schon infolge des Grundsatzes der Öffentlichkeit würden die Beamten ꝛc. an den Versammlungen teilnehmen können; sie würden aber dazu ausdrücklich für befugt erklärt, um ihnen gleichzeitig die Verpflichtung zur Kundgebung ihres amtlichen Charakters aufzuerlegen (St. Ber. der II. Kammer 1849 I. 1 S. 120, 121). Nach Streichung der Bestimmung im § 3 des Entwurfs hielt man es für um so nötiger, der Regierung das Recht und die Möglichkeit einzuräumen, sich von den Verhandlungen Kunde zu verschaffen (a. a. O. S. 536 ff., insbes. S. 538, S. 540 Bericht zu § 5). Hieraus kann aber nicht gefolgert werden, daß im einzelnen Falle ohne die thatsächliche Möglichkeit, eine solche Kunde zu erlangen, das Versammlungsrecht überhaupt nicht ausgeübt werden dürfe. Daß die Möglichkeit der Erreichung des Zwecks, zu dem der Polizei die Befugnis verliehen ist, Abgeordnete in die Versammlungen zu senden, eine Bedingung für die Ausübung des Versammlungsrechts habe sein sollen, deutet das Gesetz in keiner Weise an. Mit der Einräumung eines bestimmten Mittels, Kenntnis von den Verhandlungen zu erlangen, ist nicht die thatsächliche Möglichkeit der Erlangung einer solchen Kenntnis gewährleistet. Ein Hindernis kann in zufälligen, vom Verhalten der Versammlungen völlig unabhängigen Umständen verschiedenster Art liegen. Daß aber alle zufälligen Umstände, die eine zweckentsprechende Überwachung hindern können, der Ausübung des Versammlungsrechts entgegenstehen sollten, läßt sich gewiß nicht aus der Vorschrift herleiten, wonach die Ortspolizeibehörden zwei Abgeordnete in die Verhandlungen entsenden dürfen.

5. Der Gedanke, daß die Versammlungen überhaupt so geführt werden müßten, daß die Abgeordneten der Polizeibehörde deren Sinn verstehen können, hat dem Gesetzgeber offenbar ferngelegen und im Gesetze auch nicht den geringsten Ausdruck gefunden. Nach § 4 Abs. 3 des Ges. v. 11. III. 50 muß den Abgeordneten der Polizei ein angemessener Platz eingeräumt und auf Erfordern vom Vorsitzenden Auskunft über die Person der Redner gegeben werden. Ferner dürfen sie nach § 5 in gewissen Fällen die Versammlung auflösen, insbesondere dann, wenn in der Versammlung Anträge oder Vorschläge erörtert werden, die eine Aufforderung oder Anreizung zu strafbaren Handlungen enthalten. Hiermit

ist die Stellung der Abgeordneten gegenüber der Versammlung geregelt. Um dem Gange der Verhandlungen folgen zu können, haben sie Anspruch auf einen angemessenen Platz und auf Auskunft über die Person der Redner. Im übrigen braucht nach dem Gesetze bei den Verhandlungen auf das Verständnis der Abgeordneten der Polizei keine Rücksicht genommen zu werden. Das Gegenteil folgt auch nicht daraus, daß diese das Vorhandensein des gedachten Auflösungsfalls nicht erkennen können, wenn sie die Verhandlungen nicht verstehen. Denn dafür haben die Versammlungen nicht zu sorgen. Vielmehr haben die Polizeibehörden, denen die Sorge für eine wirksame Überwachung der Versammlungen obliegt, die geeigneten Vorkehrungen zur zweckentsprechenden Benutzung der ihnen und ihren Abgeordneten gesetzlich eingeräumten Befugnisse zu treffen. Sache der Polizeibehörden ist es daher, geeignete Personen, die den Verhandlungen folgen können, als Abgeordnete zu senden, also zu Versammlungen, die in fremder Sprache verhandeln, Personen, die diese Sprache verstehen. Sind keine zur Überwachung geeigneten Personen vorhanden, so wird dadurch das Versammlungsrecht nicht berührt. Der Mangel solcher Personen ist ein Hindernis der Überwachung, für das die Versammlungen nicht verantwortlich sind und das darum auch nicht der Ausübung des Versammlungsrechts entgegenstehen kann. Eignen sich die zur Verfügung stehenden Personen nur darum nicht zur Überwachung, weil in fremder Sprache verhandelt wird, so folgt doch daraus nicht, daß der sonst zulässige Gebrauch der fremden Sprache unter solchen Umständen unzulässig wäre. Zu den Vorkehrungen, welche die Polizeibehörden behufs wirksamer Überwachung der Versammlungen zu treffen haben, gehört nach Maßgabe des Bedürfnisses die Beschaffung von Personen, die Verhandlungen in fremder Sprache überwachen können (Entsch. Bd. XI S. 387).

6. Nichts im Gesetze weist darauf hin, daß den Versammlungen der Gebrauch einer fremden Sprache versagt wäre, wenn er nicht den sprachlichen Verhältnissen des betreffenden Landesteils gemäß, oder wenn die Versammlung imstande ist, auch deutsch zu verhandeln. Das verfassungsmäßig gewährleistete Versammlungsrecht ist nur insoweit beschränkt, als es das Gesetz bestimmt. Das muß auch von dem an sich zulässigen Gebrauch einer fremden Sprache gelten. Wenngleich es am natürlichsten ist, daß die Versammlungen in der Volkssprache des betreffenden Landesteils verhandeln, so macht ihnen das Gesetz dies doch nicht zur Pflicht. Ebensowenig verbietet es ihnen, in einer anderen Sprache zu verhandeln, wenn sie der deutschen mächtig sind. Macht der Gebrauch einer fremden Sprache die Überwachung schwierig oder gar unmöglich, so bleibt deren Gebrauch nach dem Gesetze darum doch zulässig, eben weil die Möglichkeit wirksamer Überwachung keineswegs gewährleistet ist und nicht durch die Unzulänglichkeit des gesetzlich eingeräumten Überwachungsmittels eine an sich zulässige Art der Ausübung des Versammlungsrechts zu einer unerlaubten wird. Von den Sprachenverhältnissen des Landesteils hängt hiernach die rechtliche Zulässigkeit des Gebrauchs einer fremden Sprache überhaupt nicht ab. Ihrem Gebrauche steht nach dem Gesagten auch nicht entgegen, daß die Beteiligten der deutschen Sprache hinlänglich mächtig sind, um in dieser verhandeln zu können.

7. Hätte freilich der Gebrauch der fremden Sprache nur die Vereitelung der Überwachung zum Zwecke, so würde er nicht auf einer bloßen Bethätigung des gesetzlich gewährleisteten Versammlungsrechts beruhen. Dann würde nicht der eigentliche Zweck der Ausübung dieses Rechts zum Gebrauch der fremden Sprache führen, sondern nur die Absicht, eine gesetzliche Beschränkung unwirksam zu machen. Eine solche Umgehung der vom Gesetzgeber zugelassenen Überwachung müßte für unzulässig erachtet werden. Wenn die Anwesenheit von Polizeivertretern geduldet werden soll, damit diese von den Verhandlungen

Kenntnis nehmen können, so liegt es im Sinne des Gesetzes, daß nichts geschehen darf, was lediglich auf Verhinderung dieser Kenntnisnahme abzielt.

Nr. 4. Entsch. Bd. XXXII S. 406 v. 11. V. 97 I A. 144/96.

Ges. v. 28. VIII. 1876 G.-S. S 389 §§ 1, 2, 11.

1. Das Gesetz, betr. die Geschäftssprache der Behörden, Beamten und politischen Körperschaften, v. 28. VIII. 76 (G.-S. S. 389) schreibt vor:

§ 1. Die deutsche Sprache ist die ausschließliche Geschäftssprache aller Behörden, Beamten und politischen Körperschaften des Staats. Der schriftliche Verkehr mit denselben findet in deutscher Sprache statt.

§ 2. In dringlichen Fällen können schriftliche, von Privatpersonen ausgehende Eingaben, welche in einer anderen Sprache abgefaßt sind, berücksichtigt werden. Im Falle der Nichtberücksichtigung sind sie mit dem Anheimstellen zurückzugeben, sie in deutscher Sprache wieder einzureichen.

Der § 1 spricht das Prinzip des Gesetzes aus; es besteht darüber kein Zweifel, daß dasselbe nicht blos für die eigene Thätigkeit der Behörden u. s. w., sondern auch für das Publikum, welches mit jenem schriftlich verkehrt, maßgebend sein soll, dergestalt, daß Eingaben aller Art nur in deutscher Sprache abgefaßt sein dürfen (Motive zum Gesetzentwurfe, Haus der Abgeordneten 1876 Aktenstück Nr. 6 S. 11, Kommissionsber. Aktenstück Nr. 159 S. 1142 ff.).

2. Dafür, daß „alle Beilagen“ einer schriftlichen Eingabe bezüglich der Sprache, in welcher sie einzureichen sind, mit der Eingabe selbst unterschiedslos gleich zu behandeln seien, läßt sich ein besonderer Anhalt aus den gesetzgeberischen Vorgängen (den Motiven zum Gesetzentwurf und den Verhandlungen darüber) nicht entnehmen; die Natur der Sache aber nötigt zu Unterscheidungen. Privatpersonen sollen sich im schriftlichen Verkehre mit den Behörden der deutschen als der allein gesetzlich anerkannten Geschäftssprache bedienen. Daraus folgt allerdings, daß alle „Beilagen“ ihrer Erklärungen, sofern sie als Teile der letzteren selbst anzusehen sind, wie diese, in deutscher Sprache abgefaßt sein müssen. Andere Beilagen unterliegen diesem Erfordernisse nicht. Ob jene Voraussetzung zutrifft, ist im einzelnen Falle zu prüfen und mag oft zweifelhaft erscheinen. Unzweifelhaft aber ist die Entscheidung beispielsweise, wenn es sich um die einer deutsch abgefaßten Eingabe als Beilage beigegebenen, in polnischer Sprache angefertigten „Motive“ eines Antrags handelt; in einem solchen Falle hatte bereits vor Erlaß des Geschäftssprachengesetzes, im Jahre 1874 eine Wahlprüfungskommission des Abgeordnetenhauses die in polnischer Sprache abgefaßten „Motive“ eines schriftlichen Antrages für nicht zur Berücksichtigung geeignet erachtet, weil grundsätzlich mit dem Abgeordnetenhause „in deutscher, der Schriftsprache der Monarchie verkehrt und verhandelt werden müsse“ (Drucks. des Abgeordnetenhauses 1873/74 Nr. 218 S. 3). Wenn in diesem Falle die „Motive“ völlig zutreffend als Teil der Eingabe behandelt worden sind, so muß ebenso unzweifelhaft hinsichtlich des einem Antrag auf polizeiliche Genehmigung der Aufführung beigefügten, in einer fremden — lebenden oder toten — Sprache abgefaßten dramatischen Werkes die umgekehrte Behandlung stattfinden. Das Werk bildet eben nicht einen Teil der Eingabe des Antragstellers selbst, wenn auch die Absicht, es aufzuführen, den Anlaß dazu gegeben hat, daß mit der Behörde in schriftlichen Verkehr getreten wurde. Eine die entgegengesetzte Auffassung vertretende Behörde würde ein ganz unerfüllbares Ansinnen stellen, wenn sie (im

Falle des § 2 des Ges.) anheimstellen wollte, das eben nur in fremder Sprache abgefaßte und existierende Werk „in deutscher Sprache wieder einzureichen". Dabei macht es ersichtlich keinen Unterschied, ob das fragliche Werk dem Antrage in Form einer „Beilage" beigegeben ist, oder ob es in den Text des (im übrigen deutsch abgefaßten) Antrags aufgenommen wird; es ist nicht abzusehen, weshalb in dem letzteren Falle „das Ganze in deutscher Sprache abgefaßt werden müßte". — Das Verlangen, eine Übersetzung beizufügen, findet mithin in dem Sprachengesetze keine Stütze. Dürfte ein fremdsprachliches Theaterstück als eine „Urkunde" angesehen werden, so würde der § 11 des Ges. zur Anwendung kommen, wonach „vom Gesetz unberührt bleiben" u. a. „die Vorschriften über das Verfahren bei Übersetzung von Urkunden" (Nr. 3 a. a. O.); daher befindet sich denn auch der damals noch in Geltung gewesene § 114 Tit. 10 Teil I der allgemeinen Gerichtsordnung nicht unter den nach § 10 Nr. 1 des Ges. aufgehobenen Vorschriften. — Von der geschäftlichen Behandlung fremdsprachiger Theaterstücke nach Maßgabe der jetzt gültigen Bestimmungen über „Urkunden" kann aber, soweit die Polizeibehörde dabei in Thätigkeit zu treten hat, nicht weiter die Rede sein.

3. Es ist im allgemeinen Sache der Behörde, sich behufs der Entschließung, ob Anlaß zu einem polizeilichen Einschreiten vorliegt, die erforderlichen Mittel selbst zu beschaffen, wobei es ihr unbenommen bleibt, erforderlichenfalls Auskunft von den dazu Verpflichteten zu verlangen.

Nr. 5. Entsch. v. 21. V. 97 I 790.

Vereinsges. v. 11. III. 50; Ges. v. 28. VIII. 76 §§ 1, 2, 11 (G.-S. S. 389).

1. Die Erfüllung derjenigen besonderen Verpflichtungen, welche das Ges. v. 11. III. 50 nur Vereinen auferlegt, die eine Einwirkung auf öffentliche Angelegenheiten bezwecken, kann dann nicht verlangt werden, wenn die Verfolgung dieses Zweckes noch ungewiß und zweifelhaft erscheint. Danach kann die von der Polizei einem Turnvereine angesonnene Verpflichtung, die Statuten in polnischer Sprache einzureichen, nicht auf § 2 des Vereinsges. gegründet werden.

2. Der Polizeibehörde steht allen Vereinen gegenüber ein Überwachungsrecht und deshalb auch die Befugnis zu, von jenen erforderlichen Falls Auskunft zu verlangen. Hat ein Verein durch Überreichung der Statuten die Auskunft, welche von ihm füglich verlangt werden konnte, im genügenden Maße erteilt und ist der Polizeibehörde dadurch die Möglichkeit gegeben, sich von dem Inhalte der Statuten Kenntnis zu verschaffen, so muß sie, wenn sie einer deutschen Übersetzung der Statuten bedarf, hierfür selbst Sorge tragen, da es im allgemeinen Sache der Behörde ist, sich behufs der Entschließung, ob Anlaß zu einem polizeilichen Einschreiten vorliegt, die erforderlichen Mittel selbst zu beschaffen. Auch durch das Gesetz, betr. die Geschäftssprache der Behörden, Beamten und politischen Körperschaften v. 28. VIII. 76 wird eine polizeiliche Verfügung auf Beifügung einer Übersetzung nicht gerechtfertigt. Nach dem § 1 des Ges., welcher lautet:

> „Die deutsche Sprache ist die ausschließliche Geschäftssprache aller Behörden, Beamten und politischen Körperschaften des Staats. Der schriftliche Verkehr mit denselben findet in deutscher Sprache statt" —

sind zwar auch von Seiten der Privatpersonen die an die Behörden ꝛc. zu richtenden Eingaben aller Art nur in deutscher Sprache abzufassen. Wie aber der Gerichtshof bereits in dem Erk. v. 11. V. 97 (Entsch. Bd. XXXII S. 406 ausgeführt hat, bezieht sich jene Vorschrift nur auf die eigenen Eingaben und

Erklärungen der Privatpersonen — und damit allerdings auch auf solche „Beilagen", welche noch als Teile der ersteren anzusehen sind, — nicht aber schlechterdings auf „alle Beilagen" und insbesondere nicht ohne weiteres auf die im Besitze einer Privatperson befindlichen, in fremder Sprache abgefaßten Schriftstücke, Urkunden und Werke, welche den Anlaß dazu geben, daß mit der Behörde in schriftlichen Verkehr zu treten ist. Solche „in deutscher Sprache einzureichen" — also deutsch „abzufassen" (§ 2 des Ges.) erscheint als ein, wenn nicht überhaupt unerfüllbares, so doch jedenfalls nicht auf Grund des Geschäftssprachengesetzes gerechtfertigtes Ansinnen. Von der Einreichung von „Übersetzungen" aber ist in den §§ 1 u. 2 des Gesetzes überhaupt nicht die Rede (§ 11 Nr. 3).

Nr. 6. Entsch. Bd. XXXII S. 391 v. 21. V. 97. I A. 72/96.

L.-V.-G. § 127; Vereinsges. v. 11 III. 50.

1. Eine vom Amtsvorsteher gebilligte Auflösung einer öffentlichen Versammlung durch einen Polizisten ist eine polizeiliche Verfügung, die mit den in den §§ 127 ff. des L.-V.-G. bezeichneten Rechtsmitteln angefochten werden kann.

2. Es unterliegen auch öffentliche Versammlungen, die in Schanklokalen abgehalten werden, der für diese geltenden Polizeistunde (Entsch. Bd. XXIII S. 399). Bei Eintritt der Polizeistunde müssen sich daher die in dem Schanklokale Versammelten entfernen (vgl. § 365 des St.-G.-B.). Es darf nicht blos der weitere Ausschank von Getränken inhibiert werden. Durch Abhaltung einer Versammlung verliert das Lokal noch nicht seinen Charakter als Schankraum.

3. Nach § 13 der Pol.-Verord. des Oberpräsidenten zu Potsdam v. 14. VI. 92 (Amtsbl. der Reg. zu Potsdam S. 263) müssen Schankstuben, Krüge und sonstige öffentliche Vergnügungslokale in der Zeit vom 1. Oktober bis Ende März um 10 Uhr abends geschlossen werden, die Ortspolizeibehörden dürfen aber unter besonderen Umständen Ausnahmen sowohl für einzelne Fälle wie für einzelne Lokale bewilligen. Auf Grund dessen hatte der Amtsvorsteher durch eine an den Ökonomen der Brauerei zu X. gerichtete Verfügung gestattet, daß das Schanklokal bis ein Uhr nachts offen gehalten werde. Allerdings war hinzugefügt, daß öffentliche Versammlungen und Tanzlustbarkeiten von dieser Vergünstigung ausgeschlossen seien und für derartige Veranstaltungen die Polizeistunde in der Zeit vom 1. Oktober bis 31. März zehn Uhr sei. Das O.-V.-G. hob die Verfügung auf und führte aus: Die gemachte Einschränkung steht, soweit sie sich auf öffentliche Versammlungen bezieht, im Widerspruche mit dem in der Rechtsprechung des O.-V.-G. festgehaltenen Grundsatze, daß zwar die Polizei nicht behindert ist, gegen Versammlungen einzuschreiten, wofern durch sie, abgesehen von einem Mißbrauche des Versammlungsrechts, andere dem Schutze der Polizei anvertraute Interessen gefährdet werden, daß aber die Polizei Versammlungen als solchen ohne Rücksicht auf andere Interessen, die die Ausübung des Versammlungsrechts an sich nicht berühren, nur nach Maßgabe des Ges. v. 11. III. 50 entgegentreten darf (Entsch. Bd. XXVI S. 401 ff.). Wie hieraus einerseits folgt, daß die für Schanklokale eingeführte Polizeistunde auch für die dort abgehaltenen Versammlungen gilt, so ergiebt sich daraus auch andererseits, daß öffentliche Versammlungen einer nicht allgemein — bezw. für ein bestimmtes Lokal nicht allgemein — geltenden Polizeistunde nicht unterworfen werden dürfen, weil eine solche Einschränkung des Versammlungsrechts in den dies regelnden gesetzlichen Bestimmungen keine Stütze hat. Wenn der Amtsvorsteher für das betreffende Schanklokal eine Ausnahme von der

Polizeistunde bewilligt hat, muß er angenommen haben, daß die sonstigen Gründe für deren Beobachtung hier nicht zutreffen. Soll gleichwohl für öffentliche Versammlungen die Polizeistunde bestehen, so kann der Grund nur in der Besorgnis einer Gefährdung der öffentlichen Ordnung eben durch Abhaltung der Versammlung liegen. Gerade in dieser Beziehung aber setzt das gesetzlich gewährleistete Versammlungsrecht dem Ermessen der Polizeibehörde eine Schranke. Hinsichtlich der Tanzlustbarkeiten verhält sich dies anders (Entsch. Bd. XI S. 391). Wäre bei Bewilligung der Ausnahme von der Polizeistunde eine Einschränkung hinsichtlich der für öffentliche Versammlungen bestimmten Räumlichkeiten allgemein gemacht, so würde in Frage kommen können, ob nicht der polizeiliche Gesichtspunkt für die Einschränkung in der Beschaffenheit der Räumlichkeiten zu finden, also die Abhaltung einer Versammlung als solche dabei außer Betracht geblieben wäre.

4. Wenn auch das Ermessen der Ortspolizeibehörde über die Bewilligung einer Ausnahme von der Polizeistunde entscheidet, so unterliegt es doch der Nachprüfung des Verwaltungsrichters, ob die Ortspolizeibehörde sich hierbei von zulässigen polizeilichen Gesichtspunkten hat leiten lassen (Entsch. Bd. VII S. 306, Bd. IX S. 404).

Zu dem Grundsatze zu 1 ist zu bemerken, daß die Auflösung einer Versammlung als polizeiliche Verfügung der betreffenden Polizeiverwaltung so lange gilt, als sie von ihr nicht gemißbilligt ist.

Nr. 7. Entsch. Bd. XXXI S. 412 v. 26. I. 97. I A. 51/96.

Vereinsges. v. 11. III. 50 §§ 2, 13; Preßges. v. 12. V. 51 (G.-S. S. 273) § 10.

1. Ein Verein bezweckt eine Einwirkung auf öffentliche Angelegenheiten, wenn das Statut die Abfassung und Eingabe von Petitionen, die Arbeiterangelegenheiten betreffen, an Behörden und gesetzgebende Körperschaften zu den Vereinsaufgaben zählt.

2. Der Vorstand eines Vereins, der sich über mehrere Polizeibezirke erstreckt, hat nur die Verpflichtung, der Polizeibehörde, in deren Bezirke der Verein seinen Sitz hat, die Statuten und das Mitgliederverzeichnis einzureichen (Goltdammer's Archiv Bd. XXV S. 384).

3. § 10 des Preßges. v. 12. V. 51 ist noch geltendes Recht (Entsch. Bd. V S. 413, Bd. XXIII S. 278). Die Polizei kann die Erlaubnis zum Anschlagen von Plakaten so lange versagen, als ihr nicht das Plakat zur Prüfung, ob es einen zulässigen Inhalt habe, vorgelegt wird.

M. Gesindepolizei, auch Streitigkeiten zwischen Meister und Gesellen.

Nr. 1. Entsch. Bd. XXX S 433 v. 20. X. 96. I C. 67/96.

Gesinde-Ord. v. 8. XI. 10 §§ 1, 58, 59, 77, 117, 120, 136—139, 167.

1. Ist die Mißhandlung eines Gesindes (§ 136 Ges.-Ord.) nicht von der Herrschaft, sondern von einem Verwandten ausgegangen, so ist das Gesinde zum Verlassen des Dienstes nicht berechtigt.

2. Herrschaft ist, wer zum Abschluß des Dienstvertrages berechtigt (Striethorst Arch. Bd. X S. 72, Bd. XXXV S. 74, Goltdammers Archiv Bd. III S. 254, Bd. VIII S. 278), oder dazu von der eigentlichen Herrschaft bevollmächtigt, ihr Vertreter ist.

N. Polizeiliche Verfügungen vermischten Inhalts.

Nr. 1. Entsch. Bd. XXXII S. 421 v. 7. IV. 97 IV A. 143/96.

Kab.-Ordre v. 20. VI. 30. G.-S. S. 113; A.-L.-R. I Tit. 8 § 33.

1. Die Kab.-Ordre v. 20. VI. 30 verordnet, daß, wenn die Stadtbehörden ihre Stadtmauern ganz oder zum Teil abzutragen, oder damit Veränderungen vorzunehmen beabsichtigen, sie diese Absicht zuvörderst der Regierung anzuzeigen und vor der Ausführung deren Entschließung zu erwarten haben. Es kann dahin gestellt bleiben, ob in dieser Ordre nur eine Beschränkung der Stadtgemeinden in der Befugnis, ihre Stadtmauern abzutragen, enthalten und diesen gegenüber von Kommunalaufsichtswegen geltend zu machen ist, oder ob, wie der Erlaß der Minister des Krieges und des Innern v. 17. I. 47 (M.-Bl. S. 5) annimmt, aus der gedachten Bestimmung die Berechtigung zum Einschreiten auch gegen Privatpersonen herzuleiten ist, welche Eigentümer von Stadtmauern oder von Teilen solcher sind. Mag das eine oder das andere zutreffen, in jedem Falle sind diejenigen Forderungen, welche auf Grund dieser Ordre von Polizeiwegen zu stellen sind, soweit es sich dabei um endgültige Maßnahmen handelt, nicht ortspolizeilichen, sondern landespolizeilichen Inhalts. Die Ortspolizei würde dabei immer nur zu einem vorbeugenden Einschreiten berufen sein, welches der Landespolizeibehörde die definitive Beschlußnahme vorbereitet und es verhütet, daß nicht durch thatsächliche Maßnahmen der Beschlußnahme der Landespolizeibehörde vorgegriffen wird. Hat aber die Ortspolizeibehörde es verabsäumt, in dieser Beziehung behindernd einzutreten, so wird sie nicht befugt, ihrerseits die Wiederherstellung des veränderten Zustandes anzuordnen; hierüber kann vielmehr nur die Landespolizeibehörde entschließend eingreifen.

2. Der Satz, daß die Polizei die Pflicht habe, das Eigentum gegen eigenmächtige Eingriffe Dritter soweit als möglich zu schützen, berechtigt sei, ist in dieser Allgemeinheit nicht anzuerkennen. Die Polizeibehörden sind grundsätzlich nicht berufen, privatrechtliche Streitigkeiten auszutragen, also auch nicht zu entscheiden, wer der Eigentümer einer Sache ist. Die Regelung privatrechtlicher Verhältnisse, auch nur die vorläufige, liegt ihnen nicht ob, sie ist Sache des Civilrichters, soweit nicht der Polizei durch besondere Gesetze eine Mitwirkung übertragen sein sollte. Zu einem Einschreiten der Polizei zur Beseitigung von Nachteilen, welche durch widerrechtlichen Eingriff Dritter in die Eigentumsrechte an einer Sache herbeigeführt werden, liegt dann z. B. eine Berechtigung vor, wenn diese Eingriffe sich als strafbare Handlungen darstellen (Entsch. Bd. IV S. 418).

Nr. 2. Entsch. Bd. XXXI S. 423 v. 24. XI. 96 I A. 82/96.

Verord. v. 27. VI. 45 G.-S. S. 440 § 3 Nr. 4; Art. 23 Ziff. 1 Ges. v. 2. VI. 76 G.-S. S. 125; § 25 Tit. 11 Teil II A.-L.-R.

Der Schutz der äußeren kirchlichen Ordnung der staatlich anerkannten Religionsgesellschaften steht nicht der Ortspolizei, sondern der Landespolizei zu (M.-Bl. 1885 S. 25, Entsch. Bd. XVI S. 386, XXIII S. 416); die erstere ist nur dann zu einem selbständigen Einschreiten befugt, wenn der beabsichtigte Eingriff in die äußere kirchliche Ordnung zugleich die öffentliche Ruhe und Sicherheit derartig bedroht, daß bereits sich ein Anhalt für die Zuständigkeit der Ortspolizeibehörde ergiebt. Nach § 25 Tit. 11 Teil II A.-L.-R. ist einer blos geduldeten Kirchengesellschaft nicht gestattet, sich der Glocken zu bedienen. Wird dagegen verstoßen, so liegt ein Eingriff in die äußere kirchliche Ordnung vor.

Nr. 3. Entsch. Bd. XXXI S. 421 v. 19. VI. 96 IB. 8/96.

L.-V.-G. § 127 Verordn. v. 20. IX. 67 § 6 (G.-S. S. 1529).

1. Es ist nicht zu bezweifeln, daß die Beschaffung eines für den menschlichen Organismus so unentbehrlichen Gegenstandes, wie das Wasser, sehr wohl Aufgabe der Polizeiverwaltung sein kann (vgl. die Entsch. Bd. XII S. 382, Bd. VII S. 362, Bd. XI 385, Bd. XXIII S. 390, Bd. XXVI S. 51, XXVIII S. 354).

2. Die Fragen, gegen wen und unter welchen thatsächlichen Voraussetzungen das Gebot, einwandsfreies Wasser zu beschaffen, zu richten ist, sind nach Prüfung der Lage des einzelnen Falles zu beantworten (vgl. Entsch. Bd. VII S. 367, 348). Im vorliegenden Falle schöpften die Bewohner eines Hauses aus einem Privatflusse das Wasser, das gesundheitsschädlich war, und in der Nähe des Hauses waren keine ausreichenden Brunnen vorhanden. Das O.-V.-G. sah deshalb ein Gebot an den Hausbesitzer, eine Anlage als Entnahmestelle für einwandsfreies Wasser zur Benutzung der Hausinsassen zu bewirken, für rechtlich zulässig an.

Nr. 4. Entsch. v. 1. III. 95. I 296.

Reichsimpfges. v. 8. IV. 74; L.-V.-G. § 132.

1. Daß ein mittelbarer Zwang auch bei Ausführung des Impfgesetzes zulässig, ist im Bd. XXIII S. 384 der Entsch. (s. Bd. II S. 349 d. W.) bereits dargelegt. Das Reichsgesetz über das Impfwesen, welche die ganze betreffende Materie zu regeln bestimmt ist, hat nach Maßgabe der Reichsverfassung allerdings alle, dieselbe Materie regelnden Landesgesetze aufgehoben (vgl. Erklärung des Ministers Delbrück in der Sitzung des Reichstages v. 14. III. 74, St. Ber. Bd. I S. 351).

2. Das Reichsgesetz hat aber mehrfache Funktionen nicht den Gerichten, Impfärzten, Ärzten, Schulvorstehern &c., sondern lediglich der „zuständigen Behörde" zugewiesen (§§ 3, 4, 7, 8, 13) und überhaupt die Bundesstaaten zum Erlasse von Ausführungsbestimmungen ermächtigt (§ 18 Abs. 2); es hat somit die Zuständigkeit der Landesbehörden und deren Befugnisse bei der Ausführung des Reichsgesetzes in keiner Weise selbst geregelt. Für beiderlei Materien bleibt daher das Landesgesetz vor wie nach maßgebend, sodaß — da die reichsgesetzlichen Vorschriften auf die Abwendung von Gefahren für Leben und Gesundheit abzielen — in Preußen die Ortspolizeibehörden zu den diesen Vorschriften entsprechenden Anordnungen zuständig geblieben und zugleich befugt sind, zu deren Durchsetzung die landesgesetzlichen Zwangsmittel, daher diejenigen des § 132 A.-V.-G. und den unmittelbaren Zwang anzuwenden. Sollten ihre Befugnisse gemindert oder ausgeschlossen werden, so hätte dies durch das Reichsgesetz ausgesprochen werden müssen. Dieses läßt jedoch, während es auf landesgesetzliche Ausführungsbestimmungen ausdrücklich verweist, in seiner Wortfassung jede, auch die entfernteste bezügliche Andeutung vermissen.

3. Der Zweck des Reichsgesetzes ist der Schutz gegen Epidemien durch rechtzeitige Vaccination (§§ 1—15) und Revaccination (§ 18 Abs. 3), für welche letztere der Zwang dort, wo er landesgesetzlich besteht, bewußt (vgl. die Erklärung Delbrücks in der Schlußberatung, St. Ber. S. 343) aufrecht erhalten

wurde. Da jener Schutz offenbar nicht durch die bloße Bestrafung wegen nicht ausgeführten, sondern nur durch die thatsächliche Ausführung der Vaccination aller Kinder erreicht werden kann, so muß dem Zwecke des Gesetzes die Annahme direkt widerstreiten, daß dieses — obwohl es die Impfung direkt gebot und deren polizeiliche Kontrolle anordnete — dennoch deren Unterlassung nur habe bestrafen, nicht aber polizeilich verhindern wollen. Und daß eine solche zweckwidrige Absicht der Wille nicht blos einzelner Abgeordneter, sondern der gesetzgebenden Faktoren gewesen, wird durch die Entstehungsgeschichte in keiner Weise bestätigt. Es erscheint gänzlich ausgeschlossen, aus den Beratungen des Reichstages einen dem Wortlaute des Gesetzes nicht entsprechenden Willen des Gesetzgebers dahin zu konstruieren, daß die zwangsweise Vorführung sogar bei Kindern unstatthaft sein soll. Insbesondere ist dies auch aus der Begründung des kammergerichtlichen Urteils v. 10. XI. 92 (Entsch., Johow Bd. VII, S. 375, Preuß. Verw.-Bl. Jahrg. 14, S. 416) nicht zu folgern; denn dadurch, daß die Androhung von Kriminalstrafen als ein indirekter Zwang zur Impfung bezeichnet ist, wird ein direkter polizeilicher Zwang zu dem gleichen Ziele nicht ausgeschlossen. Und wenn endlich bei der Beratung des Gesetzes mehrfach von einer einheitlichen Regelung des Impfwesens durch das Reich die Rede gewesen ist, so war doch diese Einheitlichkeit nicht einmal bezüglich der Impfpflicht (§ 18 Abs. 3) und noch weniger wegen der Ausführungsmodalitäten (§ 18 Abs. 2) eine derart absolute, daß sie geeignet erscheinen könnte, zu einem Rückschluß e contrario auf die Minderung der landesgesetzlich bestehenden Machtbefugnisse der ausführenden Landesbehörden zu berechtigen.

II.

Allgemeines über polizeiliche Verfügungen, Zwangsmittel, Polizeiverordnungen.

A. Allgemeines.

Nr. 1. Entsch. v. 9. IV. 94. III. 441.

Kr.-Ordn. § 57 Abs. 5.

Die Frage, ob ein Amtsvorsteher bei Erledigung eines Amtsgeschäfts persönlich beteiligt sei, ist wesentlich thatsächlicher Natur. Ist der Amtsvorsteher Oberförster, der dafür zu sorgen hat, daß möglichst wenig Wildschadensansprüche an den Fiskus erhoben werden, so wird er im allgemeinen nicht die zur Entsch. über einen solchen gegen den Fiskus erhobenen Anspruch erforderliche Objektivität besitzen und dieser Mangel an letzterer ist eine persönliche Beteiligung im Sinne des § 57 Abs. 5 der Kr.-Ord.

Nr. 2. Entsch. v. 10. XII. 96. III. 1552.

Kr.-Ordn. §§ 59, 61.

Im § 61 der Kr.-Ord v. $\frac{13.\ XII.\ 72}{19.\ III.\ 81}$ liegt nur eine Kompetenzvorschrift; der Kreisausschuß soll befugt sein, unter mehreren zuständigen Polizeiverwaltern einen zu bestimmen, wenn es ihm zweckmäßig erscheint, daß nicht jede einzelne Polizeibehörde für ihren Amtsbezirk polizeiliche Anordnungen an die Beteiligten (Entsch. Bd. XX S. 246, Bd. XXIII S. 175) erläßt, sondern daß eine einzige Behörde gegen alle Beteiligten einheitlich vorgeht. Mit dieser Auswahl eines Polizeiverwalters hört die Zuständigkeit der übrigen für die betreffende Anordnung auf. Solange aber eine Auswahl nicht getroffen ist, bleibt es bei dem bestehenden Rechte (§ 59).

Nr. 3. Entsch. Bd. XXXII S. 387 v. 1. VI. 97 I A. 75/96.

§§ 127 ff., 133 L.-V.-G.

1. Unter der gerichtlichen Polizei ist alle Thätigkeit der Polizeibehörden zur Unterstützung der Strafrechtspflege begriffen (Bluntschlis Staatswörterbuch Bd. IV S. 209, von Rönne, Pr. Staatsrecht, 4. Aufl. Bd. IV S. 104 ff. § 283, von Schulze, Pr. Staatsrecht, 2. Aufl. Bd. II S. 306 ff., Otto Mayer, Deutsches Verwaltungsrecht, Bd. I S. 255). Das O.-V.-G. hat in ständiger Rechtsprechung angenommen, daß Akte der gerichtlichen Polizei nur im Wege der Justizaufsichtsbeschwerde — bei der Staatsanwaltschaft und Oberstaatsanwaltschaft —, nicht aber mit den gegen polizeiliche Verfügungen im Allgemeinen nach Titel IV des L.-V.-G. vorgesehenen Rechtsmitteln angefochten werden können (Entsch. Bd. XXVI S. 386 ff.), wie denn auch der Minister des Innern mit Rücksicht auf diese Praxis die Weisung erteilt hat, daß in allen Fällen, in denen die Polizeibehörden ihre Verfügungen zweifellos nur als Organe der gerichtlichen Polizei erlassen haben, über Beschwerden hiergegen nicht von den vorgesetzten Verwaltungsinstanzen zu entscheiden sei, sondern die Beschwerden an die Staatsanwaltschaften zu weiterem Befinden abzugeben seien (Runderlaß v. 9. V. 96 — M.-Bl. S. 79). Kommt dieser Grundsatz zur Anwendung, so würde daraus folgen, daß, wenn die Beschwerdeinstanzen (§ 127 L.-V.-G.) eine materielle Entscheidung getroffen haben, die Beschwerdebescheide außer Kraft zu setzen, während die Klage, soweit sie die Aufhebung der Verfügung der Ortspolizeibehörde betrifft, als unzulässig abzuweisen ist.

2. Die Sache liegt aber anders, wenn die Thätigkeit der Polizei eine militärgerichtliche Angelegenheit betrifft. Die Aufgabe der Staatsanwaltschaft zur Wahrnehmung des kriminalpolizeilichen Interesses erstreckt sich nicht auf die vor die Militärgerichte gehörigen Strafsachen. Einfluß auf diese ist der Staatsanwaltschaft nicht eingeräumt. Darum kann die Polizei, soweit sie mit Erhebungen in einer militärgerichtlichen Untersuchungssache betraut ist, auch nicht als Organ der Staatsanwaltschaft angesehen werden (Bd. XXVI S. 390). Wenn die gerichtliche Polizei durch die Reichsjustizgesetze der Leitung der Staatsanwaltschaft untergeordnet und in eine organische Verbindung mit dieser gebracht ist (vgl. Hahn, Materialien zum Gerichtsverfassungsgesetze S. 153 ff.), so finden doch die Reichsjustizgesetze auf militärgerichtliche Angelegenheiten keine Anwendung (§ 7 des Einführungsgesetzes zum Gerichtsverfassungsgesetze; § 3 des Einführungsgesetzes zur Strafprozeßordnung in Verbindung mit § 13 des Gerichtsverfassungsgesetzes). Auch das Ausführungsgesetz zum Gerichtsverfassungsgesetze läßt nach § 110 dieses Gesetzes die Militärgerichtsbarkeit unberührt. Daher kann die Bestimmung im § 85 des Ausführungsgesetzes zum Gerichtsverfassungsgesetze, auf welche sich die Zuständigkeit der Staatsanwaltschaft zur Entscheidung über Beschwerden gegen Anordnungen der gerichtlichen Polizei gründet (Entsch. Bd. XXVI S. 390, 391), auf militärgerichtliche Angelegenheiten nicht bezogen werden. In einem analogen Unterordnungsverhältnis wie nach der neueren Gesetzgebung der Staats-

anwaltschaft gegenüber steht die Polizei in Ermangelung entsprechender gesetzlicher Vorschriften nicht auch in Bezug auf Angelegenheiten der Militärgerichtsbarkeit. Hier fehlt daher eine die Anwendbarkeit des § 127 des L.-V.-G. ausschließende anderweite Vorschrift über Rechtsmittel gegen gerichtspolizeiliche Anordnungen (von Schulze, Pr. Staatsrecht, Bd. II S. 308).

3. Eine auf eigner Entschließung der Ortspolizeibehörde beruhende Ladung auf Ersuchen des Militärgerichts ist demnach als eine ortspolizeiliche Verfügung anzusehen (Entsch. Bd. XXVI S. 390, Entsch. Bd. VI S. 355, Bd. XII S. 412). Hiernach finden gegen die Ladung eines Zeugen die Rechtsmittel aus den §§ 127 ff. des L.-V.-G. statt und es muß hinsichtlich der Androhung von Zwangsmitteln, welche die Durchsetzung der Ladung bezwecken, gemäß § 133 Abs. 1 dasselbe gelten.

Nr. 4. Entsch. v. 5. X. 98. III. 1346.

L.-V.-G. § 127.

In einer polizeilichen Verf. braucht nach jetziger Lage der Gesetzgebung keine Rechtsbelehrung über die zu ergreifenden Rechtsmittel enthalten zu sein.

Nr. 5. Entsch. v. 23. VI. 97. III. 925.

L.-V.-G. § 127.

Es sollen nach der Rechtsprechung des O.-V.-G. in polizeilichen Verfügungen auch diejenigen Thatsachen bezeichnet werden, aus denen die Polizeibehörde die Berechtigung herleitet, mit einer polizeilichen Auflage vorzugehen oder eine beantragte polizeiliche Erlaubnis abzulehnen.

Nr. 6. Entsch. v. 21. I. 98. I. 136.

L.-V.-G. § 127.

Eine polizeiliche Verfügung leidet an Unbestimmtheit und ist außer Kraft zu setzen, wenn nur abstrakte Anforderungen gestellt werden, z. B. die Anschaffung eines Begräbnisplatzes, eines Arrestlokals, einer Feuerspritze. Es ist unerläßlich, die Art und Beschaffenheit der Spritze u. s. w. näher anzugeben.

Nr. 7. Entsch. v. 4. XI. 97. IV. 1802.

L.-V.-G. § 127.

Ist ein Baugesuch früher abgelehnt worden und wird wiederholt, so ist der auf das neue Gesuch ergehende ablehnende Bescheid eine neue mit den gesetzlichen Rechtsmitteln anfechtbare polizeiliche Verfügung. Dieser Grundsatz erleidet eine Ausnahme, wenn und insoweit in der früheren Verfügung ein Gebot oder Verbot mit enthalten war. Dieses bleibt, wenn es einmal unanfechtbar geworden ist, bestehen (Entsch. Bd. XII S. 366, 369), dabei ist aber wieder zu unterscheiden, ob die unanfechtbar gewordene ältere Verfügung nur eine einmalige Leistung forderte, oder aber ein auf die Dauer wirkendes Gebot oder Verbot enthielt. In dem Falle der ersteren Art ist es der Polizei unbenommen, die unanfechtbare Verfügung (z. B. eine Treppe zu beseitigen) durchzusetzen, dadurch ist aber dem Betroffenen nicht das Recht entzogen, von der Polizei eine Entscheidung darüber zu verlangen, ob eine beabsichtigte Wiederherstellung der Anlage sich im Einklange mit dem öffentlichen Baurechte befinde. Die Wirkung einer solchen, eine einmalige Leistung fordernden Verfügung ist erschöpft, wenn ihr einmal Genüge geleistet worden ist. Polizeiliche Verfügungen mit dauernder Wirkung, die formell unanfechtbar geworden, haben den Fortbestand der Vorbedingungen ihres Erlasses zur thatsächlichen Voraussetzung. Es liegt also eine neue polizeiliche Verfügung vor, wenn der Betroffene behauptet, daß die thatsächlichen Zustände sich geändert haben und die Polizei sich weigert, die frühere Verfügung in Wegfall zu bringen (Entsch. Bd. XV S. 413, 415, Bd. I S. 332).

Nr. 8. Entsch. v. 16. IV. 96. III. 493.

L.-V.-G. § 127; Zust.-Ges. § 66.

Eine polizeiliche Verfügung ist aufzuheben, wenn polizeilich etwas angeordnet wird, das kein zweckdienliches Mittel ist, um den polizeilich erstrebten Zweck zu erreichen. Im vorliegenden Falle hatte die Polizei die Auskrautung eines Teiches angeordnet, damit die gesundheitsgefährlichen Ausdünstungen desselben beseitigt würden. Das O.-V.-G. nahm an, daß der beabsichtigte Erfolg durch die Auskrautung nicht zu erwarten sei; ferner wurde in dem Erk. ausgesprochen, daß die Verfügung nicht nach § 66 des Zust.-Ges., sondern allein nach § 127 L.-V.-G. zu beurteilen sei, weil die Auskrautung nicht behufs Beschaffung der Vorflut von dem zur dauernden Räumung Pflichtigen gefordert werde.

Nr. 9. Entsch. Bd. XXXII S. 302 **v.** 16. VI. 97. III B. 91 96.

L.-V.-G. §§ 127 ff.

Wenn die Polizeibehörde jemandem die Eröffnung macht, daß die Polizeiorgane angewiesen seien, Grubenreinigungsarbeiten, die der Betreffende vornehmen würde, zu verhindern, so liegt darin ein Verbot, diese Arbeiten vorzunehmen und eine polizeiliche Verfügung im Sinne der §§ 127 ff. L.-V.-G.

Nr. 10. Entsch. v. 1. V. 95. IV. 695.

L.-V.-G. § 127.

Stützt sich eine polizeiliche Verfügung auf ein besonderes Polizeigesetz, so ist die Polizeibehörde auch berechtigt, den polizeilichen Vorschriften entsprechend zu verfahren; sie braucht nicht noch ein besonderes Motiv nachzuweisen, welches sie zu ihrem Vorgehen im einzelnen Falle bestimmt hat.

Nr. 11. Entsch. v. 8. IV. 95.

A.-L.-R. § 10 II 17; L.-V.-G. § 127.

Es ist ein feststehender Grundsatz, daß derjenige, der einen polizeiwidrigen Zustand herbeigeführt hat, von der Polizeibehörde zur Beseitigung desselben angehalten werden kann. Daß der Urheber eines solchen Zustandes der ihm hiernach obliegenden Verpflichtung nicht dadurch enthoben wird, daß die Polizeibehörde unter Umständen auch die Wahl hat, von dem Eigentümer des betreffenden Grundstücks die Erhaltung desselben in polizeimäßigem Zustande zu verlangen, ist selbstverständlich.

Nr. 12. Entsch. Bd. XXXI S. 355 v. 14 IV. 97. IV C. 116/96.

Niemand erwirbt daraus, daß die Polizei einen polizeiwidrigen Zustand längere Zeit unbeanstandet gelassen hat, ein Recht auf dessen Fortdauer.

Nr. 13. Entsch. Bd. XXXII S. 425 v. 4. XI. 97. IV A. 80/96.

A.-L.-R. § 10 II 17.

Auch ohne Polizeiverordnung ist die Polizeibehörde zum Schutze des Privateigentums, über die Abwehr strafbarer Handlungen hinaus, ausnahmsweise dann als befugt vorzugehen, wenn der regelmäßige Weg der Wahrung der privaten Vermögensinteressen, der Zivilprozeß, nach Lage des besonderen Falles nicht gangbar ist, insbesondere, wenn auf diese Weise eine Abhilfe nicht rechtzeitig zu erlangen sein würde, oder wenn besondere, polizeilich zu schützende Interessen, z. B. solche der Sicherheitspolizei, ein gleichzeitig thatsächlich zum Schutze des Privateigentums dienendes Einschreiten verlangen.

Nr. 14. Entsch. Bd. XXXI S. 310 v. 11. I. 97. III B. 45/96.

L.-V.-G. § 127.

1. Die Kosten, welche entstehen, wenn die Polizei periodisch Bierdruckapparate untersuchen läßt, sind Polizeikosten, die der betreffende Kommunalverband zu tragen hat.

2. Wenn die Polizei die Erstattung der Kosten von dem Besitzer der Apparate einfordert, so liegt darin eine polizeiliche Verfügung im Sinne des § 127 L.-V.-G., die der Aufhebung unterliegt.

Nr. 15. Entsch. v. 2. X. 95. IV. 1331.

L.-V.-G. § 127.

Die Polizeibehörde hatte das Eis in dem Rinnsteine längs des Hauses der Klägerin durch Arbeiter entfernen lassen. Mittels Verfügung forderte sie die Kosten von der Klägerin ein. Über das Wesen der Verfügung spricht sich das O.-V.-G. wie folgt aus: Die Polizeibehörde hat ohne vorherige Anordnung und Androhung eines Zwangsmittels unmittelbar thatsächlich eingegriffen, indem sie das Eis in dem Rinnsteine entfernen ließ. In dieser Handlung, der aus Veranlassung der Polizeiorgane geschehenen Reinigung des Rinnsteins, an sich kann ein gegen die Klägerin geübtes Zwangsverfahren, die Ausübung unmittelbaren Zwanges gegen sie, noch nicht liegen. Denn dadurch ist noch nicht kenntlich gemacht, daß wider ihren Willen gerade in ihr Rechtsgebiet und somit zwangsweise durch eine polizeiliche Anordnung eingegriffen ist. Das findet erst seinen Ausdruck dadurch, daß die durch dieses thatsächliche Eingreifen entstandenen Kosten von ihr eingefordert werden und so festgestellt wird, daß die betreffenden Arbeiten auf ihre Kosten, also in dem Sinne ausgeführt sind, daß damit eine nach Ansicht der Polizeibehörde ihr obliegende Verpflichtung erfüllt ist. Für den vorliegenden Fall braucht nur darauf hingewiesen zu werden, daß die Klägerin den Polizeirevierbeamten gegenüber an ihrer Ansicht festgehalten hat, daß nicht sie, sondern die Stadtgemeinde zu der streitigen Reinigung verpflichtet sei; wenn nun städtische Arbeiter diese Reinigung ausführten, so konnte die Klägerin, — wie sie auch ausführt — immerhin annehmen, daß die Gemeinde sich davon überzeugt habe, daß ihr die Verpflichtung obläge; erst durch die amtliche Einforderung der Kosten fand auch der Klägerin gegenüber es einen bestimmten Ausdruck, daß der unmittelbare Zwang gegen sie gerichtet gewesen. So kam die in der zwangsweisen Ausführung zugleich enthaltene Bestimmung des polizeilich Nötigen, der regelmäßige Gegenstand der polizeilichen Verfügung, und die Zwangsübung gegenüber der Pflichtigen in einem polizeilichen Akte zum Ausdruck, in der Einforderung der erwachsenen Kosten.

Wenn die Klägerin in der Klageschrift sagt: „Da eine schriftliche Androhung eines Zwangsmittels nicht erfolgt ist, ist in der angegriffenen Verfügung nicht eine Festsetzung eines Zwangsmittels. sondern eine polizeiliche Verfügung im Sinne des § 127 des O.-V.-G. zu erblicken, gegen welche die Klage zulässig ist“, so ist dieses nur zum Teil richtig. Denn in dem polizeilichen Akte der Einforderung der entstandenen Kosten ist beides einbegriffen, sowohl die Bestimmung des polizeilich Nötigen, also die Anordnung — welche der Rechtskontrolle nach den Bestimmungen der §§ 127 ff. a. a. O. unterliegt —, als auch die Durchführung des gewählten Zwangsmittels — gegen welche nur die Beschwerde im Aufsichtswege stattfindet.

Nr. 16. Entsch. v. 2. IV. 95. I. 463.

L.-V.-G. § 127.

Wenn auch die Führung der Seelenlisten und die zu erstattenden An- und Abmeldungen eine polizeiliche Angelegenheit ist, so ist hieraus nicht ohne Weiteres zu schließen, daß die Eintragung in diese Listen den Charakter einer polizeilichen Verfügung im Sinne des § 127 des L.-V.-G. hat. Die Eintragung enthält weder ein Gebot, noch ein Verbot, welches die Befugnisse des Eingetragenen beschränkt, noch versagt sie ihm eine polizeiliche Erlaubnis, deren er zur Ausübung seiner Rechte bedarf; sie erscheint vielmehr nur als ein Akt des inneren Dienstbetriebes der Polizeibehörde, welcher nach außen hin überhaupt keine rechtlichen Wirkungen äußert, und deshalb auch nicht geeignet ist, verletzend in die Rechte des Eingetragenen einzugreifen. Wenn eingewendet werden möchte, daß die Eintragung in die Seelenliste die Heranziehung zu den Pflichten eines Einwohners zur Folge habe, so ist dies unzutreffend. Die Befugnis des Staats, der Gemeinden und der sonstigen öffentlich-rechtlichen Korporationen, von dem Einwohner die Erfüllung der öffentlich-rechtlichen, aus dem Wohnsitze fließenden Pflichten zu erlangen, ist völlig unabhängig von dem Inhalte der Seelenlisten. Der Mangel einer Eintragung hindert die Berechtigten nicht, die durch den Wohnsitz begründeten Forderungen gegen den verpflichteten Einwohner geltend zu machen; und ebensowenig wird derjenige, der in der Seelenliste geführt wird, thatsächlich aber einen Wohnsitz nicht hat, durch die Eintragung in der Verteidigung seiner Rechte irgendwie beschränkt oder gehindert. Thatsächlich mag allerdings die Eintragung in die Seelenliste den Anlaß dazu geben können, daß der Betroffene zu den Pflichten eines Einwohners herangezogen wird; daraus folgt aber nur, daß die Eintragung seine Interessen berührt, jedoch nicht, daß sie seine Rechte verletzt.

Nr. 17. Entsch. Bd. XXXII S. 416 v. 5. V. 97. IV A. 38/96.

L.-V.-G. §§ 127, 128, 129.

1. Wie vom O.-V.-G. wiederholt ausgesprochen ist, kann der Ausdruck „Rechtskraft“ auf dem Gebiete polizeilicher Verfügungen im eigentlichen Sinne überhaupt nicht gebraucht werden, vielmehr immer nur die Bedeutung haben, daß entweder den Beteiligten, wenn sie die Verfügung oder den Bescheid nicht rechtzeitig angreifen, das Recht zu einer weiteren höheren Anfechtung der polizeiliche Verfügung verloren geht oder daß die Verfügung, wenn sie in der Beschwerdeinstanz aufgehoben wird, gegen die Beteiligten nicht mehr in Vollzug gesetzt werden kann. Darüber hinaus erstreckt sich die Rechtswirkung der Verfügungen oder Bescheide nicht, insbesondere kann nicht dadurch ein bestimmtes Rechtsverhältnis zwischen der Polizeibehörde und dem Beteiligten ein für alle mal festgestellt werden. Die in der Beschwerdeinstanz entscheidenden

Behörden bilden mit der untergeordneten Polizeibehörde, deren Verfügung angegriffen ist, die an sich einheitliche und nur in verschiedene Instanzen gegliederte staatliche Polizeiverwaltung, so daß die Aufsichtsbehörde, wenn sie die Verfügung der unteren Polizeibehörde aufrecht erhält, damit nicht eine Entscheidung mit der Rechtswirkung trifft, daß so zwischen den Beteiligten und der Polizeiverwaltung ein unabänderliches Rechtsverhältnis festgestellt wäre, welches auch für die untere Polizeibehörde ein rechtliches Hindernis zur Zurücknahme oder Abänderung der von der höheren Polizeibehörde gutgeheißenen Verfügung bildet. Die Polizeibehörde ist, wenn sie zu solcher Zurücknahme Gründe zu haben glaubt, daran rechtlich nicht behindert, die von ihr zurückgenommene Verfügung hört von Rechtswegen auf, als Unterlage für ein weiteres Zwangsverfahren zu dienen. Sollte dabei die untere Polizeibehörde in einen Widerspruch mit den Intentionen der vorgesetzten Behörde treten, so mag das unter Umständen Grund zu einem disziplinaren Einschreiten bieten; für die rechtliche Beurteilung der Sache bleibt es aber ohne Einfluß (Entsch. Bd. XIX S. 382, 383).

2. Wenn die Polizeibehörde an die Stelle ihrer früheren Verfügung eine neue Verfügung erläßt, so gilt ihre frühere Verfügung implicite als zurückgenommen, sie hat somit aufgehört, rechtswirksam zu sein, sie besteht nicht mehr und kann deshalb mit Recht nicht mehr zur Grundlage eines Zwangsverfahrens genommen werden. Sollte ein solches Zwangsverfahren dennoch eingeleitet werden, so würde in Frage kommen, ob sich dieses als Anwendung unmittelbaren Zwanges ohne vorausgegangene polizeiliche Verfügung und Androhung darstellt und inwieweit in dem geübten unmittelbaren Zwange gleichzeitig die mit den Rechtsmitteln des § 127 des L.-V.-G. anfechtbare Anordnung zu finden ist, eine Beurteilung, welche nicht mit Berufung auf § 133 Abs. 2 des L.-V.-G. der Kognition des Verwaltungsrichters entzogen werden könnte.

Nr. 18. Entsch. Bd. XXXII S. 413 v. 22. XII. 97. IIIB. 46/97.

L.-V.-G. §§ 127, 128, 129.

1. Gegen polizeiliche Verfügungen der Ortspolizeibehörde ist wahlweise die Beschwerde und die Klage in der Weise gegeben, daß die Anbringung des einen Rechtsmittels das andere ausschließt (§ 129 Abs. 4 Satz 1 des L.-V.-G.). Wenn dann der Satz 3 des Abs. 4 vorschreibt:

„Bei gleichzeitiger Anbringung beider Rechtsmittel ist nur der Beschwerde Fortgang zu geben"

so ist dabei offenbar blos an den Fall gedacht, daß diejenige Person, der an sich beide Rechtsmittel zustehen, die aber zwischen ihnen wählen muß, die Wahl nicht ausübt, sondern beide Rechtsmittel anbringt, nicht auch an den, daß die beiden Rechtsmittel von verschiedenen Personen angebracht werden, und die Vorschrift kann auf den letzteren Fall nicht mitbezogen werden. Das O.-V.-G. hat denn auch bereits in dem Urteile vom 4. XI. 89 (Entsch. Bd. XVIII S. 337) für eine Verfügung, die nach den §§ 127—129 des L.-V.-G. anfechtbar war, ausgesprochen, daß das Recht, sie durch Klage anzugreifen, durch ihre Anfechtung mittels Beschwerde seitens anderer Personen nicht ausgeschlossen werde (S. 340). Eine abweichende Ansicht führt zu einem unannehmbaren Ergebnisse. Polizeiliche Verfügungen dürfen außer von dem, an den sie gerichtet sind, auch von jedem, dessen Rechte hinsichtlich seiner Person oder seines Vermögens sie berühren, angefochten werden (v. Brauchitsch, Verwaltungsgesetze Bd. I 13. Aufl., S, 146 Anm. 234, ferner z. B. Entsch. Bd. XXI S. 357, Bd. XXVI S. 400). Es ist daher zur Einlegung eines Rechtsmittels gegen eine polizeiliche Verfügung nicht selten neben demjenigen, an welchen sie erlassen worden ist, noch eine andere Person berechtigt. Nach jener Ansicht würde also Jemand des ihm grundsätzlich gewährten Rechts zur Klage gegen die an ihn ergangene Verfügung nicht blos durch seine eigene Wahl oder sein eigenes Verhalten (Versäumung der Klagefrist), sondern außerdem durch das seinem Einflusse vollständig entzogene Verhalten eines Anderen, bei mehreren Anderen auch nur eines von ihnen, verlustig gehen können. Wenn dagegen bemerkt werden kann, daß Zweck und Grundgedanke des Abs. 4 Satz 3 sei, eine verschiedenartige Entscheidung über dieselbe Verfügung in verschiedenen Verfahren ausschließen, und daß, falls Identität des Beschwerdeführers und des Klägers gefordert würde, eine in ihrer Bedeutung und Ausführung unteilbare Verfügung unter Umständen der divergierenden Beurteilung und Entscheiduug verschiedener Instanzen ausgesetzt wäre, so ist dem kein entscheidendes Gewicht beizumessen. Eine solche Verfügung besteht solange, als sie nicht auf die Beschwerde oder auf die Klage aufgehoben ist. Wird sie aber in dem einen Verfahren aufgehoben, so wird das andere Verfahren von selbst gegenstandslos. Erheblichere praktische Unzuträglichkeiten können somit bei der Zulässigkeit der Klage des einen Beteiligten nicht eintreten.

2. Unter der gleichzeitigen Anbringung, von welcher das Gesetz spricht, ist der gleichzeitige Eingang bei der Behörde zu verstehen. Mit der Zeit dieses Eingangs hat aber die Zeit, zu welcher über die betreffenden Schriftstücke weitere Verfügung getroffen wird, nichts zu thun; daß eine Klage, die an einem gewissen Tage und eine Beschwerde, die erst am folgenden Tage eingegangen ist, nicht gleichzeitig eingegangen und nicht im Sinne des § 129 Abs. 4 Satz 3 des L.-V.-G. gleichzeitig angebracht sind, kann keinem Zweifel unterliegen.

Nr. 19. Entsch. Bd. XXXI S. 428 v. 2. XII. 96. IV B. 68/96.

L.-V.-G. §§ 127 ff., 132.

1. Der Betroffene ist berechtigt, die Aufhebung einer in ungesetzlicher Form erlassenen polizeilichen Verfügung gemäß §§ 127 ff. des L.-V.-G. im Wege der Klage zu verlangen. Denn auch die in ungesetzlicher Form ergangene Androhung greift in seine Rechte ein, zumal sie, wenn sie nicht aufgehoben wird, zur Grundlage einer Festsetzung und Vollstreckung werden kann. Der Betroffene braucht sich nicht darauf zu beschränken, erst bei einer etwaigen Festsetzung oder Vollstreckung die Ungültigkeit der Androhung geltend zu machen, sondern er ist befugt, die Androhung selbst wegen der von ihm behaupteten Mängel anzugreifen, die formelle Ungültigkeit der Androhung auf dem durch die §§ 133 Abs. 1, 127 ff. gewiesenen Wege feststellen zu lassen, um jede Vollstreckung aus der ungültigen Androhung zu verhindern.

2. Nach § 132 des L.-V.-G. muß die Androhung eines Zwangsmittels „schriftlich" erfolgen. Das Gesetz will, daß dem Verpflichteten die Möglichkeit gegeben wird, sich durch Einsicht der ihm mitgeteilten schriftlichen Verfügung jeden Augenblick darüber Gewißheit zu verschaffen, was er zu thun oder zu unterlassen habe, und welche Strafe ihn im Übertretungsfalle treffe (Entsch. Bd. IV S. 395). Dieser Absicht des Gesetzes wird auch dann völlig entsprochen, wenn die Behörden bei Erlaß der Androhungen mechanisch hergestellte Formulare verwenden. Die Verfügung, durch welche ein Zwangsmittel angedroht wirde braucht nicht notwendig durch Handschrift hergestellt zu sein, es genügt jede andere Art der Herstellung durch Druck oder durch eine sonstige mechanisch-Vervielfältigungsart. Der Gesetzgeber hat mit der Bestimmung, daß die An, drohung eine schriftliche sein muß, nur die mündliche Androhung ausschließen,

aber nicht eine besondere Form für die Herstellung der dem Verpflichteten auszuhändigenden Verfügung, insbesondere nicht die Herstellung durch Handschrift vorschreiben wollen.

3. In § 132 a. a. O. ist darüber, ob und wie die Androhung unterschriftlich vollzogen sein müsse, nichts besonderes bestimmt. Wenn § 132 die „schriftliche Androhung" verlangt, so folgt daraus allerdings, daß aus dem Schriftstück nicht nur der Inhalt der Androhung selbst hervorgehen, sondern daß für den Empfänger auch erkennbar sein muß, von welcher Behörde die Androhung ausgeht. Der Empfänger muß aus dem Schriftstücke ersehen können, ob die Androhung von der zuständigen Behörde erlassen ist, auf der Thätigkeit und Entschließung dieser Behörde beruht. Dies wird der Regel nach durch die Unterschrift des zuständigen Beamten erkennbar gemacht werden; und es kann dahingestellt bleiben, ob etwa auch der bloße Abdruck des Dienststempels der Behörde ohne Beifügung einer Unterschrift ausreichen würde. Jedenfalls wird diese Erkennbarkeit in keiner Weise davon berührt, ob die Unterschrift des Beamten durch handschriftliche Vollziehung oder durch Faksimile-Stempel hergestellt ist. Auch ein solcher Faksimile-Druck zeigt dem Empfänger, von wem die Verfügung erlassen ist. Die Vorschrift in § 132 kann daher nicht dahin verstanden werden, daß jede Androhung ohne handschriftlich gefertigte Unterschrift des zuständigen Beamten rechtsungültig sein solle. Ebensowenig besteht sonst eine Vorschrift, welche die handschriftliche Vollziehung derartiger polizeilicher Verfügungen als Bedingung für die Rechtswirksamkeit der Verfügungen verlangt.

4. Übrigens mag hervorgehoben werden, daß auch bei rechtsgeschäftlichen Erklärungen mehrfach seitens der ordentlichen Gerichte die Rechtswirksamkeit einer durch Faksimile-Stempel hergestellten Unterschrift angenommen ist. So hat das Reichsgericht einen Faksimile-Druck der Unterschrift im Sinne des § 116 Tit. 5 Teil I des A.-L.-R.'s rechtlich gleichgestellt, da die Bestimmung der Unterschrift sich erschöpfe in einem, die Person des Genehmigenden erkennbar machenden und durch dessen Thätigkeit hergestellten Zeichen der Genehmigung dessen, was über der Unterschrift steht [Blum, Annalen des Reichsgerichts Bd. III S. 269; vgl. auch Bd. I S. 5 und Dernburg, Pr. Privatrecht Bd. I S. 204 Anm. 7 (5. Aufl.), Eccius, Pr. Privatrecht Bd. I S. 190 Anm. 19 (5. Aufl.)]. Auch bei Anwendung des § 269 des St.-G.-B. hat das Reichsgericht ausgeführt, daß der Begriff der „Unterschrift" nicht auf die eigenhändige oder sonst geschriebene Unterschrift zu beschränken sei, sondern auch eine durch Faksimile oder sonst auf mechanische Weise hergestellte Unterschrift umfasse, und daß eine Unterzeichnung durch Namensstempel oder Faksimile-Druck unter Umständen nicht nur inhaltlich der durch Handschrift bewirkten Unterzeichnung gleichsteht, sondern thatsächlich eine „Unterschrift" enthält (Entsch. des Reichsgerichts in Strafsachen Bd. XXII S. 186).

Nr. 20. Entsch. v. 6. II. 96. III. 163.

L.-V.-G. § 127.

Der Kläger hatte Arbeiten ausführen lassen, die die Nachtruhe der Nachbarn in erheblicher Weise störten. Durch Verf. v. 23. VIII. 94 verbot die Polizeibehörde dem Kläger diese Arbeiten. Als am 25. IX. 94 die Arbeiten noch nicht aufhörten, wurde der Kläger „nochmals" aufgefordert, die Arbeiten zu unterlassen bei Vermeidung einer Exekutivstrafe von 100 Mk. Unter dem 6. XI. 94 wurde die Strafe festgesetzt und das Verbot bei Vermeidung derselben Strafe nochmals erlassen. Die erhobene Klage wurde abgewiesen und ausgeführt:

Der Annahme, daß die Verfügung v. 6. XI. 94 nichts weiter, wie eine Wiederholung der beiden Verfügungen v. 23. VIII. und 25. IX. 94 sei, ist beizutreten. Es wird in ihr nicht blos die Verfügung v. 25. IX., welche wieder auf die v. 23. VIII. verweist, in Bezug genommen, sondern es ist auch das erlassene Verbot selbst das gleiche, wie das frühere, und ebenso stimmen die Androhungen nach Art und Maß des Zwangsmittels mit einander überein. Wenn sie insbesondere schlechthin „Arbeiten, durch welche die Nachtruhe gestört wird", untersagt, so kann es keinem Zweifel unterliegen, daß damit nicht noch andere, bisher gar nicht zur Sprache gekommene Arbeiten, sondern ebenfalls blos diejenigen wieder haben untersagt werden sollen, gegen deren weitere Vornahme sich die früheren Verbote richteten. Dies ergiebt sich aus dem ganzen Zusammenhange sowie daraus, daß es in der Verfügung v. 6. XI. ausdrücklich heißt: „Gleichzeitig wird Ihnen hierdurch nochmals untersagt". Weshalb die Beklagte, statt, was ihr freistand, die früheren Verfügungen lediglich zu wiederholen, eine neue, an deren Stelle zu treten bestimmte Verfügung, die noch hätte angefochten werden können, während das frühere Einschreiten schon unanfechtbar geworden war, hätte erlassen wollen, ist auch weder aus der Verfügung v. 6. XI. selbst, noch sonst irgendwie ersichtlich. Allerdings liegen der Verfügung v. 25. IX. die Vorgänge in der Nacht v. 24. zum 25. IX., der v. 6. XI. dagegen die Vorgänge in der Nacht v. 30. zum 31. X. zu Grunde. Indessen das betrifft blos die äußere Veranlassung zu den Verfügungen und schließt die Gleichheit ihres Inhalts nicht aus, sondern spricht vielmehr, da die Vorgänge selbst gleichartig waren, dafür, daß keine neue Verfügung erlassen worden ist: weil die Vorgänge sich trotz des Verbots wiederholten, wiederholte die Polizeibehörde auch ihr Verbot, um es dadurch besonders einzuschärfen. Nicht auf Grund eines anderweit festgestellten Thatbestandes ist die Verf. v. 6. XI. erlassen worden und demnach eine selbständige Verfügung, wie der Kläger hinstellt, sondern auf Grund des gleichen, wiederholt festgestellten Thatbestandes, d. i. der Erregung eines gesundheitsgefährlichen Geräusches, erging wiederholt das gleiche Verbot mit der gleichen Strafandrohung. Wie daraus, daß in der Verf. v. 25. IX. nur eine Strafe angedroht war, während die Verf. v. 6. XI. 94 die angedrohte Strafe nunmehr endgültig festsetzte, folgen soll, die Beklagte habe diese Verfügung an die Stelle jener setzen wollen und es sei die Verf. v. 6. XI. an die Stelle der v. 25. IX. getreten, ist nicht erfindlich. Die Verf. v. 25. IX. 94 konnte nur eine Androhung enthalten, weil eine solche in der Verf. v. 23. VIII. noch nicht in der erforderlichen speziellen Weise getroffen worden war, und die Verf. v. 6. XI. enthielt eine Straffestsetzung, weil gegen die für jeden Fall des Zuwiderhandelns angedrohte Strafe für einen Fall verwirkt war und daher für diesen Fall eine Festsetzung erfolgen konnte, speziell für den einzelnen Fall. Ist aber die Verf. v. 6. XI. keine neue, selbständige Verfügung, so ist die Klage gegen sie, weil sie eine polizeiliche Verfügung im Sinne der §§ 127 ff. des L.-V.-G. bleibt, zwar an sich zulässig, kann aber keinen Erfolg haben. Denn es hat die Polizeibehörde nur nochmals etwas gefordert, was der Kläger schon nach den früheren Verfügungen, weil er diese anzufechten unterlassen hat, leisten muß, und die neue Verfügung verletzt ihn deshalb nicht in seinen Rechten (§ 127 Abs. 3).

Nr. 21. Entsch. v. 26. VI. 97 III. 952.

L.-V.-G. §§ 127, 133.

Mittels Verf. v. 1. VII. 96 war dem Kläger bei Vermeidung einer Exekutivstrafe von 50 Mk. für jeden Übertretungsfall von der Polizeibehörde aufgegeben worden, das auf seinem Hofe und in seiner geöffneten Werkstatt stattfindende, gesundheitsgefährliches Geräusch verursachende Hämmern von Blechplatten zu unterlassen. Da Kläger gegen dieses mit einem Rechtsmittel nicht angegriffene Verbot verstieß, setzte die Polizeibehörde unter dem 14. IX. die Exekutivstrafe fest und gab dem Kläger gleichzeitig „nochmals" auf, bei Vermeidung der bereits angedrohten Strafe nunmehr der rechtskräftig gewordenen Verf. v. 1. VII. gemäß zu handeln. Das O.-V.-G. wies die Klage gegen letztere Verf. mit folgender Begründung ab: Beide Verfügungen decken sich in dem polizeilichen Verbote, in der Strafandrohung und in dem der Anordnung vorausgegangenen Thatbestande. Sonach hat die Polizeibehörde am 14. IX. kein neues, selbständiges Verbot, das auf einem neuen Thatbestande beruhte, erlassen, sondern nur das in der rechtskräftigen Verf. v. 1. VII. enthaltene Verbot, um es eindringlicher zu machen, mit gleicher Strafandrohung wiederholt. Es kann daher wegen Fristenablaufs in eine Prüfung darüber, ob die Polizeibehörde bei Erlaß der Verf. v. 1. VII. von zutreffenden thatsächlichen Voraussetzungen, einer Gesundheitsgefahr der Anwohner, ausgegangen ist, nicht mehr eingetreten werden, und weil diese Möglichkeit nicht mehr besteht, wird der Kläger in seinen Rechten durch die angefochtene Verf. v. 14. IX. nicht verletzt (Entsch. Bd. XIX S. 217 ff., s. Bd. II d. W. S. 449). Der Fall des § 133 Abs. 1 Satz 2 des L.-V.-G. liegt nicht vor. Die Anwendung dieser Vorschrift würde voraussetzen, daß in der Verf. v. 1. VII. nur ein Verbot ohne Strafandrohung erlassen worden und die Strafandrohung in der Verf. v. 14. IX. nachgefolgt wäre.

Nr. 22. Entsch. Bd. XXX S. 281 v. 17. II. 96. III B. 66/95.

§§ 127 ff. L.-V.-G.

1. Hat die Polizei z. B. die Beseitigung eines Zaunes angeordnet, der ohne polizeiliche Genehmigung gesetzt war, so ist nicht schon deshalb der Zaun wieder zu beseitigen, weil die Genehmigung zu seiner Errichtung nicht erteilt ist. Vielmehr ist zu prüfen, ob diese Genehmigung von der Polizei aus Gründen des öffentlichen Rechts hätte erteilt oder versagt werden müssen (Entsch. Bd. XXIV S. 342). Nur im letzteren Falle ist die Beseitigung gerechtfertigt.

2. Die Ortspolizeigewalt kann durch Entschließung der höheren Verwaltungsbehörden nicht beliebig erweitert und namentlich nicht auf Angelegenheiten erstreckt werden, die den Landespolizeibehörden vorbehalten sind. Allen Polizeibehörden steht aber die Befugnis zu, sich ihrer Organe für die Übung ihrer Polizeigewalt zu bedienen, aber doch nur in der Weise, daß die Organe der Polizeibehörden deren Anordnungen zur Kenntnis der Beteiligten so bringen, daß sie nicht in Zweifel darüber bleiben, wer die anordnende Behörde ist und wie die Anordnung angefochten werden kann. In diesem Sinne ist dem Regierungspräsidenten nicht verwehrt, auf die Ortspolizeibehörden als sein Organ für die Regelung landespolizeilicher Angelegenheiten zurückzugehen (Entsch. Bd. X S. 207, 366, Bd. XXVI S. 381, Bd. XXVII S. 299 u. Erk. v. 11. V. 98 III 711).

In Hannover und im Landkreise Frankfurt a. M. hat der Landrat die Ortspolizei (Kr.-Ordn. v. 6. V. 84 und v. 7. VI. 85). Der Polizeipräsident zu Frankfurt a. M. ist zugleich Landrat des Landkreises Frankfurt a. M. Als solcher wird er von einem vom Minister ernannten Beamten vertreten. In Hannover kann der Minister des Innern die örtliche Polizeiverwaltung für die ostfriesischen Inseln, für das Jadegebiet u. s. w. besonderen Hilfsbeamten übertragen. Ebenso ist für Helgoland ein solcher bestellt. Schreitet ein solcher Hilfsbeamter polizeilich ein, so sind seine Verfügungen, bis der Landrat sie reprobiert, ebenso anzugreifen, als ob der Landrat die Verfügung erlassen hätte.

Nr. 23. Entsch. v. 11. V. 98. III. 711.

L.-V.-G. §§ 117, 132.

In einer Verfügung des Regierungspräsidenten zu K. war der Ortspolizeiverwaltung der Auftrag erteilt worden, „den oder die Pflichtigen zur ordnungsmäßigen Wiederinstandsetzung einer Schleuse eventuell mit Anwendung der im § 132 des L.-V.-G. bezeichneten Zwangsmittel anzuhalten". Die Ortspolizeibehörde sollte hiernach den Reparaturpflichtigen „anhalten". Ohne weiteren Zusatz konnte dieser Auftrag nur dahin gedeutet werden, daß die Polizeibehörde kraft der ihr selbst in § 132 gegebenen Zwangsbefugnisse gegen den Pflichtigen in Übung eigener Amtsgewalt vorgehen solle. Es fehlte jeder Hinweis, daß die Polizeibehörde nur als Organ des Regierungspräsidenten aufzutreten habe. Ebensowenig war in der von der Polizeibehörde erlassenen Verfügung zum Ausdrucke gebracht worden, daß die der Stadtgemeinde gemachte Auflage eine Auflage nicht der Ortspolizeibehörde, sondern des Regierungspräsidenten sei; vielmehr konnte der Wortlaut nur zu der Auslegung führen, daß der im Aufsichtswege der Ortspolizeibehörde gegebene Auftrag der Stadtgemeinde mitgeteilt und eine diesem Auftrage entsprechende ortspolizeiliche Auflage gemacht wird, denn die Ortspolizeibehörde droht an, die Reparatur im Weigerungsfalle „polizeilich" auf Kosten der Stadt ausführen zu lassen; mit keinem Worte wird der Stellung der Polizeiverwaltung als eines bloßen Organs des Regierungspräsidenten gedacht. Dies wäre um so notwendiger gewesen, als sich die Rechtsmittel gegen die Verfügung verschieden gestalten, je nachdem sie sich als eine landespolizeiliche oder als ortspolizeiliche darstellt. Es ist deshalb anzunehmen, daß die Ortspolizeibehörde eine eigene ortspolizeiliche Verfügung erlassen hat (vgl. Entsch. Bd. IV S. 342 ff., insbesondere S. 343, 347, und Bd. IX S. 344 ff., insbesondere S. 345, 348). Die Entsch. v. 17. II. 86 III 206 (Entsch. Bd. XXX S. 281) betraf einen ähnlichen Fall: eine von der Polizeibehörde erlassene Verfügung, die auf einer Anweisung des Regierungspräsidenten beruhte, wurde vom O.-V.-G. als eine ortspolizeiliche erachtet, weil die Verfügung nicht nur nicht zum Ausdrucke gebracht habe, daß die Polizeibehörde lediglich als Organ des Regierungspräsidenten eine Anordnung des letzteren dem damaligen Kläger zur Kenntnis bringe, sondern weil der Wortlaut der Verfügung sie auch als eine ortspolizeiliche kennzeichne.

Nr. 24. Entsch. Bd. XXX S. 412 v. 16. X. 96. I B. 21/96.

Ges. über die Polizeiverwaltung v. 11. III. 50 § 6; Städteord. v. 30. V. 53, § 62; L.-V.-G. § 127.

1. Hat der Oberbürgermeister einer Stadt als Inhaber der Ortspolizeiverwaltung einen Oberpolizeiinspektor mit der Erledigung eines Teiles des Polizeidezernats beauftragt, so unterscheidet sich der demgemäß amtlich handelnde Beamte wesentlich von dem am Schlusse des § 62 der St.-Ordn. erwähnten Magistratsmitgliede, das durch die Übertragung der Handhabung der Ortspolizei in Wirklichkeit Träger der polizeilichen Gewalt wird (Min.-Erl. v. 11. III. 87 M.-Bl. S. 98; Oertel, St.-Ordn. S. 349), während der von dem letzteren Beauftragte nur dessen Willen vollzieht, als dessen Organ handelt.

2. Gegen die im Auftrage des Trägers der Polizeigewalt erlassenen Verfügungen finden die Rechtsmittel aus den §§ 127 ff. des L.-V.-G. statt, wobei den Beteiligten nicht verwehrt ist, sich vorab mit einer Gegenvorstellung an die Polizeibehörde selbst zu wenden. Jedenfalls hat im V.-St.-V. die Polizeibehörde die erlassene Verfügung zu vertreten, gegen sie ist die Klage zu richten.

Nr. 25. Entsch. Bd. XXXI S. 418 v. 12. III. 97 I A. 89/96.

L.-V.-G. §§ 127, 128, 129.

Wenn ein Gendarm eine polizeiliche Anordnung auf Ersuchen der Ortspolizeibehörde trifft, so geht die Klage gegen die Ortspolizeibehörde.

Nr. 26. Entsch. v. 24 VI. 95 III. 822.

L.-V.-G. § 127.

1. Eine erteilte polizeiliche Erlaubnis kann widerrufen werden, sobald der Betreffende polizeilich nicht zu duldende Verhältnisse hervorruft. Auch kann die Polizei, statt sofort zu verbieten, ihm die Anwendung bestimmter Maßregeln, welche sie für geeignet hält, die Verhütung eines polizeiwidrigen Zustandes zu sichern, aufgeben, denn wie in dem Urteile v. 25. X. 86 (Entsch. Bd. XIV S. 323) näher ausgeführt worden, ist die Polizeibehörde nicht verpflichtet, ihrerseits zur Erreichung des erstrebten Zieles, der Verhinderung eines polizeiwidrigen Zustandes bestimmte Maßregeln zu ermitteln und anzugeben.

2. Auf diejenigen Thatsachen, welche sich nach Erlaß der Verfügung zugetragen haben, ist vom Verwaltungsrichter nicht Rücksicht zu nehmen, da bei der Prüfung der Gesetzmäßigkeit einer polizeilichen Verfügung durch den Verwaltungsrichter (§ 127 Abs. 3 Nr. 2 des L.-V.-G.) alle diejenigen thatsächlichen Vorgänge ausscheiden, welche erst nach Erlaß der Verfügung eingetreten sind.

Nr. 27. Entsch. v. 17. I. 98 IV. 121.

L.-V.-Ges. § 127.

Nach einer Pol.-Verordn. waren die Grundeigentümer verpflichtet, ihre Grundstücke nach dem Ermessen der Polizei mit Zäunen zu versehen. Dem Kläger war aufgegeben worden, einen „dicht schließenden" Zaun zu errichten. Das O.-V.-G. hob die Verf. auf, weil die Polizei die Errichtung des Zaunes verlangt hatte, um die betreffende Straße vor Schneeverwehungen zu schützen. Dabei wurde ausgeführt: „Wenn die Polizei nach ihrem Ermessen ein gewisses Gebot (§ 127 L.-V.-G.) erlassen darf, so unterliegt dem Verwaltungsrichter nicht die Kontrolle, ob die Entschließung angemessen oder notwendig war, aber doch dafür, ob das Ermessen der Polizei nicht willkürlich, d. h. ob der Entschließung überhaupt polizeiliche Motive, zu deren Wahrung der Polizei die Handhabung des Ermessens gegeben ist, zu Grunde liegen. Verfolgt die Polizei dabei andere Zwecke, als für welche die Bestimmung in der Pol.-Verordn. gegeben ist, so liegt ein willkürlicher, unberechtigter Eingriff in die Rechtssphäre des davon Betroffenen vor. Um einen solchen Fall handelt es sich hier, denn der Grundeigentümer soll nach der Pol.-Verordn. durch Errichtung des Zaunes nicht die Straße vor Schneeverwehungen schützen, dies ist Sache der Wegebaupflichtigen oder dessen, der die Straße polizeilich rein zu halten hat".

B. Zwangsmittel.

Nr. 1. Entsch. v. 26. XI. 89 III. 858.

L.-V.-G. §§ 127, 132.

Nach § 132 Nr. 2 des L.-V.-G. sind die Ortspolizeibehörden berechtigt, die von ihnen in Ausübung der obrigkeitlichen Gewalt getroffenen, durch ihre gesetzlichen Befugnisse gerechtfertigten Anordnungen durch Anwendung von

Zwangsmitteln durchzusetzen, insbesondere, wenn eine Unterlassung erzwungen werden soll, Geldstrafen anzudrohen, und zwar die Polizei in einem Stadtkreise bis zur Höhe von 150 Mark. Voraussetzung der rechtlichen Zulässigkeit einer solchen Strafandrohung ist nur der Rechtsbestand der polizeilichen Anordnung, zu deren Durchsetzung die Zwangsandrohung bestimmt ist. Die Bestimmung der Höhe der anzudrohenden Exekutivstrafe innerhalb der gesetzlich zulässigen Grenzen ist gesetzlich lediglich dem Ermessen der Polizeibehörde überlassen; der Verwaltungsrichter hat nicht die Angemessenheit und Zweckmäßigkeit der angedrohten Strafe, vielmehr nur deren Gesetzmäßigkeit zu prüfen. Es würde daher die Höhe der Strafe nur mit Erfolg angegriffen werden können, wenn sie das gesetzlich zulässige Maß überstiege.

Nr. 2. Entsch. Bd. XXXII S. 290 v. 19. V. 97 III C. 147/96.

Gew.-Ord. § 147 Nr. 1; L.-V.-G. § 132.

Die Polizei hatte einem Schankwirt, der keine Konzession besaß, die weitere Wirtschaftsführung bei Vermeidung einer Geld- oder Haftstrafe und der Beschlagnahme der Wirtschaftsgeräte verboten. Das O.-V.-G. hob die Androhung der Geld- und Haftstrafe auf, weil die dem Betroffenen verbotene Handlung bereits durch eine allgemeine Vorschrift in § 147 Nr. 1 der Gew.-Ord. mit Strafe bedroht ist und sprach aus, daß eine Verbindung mehrerer Zwangsmittel in derselben Verfügung zur Durchsetzung derselben Anordnung nicht zulässig sei, weshalb dasjenige Zwangsmittel durch den Verwaltungsrichter zu beseitigen sei, das zur Durchsetzung der getroffenen Anordnung unstatthaft erscheine.

Der in dem Urteile v. 28. IV. 88 (Entsch. Bd. XVI S. 284; S. 473 Bd. II d. W.) aufgestellte Satz, daß die Anwendung unmittelbaren Zwangs die vorgängige Androhung desselben begriffsmäßig ausschließt, ist vom O.-V.-G. später nicht aufrecht erhalten worden (vergl. Pr. Verw.-Bl. Jahrg. XVI S. 307, I B. 48/94 Erk. v. 1. III. 95). Unter dem „unmittelbaren Zwange" (§ 132 Ziffer 3 des L.-V.-G.) ist ein neben den Zwangsmitteln (Ziffer 1 und 2) subsidiär gegebenes, in der direkten Herstellung des verlangten Zustandes durch die Polizei bestehendes Zwangsmittel zu verstehen, dem ebenso wie den andern Zwangsmitteln in der Regel eine Anordnung vorauszugehen hat, und dem eine Androhung vorausgehen kann, aber nicht vorausgehen muß (Entsch. Bd. XXII S. 409 insb. 421; S. 474 Bd. II d. W.). Ist eine polizeiliche Anordnung vorausgegangen und folgt dann in Ausführung dieser Verfügung unmittelbarer Zwang, so ist dagegen nur die Beschwerde nach § 133 Abs. 2 an die Aufsichtsinstanz zulässig, während wenn keine Anordnung dem unmittelbaren Zwange vorausgegangen ist, gegen die in dem unmittelbaren Zwange liegende Anordnung die gewöhnlichen Rechtsmittel (Beschwerde oder Klage §§ 127, 128) gegeben sind. Bei den Zwangsmitteln (Ziff. 1 und 2 „Ausführung durch einen Dritten" und „Geldstrafe") muß immer eine schriftliche Androhung vorausgehen, beim unmittelbaren Zwange ist dies nicht vorgeschrieben. Werden die ersteren Zwangsmittel ohne eine vorausgegangene schriftliche Androhung durchgeführt, so handelt es sich nicht um die „Festsetzung und Ausführung" eines angedrohten Zwangsmittels (§ 133 Abs. 2), sondern um eine polizeiliche Verfügung, die nach den §§ 127ff. angreifbar sind.

C. Polizeiverordnungen.

Vierte Abteilung.

Anderweitige Zuständigkeiten der Verwaltungsgerichte.

I.

Eingeschriebene Hilfskassen.

Nr. 1. Entsch. Bd. XXX S. 341 v. 17. IX. 96 III C. 8/96.

Kr.-V.-Ges. v. 10. IV. 92 §§ 26a, 57, 76.

1. Es ist zwar richtig, daß der § 26a Abs. 3 des Kr.-V.-G. sich nur auf Ortskrankenkassen bezieht und es an einer gleichen ausdrücklichen Gesetzesvorschrift für die eingeschriebenen Hülfskassen fehlt. Nichtsdestoweniger muß der Grundsatz, welcher im § 26a Ausdruck gefunden hat, auch für die letzteren Kassen gelten. Denn privatrechtliche Rechtsverhältnisse — und um solche handelt es sich bei den Ansprüchen zwischen eingeschriebenen Hülfskassen und deren Mitgliedern bezw. den nach §§ 57 und 76 des Kr.-V.-G. an Stelle der letzteren forderungsberechtigten Gemeinden und Armenverbänden — unterstehen dem allgemeinen Rechtsgrundsatze, daß ein Anspruch sich nach derjenigen gesetzlichen oder statutarischen Vorschrift bestimmt, unter deren zeitlicher Herrschaft er erworben ist (Windscheid, Pandekten I § 32; Hahn, Kr.-V.-G. S. 187; Hahn, Hülfskassenges. S. 21 und derselbe in der Arb.-Vers. Bd. 9 S. 722). Bereits erworbene Unterstützungsansprüche können daher durch nachträgliche Statutenänderungen überhaupt nicht herabgemindert werden. Erworben wird aber der Anspruch auf freie Kur mit dem Zeitpunkt der Erkrankung, der Anspruch auf Krankengeld mit dem Beginne der Erwerbsunfähigkeit für die gesammte Dauer der Krankheit bezw. des erwerbsunfähigen Zustandes nach Maßgabe der zu diesem Zeitpunkte gültigen Statuten. Der Abs. 3 des § 26a des Kr.-V.-G. trifft daher nicht etwa für Ortskrankenkassen eine singuläre, dem sonst geltenden Rechte fremde Bestimmung, sondern er verleiht nur einer in Wissenschaft und Praxis zur Herrschaft gelangten Rechtsansicht durch gesetzliche Sanktionierung eine gegen etwaige abweichende Rechtsanschauungen gesicherte Geltung (v. Woedtke, Kr.-V.-G., Anm. 34 zu § 26a).

2. Will eine Hülfskasse entgegen dem obigen Rechtssatze sich gegenüber ihren Mitgliedern die Befugnis sichern, die Kassenleistungen auch mit rechtlicher Wirkung gegen bereits erworbene und noch im Laufe befindliche Unterstützungsansprüche herabsetzen zu dürfen, was an sich, da es sich nicht um einen zwingenden Rechtssatz handelt, nicht für unzulässig erachtet werden

kann, so kann sie dies nur durch die Aufnahme einer bezüglichen ausdrücklichen Bestimmung in ihr Statut ermöglichen, welche alsdann für alle nach dem Erlasse dieser Vorschrift neu eintretenden Unterstützungsfälle Wirksamkeit erlangt haben.

Nr. 2. Entsch. Bd. XXXII S. 313 v. 19. V. 97 III B. 97/96.

Hilfskassenges. v. 7. IV. 76 / 1. VI. 84 § 10; Kr.-V.-Ges. v. 10. IV. 92 §§ 56 Abs. 2, 6a Abs. 2, 26a Abs. 2 Ziffer 2a, 76.

1. Es ist richtig, daß die dem Mitgliede einer Hülfskasse zustehende Forderung auf Unterstützung aus der Kasse nicht auf eine geschuldete Ordnungsstrafe aufgerechnet werden darf. Dieser in dem Urt. v. 4. II. 89 (Entsch. Bd. XVII S. 426 ff.) ausgesprochene Rechtssatz hat noch jetzt Geltung, wie allgemein anerkannt ist (Hahn, Hülfskassenges. S. 39 Anm. a zu § 10, S. 119 Anm 8 zu § 6a des Kr.-V.-G.; Eger, Kr.-V.-G. und Hülfskassenges., 2. Aufl., S. 130 Anm. 11a zu § 8 des Hülfskassengesetzes und v. Schicker, Kr.-V.-G. und Hülfskassengesetz, 2. Aufl., S. 464 Anm. 1 zu § 10 des Hülfskassengesetzes). Denn die dem § 56 des Kr.-V.-G. durch die Novelle v. 10. IV. 92 eingefügte Bestimmung, wonach die dem Unterstützungsberechtigten zustehenden Forderungen auf Geldstrafen, welche er durch Zuwiderhandlungen gegen die auf Grund des § 6a Abs. 2 oder 26a Abs. 2 Ziffer 2a erlassenen Vorschriften verwirkt hat, aufgerechnet werden können, greift für Hülfskassen nicht Platz (§ 76); für diese bewendet es nach wie vor lediglich bei dem § 10 des Hülfskassenges., der eine Aufrechnung des Anspruchs auf Unterstützung oder auf geschuldete Beiträge, also nicht auf Ordnungsstrafen, zuläßt. Es findet die für das Kr.-V.-G. getroffene Änderung des früheren Rechtszustandes auch nicht in der Weise mittelbar auf diejenigen Hülfskassen Anwendung, deren Mitglieder nach § 75 des Kr.-V.-G. von der Verpflichtung, der Gemeindekrankenversicherung oder einer nach Maßgabe des Krankenversicherungsgesetzes errichteten Krankenkasse anzugehören, befreit sind. Die im 75 Abs. 1 Satz 2:

> „Die durch Kassenstatut begründeten Beschränkungen der Unterstützungsansprüche schließen die Befreiung nicht aus, wenn sie sich innerhalb der Grenzen der den Gemeinden nach § 6a gestatteten Beschränkungen halten"

zum Ausdrucke gelangte Gleichstellung dieser Hülfskassen mit den Gemeinden erstreckt sich nur auf die im § 6a des Kr.-V.-G. den Gemeinden gegebenen Befugnisse. Dazu gehört zwar die Befugnis, durch besondere Vorschrift ein Recht zur Festsetzung von Ordnungsstrafen bis zu zwanzig Mark zu begründen, nicht jedoch auch die Befugnis, mit den Ordnungsstrafen aufzurechnen, welche erst im § 56 des Kr.-V.-G. den Gemeinden eingeräumt ist. Die Gleichstellung der Hülfskassen und der Gemeinden mag das den Hülfskassen an sich zustehende Recht, im Statut Ordnungsstrafen vorzusehen, hinsichtlich der Höhe der Ordnungsstrafen für die Hülfskassen, deren Mitglieder vom Krankenversicherungszwange befreit sein sollen, beschränken (Hahn a. a. O. S. 34 Anm. 1a zu § 8 und S. 119 Anm. 8 zu § 6a des Kr.-V.-G). Die Unzulässigkeit der Aufrechnung des Unterstützungsanspruchs auf die Ordnungsstrafen, welche der § 10 des Hülfskassenges. ausspricht, läßt sie aber ganz unberührt.

2. In dem Rechte zur Aufsicht über eine Hülfskasse liegt nicht das Recht zu materiellen Entscheidungen und Anordnungen (Hahn S. 74 Anm. 3 zu § 29, S. 80 Anm. 1 und S. 81 Anm. 4a zum § 38; v. Schicker S. 497 Anm. 3 zum § 33 und Weyl, Reichsversicherungsrecht S. 309 ff., vgl. auch die in Nr. 12 der Preußischen Anweisung v. 14. VII. 84 zur Ausführung des Hülfskassengesetzes aufgezählten Obliegenheiten der Aufsichts-

behörde und den § 45 des Kr.-V.-G.). Die Aufsichtsbehörde kann anordnen, daß die Organe der Hülfskasse über die an diese erhobenen Ansprüche der Kassenmitglieder befinden, aber nicht bestimmen, wie sie befinden sollen, weder für einen einzelnen Fall, in dem schon ein Anspruch erhoben ist, noch zur Verhinderung künftiger Streitigkeiten für alle blos möglichen Ansprüche von einer gewissen Art.

Nr. 3. Bescheid v. 26. V. 97 III 574.

Hülfskassengeს. § 10; Kr.-V.-Ges. §§ 56, 57, 76.

1. Für die Ersatzansprüche der Armenverbände kommt es gemäß § 57 des Kr.-V.-G., wie in den Entsch. Bd. XIII S. 374 und in dem Pr. Verw.-Bl., Jahrg. XVII S. 280 dargelegt ist, nur darauf an, ob dem von ihnen Unterstützten von der Krankenkasse bei unmittelbarer Inanspruchnahme das Krankengeld und die freie ärztliche Behandlung nebst Arzeneien und sonstigen Heilmitteln zu gewähren gewesen wäre. Ist dies zu bejahen, dann setzt sich der Anspruch des Unterstützten, aus dem die Armenverbände Deckung ihrer Auslagen von der beteiligten Kasse verlangen dürfen, aus der gesetzlichen Pauschalvergütung für die freie ärztliche Behandlung, die Arzeneien und sonstigen Heilmittel in Höhe der Hälfte des Krankengeldes und aus dem vollen Krankengeld zusammen, gleichviel welche Kosten den Armenverbänden die Gewährung der ärztlichen Behandlung, der Arzeneien und sonstigen Heilmittel verursacht hat und gleichviel welche Kosten den Kassen entstanden wären, wenn ihnen unmittelbar deren Gewährung ermöglicht worden wäre. Für die Einführung der Pauschalvergütung ist gerade die Absicht bestimmend gewesen, derartige Berechnungen in den einzelnen Fällen auszuschließen (v. Woedtkes Kr.-V.-G., 5. Aufl., S. 379).

2. Das Gesetz unterscheidet auch nicht, ob die Armenverbände die Unterstützung einem erkrankten Hülfsbedürftigen in einem Krankenhause oder außerhalb eines Krankenhauses gewährt haben. Deshalb können sie in einem wie in dem andern Falle Ersatz ihrer Aufwendungen aus der auf die Unterstützungszeit entfallenden Pauschalvergütung für die ärztliche Behandlung u. s. w. und aus dem auf dieselbe Zeit entfallenden Krankengelde beanspruchen. Daraus, daß die Krankenkassen dann, wenn sie an Stelle der freien ärztlichen Behandlung u. s. w. und des Krankengeldes ihren Mitgliedern die Behandlung und Verpflegung in einem Krankenhause gewähren, zu weiteren Leistungen, von der Unterstützung für die Angehörigen abgesehen, nicht verpflichtet sind, folgt nicht, daß die durch die Krankenhauspflege erwachsenen Kosten auch dann, wenn die Armenverbände oder auch die Kassenmitglieder selbst sich die Krankenhauspflege beschafft haben, für die Höhe der Ansprüche an die Kasse maßgebend sind.

3. Nach diesen auch für die Beziehungen der Hülfskassen, die den Anforderungen des § 7c des Kr.-V.-G. entsprechen, zu den Armenverbänden gemäß § 76 maßgebenden Grundsätzen ist es klar, daß die rückständigen Beiträge nicht auf die dem Armenverbande durch die Krankenhauspflege erwachsenen Kosten, sondern auf die Pauschalvergütung für ärztliche Behandlung u. s. w. in Höhe des halben Krankengeldes und auf das volle Krankengeld aufzurechnen sind. Die Aufrechnung der Ordnungsstrafen ist den Hülfskassen nach § 10 des Hülfskassengeses versagt und hieran auch durch § 56 des Kr.-V.-G. nichts geändert.

II.

Kranken-, Unfall-, Invaliditäts- und Altersversicherung.

Nr. 1. Entsch. v. 5. II. 98. III. 167.

Kr.-V.-Ges. § 1.

Die Frage, ob Dienstboten, die neben ihrer Thätigkeit in dem Haushalte zugleich in dem Gewerbebetriebe des Dienstherrn beschäftigt werden, versicherungspflichtig sind, hat in der Rechtsprechung nicht eine gleichmäßige Beantwortung gefunden. Einerseits ist die lediglich in der Reinigung der dem Gewerbebetrieb dienenden Räume bestehende Thätigkeit der Dienstboten, weil sie nicht in dem eigentlichen Gewerbebetriebe vorgenommen sei, für versicherungspflichtig überhaupt nicht erachtet (Arb.-Vers. 1897 S. 9), andererseits ist die Versicherungspflicht davon abhängig gemacht, ob die Thätigkeit der als Dienstboten angenommenen Personen sich im Wesentlichen oder in der Hauptsache in den häuslichen Diensten oder in Arbeiten im versicherungspflichtigen Gewerbebetriebe zu vollziehen hatte und thatsächlich vollzogen hat (Arb.-Vers. 1889 S. 248, 1892 S. 54, 370, 1893 S. 332 ff.; 1895 S. 36). Das O.-V.-G. hat jedoch fortgesetzt angenommen, daß jede in einem versicherungspflichtigen Betriebe gegen Entgelt geleistete Thätigkeit, gleichviel worin sie besteht, und insbesondere auch lediglich die Reinigung der dem Betriebe dienenden Räume die Versicherungspflicht begründet, sofern es sich nicht blos um eine gelegentliche und also vorübergehende oder zwar um eine dauernde, aber nach Leistung und Lohn derart geringfügige Thätigkeit handelt, daß sie um deswillen als eine Beschäftigung im Sinne des § 1 des Kr.-V.-G. nicht zu beurteilen ist (Arb.-Vers. 1892 S. 55, 1896 S. 466 und 1897 S. 10). An dieser Auffassung (Verwaltungsarchiv Bd. 5 S. 291), wonach es also nicht darauf ankommt, ob die Thätigkeit im Gewerbebetriebe gegenüber derjenigen in dem Haushalte des Dienstherrn als die hauptsächliche oder die nebensächliche anzusehen ist, sondern nur darauf, ob die Thätigkeit im Gewerbebetriebe, ganz abgesehen von der sonst noch und im Haushalte des Dienstherrn insbesondere geleisteten Arbeit, nach den Grundsätzen des Krankenversicherungsgesetzes die Versicherungspflicht zu begründen vermochte, ist aus den hierfür in den erwähnten Urteilen gegebenen Gründen festzuhalten.

Nr. 2. Entsch. v. 5. XII. 95. III. 1517.

Kr.-V.-Ges. §§ 1, 2b, 3a, 19.

1. Das Kr.-V.-G. unterwirft dem Versicherungszwange die gegen Gehalt oder Lohn in einem versicherungspflichtigen Betriebe beschäftigten Personen, sofern nicht ihre Beschäftigung durch die Natur ihres Gegenstandes oder im voraus durch den Arbeitsvertrag auf einen Zeitraum von weniger als einer Woche beschränkt ist (§ 1). Unter welchen Voraussetzungen im Übrigen eine die Versicherungspflicht begründende Beschäftigung gegen Gehalt oder Lohn anzunehmen ist, insbesondere welches Maß von Arbeit und Ablohnung mindestens an dem einzelnen Arbeitstage geleistet werden muß, bestimmt das Gesetz nicht, vielmehr beschränkt es sich insoweit auf die Anordnung, daß gewisse Kategorien, wie Betriebsbeamte 2c. der Versicherungspflicht nur dann unterliegen, wenn ihr Arbeitsverdienst an Gehalt oder Lohn $6^2/_3$ Mk. für den Arbeitstag oder 2000 Mk. für das Jahr nicht übersteigt (§ 2b). Es läßt sich indes jeden-

falls weder daraus, daß von der Versicherungspflicht sogar die für mehrere Tage, wenn auch für einen Zeitraum von weniger als einer Woche eingegangenen Arbeitsverhältnisse ausgeschlossen sind, noch daraus, daß die Erhebung der Beiträge und die Bemessung der Unterstützung nach dem ortsüblichen oder durchschnittlichen Tagelohne stattzufinden hat, soweit nicht deren Festsetzung nach dem wirklichen Arbeitsverdienste innerhalb der gesetzlichen Schranke beschlossen worden ist, folgern, daß für die Versicherungspflicht solche Beschäftigungen außer Betracht bleiben, welche die tägliche Arbeitskraft des Arbeiters nur zum Teil in Anspruch nehmen. Denn nicht allein kommt es, da die Versicherungspflicht schon mit dem Eintritte in die Beschäftigung beginnt (§ 19), für das Recht auf die Unterstützung bei etwaiger Erkrankung auf das Maß dessen, was vor der Erkrankung thatsächlich an Arbeit gegen Entgelt geleistet worden ist, nicht entscheidend an, sondern das Gesetz erstreckt die Versicherungspflicht, wie dem § 3a Nr. 1 zu entnehmen ist, auch auf die nur teilweise oder nur zeitweise erwerbsfähigen Personen, obschon sie im Allgemeinen eine volle Tagesarbeit nicht zu leisten und also auch den üblichen vollen Tageslohn nicht zu verdienen vermögen, ohne daß hieraus Anlaß genommen worden ist, ihre Beiträge und die ihnen zu gewährende Unterstützung, wie dies im Reichstage beantragt war (s. Kommissionsbericht zur Novelle Drucksachen Nr. 381 S. 6 I. Session des Reichstages 1890/91), ihrer verminderten Erwerbsfähigkeit entsprechend abweichend zu regeln. Es ist auch nicht abzusehen, welche inneren Gründe dafür hätten bestimmend sein können, die Versicherungspflicht grundsätzlich dann zu verneinen, wenn aus irgend welchen Gründen die Beschäftigung der Arbeiter nur während eines Teils des Tages unter entsprechender Kürzung des Tagelohnes stattfindet.

2. Ob aber die Versicherungspflicht bestanden hat, wiewohl nicht die ganze tägliche Arbeitskraft dem versicherungspflichtigen Betriebe gewidmet war, ist in jedem einzelnen Falle nach dem Maß der in dem versicherungspflichtigen Betriebe geleisteten und abgelohnten Arbeit zu entscheiden. Denn daran ist festzuhalten, daß die Versicherungspflicht weder auf Grund einer blos gelegentlichen Beschäftigung, weil sie als eine blos vorübergehende außer Betracht bleibt, entsteht, noch auf Grund einer dauernden, aber nach Leistung und Lohn derart geringfügigen täglichen Arbeitsthätigkeit, daß sie als eine Beschäftigung im Sinne des § 1 des Gesetzes nicht beurteilt werden kann. Ganz unerheblich ist für diese lediglich nach der Art der Beschäftigung im versicherungspflichtigen Betriebe zu beantwortende Frage, wie der Arbeiter die ihm für den Rest des Tages verbleibende Zeit verwendet, ob er überhaupt nicht mehr oder in einem nicht versicherungspflichtigen Betriebe gearbeitet hat. Deshalb trifft es nicht zu, daß die Versicherungspflicht grundsätzlich dann zu verneinen ist, wenn die tägliche Arbeitsleistung hauptsächlich in einem nicht versicherungspflichtigen Betriebe geleistet worden ist.

3. Ein hiervon abweichender Rechtszustand besteht auch nicht für diejenigen, welche als Dienstboten angenommen worden sind. Sie sind außerhalb des Versicherungszwanges gestellt in der Voraussetzung, daß sie als Dienstboten nicht blos angenommen, sondern auch als solche beschäftigt werden, und sie unterliegen der Versicherungspflicht, sofern sie in einem versicherungspflichtigen Betriebe in einem die Versicherungspflicht bedingenden Maße thatsächlich beschäftigt werden. Insoweit ist ihre Versicherungspflicht nach denselben Grundsätzen zu beantworten, nach denen sich diejenige der nicht als Dienstboten angenommenen und nicht nebenher mit Arbeiten, wie sie den Dienstboten obliegen, beschäftigten Arbeiter eines versicherungspflichtigen Betriebes bestimmt (vgl. Arb.-Vers. 1897 S. 54, 55).

Nr. 3. Bescheid v. 26. III. 98. III 1734.

Kr.-V.-Ges. § 2.

Für die Versicherungspflicht kommt es nicht darauf an, ob ein Arbeitsvertrag verabredet war; sie entsteht auch, wenn eine Arbeitsleistung unter Umständen angenommen wird, daß hieraus für den Arbeiter ein Anspruch auf Gewährung des üblichen oder angemessenen Lohnes erwächst. Dagegen entsteht die Versicherungspflicht nicht, wenn den Umständen nach anzunehmen ist, daß dem Arbeiter aus seiner Arbeitsleistung ein solcher Anspruch nicht erwachsen sollte, wenn er vielmehr aus Freundschaft unter Gewährung von Kost und Logis aufgenommen ist, ohne daß für den Aufnehmenden eine Pflicht zur Ablohnung der etwa geleisteten Arbeit und für den aufgenommenen Arbeiter eine Pflicht zur Leistung einer bestimmten Arbeit bestand.

Nr. 4. Bescheid v. 19. III. 98. III. 1618.

Kr. V.-Ges. § 2.

Über den Unterschied von Heimarbeitern und Hausindustriellen spricht sich das O.-V.-G. wie folgt aus: Der Vorderrichter ist bei Prüfung der Frage, ob die von dem Armenverbande verpflegte H. nach der Art ihrer Beschäftigung durch den Fabrikanten als Heimarbeiterin oder als Hausindustrielle zu beurteilen war, nicht von einer rechtsirrtümlichen Auffassung ausgegangen. Er hat dies davon abhängig gemacht, ob die H. zu ihrem Arbeitgeber in ein persönliches Abhängigkeitsverhältnis getreten oder ob dies nicht der Fall ist. Damit befindet er sich im Einklange mit den Grundsätzen, von denen das O.-V.-G. in Übereinstimmung mit dem Reichsversicherungsamte (Entsch. Bd. XXV S. 34 ff. und amtliche Nachrichten des Reichsversicherungsamtes 91 S. 181) seither schon ausgegangen ist. Da die Heimarbeiter, wie die Hausgewerbetreibenden für einen Dritten gegen Lohn außerhalb dessen Betriebsstätte arbeiten, kann das unterscheidende Merkmal auch nur darin gefunden werden, ob derjenige, der die Arbeit übernommen hat, den Umständen nach zu dem Arbeitgeber in das Verhältnis eines abhängigen Lohnarbeiters getreten ist oder ob er die Arbeit unter Wahrung seiner Unabhängigkeit übernommen hat. Daß der Vorderrichter der H. um deswillen, weil sie die ihr zugeschnitten übergebenen Stoffe mit eigenen Zuthaten zu Schürzen genäht hat, ohne daß sie hierbei an eine Lieferungsfrist und an eigene Arbeitsleistung gebunden war und ohne daß sie der Aufsicht des Arbeitgebers während der Arbeitsleistung unterlag, die Eigenschaft einer Heimarbeiterin abgesprochen und diejenige einer Hausgewerbetreibenden zuerkannt hat, läßt sich demnach nicht beanstanden.

Nr. 5. Entsch. v. 20. IV. 98. III 552.

Kr.-V.-Ges. § 2.

1. Das Dienstmannsgewerbe unterliegt als ein Straßengewerbe der Regelung durch die Ortspolizeibehörde nach ihrem Ermessen, insbesondere auch dahin, wer als Unternehmer des Dienstmannsgewerbes für eigene Rechnung und Verantwortung zuzulassen ist (§ 37 der Gew.-Ord. und die Bemerkungen dazu bei Landmann 3. Aufl. Bd. I S. 357). Von dieser Befugnis ist in der für Berlin maßgebenden Polizeiverordnung v. 3. XII. 75 dahin Gebrauch gemacht worden, daß als Dienstmänner sowohl solche Personen, die das Gewerbe persönlich auf der Straße für eigene Rechnung und Verantwortung betreiben

wollen, zugelassen werden, wie auch solche, die als Angestellte der polizeilich zugelassenen Dienstmanns-Institute unter deren Verantwortung die Arbeiten eines Dienstmannes leisten wollen. Für beide Arten von Dienstmännern gilt, daß sie für ihre Person bestimmten Anforderungen genügen müssen, daß sie hinsichtlich ihrer Thätigkeit der polizeilichen Aufsicht unterworfen sind und daß ihnen unter gewissen Voraussetzungen die Ausübung ihrer Thätigkeit polizeilich untersagt werden darf. Darin aber unterscheiden sie sich, daß als selbständige Gewerbetreibende gegenüber der Polizeibehörde und dem Publikum nur die unter eigener Verantwortung gegen Hinterlegung einer Kaution zugelassenen Dienstmänner in Betracht kommen, während die Angestellten der mit Rücksicht auf ihre Verantwortlichkeit und ihre Pflicht zur Bestellung der Kaution als die eigentlichen Unternehmer des Dienstmannsgewerbes in Betracht kommenden Dienstmanns-Institute als deren Gehülfen gelten. Auch fehlt es an einem Abhängigkeitsverhältnisse nicht, da der Inhaber des Dienstmanns-Instituts die Anstellung und Entlassung nach seinem Ermessen zu regeln ermächtigt ist, das Aufsichtsrecht der Polizeibehörde sein Aufsichtsrecht über die ihm verantwortlichen Angestellten nicht ausschließt und ihm auch anderweite Befugnisse wie die Anweisung des Standortes und die Zuweisung der ihm zugehenden Aufträge an den von ihm zu bestimmenden Dienstmann behufs der Erledigung 2c. zweifellos zustehen.

2. Mit dem Begriff der Lohnzahlung ist die Anweisung der Arbeiter auf die von Dritten, denen sie auf Anweisung des Arbeitgebers die Arbeit leisten, zu zahlende Gebühr wohl vereinbar. Deshalb ist es für die rechtliche Beziehung des Inhabers eines Dienstmanns-Instituts als Unternehmers zu den Dienstmännern als seinen Gehülfen für das Dienstmannsgewerbe nicht wesentlich, ob er die Dienstmänner zur Abführung der von den Dritten erhobenen Gebühren, vorbehaltlich ihrer demnächstigen Ablohnung aus seinen Mitteln, verpflichtet oder ob er es seinem Interesse für entsprechender erachtet, sie hiervon zu entbinden und ihnen die erhobenen Gebühren als ihren Lohn, vorbehaltlich des ihm als Eigenverdienst abzuführenden Anteils, zu belassen. Zu demselben Ergebnisse ist das Reichsversicherungsamt hinsichtlich der unter gleichartigen Bedingungen angenommenen Dienstmänner eines Dienstmanns-Instituts für die Invaliditäts- und Altersversicherung gelangt (Amtliche Nachrichten Jahrg. 1892 S. 114) und ebenso die höhere Verwaltungsbehörde zu Leipzig (Arbeiterversorgung Jahrg. 1894 S. 439). Auch für das Krankenversicherungsgesetz ist die Versicherungspflicht der nur auf Trinkgeld angewiesenen Kellner (von Woedtke 4. Aufl. S. 57 Anm. 3) und diejenigen der Droschkenkutscher, die die Führung fremder Droschken gegen die Verpflichtung, dem Eigentümer eine tägliche Pauschalsumme abzuführen, übernommen haben (Entsch. Bd. XXX S. 360), anerkannt, weil hierin nur eine eigenartige Form der Lohnzahlung zu finden ist.

Nr. 6. Entsch. Bd. XXX S. 360 v. 29. VI. 96. III C. 156/95.

Kr.-V.-Ges. v. 15. VI. 83 § 2; Ausdehnungsges. v. 28. V. 85 § 15; Novelle v. 10. IV. 92 §§ 1, 57.

1. Ein Droschkenkutscher erlitt einen Betriebsunfall und wurde vom Armenverbande unterstützt. Er war von seinem Fuhrherrn in der Weise angenommen worden, daß er eine Droschke I. Klasse gegen Entgelt von 5 Mk. täglich zur Nutzung erhielt. Er hatte für Reinhaltung der Droschke zu sorgen, der Fuhrherr für die Pferdepflege. Gleichgültig, wie viel der Kutscher Einnahmen hatte, er mußte dem Fuhrherrn für den Tag 5 Mk. abliefern. Der Überschuß gehörte ihm, an Lohn wurde sonst nichts gezahlt. Das O.-V.-G. nahm

an, daß der Kutscher in dem Betriebe des Fuhrherrn gegen Lohn beschäftigt sei.

2. In dem Erkenntnisse heißt es: Das bestehende Arbeitsverhältnis ist mit Recht vom Vorderrichter als ein entgeltliches im Sinne des § 1 des Kr.-V.-G. angesehen worden, wenngleich der Kutscher nicht nur nicht Bezahlung vom Fuhrherrn erhielt, sondern im Gegenteil allein an letzteren zu zahlen hatte, und zwar selbst dann, wenn er seinerseits nichts mit der Droschke verdient hatte. Die Sachlage ist insoweit keine andere, als bei den auf Trinkgeldern angewiesenen Kellnern, deren Krankenversicherungspflicht allgemein anerkannt ist (vgl. die Kommentare zum Kr.-V.-G. von v. Woedtke, 4. Aufl. S. 57 Anm. 3 und v. Schicker, 2. Aufl. S. 19 Anm. 2c und S. 187) und bei den einem Dienstmannsinstitute angehörenden, lediglich vom Publikum bezahlten Dienstmännern, deren Versicherungspflicht gleichfalls angenommen worden ist (Arb.-Vers. Bd. XI S. 439), sowie in den sonstigen Fällen, in denen der Beschäftigte wegen des Lohnbezuges auf Leistungen Dritter angewiesen ist und in denen trotzdem für das verwandte Gebiet der Unfallversicherung und der Invaliditäts- und Altersversicherung das Erfordernis der Lohnzahlung für erfüllt angesehen wird, wie dem der Logenschließer, die ihre Entschädigung durch den Verkauf von Theaterzetteln und Verleihen von Operngläsern finden, und der Anschnaller und Schneefeger auf einer Eisbahn, die nur durch eine von den Schlittschuhläufern geleistete Vergütung entschädigt werden (vgl. Nr. XVIII Abs. 1 der Anleitung des Reichsversicherungsamts, betreffend den Kreis der nach dem Invaliditäts- und Altersversicherungsgesetze versicherten Personen, v. 31. X. 90 — Amtliche Nachrichten des Reichsversicherungsamts, Invaliditäts- und Altersversicherung, 1891 S. 4 und Gebhard, die nach dem Invaliditäts- und Altersversicherungsgesetze versicherten Personen S. 266, 267). Sie entspricht namentlich völlig derjenigen, bei welcher speziell für den Droschkenfuhrbetrieb das Reichsversicherungsamt in dem Beschlusse v. 15. X. 86 den Fuhrherrn und nicht den Kutscher als den Betriebsunternehmer der von dem Kutscher geführten Droschke angesehen hat (Amtliche Nachrichten desselben, 1886 S. 230 Nr. 208), und derjenigen, bei welcher für den Führer eines Kahns das O.-V.-G. in dem Urt. v. 27. XI. 90 das Vorhandensein eines Pacht- oder Mietsverhältnisses am Kahne verneint hat (Entsch. Bd. XX S. 382). Überall handelt es sich blos um eine durch besondere Verhältnisse, Schwierigkeit der Kontrolle bei anderer Art der Lohnzahlung, Übung und Brauch oder dergleichen, veranlaßte eigenartige Weise, Lohn zu zahlen.

Nr. 7. Entsch. Bd. XXXII S. 317 v. 8. XII. 97. III C. 4/97.

Kr.-V.-Ges. §§ 5a Abs. 1, 5, 16.

Mögen im § 5a Abs. 1 des Kr.-V.-G.:

„Für Personen, welche in Gewerbebetrieben beschäftigt sind, deren Natur es mit sich bringt, daß einzelne Arbeiten an wechselnden Orten außerhalb der Betriebsstätte ausgeführt werden, gilt auch für die Zeit, während welcher sie mit solchen Arbeiten beschäftigt sind, als Beschäftigungsort der Sitz des Gewerbebetriebes"

unter den darin bezeichneten Gewerbebetrieben nur diejenigen zu verstehen sein, bei denen nach der gewöhnlichen Art ihrer Gattung einzelne Arbeiten an wechselnden Orten außerhalb der Betriebsstätte ausgeführt werden, wie die Gewerbebetriebe der Zimmermeister und der Schornsteinfegermeister, oder auch solche, bei welchen die Ausführung einzelner Arbeiten an wechselnden Orten außerhalb der Betriebsstätte lediglich infolge einer von der gewöhnlichen

Art der Gattung abweichenden besonderen Betriebsweise stattfindet, immer bleibt der § 5a unanwendbar für den Gewerbebetrieb eines Restaurateurs, der in Berlin ein Restaurationsgeschäft hat und von dort aus eine Baukantine in Treptow leitet, in Berlin auch die Annahme der Leute dafür und deren Bezahlung besorgt. Bleibt der § 5a außer Betracht, so ist nach den §§ 5 und 16 des Kr.-V.-G. dafür, wo eine in der Treptower Kantine beschäftigte Kellnerin versichert war, der Beschäftigungsort zur Zeit der Erkrankung entscheidend. Beschäftigungsort ist nicht gleichbedeutend mit dem Orte der jedesmaligen augenblicklichen Arbeit und es ist deshalb als Beschäftigungsort der Kellnerin bei ihrer Erkrankung, trotzdem sie damals sich in Treptow befand und dort thätig war, nicht Treptow, sondern Berlin anzusehen. Sie ist für den Haushalt und das Geschäft in Berlin angenommen worden. Die Kantine, die bei dem örtlichen Zusammenhange zwischen Berlin und Treptow unweit von Berlin und von dem Geschäfte in der Lindenstraße lag, war kein eigenes, selbständiges Geschäft, sondern blos ein Teil und Zubehör des Berliner Geschäfts und von vornherein als Baukantine für die Gewerbeausstellung nur auf kurze vorübergehende Zeit berechnet.

Nr. 8. Entsch. v. 24. IX. 94. III. 1041.

Kr.-V.-Ges. § 6.

1. Handelt es sich um Auslegung des Wortes „Arbeitstag" im § 6 des Kr.-V.-G., so ist jedenfalls der Gedanke abzuweisen, daß jener Ausdruck lediglich individuell zu verstehen sei, daß es also nur auf die individuellen Verhältnisse des Einzelnen zur Beantwortung der Frage ankomme, ob ein Tag für ihn als Arbeitstag zu gelten habe oder nicht. Es darf nicht außer Augen gelassen werden, daß es bei der Feststellung der Arbeitstage nach Maßgabe des § 6 sich nicht darum handelt, wann der Erkrankte gearbeitet hat, sondern darum, wann er gearbeitet haben würde, wenn er gesund geblieben wäre, also nicht um Ermittelung dessen, was geschehen ist, sondern dessen, was unter anderen Umständen geschehen sein würde. Es würde nun, wenn hierfür die individuellen Verhältnisse des Einzelnen entscheidend wären, ohne Zweifel in zahlreichen Fällen sich nicht wohl als möglich erweisen, einen solchen Schluß mit Sicherheit zu ziehen. Vor allem aber erscheint es praktisch als geradezu unmöglich, den Organen der Krankenkassen die Vornahme derartiger individueller Untersuchungen zuzumuten. Die Gründe, welche gegen die Gewährung von Krankengeld an einzelne Mitglieder für die Arbeit an Sonntagen aus der praktischen Unzuträglichkeit eines solchen Verfahrens sprechen, kommen hier voll zur Geltung. Die hieraus sich ergebende praktische Undurchführbarkeit der rein individuellen Auffassung des Ausdrucks „Arbeitstages" schließt den Beweis in sich, daß der Gesetzgeber den Ausdruck in diesem Sinne nicht verstanden haben kann.

2. Im Gegensatze gegen jene individuelle Auffassung ist davon auszugehen, daß das Wort „Arbeitstag" im § 6 auf eine Regel hinweist. Es kann aber der Kreis dieser Regeln nicht so eng gezogen werden, daß für denselben, soweit nicht gewisse Tage gesetzlich als Festtage bezeichnet sind, lediglich die ganz allgemeine Sitte und Ordnung maßgebend ist, daß also nur derjenige Tag als Arbeitstag zu gelten hat, an dem allgemein gearbeitet wird, derjenige aber nicht, an dem allgemein nicht gearbeitet wird, was zu dem Ergebnisse führen würde, daß als Arbeitstag im Sinne des § 6 jeder Nicht-Sonn- oder Feier-Tag und jeder Sonn- oder Feiertag als Nicht-Arbeitstag anzusehen wäre. Wenn in der That eine solche Bestimmung in der Absicht des Gesetzgebers gelegen hätte, so würde er dieselbe, wie man wohl anzunehmen berechtigt ist, in

einer schärferen und mehr unzweideutigen Weise zum Ausdrucke gebracht haben, insbesondere würde er dann für die Bezeichnung „Arbeitstag“ wohl das üblichere und gewöhnlichere Wort „Werktag“ gewählt haben. Der Gebrauch der prägnanten Bezeichnung „Arbeitstag“ läßt darauf schließen, daß er mit jenem Ausdrucke einen weitergehenden Begriff verbunden hat. Dieser Begriff muß gewissermaßen die Mitte halten zwischen der rein individuellen Auffassung und der vorerwähnten ganz allgemeinen Regel. Es kann danach unter dem „Arbeitstage“ des § 6 nur ein solcher Tag verstanden werden, an dem der Erkrankte nach der allgemeinen Regel des Gewerbes, des Betriebes, überhaupt der Art seiner versicherungspflichtigen Beschäftigung, gearbeitet haben würde, so daß unter dieser Voraussetzung auch der Sonn- und Feiertag, wie bei den Kellnern und Dienstboten, unter den Begriff des Arbeitstages fällt (vgl. den Kommissionsbericht des Reichstages 1891, Aktenstück Nr. 781 S. 2338 ff).

Nr. 9. Entsch. Bd. XXX S. 350 v. 22. VI. 96. III C. 152/95.

Kr.-V.-Ges. v. 15. VI. 83 §§ 6, 20; Novelle dazu v. 10. IV. 92 §§ 6 Abs. 2, 57 Abs. 2.

1. Nach dem gemäß § 20 des Kr.-V.-G. auch für die Ortskrankenkassen geltenden § 6 in der ursprünglichen Fassung seines zweiten Absatzes:

„Die Krankenunterstützung endet spätestens mit dem Ablauf der dreizehnten Woche nach Beginn der Krankheit“

ist es außer Zweifel, daß gesetzlich die Pflicht der Ortskrankenkassen zur Fürsorge für ihre Zwangsmitglieder stets mit dem Ablaufe der dreizehnten Woche nach dem Beginne der Krankheit, bei späterem Beginne der Krankenunterstützung nach dem Beginne der Krankenunterstützung (Entsch. Bd. XX S. 360, Bd. XXII S. 356) endete. Wenn ein Erkrankter z. B. am 24. III. erkrankt ist und von da ab Krankenunterstützung seitens der Kasse erhalten hat, so hatte er nach dem früheren Rechte unbedingt für die Zeit v. 22. IX. bis 6. X. 94 keinen gesetzlichen Unterstützungsanspruch mehr, der auf den Armenverband übergehen konnte; es fehlte an dem Erfordernisse für diesen Übergang, daß die Tage, für welche dem Unterstützten ein Anspruch gegenüber der Kasse zustand, und die Tage, an welchem er vom Armenverbande unterstützt worden ist, sich decken (Entsch. Bd. XXVII S. 358).

2. Nach der Begründung zur Novelle v. 10. IV. 92 zu Art. 3 §§ 6 und 6a beruht der die Berechnung des Zeitraums der Krankenunterstützung vom Beginne des Krankengeldbezuges im Falle der Erwerbsunfähigkeit betreffende Zusatz auf der Erwägung, daß, wenn der Zeitraum vom Beginne der Krankheit an gerechnet werde, nicht selten der Fall eintreten werde, daß ein Versicherungspflichtiger, welcher an einer zunächst die Erwerbsfähigkeit nicht aufhebenden Krankheit leide und deshalb nur die ärztliche Behandlung in Anspruch nehme, bei späterem Eintritte der Erwerbsunfähigkeit einen Anspruch auf Krankengeld überhaupt nicht mehr oder nur noch für kurze Zeit geltend machen könne, und daß darin eine nicht zu rechtfertigende Unbilligkeit und zugleich für den Versicherten ein Anreiz liegen würde, bei jeder leichten Erkrankung sofort die Arbeit niederzulegen. Nach dem Berichte der Kommission des Reichstags zu Art. 3 § 6 soll der Zusatz außer Zweifel stellen, daß, wenn ein Arbeiter durch Krankheit erwerbsunfähig wird, er auch dann auf ein Krankengeld bis zu 13 Wochen Anspruch hat, wenn er schon vorher krank, aber nicht erwerbsunfähig war und infolgedessen Krankenunterstützung durch freie ärztliche Behandlung und Arzenei bezogen hat. Bei der Beratung im Plenum des Reichstags hat der Abgeordnete von Strombeck, ohne Widerspruch zu finden, sich über die Bedeutung des Zusatzes dahin ausgesprochen:

„Bisher wurden die freien ärztlichen und Apothekerleistungem immer nur für 13 Wochen gewährt; nach der Änderung des § 6 wird diese Dauer unter Umständen verlängert bis auf 26 Wochen weniger einen Tag. Es ist das schon ein paar mal erwähnt worden: die Verlängerung tritt ein, wenn während einer Krankheit, vielleicht nach 6, 7 oder 12 Wochen Erwerbsunfähigkeit hinzutritt, dann beginnt von dem Tage der Erwerbsunfähigkeit eine neue 13wöchentliche Frist für freien Arzt und freie Apotheke."

Hiernach und nach dem Wortlaute des § 6 Abs. 2 kann diesem nicht die Tragweite gegeben werden, nach welcher selbst über 26 Wochen hinaus ein Anspruch soll vorhanden sein können. Dagegen ist mit Recht einzuwenden, daß bei häufigerem Wechseln zwischen Erwerbsunfähigkeit und Erwerbsfähigkeit während der Fortdauer der Krankheit der Zeitraum der Krankenunterstützung sich außerordentlich ausdehnen würde. Es soll vielmehr zwar auch dann Krankengeld bis zu vollen 13 Wochen gewährt werden, wenn die Erwerbsunfähigkeit nicht gleichzeitig mit der Krankheit, sondern erst später eintritt, aber es ist nur eine solche Erwerbsunfähigkeit zu berücksichtigen, welche innerhalb von 13 Wochen nach dem Beginne der Krankheit oder dem Beginne der Krankenunterstützung eingetreten ist. Durch den späteren Eintritt von Erwerbsunfähigkeit kann die Dauer der Krankenunterstützung höchstens bis zum Ablaufe von 13 Wochen seit ihrem Eintritte und der Gewährung von Krankengeld ihretwegen verlängert werden. Die längste Dauer der Krankenunterstützung beträgt also 25 Wochen und 6 Tage seit dem Beginne der Krankheit und der Gewährung von ärztlicher Behandlung und Arzenei. Der zeitweise Fortfall der einmal eingetretenen Erwerbsunfähigkeit ist unerheblich, weil, wie die Zeit der Krankenunterstützung überhaupt (v. Woedtke, Kr.-V.-G., 4. Aufl., S. 146, Anm. 13a, besonders das daselbst angezogene Urteil des O.-V.-G. v. 26. X. 91 — III 808 —; ferner das Urteil desselben v. 22. X. 94 — III. 1142 —), so auch der im Falle späterer Erwerbsunfähigkeit sich verlängernde Zeitraum der Krankenunterstützung keine Summe von einzelnen, durch Zwischenräume unterbrochenen Tagen, die, zusammen gerechnet, die Zeit der Krankenunterstützung ergeben, sondern ein Zeitraum von einer Reihe ununterbrochen zusammenhängender Wochen ist. Die gleiche Auffassung des jetzigen Abs. 2 des § 6 haben v. Woedtke S. 146 Anm. 14; v. Schicker, Kr.-V.-G., 2. Aufl., S. 73 Anm. 18; Hahn, ebenda, S. 38 Anm. 4 und Hahn, Hülfskassenges. S. 115 Anm. 4.

Nr. 10. Entsch. v. 27. III. 95. VI. 846.

Kr.-V.-Ges. § 22.

Wenn nach § 22 des Kr.-V.-G. die Beiträge in Prozenten des durchschnittlichen Tagelohnes so zu bemessen sind, daß sie nicht nur zur Deckung der statutenmäßigen Unterstützungen, sondern auch zur Deckung der Verwaltungskosten und der dem Reservefonds alljährlich zuzuführenden Summen ausreichen, so folgt hieraus, daß bei Bemessung der Beiträge der Jahresbedarf der Kasse zu Grunde zu legen ist. Danach ist ausgeschlossen, die Beiträge nach den in den verschiedenen Jahreszeiten erforderlich werdenden Ausgaben der Kasse verschieden zu bemessen und sie demgemäß für solche Jahreszeiten, in denen die Zahl der Erkrankungen der Kassenmitglieder, sei es aus allgemeinen Gründen, sei es wegen der Natur der den Kassenmitgliedern dann obliegenden Arbeiten, eine besonders hohe zu sein pflegt, zur Deckung der hieraus der Kasse erwachsenden höheren Ausgaben mit einem höheren Prozentsatze zu erheben als in anderen Teilen des Jahres. Hiermit steht im Einklang, daß auch die Festsetzung des durchschnittlichen Tagelohnes, von dem die Beiträge zu erheben sind, nicht für einzelne Teile des Jahres besonders stattfinden darf, denn bei seiner Festsetzung sind nicht blos die zwischen den Arbeitern des fraglichen Gewerbszweiges, sondern auch die bei denselben Arbeitern für die verschiedenen Betriebszeiten eintretenden Verschiedenheiten der Lohnhöhe zu berücksichtigen (vgl. Arb.-Vers. Bd. I S. 386).

Nr. 11. Entsch. Bd. XXX S. 344 v. 8. VI. 96. III A. 54/95.

Kr.-V.-Ges. v. 10. IV. 92 §§ 24, 48a, 64, 67a, 67c, 85; Kr.-V.-Ges. v. 15. VI. 83 §§ 60, 85, 88.

Bei der Umwandlung aus einer eingeschriebenen Hülfskasse in eine Fabrikkrankenkasse im Sinne des Kr.-V.-G. v. 15. VI. 83 konnten zwar nach den §§ 85 und 86 dieses Gesetzes die Unternehmer der Betriebe, für welche die Hülfskasse bestanden hatte, auch sämmtlich bei der Fabrikkrankenkasse bleiben (vgl. die in v. Woedtke, Kr.-V.-G., 4. Aufl., S. 386 mitgeteilten Materialien). Eine weitere Ausdehnung der umgewandelten Kasse auf neue Betriebe anderer Unternehmer war aber nicht mehr möglich. Letzteres folgt aus dem Wortlaute des § 60 (Ein Unternehmer) und daraus, daß die von der Regierungsvorlage zugelassene Neubegründung gemeinsamer Betriebs-(Fabrik-) Krankenkassen durch verschiedene Unternehmer vom Reichstage abgelehnt worden ist (v. Woedtke S. 385). Nach dem jetzigen Rechte (§ 67c in der Fassung der Novelle v. 10. IV. 92) ist nun zwar eine Vereinigung mehrerer Betriebs-(Fabrik-)Krankenkassen für Betriebe desselben Untenehmers zulässig; eine Vereinigung mehrerer Betriebe verschiedener Unternehmer zu einer Kasse ist aber auch gegenwärtig noch ausgeschlossen, mag sie von Anfang an oder erst nachträglich durch Beitritt eines anderen Unternehmers zu einer schon errichteten Betriebs-(Fabrik-)Krankenkasse geschehen sollen.

2. Für die Frage, welche rechtliche Wirkung die Teilung eines Betriebes hat, kommt es, wenn die Teilung erst stattgefunden hat, nachdem die Kasse zur Betriebskrankenkasse geworden ist, nicht mehr auf den § 85 des Kr.-V.-G., sondern nur auf die Vorschriften über Betriebskrankenkassen an. Für solche bestimmt der § 67a Abs. 1, dessen Geltung auch für eine ältere, nach dem Erlasse des Gesetzes fortbestehende Betriebskrankenkasse mit mehreren Unternehmern anerkannt ist (v. Woedtke S. 402, 403, v. Schicker, Kr.-V.-G., 2. Aufl. S. 336), daß, wenn von mehreren Betrieben eines Unternehmers, für welche eine gemeinsame Betriebs-(Fabrik-)Krankenkasse besteht, einer in den Besitz eines anderen Unternehmers übergeht, die in diesem Betriebe beschäftigten Personen auf den Antrag eines der beteiligten Unternehmer aus der Kasse ausscheiden, also, daß die Gemeinsamkeit bis zu einem Antrage auf ihre Aufhebung fortdauert. Es erscheint zulässig, diese Vorschrift, die allerdings erst durch die Novelle v. 10. IV. 92 getroffen worden ist, auch schon für die Zeit vor der Novelle als geltendes Recht anzusehen und weiter sie analog für den Fall, daß ein Betrieb in mehrere Betriebe geteilt wird, anzuwenden, also eine derartige Teilung eines Betriebes dem Übergange eines von mehreren in der Hand eines Unternehmers vereinigten Betrieben auf einen anderen Unternehmer gleichzustellen.

Nr. 12. Entsch. v. 23. I. 96. III. 114.

Kr.-V.-Ges. § 26.

Es ist richtig, daß es für die Befugnis zur Versagung des Krankengeldes keineswegs nur darauf ankommt, ob das Mitglied die Krankheit selbst veranlaßt hat, auch wenn der Vorsatz hierauf nicht gerichtet gewesen ist. Dem steht der Wortlaut des § 26 Nr. 2 des Kr.-V.-G. nicht nur unbedingt entgegen, sondern es ergeben auch, worauf bereits in dem Bd. XIII S. 376 ff. der Entsch. veröffentlichten Urteile hingewiesen worden ist, die Vorverhandlungen zu dem Gesetze, daß der Reichstag unter Abänderung des Gesetzentwurfs, wonach schon die Entstehung der Krankheit zufolge eigenen groben Verschuldens des Mitgliedes die Entziehung des Krankengeldes rechtfertigen sollte, das Wort „vorsätzlich" in das Gesetz aufgenommen hat, um die Schwierigkeiten der Feststellung eines eigenen groben Verschuldens zu vermeiden, obschon nicht verkannt worden ist, daß die neue Fassung nicht alle diejenigen Fälle deckt, welche unter den Begriff des eigenen groben Verschuldens fallen würden. Es bedarf einer Feststellung, daß der Vorsatz auf die Erzeugung der Krankheit d. h. des die Heilbehandlung oder die Erwerbsunfähigkeit bedingenden Zustandes gerichtet gewesen ist, was freilich nicht notwendig zur Voraussetzung hat, daß der Vorsatz lediglich auf die Entstehung der Krankheit gerichtet gewesen ist, vielmehr auch dann angenommen werden darf, wenn das beabsichtigte anderweite Ziel nicht anders als unter Herbeiführung einer Erkrankung erreicht werden konnte (siehe Entsch. Bd. XXIV S. 331). Danach kann in Frage kommen, ob demjenigen, welcher den Tod gewollt, aber nicht gefunden hat, das Krankengeld dann zu versagen ist, wenn er wußte oder wissen mußte, daß das zur Herbeiführung des Todes gewählte Mittel zunächst eine Erkrankung zur Folge haben werde. Wenn aber jemand den Tod finden wollte und nicht voraussehen konnte, daß das gewählte Mittel nicht zum Tode, sondern zu einer Erkrankung führen würde, so kann nicht festgestellt werden, daß der Betreffende sich die Krankheit vorsätzlich zugezogen habe.

Nr. 13. Entsch. Bd. XXX S. 341 v. 17. IX. 96. III C. 8/96.

Kr.-V.-Ges. v. $\frac{15.\ \text{VI. } 83}{10.\ \text{IV. } 92}$ §§ 24, 26a, 57, 76.

1. Das Erkenntnis behandelt die Frage, ob eine Statutenänderung (Ortskrankenkasse) zulässig ist, wonach der Vorsitzende und der Stellvertreter nicht mehr, wie bisher, beide aus der Zahl der Arbeitgeber, sondern nur noch der eine aus dieser Zahl gewählt werden soll. Die Frage wird bejaht.

2. Begründung: Die beantragte Änderung ist zulässig. Indem der Bezirksausschuß zu einem anderen Ergebnisse gelangt ist, hat er die Bedeutung der Vorschriften in § 24 des Kr.-V.-G., wonach die Genehmigung des Kassenstatuts einer Ortskrankenkasse nur versagt werden darf, wenn das Statut den Anforderungen des Krankenversicherungsgesetzes nicht genügt, oder wenn die Bestimmung über die Klassen von Personen, welche der Kasse angehören sollen (§ 23 Abs. 2 Ziff. 1), mit den Bestimmungen des Statuts einer anderen Kasse in Widerspruch steht, und Abänderungen des Statuts der gleichen Vorschrift unterliegen, verkannt. Aus anderen als den hier zugelassenen Gründen darf die Genehmigung nicht versagt werden. Damit scheiden die hauptsächlich für den Vorderrichter bestimmend gewesenen Zweckmäßigkeitserwägungen gänzlich aus. Nach § 23 Ziffer 4 des Kr.-V.-G. muß das Statut über die Bildung des Vorstandes Bestimmung treffen. Damit ist diese Bildung, zu der auch die Wahl des Vorsitzenden und seines Stellvertreters gehört, der Autonomie der Ortskrankenkassen überlassen, soweit nicht das Gesetz selbst hierüber Dispositionen trifft. An solchen fehlt es bezüglich der Wahl des Vorsitzenden und seines Stellvertreters. Es folgt namentlich daraus, daß nach § 38 die Arbeitgeber Anspruch auf Ver-

tretung im Vorstande und der Generalversammlung der Kasse haben, ebensowenig ein Anspruch der Arbeitgeber auf das Amt des Vorsitzenden und seines Stellvertreters, wie aus dem § 38 kein Anspruch der Arbeitgeber, an der Wahl des Vorsitzenden und seines Stellvertreters Teil zu nehmen und von der Wahl zum Vorsitzenden oder Stellvertreter nicht ausgeschlossen zu sein, herzuleiten ist (Entsch. Bd. XIV S. 377, 378). Daß die beschlossene Änderung des Statuts durch das Gesetz nicht ausgeschlossen wird, bezeugt auch der § 44 des Normalstatuts einer Ortskrankenkasse (Centralblatt für das Deutsche Reich S. 515), nach welchem für zulässig erachtet ist, statutarisch zu bestimmen: „Von den Vorsitzenden — hiermit sind der Vorsitzende und sein Stellvertreter gemeint — muß einer ein Arbeitgeber, einer ein Arbeiter sein."

Nr. 14. Entsch. Bd. XXXI S. 327 v. 4. II. 97. III A. 33/96.

Kr.-V.-Ges. v. 15. VI. 83 / 10. IV. 92 §§ 16, 17, 19, 23, 43, 48, 57a, 57c; L.-V.-G. § 126.

1. Das Kr.-V.-Ges. regelt die Gründung von Ortskrankenkassen durch Beschluß der Gemeinden im ersten Abs. des § 16, wie folgt:

> „Die Gemeinden sind berechtigt, für die in ihrem Bezirk beschäftigten versicherungspflichtigen Personen Ortskrankenkassen zu errichten, sofern die Zahl der in der Kasse zu versichernden Personen mindestens einhundert beträgt,

und fährt dann — von dem durch die Novelle eingefügten zweiten Abs. abgesehen — fort:

> die Ortskrankenkassen sollen in der Regel für die in einem Gewerbszweige oder in einer Betriebsart beschäftigten Personen errichtet werden. Die Errichtung gemeinsamer Ortskrankenkassen für mehrere Gewerbszweige oder Betriebsarten ist zulässig, wenn die Zahl der in den einzelnen Gewerbszweigen und Betriebsarten beschäftigter Personen weniger als einhundert beträgt —,

worauf dann im letzten Abs. näher bestimmt wird, unter welchen Voraussetzungen Gewerbszweige oder Betriebsarten, in welchen einhundert Personen oder mehr beschäftigt werden, mit anderen Gewerbszweigen oder Betriebsarten zu einer gemeinsamen Ortskrankenkasse vereinigt werden können. Soweit auf die Frage, ob die Errichtung besonderer Ortskrankenkassen für Handlungsgehülfen und -Lehrlinge zulässig ist, in den verschiedenen Bearbeitungen des Krankenversicherungsgesetzes eingegangen ist, wird übereinstimmend der § 16 dahin ausgelegt, daß dessen dritter Abs. die Bildung besonderer Kassen für die einzelnen Gewerbszweige oder Betriebsarten als die Regel vorschreibt, von der nur in den gesetzlich ausdrücklich zugelassenen Ausnahmefällen abgegangen werden darf, und zwar dann auch nur durch Errichtung gemeinsamer Kassen für mehrere Gewerbszweige oder Betriebsarten (von Woedtke 5. Aufl. Anm. 7 S. 196; Hahn S. 54 Anm. 3; von Schicker 2. Aufl. Anm. 6 am Schluß S. 104; Rosin Anm. 5 S. 103; Weyl Reichsversicherungsrecht S. 228, 229). Ob das Reichsgericht in seinem Urteile v. 17. IX. 88 (s. Arb.-Vers. V S. 601 ff.) die gegenteilige Auffassung teilt, läßt sich der Begründung nicht mit Sicherheit entnehmen.

2. Der Absicht, in dem dritten Abs. des § 16 den Grundsatz festzustellen, von dem nur die in den beiden folgenden Absätzen und sonst (§ 17 Abs. 2, § 43) im Ges. zugelassenen Ausnahmen stattfinden sollten, hätte freilich völlig zweifelsfrei Ausdruck gegeben werden können, wenn die Worte „in der Regel" fortgelassen worden wären, indem sich alsdann ohnehin ergab, daß die dem dritten Abs. zu entnehmende Regel nicht ausnahmslos maßgebend ist, daß aber anderer-

seits nur die im Ges. zugelassenen Ausnahmen stattfinden. Immerhin läßt schon der Wortlaut des § 16 nach seinem Gesammtinhalte klar ersehen, daß die Kassen nach Gewerbszweigen oder Betriebsarten zu bilden sind, und zwar in der Regel für einen einzelnen Gewerbszweig oder eine einzelne Betriebsart, ausnahmsweise für mehrere Gewerbszweige oder Betriebsarten. Die Worte „in der Regel“ beziehen sich also nicht auf das Prinzip der Kassenbildung, sondern nur auf dessen Ausführung. Wäre der § 16 nicht in diesem Sinne erlassen, dann müßte man die Bildung der Kassen je nach dem Ermessen der Gemeinden nach beliebigen Gesichtspunkten, so z. B. nach dem Geschlechte, dem Alter u. s. w., für zulässig erachten. Und daß ein soweit gehendes Ermessen nicht hat eingeführt, daß im Gegentheil die Kassenbildung nur auf der Grundlage der Berufsgemeinschaft hat zugelassen werden sollen, ist bei der Begründung des dem § 16 des Gesetzes entsprechenden § 14 des Entwurfs noch besonders hervorgehoben worden.

3. Der Begriff des Gewerbszweiges und der Betriebsart bestimmt sich nach der Art des Unternehmens, in welchem die versicherungspflichtigen Personen beschäftigt sind, und nicht nach der Art der Thätigkeit, die sie in ein und demselben Betriebe des Unternehmers leisten. Endlich lassen die §§ 16 ff., insbesondere der zweite Abs. des § 19 auch darüber keinen Zweifel bestehen, daß alle in dem versicherungspflichtigen Betriebe beschäftigten Personen, gleichviel ob sie Arbeiter, Beamte oder Handlungsgehülfen sind, in Folge ihrer Thätigkeit, soweit sie nicht gesetzlich von dem Versicherungszwange befreit sind, Mitglieder derjenigen Ortskrankenkasse werden, die für den Betrieb, in dem sie thätig sind, errichtet ist oder, falls in dem Betriebe mehrere Gewerbszweige oder Betriebsarten vereinigt sind, nach den Grundsätzen des § 14 Abs. 4 als die maßgebende Kasse in Betracht kommt. Die Errichtung einer besonderen Ortskrankenkasse für die Handlungsgehülfen und -Lehrlinge darf hiernach nicht genehmigt werden. Soweit für sie die Versicherungspflicht besteht, gehören sie mit allen anderen versicherungspflichtigen Personen des Betriebes, in dem sie beschäftigt sind, derselben Ortskrankenkasse an.

4. Siehe den Erl. des Handelsministers v. 12. IV. 97 (M.-Bl. S. 99) u. Hahn in der Arb.-Vers. Jahrg. XIV S. 537.

Nr. 15. Entsch. Bd. XXXII S. 319 v. 22. I. 98. III C. 110/97.

L.-V.-G. § 126, Kr.-V.-G. § 24.

1. Durch Urteil v. 4. II. 97 Entsch. XXXI S. 327 hatte auf Klage gemäß § 126 des L.-V.-G. das O.-V.-G. die Beschlüsse, durch die das Statut der Berliner Ortskrankenkasse für Handlungsgehülfen genehmigt worden waren, aufgehoben. Als diese Ortskrankenkasse Seitens einer anderen Kasse auf Erstattung der Unterstützung eines Handlungsgehülfen verklagt wurde, wies der Bezirksausschuß unter Hinweis auf die Entsch. v. 4. II. 97 die Klage ab. Das O.-V.-G. hob auf und verurteilte nach dem Klageantrage aus folgenden Gründen:

2. Die Annahme Hahns in der Arb.-Vers. Bd. XIV S. 541, daß das O.-V.-G. in dem Urt. v. 4. II. 97 der beklagten „Kasse jede rechtliche Existenz und die Fähigkeit zu giltigen Willenserklärungen habe absprechen wollen,“ trifft nicht zu. Sie wird schon durch die von Hahn selbst hervorgehobene Thatsache widerlegt, daß „es hierüber in der Urteilsbegründung an jeder Ausführung fehlt“. Es lag das aber auch vollständig außerhalb des Rahmens der damals zu treffenden Entscheidung. Auf den eigenartigen und beschränkten Rechtsbehelf der Klage aus § 126 des L.-V.-G. war gar nicht darüber zu

befinden, ob die beklagte Kasse überhaupt nicht rechtlich bestanden hat oder seit wann sie nicht mehr besteht, und die Schlußbemerkung des Urt. v. 4. II. 97 spricht daher nur davon, wie sich das Kassenverhältnis der Mitglieder nach den Vorschriften des Gesetzes gestaltet, ohne der Frage näher zu treten, welche rechtlichen Folgen für dieses Verhältnis die Genehmigung der Kasse und ihr thatsächlicher Bestand gehabt hat. Durch die in jenem Urteile allein getroffene Entscheidung, welche die erteilte Genehmigung des Statuts der Beklagten beseitigt, wird die rechtliche Existenz der Beklagten noch nicht berührt. Ein solches Urteil hat nur kassatorische Wirkung. Seine Folge ist lediglich, daß der Bezirksausschuß von Neuem über das ihm vorliegende Gesuch um Genehmigung des Statuts Beschluß zu fassen hat; es enthält keine weitere sachliche Entscheidung, namentlich nicht schon eine endgültige Versagung der Genehmigung. Solange aber der Bezirksausschuß nicht anderweit gemäß § 24 des Kr.-V.-G. beschlossen hat, also rechtlich noch die Möglichkeit, daß das Statut in gültiger Weise die Genehmigung erhält, vorhanden ist und das durch die Vorlegung des Statuts zur Genehmigung anhängige Verfahren noch nicht seinen Abschluß gefunden hat, läßt sich der Kasse die einmal durch die erteilte Genehmigung erlangte rechtliche Existenz nicht absprechen.

3. Es kann insbesondere auch nicht in dem gegenwärtigen Streitverfahren darüber befunden werden, ob dem Statute der Beklagten die Genehmigung zu versagen ist oder nicht. Zweifel über die Rechtmäßigkeit der Bildung einer Ortskrankenkasse lassen sich nicht durch Inzidententscheidung in einem die Kasse betreffenden Rechtsstreite zum Austrage bringen. Für den einzelnen Rechtsstreit gilt vielmehr die Kasse so lange für bestehend, als nicht ihre Bildung allgemein in dem dafür bestimmten Verfahren für rechtswidrig erklärt ist.

Nr. 16. Entsch. Bd. XXXII S. 325 v. 22. IX. 97. III C. 150/96.

Kr.-V.-Ges. §§ 26, 26a Abs. 2 Ziff. 4.

1. Nach dem Abs. 1 des § 26 des Kr.-V.-G. haben die versicherungspflichtigen Kassenmitglieder den Anspruch auf die gesetzlichen Mindestleistungen der Kasse sofort von der Mitgliedschaft an. Bei der Vorschrift des früheren Abs. 2, jetzigen Abs. 3:

> „Soweit die vorstehenden Bestimmungen nicht entgegenstehen, kann durch Kassenstatut bestimmt werden, daß das Recht auf die Unterstützungen der Kasse erst nach Ablauf einer Karenzzeit beginnt."

ist daher klar, daß den versicherungspflichtigen Mitgliedern gegenüber diese Karenzzeit nur für die etwaigen Mehrleistungen der Kasse zulässig, unter den „Unterstützungen" also nur die die gesetzlichen Mindestleistungen übersteigenden Leistungen zu versehen sind (Entsch. Bd. XIV S. 350 und Bd. XXII S. 359). In den Motiven zum Gesetze S. 38 ist denn auch beim § 22 des Entwurfs, jetzigen § 26 des K.-V.-G., direkt gesagt: „Nur für den die Mindestleistung übersteigenden Teil der Unterstützung soll es gestattet sein, durch das Kassenstatut eine Karenzeit festzustellen." Wenn es sodann im Abs. 3 des § 26 weiter heißt:

> „Die Karenzzeit darf den Zeitraum von sechs Monaten — früher von sechs Wochen — nicht übersteigen",

so ergiebt sich, daß den versicherungspflichtigen Mitgliedern die Mehrleistungen nicht länger als sechs Monate nach dem Beginne der Mitgliedschaft vorenthalten werden dürfen. Hiermit stimmt, daß die Verlängerung der Karenzzeit von sechs Wochen auf sechs Monate erfolgt ist, weil es sich nur darum handeln könne, die Karenzzeit für Mehrleistungen zu verlängern und durch eine derartige Verlängerung der Karenzzeit erreicht werden könne, daß diese Mehrleistungen überhaupt in das Kassenstatut aufgenommen werden.

2. Für die freiwilligen Kassenmitglieder kann nach dem § 26a Abs. 2 Ziffer 4 des Kr.-V.-G. durch das Kassenstatut bestimmt werden, daß sie erst nach Ablauf einer auf höchstens sechs Wochen vom Beitritte ab zu bemessenden Frist Krankenunterstützung erhalten. Darüber, ob bei den Mehrleistungen der Kasse noch eine längere Karenzzeit für sie gesetzt werden darf, enthält das Gesetz keine besondere Vorschrift. Es muß aber angenommen werden, daß diejenige im § 26 Abs. 3 über die Zulässigkeit einer den Zeitraum von sechs Monaten nicht übersteigenden Karenzzeit bei den Mehrleistungen für die freiwilligen Mitglieder mitgilt. Wäre dies nicht der Fall, so würde für die freiwilligen Kassenmitglieder eine längere Karenzzeit, als durch den § 26a Abs. 2 Ziffer 4 zugelassen ist, auch bei den Mehrleistungen nicht statthaft, die freiwilligen Mitglieder insoweit also besser gestellt sein, als die versicherungspflichtigen, was nicht anzunehmen ist. Nach seinem Wortlaute bezieht sich auch der Abs. 3 des § 26 auf die sämmtlichen Kassenmitglieder. Daß durch die Novelle v. 10. IV 92 im Abs. 1 des § 26 der Deutlichkeit halber das Wort „versicherungspflichtige" zwischen „sämmtliche" und „Kassenmitglieder" eingeschoben worden ist, hat in der bisherigen Mitgeltung des Abs. 3 für die freiwilligen Kassenmitglieder nichts ändern sollen und nichts geändert.

3. Die Rechtslage ist somit die, daß der Bezug der gesetzlichen Mindestleistungen durch das Kassenstatut für die versicherungspflichtigen Mitglieder an keine Karenzzeit, für die freiwilligen Mitglieder an eine solche bis zu höchstens sechs Wochen gebunden werden darf, daß aber bei den Mehrleistungen der Kasse beide Klassen von Mitgliedern sich in der Art gleichstehen, daß dabei für sie gleichmäßig eine statutarische Karenzzeit bis zu sechs Monaten, jedoch nicht hierüber hinaus, möglich ist.

Nr. 17. Bescheid v. 5. II. 98. III. 1365.

§§ 26a Ziffer 2b, 57.

Der § 26a Nr. 2b des Kr.-V.-G. ermächtigt die Krankenkassen zu einer statutarischen Satzung lediglich in dem Sinne, daß sie, von dringenden Fällen abgesehen, die Bezahlung derjenigen Kosten ablehnen dürfen, die den Kassenmitgliedern durch eigenmächtige Inanspruchnahme anderer als der von den Kassen bestimmten Ärzte, Apotheken und Krankenhäuser erwachsen sind. Daß in diesen Fällen auch die Zahlung des Krankengeldes abgelehnt werden darf, bestimmt das Gesetz nicht. Danach können die Krankenkassen ihren Mitgliedern, die sich unter Nichtachtung der statutarischen Satzungen die Heilbehandlung selbst beschafft haben, nicht ein mehreres verweigern als die Vergütung der ihnen für die Heilbehandlung erwachsenen Kosten, während sie ihnen das Krankengeld zahlen müssen. Der § 26a Nr. 2b gilt aber nur für die Beziehungen der Krankenkassen zu ihren Mitgliedern, und nicht auch für die Beziehungen der Krankenkassen zu den Armenverbänden. Was die letzteren in Erfüllung ihrer gesetzlichen Pflicht einem hülfsbedürftigen erkrankten Kassenmitgliede gewährt haben, ist ihnen von den Krankenkassen bis zur Höhe des dem Mitgliede zustehenden Krankengeldes und der auf die Hälfte des Krankengeldes gesetzlich bemessenen Pauschalvergütung für die Heilbehandlung zu vergüten.

Nr. 18. Entsch. Bd. XXXII S. 326 v. 22. IX. 97. III A. 9/97.

§ 34a Kr.-V.-Ges.; § 25 Unfall-V.-Ges.

Die Stellung des Rendanten einer Ortskrankenkasse und seine Obliegenheiten sind ihrem Wesen nach nicht derartig, daß der Rendant nicht

Mitglied des Vorstandes sein könnte. Um ihn von der Mitgliedschaft auszuschließen, auch wenn er sonst den Erfordernissen für diese Mitgliedschaft genügt, bedarf es daher einer besonderen gesetzlichen Vorschrift. Eine solche Vorschrift kann aber nicht in der Bestimmung des § 34 a Abs. 1 des Kr.-V.-G.:

> „Die Mitglieder des Vorstandes verwalten ihr Amt als Ehrenamt unentgeltlich, sofern nicht durch das Statut eine Entschädigung für den durch Wahrnehmung der Vorstandsgeschäfte ihnen erwachsenden Zeitverlust und entgehenden Arbeitsverdienst bestimmt wird. Bare Auslagen werden ihnen von der Kasse ersetzt."

gefunden werden. Dadurch soll nichts weiter als eine Besoldung der Vorstandsmitglieder für die Besorgung der Vorstandsgeschäfte als solche ausgeschlossen werden. Dem steht auch nicht entgegen, daß bei der Beratung des § 34 a Abs. 1, der in dem Entwurfe zu der Novelle v. 10. IV. 92 noch nicht enthalten war, sondern erst bei dessen zweiter Lesung von der mit der Vorberatung des Entwurfs betrauten Kommission des Reichstags eingefügt worden ist, ein Vertreter der verbündeten Regierungen erklärt hat, der Abs. 1 sei als eine Verbesserung des Gesetzes anzusehen, er verhindere die Übernahme des Vorstandsamtes durch besondete Beamte, deren Einfluß jetzt schon oft ein unerwünscht großer sei (Bericht der XII. Kommission des Reichstags, 8. Legislaturperiode, I. Session 1890/91, Nr. 381 S. 62, St. Ber. über die Verhandlungen des Reichstages, 8. Legislaturperiode, I. Session 1890/91, dritter Anlageband S. 2360). Dieser Äußerung ist zwar weder sofort, noch im Laufe der späteren Beratung des Entwurfs widersprochen worden. Ihre Tragweite ist jedoch eine so unsichere, daß auf sie gegenüber dem klaren und bestimmten Wortlaute des Gesetzes selbst kein entscheidendes Gewicht gelegt werden kann. Es darf dies umsoweniger geschehen, als der § 34a Abs. 1 sein Vorbild im § 25 des Unfallversicherungsgesetzes hat, dem der § 30 des Gesetzes, betreffend die Versicherung der land- und forstwirtschaftlichen Arbeiter v. 5. V. 86, der § 31 des Gesetzes, betreffend die Unfallversicherung der Seeleute v. 13. VII. 87 und der § 58 des Gesetzes, betreffend die Invaliditäts- und Altersversicherung v. 22. VI. 89 nachgebildet worden waren. Der § 25 des Unfallversicherungsgesetzes aber macht es nicht unzulässig, daß der besoldete Geschäftsführer der Genossenschaft zugleich Mitglied des Vorstandes derselben ist (Urteil des Reichsgerichts v. 2. XI. 88 in Regers Entsch. der Gerichte und Verwaltungsbehörden Bd. 10 S. 431).

Nr. 19. Bescheid v. 8. VI. 98. III. 762.

Kr.-V.-Ges. § 45.

Gegen eine gemäß § 45 des Kr.-V.-G. erlassene Aufsichtsverfügung findet das Verwaltungsstreitverfahren nicht statt. Hierbei bewendet es auch dann, wenn die Aufsichtsbehörde die Grenzen des Aufsichtsrechts überschritten hat, namentlich insofern, als der Betroffene nicht Mitglied des Kassenvorstandes ist und die Androhung von Ordnungsstrafen, um die Befolgung der gesetzlichen und statutarischen Vorschriften zu erzwingen, nur gegen die Mitglieder des Kassenvorstandes stattfindet (Abs. 1 des § 45). Dadurch wird die Eigenschaft der Verfügung als Aufsichtsverfügung noch nicht beseitigt.

Nr. 20. Entsch. Bd. XXXI S. 343 v. 3. V. 97. III C. 128/96.

Kr.-Vers.-Ges. § 56 Abs. 1.

1. Der Grundsatz, daß durch bloße außergerichtliche Mahnung, Erinnerung 2c. eine Unterbrechung der Verjährung nicht bewirkt werden kann (Dern-

burg, Pandekten Bd. I § 148), gilt auch bei der Verjährung der Krankenunterstützungsansprüche (Hahn in der Arb.-Vers. Bd. X S. 236).

2. Die Vorschrift des Kr.-Vers.-Ges. in § 56 Abs. 1, daß die Unterstützungsansprüche auf Grund dieses Gesetzes in zwei Jahren vom Tage ihrer Entstehung an verjähren, ist erst durch die Novelle v. 10. IV. 92 eingefügt worden. Eine Bestimmung, wie diese die Frist im Verhältnis zum bisherigen Rechte verkürzende Vorschrift auf die am 1. I. 93 laufenden Verjährungen einwirke, ist nicht getroffen. Es besteht nun Meinungsverschiedenheit über den Einfluß der Gesetze, welche die Verjährungsfrist abkürzen, auf schon im Laufe befindliche Verjährungen und es sind folgende Ansichten möglich und vertreten:

1. Es kommt das neue Recht zur Anwendung ohne Einrechnung der bisher abgelaufenen Zeit.
2. Es kommt das neue Recht zur Anwendung unter voller Einrechnung der bisher abgelaufenen Zeit.
3. Es kommen das alte und das neue Recht zur Anwendung unter quotaler Einrechnung der bisher abgelaufenen Zeit.
4. Es kommt das alte oder das neue Recht zur Anwendung je nach Wahl des Verpflichteten.
5. Es kommt das alte Recht zur Anwendung, wenn die danach zur Vollendung der Verjährung noch erforderliche Zeit kürzer ist, als die in dem neuen Gesetz bestimmte Frist; andernfalls das neue Recht mit Beginn seiner Frist erst von seinem Inkrafttreten.
6. Es verbleibt lediglich bei der früheren Frist.

(Vgl. die Motive zum Entwurf eines Einführungsgesetzes zum Bürgerlichen Gesetzbuche für das Deutsche Reich, Erste Lesung, S. 252, 253, auch abgedruckt in der Arbeiter-Versorgung Bd. X S. 378/379.) Für den § 56 Abs. 1 des Kr.-Vers.-Ges. erscheint allein die unter Nr. 5 bemerkte Ansicht anwendbar und namentlich die unter Nr. 6 ausgeschlossen.

Nr. 21. Entsch. v. 13. IV. 96. III. 477.

Kr.-V.-Ges. § 57; Ges. v. 6. VI. 70 § 28.

Der Armenverband, der auf Grund des § 28 des Gesetzes über den Unterstützungswohnsitz v. 6. VI. 70 thätig wird, kann nur nach Maßgabe der Umstände handeln, die ihm bei Eintritt des Unterstützungsfalles bekannt waren oder bekannt sein mußten. Daher kann bei der Frage, ob eine Person, die sich zur Aufnahme in das Krankenhaus meldet, nach ihrem Krankheitszustande der Krankenhausbehandlung auch wirklich bedürftig ist, für den Armenverband nur die Erklärung des Krankenhausarztes entscheidend sein, und eine Zumutung an den Armenverband, es sei seine Sache zu erkennen, ob die Aufnahme thatsächlich notwendig sei, d. h. mit anderen Worten, er habe eventuell sich mit dem Gutachten des Anstaltsarztes nicht zu begnügen, sondern weitere Untersuchungen über die Notwendigkeit der Aufnahme anzustellen, muß für ungerechtfertigt erachtet werden. Demgemäß kann es für die Frage der Hilfsbedürftigkeit nicht darauf ankommen, ob andere Ärzte eine andere Ansicht als der Anstaltsarzt über die Notwendigkeit der Krankenhausbehandlung hegen und später dem Ausdruck geben, sondern die Hilfsbedürftigkeit wird, soweit es sich hierbei um die Aufnahme in das Krankenhaus handelt, durch die Erklärung des Krankenhausarztes für den Armenverband endgültig festgestellt.

Nr. 22. Entsch. Bd. XXX S. 358 v. 22. VI. 96. III C. 121/95.
Kr.=V.=Ges. v. 10. IV. 92 § 57 Abs. 2.

Wie vom Bundesamte für das Heimatwesen wiederholt ausgesprochen worden ist (Wohlers=Krech, Kommentar zum Unterstützungswohnsitzgesetz, 7. Aufl, S. 26 Anm.) und als zutreffend anerkannt werden muß, steht die Unterstützung, welche von der Polizeibehörde des Ortsarmenverbandes wegen des letzteren Säumigkeit oder wegen Dringlichkeit des Falles unmittelbar veranlaßt worden ist, einer von dem Ortsarmenverbande selbst gewährten Unterstützung gleich. Hat durch sein Einschreiten ein Amtsvorsteher in Vertretung des Ortsarmenverbandes Armenpflege geübt, so hat der Armenverband in der im § 57 Abs. 2 des Kr.=V.=G. bezeichneten Weise Unterstützung geleistet, und der Unterstützungsanspruch des Unterstützen an die Krankenkasse geht auf den Armenverband über, obwohl dieser für den Unterstützten selbst nichts gethan hat.

Nr. 23. Entsch. v. 11. V. 96. III. 635.
Kr.=V.=Ges. § 57 Abs. 2.

1. Nach der gleichmäßigen Rechtsprechung des O.=V.=G. findet im Falle des § 57 Abs. 2 des K.=V.=G. ein gesetzlicher Uebergang des Unterstützungsanspruchs von dem Unterstützten auf den unterstützenden vorläufig verpflichteten Armenverband auf Grund der geleisteten Unterstützung und wenn dem vorläufig verpflichteten Armenverbande von dem endgültig fürsorgepflichtigen Armenverbande Erstattung der aufgenommenen Armenpflegekosten geleistet wird, ein zweiter gesetzlicher Übergang des Unterstützungsanspruchs von dem nunmehrigen Gläubiger desselben, dem vorläufig verpflichteten Armenverbande, auf den endgültig verpflichteten Armenverband auf Grund der geleisteten Erstattung statt, in der Art, daß bei blos teilweiser Befriedigung durch die Erstattung der zweite Uebergang sich nur in dem Verhältnisse des Betrages der aufgewendeten Armenpflegekosten vollzieht und eine verhältnismäßige Teilung des Unterstützungsanspruchs eintritt (Entsch. Bd. XXI S. 368, Pr. V.=Bl. Jahrg. XV S. 50 und S. 571, XVI S. 94).

2. Es mag sein, daß der vorläufig fürsorgepflichtige Armenverband nicht verpflichtet ist, den ihm nach §§ 28, 30 des Reichsges. v. 6. VI. 70 zustehenden Anspruch auf Erstattung seiner Kosten gegen den definitiv verpflichteten Armenverband geltend zu machen. Daraus folgt aber noch nicht, daß er berechtigt ist, eine ihm von dem letzteren freiwillig angebotene Erstattung abzulehnen. Von dem Bundesamte für das Heimatwesen ist angenommen worden, daß der vorläufig unterstützende Armenverband, der nach dem § 62 des Ges. v. 6. VI. 70 nur berechtigt, aber nicht verpflichtet ist, statt der Klage gegen den endgültig fürsorgepflichtigen Armenverband sich an sonstige dritte Personen zu halten (Krech=Wohlers, Kommentar zum Unterstützungswohnsitzges., 7. Aufl. S. 88), doch andererseits eine von dem Hülfsbedürftigen selbst oder von Anderen in dessen Auftrage thatsächlich angebotene Ersatzleistung ebensowenig zurückweisen darf, wie die Ersatzleistung des mitverpflichteten Armenverbandes (Entsch. desselben Heft XIII S. 63, Krech=Wohlers S. 88, 89). Dem ist hinsichtlich des definitiven Armenverbandes lediglich beizutreten. Es ist nicht abzusehen, weshalb dieser Armenverband, dessen Verpflichtung nach dem Gesetze feststeht, sich nicht, wie jeder andere Schuldner, von seiner Schuld durch Zahlung sollte befreien können, sondern mit der Zahlung warten müßte, bis er hierzu von seinem Gläubiger, dem vorläufig fürsorgepflichtigen Armenverbande, aufgefordert worden ist, und weshalb der vorläufig fürsorgepflichtige Armenverband nicht, wie ein anderer Gläubiger, die unverlangte Bezahlung seiner fälligen und feststehenden Forderung anzunehmen hätte.

Nr. 24. Entsch. v. 6. X. 97. III. 1337.

Kr.-V.-Ges. § 57.

Das O.-V.-G. hat seine Rechtsansicht, wonach der zur Deckung der Armenpflegekosten nicht ausreichende Unterstützungsanspruch des Kassenmitgliedes an die Kasse auf beide Armenverbände in dem Verhältnis ihrer Beiträge zu den Gesamtkosten der Armenpflege übergeht, nämlich zuerst vollständig auf den vorläufig verpflichteten Armenverband und dann von diesem teilweise auf den definitiv verpflichteten Armenverband, und so eine entsprechende Teilung des Unterstützungsanspruchs eintritt, bisher in gleichmäßiger Rechtsprechung vertreten und gegenüber den abweichenden Meinungen, namentlich denen des Bundesamts für das Heimatwesen und von Woedtkes (vergl. jetzt die 5. Aufl. des Kr.-V.-G. S. 373—375 Anm. 6 zu § 57), festgehalten (Entsch. Bd. XXI S. 368, Arb.-Vers. Bd. X S. 481, Bd. XI S. 350, Pr. Verw.-Bl. Jahrg. XV S. 50, 571, Jahrg. XVI S. 94). Seitdem hat sich Hahn im Verwaltungsarchive Bd. IV S. 489 ff. gegen die Auffassung des Oberverwaltungsgerichts, zugleich aber auch gegen alle übrigen Ansichten ausgesprochen und seinerseits eine neue Ansicht dahin aufgestellt, daß der vorläufig verpflichtete Armenverband durch Unterstützung des Versicherten und der endgültig verpflichtete Armenverband durch Erstattung den Anspruch des Versicherten erwerben und vor der Erstattung ein Gesamtschuldverhältnis zwischen dem letzteren Verbande und der Krankenkasse gegenüber dem ersteren Verbande hinsichtlich dessen, was beide Schuldner diesem Verbande schulden, für den Mehrbetrag aber eine Sonderschuld des zur größeren Leistung Verpflichteten besteht. Er stimmt mit dem Bundesamte und dem Oberverwaltungsgerichte insofern überein, als er ebenfalls einen zweifachen Übergang des Unterstützungsanspruches des verpflegten Kassenmitgliedes annimmt, den einen von dem Kassenmitgliede auf den vorläufig fürsorgepflichtigen Armenverband, der die Unterstützung dem Kassenmitgliede geleistet hat, und den zweiten von diesem Verbande auf den definitiv verpflichteten Armenverband, der die tarifmäßige Erstattung bewirkt hat. Dagegen weicht er von dem Oberverwaltungsgerichte darin ab, daß er, während dieses beide Armenverbände gleich stellt, nach seiner Ansicht der eine Armenverband bevorzugt ist, von dem Bundesamte aber darin, daß der nach ihm bevorzugte Armenverband nicht der vorläufig verpflichtete, wie bei der Ansicht des Bundesamtes, sondern der definitiv verpflichtete Armenverband ist. Die Ansicht des O.-V.-G., die beiden Armenverbänden gleichmäßig gerecht wird und darauf beruht, daß, wenn das Gesetz den Organen der Armenpflege die Ansprüche der Kassenmitglieder in Höhe der Gesamtunkosten der Armenpflege überweist und an dieser Ueberweisung auch die Armenverbände teilnehmen läßt, die nicht unmittelbar, sondern mittelbar durch Ersatzleistung die Armenpflege geübt haben, das Recht der beteiligten Armenverbände gegenüber den Kassen sich in Ermangelung einer im Gesetze ausgesprochenen Bevorzugung der einen oder anderen Art von Armenverbänden nach dem Verhältnis richten muß, in welchem sie an den den Uebergang des Anspruchs gegen die Kasse bewirkenden Armenpflegeleistungen teilgenommen haben, steht hiernach in der Mitte zwischen den Ansichten von Hahn und des Bundesamtes. Von ihr abzugehen, geben Hahns Ausführungen keinen Anlaß. Sowenig wie der von dem Bundesamte angenommenen Bevorzugung des vorläufig fürsorgepflichtigen Armenverbandes zugestimmt werden kann, so wenig läßt sich Hahns Bevorzugung des definitiv verpflichteten Armenverbandes zustimmen. Innerhalb der Armenpflege sind der vorläufig und der endgültig verpflichtete Armenverband einander gleichstehende Organe, die deshalb auch den Organen der Krankenversicherung gegenüber gleichberechtigt sind. Zu dieser Gleichberechtigung aber paßt es allein, wenn mit Leistung der Unterstützung durch den vorläufig verpflichteten Armenverband auf diesen in Höhe seines Gesamtaufwandes der Anspruch des unterstützten Kassenmitgliedes an die Kasse, mit dem Ersatz eines Teils des Gesamtaufwandes durch den definitiv verpflichteten Armenverband ein Teil des auf den vorläufig verpflichteten Armenverband übergegangenen Anspruchs an die Kasse weiter auf den definitiv verpflichteten Armenverband übergeht, derart, daß nach dem zweiten Uebergange jeder der beiden Armenverbände eine mit der Forderung des andern Armenverbandes in keiner Verbindung stehende, von ihm mit Klage geltend zu machende Forderung an die Kasse in bestimmter Höhe hat, und wenn der auf den definitiv verpflichteten Armenverband übergehende Teil des Anspruchs an die Kasse in dem Bruchteil besteht, der dem von diesem Armenverbande erstatteten Bruchteile des Gesamtaufwandes entspricht.

Nr. 25. Entsch. Bd. XXXII S. 329 v. 18. IX. 97. III C. 18/97.

Kr.-V.-Ges. § 57 Abs. 2 u. 5.

1. Der Anspruch des Kassenmitgliedes auf Krankengeld sowie auf freie ärztliche Behandlung, Arznei, Brillen, Bruchbänder und ähnliche Heilmittel und der Anspruch auf Sterbegeld sind nicht Teile eines einheitlichen Anspruchs. Denn jener Anspruch wird durch die Krankheit begründet und ist für einen gewissen Zeitraum zu erfüllen, dieser entsteht erst mit dem Todesfall und von einem Zeitraum kann bei ihm nicht die Rede sein. Der Zweck des Sterbegeldes ist ein durchaus anderer als der des Krankengeldes, nämlich der zur Deckung der Kosten des Begräbnisses zu dienen und, soweit es hierzu nicht erforderlich, eine Unterstützung für die Hinterbliebenen zu sein.

2. Könnte ein Armenverband sich wegen des durch das Krankengeld und das Pauschquantum des § 57 Abs. 5 des K.-V.-G. in der Regel nicht vollständig bewirkten Ersatzes der Verpflegungskosten an den zur Beerdigung nicht verbrauchten Teil des Sterbegeldes halten, so würde nicht nur das Maß des Ersatzes der Verpflegungskosten durch den zufälligen Umstand beeinflußt werden, ob der Verpflegung der Tod gefolgt ist oder nicht, sondern auch das Sterbegeld in beträchtlichem Umfange seiner Bestimmung entzogen werden. In Übereinstimmung mit von Schicker, das Kr.-Vers.-Ges., 2. Aufl., Anm. 13 zu § 57 S. 285, der ausführt, die Unterstützung, welche von der Krankenkasse beansprucht werden könne, müsse, um auf den Armenverband überzugehen, den gleichen Gegenstand betreffen, ist anzunehmen, daß der Armenverband, auf den der Unterstützungsanspruch nach § 57 Abs. 2 übergegangen ist, nicht berechtigt ist, den Ersatz von Verpflegungskosten aus dem Sterbegelde zu verlangen.

Nr. 26. Entsch. v. 4. III. 97. III. 299.

Kr.-V.-Ges. § 57.

Hat ein Armenverband in Ausübung der öffentlichen Armenpflege einen Kranken nach einem Krankenhause transportieren lassen, so ist die Krankenkasse (§ 57 Kr.-V.-G.) ersatzpflichtig, soweit sich die Forderung noch innerhalb der Grenzen des nach § 57 Abs. 2 und 5 zu erstattenden Betrages hält (vergl. von Woedtke V. Aufl. S. 165 Anm. 2, S. 377 Anm. 5a, S. 380 Anm. 12).

Nr. 27. Entsch. v. 16. IX. 96. III. 1440.

Kr.-V.-Ges. § 57.

Das O.-V.-G. hat in ständiger Rechtsprechung ausgeführt, daß es für die auf Grund des § 57 des Kr.-V.-G. erhobenen Ersatzansprüche der Armenverbände, sofern sie in Uebung der Armenpflege einem versicherungspflichtigen Arbeiter die erforderliche Unterstützung gewährt haben, lediglich darauf ankommt, ob dem Unterstützten bei unmittelbarer Inanspruchnahme der Gemeinde-Krankenversicherung, der Orts-Krankenkasse u. s. w. die Krankenunterstützung hätte gewährt werden müssen, und daß daher den Armenverbänden gegenüber der Einwand nicht stattfindet, es sei die Krankenunterstützung nur am Sitze der Gemeinde-Krankenversicherung, der Orts-Krankenkasse u. s. w. oder nur durch einen bestimmten Arzt oder in einem bestimmten Krankenhause zu gewähren. In dieser Beziehung ist auf die in den Entsch. Bd. XIII S. 378 ff., Bd. XVI S. 378 ff. und im Pr. Verw.-Bl. Jahrg. XVII S. 280 ff. veröffentlichten Urteile zu verweisen. Daß in dem von Woedtkeschen Kommentar 4. Aufl. S. 123 der entgegengesetzte Standpunkt vertreten wird, ist den dortigen Ausführungen nicht zu entnehmen, indem dort nur die rechtlichen Beziehungen der Versicherten zur Gemeinde-Krankenversicherung erörtert worden sind, während sich aus den Ausführungen zu § 57 S. 357 ff. ergiebt, daß der Verfasser die Ersatzansprüche der Armenverbände keineswegs deshalb für ausgeschlossen erachtet, weil die Krankenunterstützung nur im Bezirke der Gemeinde-Krankenversicherung, der Orts-Krankenkasse u. s. w. zu gewähren ist. Für eine solche Einschränkung, die sich mit dem Ziele des Gesetzes, durch die Krankenversicherung zugleich die Armenverbände in der drückenden Last der Armenpflege zu erleichtern, nicht vereinbaren ließe, bietet weder der Wortlaut des § 57 noch eine anderweite Vorschrift des Gesetzes einen Anhalt.

Nr. 28. Entsch. v. 24. IX. 96. III. 1191.

Kr.-V.-Ges. § 57a Abs. 1.

Die Absicht in § 57a Abs. 1 des Kr.-V.-G. bezieht sich nur auf Krankenkassenmitglieder, die außerhalb des Bezirks ihrer Kassen wohnen, nicht auf solche, die sich vorübergehend anderwärts aufhalten (von Woedtke, V. Aufl. S. 383).

Nr. 29. Entsch. v. 1. II. 97. III. 147.

Kr.-V.-Ges. §§ 57a, 58 Abs. 2.

Die Absätze 1 und 2 § 57a des Kr.-V.-G. legen den Ortskrankenkassen und Gemeinde-Krankenversicherungen unter gewissen Voraussetzungen die öffentlich-rechtliche Verpflichtung auf, Personen, die bei anderen Kassen oder Gemeinde-Krankenversicherungen versichert sind, diejenige Unterstützung zu gewähren, welche der Erkrankte von der Ortskrankenkasse oder Gemeinde-Krankenversicherung zu beanspruchen hat, der er angehört. Hat nun ein Versicherter unter den Voraussetzungen des § 57a Abs. 2 die Unterstützung einer Ortskrankenkasse seines vorübergehenden Aufenthaltsortes in Anspruch genommen und erhalten, so erfüllt diese Kasse damit eine ihr obliegende gesetzliche Verpflichtung, mag sie dabei von einem Irrtum geleitet sein oder nicht, und die Erstattung ihrer Auslagen richtet sich nach den Vorschriften in § 57a und nicht nach denen des § 58 Abs. 2. Das O.-V.-G. hat wiederholt geprüft (Entsch. Bd. XXVII S. 374 und 383, Bd. XXIX S. 326 und 331; von Woedtke, Kr.-V.-G., V. Aufl., S. 402, Anm. 15 zu § 58), welche Bedeutung die Worte in § 58 Abs. 2 „Streitigkeiten zwischen Gemeinde-Krankenversicherungen und Krankenkassen über den Ersatz irrtümlich geleisteter Unterstützungen" haben, und ist dabei zu dem Ergebnisse gelangt, daß bei diesen Streitigkeiten das Klagefundament die nützliche Verwendung, die Bereicherung (§§ 262 ff. Tit. 13, Teil I A.-L.-R.) sei; die Voraussetzung der Versionsklage ist nun, daß nicht „ein rechtlicher Vertrag" unter den Parteien vorhanden war (§ 277 a. a. O.) oder ein anderer zu Recht bestehender Leistungsgrund vorlag (Förster-Eccius, VI. Aufl., § 148 Bd. 2, S. 447 und 448, Anm. 22).

Nr. 30. Bescheid v. 12. VI. 97. III. 671.

Kr.-V.-Ges. § 57a.

1. Der 4. Absatz des § 57a des Kr.-Vers.-Ges. bezieht sich nicht blos auf den im dritten Absatze geregelten Fall, wenn einem im Auslande erkrankten Kassenmitgliede die Krankenunterstützung von dem Betriebsunternehmer gewährt wird, sondern auch auf die im ersten und zweiten Absatze geregelten Fälle, wenn einem außerhalb des Kassenbezirks wohnhaften oder während eines vorübergehenden Aufenthaltes erkrankten Kassenmitglied die Krankenunterstützung von der Ortskrankenkasse oder der Gemeinde-Krankenversicherung des Wohn- oder Aufenthaltsortes gewährt wird. Hierüber kann auf Grund des Wortlautes ein Zweifel nicht bestehen.

2. Unrichtig ist, daß die hier auf die Hälfte des Krankengeldes bestimmte Vergütung für freie ärztliche Behandlung, freie Arzneien und andere Heilmittel nur dann zu zahlen sei, wenn die Pflicht zur Zahlung des Krankengeldes besteht. Wäre der § 57a in diesem Sinne auszulegen, so würde das Gesetz die Abwälzung der Pflicht zur Gewährung der Krankenunterstützung dann ermöglicht haben, wenn dem außerhalb des Kassenbezirks wohnhaften oder auswärts bei vorübergehendem Aufenthalte oder im Auslande erkrankten Mitgliede wegen fortdauernder Erwerbsfähigkeit nur die Heilbehandlung und nicht daneben auch das Krankengeld zu gewähren ist. Dies ist nicht zu vermuten und findet im Wortlaute keine Bestätigung. Die Erstattungspflicht der pflichtigen Ortskrankenkasse oder Gemeinde-Krankenversicherung hinsichtlich der erwachsenen Kosten gegenüber derjenigen Ortskrankenkasse oder Gemeinde-Krankenversicherung und demjenigen Betriebsunternehmer, die an ihrer Statt die Krankenunterstützung gewährt haben, ist in den ersten drei Absätzen ganz allgemein ausgesprochen und sie hat im vierten Absatze nur ihre Begrenzung hinsichtlich dessen gefunden, was für die freie ärztliche Behandlung, die freie Arznei und anderweite Heilmittel zu vergüten ist. Hierfür ist nach dem Vorgange des § 57 Abs. 5 hinsichtlich der Ersatzansprüche der Armenverbände die Absicht maßgebend gewesen, aus Zweckmäßigkeitsgründen Erörterungen in jedem einzelnen Fall über das Maß dessen auszuschließen, was für die ärztliche Behandlung, die Arzneien und sonstigen Heilmittel angemessen aufzuwenden war, obschon die Bestimmung sowohl dazu führen kann, daß die Vergütung über das thatsächlich Aufgewendete hinausgeht, wie auch dazu, daß der Betrag der thatsächlich erwachsenen Auslagen nicht erreicht wird (s. Entsch. Bd. XXVI S. 319 ff.).

3. Kommt es aber darauf nicht an, ob das Krankengeld zu gewähren ist, so kann die Pauschalvergütung auch nicht deshalb, weil sie auf die Hälfte des Krankengeldes bemessen ist, für die Sonn- und Festtage als diejenigen Tage, an denen selbst im Falle der Erwerbsunfähigkeit des Erkrankten das Krankengeld nicht zu zahlen gewesen wäre, verweigert werden.

4. Ebenso ist es irrtümlich, daß die Pauschalvergütung nur dann zu zahlen ist, wenn thatsächlich neben der ärztlichen Behandlung noch Arzneien und anderweite Heilmittel gewährt worden sind, und auch nur für diejenigen Tage, an denen sie gewährt worden sind. Für diese Auslegung bietet der Wortlaut des Gesetzes keinen Anhalt, während dagegen, daß eine derartige Unterscheidung beabsichtigt ist, die Gründe sprechen, die für die Einführung der Pauschalvergütung maßgebend gewesen sind. Sie ist für die ganze Zeit zu gewähren, während deren der Erkrankte unter ärztlicher Behandlung gestanden hat, auch wenn der Arzt nicht an jedem einzelnen Tage sich mit der Heilbehandlung des Erkrankten befaßt hat.

Nr. 31. Entsch. Bd. XXXI S. 334 v. 8. III. 97. III C. 109/96.

Kr.-V.-Ges. §§ 7 Abs. 2, 76c Abs. 1; Unfall-V.-Ges. § 5 Abs. 9.

1. Zu dem Krankengelde, das im Falle des § 76c Abs. 1 des Kr.-Vers.-Ges. die Kasse der Berufsgenossenschaft zu zahlen hat, gehört auch der sog. Unfallzuschuß, d. h. die im § 5 Abs. 9 des Unfallversicherungsgesetzes v. 6. VII. 84 gedachte Erhöhung des Krankengeldes, nicht aber die Angehörigenunterstützung, d. h. der Betrag, der an die Angehörigen eines im Krankenhause Untergebrachten nach § 7 Abs. 2 des Kr.-Vers.-Ges. zu zahlen ist.

2. Die Berufsgenossenschaft kann von der Kasse niemals mehr fordern, als das Krankengeld des Erkrankten beträgt (Arb.-Vers. Bd. X S. 166, XIII S. 254, XII S. 89; Rosin, Recht der Arbeiterversicherung S. 513, 514). Die Erhöhung des Krankengeldes hat rechtlich die Natur des Krankengeldes selbst.

3. Die Angehörigenunterstützung hat eine andere Natur; sie ist von der Berufsgenossenschaft an die Angehörigen zu zahlen, sobald Krankenhauspflege eintritt; die Kasse ist nicht erstattungspflichtig (Arb.-Vers. Bd. XIV S. 233 ff., XIV S. 273).

4. Bei der Hälfte des Krankengeldes, die nach § 7 Abs. 2 des Kr.-Vers.-Ges. für die Angehörigen eines in einem Krankenhause Untergebrachten zu zahlen ist, sind nicht die Angehörigen, sondern allein das untergebrachte Kassenmitglied als forderungsberechtigt anzusehen (v. Woedtke, 5. Aufl. S. 166; v. Schicker, 2. Aufl. S. 85; Koehne, 2. Aufl. S. 56; Weyl, Lehrbuch des Versicherungsrechts § 37).

Nr. 32. Entsch. v. 24. IX. 94. III. 1042.

Kr.-V.-Ges. § 85.

Der § 85 Abs. 2 Kr.-V.-G. ist nach seiner Stellung im Gesetze und nach seinem Inhalte eine Übergangsbestimmung. Er giebt den beim Inkrafttreten des Gesetzes schon bestehenden Zwangskassen ein Recht, „bisherige" Leistungen „beizubehalten", d. i. wie nicht ein Recht, sonst unzulässige Leistungen einzuführen, so auch nicht ein Recht, bisherige Leistungen wieder einzuführen. Es ist deshalb vom O.-V.-G. bereits in dem Urt. v. 21. VI. 88 (Arb.-Vers. Bd. V S. 547) angenommen worden, daß Kassen, welche die fraglichen Leistungen bei der Umarbeitung ihrer Statuten nach Maßgabe des Ges. v. 15. VI. 83 nicht beibehalten haben, das Recht verloren hätten, dieselben zu gewähren. Die weitere Folge ist, daß auch diejenige Kasse das Recht nicht mehr hat, welche die Leistungen zwar noch bei der Umarbeitung ihrer Statuten nach dem Gesetze v. 15. VI. 83 beibehalten, bei einer späteren Revision der Statuten aber aufgegeben hat. Denn auch hier handelt es sich um ein Wiedereinführen, nicht mehr blos um ein Beibehalten der Leistungen.

Nr. 33. Entsch. Bd. XXX S. 368 v. 18. V. 96. III C. 144/95.

Ges. v. 5. V. 86 §§ 10, 12 (R.-G.-Bl. S. 132); Kr.-V.-Ges. v. 10. IV. 92 §§ 57, 58; Unf.-V.-Ges. v. 6. VII. 84 §§ 5, 8; R.-Gew.-Ord. §§ 20, 21.

Nach § 12 Abs. 1 des Ges. v. 5. V. 86 sind Streitigkeiten über Unterstützungsansprüche, die aus der Bestimmung des § 10 zwischen dem Verletzten einerseits und den Gemeinden andererseits entstehen, von der Aufsichtsbehörde zu entscheiden. Die Entscheidung der Aufsichtsbehörde kann im V.-St.-V., wo ein solches nicht besteht, im Wege des Rekurses (§§ 20, 21 Gew.-Ord.) angefochten werden. Streitigkeiten über Ersatzansprüche

(Abs. 2), die aus den Bestimmungen des § 10 entstehen, werden im V.-St.-V., wo ein solches nicht besteht, von den Aufsichtsbehörden entschieden. Gegen die Entscheidung der letzteren findet der Rekurs nach den §§ 20, 21 der Gew.-Ord. statt. In Preußen entscheidet im V.-St.-V. in erster Instanz der Bezirksausschuß, dann ist die Revision zulässig (Verord. v. 12. IX. 85 G.-S. S. 333 und v. 9. VIII. 92 G.-S. S. 239). An eine Frist ist die Erhebung der Klage im V.-St.-V. ausdrücklich weder in § 12, noch sonst durch eine gesetzliche Vorschrift gebunden. In den die Zuständigkeit und das Verfahren für derartige Streitigkeiten auf dem Gebiete der Kranken- und Unfallversicherung regelnden anderweiten Gesetzen ist eine Frist zwar für die Anfechtung der Entscheidung der Aufsichtsbehörde, nicht aber für die Anrufung der Aufsichtsbehörde und für die ohne vorgängige Anrufung der Aufsichtsbehörde zugelassene Ersatzklage gegen Drittverpflichtete eingeführt (§ 57, 58 des Kr.-V.-G., §§ 5 und 8 des Unfallversicherungsges.). Ob nun für die im ersten Absatze des § 12 erwähnten, zunächst von der Aufsichtsbehörde zu entscheidenden Streitigkeiten sich auf Grund der §§ 20, 21 der Gew.-Ord. oder aus sonstigen Erwägungen die Annahme rechtfertigt, daß die Klage im V.-St.-V. zur Anfechtung der Entscheidung der Aufsichtsbehörde an eine Frist gebunden ist, kann dahingestellt bleiben. Keinenfalls läßt sich für die im zweiten Absatze erwähnten Streitigkeiten über Ersatzansprüche aus jenen Vorschriften der Gew.-Ord. eine Frist für die Erhebung der Klage im V.-St.-V. herleiten, da diese Klage sich unmittelbar gegen den Drittverpflichteten richtet und nicht als ein Rechtsmittel gegen Anordnungen der Aufsichtsbehörde eingeführt ist, also mit dem in der Gewerbeordnung an eine Frist gebundenen Rekurs an die vorgesetzte Behörde nichts gemein hat. Wie die Anrufung der Aufsichtsbehörde an keine Frist gebunden ist, so gilt ein Gleiches für die Klage im V.-St.-V.

Nr. 34. Entsch. Bd. XXXII S. 332 v. 23. VI. 97. III C. 84/97.

§§ 10, 12 des Ges., betr. die Unfall- und Krankenversicherung der in Land- und forstwirtschaftlichen Betrieben beschäftigten Personen, v. 5. V. 86; § 51 L.-V.-G.; Kr.-V.-Ges. § 24.

1. Die Klage aus § 12 Abs. 1 des Reichsgesetzes v. 5. V. 86 ist an eine Frist von zwei Wochen gebunden.

2. Im Falle des § 24 des Kr.-V.-G., in dem gegen den die Genehmigung des Kassenstatutes versagenden Bescheid der höheren Verwaltungsbehörde die Anfechtung im Wege des V.-St.-V., wo ein solches nicht besteht, im Wege des Rekurses nach Maßgabe der Vorschriften der §§ 20, 21 Gew.-Ord. zugelassen ist, hat die Preuß. Anweisung v. 10. VII. 92 (M.-Bl. S. 301) unter Ziffer 22 Abs. 4 angenommen, daß die Klagefrist zwei Wochen beträgt.

Nr. 35. Bescheid v. 7. VII. 97. III. 949.

Ges. v. 5. V. 86 § 10; L.-V.-G. §§ 51, 63; Verord. v. 26. VII. 86.

Daß die Erhebung der Klage gegen die Entscheidung des Landrats im Falle des § 10 des Ges. v. 5. V. 86 an eine Frist von zwei Wochen gebunden ist, läßt sich nicht aus dem § 51 des L.-V.-G. herleiten, da der § 51 nur die in anderweiten Gesetzen und zwar in Landesgesetzen bereits eingeführte längere oder kürzere Frist auf zwei Wochen bemißt. Es ergiebt sich aber aus dem § 12 des Ges. v. 5. V. 86, daß die in dem hier angezogenen § 20 der Gew.-Ord. bestimmte Frist von vierzehn Tagen für die Anfechtung der Entscheidungen der Aufsichtsbehörde allgemein gilt, also sowohl dann, wenn sie im Rekursverfahren, wie auch dann, wenn sie im V.-St.-V. stattgefunden hat. Andererseits ist dafür, bei welcher Behörde die Klage im V.-St.-V. zur Wahrung der Frist einzureichen ist, das Landesgesetz maßgebend. Zufolge des § 63 des L.=V.=G. ist deshalb die Klage dem Bezirksausschusse als demjenigen Verwaltungsgerichte einzureichen, dessen Zuständigkeit für derartige Klagen durch die in Gemäßheit des Ges. v. 27. IV. 85 (G.=S. S. 127) ergangene Verordnung v. 26. VII. 86 begründet ist.

Nr. 36. Entsch. Bd. XXXI S. 346 v. 22. X. 96. III A. 24/96.

Unf.=Verf.=Ges. § 51.

1. Der Vorschrift des § 51 des Unfallversicherungsgesetzes hat das Reichsversicherungsamt dadurch genügt, daß es das von ihm festgestellte Formular in seinen „Amtlichen Nachrichten" Jahrg. I S. 222 veröffentlicht hat (v. Woedtke, Unfallversicherungsges. IV. Aufl. S. 267, 268, 469).

2. Hat der Unfall eines Bediensteten eine Arbeitsunfähigkeit von mehr als drei Tagen zur Folge, so ist der Dienstherr (Betriebsunternehmer) verpflichtet, formularmäßig den Unfall dem Amtsvorsteher binnen zwei Tagen, nachdem er von dem Unfalle Kenntnis erhalten hatte, anzuzeigen und die in dem Formular gestellten Fragen zu beantworten. Dieser Pflicht des Betriebsunternehmers gegen die Ortspolizeibehörde entspricht das Recht der Behörde, die Erfüllung der Pflicht zu verlangen und nötigenfalls durch Anwendung der ihr zu Gebote stehenden gesetzlichen Zwangsmittel durchzusetzen (§ 32 des L.=V.=G.). Das Unfallversicherungsgesetz steht dem nicht entgegen, insbesondere folgt die Unzulässigkeit von Zwangsmitteln weder daraus, daß das Gesetz in drei Fällen (§§ 11, 35 und 82) die von den unteren Verwaltungsbehörden anzuwendenden Zwangsmittel ausdrücklich geregelt hat, noch daraus, daß nach § 104 der Genossenschaftsvorstand gegen den, der die Unfallanzeige nicht rechtzeitig bewirkt hat, eine Ordnungsstrafe festsetzen kann. Es ist anerkannten Rechtens, daß eine polizeiliche Verpflichtung erzwungen werden kann, obwohl die Unterlassung der ihren Gegenstand bildenden Handlung mit Strafe bedroht ist. Nur darum könnte es sich handeln, ob etwa nach dem Grundsatze „ne bis in idem" die Androhung einer Geldstrafe seitens des Amtsvorstehers unzulässig ist. Dies ist zu verneinen. Wird auch davon abgesehen, daß die Strafe (§ 104 Abs. 2) keine Kriminalstrafe, sondern eine Ordnungsstrafe ist, daß sie nicht von der Behörde, sondern von dem Genossenschaftsvorstande gegen ein Mitglied der Genossenschaft als solches verhängt wird und daß endlich die Verhängung der Strafe ganz in das Ermessen des Vorstandes gestellt, ihm nicht zur Pflicht gemacht ist, so ist doch für die Nichtanwendung des Grundsatzes „ne bis in idem" durchschlagend, daß die Unterlassung, die der § 104 mit Ordnungsstrafe bedroht, nicht dieselbe ist, wie die in der polizeilichen Verfügung mit Strafe bedrohte. Die erstere ist die Unterlassung der Anzeige binnen zwei Tagen, nachdem der Unternehmer von dem Unfalle Kenntnis erlangt hat, die letztere aber die Unterlassung der nach Ablauf der zwei Tage von der Behörde geforderten Handlung. Diese letztere Unterlassung ist nicht Gegenstand des § 104 (vergl. Entsch. Bd. XXI S. 332).

III.

Verfahren in Disziplinarsachen.

Nr. 1. Entsch. Bd. XXXII S. 429 v. 2. XI. 97. I H. 132/96.

Disziplinarges. v. 21. VII. 52 §§ 8, 9, 17, 19; St.=G.=B. §§ 73 ff.

1. Während das Strafgesetzbuch für einen bestimmten Thatbestand eine bestimmte Strafe vorsieht, sei es eine für alle Fälle feststehende, sei es

eine innerhalb gewisser Grenzen zu bemessende, und demgemäß über das Zusammentreffen mehrerer Strafthaten in den §§ 73ff. besondere Bestimmungen trifft, hat das Disziplinargesetz vom 21. VII 52, abgesehen von den Fällen der §§ 8 u. 9, eine Aussonderung der Dienstvergehen nach bestimmten Merkmalen aus naheliegenden Gründen nicht vorgenommen, folglich auch nicht vorgeschrieben, welche Strafe wegen eines bestimmten Dienstvergehens zu verhängen ist. Für das Ermessen der Disziplinarbehörden bezüglich der Strafanwendung enthält das Disziplinargesetz indessen nach zweifacher Richtung hin sehr wesentliche Bestimmungen. Einmal die allgemeine im § 17; daß die Festsetzung, welche der in den §§ 14—16 vorgesehenen Strafen zu verhängen ist, nach der größeren oder geringeren Erheblichkeit des Dienstvergehens mit Rücksicht auf die sonstige Führung des Angeschuldigten erfolgen, zweitens die besondere im § 19, daß bei Verhängung von Geldbußen eine bestimmte Grenze eingehalten werden soll. Aus der im § 17 enthaltenen allgemeinen Weisung folgt, daß die Disziplinarbehörde das gesamte Verhalten des Angeschuldigten in Betracht ziehen muß, daß es also ihre Aufgabe ist, hierüber, soweit erforderlich, Erhebungen anzustellen, und Dienstvergehen, die sie zum Gegenstande ihrer Beurteilung machen könnte, dann nicht einem weiteren Verfahren vorbehalten darf, wenn sie auf die Art und die Höhe der zunächst auszusprechenden Strafe von Einfluß sein können. Eine Zerlegung des Verhaltens des Angeschuldigten in einzelne Teile zu dem Zwecke, daß jeder Teil für sich Gegenstand einer abgesonderten Ahndung werde, ist der Regel nach unzulässig. Liegt ausnahmsweise ein Fall so, daß das öffentliche Interesse eine sofortige Bestrafung des einen, seinem Thatbestande nach klargestellten Dienstvergehens erheischt, und aus diesem Grunde die verwickelten und zeitraubenden Erhebungen über eine andere Verfehlung einem besonderen Verfahren vorbehalten bleiben, so ist für letzteres nicht außer Betracht zu lassen, daß die Bestrafung an sich schon in dem früheren Verfahren angängig gewesen wäre, und es ist danach die neue Strafe entsprechend zu bemessen. Soweit es sich dabei um Geldstrafen handelt, ist die im § 19 vorgesehene Grenze derart inne zu halten, daß die Summe beider Geldstrafen nicht über das gesetzlich statthafte Höchstmaß hinausgeht. Wollte man einen anderen Standpunkt gelten lassen, so würde man in einen offenbaren Widerspruch mit dem Grundgedanken des § 17 geraten, nämlich das Verhalten des Angeschuldigten nicht in seiner Einheitlichkeit in Betracht ziehen, sondern in Teile zerlegen, die Gegenstand von einander unabhängiger Disziplinarmaßregeln würden. Die Unzulässigkeit einer derartigen Spaltung bezw. der Festsetzung von Geldbußen für jeden einzelnen Teil tritt am deutlichsten dann zu Tage, wenn die gemäß § 19 Abs. 7 nach dem Monatseinkommen des Angeschuldigten zu bemessende Geldbuße beim Zusammentreffen mehrerer Dienstvergehen für jedes derselben ausgesprochen würde. Denn für diesen Fall wäre der erkennbare Zweck des Gesetzes, einer Gefährdung des Privathaushalts des Beamten vorzubeugen (Entsch. des O.=V.=G. Bd. XXV S. 415), gewiß nicht beachtet.

2. Deshalb darf das Höchstmaß der Geldstrafe für mehrere Dienstvergehen, die in einem und demselben Verfahren hätten verfolgt werden können, nicht überschritten werden, wenn aus besonderen Gründen ein oder das andere Vergehen einer späteren Beurteilung unterliegt.

Nr. 2. Entsch. Bd. XXXI S. 433 v. 4. XII. 96. I A. 52,96.

Kr.=Ord. § 77 Abs. 2; Regulation v. 8. VIII. 35.

1. Nach § 77 Abs. 2 der Kr.=Ordn. hat der Landrat die gesamte Polizeiverwaltung im Kreise, also auch in den zum Kreisverbande gehörigen

Städten, zu überwachen. Daraus folgt sein Recht, den Polizeiverwaltern der kreisangehörigen Städte Anweisungen zu erteilen, die sie ausführen müssen (Rosin, Polizeiordnungsrecht, S. 218; Laband, Deutsches Staatsrecht, 3. Aufl. Bd. I S. 665, Entsch. Bd. III S. 347, Bd. V S. 74, 358, Bd. X S. 367, Bd. XX S. 72, 302).

2. Danach ist der Landrat befugt, der Ortspolizeibehörde einer kreisangehörigen Stadt aufzugeben, eine Schule zur Verhütung der Verbreitung einer ansteckenden Krankheit zu schließen.

3. Wenn unter den Polizeibehörden im Sinne des Regulativs v. 8. VIII. 35 die Ortspolizeibehörden zu verstehen sind (Entsch. Bd. V S. 66, XIV S. 25) und ihnen gemäß §§ 13 u. 14 auch die Befugnis zur Schließung von Schulen zusteht, so folgt daraus nicht, daß dies der Landrat einer Ortspolizeihörde nicht aufgeben darf.

4. Sanitätskommissionen haben nur die Ortspolizeibehörden zu beraten und zu unterstützen.

Nr. 3. Entsch. v. 22. V. 96. I. 677.

Disziplinarges. § 2.

Durch den Verlust des Diensteinkommens, welchen der Beamte nach § 8 des Disziplinargesetzes für die Dauer der unerlaubten Entfernung erleidet, ist keineswegs die darin liegende Verletzung der Dienstpflichten als vollständig abgegolten anzusehen, so daß nicht deshalb noch eine andere disziplinarische Bestrafung eintreten dürfte. Das Gesetz knüpft an die unerlaubte Entfernung vom Amte die Folge des Verlustes des Diensteinkommens, ohne damit eine anderweite disziplinarische Bestrafung auszuschließen.

IV.

Kleinbahnen und Privatanschlußbahnen.

Ausführungsanweisung v. 13. VIII. 98 zum Kleinbahnges. v. 28. VII. 92 (M.-Bl. S. 157).

Nr. 1. Entsch. Bd. XXXI S. 370 v. 11. VII. 96. IV B. 72/96.

Kleinbahnges. v. 28. VII. 92 §§ 3, 44.

1. Unter dem 2. X. 92 u. 2. III. 93 hat der Minister der öffentlichen Arbeiten im Einvernehmen mit dem Minister des Innern auf Grund der §§ 3 u. 44 des Kleinbahngesetzes verfügt, daß bezüglich derjenigen Kleinbahnen und Privatanschlußbahnen in den Kreisen Teltow und Niederbarnim, durch welche die Stadtkreise Berlin oder Charlottenburg berührt werden, der Polizeipräsident zu Berlin zur Erteilung der Genehmigung und Aufsichtsführung zuständig sein soll (M.-Bl. 1893 S. 72; Gleim, Kommentar zum Kleinbahngesetz 2. Aufl. S. 158).

2. Die in Folge dessen erteilten Genehmigungen des Polizeipräsidenten sind als landespolizeiliche Verfügungen im Sinne der §§ 127 ff. des L.-V.-G. anzusehen (ebenso Erk. v. 12. XII. 96 IV. 1676) und nur mittelst Beschwerde bei dem Oberpräsidenten (§ 130) anfechtbar.

Nr. 2. Entsch. Bd. XXXI S. 374 v. 12. XII. 96. IV B. 73/96.

Kleinbahngeſ. §§ 4, 28.

1. Durch § 28 des Kleinbahngesetzes ist die Verpflichtung des Unternehmers von Kleinbahnen auf die Gestaltung des Anschlusses anderer Bahnen (d. h. der Benutzung der Anschlußvorrichtungen, Aneinanderschließen der Geleise, Einlegung einer Weiche, Herstellung einer Drehscheibe u. s. w.) beschränkt; sie ist nicht auf die darüber hinausgehende Benutzung seiner Bahn zum Transportbetriebe seitens des sich anschließenden Bahnunternehmers ausgedehnt. Der § 28 ist eine Ausführungsnorm zum § 4 bezüglich der Wahrung der öffentlichen Verkehrsinteressen nach einer bestimmten Seite hin, nämlich bezüglich des Anschlusses von Bahnen unter einander. In der Regelung dieser Beziehungen darf die Polizeibehörde bei der Handhabung des § 4 nicht über die in § 28 gezogenen Schranken hinausgehen (Gleim, 2. Aufl. S. 111; Jerusalem S. 59).

2. Die Natur des Gegenstandes, der durch die polizeiliche Genehmigung gemäß § 4 geregelt wird, zwingt mit Notwendigkeit dazu, den einzelnen Konzessionsbedingungen durch ihre Fassung einen weniger bestimmten Inhalt zu geben, als dies für einzelne polizeiliche Verfügungen, Gebote und Verbote, zulässig erscheint. Die Prüfung des Verwaltungsrichters hat sich vor Allem darauf zu richten, ob die einzelnen Bedingungen sich innerhalb der Schranken halten, die der Handhabung der Polizeigewalt durch allgemeine Rechtsnormen sowie durch das Kleinbahngesetz insbesondere gezogen sind.

3. Wenn die Polizei später die Konzessionsbedingungen gegenüber dem Unternehmer unsachlich oder rechtswidrig handhabt, so stehen ihm die Rechtsmittel aus den §§ 127 ff. des L.-V.-G. zu.

4. In dem Kommentar von Gleim S. 65, 66 wird ausgeführt, daß die für den öffentlichen Verkehr in Betracht kommenden Interessen, namentlich die Sicherheit, die Regelmäßigkeit, die Geschwindigkeit, die Billigkeit und auch die Bequemlichkeit der Beförderung betreffen, letzteres nur insofern als es durch die allgemeine Aufgabe der Polizei, insbesondere der Gesundheitspolizei rc. gerechtfertigt wird. Dem ist beizutreten.

5. Das Kleinbahngesetz ordnet die Kleinbahnen den Interessen des öffentlichen Verkehrs unter und macht sie und ihren Betrieb in weitem Umfange zu einem Teile der öffentlichen Ordnung. Den im Gesetze begründeten Pflichten des Unternehmers wie dem Aufsichtsrechte der Polizei entspricht es, wenn die Behörde in der Konzessionsurkunde die Bedingung stellt, daß ihr von außerordentlichen Störungen des Betriebes und Erfüllung zu deren Überwindung ergehender Anordnungen Anzeige erstattet werde.

6. Zulässig ist die Forderung in der Konzessionsurkunde, Wärter oder Posten zur Sicherung des allgemeinen Verkehrs aufzustellen und daß das Betriebspersonal den Polizeiorganen unbedingt Folge leiste.

7. Zulässig ist es ferner, polizeiliche, in einer Polizeiverordnung zusammengestellte Bestimmungen in die Genehmigungsurkunde aufzunehmen. Die Aufnahme hat die Bedeutung, daß die Bestimmungen ein Teil der Genehmigungsbedingungen bilden; sie gelten aber nur so lange, als die Verordnung zu Recht besteht.

8. Wird die Konzession zurückgenommen, so finden die gewöhnlichen Rechtsmittel (§§ 127 ff. L.-V.-G.) statt.

V.

Handelskammern, kaufmännische Korporationen und Börsen.

Nr. 1. Entsch. Bd. XXXI S. 322 v. 8. II. 97. III C. 96/96.

Ges. über die Handelskammer v. 24. II. 70 §§ 3, 7, 8.

1. In dem Handelsregister des Amtsgerichts zu K. ist die Stadtgemeinde K. als Inhaberin der Firma „Gasanstalt der Stadtgemeinde K." und der Bürgermeister Sch. daselbst als das mit Vertretungsbefugnis hinsichtlich dieser Firma versehene Mitglied des Magistratskollegiums eingetragen. Als der Bürgermeister Sch. zum Mitgliede der Handelskammer gewählt wurde, erhoben einzelne Handelsleute gegen die Gültigkeit der Wahl nach fruchtlosem Einspruche Klage. Der Bezirksausschuß erklärte die Wahl für ungültig, weil nach den Äußerungen, die bei der Beratung des Ges. vom 24. II. 1870 zu dem mit dessen § 7 übereinstimmenden § 7 des Entwurfs im Abgeordnetenhause gethan worden seien, die Ausdehnung des passiven Wahlrechts zum Mitgliede einer Handelskammer auf andere als die gesetzlich bezeichneten Personen unzulässig erscheine, von den Voraussetzungen des § 7 Ziffer 3a aber keine bei dem Bürgermeister Sch. zutreffe. Die Revision wies das O.-V.-G. aus folgenden Gründen zurück: Die Eintragung im Handelsregister als mit Vertretungsbefugnis hinsichtlich der Firma „Gasanstalt der Stadtgemeinde K." versehenes Mitglied des Magistratskollegiums macht insbesondere den Bürgermeister Sch. nicht zum eingetragenen Inhaber der Firma. Es kann sich daher nur fragen, ob im Wege einer ausdehnenden Auslegung dem § 7 Ziffer 3a die über den Wortlaut hinausgehende Bedeutung, daß auch der Vertreter einer kaufmännische Geschäfte betreibenden Korporation (Gemeinde) wählbar sei, zu geben ist. Eine so ausdehnende Auslegung lassen indessen die Worte des Gesetzes nicht zu, und auch dessen Materialien (hierzu die Verh. im Plenum des Abgeord.-H., S. 1460 ff. Sten. Ber. des Abgeord.-H., 10. Legisl.-Per. III. Session 1869, noch die Begründung zum Entwurf des Gesetzes, Drucks. des Abgeord.-H. 10. Legislatur-Periode III. Session 1869 Nr. 16, S. 22 ff. zu § 7, namentlich S. 25 über die Wählbarkeit blos solcher Personen, welche noch selbstthätig den Handel betreiben, ihr Geschäft nicht bereits aufgegeben haben, der Bericht der Kommission des Abgeordnetenhauses vom 14. II. 1869, Drucks. des Hauses der Abgeordneten Nr. 46, S. 27 ff. und die Verh. des Herrenhauses, S. 217 des Sten. Ber. desselben von 1870) enthalten nichts, was sie zu rechtfertigen vermöchte. Sie ist daher nicht statthaft. Der Erlaß des Ministers für Handel und Gewerbe vom 24. II. 1893 — A. 449 — legt ebenfalls nicht den § 7 Ziffer 3a anders aus, sondern betrifft lediglich die hiervon wesentlich verschiedene Anwendbarkeit des § 3 Abs. 1 auf die erst nach dessen Inkrafttreten zugelassenen Gesellschaftsfirmen, die eingetragenen Genossenschaften mit beschränkter Haftpflicht und mit unbeschränkter Nachschußpflicht (Entsch. Bd. XXIII S. 287) und die Gesellschaften mit beschränkter Haftung, sowie die des § 7 auf die Geschäftsführer der letzteren Gesellschaften. Wenn geltend gemacht wird, daß Wahlberechtigung und Wählbarkeit für die Handelskammern auf das Engste mit einander zusammenhingen und daß daher, da die Stadtgemeinde K. wahlberechtigt sei, auch ihr Bürgermeister wählbar sein müsse, so geht dieser Schluß fehl. Es ist allerdings zuzugeben, daß die Stadtgemeinde K., wenn sie die Gasanstalt, als deren Inhaberin sie im Handelsregister eingetragen ist, nicht blos zu gemeinnützigen Zwecken,

sondern des Erwerbes wegen, also gewerbsmäßig betreibt, nach dem § 3 Abs. 1, welcher lautet:

„Zur Teilnahme an der Wahl der Mitglieder sind diejenigen Kaufleute und Gesellschaften berechtigt, welche als Inhaber einer Firma in dem für den Bezirk der Handelskammer geführten Handelsregister eingetragen stehen"

wahlberechtigt ist. Denn mag auch bei den Kaufleuten in dieser Vorschrift zunächst nur an physische Personen gedacht worden sein, so sind doch juristische Personen, welche, ohne zu den Gesellschaften zu gehören, die Eigenschaft von Kaufleuten haben, insbesondere Stadtgemeinden, nicht ausgeschlossen (Stegemann, Ges. über die Handelskammern S. 31 Anm. 2 zu § 3). Dies ist dadurch klar zum Ausdrucke gekommen, daß im § 4 Abs. 2 nur die fiskalischen Bergwerke von der Teilnahme an der Wahl ausgeschlossen sind, mittelbar also die Wahlberechtigung einer Stadtgemeinde, die als Allein-Eigentümerin oder Pächterin eines Bergwerkes Bergbau betreibt und auf die daher der Abs. 1 des § 4 zutrifft, anerkannt wird. Es findet ferner eine Bestätigung darin, daß der in Nr. 36 des Reichsanzeigers vom 27. III. 1896 veröffentlichte Entwurf eines Ges., betreffend die Handelskammern, und der am 14. XII. 1896 dem Abgeordnetenhause vorgelegte Entwurf eines Ges., betreffend die Abänderung des Handelskammergesetzes, je im § 3 letzter Abs. blos die Reichs- und Staatsbetriebe, mithin nicht auch die Betriebe der Stadtgemeinden, vom Wahlrecht ausschließen. Daß in dem von der Abgabe der Wahlstimme handelnden § 5 des Gesetzes vom 24. II. 1870 die Stadtgemeinden nicht erwähnt sind, steht nicht entgegen. Es ist hier nicht die Stimmabgabe erschöpfend geregelt, sondern nur bestimmt, wie für einzelne Wahlberechtigte: Aktiengesellschaften, Genossenschaften, andere Gesellschaften, Gewerkschaften und in anderer Form organisierte Gesellschaften im Sinne des § 4, weibliche Personen, unter Vormundschaft oder Kuratel stehende Personen, die Wahlstimme abzugeben ist. Der § 5 läßt also Raum für eine Abgabe der Wahlstimme auch noch in anderer Weise, und es folgt aus ihm nicht, daß nicht wahlberechtigt sei, für wen nicht auf die im § 5 geordnete Art die Wahlstimme abgegeben werden kann, und wer auch nicht persönlich, sondern nur durch seinen gesetzlichen Vertreter sein Wahlrecht auszuüben in der Lage ist. Auch das ist durchaus zutreffend, daß Wahlberechtigung und Wählbarkeit für die Handelskammern auf das engste mit einander zusammenhängen. Dies entspricht der Natur der Sache und ist in der Begründung zu § 7 des Ges. besonders hervorgehoben worden. Auf der andern Seite ist aber zu beachten, daß Wahlberechtigung und Wählbarkeit sich keineswegs vollständig decken müssen, und daß sie sich für die Handelskammer in der That auch nicht decken. Sie sind im Ges. in getrennten Paragraphen nacheinander behandelt, die Wahlberechtigung in den §§ 3 bis 6, die Wahlfähigkeit in den §§ 7 und 8 und nur der § 9 enthält eine für Wahlberechtigung und Wählbarkeit gemeinschaftliche Bestimmung. Vor allem aber sind ihre Voraussetzungen nicht die gleichen. So ist die Zurücklegung des fünfundzwanzigsten Lebensjahres für die Wahlberechtigung nicht wesentlich, während sie es für die Wählbarkeit ist (§ 7 Ziffer 1); umgekehrt ist die Wählbarkeit nicht an die Entrichtung eines gewissen Steuersatzes gebunden, wie für die Wahlberechtigung bestimmt werden darf (§ 3 Abs. 2). Hiernach kann der im § 7 umschriebene Kreis der allein wahlfähigen Personen auch nicht deshalb erweitert werden, weil es außerdem noch Personen giebt, die wahlberechtigt sind. Endlich war der Bürgermeister Sch. nicht wahlfähig, selbst wenn in der durch die Eintragung im Handelsregister zum Ausdrucke gebrachten Übertragung der Vertretungsbefugnis die Erteilung einer Prokura oder

Handelsvollmacht zu finden sein sollte. Denn nach dem jetzigen Rechte sind Prokuristen nicht wählbar zu Mitgliedern der Handelskammern (Stegemann S. 42 Anm. 3), und Handlungsbevollmächtigte sind es noch weniger. Die erwähnten Gesetzentwürfe erklären zwar die Prokuristen für wählbar, jedoch nur die Prokuristen bei einer Zweigniederlassung (zu § 7 Abs. 2) und diejenigen Prokuristen, deren Wählbarkeit außerdem die Handelskammer beschlossen hat (zu § 8 Abs. 1 Ziffer 2), in der Begründung eines jeden Entwurfs ist dazu aber ausdrücklich bemerkt, daß die Einräumung des passiven Wahlrechts an die mit der Leitung einer Zweigniederlassung betrauten Prokuristen und die Gewährung der Möglichkeit für die Handelskammern, die Wählbarkeit der Prokuristen noch weiter auszudehnen, Neuerungen sind. Handlungsbevollmächtigte sollen nach wie vor niemals wählbar sein.

2. Vergl. jetzt Ges., betreffend die Abänderung des Gesetzes über die Handelskammern vom 24. II. 1870, vom 19. VIII. 1897 (G.-S. S. 343).

VI.

Feuerlöschwesen.

Nr. 1. Entsch. Bd. XXX S. 427 v. 26. VI. 96. I C. 3/96.

Pommersche Feuerlöschord. v. 24. I. 77 §§ 4, 11, 12; Ges. v. 11. III. 50 § 6, R.-St.-G.-B. § 360 Nr. 10, A.-L.-R. Teil II Tit. 7 §§ 38—42, L.-G.-Ord. v. 3. VII. 91 §§ 38, 90, 146; Zust.-Ges. § 34.

1. Die Verhütung und Löschung von Bränden ist in erster Linie Aufgabe der Polizeibehörde, welche nach § 10 Tit. 17 Teil II A. L.-R. Gefahren verhüten soll. Die Bereitstellung der zu diesem Zwecke notwendigen Mittel, insbesondere die der erforderlichen Menschenkräfte, kann sie von den Gemeinden verlangen und diesen überlassen, ob sie die Kräfte durch Annahme bezahlter Personen oder durch Heranziehung der zu Naturaldiensten Verpflichteten beschaffen wollen. Wird der letztere Weg eingeschlagen, so erscheint die Aufforderung des einzelnen verpflichteten Gemeindeangehörigen zur Leistung der Löschhilfe als Heranziehung zu einer Gemeindelast, gegen welche die Rechtsbehelfe des § 38 L.-G.-Ord. vom 3. VII. 1891 stattfinden.

2. Anders, wenn die Polizeibehörde den Einzelnen unmittelbar bei Unglücksfällen oder gemeiner Gefahr zur Hilfeleistung auffordert (§ 360 Nr. 10 St.-G.-B.); darin liegt ein polizeiliches Gebot.

3. In den einzelnen Feuerlöschordnungen kann die Hilfeleistung als Gemeindelast oder als polizeiliche Last geregelt werden. In der Pommerschen Feuerlöschordnung vom 24. I. 1877 ist das letztere der Fall.

Nr. 2. Entsch. v. 1. VI. 97. III. 842.

Zust.-Ges. §§ 139, 140; Landgemeindeord. §§ 13 ff.

1. Gegen einen Beschluß des Kreisausschusses, durch den die Bildung eines Spritzenverbandes abgelehnt worden, ist weder in den §§ 139 und 140 des Zust.-Ges., noch in anderen gesetzlichen Bestimmungen eine Klage im Verwaltungsstreitverfahren zugelassen. Die Zuständigkeit der Verwaltungsgerichte ist bezüglich der Angelegenheiten der Spritzenverbände nach § 140 des Zust.-Ges. nur dann begründet, wenn gegen einen die Auseinandersetzung der bei einem Spritzenverbande Beteiligten betreffenden, und infolge einer Veränderung oder Aufhebung des Verbandes notwendig gewordenen

Beschluß des Kreisausschusses mündliche Verhandlung im V.-St.-V. beantragt, oder wenn eine Klage erhoben worden ist, welche Streitigkeiten zwischen den beteiligten Gemeinden oder Gutsbezirken zur Teilnahme an den Nutzungen oder Lasten des Spritzenverbandes betrifft.

2. Die §§ 139 und 140 des Zust.-Ges. sind durch die Landgemeinde-Ordnung nicht aufgehoben worden, da sie weder den Bestimmungen dieses Ges., insbesondere auch nicht den in den §§ 128 bis 137 getroffenen entgegenstehen, noch im § 146 als aufgehoben bezeichnet worden sind. Sie stehen daher noch in Kraft. Ob auch auf Grund der §§ 128 ff. der L.-G.-Ord. die Bildung eines Gemeindeverbandes zulässig ist, der dieselben Zwecke verfolgt, wie ein Spritzenverband, kann dahingestellt bleiben. Denn auch gegen einen Beschluß des Kreisausschusses, durch welchen die zwangsweise Feststellung eines bezüglichen Statuts (§ 137 der L.-G.-Ord.) abgelehnt wird, würde nicht eine Klage im V.-St.-V., sondern gemäß § 121 des L.-V.-G. nur die Beschwerde bei dem Bezirksausschuß zulässig sein.

VII.

Konflikte.

Nr. 1. Entsch. v. 4. VI. 97. I. 871.

Kann die Überzeugung nicht gewonnen werden, daß in der gerichtlich verfolgten Handlung oder Unterlassung ein Verstoß gegen die Amtspflichten liegt, so ist der Konflikt nicht begründet (Preuß. V.-Bl. Jahrg. XIX S. 108).

Nr. 2. Entsch. Bd. XXX S. 437 v. 9. VI. 96. I A. 41/96.

R. Gew.-Ord. §§ 120, 140, 150; A. L. R. Teil II Tit. 10 § 69; Ges. v. 13. II. 54 § 1 (G.-S. S. 86).

1. Die auf Grund des § 120 Abs. 2 der R.-Gew.-Ordn. bestehenden gewerblichen Fortbildungsschulen einer Stadt haben die rechtliche Natur einer öffentlichen, kommunalen Einrichtung, die, wie die Stadtverwaltung selbst, der Aufsicht des Staats untersteht; die an dieser Schule unterrichtenden Lehrer unterscheiden sich, was ihr Verhältnis zum Staate betrifft, in nichts von den an den städtischen Volksschulen thätigen Lehrern und sind gleich diesen mittelbare Staatsbeamte.

2. Diese Lehrer können Störungen der Ordnung u. s. w. in den Schulen mit Zurechtweisungen rügen, selbst wenn solche Störungen statutarisch mit Strafen bedroht sind.

Nr. 3. Entsch. Bd. XXXI S. 438 v. 22. XII. 96. I A. 25/96.

Verord. v. 30. XII. 20 (G.-S. 1821 S. 1 §§ 2, 11, 14, 17, 18; Dienstinstruktion für die Gendarmerie v. 30. XII. 20 G.-S. 1821 S. 10 § 28; Konfliktsges. v. 13. II. 54 §§ 1, 76; St.-G.-B. für das Militär v. 3. IV. 45 (G.-S. S. 375).

1. Der Gerichtshof zur Entsch. der Kompetenzkonflikte hat wiederholt angenommen, daß die Civilbehörde zur Erhebung des Konflikts befugt sei, wenn Gendarmen aus Anlaß ihrer polizeilichen Wirksamkeit in Anspruch genommen werden (vgl. Entsch. des Kompetenzgerichtshofes v. 9. I. 58 — P.-L. Nr. 808 — und v. 22. IX. 60 — P.-L. Nr. 1013 —). Das O.-V.-G. hat gleichfalls in ständiger Praxis die Civilbehörden zur Konfliktserhebung für legitimiert angesehen, wenn es sich um die polizeiliche Wirksamkeit der Gendarmen handelt.

2. Allerdings ist die Gendarmerie in Rücksicht auf Ökonomie, Disziplin und übrige innere Verfassung militärisch organisiert und unter dem Oberbefehle eines Generals als Militärchefs dem Kriegsministerium untergeordnet (§ 2 der Verord. v. 30. XII. 20). Die Gendarmerie hat ferner den Gerichtsstand des stehenden Heeres, wie denn auch in Ansehung der Jurisdiktion und Strafgewalt die Vorschriften für das stehende Heer auf sie Anwendung finden sollen (§ 11). Die Gendarmerie stand auch nach § 14 in Bezug auf die Pflicht zur Befolgung ihrer Anordnungen, Unverletzbarkeit, Bestrafung des ihr geleisteten Widerstandes und ihr widerfahrener Beleidigungen im Verhältnisse des kommandierten Militärs und der Schildwachen. So wird denn auch in der dem St.-G.-B. für das Pr. Heer v. 3. IV. 45 beigegebenen Klassifikation die Landgendarmerie unter den Personen des Soldatenstandes aufgeführt.

3. Aber andererseits fällt der Zweck der Gendarmerie nicht mit dem der Militärmacht zusammen. Denn erstere ist im Allgemeinen bestimmt, die Polizeibehörden in Erhaltung der öffentlichen Ruhe, Sicherheit und Ordnung zu unterstützen (§ 12), während die Militärmacht vornehmlich den Schutz gegen äußere Feinde bezweckt und ihre Verwendung zur Aufrechterhaltung der öffentlichen Ordnung im Innern beschränkt ist (Art. 36 der Verf.-Urk.). Die Gendarmen gehören zu den polizeilichen Vollzugsorganen. Ihrer Bestimmung entsprechend ist die Gendarmerie in Ansehung ihrer Wirksamkeit und Dienstleistung den Civilbehörden unterstellt (§§ 2, 17 u. 18 der Verord.). Die Landgendarmerie bildet danach eine besondere Staatseinrichtung, nicht nur einen Teil des Militärwesens (Entsch. Bd. XVII S. 204).

4. Die Bestimmung im § 6 des Ges. v. 13. II. 54, wonach dem vorgesetzten Divisionskommandeur oder kommandierenden General die Befugniß zur Konfliktserhebung zusteht, setzt voraus, daß Personen des Soldatenstandes wegen Handlungen, welche von ihnen bei Ausübung oder in Veranlassung der Ausübung ihrer Dienstverrichtungen vorgenommen sind, oder wegen Unterlassung ihrer Dienstverrichtungen bei anderen als Militärgerichten belangt werden. Hier ist an Verrichtungen des Militärdienstes gedacht, dessen Ausübung unter besonderen Schutz gestellt ist. Voraussetzung des Rechts der Militärbehörden zur Konfliktserhebung ist ferner ihr Vorgesetztenverhältnis in Bezug auf die betreffende Dienstverrichtung. Danach trifft die Bestimmung bei der polizeilichen Wirksamkeit der Gendarmen nicht zu. Denn diese gehört nicht zum Militärdienste, und, da die Gendarmerie in dieser Hinsicht lediglich unter den Civilbehörden steht (§ 17 der Verord. vom 30. XII. 20), erstreckt sich hierauf auch nicht das Vorgesetztenverhältnis der Militärbehörden. Es würde der Natur der Sache widersprechen, wollte man einer anderen Stelle als derjenigen, welcher die polizeiliche Wirksamkeit der Gendarmen untersteht, das Recht zur Konfliktserhebung beilegen und damit auch die Prüfung zuweisen, ob dem Gendarmen eine Überschreitung seiner Amtsbefugnisse oder die Unterlassung einer Amtshandlung zur Last falle (§ 1 Ges. v. 13. II. 54).

5. Das Konfliktsgesetz will verhindern, daß die Staatsverwaltung durch gerichtliche Verfolgung ihrer Organe gelähmt werde, und giebt deshalb der vorgesetzten Provinzial- und Centralbehörde das Recht der Konfliktserhebung für den Bereich des betreffenden Verwaltungszweiges. Da die Gendarmen hinsichtlich ihrer polizeilichen Funktionen Organe der Polizeibehörden sind, so gehört auch die Erhebung des Konflikts insoweit zum Ressort der Polizeibehörden. Zur Beurteilung der Handlungsweise der Gendarmen sind die zur Leitung ihrer dienstlichen Funktionen berufenen

Civilbehörden vorzugsweise geeignet. Das spezielle militärische Interesse, dem die Vorschrift im § 6 des Ges. Rechnung tragen will, tritt bei der polizeilichen Wirksamkeit der Gendarmen zurück, wie denn auch eine sachgemäße Beurteilung der polizeilichen Thätigkeit der Gendarmen in der Regel ohne besondere militärische Kenntnisse möglich ist, also dieser Grund für die Sondervorschrift im § 6 hier wegfällt.

6. Hiergegen kann nicht geltend gemacht werden, daß auf Gendarmen, weil sie zu den Personen des Soldatenstandes gehören, nur der § 6 angewendet werden könne. Denn es ist nicht ausgeschlossen, daß unter den Civil- und Militärbeamten im Sinne des § 1 des Ges. auch Personen des Soldatenstandes verstanden werden. Diese begreift das Allgemeine Landrecht — Teil II Tit. 10 — unter den „Militär- und Civilbedienten“, das Gesetz, die Heranziehung der Staatsdiener zu den Gemeindelasten betreffend, vom 11. VII. 22 aber unter den „Civil- und Militärbeamten“, während freilich verschiedene andere Gesetze (vgl. insbesondere die Klassifikation zum Militärstrafgesetzbuch v. 3. IV. 45) zwischen Militärbeamten und Personen des Soldatenstandes unterscheiden (vgl. die Nachweisungen von Jastrow im Verw.-Archiv Bd. 4 S. 349 ff.). Besteht in dieser Beziehung keine feste Terminologie, so ist es nicht unvereinbar mit dem Sprachgebrauche der Gesetze, daß § 1 des Konfliktsgesetzes unter Civil- und Militärbeamten auch die Landgendarmen begreift, obwohl diese zu den Personen des Soldatenstandes gezählt werden. Wäre dies nicht der Fall, so würde in Bezug auf die polizeiliche Wirksamkeit der Gendarmen die Möglichkeit der Konfliktserhebung überhaupt fehlen, weil sich die Bestimmung im § 6 hierauf nicht bezieht. Andererseits stehen die Landgendarmen vermöge ihrer polizeilichen Funktionen und ihrer Unterordnung unter die Civilbehörden den Beamten im engeren Sinne nahe. Für die Annahme, daß § 1 unter den Civil- und Militärbeamten auch Personen des Soldatenstandes versteht, soweit nicht die Sondervorschrift im § 6 Platz greift, kann die Entstehungsgeschichte des Konfliktsgesetzes insofern verwertet werden, als dieses zur Ausführung des Art. 97 der Verf.-Urk. bestimmt ist, wo nur von öffentlichen Civil- und Militärbeamten die Rede ist, hierunter aber die Personen des Soldatenstandes begriffen sein müssen, weil sonst hinsichtlich der letzteren das Konfliktsgesetz der verfassungsmäßigen Grundlage ermangeln würde (vgl. Jastrow a. a. O. S. 353 ff.).

7. Die Befugnis der Gendarmen zum Waffengebrauche bestimmt sich lediglich nach § 28 der Dienstinstruktion v. 30. XII. 20, nicht nach dem Gesetze über den Waffengebrauch des Militärs v. 20. III. 37. Sie dürfen daher die Schußwaffe gegen einen Fliehenden, nur um dessen Flucht zu vereiteln, nicht gebrauchen.

Nr. 4. Entsch. Bd. XXXII S. 433 v. 11. V. 97. I A. 57/96.

Civ.-Proz.-Ord. §§ 19, 65, 69, 71; Ges. v. 13. II. 54 § 1.

1. Eine Feldmarksgenossenschaft (Hannover) wurde auf Abschluß eines Jagdpachtvertrages verklagt und dem Landrate als Jagdpolizeibehörde der Streit verkündet. Die Regierung erhob den Konflikt, den das O.-V.-G. mit folgenden Ausführungen verwarf:

2. Die Konfliktserhebung, welche nach § 1 des Ges. v. 13. II. 54 voraussetzt, daß gegen einen Beamten eine gerichtliche Verfolgung im Wege des Civil- oder Strafprozesses eingeleitet worden sei, kann nach § 3 nur dahin führen, daß der Rechtsweg gegen den Beamten für unzulässig erklärt wird. Daraus folgt, daß der Rechtsweg gegen die Gesammtheit der Feldmarks-

genossen (Feldmarksgenossenschaft) keinesfalls für unzulässig erklärt werden kann. In dieser Beziehung kommt es auf die Art der Beteiligung des Landrats, zu dessen Gunsten der Konflikt erhoben ist, nicht an. Wäre anzunehmen, daß eine gerichtliche Verfolgung gegen den Landrat eingeleitet sei, so würde mit der Konfliktserhebung doch nur eine Einstellung eben dieser gegen den Landrat gerichteten Verfolgung zu erreichen sein. Außerdem liegt die Voraussetzung, daß eine gerichtliche Verfolgung gegen den Landrat eingeleitet sei, nicht vor. Die Streitverkündung enthält nach den Vorschriften der Civ.-Pr.-Ord. (§§ 69ff.) zweifellos noch nicht die Erhebung eines Anspruchs gegen den Dritten, dessen Rechtsstellung in einem künftigen Prozesse dadurch beeinflußt, dem aber zunächst nur Gelegenheit gegeben werden soll, dem Streitverkünder in dem schwebenden Prozesse beizutreten (§§ 71, 65 Civ.-Proz.-Ord.: Entsch. des Reichsgerichts in Civilsachen Bd. 10 S. 292, Bd. 24 S. 211, sowie auch Bd. 4 S. 363, Bd. 6 S. 391ff., ferner Gaupp, Anm. I zu § 69 der Civ.-Proz.-Ord.). Die Gesetzesmaterialien ergeben auch, daß man eine Verbindung der Regreßklage (Rückklage) mit der Streitverkündung nicht hat zulassen wollen. Wenn das Bedürfnis eines Schutzes der Beamten für den Fall der Streitverkündung daraus hergeleitet wird, daß die Streitverkündung für sie Rechtsnachteile in dem späteren Regreßprozesse zur Folge habe und die Beteiligung an dem schwebenden Prozesse sie der Gefahr der Kostenlast aussetze, so ist darauf hinzuweisen, daß sich die Voraussetzungen der Konfliktserhebung nach dem Ges. v. 13. II. 54 bestimmen, von denen auch bei Anerkennung eines weitergehenden Schutzbedürfnisses nicht würde abgesehen werden können. Das Konfliktsgesetz hat außerdem mehr das öffentliche Interesse des Dienstes als das persönliche Interesse der Beamten im Auge. Wollte man übrigens einem solchen Bedürfnisse Rechnung tragen, so würde es nur dadurch geschehen können, daß der Streitverkündung gegenüber dem Beamten die rechtliche Wirkung zu versagen wäre — wozu die Gesetze keine Handhabe bieten —, aber man würde nicht dahin gelangen, wegen der Streitverkündung an einen Beamten den Rechtsweg zwischen den Hauptparteien für unzulässig zu erklären. Die Beamten ermangeln auch nicht im Falle der Streitverkündung des Schutzes durch die Möglichkeit der Konfliktserhebung, da diese im künftigen Regreßprozesse erfolgen kann und die Entscheidung des Konfliktsrichters durch die vorgängige Streitverkündung dann nicht beengt ist.

3. Für die Zulässigkeit der Konfliktserhebung ist aber auch der Beitritt des Litisdenunziaten ohne Bedeutung. Dies schon darum, weil der Beitritt vom Willen des Litisdenunziaten abhängt und unter der gerichtlichen Verfolgung, vor der die Beamten durch das Konfliktsverfahren geschützt werden sollen, nicht die freiwillige Beteiligung an einem Rechtsstreite verstanden werden kann. Der Erfolg der Konfliktserhebung könnte ja auch nur in der Beseitigung der Wirkungen des Beitritts bestehen. Der Beitritt des Litisdenunziaten, dessen Verhältnis zu den Hauptparteien sich nach den Grundsätzen über die Nebenintervention bestimmt (§ 71 Abs. 1 Civ.-Proz.-Ordn.), kann aber auch sonst nicht als Einleitung einer gerichtlichen Verfolgung gegen den Beitretenden gelten. Abgesehen von dem hier offenbar nicht vorliegenden Falle des § 66 Civ.-Proz.-Ordn., in welchem der Nebenintervenient als Streitgenosse der Hauptpartei gilt, ist dieser nur zur Unterstützung der Hauptpartei berechtigt (§§ 63, 64), deren Gehülfe oder Vertreter kraft eigenen Rechts, aber nicht selbst Hauptpartei, Subjekt des Prozesses (Entsch. des Reichsgerichts in Civilsachen Bd. 20 S. 393; Seuffert, Anm. 1 zu § 64 der Civ.-Proz.-Ord.; v. Wilmowski und Levy, Anm. 1 zu § 64 a. a. O.; Gaupp, Anm. I zu § 64). Einer eigenen Verurteilung, außer in Betreff des Kostenpunkts, ist der Nebeninter-

venient in dem anhängigen Prozesse nicht ausgesetzt (v. Wilmowski und Levy, Anm. 1 zu § 64, Anm. 3 zu § 71 der Civ.-Proz.-Ord.; Gaupp, Anm. II f zu § 64; Seuffert, Anm. 2 h zu § 64).

Nr. 5. Entsch. Bd. XXXII S. 451 v. 26. II. 97. I A. 97/96.

Ges. v. 13. II. 54; Ger.-Verf.-Ges. § 18; Civ.-Proz.-Ord. §§ 16, 230, 234, 235, 239; Str.-Proz.-Ord. § 422.

1. Das nach § 11 Abs. 2 des Einf.-Ges. zum Gerichtsverfassungsges. insoweit nicht geänderte Ges. v. 13. II. 54 gestattet die Erhebung des Konflikts, wenn eine gerichtliche Verfolgung im Wege des Civil- oder Strafprozesses eingeleitet worden ist. Was zur Einleitung der gerichtlichen Verfolgung gehört, bestimmt sich nach den geltenden Prozeßgesetzen. Nach der Civilprozeßordnung bedarf es aber zur Einleitung des Verfahrens der Zustellung der Klage. Denn § 230 bestimmt, daß die Erhebung der Klage durch Zustellung eines Schriftsatzes erfolgt. Der Zustellung, für die der Kläger Sorge zu tragen hat, geht allerdings die gerichtsseitige Terminsbestimmung voraus (§ 233). In dieser liegt eine zur Einleitung des Rechtsstreits notwendige gerichtliche Mitwirkung (Begründung des Entwurfs der Civ.-Proz.-Ord. bei Hahn, Materialien 1. Abt. S. 220, 235), aber nicht die Einleitung selbst. Die Terminsbestimmung ist zunächst nur die Erklärung gegenüber dem Kläger, daß in dem bestimmten Termine verhandelt werden kann (v. Wilmowski und Levy Note 2 Abs. 2 zu § 193 der Civ.-Proz.-Ord., Gaupp I zu § 193 a. a. O., Fischer bei Rassow und Küntzel Bd. XXV S. 811). Die Terminsbestimmung ist also ein vor der Klageerhebung liegender, bis zu dieser der rechtlichen Wirkungen für den Gegner entbehrender Akt. Mit der Klageerhebnng wird nicht allein die Rechtshängigkeit der Streitsache begründet, sondern treten überhaupt alle Wirkungen erst ein, die das bürgerliche Recht an die Anstellung der Klage knüpft (§§ 235, 239 der Civ.-Proz.-Ord.). Mit der Klageerhebung beginnt der Prozeß (Gaupp I zu § 230, v. Wilmowski und Levy Note 1 Abs. 2 zu § 235); die Annahme einer von der Klageerhebung verschiedenen früheren „Einleitung der gerichtlichen Verfolgung" läßt sich mit den Vorschriften der Civilprozeßordnung nicht vereinigen. Daß der Vorsitzende nach § 234 Abs. 2 der Civ.-Proz.-Ord. die Einlassungsfrist zu bestimmen hat, wenn die Zustellung im Auslande vorzunehmen ist, hat keine Bedeutung. Der Hinzutritt dieses richterlichen Akts ist in einem solchen Falle ein Erfordernis der Klageerhebung (Gaupp II zu § 234 a. a. O.), vermag aber nicht den Beginn des Verfahrens auf einen früheren Zeitpunkt zu verlegen. Ebensowenig kann dies dadurch geschehen, daß der Vorsitzende des Prozeßgerichts gemäß §§ 183, 185 auf das Gesuch des Klägers den Reichskanzler um die Zustellung der Klage ersucht. Die Mitwirkung des Gerichts ist ohne Einfluß darauf, daß die Erhebung der Klage erst durch die Zustellung erfolgt. Daß die Wirkungen der ausgeführten Zustellung nach § 190 als mit Überreichung des Gesuchs eingetreten gelten, ist ohne Belang, solange nicht die Zustellung ausgeführt ist; daraus kann also nicht gefolgert werden, daß das Verfahren vor der Zustellung bereits eingeleitet wird. Wenn die Ausführung der Zustellung hier nicht dem Parteibetrieb überlassen, sondern durch das Gericht zu ermitteln ist (Begründung bei Hahn a. a. O. S. 221, 232), so hat doch die Thätigkeit des Gerichts behufs Herbeiführung der Zustellung keine weitere Bedeutung für die Einleitung des Verfahrens als sonst die Parteithätigkeit, an deren Stelle hier die Thätigkeit des Gerichts tritt.

2. Im § 2 des Ges. v. 13. II. 54 ist dem Konfliktsrichter die Befugnis beigelegt, die Fortsetzung der gerichtlichen Instruktion oder Untersuchung an-

zuordnen. Da ferner nach § 1 Abs. 2 auf Konflikte die Vorschriften des Ges. v. 8. IV. 47 Anwendung finden, so kommt auch in Betracht, daß bei diesen Vorschriften ein anhängiges Verfahren vorausgesetzt ist (§§ 4, 5, 7, 8, 11 des Ges. v. 8. IV. 47). Hiermit stehen die Entscheidungen des O.-V.-G. vom 28. III. 88 (Bd. XVI S. 471) und v. 25. XI. 93 (Bd. XXV S. 425) völlig im Einklange. Wenn in der ersteren ausgeführt wird, daß in jedem Stadium eines civil- oder strafgerichtlichen Prozesses der Konflikt erhoben werden dürfe, so kann doch von irgend einem Stadium des Prozesses erst dann die Rede sein, wenn der Prozeß überhaupt begonnen hat. Der Prozeßbeginn also ist unerläßliche Voraussetzung, wie denn auch hinsichtlich des Civilprozesses in den beiden gedachten Entscheidungen (Bd. XVI S. 421 und Bd. XXV S. 428) — ganz in Übereinstimmung mit obiger Ausführung — auf die Zustellung der Klage als entscheidenden Zeitpunkt hingewiesen wird. Wenn in der Entsch. v. 28. III. 88 ferner bemerkt ist, aus den Gesetzesmaterialien gehe hervor, daß man für die Erhebung des Konflikts den denkbar weitesten Spielraum habe gewähren wollen, so zeigt doch die weitere Ausführung, daß darum die prozeßgesetzlichen Vorschriften über den Beginn der gerichtlichen Verfolgung nicht außer Betracht bleiben dürfen. Ist auch im Privatklageverfahren die Mitteilung der Klage an den Beschuldigten als Einleitung der gerichtlichen Verfolgung im Sinne des Konfliktsgesetzes anzusehen, so kann doch im Civilprozesse als Einleitung immer erst die Zustellung der Klage gelten, weil diese erst mit der Zustellung erhoben wird, während die Privatklage vor der Mitteilung an den Beschuldigten bereits vorschriftsmäßig erhoben sein muß (§ 422 der Str.-Proz.-Ord.).

VIII.

Angelegenheiten der Landwirtschaftskammern.

Nr. 1. Entsch. Bd. XXXII S. 307 v. 8. XII. 97. III C. 96/97.

Ges. über die Landwirtschaftskammern v. 30. VI. 94 (G.-S. S. 126) §§ 6, 18 Abs. 1 u. 3; § 775 Tit 11 Teil II A.-L.-R.

1. Pfarrländereien sind zur Entrichtung von Beiträgen für die Landwirtschaftskammern verbunden.

2. Der Gedanke, daß diejenigen Besitzungen, mit denen das Wahlrecht bezw. die Wählbarkeit nach dem Gesetze vom 30. VI. 1894 verbunden ist, zugleich auch beitragspflichtig sein sollen, ist in keinem der Stadien, die das Ges. bis zu seiner endgültigen Gestaltung durchlaufen hat und die allerdings zu einer vom ersten Entwurfe völlig verschiedenen Gestaltung des Wahlverfahrens geführt haben, verlassen worden. Er hat vielmehr im Abs. 5 des § 18 klaren Ausdruck gefunden. Und das entspricht auch nur der Natur der Sache. Denn es würde an einem ausreichenden Grunde dafür fehlen, einer Besitzung, die an allen Rechten und Vorteilen der speziell im Interesse der Landwirtschaft geschaffenen Institution der Landwirtschaftskammer in gleichem Maße wie alle übrigen Grundstücke teilnimmt, unter entsprechender Mehrbelastung dieser übrigen in gleicher Lage befindlichen Grundstücke Kostenfreiheit zu gewähren. Auch die fiskalischen Grundstücke sind daher in gleicher Weise der Beitragspflicht unterworfen worden. Diesem Rechtszustande giebt der 1. Abs. des

§ 18 klaren Ausdruck, und der erste Satz des Abs. 3 besagt nichts weiter, als daß die Beitragspflicht in ihrer juristischen Konstruktion den gemeinen öffentlichen Lasten gleichgeachtet werden soll. Sie teilt daher deren privilegierten Charakter (vergl. z. B. die Bestimmungen in den §§ 28 und 147 des Ges., betreffend die Zwangsvollstreckung in das unbewegliche Vermögen, vom 13. VII. 1883 und den §§ 41 Ziffer 1 und 54 Ziffer 2 der Konkursordnung vom 10. II. 1877). Darüber, wer beitragspflichtig ist, bestimmt der Abs. 3 Satz 1 nichts.

Fünfte Abteilung.

Verwaltungsstreitverfahren.

Nr. 1. Entsch. v. 12. V. 92. III. 460.

L.=V.=G. § 7.

Für die Frage nach der Zulässigkeit des V.=St.=V. ist der Anspruch und dessen Begründung, nicht die dem Anspruche entgegengesetzte Einwendung und deren Begründung maßgebend. Wenn infolge dieser Einwendung eine Entscheidung zu treffen ist, so wird sie nur als Entscheidung über einen Einwand getroffen und eine solche Inzident=Entscheidung, selbst wenn sie auch über ein rein privatrechtliches Verhältnis ergeht, schließt die sonst bestehende Zulässigkeit des V.=St.=V. nicht aus.

Nr. 2. Entsch. v. 17. VII. 97. I. 1895.

L.=V.=G. §§ 63, 71.

Ist die Erhebung einer Klage an eine Frist gebunden, so ist deren nachträgliche Erweiterung, wenn sie auch gemäß § 71 des L.=V.=G. an sich zulässig gewesen sein würde, doch unstatthaft (Deutsche Juristen=Zeitung Nr. 12, III. Jahrgang).

Nr. 3. Entsch. Bd. XXXII S. 135 v. 4. VI. 97. I C. 95/96.

L.=V.=G. §§ 63, 127, 128.

Abgesehen von den Fällen der §§ 127, 128 L.=V.=G., in denen die Wahl zwischen Beschwerde und Klage gegeben und bestimmt ist, daß ein nicht als Klage bezeichnetes oder nicht den Antrag auf Entscheidung im V.=St.=V. enthaltendes Rechtsmittel als Beschwerde gilt, kommt es für die Zulässigkeit eines Rechtsbehelfes, insbesondere einer Klage, nicht auf die Bezeichnung an, die ihm von der Partei gegeben worden ist. Wesentlich ist nur, daß das betreffende Schriftstück den Erfordernissen des gesetzlich zulässigen Rechtsbehelfes entspricht und daß im Falle des Zweifels darüber, ob der Antragsteller eine Entscheidung im V.=St.=V. herbeiführen will, dieser sich hiermit irgendwie einverstanden erklärt hat. Auch etwa vorhandene Mängel der Klage berechtigen noch nicht ohne Weiteres zu deren Abweisung; der Vorsitzende hat die Pflicht, auf ihre Beseitigung von Amtswegen hinzuwirken (Entsch. Bd. VII S. 283, Bd. IX S. 48, Bd. XXV S. 472).

Nr. 4. Entsch. v. 29. X. 97. I. 1616.

L.=V.=G. §§ 63, 69 Abs. 3.

Da nach § 69 Abs. 3 L.=V.=G. der Antrag auf mündliche Verhandlung alles enthalten muß, was nach § 63 für den Klageantrag erfordert wird, insofern es nicht schon aus den Vorverhandlungen bei der Behörde hervorgeht, so kann nicht zweifelhaft sein, daß der Antrag auf mündliche Verhandlung nichts anderes ist, als eine vereinfachte Form der Klage. Wer also den Antrag stellt, ist Kläger.

Nr. 5. Entsch. Bd. XXX S. 457 v. 6. XI. 95. IV. 1424.

L.=V.=G. §§ 64, 67.

Hat eine Partei vor Erlaß eines Vorbescheides Antrag auf mündliche Verhandlung (§ 67 L.=V.=G.) gestellt, so ersetzt dieser Antrag, wenn dennoch keine mündliche Verhandlung stattfindet, sondern ein Vorbescheid ergeht, nicht den gegen den Vorbescheid zulässigen Antrag auf mündliche Verhandlung (§ 64 Abs. 5). Der Vorbescheid wird also rechtskräftig, wenn gegen ihn nicht ein neuer Antrag auf mündliche Verhandlung gestellt ist.

Nr. 6. Entsch. v. 18. I. 98. I. 103.

L.=V.=G. § 70.

Über die Frage, ob ein gewisses Grundstück als selbständiger Gutsbezirk oder als ein weder einer Gemeinde noch einem Gutsbezirke angehöriges kommunalfreies Grundstück anzusehen ist, kann in einem Streitverfahren zwischen zwei Gemeinden überhaupt nicht entschieden werden, auch in einem solchen Streitverfahren nicht über die Frage, ob eben Teile des Grundstückes zu einer dritten Gemeinde gehören, wenn diese dritte Gemeinde nicht Partei ist. Die Beiladung der dritten Gemeinde ersetzt die gegen sie zu richtende Klage nicht (Entsch. Bd. XI S. 72, Bd. XVII S. 28, Bd. XXVI S. 19). Die Beiladung hat nicht die Wirkung, daß an Stelle des unrichtigen Beklagten der Beigeladene als Hauptpartei tritt, sondern nur die, daß der Beigeladene die im Streite zwischen den Hauptparteien gefällte Entsch. gegen sich gelten lassen muß und setzt demnach eine Streitigkeit voraus, die zwischen den Hauptparteien allein entschieden werden konnte.

Nr. 7. Entsch. v. 23. IX. 97. IV. 1563.

L.=V.=G. § 70.

Diejenigen, welche gegen die Genehmigung einer Ansiedelung Einspruch erhoben haben, sind zum Verfahren als Parteien zuzuziehen, nicht blos beizuladen (Erk. v. 14. IX. 78 Entsch. Bd. IV S. 379, vgl. auch Entsch. Bd. X S. 328, Preuß. V.=Bl. Jahrg. X S. 347).

Nr. 8. Entsch. v. 21. X. 95. III. 1297.

L.=V.=G. § 70.

Dem Rechtsmittel des Beigeladenen ist, wie das O.=V.=G. schon vielfach ausgesprochen hat (von Brauchitsch, Verw.=Gesetze Bd. I, 13. Aufl., S. 84, 85), nur Folge zu geben, wenn die Entscheidung für ein öffentlich=rechtliches Rechtsverhältnis des Beigeladenen präjudizierliche Bedeutung hat, ein Element in einem solchen Rechtsverhältnisse zugleich mit feststellt und hierdurch den Beigeladenen in Rechten verletzt, welche er selbst geltend machen könnte (an die Fälle, wo im V.=St.=V. auch über Privatansprüche entschieden wird, ist hier nicht gedacht).

Nr. 9. Bescheid v. 6. X. 94. III. 1356.

L.-V.-G. § 70.

Wie die Beiladung (§ 70 L.-V.-G.) selbst als eine prozeßleitende Verfügung im Sinne des § 110 aufgefaßt werden muß, so stellt sich auch ein Beschluß, der die erfolgte Beiladung wieder aufhebt, als eine Anordnung dar, welche die Leitung des Verfahrens zum Gegenstande hat und deshalb mit der Beschwerde anfechtbar ist (Entsch. Bd. V S. 64, 65; Verwaltungsarchiv Bd. I S. 202, Bd. VI S. 408).

Nr. 10. Entsch. Bd. XXX S. 270 v. 1. VII. 96. IV C. 8/96.

L.-V.-G. § 73 Abs. 3; § 56 Abs. 6 Satz 3 des Zust.-Ges.

Der § 73 Abs. 3 des L.-V.-G. bestimmt:

„Gemeindevorsteher, welche als solche legitimiert sind, bedürfen zur Vertretung ihrer Gemeinden einer besonderen Vollmacht nicht."

Im Hinblick auf diese Vorschrift bedarf es in der Provinz Hannover zur Prozeßlegitimation eines Gemeindevorstehers, der in Vertretung seiner Gemeinde eine Erstattungsklage (§ 56 Abs. 6 Satz 3 des Zust.-Ges.) anstellt, keines Syndikats.

Nr. 11. Bescheid v. 21. V. 98. III. 1585.

L.-V.-G. § 74.

1. Die Frage, ob die Ortspolizeibehörde in dem V.-St.-V., das sich auf Grund eines von ihr erlassenen Bescheides entwickelt, eine Parteirolle zu übernehmen hat oder nicht, ist nach der inneren Natur der in Betracht kommenden Fälle verschieden zu beantworten. Die Parteirolle als Beklagte weist das Gesetz der Ortspolizeibehörde in allen den Fällen zu, in denen es sich um den Widerstreit privater Interessen gegen die von der Ortspolizeibehörde auf Grund ihrer Amtspflicht dem Einzelnen gegenüber durch polizeiliche Verfügung geltend gemachten öffentlichen Interessen handelt. Beispiele solcher Fälle bieten der § 56 des Zust.-Ges. (Anordnungen der Wegepolizeibehörde, betreffend den Bau und die Unterhaltung der öffentlichen Wege), der § 66 daselbst (Anordnung der Wasserpolizeibehörde wegen Räumung von Gräben, Bächen und Wasserläufen) sowie der § 17 des Ans.-Ges. v. 25. VIII. 76 (Versagung der Ansiedelungsgenehmigung oder Zurückweisung der gegen sie erhobenen Einsprüche). In allen diesen Fällen handelt es sich in dem V.-St.-V. gegenüber dem sein privates Interesse vertretenden Kläger um die Wahrnehmung des beteiligten öffentlichen Interesses, dessen Vertretung selbstverständlich dem freien Belieben der etwa neben der Polizeibehörde an der Aufrechterhaltung der ergangenen polizeilichen Verfügung interessierten und vom Kläger mitbeklagten Privatpersonen nicht überlassen werden kann. Es ist in diesen Fällen auch keineswegs wesentlich, daß dem Kläger außer der Polizeibehörde noch sonst Beteiligte gegenüberstehen, ebenso wie es unwesentlich ist, ob etwa zu dem Einschreiten der Polizei die Beschwerde einer Privatperson Anlaß gegeben hat oder ob ohne einen solchen Antrag von Amtswegen eingeschritten ist. In dem einen wie in dem anderen Falle beruht die Aktion der Polizeibehörde unabhängig von dem Vorgehen der etwa mit privaten Interessen beteiligten Personen auf ihrer Aufgabe, das öffentliche Interesse kraft ihres Amtes wahrzunehmen.

2. Anders bei Ersatzgeldstreitigkeiten. Hier stehen sich zwei streitende Parteien gegenüber, deren eine von der andern Schadensersatz verlangt. Nicht von Amtswegen zur Wahrung des öffentlichen Interesses, sondern erst nach zuvoriger Erhebung des Anspruches auf Ersatzgeld bei ihr tritt die Ortspolizei-

behörde in Thätigkeit (§§ 74, 75 des Feld- und Forstpolizeiges. v. 1. IV. 80). Die vom Gesetze ihr alsdann zugewiesene Aufgabe ist eine der richterlichen analoge. Sie „erteilt nach Anhörung der Beteiligten und Anstellung der erforderlichen Ermittelungen einen Bescheid“ (§ 75). Mit dieser ihrer Stellung über den streitenden Parteien ist aber die Übernahme einer Parteirolle in dem weiterhin zugelassenen Verwaltungsstreitverfahren (§ 76) schlechthin unvereinbar.

3. Eine gleiche Stellung, wie bei Ersatzgeldstreitigkeiten, ist der Ortspolizeibehörde nach den §§ 6 ff. des Wildschadensges. v. 11. VII. 91 zugewiesen. „Auf Grund des Ergebnisses der Vorverhandlungen hat die Ortspolizeibehörde einen Vorbescheid über den Schadensersatzanspruch und die entstandenen Kosten zu erlassen und den Beteiligten in schriftlicher Ausfertigung zuzustellen“ (§ 9). Auch hier hat das O.-V.-G. in gleichmäßiger Rechtsprechung angenommen, daß in dem nachfolgenden Verwaltungsstreitverfahren (§ 10) die Ortspolizeibehörde niemals Partei sein könne (Entsch. Bd. XXIV S. 294). Es ergiebt sich dies auch völlig klar aus dem Umstande, daß nach der ursprünglichen Gestaltung des Gesetzentwurfs dem ortspolizeilichen Vorverfahren mit seinem Vorbescheide nicht das Verwaltungsstreitverfahren, sondern der ordentliche Rechtsweg folgen sollte (Entsch. Bd. XXVI S. 275).

4. Eine analoge Stellung, wie die Ortspolizeibehörde in den vorstehend gedachten Streitigkeiten, haben die vom Kreisausschusse ernannten sachverständigen Kommissare bei Feststellung der Höhe des Wasserstandes bei Stauwerken (§ 67 des Zust.-Ges.). Auch ihnen kann in dem nachfolgenden V.-St.-V. niemals die Parteirolle des Beklagten zufallen (von Brauchitsch Bd. I 14. Aufl. Anm. 5 Abs. 6 zu § 67 des Zust.-Ges., Verf. v. 21. VI. 79 II 927 und v. 29. I. 80 II 223).

Nr. 12. Entsch. v. 13. I. 96. III. 59.

L.-V.-G. §§ 76 ff., 94.

Den Parteien im V.-St.-V. steht nicht grundsätzlich, wie den Parteien im Civilprozesse, ein Dispositionsrecht in dem Sinne zu, daß sie die Macht haben, durch das Zugeständnis einer Thatsache oder das Anerkenntnis eines Anspruchs die betreffende Thatsache oder den betreffenden Anspruch der Prüfung des Richters zu entrücken. Der Verwaltungsrichter kann und darf zwar anerkannte Thatsachen und Ansprüche seiner Entscheidung zu Grunde legen. Er ist hierzu aber keineswegs verbunden, sondern kann, wenn die Umstände ihm dazu Anlaß bieten, solche Thatsachen und Ansprüche trotz des Zugeständnisses und Anerkenntnisses auf ihre Richtigkeit und Begründung selbständig untersuchen und sie nach dem Ergebnisse seiner Prüfung für nicht erwiesen oder nicht begründet erklären. Bei einem entsprechenden Revisionsangriffe könnte daher höchstens in Frage kommen, ob der Vorderrichter mit Rücksicht darauf, daß er dem Zugeständnis der einen Partei unter den obwaltenden Umständen eine ausschlaggebende Bedeutung nicht beimessen wollte, während die andere Partei sich offenbar darauf verließ, daß durch dieses Zugeständnis die Frage nach dem Bestehen der von ihm in Anspruch genommenen Berechtigung endgültig erledigt sei, etwa verpflichtet gewesen wäre, auf die Notwendigkeit weiterer Beweisanträge hinzuweisen.

Nr. 13. Entsch. v. 26. IX. 95. III. 1193.

L.-V.-G. § 79.

Eine bei der mündlichen Verhandlung aufgestellte neue Behauptung einer Partei kann, wenn die Gegenpartei bei der Verhandlung gefehlt hat, als von ihr zugestanden nicht erachtet werden.

Nr. 14. Entsch. v. 28. IV. 90. III. 358.

L.=V.=G. §§ 75, 94; Regulativ v. 28. II. 84 § 12.

Wenn das Protokoll des Bezirksausschusses entgegen dem § 12 Abs. 2 des Regulativs v. 28. II. 84 nicht vorgelesen oder den Parteien nicht zur Durchsicht vorgelegt werden, so besitzt es keine Beweiskraft.

Nr. 15. Entsch. v. 28. VI. 97. III. 1187.

L.=V.=G. §§ 77 Abs. 2, 61; Civ.=Proz.=Ord. §§ 41—49.

Zu einer Beweisverhandlung an Ort und Stelle bedarf es der Zuziehung eines Protokollführers nach Maßgabe des § 77 Abs. 2 des L.=V.=G. und es ist durch die Rechtsprechung des O.=V.=G. festgestellt worden, daß eine unter Nichtbeachtung dieser Vorschrift aufgenommene Beweisverhandlung einer richterlichen Entscheidung im V.=St.=V. nicht zu Grunde gelegt werden darf (Entsch. Bd. VI S. 393). Inwieweit das Verwandtschaftsverhältnis einer Person zu einer der Prozeßparteien die Unfähigkeit der Ersteren begründet, mit rechtlicher Wirkung als Protokollführer thätig zu sein, ergiebt der § 61 des L.=V.=G., nach dessen ausdrücklicher Vorschrift die Bestimmungen der bürgerlichen Prozeßgesetze über Ausschließung und Ablehnung der Gerichtspersonen für das Verwaltungsstreitverfahren sinngemäße Anwendung finden sollen. Die im § 61 in Bezug genommenen Bestimmungen der bürgerlichen Prozeßgesetze finden sich in den §§ 41 bis 49 der Civ.=Pr.=Ord., welche unter dem gemeinsamen Titel „Ausschließung und Ablehnung der Gerichtspersonen" die näheren Festsetzungen nicht nur hinsichtlich des Richters, sondern auch hinsichtlich des Gerichtsschreibers treffen: denn auch der letztere gehört — ebenso wie der Protokollführer im V.=St.=V. — in denjenigen Fällen, in welchen die Giltigkeit einer gerichtlichen Verhandlung von seiner Mitwirkung abhängig ist, zu denjenigen Personen, ohne welche das Gericht nicht gehörig besetzt ist, d. h. zu den Gerichtspersonen. Nach § 41 Nr. 3 der Civ.=Proz.=Ord. ist ein Richter von der Ausübung des Richteramtes kraft Gesetzes ausgeschlossen in Sachen einer Person, mit welcher er in gerader Linie verwandt ist, und diese Bestimmung soll nach § 49 auch auf den Gerichtsschreiber entsprechende Anwendung finden. Diese Vorschriften sind öffentlich rechtlicher und zwingender Natur: es können daher die vermöge derselben kraft des Gesetzes von der Mitwirkung bei der Aufnahme einer gerichtlichen Verhandlung ausgeschlossenen Personen zu einer solchen Mitwirkung auf Grund einer Zustimmungserklärung der Prozeßparteien rechtlich wirksam nicht zugelassen werden.

Nr. 16. Entsch. v. 4. V. 98. III. 662.

L.=V.=G. § 76.

Sachverständige sind Gehilfen des Richters, sie haben ihr Gutachten zur Vorbereitung der richterlichen Entscheidung, insbesondere einer richterlichen Schätzung abzugeben. Ob der Richter sich ihres Gutachtens, ihres Beirates bedienen will, welchen Wert er ihrem Beirate beilegt, ist Sache seines Ermessens und dieses Ermessen ist in der Revision nicht angreifbar, es müßte denn auf einem Rechtsirrtum oder einem wesentlichen Mangel des Verfahrens beruhen.

Nr. 17. Entsch. v. 24. X. 95. III. 1318.

L.=V.=G. §§ 76, 77.

Wenn im § 76 des L.=V.=G. die Bestimmung enthalten ist, daß das Gericht befugt sei, Sachverständige zu laden, also von dem Sachverständigen ein mündliches, im Gerichtsprotokoll niederzulegendes Gutachten zu erfordern, so hat dadurch dem Gericht nicht die Befugnis verschränkt werden sollen, nach seinem Ermessen von dem Sachverständigen auch ohne Vernehmung desselben ein schriftliches Gutachten einzuziehen (vergl. Urt. vom 7. II. 1882, betreffend den mit § 76 a. a. O. gleichlautenden § 46 des Verwaltungsgerichtsgesetzes vom 3. VII. 1875, Entsch. Bd. VIII S. 179). Dem steht auch nicht die Vorschrift im § 77 entgegen, wonach die Beweisverhandlung unter Zuziehung eines Protokollführers aufzunehmen und die Parteien zu denselben zu laden sind; denn diese Bestimmung betrifft nur den Fall, wenn eine besondere Beweisverhandlung stattfindet.

Nr. 18. Entsch. v. 26. XI. 96. III. 1485.

L.-V.-G. § 77.

Bei einer schriftlichen Begutachtung durch einen Sachverständigen braucht eine Zuziehung der Parteien zu der von dem Sachverständigen vorgenommenen Untersuchung und der Abgabe des Gutachtens nicht stattzufinden (ebenso Entsch. vom 24. X. 1895, III, 1318).

Nr. 19. Entsch. v. 17. IX. 98. III. 1240.

L.-V.-G. §§ 76, 77, 78, 94.

Wenn der Instanzrichter gewisse Zeugen nicht vernehmen läßt, sondern seinen Feststellungen die in den Strafakten enthaltenen Aussagen zu Grunde legt, so ist er gemäß der Vorschriften in den §§ 76 ff. des L.-V.-G. dazu befugt und sein Verfahren charakterisiert sich nicht als ein wesentlicher Mangel im Sinne des § 94 Ziffer 2. Die Vorschriften der Civilprozeßordnung über Erhebung des Beweises sind nicht ohne weiteres auf das V.-St.-V. übertragbar; für dieses gelten in erster Linie die Bestimmungen der §§ 76 ff. a. a. O., nur subsidiär können die der Civilprozeßordnung zum Anhalte dienen (von Brauchitsch, 14. Aufl., Anm. 137 zu § 76). Nach § 76 ist aber das Gericht nur befugt und nicht verpflichtet, Zeugen eidlich zu vernehmen.

Der § 379 der R.-Ziv.-Proz.-Ord. bestimmt:

„Insoweit zum Beweise vergangener Thatsachen oder Zustände, zu deren Wahrnehmung eine besondere Sachkunde erforderlich war, sachkundige Personen zu vernehmen sind, kommen die Vorschriften über den Zeugenbeweis zur Anwendung."

Nach der Ziv.-Proz.-Ord. (§ 338) ist zum Zwecke der Vernehmung sachkundiger Zeugen Zeugenbeweis anzutreten. Werden sie gleichzeitig als Sachverständige vernommen, so haben sie sowohl den Zeugen- wie den Sachverständigeneid zu leisten (von Wilmowski u. Levy, Anm. zu § 379). Handelt es sich nicht um den Beweis vergangener Thatsachen oder Zustände, sondern um technische Schlüsse auf Grund vergangener Thatsachen oder Zustände, so können diese nur durch das Gutachten von Sachverständigen festgestellt werden (Entsch. d. R.-Ger. in Civ.-S. Bd. XX S. 394; Reincke, Civ.-Proz.-Ord. Anm. zu § 379).

Nr. 20. Entsch. v. 22. XII. 97. III. 1728.

L.-V.-G. §§ 76 ff.

Das Gericht ist berechtigt, falls es die Richtigkeit polizeilicher Aussagen nicht bezweifelt, auch ihm Zweifel in dieser Richtung nicht unterbreitet werden, die eidliche Vernehmung der Zeugen zu unterlassen und seine Feststellungen lediglich auf die polizeilichen Aussagen zu begründen (vergl. Entsch. Bd. VIII S. 179).

Nr. 21. Entsch. v. 2. IV. 92. III C. 101/91.

L.-V.-G. §§ 76, 77, 79.

Der § 79 L.-V.-G. gestattet dem Verwaltungsrichter nicht unbedingte Freiheit, das Gesetz bindet ihn vielmehr darin, in welcher Weise er bei Aufnahme der Verhandlungen und Erhebungen des Beweises zu verfahren hat. Hinsichtlich der Beweisaufnahme und wie durch sie die Grundlage für das richterliche Urteil herzustellen ist, giebt das Gesetz in den §§ 76, 77 Vorschriften, die nicht zu umgehen sind.

Nr. 22. Entsch. v. 16. XI. 97. I. 1721.

L.-V.-G. § 80.

Wenn die Parteien in der Berufungsinstanz ausdrücklich auf mündliche Verhandlung verzichtet haben, so kann der Berufungsrichter nach § 80 des L.-V.-G. ohne vorgängige mündliche Verhandlung eine das Verfahren in der Berufungsinstanz endgültig abschließende Entscheidung treffen, sofern er eine mündliche Verhandlung nicht für erforderlich hält. Wird ein Bescheid erteilt, so ist dieser als solcher zu behandeln, es ist dagegen sowohl der Antrag auf mündliche Verhandlung als die Revision zulässig. Die Vorschrift in § 80 ist keine zwingende, sie enthält nur eine dem Verwaltungsrichter gegebene Ermächtigung.

Nr. 23. Entsch. v. 8. X. 97. I. 1498.

L.-V.-G. § 82.

Wenn der Vorsitzende des Kreisausschusses in Anwendung des § 82 L.-V.-G. aus Gründen des öffentlichen Interesses die Berufung einlegt, so wird der Berufungsrichter mit der ganzen Sache befaßt, auch wenn die unterlegene Partei ihrerseits kein Rechtsmittel eingelegt hat.

Nr. 24. Entsch. Bd. XXXI S. 216 v. 23. XII. 96. IV C. 54/96.

L.-V.-G. §§ 85, 86, 92; Civ.-Proz.-Ord. § 59.

1. Die Frist zur Einlegung der Berufung beginnt mit der Zustellung des Urteils. Sind Streitgenossen vorhanden, so können, wenn das Urteil einem Streitgenossen zugestellt wird, die übrigen Teilnehmer hiervon unter Beifügung einer Abschrift des Tenors benachrichtigt werden. Diese Benachrichtigung ersetzt die Zustellung. Für jeden Litiskonsenten beginnt das Fatale mit der Zustellung, es kommt nicht in Betracht, ob er etwa auf andere Weise von der Entscheidung früher Kenntnis erhalten hat (Reskr. vom 20. IV. 1839 Justiz-M.-Bl. S. 154, Präjudiz des Obertribunals Nr. 796 vom 3. I. 1840).

2. Die präklusivische Wirkung einer Nachfrist zur Rechtfertigung ist davon abhängig, daß überhaupt der Lauf der Berufungsfrist selbst durch eine ordnungsmäßige Zustellung begonnen hat.

3. Liegt eine notwendige Streitgenossenschaft vor, so wird das Rechtsmittel dem säumigen Streitgenossen erhalten, wenn ein anderer rechtzeitig die Berufung eingelegt hat (§ 59 Civ.-Proz.-Ord., Präjudiz des Obertribunals Nr. 775 vom 14. XII. 1839).

Nr. 25. Entsch. v. 23. II. 98. II. 315.

L.-V.-G. §§ 52, 82.

Die Rechtsmittelfristen sind gewahrt, wenn das Schriftstück am letzten Tage der Frist bis 12 Uhr Nachts der zuständigen Behörde „übergeben“, d. i. nach der Auffassung des Verkehrslebens (Dernburg, Privatrecht Bd. I S. 362; Strietshorst, Archiv Bd. 42 S. 312) thatsächlich in die Gewalt der Behörde gelangt, und jeder Einwirkung Anderer als den behördlichen Organen entzogen ist. Dies geschieht wie durch den Einwurf in den amtlichen Briefkasten

(Entsch. des O.-V.-G. in Staatssteuersachen Bd. V S. 182), so durch Übergabe an jeden im Geschäftslokale befindlichen Beamten, auch außerhalb der Bureaustunden (Preuß. Verw.-Bl. Jahrg. XIX S. 312).

Nr. 26. Entsch. v. 3. VII. 95. IV. 1005.

L.-V.-G. § 86.

1. Nach den vom Ober-Verwaltungsgerichte seither festgehaltenen Grundsätzen kann nur derjenige Schriftsatz als Rechtfertigung eines eingelegten Rechtsmittels gelten, der, mag er auch im Übrigen an keine Form gebunden sein, wenigstens Gegenstand und Ziel der Beschwerde erkennen läßt (vgl. Entsch. Bd. II S. 433, Bd. V S. 202). Wenn eine Partei in einem Schriftsatze nur erklärt, sie fechte das Urteil seinem ganzen Umfange nach an, und den Antrag stellt, unter Aufhebung der Vorentscheidung nach dem Klageantrage zu erkennen, so läßt sich der Gegenstand der Beschwerde hieraus nicht entnehmen (vgl. Entsch. Bd. XIII S. 228).

2. Die Nachfrist zur Begründung der Berufung, wofern in der sie bewilligenden Verfügung nicht ein Anderes bestimmt ist, ist vom Ablauf der ersten — vom Ablauf der gesetzlichen Berufungsfrist — zu rechnen (Entsch. Bd. XII S. 425, Bd. XXVI S. 434); hat das Gericht beabsichtigt, die Nachfrist vom Tage der Zustellung der sie bewilligenden Verfügung ab laufen zu lassen, jedoch diese Absicht in der Verfügung nicht zum Ausdrucke gebracht, so ist dies gleichgiltig, denn das, was bei Erteilung der Nachfrist in Absicht gewesen, kann nicht entscheidend sein. Gewährt die Verfügung schlechtweg eine Nachfrist von vier Wochen unter Bezugnahme auf § 86 Abs. 3 des L.-V.-G. und läßt sie sich darüber, von wann ab diese Frist berechnet werden soll, überhaupt nicht aus, so bestimmt sie — um hier den Wortlaut des § 292 Abs. 3 der Civ.-Proz.-Ordn. zu gebrauchen — „im einzelnen Falle nicht ein Anderes".

Nr. 27. Entsch. v. 2. IV. 98. III. 485.

L.-V.-G. §§ 85, 86.

Der § 86 des L.-V.-G. schreibt vor, innerhalb der zweiwöchigen Frist des § 85 sei die Berufung bei Verlust des Rechtsmittels schriftlich anzumelden und zu rechtfertigen. Wenn die Berufungsschrift lautet:

> „In Sachen pp. lege ich gegen das Urteil vom 1. Oktober 1896 Berufung ein. Rechtfertigung der Berufung wird nachgebracht werden."

so verkennt der Berufungsrichter den § 86 den Begriff der Rechtfertigung der Berufung nicht, wenn er dieses Schriftstück als Rechtfertigung nicht ansieht. Zwar braucht die Berufungsrechtfertigung nur Gegenstand und Ziel der Beschwerde erkennbar zu machen, im Übrigen ist sie an keine Form gebunden (Entsch. Bd. II S. 433). Der genannte Schriftsatz genügt aber diesem Erfordernisse keineswegs. Daß die Erklärung, es werde gegen das Urteil des Kreisausschusses Berufung eingelegt, nicht ausreicht, um den Gegenstand der Beschwerde hinreichend erkennbar zu machen, hat der Gerichtshof bereits in früheren Entscheidungen ausgesprochen (Entsch. Bd. XIII S 228). Inwiefern der Schriftsatz das Ziel der Beschwerde ersichtlich machen soll, ist nicht abzusehen. Wenn es darin heißt: „Rechtfertigung der Berufung wird nachgebracht werden," so kommt deutlich zum Ausdrucke, daß zwischen Einlegung des Rechtsmittels und Rechtfertigung desselben unterschieden und letztere vorbehalten wird. Auch die wohlwollendste Auslegung könnte nicht dazu führen, in dem Schriftsatze eine Rechtfertigung der Berufung zu erblicken.

Nr. 28. Entsch. v. 22. V. 95.

L.-V.-G. § 94.

Ist die Klage dem Beklagten zur Gegenerklärung nicht zugefertigt, so liegt darin ein wesentlicher Mangel des Verfahrens.

Nr. 29. Entsch. v. 9. X. 95. IV. 1372.

L.-V.-G. § 94.

Nach der konstanten Judikatur des O.-V.-G. (vgl. z. B. Preuß. Verw.-Bl. Jahrg. XIII S. 207) gehört es zu den wesentlichen Vorschriften des Verfahrens, daß den Parteien Gelegenheit geboten wird, sich über diejenigen Beweismittel zu äußern, welche der Richter bei der Beurteilung der Sache berücksichtigen will.

Nr. 30. Entsch. v. 5. XI. 91. III C. 51/91.

Gew.-Ord. § 21; Ger.-Verf.-Ges. § 175; L.-V.-G. § 94.

Mit Rücksicht auf den letzten Absatz des § 21 Gew.-Ordn. muß die Vorschrift im Satz 3 des § 175 Ger.-Verf.-Ges., wonach bei Verkündigung des Beschlusses, der die Öffentlichkeit ausschließt, anzugeben ist, aus welchen Gründen die Ausschließung erfolgt, zwar befolgt werden. Die Nichtbefolgung dieser Vorschrift ist aber kein wesentlicher Mangel des Verfahrens, wenn z. B. nach Lage der Sache ganz außer Zweifel ist, daß die Öffentlichkeit nur wegen Gefährdung der Sittlichkeit ausgeschlossen werden konnte und ausgeschlossen worden ist.

Nr. 31. Entsch. v. 2. XI. 97. I. 1635.

L.-V.-G. § 94.

In der Revisionsinstanz war der Einwand erhoben worden, daß der Landrat aus gewissen Gründen an der Entscheidung des Kreisausschusses nicht hätte Teil nehmen sollen. Das O.-V.-G. verwarf den Einwand mit folgender Ausführung: Aus der unzulässigen Teilnahme des Landrats an der Urteilsfällung erster Instanz folgt nicht ein wesentlicher Mangel des Verfahrens im Sinne des § 94 L.-V.-G., denn Mängel des Verfahrens erster Instanz, insbesondere eine nicht gehörige Besetzung des erkennenden Geistes, nötigen den Berufungsrichter nicht zur Zurückweisung der Sache in die erste Instanz; diese Mängel lassen vielmehr seine Befugnis, den vorliegenden Rechtsstreit in thatsächlicher und rechtlicher Besprechung zu prüfen und nach dem Ausfalle dieser Prüfung zu entscheiden, vollkommen unberührt.

Nr. 32. Entsch. Bd. XXX S. 305 v. 18. VI. 96. III C. 146/95.

L.-V.-G. §§ 93 ff.

Der Kreisausschuß hatte die Klage abgewiesen und auf Berufung des Klägers hatte der Bezirksausschuß unter Aufhebung des Vorderurteils die Sache in die erste Instanz zurückgewiesen. Die Revision mit dem Antrage, die Klage abzuweisen, wurde für zulässig erklärt und ausgeführt: Hat der Beklagte darin Recht, daß die Klage bei richtiger Würdigung der Rechtslage hätte abgewiesen werden müssen, so ist er dadurch, daß der Vorderrichter das I. Urteil aufgehoben und die anderweitige Verhandlung in erster Instanz angeordnet hat, in seinen Rechten verletzt. Zur Beseitigung dieser Rechtsverletzung dient die Revision.

Nr. 33. Entsch. v. 19. VI. 95. IV. 916.

L.-V.-G. §§ 94, 105.

Revision in der Hauptsache kann derjenige nicht einlegen, zu dessen Gunsten der Bezirksausschuß auf Aufhebung einer angefochtenen Verfügung erkannt hat, da er mit dieser Aufhebung klaglos gestellt ist und damit jeder Grund für ihn wegfällt, sich durch die Entscheidung in der Hauptsache beschwert zu fühlen.

Nr. 34. Entsch. v. 22. II. 97. III A. 47/96.

Civ.-Proz.-Ord. § 542 Ziffer 4; L.-V.-G. § 100.

Nach § 542 Ziffer 4 der Civ.-Proz.-Ordn. steht die Nichtigkeitsklage nur demjenigen zu, der Prozeßpartei in dem früheren Verfahren gewesen ist. Ob der Beigeladene die Klage hat, steht dahin; jedenfalls steht ihm die Klage dann nicht zu, wenn die Beiladung unterblieben ist.

Nr. 35. Bescheid v. 18. V. 96. III. 556.

L.-V.-G. § 100.

Nach der ausdrücklichen Vorschrift in § 100 L.-V.-G. findet die Klage auf Wiederaufnahme des Verfahrens nur gegen die im Verwaltungsstreitverfahren ergangenen, rechtskräftig gewordenen Endurteile statt, nicht aber gegen einen in letzter Beschwerdeinstanz ergangenen, rechtskräftig gewordenen Bescheid einer Verwaltungsbehörde.

Nr. 36. Entsch. Bd. XXXII S. 229 v. 24. VI. 97. IV C. 8/97.

Die Gründe eines Erkenntnisses können zunächst insofern von Bedeutung sein, als sie zur Auslegung heranzuziehen sind, wenn der Tenor zu Zweifeln über seine Tragweite Veranlassung giebt (Entsch. Bd. I S. 90). Es giebt Fälle, in denen die Tragweite eines an sich klaren Tenors nicht ohne Heranziehung der Gründe erkannt werden kann. Wenn z. B. der Klage, unter Anerkennung des Klagegrundes, selbständige Einreden entgegengesetzt werden, so wird hierüber mit entschieden, und die Entscheidung geht in Rechtskraft über, obgleich dies aus dem Tenor nicht zu erkennen ist, vielmehr lediglich die Klage abgewiesen oder nach dem Klageantrage erkannt ist.

Nr. 37. Bescheid v. 14. X. 97. IV. 1550.

Gegen die Gründe eines Erkenntnisses ist einer Partei, der der Tenor nicht zur Beschwerde gereicht, kein Rechtsmittel gegeben.

Nr. 38. Bescheid v. 21. IX. 98.

Ziv.-Proz.-Ord. §§ 290, 291.

Handelt es sich nicht um die Berichtigung eines Schreibfehlers und dergl., auf welche sich der § 290 der Civ.-Proz.-Ord. bezieht und welche auch im Verw.-Str.-V. ohne ausdrückliche Vorschrift allgemein für zulässig gehalten wird (Friedrichs, im Verw.-Arch. Bd. VI S. 507 Anm. 2), sondern nur eine Unrichtigkeit von der Art, welche der § 291 der Civ.-Proz.-Ord. bezeichnet, so ist eine solche Berichtigung im Verw.-Str.-V. nicht zulässig (Friedrichs, Anm. 5). Um sie für statthaft zu erachten, hätte es einer besonderen Bestimmung bedurft. Der § 291 läßt keine analoge Anwendung auf das Verw.-Str.-V. zu. Er steht im engsten Zusammenhange mit der Bedeutung, die der Thatbestand des Urteils im Civilprozesse hat (§ 285 der Civ.-Proz.-Ord.) und die dem Verwaltungsprozesse unbekannt ist, und hat ferner zur notwendigen Voraussetzung, daß ein Verzeichnis der Urteile ausgehängt wird, welche Voraussetzung gleichfalls für das Verw.-Str.-V. fehlt (ebenso Entsch. Bd. XXVII S. 26 u. Erk. vom 23. I. 94 II. 97).

Nr. 39. **Entsch.** v. 12. VII. 97. IV. 1272.

L.-V.-G. §§ 103 ff.; Civ.-Proz.-Ord. § 290.

Ist einer Partei ein Teil der Kosten auferlegt und die Gegenpartei legt ein Rechtsmittel ein, so darf der Berufungsrichter die erstere Partei, die keine Rechtsmittel eingelegt hat, von der Kostenlast nicht befreien. Sind von dem Gerichte erster Instanz in offenbarer Unrichtigkeit einem Teile Kosten auferlegt worden, so kann der Berufungsrichter in Anwendung des § 290 Civ.-Proz.-Ord. nicht eine declatoria erlassen, dies darf nur der erste Richter thun.

Nr. 40. **Entsch**. v. 28. X. 97. IV. 1803.

L.-V.-G. § 105.

Wegen des Kostenpunktes allein kann ausnahmsweise ein Rechtsmittel (Anschlußrevision) eingelegt werden, wenn durch eine von einem Streitgenossen oder dem Gegner eingelegtes Rechtsmittel die Hauptsache von neuem zur Entscheidung gestellt und dadurch eine einheitliche Entscheidung über die Hauptsache möglich gemacht wird, weil damit dem Grundgedanken des § 105 des L.-V.-G. Genüge geschieht (von Brauchitsch, Anm. 182 zu § 105 Abs. 2).

Nr. 41. **Entsch**. v. 29. VI. 96. III. 872.

L.-V.-G. § 104.

Für die Festsetzung des Wertes des Streitgegenstandes ist es unerheblich, ob nach Einlegung der Klage eine Zurücknahme derselben für einen Teil des eingeklagten Gegenstandes erfolgt. Die teilweise Zurücknahme der Klage hat nur die Ermäßigung der Tarifsätze zur Folge (Artikel 2 und 3 des Kostentarifs v. 27. II. 84, Entsch. v. 3. XII. 91 III. 1085 und 8. XII. 92 III. 1126).

Stirbt im Laufe des V.-St.-V. ein Beklagter, auf dessen Erben die Klage passiv nicht übergehen kann (vgl. in Schankkonzessionsentziehungssachen), so sind die Kosten und baren Auslagen des Verfahrens außer Ansatz zu lassen und jeder Teil hat seine eigenen Kosten zu tragen, wie in Disziplinarsachen (II C. 108/92, III B. 66/94).

Nr. 42. **Beschluß** v. 10. VII. 93. III B. 9/93.

L.-V.-G. §§ 103, 105.

Die Festsetzung des Wertes des Streitgegenstandes soll nach § 103 des L.-V.-G. im Endurteile erfolgen. Damit wird sie nicht ein Teil der Entscheidung im Sinne des § 105. Vielmehr gilt für sie, da sie sachlich eine Angelegenheit der Verwaltung und nicht der Rechtsprechung ist, daß ihre Anfechtung neben der Anfechtung der eigentlichen Entscheidung herlaufen kann. Wird die Entscheidung in der Hauptsache und im Kostenpunkte (d. h. über die Frage, wer die Kosten zu tragen hat §§ 103, 104) durch ein Rechtsmittel angefochten, so kann damit die Festsetzung des Wertes des Streitgegenstandes gleichzeitig angegriffen werden und die Erledigung erfolgt in dem ergehenden Urteile. Findet die Einlegung der Berufung oder der Revision nicht statt, so kann die Beschwerde (§ 110) gegen die Festsetzung des Wertes des Streitgegenstandes eingelegt werden.

Nr. 43. Beschluß v. 16. VI. 98. III. 822.

L.-V.-G. § 103.

1. Der § 103 des L.-V.-G. beschränkt die Verpflichtung des unterliegenden Teils zur Erstattung der „erforderlichen" baren Auslagen des obsiegenden Teils in Ansehung der Anwaltsgebühren überhaupt auf die Gebühren für Wahrnehmung der mündlichen Verhandlung vor dem Bez.-Aussch. und dem O.-V.-G., wobei die Höhe dieser Gebühren sich nach den für die Rechtsanwälte bei den ordentlichen Gerichten geltenden, in der Deutschen Gebührenordnung für Rechtsanwälte v. 7. VII. 79 (R.-Ges.-Bl. S. 176) enthaltenen Vorschriften bestimmt.

2. Einem Rechtsanwalte, welchem von der Partei lediglich die Vertretung in der mündlichen Verhandlung übertragen ist, steht nach § 43 a. a. O. neben der Verhandlungsgebühr die Prozeßgebühr zu fünf Zehnteilen zu.

Nr. 44. Bescheid v. 25. V. 98. III. 744.

L.-V.-G. § 103.

Wie im Civilprozesse (Entsch. des Reichsgerichts in Civilsachen Bd. X S. 410), so sind auch im V.-St.-V. Ansprüche wegen Zeitversäumnis durch Wahrnehmung von Terminen, Anfertigung von Schriftsätzen u. s. w. im Kostenfestsetzungsverfahren nicht zu berücksichtigen. Sollte selbst dies hinsichtlich eines entgangenen Arbeitslohnes oder eines sonstigen versäumten Erwerbs nicht gelten (vgl. Willenbücher, Kostenfestsetzungsverfahren, 4. Aufl., S. 16; Petersen, Civilprozeßordnung, 3. Aufl., Bd. I S. 224), so würden Beträge für Zeitversäumnis (Arbeitszeit) in Folge der Anfertigung von Schriftsätzen und der Wahrnehmung eines Termins bei einem Bezirksvorsteher nicht festgesetzt werden können, wenn nicht anzunehmen ist, daß die Partei durch die Anfertigung der Schriftsätze und durch die Wahrnehmung des Termins einen entsprechend hohen Erwerb versäumt hat. Hinsichtlich der Schreibgebühren bestimmt der § 79 Ziffer 1 des Ger.-Kostenges., daß die Gerichte als bare Auslagen Schreibgebühren erheben, und zwar nach dem § 80 im Betrage von zehn Pfennigen für die Seite. Eine Partei kann im V.-St.-V. auf Grund des § 79 so wenig, wie auf Grund des nur für Rechtsanwälte geltenden § 76 der Gebührenordnung für Rechtsanwälte v. 7. VII. 79, für die von ihr gefertigten Schriftsätze eine Schreibgebühr von zehn Pfennigen für die Seite berechnen. Nur die wirklichen Aufwendungen kann sie liquidieren.

Nr. 45. Bescheid v. 8. VII. 98. III. 1207.

L.-V.-G. § 103.

Eine Partei, die obgesiegt hatte, liquidierte an baren Auslagen für die Wahrnehmung ihrer Rechte folgende Sätze zur Erstattung:

a) für die Wahrnehmung der Termine erster Instanz:
   1. $^{5}/_{10}$ der Prozeßgebühr,
   2. Verhandlungsgebühr,
   3. weitere Verhandlungsgebühr.
b) für die Wahrnehmung des Termins in der Berufungsinstanz des ersten Rechtsganges:

1. $^5/_{10}$ Prozeßgebühr,
2. Verhandlungsgebühr.

c) für die Wahrnehmung des Termins in der Berufungsinstanz des zweiten Rechtsganges:
1. $^5/_{10}$ Prozeßgebühr,
2. Verhandlungsgebühr.

Der Bezirksausschuß setzte jedoch, von der Ansicht ausgehend, daß die Gebühren für Wahrnehmung des Termins in der Berufungsinstanz des zweiten Rechtsgangs nach § 17 der Gebührenordnung für Rechtsanwälte v. 7. VII. 79 [R. G.-Bl. S. 176] zu berechnen seien, die Verhandlungsgebühr für die Berufungsinstanz des zweiten Rechtsganges ab. Die gegen diesen Beschluß eingelegte Beschwerde erklärte das O.-V.-G. für begründet. Es wurde ausgeführt: Nach § 25 der Gebührenordnung für Rechtsanwälte kann der Rechtsanwalt jede der im § 13 genannten Gebühren in jeder Instanz nur einmal beanspruchen. Die Berechnung des Vorderrichters würde daher dann richtig sein, wenn die Verhandlung vor dem Berufungsgerichte im zweiten Rechtsgange lediglich als eine Fortsetzung der Verhandlung des ersten Rechtsgangs, welche mit dieser zusammen eine einheitliche Instanz im Sinne des § 25 bildet, anzusehen wäre; sie kann aber nicht aufrecht erhalten werden, wenn sie als eine besondere Instanz aufzufassen ist. Hinsichtlich der Bestimmung des Umfangs einer Instanz verweist der § 26 auf die §§ 30 und 31 des Gerichtskostenges. v. $\frac{18. \text{ VI. } 75}{20. \text{ VI. } 81}$. Von diesen trifft der § 31 freilich die Bestimmung, daß im Falle der Zurückverweisung einer Sache zur weiteren Verhandlung an das Gericht unterer Instanz das weitere Verfahren vor diesem Gerichte mit dem früheren eine Instanz bildet; er enthält aber die gleiche Vorschrift für das Verfahren vor dem höheren Gericht nicht. Eine solche Bestimmung folgt auch nicht aus allgemeinen Grundsätzen, da von dem Gerichte höherer Instanz in dem früheren und in dem späteren Verfahren über ganz neue Rechtsmittel gegen ganz verschiedene Urteile verhandelt und erkannt wird, und es rein zufällig ist, wenn der Inhalt des angegriffenen Urteils und die prozessuale Stellung der dieses angreifenden Partei im zweiten Rechtsgange dieselbe ist, wie im ersten. Das Reichsgericht hat denn auch in einem Falle, in welchem auf Revision das Berufungsurteil aufgehoben und die Sache unter Vorbehalt der Entscheidung über den Kostenpunkt in die Vorinstanz zurückgewiesen, demnächst aber gegen das anderweit ergangene Berufungsurteil wiederum Revision eingelegt war, sich dahin ausgesprochen, daß die erneute Verhandlung über diese Revision beim Ansatze der Gerichtskosten als besondere Instanz zu behandeln sei [vgl. Entsch. des Reichsgerichts in Civilsachen Bd. X S. 425].

Nr. 46. Bescheid v. 19. I. 98. II. 23.

L.-V.-G. § 103.

Mit der Vorschrift in § 103 Satz 2 L.-V.-G. kann nur gemeint sein, daß in dem zur mündlichen Verhandlung anberaumten Termine die Partei oder deren Vertreter zum Zwecke der Verhandlung erschienen ist, nicht aber, daß eine kontradiktorische Verhandlung stattgefunden hat. Ist der Vertreter erschienen, dann ist der Termin von ihm „wahrgenommen" worden.

Nr. 47. Bescheid v. 20. IV. 96. III. 472.

L.-V.-G. § 103.

1. Im § 103 des L.-V.-G. bezieht sich die Beschränkung, daß die von dem unterliegenden Teile zu tragenden baren Auslagen „erforderliche", d. h.

nicht in überflüssiger Weise aufgewendete, gewesen sein müssen, nur auf die Auslagen des obsiegenden Teils. Die baren Auslagen des Verfahrens selbst hat der mit den Kosten belastete unterliegende Teil auch dann zu tragen, wenn sie durch eine zweckmäßigere Behandlung der Sache durch das Verwaltungsgericht hätten vermieden werden können. In einem solchen Falle kann höchstens die Bewilligung gänzlicher oder teilweiser Kostenfreiheit nach § 109 L.=V.=G. (vergl. § 7 Abs. 2 des Pr. Gerichtskostengesetzes vom 25. VI. 1895, G.=S. S. 203) in Frage kommen.

2. Das Recht der Behörden auf unentgeltliche Gutachten der Kreisphysici ist ohne alle Bedeutung für die Pflicht einer als Partei im V.=St.=V. unterlegenen Behörde zur Erstattung der Gebühren eines als Sachverständigen im Verfahren vernommenen Medizinalbeamten.

Nr. 48. Entsch. Bd. XXX S. 145 v. 19. X. 97. I C. 147/96.

L.=V.=G. §§ 103, 107, 109.

Hat der erste Richter, wenn auch zu Unrecht, das Pauschquantum außer Ansatz gelassen, so dürfen bei Einlegung der Berufung durch die betreffende Partei dieser nicht die ganzen Kosten der Vorinstanz nachträglich auferlegt werden, es würde dies eine reformatio in pejus sein.

Nr. 49. Bescheid v. 23. II. 98. III. 1269.

L.=V.=G. § 108.

Der Annahme, daß bei Erledigung eines V.=St.=V. ohne Entscheidung durch Zurücknahme der Klage ein Kostenfestsetzungsbeschluß hinsichtlich der von der einen Partei zu erstattenden Auslagen der anderen Partei nicht erlassen werden könne, ist nicht beizutreten. Daß auch in dem bezeichneten Falle die Verwaltungsgerichte das Recht und die Pflicht haben, die Auslagen behufs der Erstattung durch die Gegenpartei festzusetzen, ist bei der Beratung des § 108 des L.=V.=G. anerkannt worden und hat zur jetzigen Fassung des § 108 Anlaß gegeben (vgl. von Brauchitsch, Bd. I, 13. Aufl., Anm. 193 zum § 108 S. 119). Als die unterliegende Partei im Sinne der §§ 103 und 108 ist dabei diejenige anzusehen, welche die Klage zurückgenommen hat. Der Festsetzungsbeschluß ist nach Abs. 2 des § 108 seitens des Kollegiums des Gerichts zu erlassen (von Brauchitsch Anm. 195 zum § 108 S. 119).

Nr. 50. Entsch. v. 25. XI. 97. IV. 1989.

L.=V.=G. §§ 52, 112.

Die Vorschrift des § 52 Abs. 2 L.=V.=G. über die Wiedereinsetzung in den vorigen Stand im Falle unverschuldeter Versäumnis findet auch Anwendung bei der Versäumnis der Einspruchsfrist (§ 69 des Kommunalabgabengesetzes vom 14. VII. 93) in dem gesetzlich geordneten Einspruchsverfahren. Eine solche Wiedereinsetzung kann als stillschweigend gewährt erachtet werden, wenn auf den verspätet eingereichten Einspruch eine sachliche Entscheidung ergeht (Entsch. Bd. XXVI S. 255).

Nr. 51. Entsch. v. 5. VII. 97. IV. 1235.

L.=V.=G. § 112.

Nur der rechtzeitige Eingang der Klage (aus § 127 Abs. 3 L.=V.=G.) bei dem zur Entscheidung berufenen Gerichte ist nach dem Gesetze im Stande, die Klagefrist zu wahren, nicht der Eingang bei einer der Beschwerde=Instanzen. Mag die Einreichung der Klage bei der ersten Beschwerde=Instanz auf Rechtsirrtum beruhen oder nicht, jedenfalls ist die hierdurch veranlaßte Versäumung der Frist kein unabwendbarer Zufall, sondern verschuldet durch den Kläger selbst oder seinen Vertreter. Eine Verpflichtung der Beschwerdeinstanz, Schriftstücke, die unrichtigerweise bei ihr eingereicht werden, unverzüglich an die zuständige Behörde weiter zu versenden oder dem Einsender zurückzugeben, besteht nicht. Der Kläger ist nicht befugt, mit einer planmäßig nach den Bedürfnissen des Verkehrs geregelten Weiterbeförderung zu rechnen, wie dies der Fall ist, wenn er das Schriftstück der Post übergiebt. In letzterem Falle kann die Überschreitung der regelmäßigen Beförderungszeit unter Umständen als unabwendbarer Zufall gelten.

Nr. 52. Entsch. v. 24. XI. 94. IV. 1449.

L.-V.-G. § 112.

1. Wie aus § 112 des L.-V.-G. zu entnehmen, ist der Antrag auf Wiedereinsetzung in den vorigen Stand an eine Frist von zwei Wochen gebunden, welche mit dem Ablauf desjenigen Tages, an welchem das Hindernis gehoben ist, beginnen soll.

2. Der Antrag auf Wiedereinsetzung in den vorigen Stand kann, wie der Gerichtshof in feststehender Judikatur angenommen hat, nicht darauf gegründet werden, daß die Parteien denjenigen Schriftsatz, welcher die Klage oder ein Rechtsmittel einführt, an unzuständiger Stelle und in der Erwartung eingereicht haben, daß derselbe noch rechtzeitig an die zuständige Stelle abgegeben werden würde. Mag es auch in der amtlichen Fürsorge der Behörden begründet sein, nach Möglichkeit darauf zu sehen, daß den Parteien die ihnen zustehenden Rechtsbehelfe nicht durch Fristenablauf verloren gehen, so kann doch, wenn letzteres gleichwohl geschehen und wenn auch der Ablauf der Frist durch rechtzeitige Zurückgabe oder durch rechtzeitige Abgabe des Schriftsatzes an die zuständige Stelle hätte verhütet werden können, ein Recht der Partei, solche Zurückgabe oder Abgabe zu verlangen, nicht anerkannt und es kann ein unabweisbarer Zufall im Sinne des § 112 nicht darin gefunden werden, daß der an unzuständiger Stelle eingereichte Schriftsatz nicht rechtzeitig an die zuständige Behörde abgegeben worden ist.

Nr. 53. Entsch. v. 29. V. 95. IV. 830.

L.-V.-G. § 112; Civ.-Proz.-Ord. § 162.

1. Die Vorschrift im § 162 der Civ.-Proz.-Ord., nach welcher Zustellungen, welche in einem anhängigen Rechtsstreite geschehen sollen, an den für die Instanz bestellten Prozeßbevollmächtigten erfolgen müssen, ist nach der konstanten Judikatur des O.-V.-G. für das Verwaltungsstreitverfahren unanwendbar (vergl. von Brauchitsch, Bd. I S. 62 Note 86), und kann erst recht nicht auf das demselben vorausgehende Beschlußverfahren in den Beschwerde-Instanzen übertragen werden.

2. Der Kläger hat kein Recht darauf, zu verlangen, daß die unzuständige Stelle die ihr eingereichte Klageschrift rechtzeitig weiter befördere oder sie noch so an den Antragsteller zurückgebe, daß sie letzterer ohne Fristversäumnis der zuständigen Behörde übermitteln konnte. An diesem Grundsatz hat das O.-V.-G. stets festgehalten, wenn es auch freilich immer wieder dabei hervorgehoben hat, wie es der Stellung und der amtlichen Fürsorge der Behörden entspricht, nach Möglichkeit darauf Bedacht zu nehmen, daß den Parteien die ihnen zuständigen Rechtsbehelfe nicht durch Fristenablauf verloren gehen. Wird die Klageschrift von der unzuständigen Stelle nicht fristzeitig weiter befördert oder zurückgegeben,

und wurde also in dieser Beziehung die Voraussetzung des Klägers, die kein Anspruch, sondern eine bloße Erwartung ist, getäuscht, so liegt hierin kein unabwendbarer Zufall im Sinne des § 112 des L.-V.-G. Die Fristversäumnis wäre garnicht eingetreten, wenn die Klage an zuständiger Stelle eingereicht worden wäre, woran der Kläger nicht behindert gewesen. Hat er sich aber in einer Erwartung getäuscht, auf deren Erfüllung er keinen Rechtsanspruch hatte, so kann er hierin nicht einen unabwendbaren Zufall finden wollen.

Nr. 54. Entsch. Bd. XXX S. 290 v. 11. V. 96. III A. 60/95.

L.-V.-G. §§ 52, 112, 127, 130.

Nach § 52 des L.-V.-G. können die Verwaltungsbehörden gegen den Ablauf der Beschwerdefristen Wiedereinsetzung in den vorigen Stand gewähren, ohne hierbei an bestimmte Vorschriften und Formen gebunden zu sein. Hat z. B. der Oberpräsident über eine Beschwerde (§ 130) sachlich befunden, ohne ihre verspätete Anbringung zu rügen, so liegt hierin eine stillschweigende thatsächliche Wiedereinsetzung in den vorigen Stand (Entsch. Bd. XXI S. 244, Bd. XXVI S. 254).

Nr. 55. Bescheid v. 27. IV. 95. IV. 592.

L.-V.-G. §§ 95 Abs. 2, 112, 127, 128.

1. Der § 95 Abs. 2 des L.-V.-G. sagt ausdrücklich, daß die Anmeldung und Rechtfertigung der Revision bei demjenigen Gerichte zu erfolgen habe, welches in erster Instanz entschieden hat. Daß die Frist auch dann gewahrt sei, wenn die Anmeldung und Rechtfertigung der Revision beim Gerichte zweiter Instanz rechtzeitig eingegangen sei, ist nirgends gesagt. Die Bestimmung des § 129 L.-V.-G. findet, wie sich aus dem Inhalte dieses Paragraphen klar ergiebt, nur auf Klagen im Falle des § 128, also gegen Verfügungen der Orts- und Kreispolizeibehörden, Anwendung, es ist aber nicht zulässig, diese Bestimmung analog auch für die Einlegung von Rechtsmitteln gegen ergangene Erkenntnisse gelten zu lassen.

2. Der § 112 L.-V.-G. gewährt demjenigen die Wiedereinsetzung in den vorigen Stand, der durch Naturereignisse oder andere unabweisbare Zufälle verhindert worden ist, die im Verwaltungs-Streitverfahren vorgeschriebenen Fristen inne zu halten. Die von einem Bevollmächtigten vorgenommenen Prozeßhandlungen sind für die Partei in gleicher Weise verpflichtend, als wenn sie von der Partei selbst vorgenommen wären (§ 81 der Civ.-Proz.-Ord.), und ein Verschulden des Bevollmächtigten dabei kann auch für die Partei nicht als Naturereignis oder anderer unabwendbarer Zufall angesehen werden. Es ist überhaupt nach dem Wortlaute und dem Sinne des § 112 nicht zulässig, die Wiedereinsetzung in den vorigen Stand von dem Mangel eines Verschuldens abhängig machen zu wollen. Es hat dieses auch in den Motiven zu § 211 der Civ.-Proz.-Ord. (§ 204 des Entwurfs), welcher Paragraph für den Civilprozeß die Wiedereinsetzung in den vorigen Stand in gleicher Weise regelt, wie der § 112 des L.-V.-G. für das Verwaltungsstreitverfahren, einen klaren Ausdruck gefunden. Es heißt dort: „Die Wiedereinsetzung in den vorigen Stand wird dem Restitutionsgrunde nach auf Naturereignisse und andere unabwendbare Zufälle (vis major) eingeschränkt. Während der Begriff des „Mangels an Verschulden" leicht einer laxen Interpretation ausgesetzt ist, hat das Erfordernis der vis major bereits auf dem Gebiete des Handelsrechts (Deutsches Handelsgesetzbuch Art. 395) Eingang und bestimmte Anwendung gefunden." Es kommt hiernach nicht darauf an, ob ein Verschulden oder Versehen auf Seiten des Bevoll-

mächtigten der Beklagten vorhanden ist, vielmehr handelt es sich nur darum, ob die Versäumung der Revisionsfrist auf einem unabwendbaren Zufall beruht (vergl. Entsch. des Reichsgerichts Bd. III S. 421). Unter „*unabweisbaren Zufällen*“ sind aber nur solche Ereignisse zu verstehen, welche durch die äußerste, nach Lage der Sache vernünftigerweise zu erwartende Vorsicht weder ganz zu verhindern, noch unschädlich zu machen sind (vergl. Erkenntnis des Reichsgerichts v. 5. XI. 1880, Entsch. Bd. II S. 426). Ein „unabwendbarer Zufall“ in diesem Sinne ist darin nicht zu erkennen, daß der Vertreter der Partei die Revisionsschrift zunächst einer *unzuständigen* Behörde eingereicht hat, und daß sie deshalb bei der zuständigen Behörde nicht mehr rechtzeitig eingehen konnte.

Nr. 56. Entsch. Bd. XXX S. 441 v. 4. V. 96. III A. 70/95.

Ges. v. 8. IV. 47 § 2 (G.-S. S. 170; Verord. v. 1. VIII. 79 § 4 (G.-S. S. 573); L.-V.-G. §§ 48, 50 Abs. 3, 60, 113 Abs. 5, 132 ff.: Zust.-Ges. § 39; Verord. v. 7. IX. 79 (G.-S. S. 591); Vorflutges. § 10.

1. Der Umstand, daß eine *Verwaltungsstreitsache*, in welcher der *Kompetenzkonflikt* erhoben worden, schon vom Verwaltungsgerichte *rechtskräftig entschieden* ist und nur noch in der *Zwangsvollstreckungsinstanz* schwebt, steht der Erhebung des *Kompetenzkonflikts nicht* entgegen. Bereits *vor* dem Gesetze vom 8. IV. 1847 war fast durchweg anerkannt gewesen, daß gegen *rechtskräftige* Urteile der Gerichte der *positive* Kompetenzkonflikt nicht mehr erhoben werden könne. Nur vorübergehend hatte eine andere Ansicht Platz gegriffen, war indessen schon vor dem Erlasse des Ges. vom 8. IV. 1847 wieder aufgegeben worden, indem das Staatsministerium sich in der Sitzung vom 5. VII. 1845 dahin einigte, daß gegen *rechtskräftige Erkenntnisse* der Gerichte der Kompetenzkonflikt nicht mehr zugelassen werden solle (Loening im Verw.-Arch. Bd. 3 S. 164 ff., Oppenhoff, Ressortverhältnisse S. 475 Anm. 28). Auf dem gleichen Standpunkte steht dann das Ges. vom 8. IV. 1847. Es hat denn auch der Gerichtshof zur Entscheidung der Kompetenzkonflikte in zahlreichen Fällen ausgesprochen, daß durch Erhebung des Kompetenzkonflikts eine durch die *Gerichte rechtskräftig* entschiedene Sache *nicht* zur abermaligen *Entscheidung* an die Verwaltungsbehörden gebracht werden kann (die Zusammenstellung in von Roenne, Ergänzungen der Preußischen Rechtsbücher, Bd. III, V. Ausg. S. 138/139, ferner Parey, Rechtsgrundsätze des Gerichtshofs zur Entsch. der Kompetenzkonflikte, S. 9 Nr. 10, S. 60 Nr. 232, S. 135 Nr. 538, S. 138 Nr. 550). Entsprechend bestimmt jetzt der § 4 Abs. 2 der Verordnung vom 1. VIII. 79, daß der *Kompetenzkonflikt* nicht erhoben werden kann, wenn die Zulässigkeit des Rechtswegs in der Sache durch *rechtskräftiges* Urteil des Gerichts feststeht. Diese Unzulässigkeit des Kompetenzkonflikts gegenüber einem rechtskräftigen Urteile gilt jedoch nur, soweit sich der Kompetenzkonflikt gegen das, was *urteilsmäßig festgestellt worden ist*, richtet und *dessen nochmalige Entscheidung durch die Verwaltungsbehörde* bezweckt, *nicht* auch, wenn es sich allein darum handelt, die *Ausführung des Urteils*, das als solches durchaus bestehen bleiben soll, der Verwaltungsbehörde zu verschaffen, weil diese für die *Vollstreckung des rechtskräftigen Urteils* zuständig sei (Oppenhoff, S. 477 Anm. 38).

2. Es kann keinem Bedenken unterliegen, die *vorstehenden Grundsätze* auch bei dem im § 113 Abs. 5 Satz 1 des L.-V.-G. bezeichneten *Kompetenzkonflikte* zwischen der zur Entscheidung im V.-St.-V. berufenen Behörde und einer anderen Verwaltungsbehörde *zur Anwendung zu bringen*. Es ist namentlich ähnlich, wie früher der Rheinische Gerichtsvollzieher und in dem nichtrheinischen Rechtsgebiete der die Exekution verfügende Richter unter den Gerichten, zwischen denen und den Verwaltungsbehörden der Kompetenzkonflikt

nach dem Gesetze vom 8. IV. 47 stattfindet, mitverstanden worden ist, auch der Vorsitzende des Verwaltungsgerichts, der Namens desselben gemäß § 60 des L.-V.-G. die Vollstreckung verfügt, zu den zur Entscheidung im V.-St.-V. berufenen Behörden, zwischen denen und anderen Verwaltungsbehörden der Kompetenzkonflikt nach dem § 113 des L.-V.-G. stattfindet, zu rechnen. Ein rechtskräftiges verwaltungsgerichtliches Urteil bleibt daher zwar bestehen und ist wirksam, auch wenn dabei das Verwaltungsgericht seine Zuständigkeit überschritten und in die einer anderen Verwaltungsbehörde eingegriffen haben sollte, und eine abermalige Entscheidung der so entschiedenen Sache durch eine andere Verwaltungsbehörde sowie die Erhebung des Kompetenzkonflikts zu dem Zwecke ist ausgeschlossen. Dagegen kann ein Streit darüber, ob zur Vollstreckung eines verwaltungsgerichtlichen Urteils die zur Entscheidung im Verwaltungsstreitverfahren berufen gewesene Behörde oder eine andere Verwaltungsbehörde zuständig ist, auf dem im § 113 geordneten Wege zum Austrage gebracht werden.

3. Mit dem § 60 des L.-V.-G. ist das Recht und die Pflicht zur Vollstreckung der verwaltungsgerichtlichen Urteile ausschließlich den Verwaltungsgerichten selbst und deren Vorsitzenden als solchen, die den Vorsitzenden in ihrer Eigenschaft als vorsitzenden Mitgliedern der Verwaltungsgerichte, die insoweit an der Unabhängigkeit der Verwaltungsgerichte Teil nehmen, nicht als den Anweisungen ihrer vorgesetzten Behörden Folge zu leisten verpflichteten Verwaltungsbeamten, die sie daneben sind, übertragen und zum Ausdrucke gebracht, daß die Abänderung der zur Vollstreckung eines verwaltungsgerichtlichen Urteils erlassenen Verf. des Vorsitzenden desjenigen Verwaltungsgerichts, welches in der ersten Instanz entschieden hatte, lediglich mittelst der im § 60 bezeichneten Beschwerde bei diesem Verwaltungsgerichte und der weiteren Beschwerde bei dem im Instanzenzuge zunächst höheren Verwaltungsgerichte zu erreichen ist. Dies gilt sowohl für solche verwaltungsgerichtliche Urteile, deren Vollstreckung durch Beitreibung eines Geldbetrages erfolgen kann, als auch für die Urteile, welche auf eine Handlung oder Unterlassung gehen. Daß die Vorschrift des § 48 des L.-V.-G., wonach die dienstliche Aufsicht über die Geschäftsführung des Kreis- (Stadt-) Ausschusses von dem Regierungspräsidenten, in Berlin von dem Oberpräsidenten, die Aufsicht über die Geschäftsführung des Bezirksausschusses von dem Oberpräsidenten geführt wird, nicht entgegensteht, liegt auf der Hand; die dienstliche Aufsicht, von der hier die Rede ist, betrifft nur den äußeren Geschäftsbetrieb, Geschäftsverzögerungen u. dergl. Ebensowenig folgt etwas anderes aus dem § 50 Abs. 3 des L.-V.-G. Ähnliches bestimmte bereits der § 39 des Zust.-Ges. v. 26. VII. 76. Diese Bestimmung war in den Entwurf des Ges. von der Kommission des Abgeordnetenhauses eingefügt worden, weil man aus der Zulassung des Verwaltungsstreitverfahrens gegen polizeiliche Verfügungen zu Unrecht gefolgert habe, daß den vorgesetzten Behörden jede amtliche Wirkung auf polizeiliche Exekutivakte der ihnen untergebenen Behörden entzogen, daß ihnen namentlich verwehrt werde, die Aufhebung einer von ihnen als ungerechtfertigt befundenen Anordnung zu erzwingen. In letzter Beziehung erscheine ein neues Gesetz nicht erforderlich, sondern es genüge, das gültige Recht durch Deklaration festzustellen, um das Aufsichtsrecht gegen eine irrige Auffassung der anscheinend auf dasselbe bezüglichen Vorschriften sicher zu stellen. Diese Deklaration gebe der § 41 der Kommissionsbeschlüsse — demnächstige § 39 des Ges. — (Drucksachen des Abgeordn.-H., 12. Legislaturperiode, III. Session, 1876, Nr. 206 S. 10 und Nr. 230 S. 20 u. 21). Nach dieser Begründung

und nach seiner Stellung in dem IV. Titel des Gesetzes: „Von den Rechtsmitteln gegen polizeiliche Verfügungen und von dem Zwangsverfahren der Orts- und Kreispolizeibehörden“ bezog sich der § 39 nur auf das Verhältnis zwischen den Polizeibehörden und deren vorgesetzten Behörden und schuf kein neues Recht, sondern bestätigte nur das bestehende Recht und hielt es aufrecht. Der § 50 Abs. 3 des L.-V.-G., der unter den allgemeinen Vorschriften über das Verfahren in Verwaltungsstreitsachen und in Verwaltungssachen steht, hat zwar eine über den Kreis der Polizeibehörden hinausgehende Bedeutung, auch er will jedoch kein neues Recht schaffen, sondern blos die Fortgeltung einer nach anderweiten Vorschriften bestehenden Befugnis sichern. Den Verwaltungsgerichten und ihren Vorsitzenden gegenüber hat es aber eine Befugnis staatlicher Aufsichtsbehörden, ihre Verfügungen und Anordnungen außer Kraft zu setzen oder sie mit Anweisungen zu versehen, abgesehen von der formalen Dienstaufsicht über die Geschäftsführung (§ 48) nicht gegeben und kann es bei der ihnen überhaupt und durch den § 60 auch bei der Vollstreckung der verwaltungsgerichtlichen Urteile eingeräumten Unabhängigkeit und Selbstständigkeit weder sonst, noch insbesondere hinsichtlich der Verfügungen und Anordnungen in der Vollstreckungsinstanz geben.

4. Weder im § 60 L.-V.-G. noch sonst ist für die Vollstreckung der verwaltungsgerichtlichen Urteile, soweit es sich um das Recht und die Pflicht zu ihr und um die Stellung der Verwaltungsgerichte und der Vorsitzenden der Verwaltungsgerichte bei ihr handelt, eine Unterscheidung zwischen den Urteilen je nach dem Gegenstande der Verurteilung gemacht. Insbesondere ist dies nicht dadurch geschehen, daß im § 60 gesagt ist, es erfolge die Vollstreckung im Wege des Verwaltungszwangsverfahrens, und daß die Verordnung v. 7. IX. 79 nur die Beitreibung von Geldbeträgen regelt. Hieraus kann höchstens entnommen werden, daß, wie für die Art und die Mittel der Beitreibung von Geldbeträgen auf Grund eines verwaltungsgerichtlichen Urteils auf die Ver. v. 7. IX. 79, so für die Art und die Mittel der Erzwingung von Handlungen oder Unterlassungen auf Grund eines hierauf gehenden verwaltungsgerichtlichen Urteils in Ermangelung anderer anwendbarer Vorschriften auf die §§ 132 ff. des L.-V.-G. zurückzugehen und von den hier geordneten Zwangsmitteln auch zur Vollstreckung der Urteile auf Handlungen und Unterlassungen Gebrauch zu machen ist, wie dies z. B. von von Stengel, Die Organisation der Preußischen Verwaltung, S. 554, angenommen wird.

Sechste Abteilung.

Entscheidungen in Steuersachen.

I.

Einkommensteuer.

1. Steuerpflicht der physischen Personen.

A. Unbeschränkte subjektive Steuerpflicht.

Litteratur: Fuisting, Rechtsschutz bei der Einkommensbesteuerung, Berlin 1896. — Derselbe, das preußische Einkommensteuergesetz vom 24. Juni 1891, 4. Aufl. Berlin 1898. — Maatz, die kaufmännische Bilanz und das steuerbare Einkommen, 2. Aufl. Berlin 1898. — Simon, Bilanzen der Aktiengesellschaften und Kommanditgesellschaften auf Aktien, 2. Aufl. Berlin 1898.

Nr. 1. Entsch. Bd. VI S. 18 v. 26. IV. 97. E X d. 3/96.

Eink.-St.-Ges. § 1^{2a}; Erg.-St.-Ges. § 2 I.
Ges. v. 13. V. 70 (B.-G.-Bl. S. 119) wegen Beseitigung der Doppelbesteuerung § 1 Abs. 2.

Ein Hamburgischer Staatsangehöriger, der sich seit dem 1. IV. 1891 in der Gemeinde A. in Preußen als Geistesschwacher nach dem Willen seines gesetzlichen Vertreters in Privatpflege befindet, ist in Preußen einkommen- und ergänzungssteuerpflichtig, weil er, ohne in seinem Heimatsstaate Hamburg einen Wohnsitz zu haben, zur Zeit der Steuerveranlagung in Preußen wohnte, bezw. sich wenigstens hier aufhielt. Die Verwaltung und Versteuerung seines Vermögens in Hamburg kann einen Wohnsitz daselbst nicht begründen, da das Innehaben einer Wohnung mit der aus den Umständen zu entnehmenden Absicht der dauernden Beibehaltung einer solchen fehlt.

Nr. 2. Entsch. Bd. VI S. 19 v. 24. VI. 97. E XI a. 4/96.

Ges. v. 13. V. 70 (B.-G.-Bl. S. 119) wegen Beseitigung der Doppelbesteuerung § 1 Abs. 2.

1. Voraussetzung des Wohnsitzbegriffes ist das thatsächliche Innehaben einer standesmäßigen Wohnung mit dem ausschließlichen Verfügungsrechte. Es genügt daher nicht, wenn jemand an einem Orte zwei Zimmer in einem Gasthofe gemietet hat mit dem Rechte, sie während seiner Anwesenheit an dem Orte zu benutzen, während bei seiner Abwesenheit dem Wirte volle Verfügungsfreiheit über sie geblieben ist.

2. Im vorliegenden Falle handelte es sich um die preußische Steuerpflicht eines Lippeschen Staatsangehörigen. Für die Thatsache eines Wohnsitzes in jenem in Lippe belegenen Orte führte er ferner an, daß in der Aufnahmeurkunde des Fürstlich Lippeschen Ministeriums die „Niederlassung" in B. bescheinigt sei und daß die Zahlung von Staatssteuern in Lippe stattfände. Beides ist unerheblich. Denn der Begriff der „Niederlassung" braucht sich mit dem des Wohnsitzes im gedachten Sinne nicht zu decken, und die Besteuerung derselben Person in mehreren Bundesstaaten ist durch das Reichsges. vom 13. V. 70 nicht unbedingt, sondern nur unter bestimmten Voraussetzungen verboten.

3. Ueber die Art und Dauer des Aufenthaltes als Vorbedingung der Zulässigkeit der Besteuerung fehlt es an gesetzlichen Bestimmungen. Zweifellos kann es nicht die Absicht eines auf die „Beseitigung der Doppelbesteuerung" abzielenden Reichsgesetzes gewesen sein, beim Mangel eines Wohnsitzes in Deutschland das Besteuerungsrecht eines Bundesstaates an einen beliebig gearteten, namentlich einen ganz vorübergehenden Aufenthalt zu knüpfen. Eine gewisse Stetigkeit und Dauer des Aufenthaltes an demselben Orte oder wenigstens in dem Gebiete desselben Bundesstaates ist eine notwendige Vorbedingung für die Zulässigkeit der Besteuerung.

Nr. 3. Entsch. Bd. VI S. 290 v. 23. XII. 97. VII e. 485/96.

Eink.-St.-Ges. § 1 und Ausf.-Anw. Art. 1.

1. Der Steuerpflichtige, Oesterreichischer Staatsangehöriger, mit dem Wohnsitze in Wien, war in seiner Stellung eines höheren Wirtschaftsbeamten des N. N. zu Wien in dessen Auftrage seit dem Jahre 1885 in längeren oder kürzeren Zwischenräumen auf dem in Preußen belegenen N. N.'schen Gute A. erschienen, um die Wirtschaft zu beaufsichtigen, d. h. namentlich um die dort wohnenden Wirtschaftsbeamten mit sachgemäßer Anweisung zu versehen und die Wirtschaftsrechnungen in bestimmter Richtung zu prüfen. Für die Dauer des Aufenthaltes wurden ihm von dem Auftraggeber möblierte Zimmer bald im Schlosse, bald im Gartenhause, zum Wohnen eingeräumt.

2. Das O.-V.-G. verneinte seine Steuerpflicht

a) auf Grund des Aufenthaltes, denn es fehlt diesem die notwendige Stetigkeit oder ständige Dauer. Sofern die Absicht des Aufenthaltnehmers von vornherein ersichtlich und erweislich auf ein nur vorübergehendes — dem Zeitmaße nach selbstverständlich nicht genau abgrenzbares — Verweilen gerichtet ist, dazu noch, wie hier, unter Beibehaltung des vorhandenen ständigen Wohnsitzes im Auslande, und insoweit diese Absicht thatsächlich durchgeführt wird, kann ein derart vorübergehender — besuchartiger — Aufenthalt des Ausländers in Preußen die Steuerpflicht nicht begründen, auch nicht durch Wiederholung des Aufenthaltes in ähnlicher Art;

b) auf Grund des Wohnsitzes, denn die nächste Voraussetzung des Wohnsitzbegriffes, das thatsächliche Innehaben einer standesmäßigen Wohnung mit dem ausschließlichen Verfügungsrechte trifft auf die benutzten Wohnräume nicht zu.

Dagegen wurde in Entsch Bd. VI S. 294 vom 28. I. 97. III 45/97 die subjektive Steuerpflicht in einem Falle anerkannt, wo der Beschwerdeführer am 30. VIII. 95, aus Rußland kommend, in Berlin angezogen war und schon am 14. IX. 95 zu Protokoll erklärt hatte, daß er in der A.-Straße wohne, vom 1. X. ab von dieser Wohnung aus ein Inkassogeschäft und Auskunftsbureau betreiben und als Personal einen Korrespondenten und einen Buchhalter halten werde, zumal er am 27. II. 96 zu Protokoll zugestanden hatte, „daß er sich seit September 95 des Erwerbes wegen in Berlin aufhalte." Die Thatsache des Aufenthaltes um des Erwerbes willen entscheidet. Ob er mit dieser Absicht nach Berlin gekommen war, ist ebensowenig von Belang, wie der Umstand, daß er bei seinem Anzuge und Aufenthalte in Berlin keine Genehmigung zum dauernden Aufenthalte seitens der Polizeibehörde erhalten hatte und ihm in der Folge die Erlaubnis zum Aufenthalte entzogen wurde.

B. Beschränkte subjektive Steuerpflicht.

Nr. 1. Entsch. Bd. VI S. 111 v. 24. V. 97. VI. 1/97.

Eink. St.-Ges. §§ 2a, 6⁴, 9 I, 18, 19; Ausf.-Anw. Art. 21², 24⁵, 25⁴.

1. Unter „Ausland" im Sinne des Eink.-St.-Ges. ist nur das außerdeutsche Ausland zu verstehen. Für einen nichtpreußischen deutschen Staat gebraucht das Ges. die Bezeichnung „ein anderer Bundesstaat". Vergl. E.-O.-V. in St. Bd. I S. 118. Ein Preußischer Staatsbeamter mit Wohnsitz in Bremen ist daher von der ganzen aus der Preußischen Staatskasse gezahlten Besoldung steuerpflichtig. Dabei kommt es nicht darauf an, unter welcher Bezeichnung die Besoldung gewährt wird, und ob diese bei der Pensionierung anrechnungsfähig ist oder nicht.

2. Die Regel, daß bei Besteuerung wegen Besoldung aus der Preußischen Staatskasse gemäß § 2 des Eink.-St.-Ges. von diesem Einkommen völlig unabhängige Ausgaben nicht abzugsfähig sind (vergl. E.-O.-V. in St. Bd. III S. 68) schließt nicht aus, daß Beiträge zu Kranken-, Unfall-, Alters- und Invalidenversicherungs-, Witwen-, Waisen- und Pensionskassen unter gewissen Umständen zum Abzuge zugelassen werden. Dies muß geschehen, wenn die Verpflichtung zur Entrichtung der fraglichen Kassenbeiträge durch eine gesetzliche oder anderweite rechtsverbindliche Vorschrift mit dem Amte in sachlicher Verbindung steht, der Beitritt zu der fraglichen Kasse also nicht lediglich von dem freien Willen abhängt. Wenn eine solche, insbesondere also auch eine von der zuständigen Dienstbehörde erlassene zwingende Vorschrift in Betreff der Zahlung der Kassenbeiträge besteht, so gelangt das Einkommen aus der fraglichen Quelle überhaupt nicht in den Genuß des Bezugsberechtigten ohne die gleichzeitige Entstehung der entsprechenden Beitragspflicht; durch diese wird also auch jenes gemindert.

Mit der vorstehenden Auffassung steht allerdings die Bestimmung des Art. 25 Nr. 3 der Ausf.-Anw. v. 5. VIII. 91, daß Abzüge von persönlichen Kassenbeiträgen bei denjenigen Steuerpflichtigen, die der Einkommensteuer nur auf Grund der Bestimmung des Art. 2 daselbst (d. i. des § 2 Abs. 1 des Eink.-St.-Ges.) unterliegen, in keinem Falle gestattet sein sollen, insofern im Widerspruche, als dort ein Unterschied zwischen freiwilligen und den auf einer gesetzlichen oder anderen rechtsverbindlichen Vorschrift beruhenden Kassenbeiträgen nicht gemacht ist. Vergl. auch Verf. v. 24. XII. 92 in Heft 26 S. 4 der Mitt. aus der Verw. der dir. Steuern. Jener Bestimmung kann aber in Betreff der Kassenbeiträge der letzteren Art, weil sie insoweit mit dem geltenden Rechte nicht im Einklange steht, entscheidende Bedeutung nicht beigemessen werden.

Nr. 2. Entsch. Bd. VI S. 207 v. 18. VI. 97. V. 1/97.

Eink.-St.-Ges. § 6; Ges. v. 13. V. 70 (B.-G.-Bl. S. 119) wegen Beseitigung der Doppelbesteuerung § 4.

1. Nach Artikel 4 des Vertrages zwischen Preußen und dem Deutschen Bundesstaate A., betreffend den Anschluß des Gebietes des letzteren an den Bezirk des Preußischen Landgerichts zu B. und des Preußischen Oberlandesgerichts

zu C., vom 7. X. 78 werden unter anderem beim Landgerichte zu B. drei Richterstellen und eine Staatsanwaltsstelle in der Weise besetzt, daß die Preußische Staatsregierung diese Stellen an diejenigen Personen verleiht, die von der Regierung zu A. in Vorschlag gebracht werden, und im Art. 11 Abs. 2 dieses Vertrages ist bestimmt, daß die Beträge, die die Preußische Staatskasse den nach Art. 4 ernannten Beamten oder deren Angehörigen an Besoldung, Pension oder Gnadenbezügen zu zahlen hat, am Jahresschlusse durch die Staatskasse von A. erstattet werden.

2. Das O.-V.-G. entschied, daß diese Dienstbezüge in Preußen steuerpflichtig seien. Gehälter, Pensionen u.s.w. sind nur von demjenigen Staate zu besteuern, dessen Kassen sie entstammen. Dem zahlenden Staate gebührt das Besteuerungsrecht, kein Bundesstaat darf Gehälter 2c. besteuern dürfen, die den Etat eines anderen belasten. Die fraglichen Stellen stehen auf dem Preußischen Etat, die Beamten sind Preußische Beamte und haben ein Recht auf Gehaltszahlung gegen den Preußischen Staat. Die spätere Erstattung der Bezüge durch den Bundesstaat A. ändert an dieser Rechtslage nichts.

Nr. 3. Entsch. Bd. VI S. 154 v. 25. VI. 97. E III. 215/96.

Eink.-St.-Ges. §§ 1, 2, 9, 13; A.-L.-R. Teil I Tit. 9 §§ 368, 382, Tit. 17 §§ 115 ff.

1. Durch Erlangung des Miteigentumsrechtes an einer Erbschaft, zu der in Preußen belegene Grundstücke gehören, kommt auch derjenige, der nicht unbeschränkt — also nicht mit Rücksicht auf Staatsangehörigkeit, Wohnsitz oder Aufenthalt — steuerpflichtig ist, in den Besitz einer Preußischen Einkommensquelle.

2. Was die Abzugsfähigkeit von Schuldenzinsen im Falle beschränkter Steuerpflicht anlangt, so ist zu unterscheiden zwischen Zinsen einer auf Erbschaftsgrundstücken ruhenden Hypothekenschuld und Zinsen einer Schuld, mit der der Schuldner für seine Person einer Nachlaßmasse verhaftet ist. Während die ersteren gemäß § 9 I 2 ohne Zweifel abzugsfähig sind (vergl. E.-O.-V. in St. Bd. II S. 107), ist hinsichtlich der letzteren die Anwendbarkeit des § 9 I 2 des Eink.-St.-Ges. auf den zu ermittelnden Thatbestand genau zu prüfen und insbesondere auch die Tragweite der dem Miterben vor der Teilung der Erbschaft im A.-L.-R. eingeräumten Rechtsstellung sorgfältig zu erwägen. Danach steht der Veranlagte, wenn er ein gewöhnliches Darlehen von der Erblasserin erhalten hat, hinsichtlich dieses der Erbschaft wie ein Dritter gegenüber. Wegen Mangels der Eintragung darf dann das Darlehen bei dem Einkommen aus dem Preußischen Grundeigentume nicht berücksichtigt werden.

Nr. 4. Entsch. Bd. VI S. 240 v. 8. X. 97. V A. 92/97.

Eink.-St.-Ges. § 2b; Ausf.-Anw. Art. 2c.

1. Ein auswärtiger Unternehmer besitzt nur dann im Inlande eine gewerbliche Betriebsstätte, wenn daselbst eine zu ihm in einem Dienstverhältnisse befindliche Person für ihn thätig ist. Ist diese Mittelsperson persönlich selbständig, dem Willen und der Leitung des Unternehmers nicht unterworfen, so mag sie ihr eigenes selbständiges Gewerbe betreiben, aber sie kann alsdann durch ihre Thätigkeit einen Gewerbebetrieb des auswärtigen Unternehmers nicht vollziehen. Für die Annahme eines solchen ist entscheidend, daß die Mittelsperson Handlungen, die ihr von dem Unternehmer aufgetragen werden, auf Grund des zu diesem durch den eingegangenen Vertrag begründeten Abhängigkeitsverhältnisses vorzunehmen verpflichtet ist. Dagegen macht der Umstand, daß sie

zur Vornahme einer Handlung, zu der sie nicht verpflichtet ist, der Genehmigung des Unternehmers bedarf, sie noch nicht zum Organe des Unternehmers. Ein Agent, der als selbständiger Gewerbetreibender fungiert, kann zum Beispiel von der Vermittelung von Geschäften Abstand nehmen, wenn ihm die Personen, die mit seinem Auftraggeber durch seine Vermittelung Geschäfte machen wollen, nicht passen.[1])

2. Dient ein Lager zur Ausführung von Abschlüssen, die vorher mit der Kundschaft gemacht sind (sogen. Dispositionslager), so erscheint der mit der Verwaltung des Lagers beauftragte Agent insoweit als Organ der Gesellschaft, wenn er die lagernden Waren gerade denjenigen auszuliefern hat, die ihm speziell oder generell seitens der Gesellschaft bezeichnet werden, so daß er in dieser Hinsicht dem Willen der letzteren unterworfen ist und des eigenen Willens entbehrt. Daß ein Abhängigkeitsverhältnis auch bei einem solchen, der nur einem sogen. Musterlager vorsteht, bestehen kann, ist nicht zweifelhaft.

2. Einkommen der physischen Personen.

A) Allgemeine Grundsätze.

a) Das steuerpflichtige Einkommen.

Nr. 1. Entsch. Bd. VI S. 127 v. 26. V. 97. V. I b. 19/96.

Eink.-St.-Ges. § 6[5]; Reichsges. v. 22. V. 93 (R.-G.-Bl. S. 171) betr. einige Abänderungen und Ergänzungen der Mil.-Pens.-Ges. &c. Art. 18.

Von der Besteuerung sind ausgeschlossen die auf Grund gesetzlicher Vorschrift gewährten Verstümmelungszulagen nicht nur der Kriegsinvaliden, sondern auch der Friedensinvaliden. Denn da Art. 18 des Ges. v. 22. V. 93 vorschreibt, daß die auf Grund der §§ 13, 56, 72, 89 bis 93 des Ges. v. 27. VI. 71 gewährten Verstümmelungszulagen bei der Veranlagung zu den Steuern und anderen öffentlichen Abgaben jeder Art außer Ansatz bleiben sollen, während das Eink.-St.-Ges nur die Besteuerung der den Kriegsinvaliden gewährten Verstümmelungszulagen &c. ausschließt, so stehen sich zwei Gesetzesbestimmungen gegenüber. Nach Art. 2 der Reichs-Verf. v. 16. IV. 71 gehen Reichsgesetze den Landesgesetzen vor, es hat sich mithin durch Art. 18 des Ges. v. 22. V. 93 eine Erweiterung des § 6 Nr. 5 des Eink.-St.-Ges. bezüglich der Friedensinvaliden vollzogen.

---

[1]) Vgl. Entsch. Bd. VI S. 241 i. d. Anmerkung v. 14. X. 97 $\frac{\text{VI A 41, 42}}{\text{E XIII C 15, 16}}$ 97. Voraussetzung der subjektiven Steuerpflicht einer auswärtigen Firma in Preußen ist die thatsächliche Feststellung, daß es sich nicht um einen Agenturbetrieb, sondern um den eigenen Betrieb der Firma durch den Agenten handelt. Daß der Agent ein „ständiger" ist, daß er zum „Nutzen" und in „Wahrnehmung der Interessen" der Firma handelt, daß ein „Bedürfnis einer ständigen Vertretung" besteht, ist unwesentlich. Denn auch der sein eigenes Gewerbe, nämlich das Vermittelungsgewerbe, betreibende Agent kann „ständig" sein und muß stets, wenn er sein Geschäft (Vermittelung) richtig betreibt, zum Nutzen der Firma und in Wahrnehmung ihrer Interessen handeln, weil er sonst überhaupt kein Geschäft vermitteln könnte. Ebensowenig ist der Geschäftsumfang beweisend, da auch ein selbständiger Agent die umfangreichsten Geschäfte machen kann.

Nach E.-O.-V. in St. Bd. V S. 163 ff. bildet die Thätigkeit von Mittelspersonen für einen auswärtigen Unternehmer einen stehenden Gewerbebetrieb für diesen nur dann, wenn erstere in einem persönlichen Dienst- und Abhängigkeitsverhältnisse zu dem Unternehmer stehen, so daß sie seinem Willen und seiner beständigen Leitung unterworfen und eben dadurch seine Organe und Gehilfen sind.

Nr. 2. Entsch. Bd. VI S. 324 v. 14. I. 98. IX. 283/96.

Eink.-St.-Ges. § 6[5].
Ges. v. 4. IV. 74 § 11 in der Fassung des Art. 7 des Ges. v. 22. V. 93 (R.-G.-Bl. S. 171 ff.) betr. einige Änderungen und Ergänzungen der Mil.-Pens.-Ges.

Die den Kriegsinvaliden gewährte Zulage für den Civilversorgungsschein (Anstellungsentschädigung) stellt sich als eine Pensionserhöhung dar und ist deshalb von der Besteuerung ausgeschlossen.

Nr. 3. Entsch. Bd. VI S. 197 v. 14. VI. 97. E V a. 14/96.

Eink.-St.-Ges. §§ 7, 8, 44; Ausf.-Anw. Art. 66.

1. Tritt für den Käufer bedingter Zinsforderungen — im vorliegenden Falle war am 20. Dezember 1886 der Zinsgenuß einer Hypothek von 18000 Mk. zu 5 % für die Zeit vom 1. I. 93 bis 1. I. 97 gegen sofortige Zahlung von 1000 Mk. gekauft worden und zur Entstehung der Zinsforderungen das Erleben der Fälligkeitstermine durch den Verkäufer notwendig — der Erwerb einer Zinsrate ein, so kann ihm weder Einkommen aus Kapitalvermögen, noch solches aus Rechten auf periodische Hebungen angerechnet werden; ihm fließt nur eine außerordentliche, nicht steuerpflichtige Einnahme zu.[1])

2. Die bei der Veranlagung zur Staatseinkommensteuer maßgebende steuerliche Beurteilung muß selbständig und unabhängig von denjenigen rechtlichen Erwägungen stattfinden, die in einem gerichtlichen Strafverfahren gegen den Steuerpflichtigen wegen Steuerhinterziehung ausschlaggebend gewesen sind.

b) Haushaltungsangehörige.

Nr. 1. Entsch. Bd. VI S. 12 v. 27. III. 97. E XIII e. 23/96.

Eink.-St.-Ges. § 11 und Ausf.-Anw. Art. 6.
Erg.-St.-Ges. § 5[4] und Ausf.-Anw. Art. 61[4].

Dem Einkommen und Vermögen des den gemeinsamen Haushalt mehrerer Geschwister Leitenden das Einkommen und Vermögen der Übrigen zuzurechnen, ist dann nicht gerechtfertigt, wenn dem Leitenden nicht auch kraft

---

[1]) Gleichmäßige Entsch. hinsichtlich einmaliger Überweisung von Zinsen durch Überlassungsvertrag ist in der Entsch. Bd. VI S. 200 in der Anm. v. 14. I. 98 E. I. b. 140/97 mit folgender Begründung getroffen:

In dem Auseinandersetzungs- und Gutsüberlassungsvertrage v. 7. II. 96 sind, abgesehen von den über die Feststellung und Belegung des Kaufpreises getroffenen Bestimmungen, der Steuerpflichtigen die Zinsen des der M. N. im Betrage von 7900 Mk. zugefallenen Erbteiles v. 1. VII. 96 bis 1. VII. 97 überwiesen worden. Diese Zinsen hat die Berufungskommission mit 237 Mk., also für die Zeit v. 1. VII. 96 bis zum 31. III. 97, dem steuerpflichtigen Einkommen der Beschwerdeführerin als Einkommen aus Kapitalvermögen zugerechnet. Aus welchem Rechtsgrunde die Überweisung der Zinsen an die Steuerpflichtige stattgefunden hat, ist nicht ersichtlich. Jedenfalls gehören diese Zinsen aber nicht zu den Jahreseinkünften im Sinne des § 7 Nr. 1 des Eink.-St.-Ges. Sie bilden kein Einkommen aus Kapitalvermögen, da das zinstragende Kapital nicht im Eigentume der Pflichtigen steht und auch nach Lage der Sache die Einräumung eines Nießbrauchsrechtes an dem gedachten Kapitale nicht feststellbar ist. Ebensowenig ist der Thatbestand eines Rechtes auf periodische Hebungen gemäß § 15 a. a. O. gegeben. Die übertragene Zinsensumme ist vielmehr als ein der Steuerpflichtigen gehörendes Kapital zu erachten, in Betreff dessen es unerheblich erscheint, ob der zahlende Schuldner der Post Zinsen abträgt, und kann hiernach dem steuerpflichtigen Einkommen nicht zugerechnet werden.

eigenen Rechtes die freie Verfügung über das Einkommen und Vermögen der von ihm wirtschaftlich abhängigen Geschwister zusteht. Ein solches Recht kann durch eine Generalvollmacht für die Vermögensverwaltung, für die Bewirtschaftung eines Gutes, für den Gewerbebetrieb nicht begründet werden.

Nr. 2. Entsch. Bd. VI S. 115 v. 24. V. 97. VI. 3/97.

Eink.-St.-Ges. §§ 9, 11, 18.

Der im § 18 des Eink.-St.-Ges. vorgesehene Abzug für alle noch nicht 14 Jahre alten Familienglieder des Haushaltungsvorstandes steht nur hinsichtlich der Angehörigen der Haushaltung im Sinne des § 11 a. a. O. zu. Setzt dieser Begriff auch nicht voraus, daß die Angehörigen sich thatsächlich dauernd im Haushalte des Steuerpflichtigen aufhalten, vielmehr als Angehöriger der Haushaltung auch ein Kind angesehen werden kann, das vom Haushaltungsvorstande auswärts untergebracht worden ist oder sich mit seiner Bewilligung auswärts aufhält, so trifft er doch dann nicht mehr zu, wenn dem Haushaltungsvorstande durch Überweisung des Kindes in Folge Ehescheidung an die frühere Ehefrau, das Recht über den Aufenthalt des Kindes zu verfügen, durch gerichtlichen Beschluß entzogen worden ist, wenn mithin weder das Kind sich thatsächlich im Hause des Steuerpflichtigen aufhält, noch dieser berechtigt ist, den Aufenthalt des Kindes in seinem Hause zu bestimmen. Die bloße Unterhaltungspflicht ändert hieran nichts.

Nr. 3. Entsch. Bd. VI S. 210 v. 24. VI. 97. VII b. 91/96.

Eink.-St.-Ges. §§ 7, 9, 11; Ausf.-Anw. Art. 6, 23; A.-L.-R. Teil II Tit. 1 § 185.

1. Die nicht geschiedene, jedoch dauernd getrennt von ihrem Manne lebende und von ihm freiwillig oder in den Grenzen der gesetzlichen Unterhaltungspflicht in Folge gerichtlichen Urteiles, das hier einen besonderen Rechtstitel im Sinne des § 9 I³ des Eink.-St.-Ges. nicht darstellt, alimentierte Ehefrau ist im Sinne des Eink.-St.-Ges. noch Angehörige der ehemännlichen Haushaltung. Folglich ist einerseits nur ihr besonderes, seiner Natur nach steuerpflichtiges, Einkommen der selbständigen Veranlagung unterworfen und darf andererseits der Ehemann den ihr geleisteten standesmäßigen Unterhalt von seinem steuerpflichtigen Einkommen nicht absetzen.

2. Der Umstand, daß im Einzelfalle die Zuwendung des Ehemannes bereits von der Ehefrau besteuert worden ist, ändert hieran nichts. Von unzulässiger Doppelbesteuerung kann nur bei mehrfacher Heranziehung desselben Einkommens bei ein und derselben Person für dasselbe Steuerjahr die Rede sein. Solche liegt hier nicht vor. Die Beurteilung der Steuerpflicht einer bestimmten Person, die ihrerseits etwas zu leisten oder zu beziehen hat, kann von der thatsächlichen Besteuerung des gegenüberstehenden Empfängers oder Zahlungsverpflichteten nicht abhängig gemacht werden, vgl. E.-O.-V. in St. Bd. I S. 36, Bd. III S. 2. Ebensowenig sind etwaige Abreden zwischen Geber und Empfänger darüber, wer den Betrag des Bezuges oder der Leistung versteuern will oder soll, für die gerade zur Beurteilung stehende Steuerpflicht der einen beteiligten Person entscheidend. Vgl. E.-O.-V. in St. Bd. III S. 112. Es soll die Natur einer Leistung bezw. eines Bezuges in steuerrechtlicher Hinsicht bei den dieserhalb als Geber und Empfänger in Be-

ziehung stehenden Personen in grundsätzlich übereinstimmender Weise beurteilt werden.[1])

B) Arten des Einkommens.

a) Aus Kapitalvermögen.

Nr. 1. Entsch. Bd. VI S. 276 v. 26. XI. 97. V A. 130/97.

Eink.-St.-Ges. §§ 8, 12, 14.

1. Nur bei dem Vorhandensein der Absicht zur Wiederveräußerung von Grundstücken im Augenblicke des Erwerbes kann von einer Spekulation, d. h. von der Absicht der Erzielung eines Gewinnes durch Kauf- und Verkauf unter Verwendung von Kapital, sowie von dem Verbleiben des angelegten Geldkapitales als einer fruchttragenden Sache die Rede sein. Wenn Grundstücke ohne das Vorhandensein jener Absicht angekauft worden sind, so hat der Erwerber dadurch sich Grundvermögen verschafft.

2. Die Thätigkeit eines Grundbesitzers, der bei günstiger Konjunktur von seinem in der Nähe einer Stadt belegenen Grundbesitze Teile veräußert, charakterisiert sich noch nicht ohne Weiteres als die Ausübung eines Gewerbes, das ein fortgesetztes Handeln in der Absicht, sich dadurch eine dauernde und selbständige Einnahmequelle zu schaffen, voraussetzt.

Nr. 2. Entsch. Bd. VI S. 277 v. 30. XI. 97. XIII b. 225/97.

Eink.-St.-Ges. §§ 8, 12, 14; Ausf.-Anw. Art. 9.

Wenn Jemand bei dem Verkaufe eines Hauses oder eines anderen Vermögensobjektes einen Gewinn macht, so gilt dies an sich lediglich als eine Vermehrung des Stammvermögens und es ist keineswegs der Regel nach von der Vermutung auszugehen, daß ein Spekulationsgeschäft vorliege. Die Frage, ob die Absicht des Besitzers beim Erwerbe des Hauses „vornehmlich auf die mit dem Besitze verbundene laufende Nutzung, mithin auf die dauernde Anlage eines Vermögensteiles gerichtet gewesen ist, oder vielmehr auf den durch die erwartete Erhöhung des Kapitalwertes zu erzielenden Gewinn," kann nur aus den begleitenden Umständen entnommen werden. Um aber beurteilen zu können, ob im einzelnen Falle die Folgerung, es handle sich um ein Spekulationsgeschäft, zutreffend ist, müssen jene „begleitenden

---

[1]) Dem entsprechend wurde der Beschwerde einer von dem Ehemanne getrennt lebenden Ehefrau stattgegeben, deren Berufung gegen die Veranlagung nach den von dem Ehemanne bezogenen Zuwendungen mit dem Hinweise darauf abgewiesen war, daß die Zuwendungen von dem Einkommen des Ehemannes in Abzug gebracht und von ihm nicht versteuert wären, und zwar mit folgender Begründung:

Daß lediglich vom freien Willen des Gebers abhängige Zuwendungen ein steuerpflichtiges Einkommen des Empfängers nicht darstellen, bedarf als steuerlicher Grundsatz hergebrachten Rechtes keiner weiteren Ausführung. Aber auch auf schriftlicher Zusicherung, oder auf Vertrag, oder selbst auf richterlicher Feststellung beruhende Hebungen der hier fraglichen Art bedingen — sofern sie sich nur in den Grenzen der allgemeinen gesetzlich vorgeschriebenen Verpflichtung des Ehemannes zur Gewährung des Unterhaltes an seine unvermögende Frau, bezw. Tochter bewegen — ebensowenig ein Recht des Gebers auf deren Absetzung von dem seinerseits zu versteuernden Einkommen, wie die Versteuerung als Einkommen seitens der Empfängerin. Daran wird durch die Vorschrift des § 11 wegen selbständiger Veranlagung der dauernd getrennt lebenden Frau nichts geändert. Entsch. Bd. VI S. 215 in der Anm. v. 8. VII. 97 VIII b. 107/96.

Umstände" im Einzelnen festgestellt werden. Vgl. E.-O.-V. in St. Bd. I S. 276, Bd. IV S. 209/17.

Nr. 3. **Entsch. Bd. VI S. 305** v. 24. VI. 97. E VIII a. 86/96.

Erg.-St.-Ges. § 16 und Ausf.-Anw. Art. 15 I⁴ Abs. 3.

Liegt die Unbeitreiblichkeit einer verzinslichen Forderung hinsichtlich des Kapitals und der Zinsen vor, was nicht blos nach fruchtloser Zwangsvollstreckung, sondern schon dann der Fall ist, wenn das Beitreibungsverfahren voraussichtlich ohne Erfolg sein würde, so gelten die Forderung selbst und die Zinsen wirtschaftlich als verloren. Die Forderung darf alsdann ebensowenig bei Feststellung des steuerbaren Vermögens angerechnet werden, wie die Zinsen als Einkommen aus Kapitalvermögen in Ansatz gebracht werden dürfen.

Ebenso Entsch. Bd. VI S. 307 vom 24. VI. 97 E XI b 40/96. Der Umstand, daß sich der Steuerpflichtige angeblich durch verwandtschaftliche Rücksichten von der gerichtlichen Beitreibung seiner Forderungen abhalten läßt, hat außer Betracht zu bleiben.

b) Aus Grundvermögen.

Nr. 1. **Entsch. Bd. VI S. 22** v. 26. IV. 97. E XIII a 5/95.

Eink. St.-Ges. § 13; Ausf. Anw. Art. 11.

Ob nur Zukauf von Weinen zum Ersatz von Ausfällen der eigenen Weinproduktion oder zum Auffüllen stattfindet, oder ob selbständiger Vertrieb zugekaufter Weine bezweckt wird, ist wesentlich für die Bestimmung der in Betracht kommenden Einkommensquellen und deshalb nicht unaufgeklärt zu lassen.

Im letzteren Falle würde bei der Beabsichtigung fortgesetzter Gewinnerzielung durch den selbständigen Vertrieb zugekaufter Weine ein Gewerbebetrieb anzunehmen sein. Das Gleiche würde unter ähnlichen Voraussetzungen beim Zukaufe von Trauben zutreffen können.

Sollte aber ein Gewerbebetrieb zu verneinen sein, das durch den Weinbau erzielte Einkommen sich also als Einkommen aus Grundbesitz darstellen, so würde es beim Betriebe von Landwirtschaft und Weinbau durch den Steuerpflichtigen gesondert von dem Landwirtschaftsbetriebe ermittelt und festgestellt werden müssen. Vgl. E.-O.-V. in St. Bd. IV. S. 103.

Nr. 2. **Entsch. Bd. VI S. 24** v. 30. IV. 97. V. 8/96.

Eink.-St. Ges. §§ 7, 10, 56; Ausf.-Anw. Art. 5, 15 II, 16 II.

Unter Jahreseinkünften im Sinne des § 7 des Eink.-St.-Ges. ist dasjenige Einkommen zu verstehen, das wirtschaftlich dem Steuerjahre angehört, ohne Rücksicht auf den Zeitpunkt des Einganges oder der Fälligkeit. Eine für zehn Jahre vorausbezahlte Miete bleibt daher Jahreseinnahme für jedes dieser zehn Jahre. Denn es darf mit der Mietseinnahme eines Steuerjahres nicht etwa nur insoweit gerechnet werden, als solche in dem Steuerjahre selbst zur Zahlung gelangt. Für die Annahme eines Einkommens aus verpachteten oder vermieteten Grundstücken ist ebensowenig, wie bei der Annahme eines Einkommens aus Kapitalvermögen, Handel und Gewerbe oder gewinnbringender Beschäftigung entscheidend, in welchem Zeitpunkte die Einnahmen dem Steuerpflichtigen zufließen, sondern für welchen Zeitraum sie ihm zustehen.

Nr. 3. Entsch. Bd. VI S. 309 v. 5. XI. 97. V. 6/96.

Eink.-St.-Ges. §§ 10, 56.

Für die Ermittelung des Einkommens aus der Einkommensquelle, die durch ein zur Vermietung bestimmtes Gebäude bezw. einen Teil eines solchen gebildet wird, ist der in Betreff der Quelle bei Beginn des Steuerjahres vorhandene Sachstand entscheidend. Daß, wenn alsdann ein für das ganze Steuerjahr abgeschlossener Mietsvertrag vorhanden ist, eine feststehende, mit dem auf das Steuerjahr fallenden Betrage zur Anrechnung zu bringende Einnahme vorliegt, erscheint nicht zweifelhaft. Auch in dem Falle ferner, daß der bei Beginn des Steuerjahres bestehende Mietsvertrag sich auf unbestimmte Zeit im Laufe befindet, wird es in der Regel gerechtfertigt sein, die Mietseinnahme als eine feststehende zu behandeln, also mit ihrem Betrage für das Steuerjahr in Ansatz zu bringen. In allen anderen Fällen dagegen, wenn nämlich bei Beginn des Steuerjahres auf eine Vermietung nach der bevorstehenden Beendigung des laufenden Vertrages zu dem bei Beginn des Steuerjahres geltenden Mietspreise für das ganze Steuerjahr nicht zu rechnen ist, insbesondere wenn das Mietsverhältnis vor dem 1. April zur Beendigung im Laufe des Steuerjahres, z. B. zum 1. Oktober, gekündigt ist, sind keine feststehenden Jahreseinnahmen vorhanden. In solchen Fällen liegen dann ihrem Betrage nach unbestimmte oder schwankende Einnahmen vor, die, wenn die Voraussetzungen für die Durchschnittsberechnung vorhanden sind, dieser zu unterwerfen, sonst aber mit dem zu schätzenden mutmaßlichen Ertrage des Steuerjahres, und, wenn die Festsetzung erst erfolgt, nachdem das Steuerjahr bereits abgelaufen ist, mit dem effektiven Ergebnisse, das das Steuerjahr gebracht hat, anzusetzen sind.

Nr. 4. Entsch. Bd. VI S. 311 i. d. Anm. v. 28. I. 98. V a. 236/96.

Eink.-St.-Ges. §§ 10, 56; Ausf.-Anw. Art. 5.

Nicht für alle von einem Censiten vermieteten Wohnungen summarisch, sondern für jede Wohnungseinheit als Einnahmequelle ist zu beurteilen, ob mit feststehenden oder unbestimmten Einnahmen zu rechnen ist. Daß in dem für die Veranlagung maßgebenden Zeitpunkte eine bis dahin vermietet gewesene und für andere Verwendung noch nicht bestimmte Wohnung für das Steuerjahr noch nicht wieder vermietet oder nur für einen schon feststehenden Teil des Steuerjahres wieder vermietet war, kann auch Veranlassung dazu geben, daß unbestimmte Mietseinnahme für eben diese Wohnung anzunehmen ist. Wenn aber gegen den Willen des Censiten mit unbestimmten Mietseinnahmen gerechnet werden soll, so ist Censit darüber zu hören. Soweit mit unbestimmten Einnahmen zu rechnen ist, müssen die in der Vorzeit bezogenen Mieten, und wenn die Voraussetzungen dafür fehlen, die mutmaßlich im Steuerjahre zu erwartenden Mieten angesetzt werden.

Nr. 5. Entsch. Bd. VI S. 312 v. 1. IV. 98. E II b. 26/97.

Eink.-St.-Ges. §§ 10, 56.

Die Berufungskommission hat festzustellen, ob jedes der verschiedenen Gebäude des Censiten mit Rücksicht auf die bestehenden Verhältnisse (erhebliche Anzahl der Mieter, Häufigkeit des Mieterwechsels, Kürze der üblichen Kündigungsfristen) im allgemeinen schwankende Einnahmen ergiebt. Insoweit dies nicht der Fall ist, sind die einzelnen Mieten als feststehende Einnahmen zu erachteu, vorausgesetzt, daß bei Beginn des Steuerjahres ein für das ganze Steuerjahr abgeschlossener Mietsvertrag oder ein solcher vorhanden ist, der sich auf unbestimmte Zeit im Laufe befindet. Wenn dagegen am 1. IV. 96 auf eine Vermietung zu dem bei Beginn des Steuerjahres 1896/97 geltenden Mietspreise für das ganze Steuerjahr nicht zu rechnen war, insbesondere also, wenn das Mietsverhältnis vor dem 1. IV. 96 zur Beendigung im Laufe des Steuerjahres gekündigt war, sind insoweit keine feststehenden Jahreseinnahmen vorhanden. Es liegen dann hinsichtlich der betreffenden Gebäudeteile ihrem Betrage nach unbestimmte oder schwankende Einnahmen vor, die, wenn die Voraussetzungen für eine Durchschnittsberechnung unter Berücksichtigung der Zeit ihres Bestehens als solche vorhanden sind, dieser Berechnung zu unterwerfen, sonst aber mit dem zu schätzenden mutmaßlichen Ertrage des Steuerjahres und nach dessen Ablaufe mit seinem wirklichen Ergebnisse anzusetzen sind.

Nr. 6. Entsch. Bd. VI S. 322 v. 29. XII. 97. IX 262/97.

Eink.-St.-Ges. §§ 2, 7; Ausf.-Anw. Art. 29.

Bei der Berechnung des steuerpflichtigen Einkommens findet eine Aufrechnung von Verlust und Gewinn aus verschiedenen Einkommensquellen, z. B. drei Häusern, auch bei Besteuerung der nur beschränkt subjektiv steuerpflichtigen Personen statt. Bringen also zwei Häuser Mietseinnahmen, das dritte aber nicht, so sind dennoch auch für das letztere die gesetzlichen Abzüge in die Rechnung einzustellen.

Die Abnutzungsquote ist für jedes Haus getrennt festzustellen, wobei aber die Anwendung von Zinseszinsrechnung ausgeschlossen ist. E.-O.-V. in St. Bd. V S. 270.

Nr. 7. Entsch. Bd. VI S. 123 v. 24. V. 97 VI 2/97.

Eink.-St.-Ges. § 9 Ausf.-Anw. Art. 18.

Werden Erzeugnisse des eigenen landwirtschaftlichen Betriebes vom Steuerpflichtigen zu hauswirtschaftlichen Zwecken entnommen, so verbraucht dieser hiermit einen Bestandteil seines bereits vorhandenen Einkommens. Bei Berechnung des Jahreseinkommens muß dieser verbrauchte Teil ebenso zum Ansatze kommen, wie der verkaufte Teil. Während an Stelle des letzteren der erzielte Geldpreis tritt, wird der erstere durch den Geldwert zur Zeit des Verbrauches, oder, genauer ausgedrückt, zur Zeit der Überführung des Gegenstandes aus dem Landwirtschaftsbetriebe in die Hauswirtschaft dargestellt. Für die Bemessung dieses Wertes kommt es nicht darauf an, was der Landwirt zu seinem Lebensunterhalte bei dem Verbrauche jenes Erzeugnisses aufwenden kann und will, sondern welchen Wert er dem Einkommen aus seinem Grundvermögen entzieht, um welchen Betrag er dessen Erträge durch den Selbstverbrauch vermindert. Für diesen letzteren Wert hat der Steuerpflichtige durch Ansetzung eines ihm entsprechenden Geldbetrages in seiner Einkommensaufstellung ein Äquivalent zu beschaffen. Der Verlust, der dem Ertrage der Landwirtschaft durch den Selbstverbrauch des Betriebsunternehmers zugefügt wird, besteht aber nicht in den Herstellungskosten, die auf den verbrauchten Gegenstand aufgewendet worden waren, sondern in dem Geldbetrage, der zu den Wirtschaftseinkünften geflossen sein würde, wenn jenes Erzeugnis nicht durch Verbrauch seitens des Betriebsunternehmers, sondern in der sonst üblichen Weise, also durch Verkauf, verwertet worden wäre. Der anzusetzende Geldwert besteht hiernach in dem Verkaufswerte des verbrauchten Erzeugnisses zur Zeit und am

Orte der Entnahme oder am nächsten Marktorte, in letzterem Falle aber abzüglich der durch den Transport dorthin und den Verkauf dort entstehenden Unkosten. Hervorzuheben ist hierbei jedoch nochmals, daß den Gegenstand der Wertermittelung nicht das Erzeugnis in dem Zustande bildet, in welchem es verbraucht worden ist, sondern in dem, in welchem es dem Landwirtschaftsbetriebe entnommen worden ist. Wird diesem Betriebe Milch entnommen und aus ihr dann im Haushalte und durch dessen Arbeitskräfte zum Verbrauch im Haushalte Butter hergestellt, so gehört der Geldwert der Milch, nicht der der Butter, zu den Erträgen der Landwirtschaft. Stellt der Landwirt dagegen in einer Molkerei durch Arbeitskräfte seines landwirtschaftlichen Betriebes Butter her, so ist der Geldwert der aus der Molkerei zu hauswirtschaftlichen Zwecken entnommenen Butter ein Ertrag der Landwirtschaft.

Nr. 8. Entsch. Bd. VI S. 187 v. 28. V. 97. V A. 1647/94.

Eink.-St.-Ges. § 91[5].

Zu den Anlagen bezw. Wirtschaftseinrichtungen, bei denen Substanzverzehrung (Abnutzung) durch den Gebrauch stattfindet, bei denen also entsprechende jährliche Absetzungen gerechtfertigt sind, kann die Mergelung des Ackers keinesfalls gerechnet werden; anders verhält es sich bezüglich der Drainageanlagen (vgl. E.-O.-V. in St. Bd. IV S. 188 ff.), Rieselwiesen und Moorkulturen.

Nr. 9. Entsch. Bd. VI S. 317 v. 3. XII. 97. V A. 28/97.

Eink.-St.-Ges. §§ 2, 10, 13.

1. Zu den mit den Einkommen aus Preußischem Grundbesitze ohne Rücksicht auf Staatsangehörigkeit, Wohnsitz oder Aufenthalt zu besteuernden Personen gehören auch die Personen, für die als Fideikommißbesitzer und dessen Geschwister während ihrer Minderjährigkeit ein Teil der Überschüsse aus den Einkünften Preußischer Fideikommißgüter kapitalisiert wird, mit dem Zwecke der Teilung unter sämtliche Geschwister nach Eintritt der Majorennität des Fideikommißbesitzers. Denn die fraglichen Einkünfte fallen den Geschwistern schon jetzt zu; lediglich die Teilung und das freie Verfügungsrecht sind aufgeschoben.

2. Was die Bemessung des Steuerobjektes anlangt, so ist nicht der Umstand entscheidend, wie viel die zur Verwaltung des Fideikommißvermögens und des Geschwisterfonds berufene Fideikommißkuratel thatsächlich in jedem Jahre dem Geschwisterfonds zuführt, sondern es ist das der Besteuerung unterliegende Einkommen aus Grundvermögen auf Grund der Verwaltungsrechnungen zu berechnen und event. zu schätzen. Dabei haben die Einnahmen aus Kapitalien und die Ausgaben für nicht eingetragene Schulden auszuscheiden, während den angesammelten Beträgen die nicht abzugsfähigen Ausgaben hinzuzurechnen sind. Ob dabei diejenigen Ausgaben, die etwa für Melioration der Güter stattfinden, bei allen drei Geschwistern gleichmäßig in Betracht kommen, oder etwa lediglich dem Anteile des Fideikommißbesitzers zuzuzählen sind, weil die Schwestern keinen Vorteil davon haben, bleibt zu erwägen. Alle diese Erwägungen aber sind Sache der Censiten.

c) Aus Handel und Gewerbe, einschließlich des Bergbaues.

Nr. 1. Entsch. Bd. VI S. 117 v. 24. V. 97. VI. 9/97.

Eink.-St.-Ges. § 14; Ausf.-Anw. Art. 17, 18, 19.

1. Das Einkommen aus Handel und Gewerbe besteht nicht allein aus dem Gewinne, der durch die unmittelbare Ausübung der betreffenden ge-

werblichen und Handelsthätigkeit hervorgebracht wird, sondern auch aus dem Gewinne, der in Veranlassung des Handels- und Gewerbebetriebes mittelbar durch irgendwelche Zwischennutzungen, insbesondere durch die Früchte, Zinsen u. s. w. des gewerblichen Anlage- und Betriebskapitales erzielt wird. Das Anlage- und Betriebskapital umfaßt sämtliche dem betreffenden Gewerbebetriebe gewidmeten Werte. Das Einkommen aus Handel und Gewerbe hat daher die Eigentümlichkeit, daß es je nach der Art des Betriebes Einkommensbestandteile umfassen kann, die ohne eine Verbindung mit dem Handels- und Gewerbebetriebe Einkommen aus Kapitalvermögen, aus Grundvermögen oder gewinnbringender Beschäftigung bilden würden.[1]) Deshalb bedarf es für den Einzelfall der Feststellung über sämtliche Zweige des Betriebes sowie über die Bestandteile des gewerblichen Anlage- und Betriebskapitales. — Bei einem Kaufmanne spricht im Zweifel die Vermutung dafür, daß die von ihm betriebenen Geschäfte zum Betriebe des Handelsgewerbes gehören.

2. Hiernach ist auch das Zinseneinkommen aus Darlehen, die in Verbindung mit dem Viehhandel gegeben worden sind, nicht Einkommen aus Kapitalvermögen, sondern Einkommen aus Handel und Gewerbe, wenn die Darlehen in Ausübung des Gewerbebetriebes und aus dem gewerblichen Anlage- und Betriebskapitale gegeben werden.

Nr. 2. Entsch. Bd. VI S. 123 v. 24. V. 97. VI. 3 97.

Eink.-St.-Ges. § 9; Ausf.-Anw. Art. 18.

Bei Ermittelung des Einkommens eines Gewerbetreibenden oder Kaufmannes kommen die vom Steuerpflichtigen zu Haushaltungszwecken verbrauchten Erzeugnisse des eigenen Betriebes nur als Rechnungsfaktor in Betracht. Gegenüber dem die Gewinnrechnung des Handels- und Gewerbetreibenden belastenden Kostenbetrage für Wareneinkauf und Verarbeitung muß zu gut gerechnet werden nicht allein der bare Erlös aus Waren und Produkten, sondern auch der Geldbetrag, der für den im Haushalt verbrauchten Teil jener Waren im Falle des Verkaufes zur Zeit der Entnahme zu erzielen gewesen wäre, also der Ortspreis dieser Waren im Geschäftsverkehre.

---

[1]) Vgl. E.-O.-V. in St. Bd. I S. 14, 44, Bd. III S. 239, 289; E.-O.-V. Bd. XX S. 106, Bd. XXVII S. 36.

Vgl. auch E.-O.-V. in St. Bd. VI S. 121 i. d. Anm. v. 3. XII. 96 E XIII a. 82 96. Es wird eine aus dem Betriebe von Handel und Gewerbe herrührende Forderung dadurch noch nicht zu Kapitalvermögen, daß sie zur Sicherung hypothekarisch eingetragen wird.

Im kaufmännischen Leben ist es etwas Alltägliches, daß namentlich bei dauerndem Geschäftsverkehre mit einem Kunden von nicht zweifelsfreier Sicherheit nach Entstehung eines erheblicheren Guthabens von dem Lieferanten Sicherstellung gefordert und von dieser die Gewährung eines weiteren Kredites abhängig gemacht wird. Vorsichtige Geschäftsleute lassen sich vielfach in derartigen Fällen von vornherein eine Sicherheit bestellen, z. B. durch eine Kautionshypothek, über deren Betrag hinaus sie weiteren Kredit nicht gewähren. Niemand denkt hierbei daran, daß durch eine derartige, vorhergehende oder nachfolgende Sicherstellung die betreffende Forderung aus dem gewerblichen Betriebskapitale ausgeschieden und dem Privatvermögen des Gläubigers einverleibt werden soll.

Ob in den Forderungen aufgelaufene Zinsen enthalten sind, ändert an der Sache nichts. Die Anerkennung eines Buchsaldos begründet in der Regel auch im Handelsverkehre einen neuen Schuldgrund, so daß es gleichgiltig ist, wieviel Zinsen sich darin befinden und worauf überhaupt die ursprüngliche Schuld beruht.

Da aber die Zinsen von Geschäftsschulden zweifellos gewerbliches Einkommen bilden, würden die Zinsen für die fraglichen Forderungen nicht nach ihrem Betrage für das Steuerjahr, sondern nach dem Durchschnitte der vorangegangenen Jahre in Anrechnung zu bringen sein.

Nr. 3. Entsch. Bd. VI S. 254 v. 5. XI. 97. V. 2/97.

Eink.-St.-Ges. §§ 1[4], 2, 6[1], 16.

Im Sinne des Eink.-St.-Ges. ist das Einkommen, das ein persönlich haftender Gesellschafter einer Kommanditgesellschaft auf Aktien als solcher bezieht, nicht Einkommen aus Gewerbe, ohne daß es darauf ankommt, ob nach dem Hand.-G.-B. der genannten Gesellschaft der Charakter der Sozietät beiwohnt, und ob im Sinne jenes Ges. die Personen der Geschäftsinhaber — sei es allein, sei es in Gemeinschaft mit der Aktiengesellschaft — das gesellschaftliche Gewerbe betreiben. Nun hat zwar das Eink.-St.-Ges. nicht, wie in dem § 33 Nr. 3 des Komm.-Abg.-Ges. v. 14. VII 93 geschehen ist, die Kommanditgesellschaft auf Aktien ausdrücklich als das Rechtssubjekt, das das Gewerbe betreibt, bezeichnet. Hierzu lag auch keine Veranlassung vor, weil das Staatssteuergesetz die betreffenden Gesellschaften, die in Preußen einen Sitz haben, unbeschränkt und nicht nur für den Fall, daß sie dort Grundbesitz haben, Gewerbe betreiben u. s. w., für steuerpflichtig erklärt hat. Daß aber das Eink.-St.-Ges., als es im § 1 Nr. 4 den Kommanditgesellschaften auf Aktien die Eigenschaft eines Steuerträgers dem Staate gegenüber beilegte, auch gerade sie, insoweit das gesellschaftliche Unternehmen sich auf Gewerbebetrieb erstreckt, als Gewerbetreibende angesehen wissen wollte, geht daraus hervor, daß es durch den 2. Abs. des § 2 die Vorschrift des Abs. 1 zu b daselbst, wonach alle Personen mit dem Einkommen aus Preußischen Gewerbeanlagen der Preußischen Einkommensteuer unterliegen, auf die Aktien-Kommanditgesellschaften für anwendbar erklärt hat. Nicht minder erhellt dies aus den §§ 16 und 6 Nr. 1 a. a. O., wonach die in Preußen befindlichen Gesellschaften das Einkommen aus den in anderen Deutschen Bundesstaaten betriebenen Gewerben, also aus den von ihnen dort betriebenen Gewerben nicht zu versteuern haben. Auch aus dem Bundesges. wegen Beseitigung der Doppelbesteuerung v. 13. V. 70 ist in dieser Beziehung das Gegenteil nicht zu entnehmen.

d) Aus gewinnbringender Beschäftigung und aus Rechten auf periodische Hebungen u. s. w.

Nr. 1. Entsch. Bd. IV S. 156 v. 29. VI. 97. V B. 1400/95.

Eink.-St.-Ges. § 15; Ausf.-Anw. Art. 22[4].

Ein Beitrag zu Repräsentationskosten eines Kommunalbeamten ist nur dann als zur Bestreitung von Dienstaufwand bestimmter Teil des Diensteinkommens anzuerkennen, wenn er ausdrücklich als Entschädigung dafür gewährt wird, daß der Beamte diesen Betrag an Repräsentationskosten aufzuwenden genötigt ist. Ist lediglich dem Censiten persönlich in Anerkennung seiner dienstlichen Leistungen ein Betrag bis auf Weiteres bewilligt, um ihm zugleich seine Repräsentationspflichten zu erleichtern, so liegt darin keine Entschädigung für den mit einer bestimmten Stelle notwendig verbundenen gesellschaftlichen Mehraufwand.

Nr. 2. Entsch. Bd. VI S. 158 v. 8. VII. 97. XIIa. 121/96.

Eink.-St.-Ges. §§ 7, 15; Ausf.-Anw. Art. 21, 23.

Ein mehrere Jahre hindurch gewährtes staatliches Privatdozenten-Stipendium aus einem ministeriellen Fonds, dessen Zweck nicht die Gewährung von Unterstützungen im gewöhnlichen Sinne, sondern die Förderung und Hervorrufung von Leistungen der Privatdozenten als Lehrer und Schriftsteller, ist als Einkommen aus einem Rechte auf periodische Hebung steuerpflichtig.

Nr. 3. Entsch. Bd. VI S. 258 v. 5. XI. 97. V. 8/97.

Eink.-St.-Ges. §§ 7, 15.

1. Zur Feststellung von Einkünften aus gewinnbringender Beschäftigung genügt es, daß die in Betracht kommende Mühewaltung einen Gewinn thatsächlich bringt, selbst wenn sie nicht in der Absicht, einen Gewinn zu erzielen, unternommen wird. Die Thätigkeit muß nur dem Begriffe einer, wenn auch vorübergehenden Beschäftigung entsprechen.

2. Das einem Testamentsvollstrecker im Testament für seine Mühewaltung bei der Nachlaßregulierung festgesetzte Honorar ist Einkommen aus gewinnbringender Beschäftigung.

Nr. 4. Entsch. Bd. VI S. 288 i. d. Anm. v. 30. XI. 97. III. 463/96.

Eink.-St.-Ges. § 10; Ausf.-Anw. Art. 5.

Die an sich ihrer Natur nach unbestimmten und schwankenden Gebühreneinnahmen des Gerichtsvollziehers verlieren diesen Charakter nicht dadurch, daß der Staat einen bestimmten geringsten Satz garantiert. Diese Einnahme ist einheitlich und gleichmäßig, nicht etwa unter verschiedenen Gesichtspunkten zu behandeln (vgl. E.-O.-V. Bd. XVIII S. 108), getrennt in ein festes Diensteinkommen, gleich einem Gehalte oder dem Wohnungsgeldzuschusse, und den überschießenden unbestimmten Teil. Denn auch das erstere soll der Gerichtsvollzieher in erster Linie nach den Gebührensätzen für die einzelnen Amtshandlungen verdienen. Der Grund, warum in einem Jahre weniger oder gar keine Gebühren aus Einzelakten nach den vorgesehenen Sätzen einkommen, ist unwesentlich; die Natur der Einnahme bleibt dieselbe, wie in dem Falle, daß der Staat nichts zuzulegen braucht.

So lange nur die Einkommensquelle an sich unverändert bestand, muß mit dem Durchschnitte der Vorjahre bezüglich dieser Art von Einnahme gerechnet werden.

Nr. 5. Entsch. Bd. VI S. 285 v. 6. XII. 97. VI. 16/97.

Eink.-St.-G. §§ 7[4], 10, 15 Abs. 1; Ausf.-Anw. Art. 5, 21[2].

1. Außerordentliche einmalige Remunerationen eines Beamten, die unter den Begriff der Besoldung fallen, — im vorliegenden Falle die Entschädigung eines Regierungsassessors für Wahrnehmung der Geschäfte als Stellvertreter des Vorsitzenden der Berufungskommission — sind steuerpflichtig. Solche Einnahmen sind ihrem Wesen nach nicht bestimmte; es sind auch nicht Bezüge, die nach einem mutmaßlichen Ertrage für das Steuerjahr berechnet werden können. Gewisse Arten von schwankenden Einnahmen gestatten ihrer Natur nach überhaupt keine Bemessung nach der Zukunft; so z. B. das steuerpflichtige Einkommen der Aktiengesellschaften, der Gewinn aus vereinzelter schriftstellerischer oder künstlerischer Thätigkeit oder aus nichtgewerbsmäßiger Spekulation. Dasselbe muß auch als Regel gelten, bei außerordentlichen Remunerationen, auf deren Wiederkehr der Beamte der verschiedensten Umstände halber eine irgend wie begründete Aussicht nicht haben kann. Somit kann nur Berechnung nach den thatsächlichen Ergebnissen der Vergangenheit in Frage kommen.

2. Bei dem zwingenden Wortlaute des § 10 des Eink.-St.-Ges. sind auch bei einer einheitlichen Quelle mit verschiedenartigen Einnahmen (Ausgaben) regelmäßig die feststehenden nach dem Betrage für das Steuerjahr, die schwankenden oder ihrem Betrage nach unbestimmten aber nach dem Durchschnitte der Vorjahre zu berechnen. Das Wesen der verschiedenen einzelnen Einnahmen, die aus der Einkommensquelle der gewinnbringenden Beschäftigung fließen, ist maßgebend für die Art der Berechnung.

Nr. 6. Entsch. Bd. VI S. 342 v. 18. III. 98. IX. 103/96.

Eink.-St.-Ges. §§ 7, 13, 15; Ausf.-Anw. Art. 22 [1], [3].

Wenn auch anerkanntermaßen ein Teil des von einem königlichen Forstbeamten bezogenen reinen Einkommens aus Dienstländerei als aushülfsweise zur Bestreitung von Kosten des Dienstfuhrwerkes wegen Unzulänglichkeit der vorausbestimmten Dienstaufwandsentschädigung dienendes Emolument steuerfrei bleiben kann (vgl. E.-O.-V. in St. Bd. II S. 402 ff.), so folgt daraus nicht, daß ein Fehlbetrag aus der Bewirtschaftung der Dienstländerei, möge er für sich oder erst in Folge der Ergänzung der nicht ausreichenden Dienstaufwandsentschädigung sich ergeben, ohne Einfluß auf das Gesamtresultat des steuerpflichtigen Einkommens bleiben müsse. Sind Nutzungen, d. h. Natural- oder Gelderträge von Ländereien zur Ergänzung der Dienstaufwandsentschädigung heranzuziehen und zwar in vorher nicht bestimmter und nicht bestimmbarer Höhe, so gehört der betreffende Forstbeamte nicht mehr zu denjenigen Beamten, denen ausdrücklich ein bestimmter Betrag oder ein bestimmter Teil der Besoldung als Dienstaufwand bewilligt ist. Er tritt vielmehr in die Kategorie derjenigen, deren Diensteinkommen ohne ausdrückliche Bestimmung des Betrages oder des Teiles zugleich die Entschädigung für den Dienstaufwand mitenthält.

Es findet also bei einem königlichen Oberförster, der aushülfsweise den Ertrag der sogenannten Dienstländerei zur Deckung des Dienstaufwandes einschließlich des Dienstfuhrwerkes in Anspruch nehmen muß, gemäß Art. 22 Nr. 3 der Ausf.-Anw. eine besondere Berechnung und Abrechnung der Dienstaufwandskosten statt. Hierbei stehen sich auf der einen Seite die Einnahme aus dem landwirtschaftlichen Betriebe und das Dienstunkosten-Aversum, auf der anderen Seite die entsprechenden Bewirtschaftungskosten, das für das Dienstland zu entrichtende Nutzungsgeld und die sämtlichen thatsächlichen Dienstaufwandskosten gegenüber.

Ergiebt sich bei solcher Rechnung ein Überschuß der Einnahmen über die Ausgaben, so liegt ein bei der Berechnung des steuerpflichtigen Einkommens in Ansatz zu bringendes Einkommen vor. Aber auch im umgekehrten Falle, wenn ein Fehlbetrag sich ergiebt, muß dieser nach dem sonst bestehenden allgemeinen Grundsatze, daß die bei einzelnen Einkommensquellen sich herausstellenden Verlustbeträge auf die Gewinnerträgnisse der übrigen Quellen anzurechnen sind, berücksichtigt werden.

c) Abzüge vom Gesammteinkommen.

Nr. 1. Entsch. Bd. VI S. 14 v. 13. IV. 97. V A. 152—154/96.

Eink.-St.-Ges. § 9 I [3], II [1].

1. Wenn der Steuerpflichtige als Eigentümer eines Gutes und selbstverpflichteter Schuldner die Einnahmen zur Tilgung der auf dem

Gute lastenden Hypotheken verwendet, so liegen Kapitalabtragungen vor, die abzugsfähige Ausgaben nicht darstellen.

2. Dieses gilt von solchen Abtragungen auch dann nicht, wenn eine Abmachung besteht, wonach aus dem Ertrage eines Gutes die Hypothekenschulden baldthunlichst abgestoßen werden sollen, um dadurch die Einrichtung eines Familienfideikommisses zu ermöglichen [1]). Denn es wird dadurch das Rechtsverhältnis zwischen dem Steuerpflichtigen und seinen Gläubigern in keiner Weise berührt. Diesen gegenüber bilden die Schulden des Steuerpflichtigen allerdings eine Last, jedoch keine dauernde Last, indem jedes zurückgezahlte Kapital nur ein einziges Mal zur Erstattung gelangt. Vgl. E.-O.-V. Bd. XVII S. 3. Dem Mitkontrahenten der Abmachung gegenüber aber besteht keine Last im Sinne des § 9 I³ des Eink.-St.-Ges., denn er hat von dem Steuerpflichtigen nichts zu erhalten.

Nr. 2. Entsch. Bd. VI S. 192 v. 10. VI. 97. VII a. 170/96.

Eink.-St.-Ges. § 9.

Der zum Besitze eines Fideikommisses Berufene nimmt hinsichtlich der Fideikommißschulden die Stelle des wirklichen Schuldners ein, und durch die Abtragungen werden seine eigenen Schulden getilgt. Somit gilt von den Tilgungsbeiträgen, die der Fideikommißbesitzer [2]) an eine Landschaft, bezw. Landeskulturrentenbank auf Grund der betreffenden Statuten oder nach Anordnungen in Familienbeschlüssen und in der Stiftungsurkunde abzuführen hat, dasselbe, was für jeden Besitzer eines verpfändeten Gutes bezüglich der Nichtabzugsfähigkeit der Tilgungsbeiträge von den Jahreseinkünften gilt.

Denn es wird eben an der Nichtabzugsfähigkeit der fraglichen Beträge durch die besondere Stellung des Steuerpflichtigen als Fideikommißinhaber nichts geändert. Zunächst wohnt dem Familienfideikommisse eine eigene Persönlichkeit, die selbständiger Träger von Vermögensrechten ist, Zahlungen leisten und Einkommen im Sinne des Eink.-St.-Ges. beziehen kann, gar nicht bei. Sodann ist der Besitzer des Fideikommisses aber auch nicht dessen Nießbraucher („Nutznießer"). Denn, während der Nießbrauch in einem Rechte an einer fremden Sache besteht, gebührt dem jedesmaligen Fideikommißbesitzer das volle nutzbare Eigentum des Fideikommisses und nur das Obereigentum beruht bei der ganzen Familie. Er steht als „nutzbarer Eigentümer", was den Inhalt seines Eigentumes anlangt, im großen und ganzen demjenigen, dem das volle ungeteilte Eigentum zusteht, nicht wesentlich nach. Die durch die Tilgungsbeiträge bewirkten Kapitalansammlungen bleiben sein Eigentum.

---

[1]) Anders lag die Sache in dem Falle eines Fideikommißinhabers, dem stiftungsmäßig eine Zahlung von 5000 Mk. aus den Einkünften des Fideikommisses oblag bis zur Ansammlung eines Fonds von 100 000 Mk. als Fideikommißpertinenz. In den Gründen der Entsch. Bd. VI S. 16 in der Anm. v. 4. I. 95 — V. A. 2790/93 — war Folgendes ausgeführt:

Nach der Stiftungsurkunde wird die Verpflichtung zu dieser Leistung für den Fideikommißbesitzer durch den Anfall des Fideikommisses begründet dergestalt, daß er das Recht auf die Nutzungen nur unter gleichzeitiger Übernahme jener Verpflichtung mit diesem onus belastet erhält. Somit ist der im § 9 I 3 des Eink.-St.-Ges. verlangte besondere Rechtstitel hier vorhanden. Auch liegt eine dauernde Last im Sinne des Gesetzes vor, weil die Zahlung alljährlich bis zur Ansammlung eines Fonds von 100 000 Mk. wiederholt werden muß. Die gezahlten Gelder sind dem Vermögen des Fideikommißinhabers völlig entfremdet. Ihm mangelt die Verwaltung und Verfügung über die angesammelten Fonds, die auch nach seinem Ableben nicht zu seinem Allodialnachlasse gehören.

[2]) Ebenso Entsch. v. 17. II. 98 VIII a. 23/97 hinsichtlich des Besitzers eines Stammgutes.

Daß er endlich durch Familienstatuten in der Verfügung über die teils durch laufende Beiträge des Besitzers, teils durch deren Verzinsung angesammelten Beträge noch mehr beschränkt, oder zur Schuldentilgung etwa in stärkerem Maße verpflichtet ist, als dies für den Besitzer eines fideikommißfreien Gutes nach den Statuten der Landschaft rc. vorgesehen wird, ändert an der rechtlichen Lage der Sache nichts, da er mit Übernahme der Rechte des nutzbaren Eigentümers auch dessen Pflichten beim Eintritt in den Fideikommißbesitz freiwillig übernommen hat.

Nr. 3. Entsch. Bd. VI S. 347 v. 6. IV. 98. VI. 4/97.

Eink.-St.-Ges. § 9 I 3.

Beiträge, die ein Fideikommißbesitzer auf Grund einer Fideikommißurkunde, also eines besonderen Rechtstitels, zu einem Deszendentenfonds, an dem ihm keinerlei Rechte, weder Eigentum, noch Besitz, Genuß oder Aufsicht zustehen, zu zahlen hat, bilden eine dauernde abzugsfähige Last und sind als Verwendungen zur Verbesserung und Vermehrung des Vermögens oder als Kapitalanlagen des Fideikommißbesitzers nicht anzusehen.

Nr. 4. Entsch. Bd. VI S. 115 v. 24. V. 97. VI. 3/97.

Eink.-St.-Ges. § 9.

Verpflegungsgelder an die geschiedene Ehefrau auf Grund gerichtlichen Urteiles sind nach § 9 I 2 a. a. O. abzugsfähig, da sie sich als eine vom Steuerpflichtigen zu zahlende „Rente" darstellen und keine besondere Vorschrift des Eink.-St.-Ges. ihren Abzug mit Rücksicht auf den Rechtsgrund der Leistung untersagt. Die Verpflichtung zur Zahlung beruht keineswegs auf der gesetzlichen Pflicht des Ehemannes zur Gewährung des Unterhaltes an seine Ehefrau. Eine solche Pflicht besteht nach der Trennung der Ehe durch das Ehescheidungsurteil nicht mehr, da dieses nach § 732 Tit. 1 Teil II A.-L.-R.'s eine gänzliche Aufhebung der Ehe und aller ihrer Folgen bewirkt. Jene Verpflichtung beruht vielmehr auf dem Rechte der geschiedenen Ehefrau, nach der Trennung der Ehe von dem früheren Ehemanne, der als schuldiger Teil erklärt worden ist, an Stelle einer Kapitalzahlung („Abfindung") die Gewährung standesgemäßen Unterhaltes in Form einer durch das Gericht festgesetzten Jahresrente zu fordern.

Nr. 5. Entsch. Bd. S. 213 i. d. Anm. v. 2. XI. 97. XIII d. 77/96.

Eink.-St.-Ges. §§ 7, 9, 11 Ausf.-Anw. Art. 6.

Die auf einer allgemeinen gesetzlichen Verbindlichkeit, nicht auf einem besonderen Rechtstitel, beruhenden Lasten — im vorliegenden Falle die Alimentation einer von dem Steuerpflichtigen getrennt lebenden Ehefrau und ihres Kindes — sind nach § 9 I 3 des Eink.-St.-Ges. nicht abzugsfähig bei der Feststellung des steuerpflichtigen Einkommens. Daran wird dadurch nichts geändert, daß die betreffende Ehefrau, zu deren Gunsten die fragliche Verbindlichkeit besteht, von ihrem Ehemanne dauernd getrennt lebt und daher nach § 11 Abs. 3 Nr. 1 a. a. O. selbständig zur Einkommensteuer zu veranlagen ist, wie denn auch eine solche Steuer-Selbständigkeit z. B. in der Person der empfangsberechtigten Eltern oder Geschwister keineswegs die Abzugsfähigkeit von Leistungen, die auf Grund gesetzlicher Alimentationspflicht erfolgen, bei der Feststellung des Einkommens der Verpflichteten begründen kann. Jene Selbständigkeit der Ehefrau in Betreff der Besteuerung hat nur die Bedeutung, daß das an sich steuerpflichtige Einkommen der Ehefrau nicht dem Einkommen des Mannes hinzugerechnet, sondern die Ehefrau davon unmittelbar besteuert wird.

Nr. 6. Entsch. Bd. VI S. 131 v. 28. V. 97. E III. 96/96 u. Bd. VI S. 131 i. d. Anm. v. 6. VI. 96. E V b. 52/96.

Eink.-St.-Ges. § 9.

Aufgehobene direkte Staatssteuern, die früher von dem Grundeigentume und dem Gewerbebetriebe zu entrichten waren, können nicht mehr zu den von dem Einkommen in Abzug zu bringenden Ausgaben gezählt werden.

Denn das Ges. v. 14. VII. 93 hat die Grund-, Gebäude- und Gewerbesteuer als Staatssteuern aufgehoben, nicht etwa dem Staate zuständig gebliebene Steuern den Gemeinden blos überwiesen. Die Gewerbesteuer kann auch unter dem Gesichtspunkte, daß sie zu den Geschäftsunkosten zu rechnen ist, nicht zum Abzuge gelangen.

Nr. 7. Entsch. Bd. VI S. 326 v. 14. I. 98. I a. 24/96. Ostpr. Provinzialrecht Zus. 213.

Eink.-St.-Ges. § 9 I [3], [4].

Der im Gebiete des Ostpreußischen Provinzialrechtes den in der Parochie gelegenen Grundstücken auferlegte Realdezem ist als eine auf allgemeiner gesetzlicher Verpflichtung beruhende Kirchenabgabe nicht abzugsfähig.

Nr. 8. Entsch. Bd. VI S. 133 v. 3. VI. 97. E VI a. 134/96.

Eink.-St.-Ges. § 9; Statut der Posener Landschaft v. 13. V. 57/12. VIII. 72.

Der nach dem Statute der Posener Landschaft v. 13. V. 57 mit Abänderungen und Ergänzungen

a) aus den von Schuldnern entrichteten Beiträgen,

b) aus den zum Amortisationsfonds abgeführten Überschüssen des Reservefonds und

c) aus den eigenen Einnahmen des zinsbar angelegten Amortisationsfonds

bestehende Amortisationszuwachs ist steuerpflichtiges Einkommen des Pfandbriefschuldners.

Die Rechte an dem Reserve- und Amortisationsfonds sind ein Zubehör des belasteten Gutes, das in rechtlicher Beziehung der Hauptsache folgt.

Da nun das belastete Gut im Eigentume des Steuerpflichtigen steht, so gehören auch die mit dem Gute als Zubehör verbundenen Rechte an dem Reserve- und Amortisationsfonds zum Eigentume des Steuerpflichtigen.

An diesem Rechtsverhältnisse wird dadurch nichts geändert, daß das Verfügungsrecht über diese Fonds durch statutarische Bestimmungen beschränkt ist, daß insbesondere das Recht an dem Reservefonds unter bestimmten Voraussetzungen verloren gehen kann und daß der Reservefonds dazu dient, ausbleibende Zahlungen der Vereinsschuldner zu decken. Gehört aber das Recht an dem Reserve- und Amortisationsfonds zum Eigentume des Steuerpflichtigen, so müssen auch die Überschüsse und Zinsen dieser Kapitalansammlungen als Früchte dem Eigentümer der Kapitalansammlungen zufallen, sofern nicht durch statutarische Bestimmungen ein anderes festgesetzt ist. Dies ist hier nicht der Fall.

Nr. 9. Entsch. Bd. VI S. 261 v. 12. XI. 97. Va. 118/96.

Eink.-St.-Ges. § 9.

Die zur Bestreitung des Haushaltes der Steuerpflichtigen und zum Unterhalte ihrer Angehörigen gemachten Ausgaben umfassen alle Aufwendungen, die ein Steuerpflichtiger für persönliche Existenzbedürfnisse, aus Gesundheitsrücksichten oder für standesmäßige Haushaltsbedürfnisse macht.

Muß also z. B. ein Steuerpflichtiger wegen asthmatischer Beschwerden täglich nach seiner Fabrik fahren, so kann er die Kosten hierfür, die unter § 9 I[1] des Eink.-St.-Ges. nicht fallen, von seinem Einkommen nicht in Abzug bringen.

3. Steuerpflicht der nichtphysischen Personen.

A) Steuerpflichtige Unternehmungen.

Nr. 1. Entsch. Bd. VI S. 234 v. 21. IX. 97. VA. 71/97.

Eink.-St.-Ges. § 1.

Die Ausdehnung des Geschäftsbetriebes einer Molkereigenossenschaft über den Kreis ihrer Mitglieder hinaus liegt vor, wenn die Genossenschaft Nichtmitglieder an den Zwecken des Vereines so teilnehmen läßt, daß den Nichtmitgliedern dieselben Vorteile gewährt werden, die die Genossenschaft durch den gemeinschaftlichen Betrieb für ihre Mitglieder erreichen will. Dies liegt vor, wenn die Genossenschaft als solche mit anderen Personen Verträge abschließt, Inhalts deren diese als stille Gesellschafter der Genossenschaft mit der Maßgabe beitreten, daß sie zwar gleiche Rechte und Pflichten wie die Genossenschaftsmitglieder erwerben, daß sie jedoch nur mit beratender Stimme an den Generalversammlungen teilnehmen, daß sie weder Stimm- noch Wahlrecht haben, mit ihrem Vermögen den Gläubigern der Genossenschaft nicht haften, sich dagegen für jede von ihnen gezeichnete Kuh mit einer Kapitaleinlage von 15 Mk., die zu vier Prozent verzinst werden soll, beteiligen; wenn ferner beiden Teilen das Recht eingeräumt ist, den Vertrag mit einer Kündigungsfrist von zwölf Monaten aufzuheben, und insbesondere noch bemerkt ist, daß die stillen Gesellschafter für ihre Milch denselben Preis beziehen und für die Produkte denselben Preis bezahlen, wie die Mitglieder der Genossenschaft.

Nr. 2. Entsch. Bd. VI S. 263 v. 25. XI. 97. VIA. 73/96.

Eink.-St.-Ges. § 1[4]; Berggef. v. 24. VI. 65 (G.-S. S. 705 §§ 1, 94 ff., 235 ff. Bd. v. 1. VI. 67 (G.-S. S. 770); Kurh. Bergfreiheit v. 21. III 1616 (Neue Samml. der Landesordn. bis 1806 Bd. I S. 22).

1. Die für das Bestehen einer Berggewerkschaft unerläßliche Voraussetzung, daß sie Bergbau im Sinne des örtlichen Rechtes betreibt, ist in Niederhessen (vormal. Kurfürstentum Hessen) auch für die Ausbeutung von Soolquellen gegeben. Denn nach § 1 des Allg. Berggef. v. 24. VI. 65, eingeführt in das vormalige Kurfürstentum Hessen durch Vd. v. 1. VI. 67 gehören auch die Soolquellen zu den vom Verfügungsrechte des Grundbesitzers ausgeschlossenen, dem Bergrechte unterliegenden Mineralien. Nach dem geltenden Rechte betreibt demnach derjenige, dem das Recht zur Ausbeutung einer Soolquelle in Kurhessen zusteht, zweifelsfrei Bergbau, und zwar nach fest-

stehender Rechtsprechung des O.-V.-G. (vgl. E.-O.-V. in St. Bd. II S. 205) gleichviel, ob er sein Recht selbst ausbeutet oder es einer anderen Person gegen Entgelt überläßt.

2. Hiernach betreibt dort Bergbau als Gewerkschaft des älteren Rechtes auch eine Pfännerschaft, die ihr stets unverändert gebliebenes Salzgewinnungsrecht an einen Dritten gegen Entgelt zur Ausbeutung überlassen hat.[1])

3. Daß sie bereits vor dem Inkrafttreten des Allg. Berggeſ. v. 24 VI. 65 nach dem damals in Niederhessen geltenden Rechte (Bergfreiheit und Bergordnung v. 21. III. 1616) die Eigenschaft einer Berggewerkschaft hatte, geht zunächst daraus hervor, daß dort die Ausbeutung einer Soolquelle schon in sehr früher Zeit als Bergbau angesehen und von der Pfännerschaft also Bergbau im örtlich-rechtlichen Sinne betrieben wurde; ferner daraus, daß die Gewerkschaft diejenige Gesellschaftsform ist, die das ältere Deutsche Recht für die gemeinschaftliche Unternehmung des Bergbaues, wie sie bei dem bedeutenden Kapitalaufwande und dem großen Risiko dieses Gewerbes erforderlich ist, eigens geschaffen und der analog sich auch die Form der Pfännerschaft entwickelt hat. Es müßten also Umstände nachweisbar sein, durch die die Pfännerschaft die Eigenschaft einer Gewerkschaft in der Folge verloren hat, falls ihr diese abgesprochen werden soll.

(Folgt eingehende Beweisführung für den vorliegenden Fall).

Eine vor dem Inkrafttreten des Allg. Berggeſ. bereits bestehende Gewerkschaft hört auch nicht deshalb auf, eine Gewerkschaft zu sein, weil ihre alte Verfassung Bestimmungen enthält, die mit Anordnungen des Berggeſ. im Widerspruche stehen, die durch neue Statuten nicht abgeändert werden dürfen.

4. Ist aber eine Pfännerschaft als Gewerkschaft des älteren Rechtes anzusehen, so steht ihre subjektive Steuerpflicht, da das Eink.-St.-Ges. zwischen solchen des älteren und neueren Rechtes nicht unterscheidet, außer Frage.

B) Steuerpflichtiges Einkommen.

a) Der Aktiengesellschaften und der Kommanditgesellschaften auf Aktien.

Nr. 1. Entsch. Bd. VI S. 190 v. 29. V. 97. VA. 1145 95.

Eink.-St.-Ges. § 16 Hand-G.-B. Art. 185 a, 239 b.

Bei Berechnung des steuerpflichtigen Einkommens einer Aktiengesellschaft können Zuführungen zu einem Erneuerungsfonds und Abschreibungen auf dasselbe Wertobjekt neben einander berücksichtigt werden, vorausgesetzt, daß durch die Abschreibungsquoten und durch die auf Erneuerungsfonds überwiesenen Beträge zusammen die betreffenden Objekte nicht unter ihrem wirklichen Werte, der ihnen zur Zeit der Bilanzziehung beizulegen ist, zu Buche stehen. Nur die darüber hinausgehenden Abschreibungen und Überweisungen sind als den steuerpflichtigen Überschüssen entnommene Rücklagen im Sinne des § 16 des Eink.-St.-Ges. anzusehen und der Besteuerung unterworfen.

---

[1]) Pächter war in vorliegenden Falle der Landesherr in Folge von Lokationsverträgen aus den Jahren 1540, 1554 und 1586, in dessen Pachtverhältniß nach der Einverleibung von Kurhessen der Preußische Fiskus eingetreten war.

2. Vereinbarungen verändern nicht die rechtliche Bedeutung eines wirklichen Erneuerungsfonds. Seine thatsächliche Bestimmung und Behandlung bleiben maßgebend.

3. Verminderung der steuerpflichtigen Überschüsse wird durch Überweisungen an einen „Pensionsfonds" nicht herbeigeführt, da sie im Eigentum der Gesellschaft verblieben sind und ihrer Verfügung unterstehen. Sie sind steuerpflichtig, mögen sie aus Zinserträgen dieses Fonds, oder aus den Betriebseinnahmen selbst herrühren, während andererseits die etwa gezahlten Pensionen und Unterstützungen als Betriebsausgaben gelten und von den Zuführungen abzusetzen sind.

Nr. 2. Entsch. v. 21. II. 96. V A. 54.

Eink.-St.-Ges. § 16; Hand.-G.-B. Art. 31.

Das Delkredere-Conto bringt die bereits eingetragene Minderung des Nominalwertes zweifelhafter Forderungen zur Geltung; dessen Erhöhung ist daher gleichzeitig neben der Abschreibung bereits verlorener Forderungen zulässig und steuerfrei. Denn nach Art. 31 Abs. 2 des Hand.-G.-B.'s soll neben der selbstverständlichen Abschreibung der bereits entstandenen Verluste auch eine richtige Bewertung der „zweifelhaften" Forderungen dahin erfolgen, daß diese nicht zum vollen Nennbetrage, sondern nur in Höhe des zu erwartenden Einganges in die Bilanz eingestellt werden. Das kann usancemäßig unter Belassung der Nennbeträge auf der Aktivseite durch Einstellung eines der augenblicklichen Wertminderung dieser Forderungen entsprechenden Bewertungs-Contos geschehen. Diese durch das Delkredere-Conto in der Bilanz bewirkte kollektive Schätzung der Forderungen drückt sonach die zur Zeit der Bilanzaufstellung bereits bestehende, nicht erst eine „künftige" Wertminderung aus, deren Vornahme gesetzlich gerechtfertigt ist, da der zeitige Minderwert dieser Aktiva auch die Überschüsse schmälert.

Nr. 3. Entsch. Bd. VI S. 201 v. 14. VI. 97. V A. 20/97.

Eink.-St.-Ges. §§ 2, 16; Ges. v. 13. V. 70 (B.-G.-Bl. S. 119) wegen Beseitigung der Doppelbesteuerung § 3.

Hat eine Aktiengesellschaft ihren Sitz in einem Deutschen Bundesstaate und kann ein von ihr aus Preußischem Gewerbebetriebe erzielter Gewinn nicht besonders berechnet werden, so ist zunächst das Ganze der steuerbaren Überschüsse, also das Steuerobjekt zu ermitteln, das, wenn die Aktiengesellschaft in Preußen unbeschränkt steuerpflichtig wäre, maßgebend sein würde. Die fernere Aufgabe ist sodann, von diesem Ganzen den für Preußen in Anspruch zu nehmenden Teil zu finden. Das Teilungsobjekt, die Gesammtheit der steuerpflichtigen Überschüsse, kann richtig nur so berechnet werden, daß alle in Betracht kommenden Einzelposten berücksichtigt werden; den einen oder anderen bei Seite zu lassen, ist unstatthaft. Völlig gleichgültig ist in diesem ersten Stadium der Verhandlung auch, wie und wo die der Besteuerung zu unterziehenden Beträge von der Gesellschaft erzielt sind. Daher ist der Anspruch der steuerpflichtigen Gesellschaft, die Agiogewinne nicht in das Teilungsobjekt einzubeziehen, nicht gerechtfertigt. Erst wenn die steuerpflichtigen Überschüsse sämmtlich ermittelt sind und es sich dann weiter um die Abmessung der Preußischen Quote handelt, kann auch der Umstand, daß einzelne Gewinn abwerfende Thätigkeiten sich auf einen bestimmten Ort konzentrieren, unter den aus den thatsächlichen Betriebsverhältnissen zu entnehmenden, für die Abschätzung bestimmenden, Merkmalen ins Gewicht fallen.

Derselbe Grundsatz gilt, wenn bei einer in Preußen domizilierten Aktiengesellschaft, deren Geschäftsbetrieb auch in einem Deutschen Bundesstaate außerhalb Preußens stattfindet, der von der Preußischen Besteuerung auszuschließende Teil der Gesammtüberschüsse zu finden ist. Bei der Ausmittelung dieser Überschüsse, des Teilungsobjektes zwischen Preußen und dem anderen Bundesstaate, sind lediglich die Ergebnisse des Gesammtunternehmens zu Grunde zu legen, ohne daß es darauf ankommt, wie und wo die das Gesammtresultat herstellenden Thätigkeiten sich vollzogen haben, ob z. B. das Minusergebnis eines Jahres durch den in dem andern Bundesstaate erzielten Gewinn geringer geworden ist. Diese Gesichtspunkte machen sich erst geltend, wenn das Teilungsobjekt ermittelt ist und es sich dann weiter darum handelt, die Teilung richtig vorzunehmen. Entsch. Bd. VI S. 203 v. 25. VI. 97 V A. 208/96.

Nr. 4. Entsch. Bd. VI S. 216 v. 25. VI. 97 V A. 1129/95.

Eink.-St.-Ges. §§ 10, 16, 80; Ausf.-Anw. Art. 27.

Für die Besteuerung wie für die Nachbesteuerung einer Aktiengesellschaft, die nicht neu in die Steuerpflicht eintritt, kann ein erst im Laufe des Steuerjahres in die Erscheinung tretender, Überschüsse ergebender, Rechnungsabschluß keinerlei Bedeutung haben.

b) Einkommen der Berggewerkschaften.

Nr. 1. Entsch. Bd. VI S. 162 v. 10. VII. 97. V A. 136/96.

Eink.-St.-Ges. §§ 7, 9, 14, 16; Ausf.-Anw. Art. 11, 18, 27.

Das Organ einer Gewerkschaft — Repräsentant oder Grubenvorstand — gilt, sofern nicht durch Statut etwas Abweichendes bestimmt ist, gesetzlich als Rechnungsleger, die Gewerkenversammlung als Rechnungsabnehmerin. Bei der Veranlagung zur Einkommensteuer dürfen für die Durchschnittsberechnung nur die Ergebnisse derjenigen Jahre als feststehend angesehen werden, bezüglich derer die Rechnungsabnahme durch die Gewerkenversammlung erfolgt ist. Vgl. E.-O.-V. in St. Bd. IV S. 74, V S. 6.

2. Gesetzliche Vorschriften über die Art der Buchführung, Bilanzaufstellung und Gewinnberechnung bestehen für Berggewerkschaften nicht. Somit dürfen diese, vorbehaltlich der Vorschriften im § 102 des Allg. Berggeſ. v. 24. VI. 65, die Buchführung nach ihren besonderen Bedürfnissen gestalten und es wird auch thatsächlich von ihnen bei Führung der Geschäftsbücher sehr verschieden verfahren. Die für Aktiengesellschaften handelsrechtlich vorgeschriebenen Grundsätze über Gewinnberechnung dürfen also auf die Ermittelung des Gewinnes der Berggewerkschaften im allgemeinen nicht angewendet werden, es muß vielmehr auf die allgemeinen Grundsätze zurückgegangen und besonders im Auge behalten werden, daß das Eink.-St.-Ges. die Besteuerung des Einkommens bezweckt. Der Begriff der gewerkschaftlichen Überschüsse im Sinne des § 16 des Eink.-St.-Ges. ist hiernach so auszulegen, daß eine Übereinstimmung mit dem für physische Personen maßgebenden Einkommensbegriffe, vorbehaltlich der ausdrücklichen Vorschriften des § 16 und der besonderen Verhältnisse physischer Personen, erzielt wird.

Da die steuerpflichtigen Überschüsse im Sinne des § 16 nur nach der Gesamtheit des Einkommens berechnet werden können, so ist für die Gewerkschaften zwar die Ermittelung der Überschüsse nach den einzelnen Quellen nicht möglich; indessen steht kein Hindernis entgegen, die im § 14 vorgesehenen verschiedenen Methoden der Ermittelung des gewerblichen Einkommens auch auf die gewerkschaftlichen Überschüsse anzuwenden.

In welcher Weise im Einzelfalle die Überschüsse festzustellen sind, entscheidet sich demnach ebenso wie bei physischen Personen nach der Art der Buchführung.

3. Die Überschüsse derjenigen Berggewerkschaften, die den Geschäftsbetrieb unter den üblichen Formen mit nicht kaufmännischer Buchführung ausüben und Ausbeuten so oft und so hoch verteilen, als überflüssige Bestände vorhanden sind, müssen daher nach Maßgabe der für physische Personen bestehenden Vorschriften, insbesondere des § 9 des Eink.-St.-Ges., ermittelt werden. Namentlich sind ihnen, auch ohne daß sie buchmäßige Abschreibungen vornehmen, gemäß § 9 I 5 a. a. O. die den Abschreibungen wegen Abnutzung und Substanzverringerung entsprechenden Abzüge behufs Ermittelung des steuerpflichtigen Einkommes gestattet, soweit nicht von den Steuerbehörden festgestellt wird, daß die Gegenstände der Abschreibung bei ihrer Beschaffung seitens der Steuerpflichtigen aus den Betriebseinnahmen bezahlt worden sind. Eine Ausgabe dagegen, die auf Kapitalkonto gebucht werden könnte, aber auf Betriebskosten gebucht wird, soll zu Ungunsten der Staatskasse nicht den Gegenstand weiterer Abschreibungen bilden können. Die nötigen Feststellungen hierzu sind oft schwierig. Keinesfalls kann der Umstand, in welcher Weise eine Berggewerkschaft Buch führt, einen Unterschied in der Beurteilung der bei Berechnung des steuerpflichtigen Einkommens in Ansatz zu bringenden Aktiv- und Passivposten, also auch der auszuschließenden oder zuzulassenden Abnutzungs-Abzüge begründen.

4. Die Verrechnung gewisser Ersatzbeschaffungen unter den Betriebskosten schließt nicht die Zulässigkeit von Abschreibungen überhaupt aus, indem das Gesetz nur die gleichzeitige Abschreibung und Verrechnung unter den Betriebskosten bezüglich desselben Gegenstandes verbietet. Es sind aber dann bei stattfindender Abschreibung alle Kosten, die durch Neu- und Ersatzbeschaffungen nicht abzugsfähiger Art in Bezug auf den betreffenden Vermögensbestandteil entstanden sind, ebenso wie die Kosten für Verbesserungen und Erweiterungen bei den Betriebskosten zu streichen. Soweit hiernach Abschreibungen zulässig erscheinen, ist der Wert der Gegenstände bei Beginn der Durchschnittsperiode zu ermitteln und die Höhe der Abnutzungsquote gemäß den Grundsätzen in E.-O.-V. in St. Bd. V S. 270 ff. festzustellen.

5. Als Ausgabe zur Verbesserung oder Geschäftserweiterung darf das nicht angesehen werden, was nur der Absicht, den Betrieb in bisherigem Umfange aufrecht zu erhalten oder zu sichern, dient. Solche Ausgaben sind selbst, wenn der neue Zustand eine thatsächliche Verbesserung gegenüber dem letzten Zustande darstellt, keine steuerpflichtigen Überschüsse, sondern Betriebskosten. Vermehrte Kohlenförderung allein stellt sich nicht als Geschäftserweiterung dar. Die Kohlenförderung ist meistens von ganz anderen Einflüssen abhängig und darf im wesentlichen nur unter demselben Gesichtspunkte, wie etwa der infolge Vermehrung der Kundenzahl eingetretene erhöhte Umsatz und Gewinn eines kaufmännischen Geschäftes, betrachtet werden. Vor allem können aber Unterschiede in der Höhe der Kohlenförderung in weiter zurückliegenden Jahren und in der Gegenwart nicht ohne weiteres zur Begründung der Ansicht, daß Ausgaben zur Verbesserung und Geschäftserweiterung gemacht worden sind, verwertet werden.

6. Daraus, daß das Einkommen der Berggewerkschaften nach dem Durchschnitte der drei der Veranlagung vorangegangenen Jahre zu berechnen ist, also die Einnahmen und Ausgaben — mit diesen die sonstigen Abzüge — nach den thatsächlichen Ergebnissen eben dieser Periode bemessen werden müssen, folgt, daß auch bei Bemessung der Abschreibungen wegen Substanzverringerung die Ermittelung der anstehenden abbauwürdigen Kohlenmenge sich nach den konkreten Verhältnissen in jedem der betreffenden Vorjahre richten muß, Vermutungen über zu-

künftige Entwickelung aber gänzlich auszuschließen sind. Die Abbauwürdigkeit, die Kohlenmenge, die Rente aus dem Betriebe und die Höhe der Abschreibungen sind Korrelate, sie stellen von einander abhängige Faktoren der Beurteilung dar, die zu einem richtigen Ergebnisse nur dann führen können, wenn sie nach denselben Unterlagen ermittelt und festgestellt werden. Jedes andere Verfahren würde die Wechselbeziehung unter diesen Faktoren aufheben und damit zu einem unrichtigen Ergebnisse führen. Insbesondere würde bei einer Berücksichtigung künftiger, erst zu erwartender technischer Vervollkommnungen nicht die in dem maßgebenden abgelaufenen Jahre anstehende abbauwürdige Kohlenmenge berechnet werden, sondern eine in der Zukunft vielleicht, jedenfalls erst in einem anderen, als dem maßgebenden Jahre abbauwürdig erscheinende Kohlenmenge, ja unter Umständen eine niemals abbauwürdige Kohlenmenge. Ein derartiges Verfahren verläßt den Boden der Thatsachen, auf dem allein die Feststellung des steuerpflichtigen Einkommens erfolgen darf.

Dabei ist nicht ausgeschlossen, daß nach den konkreten Verhältnissen, nach Maßgabe der inzwischen eingetretenen Veränderungen, insbesondere auch wegen der Höhe der Verkaufspreise und der Höhe der Betriebskosten, in den einzelnen Jahren der Durchschnittsperiode eine Abbauwürdigkeit in größerer oder geringerer Tiefe anzunehmen ist.

Nr. 2. Entsch. Bd. VI S. 182 v. 10. VII. 97 VI A. 36/97.

Eink.-St.-Ges. § 16.

1. Nur diejenigen Berggewerkschaften, die am 30. Juli 1891, dem Tage des Inkrafttretens des Eink.-St.-Ges., bereits bestanden haben, besitzen das im § 16 des Eink.-St.-Ges. hinsichtlich der Berechnung des Grundkapitales vorgesehene Wahlrecht und können es nach der verteilten Ausbeute berechnen.

2. Eine Berggewerkschaft darf ihr Grundkapital nur nach denjenigen Kosten berechnen, die ihr selbst durch Erwerb, Anlage, Einrichtung rc. entstanden sind. Hat sie keinen Erwerbspreis gezahlt und keine Anlagekosten verwendet, so hat sie kein Grundkapital im Sinne des § 16. Welche Aufwendungen der Vorbesitzer oder ein früherer Besitzer gemacht hat, ist unerheblich. Vgl. E.-O.-V. in St. Bd. III S. 8.

Allein es entstehen in den meisten Fällen bereits, bevor eine Berggewerkschaft zur rechtlichen Existenz gelangt, gewisse Ausgaben, die der Gewerkschaft zur Last fallen, weil sich ohne deren Verwendung die Gewerkschaft gar nicht gebildet haben würde. Insbesondere ist in denjenigen Fällen, wo sich eine Personengemeinschaft in eine Gewerkschaft verwandelt, also eine Identität zwischen den früheren Gesellschaftern und den Gewerken besteht, zu prüfen, inwiefern die von der früheren Personengemeinschaft verwendeten Kosten als solche angesehen werden müssen, die der Gewerkschaft zur Last fallen.

Nr. 3. Entsch. Bd. VI S. 330 v. 3. II. 98. VI A. 6—9/97.

Eink.-St.-Ges. §§ 9, 16; Ausf.-Anw. Art. 27.

1. Berggewerkschaften mit nicht kaufmännischer Buchführung haben, auch wenn sie buch- und rechnungsmäßig Abschreibungen wegen Substanzverringerung und wegen Abnutzung der Betriebsanlagen nicht vornehmen, doch Anspruch darauf, daß diese Abschreibungen, falls sie die zu deren Begründung erforderlichen thatsächlichen Unterlagen und Nachweise beizubringen in der Lage sind, bei der Berechnung ihres steuerpflichtigen Einkommens seitens der Veranlagungsbehörden berücksichtigt werden. Die Notwendigkeit dieser Berücksichtigung beruht auf dem wirtschaftlichen

Gesichtspunkte, daß der beiden Abzügen entsprechende Teil der Roheinnahme des Betriebes nur scheinbar Einkommen, in Wirklichkeit vielmehr ein Surrogat des durch die Verwendung der Mineralsubstanz und der Betriebsanlagen zur Einkommenserzielung verbrauchten Teiles des Stammvermögens ist. Dieser Teil der Roheinnahme darf daher, um den Steuerpflichtigen gerecht zu werden, auch in steuerlicher Hinsicht grundsätzlich nicht als Betriebseinnahme, sondern muß als in eine andere Form umgewandelter Teil des Stammvermögens behandelt werden. Daraus folgt für die Berechnung des steuerpflichtigen Einkommens zweierlei:

a) Der in Frage kommende Teil der Roheinnahme, wie der nach Abzug der eigentlichen Betriebsausgaben verbleibenden Reineinnahme gehört nicht zu den Überschüssen im Sinne des § 16 des Eink.-St.-Ges. Denn er gilt in steuerlicher Beziehung als Teil des Stammvermögens, nicht als Teil der Betriebseinnahme. Wird er als Ausbeute verteilt, so hat er trotzdem steuerrechtlich nicht die Eigenschaft eines Teiles der verteilten steuerpflichtigen Überschüsse. Es ist vielmehr insoweit zurückgeflossenes Stammvermögen unter die Gesellschafter bezw. Gewerken verteilt.

b) Wird der fragliche Teil der Roheinnahme zur Bezahlung von Neuanlagen oder Neuanschaffungen verwendet, so liegt aus demselben Grunde keine Verwendung aus den Betriebseinnahmen, sondern eine solche aus dem Stammvermögen vor. Eine Anschaffung aus dem Stammvermögen schließt aber die Anwendung des Schlußsatzes des § 9 I 5 des Eink.-St.-Ges. aus; Abschreibungen wegen Abnutzung sind also bei den in dieser Weise bezahlten, neu oder als Ersatz angeschafften, Gegenständen zulässig.

Auch die Verrechnung gewisser Ersatzanschaffungen unter den Betriebskosten schließt die Zulässigkeit dieser Abschreibungen überhaupt keineswegs grundsätzlich aus, der Schlußsatz in § 9 I 5 verbietet vielmehr nur die steuerliche Berücksichtigung von Abschreibungen auf solche Betriebsgegenstände, die aus den Betriebseinnahmen angeschafft oder hergestellt sind.

2. Ausgaben, die nur zur Aufrechterhaltung oder Sicherung des bisherigen Betriebes verwendet worden sind, bilden, selbst wenn der neue Zustand eine thatsächliche Verbesserung gegenüber dem bisherigen Zustande darstellt, doch keine steuerpflichtigen Überschüsse, E.-O.-V. in St. Bd. I S. 228; Bd. IV S. 27; Bd. V S. 31, 50. Alle Ausgaben, die in Folge bergpolizeilicher Anordnungen bezüglich des bisherigen Betriebes gemacht worden sind, sowie alle Ausgaben, die nur eine Verminderung der Gefahr des jetzigen Betriebes, oder die Beförderung der Gesundheit und Sicherheit der Arbeiter innerhalb des jetzigen Betriebes bezwecken, sind daher in der Regel Ausgaben, die nur zur Erhaltung und Fortführung des Betriebes in dem bisherigen Umfange gemacht sind, und deshalb abzugsfähige Betriebskosten, nicht aber steuerpflichtige Überschüsse.

c) Einkommen der eingetragenen Genossenschaften.

Nr. 1. Entsch. Bd. VI S. 234 v. 21. IX. 97. V A. 71/97.

Bei der Berechnung des Überschusses, den eine Molkerei-Genossenschaft als solche aus dem Geschäftsbetriebe erzielt hat, kann nicht davon ausgegangen werden, daß die Milch unentgeltlich von den Mitgliedern geliefert worden wäre und somit der gesammte aus der Verarbeitung und dem Verkaufe der Milch erzielte Gewinn, der an die Mitglieder zur Verteilung gelangt, Geschäftsüberschuß sei. Es muß vielmehr als Teil der Anschaffungs- bezw. Betriebskosten ein solcher Betrag eingestellt, der behufs Ankaufes der zum Betriebe der Genossenschaft seitens der Mitglieder gelieferten Milch hätte aufgewendet werden müssen, und es ist zur Ermittelung der Höhe dieses

Betrages davon auszugehen, daß für die Milch der ortsübliche bezw. der Marktpreis, wenn ein solcher vorhanden ist, zu zahlen gewesen wäre, vgl. O.-V. in St. Bd. II S. 416.

4. Steuererklärung.

Nr. 1. Entsch. Bd. VI S. 186 i. d. Anm. v. 14. II. 95. Rep. V. 3/95.

Eink.-St.-Ges. §§ 30, 44.

Die Pflicht zur Einreichung einer Steuererklärung erfüllt nur derjenige, der die vorgeschriebene Form und Frist wahrt. Die Folgen der Nichterfüllung dieser Pflicht sollen aber nur dann eintreten, wenn nicht „Umstände dargethan werden, die die Versäumnis entschuldbar machen“. Daraus folgt, daß jede die Verwirkung der Rechtsmittel aussprechende Berufungsentscheidung zum Ausdruck bringen muß, 1. daß und weshalb Form oder Frist in dem betreffenden Falle verletzt ist, 2. daß Entschuldbarkeit der Versäumnis bezüglich der Form oder der Frist nach dem Urteile der Berufungskommission nicht vorliegt.

Nr. 2. Entsch. Bd. VI S. 185 v. 19. III. 97. E IVb. 99/96.

Eink.-St.-Ges. § 30.

Wenn auch die Untersuchungshaft eines Steuerpflichtigen und der Umstand, daß weder die Aufforderung, noch die öffentliche Bekanntmachung wegen Einreichung der Steuererklärung zu seiner Kenntnis gekommen sind, die Einreichung der letzteren nicht unmöglich gemacht haben, so machen sie doch doch die Versäumnis entschuldbar. Daraus folgt, daß der säumige Steuerpflichtige die gesetzlichen Rechtsmittel gegen seine Einschätzung nicht verloren hat, da das Gesetz den Eintritt der Folgen der Fristversäumnis nicht davon abhängig macht, ob die Unmöglichkeit nachgewiesen wird, während die geschilderten Umstände zur Entschuldigung ausreichen.

5. Veranlagungsverfahren.

A) Allgemeine Grundsätze.

Nr. 1. Entsch. Bd. VI S. 222 v. 16. IX. 97. E XIIIb. 6/97.

Eink.-St.-Ges. § 20; Ausf.-Anw. Art. 36.

Der Steuerpflichtige hat einen Rechtsanspruch darauf, nur von der gesetzlich für seine Veranlagung zuständigen Kommission veranlagt zu werden. Denn er hat unter Umständen ein sehr wesentliches Interesse an dem Orte seiner Veranlagung, so daß es sich für ihn um eine Einrichtung von wesentlich formaler und zugleich materieller Bedeutung handelt. Es bestimmen sich, um nur Beispiele anzuführen, nach den Regeln des § 20 der Ort, wo die Steuererklärung bei Vermeidung schwerwiegender Rechtsnachteile abzugeben ist; weiter die Veranlagungskommission und deren Vorsitzender, deren Aufforderungen der Steuerpflichtige Folge zu leisten schuldig ist, denen er seine Beweise anzugeben, seine Verhältnisse aufzuklären, seine Bücher offenzulegen hat; ebenso die Berufungskommission, vor der er sein Recht weiter zu verfolgen hat u. s. w. Auch hinsichtlich der kommunalen Steuerpflicht kann der Steuerpflichtige ein dringendes Interesse daran haben, allein von der gesetzlich zuständigen Kommission zur Staatssteuer veranlagt zu werden.

Ist aber die gesetzliche Bestimmung der Zuständigkeit von wesentlicher formaler und materieller Bedeutung, so muß es dem Steuerpflichtigen auch gestattet sein, die Zuständigkeit im Rechtsmittelverfahren anzufechten. In solchem Falle kann er auch den Angriff ausschließlich hierauf beschränken. Denn wenn seine Anfechtung begründet ist, so handelt es sich um eine gesetzwidrige Steuerfestsetzung, die auch im Rechtsmittelverfahren von der höheren Instanz nicht berichtigt werden kann.

Nr. 2. **Entsch. Bd. VI S. 302** v. 25. II. 98. V. 9/97.

Eink.-St.-Ges. §§ 53, 85; Ausf.-Anw. Art. 71.

Ersatzzustellungen in Steuerangelegenheiten sind nur zulässig, wenn der Adressat in seiner Wohnung nicht angetroffen wird. Daß dies nicht der Fall war, muß in der im Art. 71 der Ausf.-Anw. für ausreichend erachteten Bescheinigung eines öffentlichen Beamten ausdrücklich festgestellt sein. Denn es muß aus ihr hervorgehen, daß die Person, an die das zustellende Schriftstück übergeben wird, sowohl durch die obwaltenden Umstände als auch zufolge ihrer persönlichen Eigenschaften zur Empfangnahme legitimiert sei.

B) Berücksichtigung der persönlichen Leistungsfähigkeit.

Nr. 1. **Entsch. Bd. VI S. 282** v. 6. XII. 97 VI. 19/97.

Eink.-St.-Ges. §§ 18, 19; Ausf.-Anw. Art. 44, 45.

Für die Auslegung des § 19 des Eink.-St.-Ges. im weiteren Sinne spricht der Zweck der darin gegebenen Rechtswohlthat. Bei seiner Anwendung sind auch solche außergewöhnlichen Belastungen zu berücksichtigen, die durch Unterhalt und Erziehung von angenommenen Kindern (z. B. solchen, die jemand seit Jahren in seinen Haushalt aufgenommen hat, wie leibliche Kinder behandelt und demnächst zu adoptieren beabsichtigt) und von Stief- und Pflegekindern entstehen.

Schon der Wortlaut der Bestimmung rechtfertigt die Annahme, daß dabei auf die thatsächliche Unterhaltung u. s. w. der Kinder das Hauptgewicht gelegt, von der Frage einer hierauf bezüglichen Verpflichtung aber abgesehen ist; eine Annahme, die auch darin ihre Bestätigung findet, daß der § 19 a. a. O. als weiteren Steuerermäßigungsgrund gerade „die Verpflichtung" zum Unterhalt mittelloser Angehöriger aufführt.

C) Veränderungen der veranlagten Steuer im Laufe des Jahres.

Nr. 1. **Entsch. Bd. VI S. 314** v. 25. XI. 97. XII a. 148/96 u. **Entsch. Bd. VI S. 316** i. d. Anm. v. 19. III. 94. V. 30/93.

Eink.-St.-Ges. §§ 7, 10, 17, 56, 57, 59.

Auch die für den Rest eines Steuerjahres zu bewirkende Veranlagung hat stets in der Form zu erfolgen, daß mit Jahres-Einkünften gerechnet und ein Jahres-Steuersatz festgesetzt wird.

§ 59 statuirt nicht etwa eine Ausnahme von diesen Grundregeln des Eink.-St.-Ges., sondern behandelt nur Veränderungen der festgesetzten Steuerrollen innerhalb des Steuerjahres durch Zu- und Abgänge mit der Maßgabe, daß diese von dem Beginne des auf den Eintritt oder das Erlöschen der Steuerpflicht folgenden Monates ab stattfinden. Es kann auch grundsätzlich derjenige, der im Laufe des Jahres ein Einkommen erwirbt, in dieser Richtung nicht anders behandelt werden als derjenige, der schon zu Beginn des Steuerjahres genau dasselbe Einkommen hatte. Der Ausgleich liegt in der Veranlagungsperiode, für die die Jahressteuer zur Erhebung gestellt wird. In gleicher Weise wird die Vermehrung des Einkommens in Folge Erbanfalles in § 57 a. a. O. behandelt, indem hiernach die Erben, entsprechend der Vermehrung ihres Einkommens, d. h. entsprechend dem schon vorhandenen Einkommen und dem neu hinzugetretenen, also nach einem neuen Jahreseinkommen zu einem neuen Jahressteuersatze anderweitig veranlagt werden und zur Entrichtung dieser Steuer vom Beginne des auf den Anfall der Erbschaft folgenden Monats ab verpflichtet sind. Vgl. E.-O.-V. in St. Bd. II S. 363.

D. Nachbesteuerung.

Nr. 1. Entsch. Bd. VI S. 1 v. 18. XII. 96. V B. 106/96.

Eink.-St.-Ges. §§ 7, 10, 56.

1. Die Verspätung einer Veranlagung hat keinen Einfluß auf die Grundlagen und den Umfang des im Steuerjahre (Steuerperiode) auszuübenden Besteuerungsrechtes. Bestimmend ist und bleibt die Sach- und Rechtslage vor Beginn der Periode und es sind nur solche Einnahmen als feststehende anzurechnen, die im voraus gesichert sind und von denen nicht etwa im voraus schon feststellbar ist, daß sie zu einem gewissen Zeitpunkte vor Ablauf der Periode ganz oder teilweise schwinden werden. Vgl. E.-O.-V. Bd. XXIX S. 25 und E.-O.-V. in St. Bd. II S. 408. Dem Steuerpflichtigen dürfen also daraus, daß seine rechtmäßige Veranlagung erst nachträglich erfolgt, weder Nachteile, noch Vorteile erwachsen.

2. Hiernach kann ein Hülfsrichter (Assessor), dessen Geschäftsdiäten steuerlich als feststehende Einnahmen zu behandeln sind (vgl. E.-O.-V. in St. Bd. I S. 269), bei einer Nachbesteuerung im Jahre 1896 für das Steuerjahr 1893/94 nur von denjenigen Tagegeldern herangezogen werden, die bis zum 1. IV. 93 feststellbar waren, mag das Kommissorium auch im Laufe dieses Steuerjahres verlängert worden sein.

Nr. 2. Entsch. Bd. VI S. 335 v. 17. II. 98. E XI a. 1/98.

Eink.-St.-Ges. §§ 57, 80; Erg.-St.-Ges. §§ 38, 46.

Für die Veranlagung der Nachsteuer sind nicht diejenigen Verhältnisse, die zur Zeit dieser Veranlagung obwalten, maßgebend, sondern allein diejenigen bei Beginn des Steuerjahres oder bei Beginn des Teiles des letzteren, wofür die Nachbesteuerung erfolgt. — Weder Einkommen, noch Vermögen, auf das der Steuerpflichtige einen durch eine aufschiebende Bedingung abhängig gemachten Anspruch besitzt, darf deshalb in Anrechnung gebracht werden, wenn die Bedingung bei Beginn des Zeitraumes, für den die Nachbesteuerung erfolgt, noch nicht weggefallen war. Unerheblich ist der eingetretene Wegfall zur Zeit der Nachsteuerveranlagung und die durch den Wegfall etwa eintretende Bedingungslosigkeit, beziehentlich Wirksamkeit des Anspruches zu einem früheren Zeitpunkte.

Nr. 3. Entsch. Bd. VI S. 338 v. 25. II. 98. V. 10/97.

Eink.-St.-Ges. § 80.

Gemäß § 80 des Eink.-St.-Ges. erstreckt sich die Verpflichtung der zu einer ihrem wirklichen Einkommen nicht entsprechenden, niedrigeren Steuerstufe veranlagten Steuerpflichtigen nur auf die drei Steuerjahre zurück, die dem Steuerjahre, in dem die Verkürzung festgestellt worden, vorausgegangen sind. Diese Feststellung, daß und in welchem Umfange ein Steuerpflichtiger zu einer seinem wirklichen Einkommen nicht entsprechenden, zu niedrigen Steuer veranlagt worden ist und darum der Nachbesteuerung unterliegt, ist ausschließlich Sache der Veranlagungsbehörden.

Nr. 4. Entsch. Bd. VI S. 347 v. 6. IV. 98. VI. 4/97.

Eink.-St.-Ges. §§ 56—60, 80.

1. Die Veranlagung kann sowohl von dem Besteuerten als auch von dem Vorsitzenden der Veranlagungs- bezw. Berufungskommission als dem Vertreter des Staatsinteresses innerhalb bestimmter Ausschlußfristen im Rechtsmittelverfahren angefochten werden. Hieraus folgt unmittelbar, daß nach Erschöpfung des Instanzenzuges oder nach Versäumung der Frist zur Einlegung eines Rechtsmittels die ursprüngliche oder im Rechtsmittelverfahren berichtigte Veranlagung endgültig wird. Sie hat alsdann eine formelle Rechtskraft in dem Sinne erlangt, daß von keiner Seite eine Änderung des Ergebnisses durch die ordentlichen Veranlagungsorgane verlangt oder von ihnen von Amtswegen vorgenommen werden kann. Hiervon machen weder die lediglich Ausnahmen von der Regel des § 56 zulassenden §§ 57 bis 60 des Eink.-St.-Ges., noch Art. 78 I der Ausf.-Anw. eine Ausnahme. Ebensowenig wird mit der Festsetzung einer Nachsteuer gemäß § 80 des Eink.-St.-Ges. die ursprüngliche Veranlagung rechtlich unwirksam und gegenstandslos. Allerdings muß behufs Festsetzung der Nachsteuer eine vollständige, durch keinerlei frühere Feststellungen beschränkte, Ermittelung und Feststellung des gesammten Einkommens, das nach den gesetzlichen Bestimmungen für die ordentliche Veranlagung maßgebend sein sollte, und der diesem Einkommen entsprechenden Steuer erfolgen. Es ist also insbesondere ausgeschlossen, daß für die Nachbesteuerung das bei der ursprünglichen Veranlagung bekannte und angenommene Einkommen als formell feststehend und deshalb unabänderlich erachtet und nur unter Hinzurechnung eines dabei unbekannt gebliebenen oder aus sonstigen Gründen nicht berücksichtigten Einkommensteiles der entsprechende Steuerbetrag ermittelt werde.

Aber die Ermittelung und Feststellung der richtigen Ergebnisse der ursprünglichen Veranlagung ergiebt hier — in den Fällen zu niedriger Veranlagung — nicht unmittelbar den Gegenstand der Nachbesteuerung, sondern ist nur ein Mittel zu dem Zwecke der Prüfung und Feststellung, ob und inwieweit überhaupt die gesetzlichen Voraussetzungen der Nachbesteuerung zutreffen.

Es handelt sich hierbei nur um einen notwendigen Rechnungsfaktor; der andere wird gebildet durch den Betrag der bereits thatsächlich veranlagten Steuer. Diese ursprünglich veranlagte Steuer und die hierauf bezügliche Verpflichtung werden durch die Nachbesteuerung keineswegs in Frage gestellt.

Die Nachsteuer ist begrifflich nur eine Ergänzung, indem sie den der Staatskasse entzogenen Betrag, d. i. das bei nachgeholter bezw. wiederholter Veranlagung sich ergebende Mehr gegen die ursprünglich gar nicht oder zu niedrig veranlagte Steuer darstellt. Eben deshalb muß auch der gegen eine ursprüngliche Veranlagung beschrittene Weg der Rechtsmittel, unter event. Berücksichtigung der erst nachträglich bekannt gewordenen, zu einer Nachbesteuerung berechtigenden Einkommensverhältnisse, bis zum Ende verfolgt werden, bevor die Nachbesteuerung ins

Werk gesetzt werden darf.[1]) Denn erst dann läßt sich mit Sicherheit beurteilen, ob und um welchen Betrag der Staat verkürzt ist. Es kann ferner der Steuerpflichtige im Nachbesteuerungsverfahren eine Herabsetzung des ursprünglich veranlagten Steuersatzes niemals erreichen.[2])

2. Dagegen sind die Verhandlungen, deren endgültiges Ergebnis eine zu niedrige, dem wirklichen zur Zeit der ursprünglichen Veranlagung vorhandenen Einkommen nicht entsprechende, Steuerstufe gewesen ist, in keinem Teile präjudizierlich. Dem Steuerpflichtigen sind gegen die Nachbesteuerung die Rechtsmittel in dem Sinne unbeschränkt gegeben, daß sämmtliche, sowohl die aus der ursprünglichen Veranlagung herübergenommenen, wie die neu gefundenen, Berechnungsfaktoren von ihm angegriffen werden können.

6. Rechtsmittel.

A) Verfahren in der Berufungsinstanz.

a) Allgemeine Grundsätze.

Nr. 1. Entsch. Bd. VI S. 218 v. 1. VII. 97. V A. 39/97.

Eink.-St.-Ges. §§ 1, 24, 35, 38, 43.

Die positive Feststellung der subjektiven Steuerpflicht erheischt, daß die Berufungskommission das Vorhandensein der entsprechenden thatsächlichen Unterlage — bei einer eingetragenen Genossenschaft also das Hinausgehen des Geschäftsbetriebes über den Mitgliederkreis hinaus — selbständig nachprüft und daß sie nötigenfalls solche Unterlage von Amtswegen beschafft.

Zu diesem Behufe hat die Berufungskommission von den nach Lage des Falles sich als zweckmäßig ergebenden Hülfsmitteln Gebrauch zu machen.

Nr. 2. Entsch. Bd. VI S. 246 v. 15. X. 97. VII c. 478/96.

Die Berufungskommission hatte die Berufung eines Censiten für das Steuerjahr 1895/96 zunächst wegen Verwirkung der Rechtsmittel mangels einer rechtsgiltigen Steuererklärung abgewiesen und sodann eine zweite, dieses Rechtsmittel aus sachlichen Gründen abweisende Entscheidung erlassen, nachdem inzwischen die Beschwerde des Censiten gegen jene erste Entscheidung von ihm auf Zusicherung des Vorsitzenden der Berufungskommission, daß nunmehr materiell in die Entscheidung eingetreten werden sollte, zurückgenommen war. Der dann noch angebrachten Beschwerde des Censiten wurde vom O.-V.-G. stattgegeben, weil die Berufungskommission nicht befugt sei, ihre einmal erlassene Berufungsentscheidung aufzuheben und durch eine andere Berufungsentscheidung zu ersetzen.

---

[1]) Damit ist der entgegengesetzte Grundsatz in E.-O.-V. i. St. Bd. III S. 97 u. 99 (Bd. II S. 802 des Hauptwerkes) aufgegeben.

[2]) Abweichend von der Entsch. v. 6. III. 96 (Bd. II S. 802 des Hauptwerkes.)

b) Erstattung von Kosten durch den Steuerpflichtigen.

Nr. 1. Entsch. Bd. VI S. 330 v. 3. II. 98 VI A. 6—9/97.

Die Belastung der Steuerpflichtigen mit den Kosten der Ermittelungen in der Berufungsinstanz setzt voraus, daß sich ihre thatsächlichen Angaben in wesentlichen Punkten als unrichtig erweisen.

II.

Ergänzungssteuer.

Litteratur: Gauß, Die Gebäudesteuer in Preußen, 3. Aufl. Berlin 1897. — Matzdorf, Tabelle zur Berechnung des gegenwärtigen Kapitalwertes der auf bestimmte Zeit eingeschränkten Renten und Nutzungen, 1897.

1. Steuerpflicht.

Nr. 1. Entsch. Bd. VI S. 18 v. 26. IV. 97. E X d. 3/96.

Vgl. oben S. 345.

Nr. 2. Entsch. Bd. VI S. 19 v. 24. VI. 97. E XI a. 4/96.

Vgl. oben S. 345.

2. Maßstab der Besteuerung.

Nr. 1. Entsch. Bd. VI S. 7 v. 27. III. 97. E X a. 2/96.

Erg.-St.-Ges. §§ 4, 9, 17; Ausf.-Anw. Art. 5.

Für die Steuerpflichtigkeit der einzelnen Vermögensteile nach Maßgabe des Erg.-St.-Ges. — von den Vorschriften in § 17 abgesehen — kommt es nicht darauf an, ob und welches Einkommen sie dem Besitzer oder Eigentümer thatsächlich gewähren, sondern nur darauf, ob sie überhaupt und abgesehen von ihrer augenblicklichen Verwertung einen selbständigen Bestandteil des steuerbaren Vermögens, bezw. ein Zubehör eines solchen bilden.

Können Zweifel darüber obwalten, ob Rechte und Gerechtigkeiten besonders bewertet werden dürfen, so bildet die Unterlassung erschöpfender Feststellungen hierüber einen wesentlichen Mangel des Verfahrens. So ist bei einer Staugerechtigkeit, abgesehen von der etwa erforderlichen Aufklärung über den Rechtstitel, auf dem die Staugerechtigkeit des Steuerpflichtigen beruht, namentlich eine Aufklärung darüber erforderlich, ob sie ein Zubehör eines Mühlengrundstückes ꝛc. bildet oder zu den selbständigen Rechten und Gerechtigkeiten unter I 1 in § 4 des Erg.-St.-Ges. gehört. Nur in letzterem Falle würde sie als selbständiger Bestandteil des steuerbaren Vermögens, bezw. wenn sie bei Beginn des Steuerjahres zu dem Betriebe eines gewerblichen Unternehmens verwendet worden wäre, als ein besonderer Bestandteil des gewerblichen Anlage- und Betriebskapitales bewertet werden dürfen, während sie unter der ersteren Voraussetzung bei der Bewertung des betreffenden Grundstückes mitberücksichtigt werden müßte. In jedem Falle wird es für die Wertsschätzung auch auf die Dauer und die Übertragbarkeit der Stauberechtigung auf einen Dritten ankommen, da auch diese Umstände auf die Bestimmung des mit dem gemeinen Werte gleichbedeutenden Verkaufswertes von wesentlichem Einflusse sind.

Nr. 2. Entsch. Bd. VI S. 9 i. d. Anm. v. 28. I. 97. E VIII b. 7/96.

Erg.-St.-Ges. §§ 4, 9; Ausf.-Anw. Art. 7 [1], 8 I [4], 9 [1]; Techn. Anl. Art. 6 [1], [3].

Vor der *Bewertung* einer *Fähr- und einer Fischereigerechtigkeit* ist festzustellen, ob sie *selbständige*, d. h. nicht mit dem Besitze eines Grundstückes verbundene *Gerechtigkeiten oder Zubehör eines Grundstückes* sind. *Nur unter der ersteren Voraussetzung* dürfen sie als *selbständige Bestandteile des steuerbaren Vermögens* angesehen und bewertet werden.

Nr. 3. Entsch. Bd. VI S. 9 i. d. Anm. v. 10. VII. 97. E VII c. 191/96.

Erg.-St.-Ges. §§ 4, 9, 13.

Ein mit einer Herrschaft verbundenes Bergwerksregal ist nicht deshalb für ein unter den § 13 des Erg.-St.-Ges. fallendes Recht von unbestimmter Dauer zu erachten, weil es nur so lange einen Wert habe, als Fossilien vorhanden seien. Denn das *Regalrecht* verliert seinen Charakter als *immerwährendes, zeitig unbeschränktes Recht* nicht dadurch, daß es vielleicht in unbestimmbarer Zukunft aus irgend einem Grunde nicht mehr ausgeübt werden kann. Ist das Bergwerksregal überhaupt nach § 13 a. a. O. zu bewerten, so muß es *als ein immerwährendes Recht und zwar nach dem Betrage des letzten Jahres* bewertet werden. Es entsteht aber die weitere Frage, ob der § 13 a. a. O. hier überhaupt Anwendung findet oder ob nicht vielmehr das Bergregalrecht gemäß § 4 I 1 *als Zubehör der bezeichneten Güter* bewertet werden muß. Soweit die zu erlassende Entscheidung hiervon abhängig ist, darf diese Frage nicht übergangen werden.

Nr. 4. Entsch. Bd. VI S. 100 v. 17. V. 97. E X f. 11/95.

Rev. Apoth.-Ordn. v. 11. X. 01; Vd. v. 24. X. 11 (G.-S. S. 359) wegen Anlegung neuer Apotheken; Gew.-Ordn. v. 17. I. 45 (G.-S. S. 41) §§ 42, 54; Kab.-O. v. 8. III. 42 (G.-S. S. 111); v. 7. VII. 86 (M.-Bl. S. 161) u. 30. VI. 94 (M.-Bl. S. 119); Erg.-St.-Ges. §§ 4, 6, 9 u. Ausf.-Anw. Art. 8, 10 III [3].

Die *Apothekenprivilegien*, *nicht aber die Konzessionen zur Anlage oder zum Betriebe einer Apotheke* stellen *selbständige Rechte und Gerechtigkeiten* dar; nur die Apothekenprivilegien gehören zum steuerbaren Vermögen.

Die Konzessionen sind im Gegensatze zu den Realprivilegien nach dem Gesetze weder veräußerlich, noch vererblich, erlöschen mithin mit dem Wegfallen des berechtigten Subjektes durch Tod oder Verzicht. Die „Übertragung“ einer derartigen Konzession ist im rechtlichen Sinne keine Übertragung, sondern die Erteilung einer neuen Konzession an ein anderes Subjekt.

Die gesetzliche Natur dieser reinen Personalkonzession wird dadurch nicht geändert, daß in einzelnen Fällen aus Verwaltungsrücksichten eine ihre Veräußerung und Vererbung ersetzende Form gefunden wird. Sie unterscheidet sich hierin in keinem wesentlichen Stücke von der Konzession zum Betriebe der Gast- oder Schankwirtschaft. Auch diese Personalkonzession kann thatsächlich in der Form übertragen werden, daß der bisherige Inhaber gegenüber dem neuen Erwerber auf die Ausübung gegen Entgelt verzichtet und der letztere die Konzession erwirbt. In beiden Fällen, bei Apotheken und Gastwirtschaften wird aber rechtlich nicht die alte Konzession auf den neuen Erwerber übertragen, sondern dieser erhält eine neue Konzession für seine Person. Ein Verkauf der Konzession ist rechtlich unmöglich. Die Konzessionen können deshalb auch nicht einen gemeinen Wert, d. i. einen Verkaufswert im Sinne des § 9 des Erg.-St.-Ges. haben.

Daß die obrigkeitliche (polizeiliche) Konzession auch nicht zum gewerblichen Anlage- und Betriebskapitale gehört, wird im Art. 10 III 3 der Ausf.-Anw. ausdrücklich anerkannt.

Nr. 5. Entsch. Bd. VI S. 107 v. 21. V. 97. E III. 24/95.

Erg.-St.-Ges. §§ 4, 7; Ausf.-Anw. Art. 8.

1. Aus dem Grundbuche wurde festgestellt, daß für einen Steuerpflichtigen 80000 Mk. zu $4^1/_2$ % verzinslich eingetragen standen, die er vor mehreren Jahren bereits an verschiedene Personen, indem er sich den Zinsgenuß lebenslänglich vorbehielt, abgetreten hatte.

2. Das O.-V.-G. entschied, daß hier der § 4 I 1 des Erg.-St.-Ges. Platz zu greifen hat und den Censiten pflichtig macht. Steht nämlich das Eigentum an der Hypothekenforderung den Cessionarien zu, so gebührt dem Censiten, der den Zinsengenuß für seine Lebenszeit sich vorbehalten hat, der Nießbrauch an jener Forderung und die bezeichnete gesetzliche Bestimmung rechnet zu dem steuerbaren Vermögen jedes Nießbrauchsrecht, das einen in Geld schätzbaren Wert hat.

Das Nießbrauchsrecht an verzinslichen Kapitalforderungen bildet hiernach ein selbständiges Recht und einen Teil des steuerbaren Vermögens.

Nr. 6. Entsch. Bd. VI S. 305 v. 24. VI. 97 E VIII a. 86/96.

S. oben S. 353.

Nr. 7. Entsch. Bd. VI S. 307 v. 24. VI. 97. E XI b. 40/96.

S. oben S. 353.

Nr. 8. Entsch. Bd. VI S. 27 v. 7. V. 97. E III. 129/96.

Erg.-St.-Ges. §§ 10, 12, 36; Ausf.-Anw. Art. 5 [3], 15 IV.

1. Der gemeine Wert von Wertpapieren ist, wenn sie in Deutschland einen Börsenkurs haben, dieser, anderenfalls ihr Verkaufswert zu dem für die Veranlagung maßgebenden Zeitpunkte. Vor der Bewertung ist daher stets zu ermitteln, ob ein Börsenkurs für die betreffenden Papiere in Deutschland besteht. Trifft dies zu, so ist der Kurs entscheidend, ohne daß die Wahrscheinlichkeit eines Sinkens des Kurses durch das Angebot und den Verkauf größerer Posten berücksichtigt werden darf.

2. Richtet sich im gemeingewöhnlichen Immobiliarverkehre der Kaufwert danach, ob und inwieweit die Grundstücke sich zur Erbauung von Zinshäusern eignen, so kann das Vorhandensein anderer Gebäude darauf nicht wertsteigernd in Betracht gezogen werden.

Nr. 9. Entsch. Bd. VI S. 137 v. 3. VI. 97. E IV b. 5/95.

Erg.-St.-Ges. § 8.

Bloße Vormerkungen im Grundbuche zur Erhaltung des Rechtes auf Eintragung einer Hypothek oder des Vorrechtes für eine einzutragende Hypothek begründen noch keine Schulden, die vom Aktivvermögen abzuziehen sind.

Nr. 10. Entsch. Bd. VI S. 141 v. 14. VI. 97. E IVb. 3/95.

Erg.-St.-Ges. §§ 7, 8.

Nach § 8 des Erg.-St.-Ges. ist der Kapitalwert einer von einem Steuerpflichtigen zu entrichtenden Rente von seinem Aktivvermögen nicht in allen Fällen, sondern nur dann in Abzug zu bringen, wenn auf die Rente die Voraussetzungen im § 7 zu c Abs. 1 zutreffen. Diese Voraussetzungen gehen dahin, daß kumulativ der Rentenbezug

1. auf Lebenszeit des Empfängers oder auf die Lebenszeit eines Anderen, auf unbestimmte Zeit oder auf die Dauer von mindestens 10 Jahren, und zugleich
2. vertragsmäßig als Gegenleistung für die Hingabe von Vermögenswerten oder aus letztwilligen Verfügungen oder Familienstiftungen oder vermöge hausgesetzlicher Bestimmungen begründet ist.

Nr. 11. Entsch. Bd. VI S. 280 v. 26. XI. 97. E Va. 97/96.

Erg. St.-Ges. §§ 7, 16.

Das Guthaben der Reichsbankbeamten an dem zu ihren Gunsten angesammelten Tantiemefonds bildet ihr steuerbares Vermögen.

Der Bankbeamte hat an die Reichsbank nach Umfang der jährlichen Zuschreibungen ein persönliches Forderungsrecht. Die Forderung wird durch die jedesmalige Zuschreibung bereits erworben, gelangt also nicht zur Entstehung bei Beendigung des Dienstverhältnisses. Die augenblickliche Verfügungsbeschränkung und das Hinausschieben des Fälligkeitstermines machen die Forderung nicht zu einer bedingten. Daß sie bereits besteht, ergiebt schon der Umstand, daß dem Beamten die Zinsen seines Guthabens zufließen und der Tantiemefonds ein Passivum der Reichsbank darstellt. Daß das Tantiemeguthaben die Dienstkaution erhöht und verloren gehen kann, wenn laut Entscheidung der vorgesetzten Dienstbehörde Verluste damit zu decken sind, spricht ebenfalls nur für die Existenz der Forderung; denn zur Deckung von Verlusten können der Bank nur fremde Mittel, im vorliegenden Falle das Tantiemeguthaben, dienen, mit dem die Bank nötigenfalls kompensieren will. Sollte aber dennoch in dem Umstande, daß das Tantiemeguthaben — wenn Verluste zu decken sind — verloren geht, bezw. sich mindert, eine Bedingung zu finden sein, so würde jedenfalls nur eine auflösende Bedingung vorliegen, deren Bestehen nach § 16 Abs. 2 des Erg.-St.-Ges. für die Versteuerungspflicht ohne Einfluß sein würde.

Nr. 12. Entsch. Bd. VI S. 10 v. 13. IV. 96. E Va. 31/96.

Erg.-St.-Ges. §§ 4, 9, 11, 36; Techn. Anl. Art. 6; Ausf.-Anw. Art. 5[4], 12.

Die Wertsermittelung muß für jeden einzelnen selbständigen Teil des steuerbaren Vermögens besonders erfolgen; hierbei dürfen aber die zu einer wirtschaftlichen Einheit oder Gesammtheit gehörigen Vermögensteile nicht davon getrennt, sondern die wirtschaftliche Einheit oder Gesammtheit muß mit ihrem Werte im Ganzen zutreffend erfaßt werden.

Dabei mag eine besondere Erwägung der Wertverhältnisse einzelner Vermögensstücke nach Lage der Sache geboten sein. Dieser Bewertung kommt aber alsdann nur die Bedeutung eines Rechnungsfaktors für die Ermittelung des Wertes der wirtschaftlichen Gesammtheit zu, zu der die Sache gehört. Von diesen Gesichtspunkten aus ist in einem Falle, wo es sich um eine Besitzung mit Betrieb der Landwirtschaft und des Müllereigewerbes handelt, vor Allem zu ermitteln, welche Bestandteile des Vermögens wirtschaftlich selbstständig sind und welche zusammengehören. Es ist klarzustellen, ob dem Mühlengewerbe gegenüber der Landwirtschaft eine selbständige Bedeutung zukommt, oder ob es nur ein gewerblicher Nebenbetrieb der Landwirtschaft ist. Im ersteren Falle ist § 11 Abs. 2, im letzten § 11 Abs. 1 des Erg.-St.-Ges. anzuwenden. Vgl. E.-O.-V. in St. Bd. V S. 116.

Nr. 13. Entsch. Bd. VI S. 47 v. 12. IV. 97. E VIII a. 12/96.

Erg.-St.-Ges. §§ 4, 9, 10; Ausf.-Anw. Art. 8, 10, 12. Geb.-St.-Ges. v. 21. V. 61 §§ 5, 6.

1. Ein zum gewerblichen Anlage- und Betriebskapitale gehöriges Grundstück mit allen darauf befindlichen Gebäuden und zugehörigen Betriebseinrichtungen bildet ein einheitliches, als Ganzes zu bewertendes Steuerobjekt. Bei der Bemessung des gemeinen Wertes, d. i. des objektiven Verkaufswertes des Ganzen kommen die besonderen Werte einzelner Teile nicht selbständig für sich, sondern nur als Rechnungsfaktoren in Betracht. Der Verkaufswert des Ganzen wird nicht unmittelbar durch die Summe der Einzelwerte gebildet; vielmehr können diese nur den Wert des Ganzen mitbestimmen, indem sie mehr oder minder in steigender oder ermäßigender Richtung darauf einwirken.

2. Bei der Anwendung eines nach dem Gebäudesteuernutzungswerte gefundenen Einheitssatzes ist der Bodenwert schon miterfaßt, so daß die Ansetzung eines besonderen Bodenwertes eine unstatthafte Doppelbewertung enthält.

3. Ein ausschließlich oder ganz überwiegend dem Gewerbebetriebe gewidmetes Grundstück, dessen Gebäudesteuernutzungswert nur zum geringen Teile auf Wohnräume (hier 120 Mk.), zum größten Teile aber auf gewerbliche Räume (hier 1095 Mk.) entfällt, kann nicht nach den für Wohngebäude ermittelten Einheitssätzen bewertet werden. Die Anwendung von Einheitssätzen kann nur bei wesentlicher Gleichartigkeit der zu vergleichenden Gegenstände zu einem annähernd richtigen und zuverlässigen Ergebnisse führen. Überdies ist der Gebäudesteuernutzungswert gewerblicher Gebäude nur nach dem Mietswerte der räumlichen Gelasse, ohne Rücksicht auf die hiermit verbundenen gewerblichen Einrichtungen, bestimmt und hierfür sind im wesentlichen die Mietspreise für Wohngebäude maßgebend gewesen, so daß die Gebäudesteuernutzungswerte gewerblicher Gebäude für die Schätzung des Verkaufswertes nur von sehr untergeordneter Bedeutung sein können.

Nr. 14. Entsch. v. 4. VII. 96. E VIII c. 6.

Erg.-St.-Ges. §§ 8, 9; Ausf.-Anw. Art. 17 [1].

Die Belastung eines Gutes mit der Verpflichtung zur Entrichtung von Rentenbankrenten, von Pfarr- und Schulabgaben und von Beiträgen zur Unterhaltung von Chausseen hat auf die Bildung des Verkaufspreises des Gutes im gewöhnlichen Geschäftsverkehre einen wesentlichen Einfluß und muß demgemäß auch bei der Schätzung des gemeinen Wertes (§ 9 des Ergänzungssteuergesetzes), der mit dem Tausch- oder Verkaufswerte gleichbedeutend ist, unter allen Umständen berücksichtigt werden. Dem steht auch nicht die Vorschrift in § 8 Nr. 2 a. a. O. entgegen. Denn die sämmtlichen in diesem Paragraphen erwähnten Abzüge kommen, wie im Art. 17 Nr. I der Ausf.-Anw. v. 3. IV. 94 zutreffend zum Ausdrucke gebracht wird, erst dann in Frage, nachdem vorher die Feststellung des gesammten Aktivvermögens, insbesondere also auch des gemeinen Wertes der dazu gehörigen Grundstücke bereits in Gemäßheit der bestehenden Vorschriften erfolgt ist. Nur dürfen die Kapitalwerte solcher Lasten, die bereits bei Bestimmung des gemeinen Wertes der Grundstücke zu berücksichtigen sind und thatsächlich dabei Berücksichtigung erfahren haben, auch wenn sie unter die Vorschrift des § 8 Nr. 2 des Gesetzes fallen, nicht nochmals von dem Gesammtbetrage des Aktivvermögens in Abzug gebracht werden.

Nr. 15. Entsch. Bd. VI S. 5 v. 11. III. 97. E VIII a. 58/96.

Erg.-St.-Ges. § 9.

Weder der aus dem Materialwerte und dem Werte des Grund und Bodens durch Zusammenrechnung beider Werte gefundene Realwert eines Hausgrundstückes, noch der aus der Kapitalisierung des derzeitigen Ertrages sich ergebende Nutzungs- oder Ertragswert allein, noch endlich ein durch Halbierung der Summe beider Werte gewonnener mittlerer Wert nach Abzug des kapitalisierten Betrages der auf dem Grundstücke ruhenden Lasten ist gleichbedeutend mit dem gemeinen Werte im Sinne des Erg.-St.-Ges. Gerichtliche Taxen können deshalb bei Ermittelung des gemeinen Wertes nicht ohne weiteres zur Anwendung gelangen, sie müssen vielmehr stets darauf geprüft werden, ob und inwieweit der darin gefundene Wert den objektiven Verkaufswert darstellt. Vgl E.-O.-V. in St. Bd. V S. 65, 92, 150, 231.

Nr. 16. Entsch. Bd. VI S. 97 v. 17. V. 97. E VII b. 18/96.

Erg.-St.-Ges. §§ 4 I 1, 13.

1. Der Steuerpflichtige war Besitzer des im unstreitigen Eigentume des Königlichen Domänenfiskus befindlichen und auf dessen Namen im Grundbuche eingetragenen Gutes N. im Regierungsbezirke Stralsund, eines sogenannten Tertialgutes. Maßgebend für die Rechtsverhältnisse der sogenannten Tertialisten sind die Grundsätze des das Tertialrecht enthaltenden vierten Anhanges zum I. Teile des Provinzialrechtes des Herzogtumes Neu-Vorpommern und des Fürstentumes Rügen, wo allein sich Tertialgüter vorfinden.

2. Das Recht des Besitzers eines solchen Gutes ist hiernach ein selbständiges, nicht an den Besitz eines Grundstückes geknüpftes Nutzungsrecht an einem fremden Grundstücke, das auf die Lebensdauer des Besitzers beschränkt ist, und nach §§ 4 I 1, 13 II des Erg.-St.-Ges. zu bewerten.

Nr. 17. Entsch. Bd. VI S. 51 v. 17. V. 97. E XIII c. 69/96.

Erg.-St.-Ges. §§ 9—11; Techn. Anl. Art. 6, 8 ff., 14—24, 38.

1. Zur Erreichung einer, wenigstens einigermaßen gleichmäßigen Bewertung des Grundvermögens war eine allgemeine Einrichtung unentbehrlich, die bei gemeingewöhnlichen Verhältnissen für längere Zeiträume und größere Bezirke Durchschnittswerte zum Ausdrucke brachte und hiermit den Steuerbehörden einen nach gleichen allgemeinen Vorschriften gefundenen Anhalt zur Bewertung wesentlich gleichartiger Grundstücke bot.

Die Anwendung von Einheitssätzen zur Bewertung des Grundvermögens ist aber auch im einzelnen von hervorragender praktischer Bedeutung; zunächst gegenüber allen Steuerpflichtigen, die das Ergebnis der Veranlagung überhaupt nicht im Wege der Berufung anfechten; weiter auch gegenüber denjenigen Steuerpflichtigen, die im Berufungsverfahren die Angemessenheit der Einheitssätze, die ihnen zur Vermeidung einer unstatthaften Beschränkung der Verteidigung mit allen für das Ergebnis der Bewertung einer wirtschaftlichen Einheit von Grundstücken maßgebenden Umständen bekannt, mithin spätestens im Berufungsverfahren so zeitig mitgeteilt werden müssen, daß der Steuerpflichtige vor Erlaß der Berufungsentscheidung seine hierauf bezüglichen Einwendungen und Angriffe vorbringen kann, für die Bewertung ihres Grundvermögens, anerkennen, aber die sonstigen Voraussetzungen der Bewertung, z. B. hinsichtlich der zu Grunde gelegten wirtschaftlichen Einheiten der angenommenen Größenverhältnisse und Bestandteile, der für Zusetzungen, Wertserhöhungen maßgebenden thatsächlichen Umstände und sonstige Einzelheiten bestreiten, oder ihrerseits aus bestimmten thatsächlichen Gründen, Absetzungen, Wertsermäßigungen, oder höhere als die zugelassenen Absetzungen verlangen.

Immer aber sind die Einheitssätze nur mittlere Durchschnittssätze für wesentlich gleichartige Besitzungen und haben für die individuelle Bewertung einer einzelnen Besitzung nur die Bedeutung allgemeiner Schätzungsmerkmale.

2. Die Anwendung von Einheitssätzen ist auf diejenigen Fälle beschränkt, wo die Möglichkeit der Bewertung nach Maßgabe des für das zu bewertende Grundstück gezahlten Kaufpreises oder durch unmittelbare Vergleichung mit Kaufpreisen gleichartiger Grundstücke nicht gegeben ist; Voraussetzung ihrer Anwendung ist die wesentliche Gleichartigkeit der zu bewertenden mit den zur Vergleichung benutzten Grundstücken.

3. Bemängelt der Steuerpflichtige die Angemessenheit oder die Art der Anwendung des Einheitssatzes, so muß die Berufungskommission die Unterlagen der Bewertung soweit prüfen, als dies nach Lage des Einzelfalles, besonders gegenüber den Einwendungen des Steuerpflichtigen durch die Verpflichtung zur selbständigen Nachprüfung der Veranlagung geboten und ausführbar ist. Diese Nachprüfung wird sich, um einzelne Beispiele anzuführen, in nicht seltenen Fällen darauf zu erstrecken haben, ob die richtigen wirtschaftlichen Einheiten zu Grunde gelegt, ob wesentlich gleichartige Musterbesitzungen zur Vergleichung benutzt, und ob die wegen Abweichung von den gemeingewöhnlichen Verhältnissen notwendigen Mehr- oder Minderbewertungen (Zu- oder Absetzungen gegenüber dem nach Einheitssätzen gefundenen Werte) richtig begründet und angemessen sind.[1])

Nr. 18. Entsch. Bd. VI S. 55 i. d. Anm. v. 9. IV. 97. E IV b. 123/96.

Erg.-St.-Ges. §§ 9—11; Techn. Anl. Art. 16.

Der Grundsteuerreinertrag kann bei Ermittelung des gemeinen Wertes nicht in der Art als einzig maßgebende Unterlage der Bewertung an-

---

[1]) Einen ähnlichen Fall behandelt Entsch. Bd. VI S. 57 i. d. Anm. v. 10. VII. 97 E IX 42/97.

Das O.-V.-G. verwies wegen zweifelhafter Richtigkeit der Ermittelung der Einheitssätze, die für einen Kreis zwei Mal verschieden berechnet waren, die Sache in die Berufungsinstanz zur Nachprüfung, nicht blos ob überhaupt von Einheitssätzen Gebrauch gemacht werden durfte, sondern auch, ob die Einheitssätze richtig ermittelt und die richtigen Sätze zur Anwendung gebracht worden waren.

In einem anderen Falle (Entsch. Bd. VI S. 62 v. 2. IV. 97 E V a. 34/96) erachtete das O.-V.-G. die einfache Bezugnahme auf die Einheitssätze gegenüber widersprechenden gutachtlichen Äußerungen der Ortsbehörde und eines Bausachverständigen nicht für zutreffend. Denn durch die Einheitssätze kann, da sie aus Verkäufen abgeleitet sind, bei denen sich die Preisbildung unter gemeingewöhnlichen Verhältnissen vollzogen hat, die Bedeutung der im konkreten Falle vorliegenden besonderen Umstände für die Preisbestimmung nicht zum Ausdruck gelangen.

genommen werden, daß der gemeine Wert des Gutes nach einem bestimmten Vielfachen des genannten Ertrages berechnet wird. Nur wenn festgestellt werden kann, daß die Güter im gewöhnlichen Verkehrsleben unter Berücksichtigung des Grundsteuerreinertrages verkauft zu werden pflegen, und wenn bei dem zu bewertenden und den zur Vergleichung herangezogenen Besitzungen eine verhältnismäßige Gleichheit der Grundsteuerreinerträge besteht, bildet er ein geeignetes Hilfsmittel für die Bewertung.

Nr. 19. Entsch. Bd. VI S. 59 v. 27. III. 97. E VIII a. 10/95.

Erg. St.-Ges. §§ 9—11; Techn. Anl. Art. 13 ff.

1. Die Bezugnahme auf den Feuerversicherungswert der auf einem Grundstücke befindlichen Gebäude ist kein zutreffender und ausreichender Grund für eine selbständige Bewertung seitens der Berufungskommission. Denn ein selbständiges Hausgrundstück muß einheitlich als zusammengehöriges Ganzes bewertet, und hierbei darf der sich aus der Versicherungssumme ergebende Wert der versicherten Gebäude oder Gebäudeteile nur als Rechnungsfaktor nach vorgängiger Prüfung der Unterlagen berücksichtigt werden. Vgl. E.-O.-V. Bd. V S. 231.

2. Zusetzungen bei Anwendung von Einheitssätzen sind nur gestattet, soweit bestimmte thatsächliche Umstände den gemeinen Wert einer Besitzung gegenüber den behufs ihrer Bewertung zur Vergleichung herangezogenen Besitzungen erhöhen.

Beliebige, nicht durch solche Umstände unterstützte, sondern lediglich auf subjektiven Mutmaßungen oder Meinungen beruhende Zusetzungen sind ausgeschlossen. Dies ergiebt sich schon aus dem Wesen der Bewertung nach Einheitssätzen. Einheitssätze sind Durchschnittssätze für wesentlich gleichartige Besitzungen. Fehlt es an der Voraussetzung wesentlicher Gleichartigkeit, so kann die Anwendung von Einheitssätzen überhaupt nicht zu einer richtigen Bewertung führen, da sich wesentlich Ungleichartiges mit einander nicht vergleichen läßt. So kann man, um nur ein Beispiel anzuführen, den Wert eines Schlosses oder eines hochherrschaftlichen Hauses nicht nach dem Werte von Häusern mit Arbeiterwohnungen bemessen wollen.

Nr. 20. Entsch. Bd. VI S. 64 v. 26. IV. 97. E VII a. 48/96.

Erg.-St.-Ges. §§ 9—11; Techn. Anl. Art. 6, 14 ff., 28.

1. Unter einem selbständig für sich zu bewertenden Bauplatze ist nur ein zum sofortigen Anbau reifes, an einer fertigen Straße belegenes Grundstück, nicht aber ein solches zu verstehen, das an einer nur projektierten, vielleicht nicht einmal öffentlichen Straße liegt.

2. Für die Anwendung von Einheitssätzen ist die wesentliche Gleichartigkeit der zu bewertenden Besitzung und der zum Vergleiche heranzuziehenden Besitzungen die notwendige Voraussetzung. Wenn eine Besitzung wegen ihrer bevorzugten Lage in der Nähe einer großen Stadt u. dergl. ganz und gar aus dem Rahmen derjenigen Besitzungen eines weiteren Umkreises heraustritt, für die aus abgeschlossenen Verkäufen Einheitssätze ermittelt sind, so schwindet die Möglichkeit einer zutreffenden Vergleichung, und jeder Versuch, dennoch die Einheitssätze unter entsprechender Mehrbewertung wegen besonderer Vorzüge des Gutes anzuwenden, muß zu einer

unsicheren, mehr oder weniger willkürlichen Bewertung führen, weil sich der Wert der Vorzüge nicht im Einzelnen schätzen läßt.[1])

Für die Bewertung von Besitzungen in der Nähe großer Städte können nur die Verkäufe aus ihrer eigenen Mitte zutreffende Vergleichungsmaßstäbe abgeben. Hierbei kommen die aus besonderen Umständen folgenden Werterhöhungen einzelner Bestandteile einer zusammengehörigen Einheit nur als Rechnungsfaktoren für die Bewertung dieser Einheit im Ganzen in Betracht. Dagegen ist es nicht statthaft, eine zusammengehörige Einheit behufs ihrer Bewertung in einzelne, für sich zu bewertende Bestandteile zu zerlegen, oder nach dem Vergleichungsmaßstabe der für einzelne Hektare oder Morgen rc. zu erzielenden Preise zu schätzen.

3. Zusetzungen bei der Anwendung von Einheitssätzen „wegen günstiger Lage und zu niedriger Schätzung zur Grundsteuer" (vgl. hierüber E.-O.-V. in St. Bd. V S. 82), etwa gar eine einfache Verdoppelung der Einheitssätze, sind sehr sorgfältig zu erwägen und nur auf Grund bestimmter thatsächlicher Umstände, nicht aber auf Grund von subjektiven Meinungen statthaft.

Nr. 21. Entsch. Bd. VI S. 151 v. 24. VI. 97. E IX. 31/97.

Erg.-St.-Ges. § 9.

1. Was als wirtschaftliche Einheit anzusehen ist, richtet sich lediglich nach den thatsächlichen Verhältnissen bei Beginn des Steuerjahres und nach dem zu diesem Zeitpunkte bestehenden Besitze.

2. Wenn ein Hausbesitzer mehrere, bis dahin selbständige Baustellen gekauft und auf den nunmehr zusammengehörigen Grundstücken ein einziges Haus errichtet hat, so muß das Hausgrundstück als selbständige wirtschaftliche Einheit bewertet und es darf nicht etwa eine Teilung nach den ursprünglichen Baustellen vorgenommen werden. Ebenso muß, wenn ein Grundbesitzer sich eine größere Besitzung nach und nach durch den Ankauf kleinerer Parzellen erworben hat und sie einheitlich als Ganzes, als Landgut, bewirtschaftet, dieses als selbständige wirtschaftliche Einheit bewertet werden. Bereits thatsächlich eingetretene Wertsteigerungen müssen hierbei Berücksichtigung finden. Dieselben Grundsätze sind auf einen herrschaftlichen Landsitz mit Park und Ländereien anzuwenden, auch hier steht der Umstand, daß das Besitztum nach und nach zusammengekauft und arrondiert worden ist, nicht entgegen, insbesondere ist auch hier der subjektive Wille des Besitzers entscheidend. Ist hiernach der Landsitz ein einheitliches Ganzes, so ist eine Bewertung nach dem Maßstabe einzelner Baustellen ausgeschlossen, weil Baustellen thatsächlich nicht vorhanden sind. Vgl. E.-O.-V. in St. Bd. V S. 238 und 146 ff.

---

[1]) Ebenso Entsch. Bd. VI S. 67 i. d. Anm. v. 26. IV. 97 E VII a. 44/96. Eine Besitzung, die sich in wesentlichen Stücken von den bei Ermittelung der Einheitssätze berücksichtigten Gütern unterscheidet, entzieht sich, weil die Möglichkeit einer zutreffenden Vergleichung ausgeschlossen ist, der Bewertung mittelst Anwendung von Einheitssätzen. Wenn solche dennoch angewendet werden, so läßt sich nur annehmen, daß die Veranlagungsbehörden und Organe das Ergebnis der Bewertung zunächst auf andere Weise, nach anderen Maßstäben und Rücksichten, finden, und demnächst dazu übergehen, dieses Ergebnis mit dem bei Anwendung des Einheitssatzes ermittelten Betrage durch entsprechende Zusetzungen in Übereinstimmung zu bringen. In Wirklichkeit sind alsdann nicht die Einheitssätze, sondern andere Hilfsmittel der Schätzung angewendet, die letzteren aber nicht zu erkennen, während es doch gerade darauf ankommt, diejenigen Hilfsmittel, die wirklich angewendet sind oder nach Lage der Verhältnisse hätten angewendet werden müssen, erkennbar zu machen.

3. Handelt es sich dagegen um mehrere selbständige Landgüter, die der jetzige Besitzer thatsächlich zusammen bewirtschaftet, so berechtigt dieser Umstand nicht zu einer Bewertung der sämmtlichen selbständigen Güter als einer einzigen wirtschaftlichen Einheit im Ganzen. Hier wird vielmehr jedes Gut als besondere Einheit zu bewerten sein, da die Selbständigkeit des einzelnen Gutes nicht schon durch die augenblickliche gemeinsame Bewirtschaftung aufgehoben wird.

Nr. 22. Entsch. v. 8. X. 97 V. Sen. 1. Kammer.

Erg.-St.-Ges. § 9.

Der gemeine Wert eines zur Bebauung geeigneten Grundstückes, von dem einzelne Teile bereits bebaut sind, ist der Kaufwert, den das Grundstück nach den durch den Verkehr in gleichartigen Grundstücken gegebenen Erfahrungen für jeden Besitzer hat. Dabei ist zu beachten, daß die Preisbildung für das Ganze eines Grundstückes im Verkehre sich nicht durch Zusammenrechnung der Werte der einzelnen Teile, in die das Ganze sich zerlegen läßt, vollzieht, und daß, wenn die Wertsermittelung unter Berücksichtigung der Ausnutzungsfähigkeit zu Bauzwecken erfolgt, die zur Zeit auf dem Grundstücke vorhandenen Gebäude, soweit mit ihnen bei der künftigen Bebauung nicht gerechnet werden kann, nur mit dem Abbruchswerte als preiserhöhender Faktor in Betracht kommen können.

Nr. 23. Entsch. Bd. VI S. 298 v. 25. I. 98 III E. 55/97.

Techn.-Anl. Art. 8, 14—24, 38.

1. Aus dem Begriffe des gemeinen Wertes als des Wertes, den ein Gegenstand wegen seiner objektiven Beschaffenheit für jeden Besitzer hat, im Gegensatze zu dem subjektiven Interesse des jeweiligen Besitzers, ergiebt sich mit Notwendigkeit, daß das zuverlässigste Mittel, um ihn zu erkennen, die Kaufpreise sind, die für denselben Gegenstand oder für gleichartige Gegenstände nach ihren objektiven Eigenschaften, ohne Rücksicht auf außergewöhnliche Umstände, insbesondere blos persönliche Verhältnisse, im Verkehre erzielt worden sind. Ist für die Bewertung eines Grundstückes die Benutzung eines dafür gezahlten Kaufpreises oder der Vergleich mit den für ähnliche Grundstücke gezahlten Kaufpreisen möglich, so ist die unmittelbare Ermittelung des gemeinen Wertes nach Einheitssätzen unzulässig, selbst wenn dabei die gezahlten Kaufpreise gewürdigt werden.

2. Die Bewertung nach dem Ertrage bietet keine Gewähr dafür, daß der Verkaufswert getroffen wird. Der Ertrag eines Grundstückes ist ebenso, wie von objektiven Eigenschaften des Grundstückes, von Momenten beeinflußt, die in der Person und den Handlungen des wirtschaftenden Subjektes begründet sind, und kann daher, so sehr auch der bei üblicher Bewirtschaftung dauernd zu erzielende Ertrag bei der Preisbildung mit einzuwirken pflegt, einen ausschlaggebenden Maßstab für die Bewertung nicht abgeben. Da ferner im Immobiliarverkehr der Preis für ein bebautes Grundstück in der Regel nicht durch Zusammenrechnung der Werte der einzelnen Teile gebildet wird, so wird durch eine Addition der für den Grund und Boden und für die Baulichkeiten besonders ermittelten Werte der gemeine Wert des Ganzen keineswegs mit Sicherheit, sondern, wenn einmal, nur durch Zufall gefunden, ganz abgesehen noch davon, daß die Ermittelung des Zeitwertes der Gebäude auf Grund der Feuertaxe ohne genaue Aufklärung über die Grundsätze, nach denen die Begründung und die Aufrechthaltung der Versicherung erfolgt, mißlich ist. Daß diese den Faktoren, mit denen

hier gerechnet ist, anhaftenden Mängel dadurch korrigiert werden können, daß die mit ihnen gefundenen Resultate zusammengerechnet und von der Summe das Mittel genommen wird, ist ausgeschlossen.

Nr. 24. Entsch. Bd. VI S. 328 v. 25. I. 98 E IV b. 52/97.

Techn.-Anl. v. 26. XII. 93 Art. 19.

1. Hat ein Gemeindevorsteher eine Zustellung, die er selbst vorgenommen zu haben bescheinigt, nicht selbst, sondern durch seinen Hütejungen bewirkt, so ist die Zustellungsurkunde wertlos.

2. Bei Ermittelung des gemeinen Wertes einer Besitzung unter Vergleichung mit einer anderen Besitzung bildet die Unterlassung der Prüfung, welcher Wert der als Vergleichungsobjekt gewählten Besitzung, und aus welchen Gründen beigelegt wird, sowie das Fehlen der Angabe darüber, welche Gründe zu der Annahme des Vergleichungsobjektes geführt haben, stets einen wesentlichen Mangel des Verfahrens. — Zur Vergleichung mit Rücksicht auf die gezahlten Kaufpreise können auch Grundstücke aus der weiteren Umgebung des zu bewertenden Grundstückes herangezogen werden.

Nr. 25. Entsch. Bd. VI S. 31 v. 17. V. 97 E IX. 84/96.

Erg.-St.-Ges. §§ 4, 6, 9, 10, 36; Ausf.-Anw. Art. 8, 10, 12; H.-G.-B. Art. 31.

1. Der gemeine Wert einer Sache ist der objektive, d. h. derjenige Wert, den die Sache nach ihrer objektiven Beschaffenheit für jeden Besitzer hat, im Gegensatze zu dem subjektiven Interesse, mithin der Verkaufswert, den die Sache oder die das Steuerobjekt bildende Mehrheit von Sachen nach den durch den Verkehr in gleichartigen Gegenständen gegebenen Erfahrungen für jeden Besitzer hat, vgl. E.-O.-V. in St. Bd. V S. 63 ff. Dieser Begriff des gemeinen Wertes gilt im Bereiche des Erg.-St.-Ges. für alle Fälle, für die dort nicht besondere abweichende Bestimmungen getroffen sind. Hiernach ist dieser Begriff ebenso für Grundstücke, beziehungsweise Grundstückseinheiten, wie für die Bewertung des gewerblichen Anlage- und Betriebskapitales maßgebend (vgl. E.-O.-V. in St. Bd. V S. 112 ff.), mag dieses auch als solches im Verkehrsleben nicht den Gegenstand eines Kaufgeschäftes bilden oder mindestens ungewöhnlich sein, von einem Verkaufe des Anlage- und Betriebskapitales zu reden.

Der gemeine Wert des gewerblichen Anlage- und Betriebskapitales ist identisch mit dem handelsrechtlichen, für Inventur und Bilanz maßgebenden Werte, also dem wirklichen Werte, den die zu bewertenden Gegenstände zur Zeit der Veranlagung oder am Schlusse des letzten Wirtschafts- oder Rechnungsjahres bei fortgesetztem Betriebe haben. Die Bewertung erfolgt nach dem objektiven Verkaufswerte und erstreckt sich auf sämmtliche dem betreffenden Betriebe gewidmeten Gegenstände und Rechte, die einen in Geld schätzbaren Wert, d. i. einen objektiven Verkaufswert haben, also insbesondere mit Ausschluß derjenigen Gegenstände und Rechte, die nur einen außerordentlichen Wert oder einen Wert besonderer Vorliebe haben, oder die nicht zu den materiellen Betriebsmitteln gehören.

Indessen bildet keineswegs die Summe der Einzelwerte ohne weiteres den maßgebenden Gesammtwert des Anlage- und Betriebskapitales. Vielmehr ist der Verkaufswert der Gesammtheit unter ihren gegenwärtigen Verhältnissen als eines einheitlichen Steuerobjektes zu ermitteln. Wenn zunächst die einzelnen Teile zu bewerten sind, so hat dies nur den Zweck der Gewinnung von unmittelbar und zahlenmäßig (Barbestände, Außenstände, Schulden, Warenvorräte, Zuginventar 2c.) oder nur mittelbar (Immobilien, Maschinen, Gerätschaften 2c.) verwendbaren Rechnungsfaktoren und Unterlagen, da sich ohne solche Feststellungen eine Bewertung im Ganzen kaum vornehmen läßt. Gegenstand der Bewertung ist aber stets die Gesammtheit als steuerliche Einheit.

2. Zur Ermittelung des Kaufpreises einer Sache oder einer zusammengehörigen Mehrheit von Sachen dienen überall an erster Stelle die im wirtschaftlichen Verkehre unter gemeingewöhnlichen (normalen) Verhältnissen für gleichartige Gegenstände gezahlten jüngsten Kaufpreise. Falls aber der zu bewertende Gegenstand unter solchen Voraussetzungen selbst der Gegenstand eines Kaufgeschäftes gewesen ist, so ist mit dem Kaufpreise der zeitige Verkaufswert unmittelbar gegeben, ohne Rücksicht darauf, ob er etwa im Vergleiche mit anderen Kaufgeschäften hoch oder niedrig erscheint. Diese Grundsätze gelten, da das Gesetz keine abweichenden Bestimmungen getroffen hat, auch für die Bewertung des gewerblichen Anlage- und Betriebskapitales.

3. Wenn also ein gewerbliches Geschäft in jüngster Zeit unter gemeingewöhnlichen Verhältnissen verkauft worden ist, so ist bei der Bewertung des gewerblichen Anlage- und Betriebskapitales, unter Berücksichtigung der von der Bewertung ausgeschlossenen Gegenstände und Rechte, sowie der seit dem Verkaufe eingetretenen Änderungen (Steigen und Sinken der Preise für gleichartige Betriebe, geschäftliche Verbesserungen oder Verschlechterungen) von dem gezahlten Kaufpreise auszugehen. Soweit die Bewertung von gewerblichen Anlage- und Betriebskapitalien durch Vergleichung mit den für gleichartige gewerbliche Geschäfte wirklich gezahlten Kaufpreisen oder nach Bewertungsgrundsätzen erfolgen kann, die im wirtschaftlichen Verkehre für bestimmte Arten von Geschäften allgemein angewendet zu werden pflegen, müssen diese Hülfsmittel der Bewertung benutzt werden. Kann die Bewertung nach wirklich gezahlten Kaufpreisen nicht erfolgen, so ist der wirkliche Wert maßgebend, den die zu bewertenden Gegenstände und Rechte zur Zeit der Veranlagung oder am Schlusse des letzten Wirtschafts- oder Rechnungsjahres bei fortgesetztem Betriebe haben. Die hierbei zu berücksichtigenden Einzelwerte bilden für die Bewertung der Gesammtheit des gewerblichen Anlage- und Betriebskapitales teils unmittelbare teils mittelbare Rechnungsfaktoren (vgl. Nr. 1 dieser Entsch. am Ende).

Nr. 26. Entsch. Bd. VI S. 40 v. 17. V. 97 E XII a. 37/96.

Erg.-St.-Ges. §§ 4, 9, 10, 36; Ausf.-Anw. Art. 5, 8, 10, 12 und Muster 4 zu Art. 29; Techn.-Anl. Art. 6, 28; H.-G.-B. Art. 29, 31.

1. Soweit im Veranlagungs- und Berufungsverfahren eine Verhandlung mit dem Steuerpflichtigen über die Bewertung des gewerblichen Anlage- und Betriebskapitales erforderlich ist, haben die Steuerbehörden die von ihnen für maßgebend erachteten Unterlagen der Bewertung der einzelnen Bestandteile in dem durch die Verhältnisse des Einzelfalles gebotenen Umfange zur Äußerung mitzuteilen. Jedoch bedarf es regelmäßig nur der Mitteilung der Einzelwerte der dazu gehörigen Immobilien und der hierbei für maßgebend erachteten Unterlagen. Bezüglich der sonstigen Bestandteile des gewerblichen Anlage- und Betriebskapitales genügt der Regel nach die Aufforderung, sich über die hierbei in Betracht kommenden und in der Aufforderung anzugebenden Kategorien von Gegenständen, Rechten und Verbindlichkeiten und die hierfür anzusetzenden Werte zu äußern, ohne daß es der Mitteilung der von den Steuerbehörden angenommenen Einzelwerte bedürfte. Jedoch kann auch hinsichtlich letzterer eine Mitteilung der für ihre Feststellung als maßgebend erachteten Unterlagen im konkreten Falle notwendig werden.

2. Nach § 9 des Erg.-St.-Ges. ist bei Berechnung und Schätzung des steuerbaren Vermögens der Bestand und gemeine Wert seiner einzelnen Teile zur Zeit der Veranlagung zu Grunde zu legen. Nur bei denjenigen Landwirtschafts- und Gewerbebetrieben, bei denen regelmäßige jährliche Abschlüsse stattfinden, kann der Vermögensstand am Schlusse des letzten Wirtschafts- und Rechnungsjahres zu Grunde gelegt werden. Der Wert jedes selbständigen Teiles des steuerbaren Vermögens ist besonders zu ermitteln. Das gewerbliche Anlage- und Betriebskapital bildet ein selbständiges, einheitliches Steuerobjekt. Sein gemeiner Wert ist ebenfalls der objektive Verkaufswert, und daher diesem Begriffe gemäß zu ermitteln.

3. Bei Kaufleuten, die Handelsbücher führen, entspricht er dem für Inventur und Bilanz maßgebenden handelsrechtlichen Werte, der mit dem gemeinen Werte nach § 9 des Erg.-St.-Ges. identisch ist.

Der Inhalt der Handelsbücher sowie der Inventuren und Bilanzen eines Kaufmannes ist demnach für die Ermittelung des gemeinen Wertes des gewerblichen Anlage- und Betriebskapitales von wesentlicher Bedeutung. Der Kaufmann muß seine eigene buchmäße Bewertung der Bestandteile des gewerblichen Anlage- und Betriebskapitales wider sich gelten lassen, sofern er nicht nachweist, daß und aus welchen Gründen die Bewertung zu hoch ist. Andererseits muß die Steuerbehörde eine über die buchmäßigen Werte hinausgehende Bewertung durch ausdrückliche, auf thatsächlichen Unterlagen beruhende Feststellungen rechtfertigen.[1])

4. Wenn ein Kaufmann sich zum Beweise von Thatsachen, die für die Bewertung seines gewerblichen Anlage- und Betriebskapitales von Erheblichkeit sind, auf Handelsbücher beruft, so muß dieser Beweis erhoben werden.

Nr. 27. Entsch. Bd. VI S. 85 v. 17. V. 97 E VIII a. 98/96

Ges. v. 20. IV. 92 (R.-G.-Bl. S. 477) betr. die Gesellschaften mit beschränkter Haftung §§ 1, 6—10, 13, 24, 35. Erg.-St.-Ges. §§ 5³, 7 a, 12 und Ausf.-Anw. Art. 6 I, 10 II, 12², Anm. 15 zu Art. 13¹.

1. Das Reichsges. v. 20. IV. 92 hat in Ergänzung des bisherigen Gesellschaftsrechtes eine neue Gesellschaftsform eingeführt, die rechtlich eine „Mittelstellung zwischen den streng individualistischen Gesellschaftsformen des geltenden Rechtes und der als äußerste Konsequenz des kapitalistischen Prinzips sich darstellenden Aktiengesellschaft einnehmen soll, indessen wesentlich auf kollektivistischer Grundlage beruht". Diese — die Gesellschaft mit beschränkter Haftung — ist formell und materiell selbständig und betreibt, wenn zum Zwecke einer gewerblichen Unternehmung errichtet, als solche das Gewerbe. Vgl. E.-O.-V. Bd. XXVII S. 42.

---

[1]) Ebenso Entsch. Bd. VI S. 46 i. d. Anm. v. 17. V. 97 E XI a. 2/96: Der von dem Steuerpflichtigen selbst berechnete Buchwert des gewerblichen Anlage- und Betriebskapitales ist so lange maßgebend, als keine Bedenken wegen zu niedriger Bewertung obwalten und der Steuerpflichtige die Behauptung einer zu hohen Bewertung nicht in überzeugender Weise dargethan hat. Dagegen kann nicht ohne weiteres angenommen werden, daß die Bewertung in dem Abschlusse des Jahres 1891 auch für die Veranlagung für 1895/96, wobei gemäß §§ 9, 10 des Erg.-St.-Ges. die Zeit der Veranlagung, beziehentlich der Stand zur Zeit des Rechnungsabschlusses für das Jahr 1894 maßgebend ist, entscheidende Bedeutung habe. Desgl. Entsch. Bd. VI S. 46 i. d. Anm. v. 17. V. 97 E VII b. 33/96. Beim Mangel eines Nachweises nach der einen oder anderen Richtung kann mit Fug und Recht angenommen werden, daß die buchmäßige Bewertung nicht einen fiktiven Buchwert, sondern den wirklichen Substanzwert darstellt.

Die Geschäftsanteile bilden daher ebenso wie die Aktien — falls sie nicht etwa zu dem gewerblichen Anlage- und Betriebskapitale des von dem Besitzer anderweit ausgeübten Gewerbebetriebes gehören — für den Besitzer Kapitalvermögen, und das Einkommen daraus ist nicht Einkommen aus Handel und Gewerbe, sondern Einkommen aus Kapitalvermögen. Vgl. E.-O.-V. Bd. XXVII S. 41, Bd. XXIX S. 8 und 9; E.-O.-V. in St. Bd. IV S. 21 ff., Bd. V S. 314 ff.

2. Das Erg.-St.-Ges. hat weder hinsichtlich des Kapitalvermögens, noch des Gewerbebetriebes eine Abweichung von den allgemeinen rechtlichen und wirtschaftlichen, durch Rechtsprechung und Wissenschaft festgestellten Begriffen beabsichtigt (vgl. Art. 10 II der Ausf.-Anw. v. 3. IV. 94).

Die Geschäftsanteile der Gesellschaften mit beschränkter Haftung fallen daher nicht unter die Vorschrift des § 5 Nr. 3 des Erg.-St.-Ges., sind vielmehr sowohl nach dem Gesetze, als auch nach allgemeinen wissenschaftlichen Begriffen lediglich Kapitalvermögen des Steuerpflichtigen, falls nicht der Ausnahmefall der Zugehörigkeit zu dem Anlage- und Betriebskapitale eines Betriebes des Steuerpflichtigen selbst vorliegt. Es finden auf diese Geschäftsanteile nur die Vorschriften der §§ 7 und 12 des Erg.-St.-Ges. Anwendung.

Ihre Bewertung hat hiernach lediglich nach Abs. 3 des § 12 zu erfolgen, da sie als Wertpapiere nicht angesehen werden, also Abs. 2 des § 12 nicht Platz greift. Sie sind regelmäßig mit dem Nennwerte in Ansatz zu bringen, falls nicht etwa Umstände vorliegen, die die Annahme eines von dem Nennwerte abweichenden Verkaufswertes begründen. Derjenige, der eine von dem Nennwerte abweichende Bewertung beansprucht, wird diesen Anspruch durch Beibringung thatsächlicher Unterlagen zu rechtfertigen haben, und die Veranlagungsbehörden müssen nicht nur prüfen, ob und wodurch die Annahme eines abweichenden Verkaufswertes gerechtfertigt erscheint, sondern auch den letzteren an der Hand von wirklichen Verkäufen unter normalen Verhältnissen ermitteln. Vgl. E.-O.-V. in St. Bd. V S. 63 ff.[1])

3. Wenn die Ausf.-Anw. v. 3. IV. 94 (Art. 6 I^3, 12^2, Anm. 15 zu Art. 13[1]) dem entgegen annimmt, daß auch der § 5^3 des Erg.-St.-Ges. sich auf die Geschäftsanteile der Gesellschaften mit beschränkter Haftung beziehe, so ist dies ein unhaltbarer Standpunkt, der zu einer unzulässigen Doppelbesteuerung führen müßte. Der Versuch in Anm. 15 Satz 2 die Annahme der letzteren auszuschließen, beruht auf der irrtümlichen Voraussetzung, daß das Stammkapital einer Gesellschaft mit beschränkter Haftung eine Schuld der Gesellschaft sei, während es lediglich ein Passivum der Bilanz, ein in die Passiva einzustellendes Kapitalkonto bildet.

Nr. 28. Entsch. Bd. VI S. 149 i. d. Anm. v. 24. VI. 97 E VIII b. 28/96.

Ges. v. 1. V. 89 (R.-G.-Bl. S. 55) betr. eingetr. Genossenschaften, §§ 2, 19 ff., 71, 125 ff.; Erg.-St.-Ges. §§ 7, 12.

Handelt es sich um eine eingetragene Genossenschaft mit beschränkter Haftpflicht nach Maßgabe des Reichsges. v. 1. V. 89, so ist das Geschäfts-

---

[1]) Ebenso Entsch. Bd. VI S. 92 i. d. Anm. v. 17. V. 97 E VIII b. 7/96: Mangelt es an jedem Anhalte für die Annahme, daß der Verkaufswert der Geschäftsanteile bei Beginn des Steuerjahres ein von dem Nennwerte abweichender gewesen ist, so ist die Bewertung nach dem letzteren zu Recht erfolgt.

Desgl. Entsch. Bd. VI S. 93 i. d. Anm. v. 17. V. 97 E VII c. 194/96: Daraus, daß in neuester Zeit Verkäufe der Geschäftsanteile zum Nennwerte stattgefunden haben, erhellt deutlich, daß der Verkaufswert mit dem Nennwerte übereinstimmt. Die Geschäftsanteile dürfen daher lediglich nach dem Nennwerte in Ansatz gebracht werden.

guthaben des Steuerpflichtigen nach Maßgabe des letzten Geschäftsabschlusses zu ermitteln und der Veranlagung zur Ergänzungssteuer zu Grunde zu legen. Hat dagegen die Gesellschaft die rechtliche Eigenschaft einer Gesellschaft mit beschränkter Haftung im Sinne des Reichsges. v. 20. IV. 92 (R.-G.-Bl. S. 477 ff.), so sind die Geschäftsanteile des Steuerpflichtigen nach §§ 7a, 12 Abs. 3 des Erg.-St.-Ges. grundsätzlich mit dem Nennwerte in Ansatz zu bringen, falls sich nicht auf Grund bestimmter Thatsachen, z. B. durch Verkäufe, bei denen normale Verhältnisse obgewaltet haben, die Feststellung rechtfertigen läßt, daß der Verkaufswert der Geschäftsanteile bei Beginn des Steuerjahres ein von dem Nennwerte abweichender gewesen ist.

Nr. 29. Entsch. Bd. VI S. 148 v. 24. VI. 97 E XI b. 34/96.

Erg.-St.-Ges. §§ 4, 9, 10; Ausf.-Anw. Art. 5; H.-G.-B. Art. 250, 253, 254, 255.

1. Die Einlage des stillen Gesellschafters hat zwar in mancher Beziehung Ähnlichkeit mit dem Darlehen, keineswegs aber die rechtliche Eigenschaft eines solchen. Sie unterscheidet sich von dem Darlehn schon wesentlich dadurch, daß der stille Gesellschafter regelmäßig — d. h. wenn nicht im einzelnen Falle der Gesellschaftsvertrag das Gegenteil bestimmt — an dem Betriebe des Handelsgewerbes eines Anderen gegen Anteil nicht blos am Gewinne, sondern auch am Verluste beteiligt ist, während dem Darlehensgläubiger unter allen Umständen der Anspruch auf Rückzahlung der vollen Darlehenssumme zusteht. Außerdem sind die Kündigungsfristen bei beiden Rechtsverhältnissen völlig verschieden und dem stillen Gesellschafter gewisse gesellschaftliche Rechte eingeräumt, die einem bloßen Darlehensgläubiger selbstredend nicht zustehen. Bei der Veranlagung einer solchen Einlage zur Ergänzungssteuer ist daher ihr gemeiner Wert, d. h. ihr Betrag beim letzten Geschäftsabschlusse vor Beginn des Steuerjahres maßgebend.

2. Nur unter der Voraussetzung, daß der Steuerpflichtige bei einem der in § 4 I 2, II 2 des Erg.-St.-Ges. genannten Betriebe außerhalb Preußens als alleiniger oder Mitinhaber des Unternehmens beteiligt ist, unterliegt das diesen Betrieben dienende Anlage- und Betriebskapital der Ergänzungssteuer in Preußen nicht. Eine Beteiligung an derartigen Unternehmungen mit einer bloßen Geschäftseinlage oder als Aktionär und dergl. schließt dagegen die Steuerpflicht der betreffenden Beträge nicht aus, weil sich diese als sonstiges Kapitalvermögen im Sinne der §§ 4 I 3, 7a a. a. O. darstellen und als solches, auch wenn es sich um einen Betrieb außerhalb Preußens handelt, steuerpflichtig sind.

3. Nach Einstellung eines gewerblichen Betriebes ist ein diesem dienendes Anlage- und Betriebskapital nicht mehr vorhanden; es darf daher der Wert eines solchen als eines selbständigen Vermögensbestandteiles nicht in Ansatz gebracht werden.

Nr. 30. Entsch. Bd. VI S. 340 v. 4. III. 98 E V a. 13/97.

Erg.-St.-Ges. §§ 2, 4 I 2, 5 3, 6, 7a.

Dem persönlich haftenden Gesellschafter einer Kommanditgesellschaft auf Aktien darf ein Anteil an ihrem Anlage- und Betriebskapitale als steuerbares Vermögen nicht in Anrechnung gebracht werden. Sein Geschäftsanteil ist als Kapitalvermögen zu bewerten.

Nr. 31. Entsch. Bd. VI S. 249 v. 26. X. 97 E IV b. 131/96 und S. 250 v. 14. I. 98 E IV b. 149/96.

Eink.-St.-Ges. § 11; Erg.-St.-Ges. §§ 4, 5[4], 13.

Dem steuerbaren Vermögen des Haushaltungsvorstandes darf auf Grund des § 5 Nr. 4 des Erg.-St.-Ges. Vermögen von Kindern oder Stiefkindern nur dann zugerechnet werden, wenn ihm Verfügungsgewalt, Nießbrauch und Verwaltung hinsichtlich des Einkommens daraus zusteht und gleichzeitig die Kinder Angehörige seines Haushaltes sind. Trifft letzteres nicht zu, so ist das Nießbrauchsrecht des Haushaltungsvorstandes nur als solches zu bewerten.

Nr. 32. Entsch. Bd. VI S. 12 v. 27. III. 97 E XIII e. 23/96.

S. oben S. 350.

3. Veranlagungsverfahren.[1])

Nr. 1. Entsch. Bd. VI S. 70 v. 17. V. 97 E XII b. 43/96.

Erg.-St.-Ges. §§ 26, 35.

In Ergänzungssteuersachen ist die Mitwirkung der Steuerpflichtigen im Veranlagungs- und Berufungsverfahren von ihrem freien Willen abhängig.

Die Steuerpflichtigen können weder vor der Veranlagung zur Abgabe einer Vermögensanzeige, noch im Berufungsverfahren zur Angabe ihres Vermögens mit Androhung rechtsnachteiliger Folgen gezwungen werden. Hiermit ist jedoch keineswegs das Fragerecht der Steuerbehörden, sondern nur die Verpflichtung der Steuerpflichtigen ausgeschlossen, ihre Mitwirkung zur Vermeidung rechtsnachteiliger Folgen eintreten zu lassen. Mit dieser Beschränkung besteht in Ergänzungssteuersachen nicht nur das behördliche Fragerecht, sondern es wird sogar zur Pflicht, insoweit der Steuerpflichtige in den Stand gesetzt werden muß, im Berufungsverfahren irrige Voraussetzungen zu berichtigen und sich in Bezug auf die ihm bis dahin unbekannt gebliebenen thatsächlichen und rechtlichen Unterlagen der Steuerfestsetzung zu erklären.

Ebensowenig wird durch die Ausschließung des Zwanges zur Mitwirkung die Verpflichtung der Steuerpflichtigen berührt, ihrerseits diejenigen thatsächlichen und rechtlichen Einwendungen (Einreden) vorzubringen und auf Erfordern nachzuweisen, die die an sich zutreffende Steuerfestsetzung aus besonderen Gründen zu beseitigen oder zu vermindern geeignet, aber den Steuerbehörden unbekannt geblieben sind. Vgl. E.-O.-V. in St. Bd. V S. 96 ff.

Aus der Nichtbeantwortung von Fragen, zu deren Stellung die Berufungskommission berechtigt oder verpflichtet war, können aber in geeigneten Fällen thatsächliche Gründe (Indizien) für ein Zugeständnis des Befragten in bestimmter Richtung entnommen werden.

Nr. 2. Entsch. Bd. VI S. 81 v. 27. III. 97 E XII a. 128/96.

Erg.-St.-Ges. §§ 26, 35.

Ein Steuerpflichtiger, der auf das Verlangen zur Vorlage seiner Bücher an dem Sitze des Vorsitzenden der Veranlagungskommission diese an

---

[1]) Vgl. auch Entsch. Bd. VI S. 222 v. 16. IX. 97, S. 302 v. 25. II. 98 und S. 335 v. 17. II. 98, oben S. 371, 372, 373.

seinem Wohnorte vorlegen zu dürfen bittet, darf umsoweniger für beweisfällig erachtet werden, wenn er bereits einmal mit seinen sämmtlichen Büchern zur Vorlage sich zu dem genannten Vorsitzenden begeben hatte, jedoch unverrichteter Sache entlassen war. Er mußte vielmehr mindestens hierauf beschieden und darüber unterrichtet werden, aus welchen Gründen seinen Anträgen nicht stattgegeben werden könnte. An die Steuerpflichtigen dürfen nicht unsachliche und überflüssige Anforderungen ergehen. Soweit es überhaupt nach Lage der Sache möglich ist, haben die Steuerbehörden sich über den gesammten Umfang der von ihnen verlangten Mitwirkung eines Steuerpflichtigen schlüssig zu machen und die hiernach zu stellenden Anforderungen im Zusammenhange dem Steuerpflichtigen genau zu bezeichnen. Vgl. E.-O.-V. Bd. V S. 239.

Nr. 3. Entsch. Bd. VI S. 94 v. 17. V. 97 E X b. 9/96 und **Bd. VI S. 95** v. 25. VI. 97 E I a. 113/96.

Eink.-St.-Ges. § 19; Erg.-St.-Ges. § 19 und Ausf.-Anw. Art. 21 I b.

Eine Ermäßigung des normalen Satzes der Ergänzungssteuer nach § 19 Abs. 2 des Erg.-St.-Ges. ist ohne jede Ausnahme an die thatsächliche Voraussetzung geknüpft, daß bei der Veranlagung zur Einkommensteuer eine Ermäßigung auf Grund des § 19 des Eink.-St.-Ges. bewilligt worden ist. Ist daher in Folge der Freistellung von der Einkommensteuer wegen Nichtvorhandenseins eines Einkommens von mehr als 900 Mk. die Anwendung des § 19 des Eink.-St.-Ges. unmöglich, so kann auch die Ermäßigung der Ergänzungssteuer allein nach § 19 Abs. 2 des Erg.-St.-Ges. nicht erfolgen.

Nr. 4. Entsch. Bd. VI S. 143 v. 24. VI. 97 E XII b. 8/97.

Eink.-St.-Ges. §§ 56, 59 und Anm. 32 zu Art. 72 der Ausf.-Anw.
Erg.-St.-Ges. §§ 37—40.

Unter der „schon erfolgten Veranlagung" in § 59 des Eink.-St.-Ges. und § 40 des Erg.-St.-Ges. ist dasselbe, also sowohl eine positive, wie eine negative, d. h. steuerfreie Veranlagung zu verstehen. Für beide Gesetze beruhen Zugangsfälle auf der doppelten Voraussetzung, daß eine Person a) individuell subjektiv steuerpflichtig wird und b) ein Einkommen von mehr als 900 Mk., beziehentlich ein Vermögen von mehr als 6000 Mk., oder, wenn sie nicht gleichzeitig einkommensteuerpflichtig wird, von mehr als 20 000 Mk. erlangt.

Es dürfen demnach auch auf Grund des § 40 des Erg.-St.-Ges. nicht im Zugangswege Personen veranlagt werden, die für ihre Person wegen nicht vorhandenen oder die steuerpflichtige Grenze nicht erreichenden Vermögens seitens der zuständigen Behörden von der Ergänzungssteuer freigelassen, also steuerfrei veranlagt worden sind. Hierbei kommt es nur darauf an, daß nicht eine irrtümliche Übergehung stattgefunden hat, sondern in zuständiger Weise über die betreffende Person individuelle Entscheidung getroffen worden ist. Vgl. E.-O.-V. in St. Bd. V S. 257.

Nr. 5. Entsch. Bd. VI S. 243 v. 14. X. 97 E VII a. 46/97.

Eink.-St.-Ges. § 80; Erg.-St.-Ges. § 46.

Nach § 46 des Erg.-St.-Ges. und § 80 des Eink.-St.-Ges. findet die Nachbesteuerung statt, wenn Steuerpflichtige entgegen den Vorschriften dieser Gesetze zu einer ihrem wirklichen Einkommen oder Vermögen nicht entsprechenden niedrigeren Steuerstufe veranlagt worden sind. Die Nachbesteuerung ist also nur zulässig, wenn objektiv feststeht, daß die Veranlagung zu einer zu niedrigen Stufe erfolgt ist. Die dazu erforderliche objektive Feststellung neuer, früher nicht bekannter thatsächlicher Unterlagen wird durch eine neue subjektive Schätzung, die von der früheren abweicht, nicht ersetzt. Vgl. E.-O.-V. in St. Bd. IV S. 52.

5. Rechtsmittel.

A) Verfahren in der Berufungsinstanz.

Nr. 1. Entsch. Bd. VI S. 139 v. 10. VI. 97 E VII a. 67/96.

Bei Beauftragung von Mitgliedern der Berufungskommission zur Verhandlung mit dem Steuerpflichtigen darf aus der Versagung der Mitwirkung seitens des letzteren nur dann seine Beweisfälligkeit gefolgert werden, wenn eine ordnungsmäßige Aufforderung von zuständiger amtlicher Seite zu einem bestimmten Termine an amtlicher Stelle und unter Hinzufügung einer sachgemäßen Verwarnung ergangen war. Vgl. E.-O.-V. in St. Bd. II S. 402, Bd. III S. 200.

Nr. 2. Entsch. Bd. VI S. 227 v. 17. IX. 97 E V a. 1/97.

1. Der mit der Kognition über eine Veranlagung durch Einlegung der Berufung befaßten Berufungskommission liegt die Aufgabe ob, von Amtswegen die zur richtigen Steuerfestsetzung erforderlichen Thatsachen zu beschaffen, ohne daß dem Censiten eine Beweislast in dem Sinne aufgebürdet ist, daß in Ermangelung des Nachweises der Unrichtigkeit der Veranlagung das Rechtsmittel aus diesem Grunde zurückgewiesen werden dürfte. Der amtlichen Ermittelungspflicht aber wird die Berufungskommission nur dadurch genügen, daß dem Censiten Gelegenheit gewährt wird, sich über die wesentlichen Unterlagen der Veranlagung, denen die Berufungskommission folgen will, soweit es nicht etwa in dem bisherigen Verfahren bereits geschehen, zu äußern, und der Censit wird in seinem Interesse die ihm gebotene Gelegenheit zur Mitwirkung bei Beschaffung des Einschätzungsmaterials nicht außer Acht lassen. Soweit freilich braucht das rechtliche Gehör nicht gewährt zu werden, daß dem Censiten die Gutachten der von der Berufungskommission gehörten Sachverständigen und die Korrespondenz der Berufungskommission mit anderen Behörden in Abschrift mitgeteilt werden; es genügt vielmehr nach dem Zwecke des Verfahrens und dem Grunde der Mitteilungspflicht, nämlich der amtlichen Pflicht der Berufungskommission, die erforderlichen Thatsachen zu ermitteln und dem Censiten nicht durch die Nichtmitteilung die Verteidigung zu beschränken, wenn der Censit von den wesentlichen für die Berufungskommission maßgebenden Thatsachen Kenntnis erhält.[1])

2. Die Beurteilung darüber, ob seit dem letzten Verkaufe eines Gutes ein Steigen oder Fallen der Preise des Grundbesitzes in der betreffenden Gegend stattgefunden hat, und ob erfahrungsmäßig

[1]) Ähnlich Entsch. Bd. VI S. 232 v. 29. X. 97 E V c. 25/96. Nach Mitteilung der Merkmale der Bewertung der einzelnen Grundstücke ist es Sache des Steuerpflichtigen, sich hinsichtlich der Bemängelung der Einzelbewertungen zu erklären; vor dieser Erklärung besteht keine unbedingte Verpflichtung der Berufungskommission zur Verhandlung mit dem Steuerpflichtigen über deren Unterlagen.

ebendaselbst der Verkaufspreis nach einem Vielfachen des Grundsteuerreinertrages festgesetzt zu werden pflegt, gehört wesentlich dem thatsächlichen, der Nachprüfung durch das O.-V.-G. entzogenen Gebiete an.

3. Eine Landschaftstaxe ist dann nicht geeignet, der Ermittelung des Verkaufswertes des Gutes als Grundlage zu dienen, wenn ganz abgesehen davon, ob die Grundsätze, nach denen die Landschaft taxiert, eine Gewähr dafür geben, daß der gemeine Wert und nicht etwa nur eine für die Beleihung maßgebende Wertsgrenze gefunden wird, der Censit selbst anerkannt hat, daß auch diese letzte landschaftliche Taxe des Gutes dem wirklichen Werte nicht entspricht, sondern hinter ihm erheblich zurückbleibt. Vgl. E.-O.-V. in St. Bd. V S. 65, 148.

Nr. 3. Entsch. Bd. VI S. 237 v. 1. X. 97 E IV b. 130/96.

Ausf.-Anw. v. 5. VIII. 91 Art. 66 ², Abs. 5; v. 3. IV. 94 Art. 12 ³, 48 ¹.

Die Vorschrift, daß derjenige Teil eines Grundstückes, der dem Gewerbebetriebe gewidmet ist, zum gewerblichen Anlage- und Betriebskapital und der übrige Teil des Grundstückes zum Grundvermögen zu rechnen ist, ist lediglich formaler Natur. Dem Steuerpflichtigen müssen trotzdem die Unterlagen für die Bewertung des ganzen Grundstückes und für die Zerlegung des Wertes mitgeteilt werden.

Nr. 4. Entsch. Bd. VI S. 252 v. 26. X. 97 E II b. 188/96.

Erg.-St.-Ges. § 36.

Zufolge der gegen das Ergebnis der Veranlagung zur Ergänzungssteuer eingelegten Berufung wird eine Entscheidung der höheren Instanz über die Richtigkeit der angegriffenen Veranlagung in deren vollem Umfange erforderlich. Es muß daher, falls der Censit in der Berufungsschrift Behauptungen über sein Vermögen aufstellt, die von den Angaben der Vermögensanzeige abweichen, die Berufungskommission dem Wesen des Rechtsmittels entsprechend in eine Erörterung dieser Behauptungen eintreten, sowie sie zum Gegenstande ihrer Entscheidungen machen, und dies darf nicht mit dem Hinweis darauf abgelehnt werden, daß die Veranlagung den eigenen Angaben entsprechend erfolgt sei. Hierzu würde die Berufungskommission nur dann für berechtigt erachtet werden können, wenn nach dem Gesetze die Angaben der Vermögensanzeige für das Verfahren bindend wären oder wenn ein Widerruf nur für den Fall als zulässig erklärt worden wäre, daß gleichzeitig der Nachweis des Irrtumes oder der thatsächlichen Unrichtigkeit erbracht sei. Eine solche ausdrückliche Bestimmung fehlt jedoch und sie kann auch durch Auslegung nicht gefunden werden. Unterlassungen in dieser Hinsicht bilden wesentliche Verfahrensmängel.

Nr. 5. Entsch. Bd. VI S. 296 v. 13. I. 98 E VIII b. 69/96.

Erg.-St.-Ges. §§ 5, 7, 8, 9, 11; Ausf.-Anw. Art. 5, 14, 17.

Die notwendige Voraussetzung für eine selbständige Bewertung von Grundbesitz ist entweder eigene Kenntnis des Gegenstandes oder die Beschaffung von Unterlagen und Anhaltspunkten, aus denen ein zuverlässiges Urteil gewonnen werden kann. Treffen diese Voraussetzungen nicht zu, so ist eine selbständige Bewertung nicht möglich.

III.

Gewerbesteuer.

1. Gegenstand der Besteuerung und subjektive Steuerpflicht.

A) Allgemeine Grundsätze.

Nr. 1. Entsch. Bd. VI S. 384 v. 14. X. 97 VI G. 369/96.

Gew.-St.-Ges. § 1.

Die Frage der Gewerbesteuerpflichtigkeit ist nach dem steuerrechtlichen Begriffe des Gewerbes als einer fortgesetzten, mit der Absicht auf Gewinnerzielung unternommenen selbständigen und erlaubten Beteiligung am allgemeinen wirtschaftlichen Verkehre zu entscheiden. Letzterer deckt sich keineswegs mit dem Gewerbebegriffe der Reichs-Gew.-Ordn. Diese bezweckt nur die gewerbepolizeiliche Regelung, schließt aber nicht aus, daß das Gew.-St.-Ges. den Begriff des Gewerbes ausdehnt und auch solche Thätigkeiten der gewerblichen Besteuerung unterwirft, die die Gew.-Ordn. nicht für Gewerbe erachtet oder überhaupt nicht berührt.

Nr. 2. Entsch. Bd. VI S. 452 v. 3. III. 98 VI G 264/97.

Gew.-St.-Ges. §§ 1, 15, 22; Ausf.-Anw. Art. 1, 16.

1. Wird von dem Steuerpflichtigen bestritten, daß der von ihm betriebene gewerbliche Handel mit Grundstücken sich auf seinen gesammten Grundbesitz erstrecke, so muß der Umfang des Grundstückshandels im einzelnen unter Ermittelung der ihm unterliegenden Grundstücke festgestellt werden.

2. Dadurch daß der Steuerpflichtige zwar keine neuen Grundstücke zur Wiederveräußerung, sondern nur zur Arrondierung, Erleichterung des Verkaufes, Aufschließung der Grundstücke zu Baustellen rc., erworben hat, tritt die Absicht des Grundstückshandels besonders deutlich zu Tage. Daß ein Teil der Grundstücke zu Abfindungen an die Kinder benutzt worden ist, ändert hieran nichts.

3. Bei Feststellung des Ertrages des Grundstückshandels ist zu ermitteln, ob der Preis für die Grundstücke von dem Steuerpflichtigen aus eigenem Vermögen bar bezahlt worden ist oder nicht. Im ersteren Falle kann er die nicht gezahlten Zinsen nicht in Anrechnung bringen, da nur die wirklich und thatsächlich gezahlten Betriebskosten bei der Ertragsberechnung, nicht aber entgangene Gewinne in Abzug gebracht werden dürfen. Die Abschreibungen sind zu den wirklich entstandenen Betriebskosten zu rechnen. Sind dagegen die Zinsen wirklich gezahlt, so muß geprüft werden, ob die Schuld, für die sie gezahlt worden sind, behufs Anlage oder Erweiterung des Geschäftes oder zur Verstärkung des Betriebskapitales aufgenommen ist. Nur wenn dies thatsächlich festgestellt werden kann, dürfen die Zinsen nicht in Abzug gebracht werden. Handelt es sich dagegen um laufende Schulden oder sind die Schulden nicht zu den angeführten Zwecken aufgenommen, so ist die Ansetzung der Zinsenbeträge bei dem Selbstkostenpreise zulässig. Zinseszinsen dagegen dürfen als nur fiktive Kosten nicht angesetzt werden.

Nr. 3. Entsch. Bd. VI S. 387 v. 14. X. 97 VI G 385/96.

Eink.-St.-Ges. §§ 18, 19, 33; Ausf.-Anw. Art. 2 [3].

1. Die unerläßliche Voraussetzung für die Heranziehung zur Gewerbesteuer ist bei einer gewerblichen Aktiengesellschaft ebenso wie bei jedem anderen Gewerbetreibenden der thatsächliche Beginn eines an sich steuerpflichtigen Gewerbes, und das Vorliegen dieser Voraussetzung muß im Falle der Bestreitung seitens des Veranlagten von der Veranlagungsbehörde unter Angabe der diese Annahme begründenden thatsächlichen Umstände festgestellt werden.

2. Die Rhederei bezüglich eines Schiffes wird durch die Gesammtheit der Schiffsparteninhaber betrieben. Die Veranlagung eines einzelnen Besitzers eines Schiffsanteiles von dem Ertrage seines Anteiles ist daher unzulässig; es muß die Gesammtheit der Teilhaber der Gewerbesteuer unterworfen werden. Ob sich einzelne Anteile im Besitze einer physischen Person, oder einer Aktiengesellschaft befinden, ist dabei unerheblich.

Nr. 4. Entsch. Bd. VI S. 390 v. 16. XII. 97 VI G 370/97.

Gew.-St.-Ges. §§ 19, 33.

1. Eine Gesellschaft mit beschränkter Haftung ist ebenso, wie eine Aktiengesellschaft, nur dann steuerpflichtig, wenn sie ein Gewerbe betreibt. Dies ist im Zweifelsfalle festzustellen, und zwar dahin, daß thatsächlich bei Beginn des Steuerjahres das Gewerbe betrieben wird, während die in den Statuten ausgesprochene Absicht, ein Gewerbe betreiben zu wollen, nicht entscheidend ist.

2. Die Erbauung von Straßenbahnen für eigene Rechnung und die Verpachtung des Betriebes von Straßenbahnen stellen ebensowenig einen Gewerbebetrieb dar, wie die Erbauung von Häusern zum Zwecke der Vermietung für eigene Rechnung, oder die Verpachtung eines Gasthauses, einer Fabrik u. s. w. Dasselbe gilt von dem Eigentumserwerbe einer Dampfstraßenbahn nebst Ausrüstung, solange die Absicht fehlt, die erworbenen Gegenstände als Waren zu behandeln und damit Handel zu treiben.

Nr. 5. Entsch. Bd. VI S. 389 i. d. Anm. v 16. IX. 97 VI G 122/96.

Gew.-St.-Ges. §§ 17, 19; Ausf.-Anw. Art. 2 [1], [3].

Die Mitglieder einer offenen Handelsgesellschaft, sowie die Kommanditisten einer einfachen Kommanditgesellschaft üben den Gewerbebetrieb aus; der Betrieb beider Arten von Gesellschaften ist der Gewerbebetrieb der Gesellschafter. Ist daher eine rein gewerbliche Aktiengesellschaft Kommanditistin einer einfachen Kommanditgesellschaft, so betreibt sie ebenfalls in der letzteren ihr eigenes Gewerbe. Der Ertrag des Gewerbebetriebes der Kommanditgesellschaft kann danach nicht nochmals durch einen zweiten Gewerbebetrieb der Aktiengesellschaft erzielt werden, selbst wenn sie gewerbsmäßig die Beteiligung als Kommanditistin betreibt. Der Ertrag, den die Aktiengellschaft aus ihrem Gewerbetriebe bei Kommanditgesellschaften erzielt, darf ihr nicht nochmals als Ertrag in Anrechnung gebracht werden. Gehört er zu dem steuerpflichtigen Ertrage der Kommanditgesellschaften, so ist er dort zu besteuern, und, falls die Kommanditgesellschaft sich in einem außerpreußischen Bundesstaate befindet, überhaupt nicht der Gewerbesteuer in Preußen zu unterwerfen.

2. Die Steuerbefreiungen. Vorliegen oder Nichtvorliegen ihrer Voraussetzungen.

A) Nach § 3 des Gewerbesteuergesetzes.

Nr. 1. Entsch. Bd. VI S. 368 v. 10. VI. 97 VI G 379/96 und **Bd. VI S.** 371 v. 28. X. 97 VI G 294/97.

Gew. St.-Ges. § 1.

1. Ein Gewerbebetrieb ist nur dann vorhanden, wenn neben den übrigen Merkmalen des allgemeinen Gewerbebegriffes namentlich auch die positive Absicht der Gewinnerzielung mittelst des Betriebes besteht. Eine mit der bloßen Möglichkeit der Gewinnerzielung ohne eine hierauf gerichtete Absicht unternommene Thätigkeit stellt noch keinen Gewerbebetrieb dar.

2. Ist der Zweck einer von einem Vereine zur Förderung von Landwirtschaft und Industrie eingerichteten Sparkasse ein gemeinnütziger (Hebung von Landwirtschaft und Industrie, Beförderung des Sparsinnes bei weniger Bemittelten, Abwendung von Geldverlegenheit der Bevölkerung), ist ferner eine Gewinnverteilung an die Mitglieder ausgeschlossen und eine Verwendung des Gewinnes nur gemeinnützigen Zwecken gestattet u. s. w., verfolgen Kasse und Verein keine Erwerbszwecke. Hieran wird auch dadurch nichts geändert, daß ein Unterschied zwischen dem Zinsfuße für die Spareinlagen und dem Zinsfuße für die gegebenen Darlehen besteht und die Administration ermächtigt ist, je nach der Lage des Geldmarktes den Zinssatz abzuändern. Denn es ist selbstverständlich, daß eine Spar- und Leihkasse ohne eine solche Vorschrift überhaupt nicht bestehen kann; anderenfalls würde sie weder die Kosten ihrer Verwaltung decken noch irgendwie Sicherheit bieten, geschweige denn einen Reservefonds oder ein entsprechendes Vermögen ansammeln können, dessen sie zur Erreichung ihrer Zwecke, den Sparsinn zu heben und Geldverlegenheiten zu beseitigen, notwendig bedarf.

3. Dasselbe gilt von einem Vereine der Milchpächter, der nach den Statuten die Förderung und Vertretung der gemeinsamen Interessen seiner Mitglieder, ihren Rechtsschutz, Hebung des Geschäftes im Allgemeinen und Förderung der Geselligkeit bezweckte, aber kein Gewerbe betrieb und auf einer Gewerbe-Ausstellung ein besonderes Ausstellungsgebäude errichtet hatte, in dem die Herstellung von Butter und Käse durch Maschinen erfolgte, Kostproben der erzeugten Produkte abgegeben wurden und Milch ausgeschänkt wurde. Dieser Betrieb wurde vom O.-V.-G. nicht als steuerpflichtig angesehen.

B) Nach § 4 des Gewerbesteuergesetzes.

Nr. 1. Entsch. Bd. VI S. 394 v. 14. X. 97 VI G 252/96.

Gew.-St.-Ges. § 4 [1]; Ausf.-Anw. Art. 8 [5].

Hinsichtlich der Steuerpflichtigkeit der Mästung von Vieh ist entscheidend, ob der Landwirt das Vieh hauptsächlich und überwiegend mit erkauftem oder auf gepachteten Ländereien gewonnenem Futter unterhält. In zweifelhaften Fällen muß daher besonders geprüft werden, ob es sich um steuerfreien Betrieb der Landwirtschaft und Viehzucht, oder um einen

steuerpflichtigen Gewerbebetrieb außerhalb deren Rahmens handelt, und bei Annahme des letzteren eine Feststellung der maßgebenden thatsächlichen Umstände im einzelnen erfolgen.

Nr. 2. Entsch. Bd. VI S. 397 v. 16. IX. 97 VI G 133/96.

Gew.-St.-Ges. § 4 [1], Ausf.-Anw. Art. 8 [5]; Komm.-Abg.-Ges. § 28 [3], [4].

Bei der von einem Landwirte betriebenen Ausbeutung von Sand-, Kies-, Lehm-, Mergel-, Thongruben u. s. w. ist die Gewerbesteuerpflichtigkeit von der Feststellung abhängig, daß sich die Ausbeutung außerhalb des Betriebes der Landwirtschaft selbständig und gewerbsmäßig vollzieht. Ob dies vorliegt, ist nach dem allgemeinen Gewerbebegriffe zu entscheiden.

Nr. 3. Entsch. Bd. VI S. 398 v. 17. II. 98 VI G 23/97.

Gew.-St.-Ges. §§ 1, 4 [1]; Komm.-Abg.-Ges. § 28 [4].

Die Gewinnung von Eis aus eigenen Gewässern und dessen Verkauf kann sich ebensowohl als eine gewerbesteuerfreie Nutzung des Grundeigentumes wie als der Betrieb eines Gewerbes darstellen. Letzteres ist der Fall, wenn der Unternehmer das Eis nach der Gewinnung nicht alsbald veräußert, sondern besondere Einrichtungen für die Aufbewahrung bis zum Eintritte der wärmeren Jahreszeit getroffen hat und erst dann der Verkauf stattfindet.

Nr. 4. Entsch. Bd. VI S. 445 v. 3. II. 98 VI G 215/97.

Gew.-St.-Ges. § 4 [1].

Unter kaufmännischen Betriebsformen, aus deren Vorhandensein auf den steuerpflichtigen Betrieb der Kunst- und Handelsgärtnerei geschlossen werden darf, kann nur eine Form des Betriebes verstanden werden, wie er bei Handlungshäusern im Handel ist. Es muß also vor Allem eine Behandlung der sämmtlichen vertriebenen Gegenstände lediglich als Waren unter dem Gesichtspunkte der Vermittelung des Güterumlaufes stattfinden. Sodann müssen die vorhandenen Gegenstände zum Verkaufe angeboten werden, wozu nach den gegenwärtigen Verhältnissen insbesondere Ausstellung und Übersendung von Preisverzeichnissen, Anzeige in den Zeitungen und andere Mittel, die das Vorhandensein eines zum Verkaufe geführten Warenlagers an dem betreffenden Orte und bei dem betreffenden Besitzer bekannt machen, gehören. Außerdem muß der Verkauf nach den handelsrechtlichen Gewohnheiten ausgeübt werden.

3. Maßstab der Besteuerung.

B) Ertrag.

a) Begriff des Ertrages im Allgemeinen.

Nr. 1. Entsch. Bd. VI S. 385 v. 14. X. 97 VI G 300/96.

Der von einem Konsumvereine an die in das Kundenverzeichnis aufgenommenen Warenabnehmer nach Verhältnis ihrer Warenabnahme am Schlusse des Geschäftsjahres aus dem Gewinne zu zahlende Betrag (Kundengewinn) bildet nicht einen Teil des steuerpflichtigen Ertrages der Gesellschaft. Denn er stellt lediglich dar als eine den Warenabnehmern am Jahresschlusse zurückzuerstattende Vergütung für Zahlung zu hoher Kaufpreise, die statutenmäßig der freien Verfügung des Vereins entzogen ist. Der Kaufpreis, den der Verein endgültig und in Wirklichkeit von diesen Abnehmern seiner Waren erhält, besteht demnach lediglich in demjenigen Betrage, der nach Absetzung des Kundengewinnes von der Summe der bei der Abnahme der Waren gezahlten Preise übrig bleibt.

Nr. 2. Entsch. Bd. VI S. 400 v. 28. X. 97 VI G 256/97.

Gew.-St.-Ges. §§ 22, 24; Ausf.-Anw. Art. 16 1.

2. Bei Feststellung des steuerpflichtigen Ertrages des maßgebenden Vorjahres sind nur die diesem Jahre zuzurechnenden Einnahmen in Ansatz zu bringen und nur diejenigen Betriebskosten und Abschreibungen, welche aus den Einnahmen dieses Jahres gedeckt worden sind oder gedeckt werden müssen, von der Roheinnahme desselben Jahres abzuziehen. Einnahmen früherer Jahre, wie Betriebskosten und Abschreibungen, die künftigen Jahren zur Last fallen, dürfen nicht angerechnet werden. Hierbei kommt es nicht darauf an, ob Betriebskosten und Abschreibungen überhaupt als solche erscheinen und deshalb hätten geleistet werden können, sondern lediglich darauf, ob sie thatsächlich aus den Betriebseinnahmen des maßgebenden Jahres geleistet worden sind. Durch die Verwendung von Ersparnissen früherer Jahre zur Deckung von Ausgaben und Abschreibungen eines späteren Jahres wird der Ertrag dieses späteren Jahres nicht geschmälert. Vielmehr ist alles, was wirtschaftlich und handelsrechtlich nach Maßgabe der Ergebnisse des in Betracht kommenden Geschäftsjahres zur freien Verfügung der Gesellschaft steht, steuerpflichtiger Ertrag.

2. Die aus dem Jahresgewinne einer Aktiengesellschaft einem zur Bestreitung künftiger Verwaltungskosten bestimmten Dispositionsfonds überwiesenen Beträge stellen Rücklagen dar, die bei Feststellung des steuerpflichtigen Ertrages nicht abgerechnet werden dürfen.

Ebenso Entsch. Bd. VI S. 402 v. 25. IX. 97 VI G 99/97. Bevor ein Anspruch besteht, kann er nicht als „bedungen" im Sinne des Art. 16 I 1 der Ausf.-Anw. gelten, auch dann nicht, wenn für eine künftige Leistung ein bestimmter Preis vereinbart, die Leistung aber noch nicht erfolgt ist.

b) Betriebskosten.

Nr. 1. Entsch. Bd. VI S. 404 v. 11. XI. 97 VI 203/96.

Gew.-St.-Ges. § 22; Ausf.-Anw. Art. 16.

1. Einer Zuckerfabrik-Aktiengesellschaft wurden außer reinen Kaufrüben die Rüben geliefert:

a) von Aktionären auf Grund der mit dem Aktienbesitze verbundenen Rübenbaupflicht,

b) von Aktionären auf Grund besonderer, auf 12 Jahre lautender Verträge,

c) von Nichtaktionären auf Grund gleicher Verträge.

Der Berufungsrichter nahm das Bestehen einer stillen Gesellschaft an, wobei die Rübenlieferung oder deren Marktpreis als Geschäftseinlage der stillen Gesellschafter, der über den Marktpreis hinaus für die Rüben gezahlte Betrag als der auf die Einlage entfallende Gewinn gelten sollten. Das O.-V.-G. erachtete dagegen, das Vorhandensein einer stillen Gesellschaft verneinend, die Preise für die Pflichtrüben und Überrüben in ihrem vollen Umfange als abzugsfähige Betriebskosten aus folgenden Gründen.

2. Wesentlich für den Begriff der stillen Gesellschaft ist, daß ein Dritter dem Inhaber eines Handelsgewerbes einen Vermögenswert in der Weise überträgt, daß letzterer in dessen Eigentum übergeht und während der ganzen Dauer des Vertragsverhältnisses den Zwecken des Gewerbebetriebes dient, sowie daß ferner der Übertragende von dem Geschäftsinhaber nicht einen Preis für die Eigentumsüberlassung erhält, sondern nur den Anspruch auf einen Teil des Geschäftsgewinnes erwirbt. Hiernach kann es keinem Zweifel unterliegen, daß die Rübenlieferungen der Aktionäre wie der Nichtaktionäre nicht als Einlage eines stillen Gesellschafters angesehen werden dürfen. Denn ihr Wert soll nach der Absicht der Gesellschaft wie der Rübenbauer nicht dauernd in dem Geschäftsvermögen verbleiben, sondern den Letzteren von Ersterer vergütet werden. Die Rübenbaupflicht ist überhaupt kein Vermögenswert, für den ein bestimmter Geldbetrag als Wert einer Geschäftseinlage zwischen der Gesellschaft und den Rübenbauern vereinbart wäre. Sie kann also, ganz abgesehen von anderen wesentlichen Bedenken, schon deshalb im vorliegenden Falle als Geschäftseinlage nicht in Betracht kommen.

3. Die Vertragsrüben zu 1 b und c gehören zu den Kaufrüben, deren Kosten als Betriebskosten behufs Findung des steuerpflichtigen Reinertrages in voller Höhe von der Roheinnahme in Abzug gebracht werden müssen. Denn es handelt sich um Verträge mit allen wesentlichen Merkmalen eines rechtsgültigen Kaufvertrages, in denen sich die Verkäufer verpflichten, der Gesellschaft auf eine Reihe von Jahren gegen Zahlung eines in Geld bestimmten Preises für den Zentner Rüben die gesammte Ernte von einer Anzahl Morgen Ackers zu übereignen, die sie alljährlich unter Beachtung der hierüber getroffenen besonderen Bestimmungen mit Rüben zu bebauen sich verbindlich machen. Allerdings ist der Kaufpreis für den Zentner Rüben nicht in einem ziffermäßig bestimmten Geldbetrage vereinbart, sondern seine Höhe ist zum Teil von dem Geschäftsgewinne der Gesellschaft abhängig gemacht. Allein eine ziffermäßige Vereinbarung des Kaufpreises ist überhaupt nicht eine unerläßliche Voraussetzung für die Gültigkeit eines Kaufvertrages, es genügt eine Vereinbarung der vertragschließenden Personen über die Faktoren, nach denen der Preis ohne neue Übereinkunft zur Feststellung gelangen kann. Ob aber die Verkäufer Aktionäre oder Nichtaktionäre sind, ist rechtlich gleichgültig.

4. Dasselbe gilt von den Aktienrüben zu 1 a. Denn die in dem Gesellschaftsstatute über die Rübenbaupflicht der Aktionäre getroffenen Bestimmungen, insbesondere die Vorschriften über den Anbau, die Ablieferung und die Bezahlung der Rüben stimmen mit den betreffenden Bestimmungen der von der Gesellschaft mit Nichtaktionären, wie mit einem Teile der Aktionäre abgeschlossenen laufenden Rübenbauverträge wörtlich überein. Das durch den Erwerb der Aktien hinsichtlich der Verpflichtung zum Rübenbau zwischen den betreffenden Aktionären und der Gesellschaft begründete Rechtsverhältnis bildet daher nicht einen Bestandteil des Rechtsverhältnisses der Aktionäre als solcher, sondern den Inhalt eines besonderen neben dem Gesellschaftsvertrage zwischen der Gesellschaft und den einzelnen Aktionären als Dritten abgeschlossenen Rechtsgeschäftes, das sich als ein den Verträgen mit den Lieferanten der Vertragsrüben völlig gleichartiger Kaufvertrag darstellt. Die Aktionäre stehen der Gesellschaft auch bezüglich der gelieferten Aktienrüben nicht als Gesellschaftsmitglieder, sondern wie jeder dritte Verkäufer gegenüber.

Ebenso Entsch. Bd. VI S. 410 v. 11. XI. 97 VI G. 104/97 bezüglich der den Aktionären für die sämmtlichen von ihnen gelieferten Rüben gezahlten, den Durchschnittspreis der Kaufrüben übersteigenden Beträge auf Grund der in dem Rübennebenvertrage ein für allemal getroffenen Bestimmungen. Die zwischen der Gesellschaft und den Aktionären über die Rübenlieferung der letzteren getroffenen Vereinbarungen sind (vgl. E.-O.-V. in St. Bd. II S. 219, Bd. IV S. 217, 279), von dem Falle der Simulation abgesehen, nur dann nicht als rechtsverbindlich anzuerkennen, wenn sie ein besonderes, neben dem Gesellschaftsvertrage hergehendes Rechtsverhältnis, einen für sich bestehenden Lieferungsvertrag, nicht darstellen, vielmehr das Lieferungsverhältnis einen Bestandteil der aus der Beteiligung an der Gesellschaft entspringenden Rechte und Pflichten bildet. Letzteres gilt insbesondere überall da, wo für die Ansprüche des Rübenlieferers auf Entgelt die finanzielle Lage des Unternehmens maßgebend ist. Nur in Fällen der letzteren Art ist für die Frage, inwieweit die von der Gesellschaft den Aktionären für die Rübenlieferung gewährten Vorteile die Eigenschaft eines Äquivalentes für die gelieferten Rüben haben und demgemäß als abzugsfähige Betriebskosten bei der Ermittelung des gewerblichen Ertrages der Gesellschaft anzusehen sind, der örtliche Marktpreis in dem Sinne von E.-O.-V in St. Bd. II S. 234 insofern maßgebend, als den Leistungen der Gesellschaft, soweit sie über diesen Preis hinausgehen, die fragliche Eigenschaft versagt wird. Zuckerrüben sind aber überhaupt keine Ware, die einen Marktpreis oder Marktwert im gewöhnlichen Sinne hat. Die Preise für Überrüben gehören daher noch zu den abzugsfähigen Betriebskosten, wenn sie sich nach Maßgabe der Bedingungen bezüglich des Anbaues, der Lieferung und Bezahlung noch als eine angemessene Entschädigung, als wirkliche Gegenleistung darstellen.

Dagegen liegt eine solche dann nicht vor, wenn an die Aktionäre nachträglich, nach Schluß des Geschäftsjahres für die Überrüben aus dem zur Verfügung stehenden Gewinne ein zusätzlicher Betrag zum Kaufpreise gezahlt wird. Dieser Betrag ist ein unter die Aktionäre verteilter Anteil am Reingewinne, der nicht zu den abzugsfähigen Betriebskosten gehört.

Nr. 2. Entsch. Bd. VI S. 435 v. 6. XII. 97 VI G 402/96 und S. 437 v. 10. VII. 97 VI G 559/96.

Gew.-St.-Ges. § 22; Ausf.-Anw. Art. 16 II[6].

Bei einer zum Zwecke einer gewerblichen Unternehmung errichteten Gesellschaft mit beschränkter Haftung wird das Gewerbe nicht von der Gesammtheit der einzelnen Gesellschafter, sondern von der Gesellschaft als solcher betrieben.

Hiernach stehen die bestellten Geschäftsführer, gleichviel ob sie Gesellschafter sind oder nicht, der Gesellschaft als solcher, insbesondere der Gesellschaft als der Inhaberin einer gewerblichen Unternehmung, ebenso wie beliebige dritte Personen, mit denen die Gesellschaft in geschäftliche Beziehungen tritt, als selbständige Rechtssubjekte gegenüber. Sie haben auch wegen der vertragsmäßig für die Geschäftsführung bedungenen Vergütung einen civilrechtlich verfolgbaren Anspruch gegen die Gesellschaft. Diese Vergütungen sind daher, wenn sie nicht Gesellschafter sind oder die Gesellschaft noch andere als die zu Geschäftsführern bestellten Mitglieder umfaßt, in der Regel abzugsfähige Betriebskosten, ebenso wie die vertrags- oder statutenmäßig den Mitgliedern des Aufsichtsrates einer Aktiengesellschaft zu zahlenden Tantiemen.

Eine Ausnahme von dieser Regel kann nur dann stattfinden, wenn in Folge der vollständigen Identität der Geschäftsführer mit den Mitgliedern der Gesellschaft die Vereinbarung über die Höhe der Vergütungen der Geschäftsführer sich in wirtschaftlicher Beziehung nur als eine Vereinbarung über die Gewinnverteilung unter die Mitglieder, nicht als vertragsmäßige Leistungen an dritte Personen, darstellt.

Nr. 3. Entsch. Bd. VI S. 441 v. 16. XII. 97 VI G 377/97 u. S. 442 v. 17. I. 98 VI G 13/97.

Gew.-St.-Ges. § 22; Ausf.-Anw. Art. 16.

Überweisungen aus dem Gewinne einer Aktiengesellschaft an einen Beamtenpensions- und Unterstützungsfonds stellen keine abzugsfähigen Betriebskosten dar, wenn die Aussonderung des Pensionsfonds aus den übrigen Fonds der Gesellschaft lediglich eine buchmäßige ist, und es nicht nur dem Fonds an jeder Selbständigkeit mangelt, sondern auch nicht einmal erhellt, daß irgend welche Beamte eine Berechtigung auf Zahlung einer Pension oder Unterstützung hieraus haben.

Ein solcher Fonds ist ein der Gesellschaft gehöriger Bestand von Geldmitteln, worüber jederzeit durch Beschluß der Generalversammlung anderweitig verfügt werden kann.

4. Veranlagungsverfahren.

Nr. 1. Entsch. Bd. VI S. 379 v. 14. X. 97 VI G. 311/96 und Bd. VI S. 381 v. 10. VII. 97 VI G. 184/96.

Gew.-St.-Ges. §§ 1, 3—5, Ausf.-Anw. Art. 11.
Komm.-Abg.-Ges. v. 11. VII. 93 (G.-S. S. 152) §§ 28—30.
Ges. v. 14. VII 93 (G.-S. S. 119) wegen Aufhebung direkter Staatssteuern; §§ 3, 1.

Die nach dem Gew.-St.-Ges. v. 24. VI. 91 steuerpflichtigen Gewerbebetriebe müssen als solche auch nach Erlaß des Ges. wegen Aufhebung direkter Staatssteuern und des Komm.-Abg.-Ges. v. 14. VII. 93 von den nach dem Gew.-St.-Ges. zuständigen Organen, also zunächst von den Steuerausschüssen, veranlagt werden, ohne Rücksicht darauf, ob etwa besondere Gewerbesteuern in einer Gemeinde eingeführt sind, oder ob thatsächlich Prozente der staatlich veranlagten Gewerbesteuer zur Deckung der kommunalen Bedürfnisse erhoben werden. — Dabei finden nur diejenigen Befreiungsgründe, die im Gew.-St.-Ges. angeordnet sind, soweit ihre Aufhebung durch das Komm.-Abg.-Ges. nicht erfolgt ist, Berücksichtigung. Etwaige sonstige, auf besonderen Vorschriften oder Rechtstiteln beruhende Befreiungen von kommunalen Gewerbesteuern müssen von den Berechtigten den Gemeinden gegenüber anderweit selbst durch Einspruch und Klage geltend gemacht werden.

5. Rechtsmittelverfahren.

A) Allgemeines.

Nr. 1. Entsch. Bd. VI S. 373 v. 10. VII. 97 VI G. 231/96.

Gew.-St.-Ges. §§ 31, 32, 35; Ausf.-Anw. Art. 39 Abs. 3, 40 [1].

1. Die Anfechtung des Ergebnisses der Veranlagung seitens der Steuerpflichtigen ist so lange ausgeschlossen, als die Steuerzuschrift nicht zugestellt oder die Mitteilung über das Ergebnis der Veranlagung von einer zuständigen Behörde anderweit nicht erfolgt ist, mithin solange, als ein Zweifel darüber bestehen kann, ob die Veranlagung stattgefunden und welches Ergebnis sie gehabt hat. Vor diesem Zeitpunkte kann ein Rechtsmittel rechtsgültig nicht eingelegt werden.

2. Die Wiedereinsetzung in den vorigen Stand gegen die Versäumnis von Ausschlußfristen ist dem Gew.-St.-Ges. v. 24. VI. 91 fremd.

Nr. 2. Entsch. Bd. VI S. 373 i. d. Anm. v. 11. III. 98 E III. 88/97.

Eink.-St.-Ges. § 40.

Die Einlegung der Berufung ist zulässig, sobald dem Steuerpflichtigen das Ergebnis der Veranlagung durch einen von Seiten einer zuständigen Behörde ausgehenden Akt in zweifelsfreier Weise bekannt gemacht worden ist. In welcher amtlichen Form der Steuerpflichtige Kenntnis von dem Ergebnisse der Veranlagung erhält, insbesondere, ob es durch das Veranlagungsschreiben oder durch eine Aufforderung, die veranlagte Steuer zu bezahlen, mitgeteilt wird, ist hierbei unwesentlich, vorausgesetzt, daß die Mitteilung von einer zuständigen Behörde ausgeht und an sich keinen Zweifel darüber läßt, daß die Veranlagung erfolgt sei und welches Ergebnis sie gehabt habe.

Mit der Bestimmung des § 40 des Eink.-St.-Ges., wonach die Berufung seitens des Steuerpflichtigen binnen einer Ausschlußfrist von 4 Wochen, die von dem auf die Zustellung der Benachrichtigung folgenden Tage ab läuft, einzulegen ist, wird nicht der Zeitpunkt bestimmt, von wann ab die Berufung eingelegt werden kann, sondern derjenige, bis zu dem dies geschehen muß.

Eine einschränkende, dem § 477 der Civ.-Proz.-Ord. ähnliche Bestimmung, daß vor Zustellung der Benachrichtigung die Einlegung der Berufung nicht erfolgen könne, enthält das Gesetz nicht.

Nr. 3. Entsch. Bd. VI S. 444 v. 13. I. 98 VI G. 108/97.

Gew.-St. Ges. §§ 8, 14, 15; Ausf.-Anw. Art. 35^{3} b, Abs. 2, 37^{1} Abs. 2, 37^{5}, 43^{5}, 46^{1}.

Ergiebt sich im Rechtsmittelverfahren die Notwendigkeit, einen in den Gewerbesteuerklassen I, II oder III veranlagten Steuerpflichtigen in eine niedrigere Steuerklasse zu versetzen, so hat die zur Entscheidung über das Rechtsmittel berufene Behörde diese Versetzung anzuordnen, die Festsetzung des Steuersatzes dagegen dem zuständigen Steuerausschusse zu überlassen, falls nicht etwa der niedrigste Steuersatz der betreffenden Klasse festzusetzen ist oder der Steuerpflichtige sich mit dem Steuersatze einverstanden erklärt hat.

B) Einspruchs- und Berufungsverfahren.

Nr. 1. Entsch. Bd. VI S. 418 v. 11. XI. 97 VI G. 504/96.

Gew.-St.-Ges. § 38; Ausf.-Anw. Art. 38.

Wird hinsichtlich der Zerlegung des Steuersatzes von zwei Seiten Berufung eingelegt, so ist die Anwendung der Grundsätze über Unzulässigkeit einer reformatio in pejus zu Gunsten eines Berufers ausgeschlossen.

Nr. 2. Entsch. Bd. VI S. 439 v. 16. XII. 97 VI G. 375/97.

Nach Einlegung der Berufung seitens eines Steuerpflichtigen hat die Regierung nicht nur die Befugnis, sondern auch die Verpflichtung, die Veranlagung und deren Unterlagen mit vollkommener Selbstständigkeit auf ihre Gesetzmäßigkeit und Richtigkeit hin zu prüfen. Sie ist in dieser Hinsicht keinerlei Einschränkungen, weder durch die Veranlagung, noch durch den Einspruchsbescheid, noch durch die Anführungen der Steuerpflichtigen, unterworfen. Ist die Veranlagung in irgend einer Beziehung, sei es hinsichtlich der Unterlagen, sei es hinsichtlich der Berechnung des steuerpflichtigen Ertrages, sei es in sonstiger Weise, unrichtig befunden, so ist diese Unrichtigkeit zu beseitigen und die Veranlagung richtig zu stellen. Vgl. E.-O.-V. in St. Bd. III S. 270 ff. Die einzige Schranke besteht darin, daß auf die seitens des Steuerpflichtigen allein eingelegten Rechtsmittel eine reformatio in pejus ausgeschlossen ist. An diesen Befugnissen und Pflichten der Regierung im Berufungsverfahren wird auch nichts geändert, wenn nach Aufhebung der Berufungsentscheidung seitens des O.-V.-G.'s die Regierung nochmals eine zweite Berufungsentscheidung zu fällen hat. Ihre Selbstständigkeit findet in diesem Falle nur darin eine Begrenzung, daß diejenigen Punkte, die das O.=V.=G. endgültig entschieden hat, aus der weiteren Erörterung und Beurteilung ausscheiden, und daß die Regierung im übrigen den Weisungen des O.=V.=G.'s Folge zu leisten hat.

2. Abschreibungen, die den Buchwert der Betriebsinventarien unter den wirklichen Wert herabsetzen, sind unzulässig.

Nr. 3. Entsch. Bd. VI S. 448 v. 3. II. 98 VI G. 45/97.

Gew.=St.=Ges. § 38.

Stellt sich im Berufungsverfahren die Notwendigkeit der Verteilung des Steuersatzes heraus, so muß diese seitens der Regierung selbständig vorgenommen und darf nicht etwa dem Steuerausschusse übertragen werden.

6. Verteilung des Steuersatzes auf mehrere Kommunalbezirke.

A) Allgemeines.

Nr. 1. Entsch. Bd. VI S. 416 v. 11. XI. 97 VI G. 503/96.

Gew.=St.=Ges. § 38; Ausf.=Anw. Art. 53[6].

Erfährt der veranlagte Gewerbesteuersatz im Wege der Rechtsmittel oder in Folge einer Neuveranlagung eine Änderung, so wird der ursprüngliche Zerlegungsbeschluß ohne jede Rücksicht auf etwa erfolgte Anfechtung von selbst hinfällig, und der Steuerausschuß hat von Amtswegen auf Grund der neuen Feststellungen, die zur Ermäßigung des Steuersatzes geführt haben, eine erneute Zerlegung vorzunehmen, ohne daß er irgendwie an seinen früheren Beschluß gebunden wäre.

Nr. 2. Entsch. Bd. VI S. 421 v. 11. XI. 97 VI G 474/96 und **S. 422** v. 25. XI. 97 VI G. 544/96.

Gew.=St.=Ges. § 38.

In allen denjenigen Fällen, in denen Produktion, Fabrikation, Einkauf der Waren, kaufmännischer Vertrieb und Verkauf der Produkte, Fabrikate und Waren sich an verschiedenen Orten vollziehen, handelt es sich um Betriebe, deren Ertrag nur im Ganzen berechnet werden kann, da die örtlich getrennten Thätigkeiten derartig eng mit einander verbunden sind, daß beim Wegfalle der einen die andere keinen Gewinn ergeben würde. Wird trotzdem eine Trennung der Betriebe und eine Berechnung der an den einzelnen Betriebsorten erzielten Teilerträge vorgenommen, so muß dies zu unrichtigen Unterlagen für die Zerlegung des Steuersatzes führen und stellt einen Verstoß gegen die bestehenden Rechtsgrundsätze dar. Unerheblich ist es, ob etwa die Gewerbetreibenden für die einzelnen Betriebsorte eine getrennte Buchführung und Gewinnberechnung eingeführt haben.

Nr. 3. Entsch. Bd. VI S. 449 v. 17. II. 98 VI G. 134/97 und **S. 451** i. d. Anm. v. 17. I. 98 VI G. 563/96.

Gew.=St.=Ges. § 38.

Bei Versicherungs=Aktiengesellschaften spricht die Vermutung dafür, daß die Geschäftsleitung zu den vornehmlich für die Gewinnerzielung entscheidenden Merkmalen gehört. Soll demnach der

Anspruch der Gemeinde, in der sich die Geschäftsleitung befindet, auf Berücksichtigung des Einflusses der Geschäftsleitung abgelehnt werden, so bedarf dies einer besonderen, auf thatsächliche Verhältnisse begründeten Rechtfertigung. Die Unmöglichkeit, den Einfluß der Geschäftsleitung rechnungsmäßig festzustellen, berechtigt nicht zur Nichtberücksichtigung, es muß vielmehr in einem solchen Falle der Weg der Schätzung beschritten werden.

B) Berechtigte Gemeinden. Begriff des Betriebsortes.

Nr. 1. Entsch. Bd. VI S. 427 v. 25. XI. 97 VI G. 393/96.

Gew.-St.-Ges. §§ 2, 38; Ausf.-Anw. Art. 3.

Der das eigene Vermittelungsgewerbe betreibende Agent kann durch dieselbe Thätigkeit, die sich als Ausübung und Betrieb des Vermittelungsgewerbes darstellt, nicht zugleich als Vertreter der Gesellschaft deren Versicherungsgewerbe betreiben und umgekehrt. Wenn aber aus der Thatsache, daß jemand gleichzeitig als Agent für andere Versicherungsgesellschaften thätig ist, also ein eigenes Gewerbe betreibt, gefolgert wird, daß er nicht gleichzeitig das Versicherungsgewerbe für die Steuerpflichtige betreiben könne, so ist dieser Schluß unrichtig. Ein Agent kann sehr wohl gleichzeitig in einem beamtenähnlichen Verhältnisse zu bestimmten Gesellschaften stehen, daneben aber auch nach anderen Richtungen hin sein eigenes Gewerbe ausüben. In solchen Fällen handelt es sich stets um verschiedene von derselben Person nebeneinander ausgeübte Thätigkeiten.

Nr. 2. Entsch. Bd. VI S. 429 i. d. Anm. v. 14. X. 97 VI G. 324/96.

Gew.-St.-Ges. §§ 2, 38; Ausf.-Anw. Art. 3.

Ein sogenannter Bierführer war nach dem von ihm mit einer Brauerei abgeschlossenen Vertrage für den Verkauf ihres Bieres in einem bestimmten Bezirke angestellt worden. Er empfing die Bestellungen von der Brauerei und erledigte sie aus den ihm zugestellten Vorräten. Er war verpflichtet, bestimmte Preise an die Brauerei zu zahlen und durfte eine bestimmte Preishöhe beim Verkaufe nicht überschreiten. Pferde und Wagen, Flaschen und Körbe wurden ihm von der Brauerei gehalten bezw. geliefert. Ihm wurden neun Prozent vom Betrage des entnommenen Bieres vergütet. Andere Biere durfte er nicht verkaufen; er haftete für den Preis des verkauften Bieres, für Pferde, Wagen, Flaschen, Körbe (bezw. Gebinde), hatte zur Garantie hierfür eine Kaution bestellt und konnte bei Nichterfüllung seiner Pflichten entlassen werden. Das O.-V.-G. enschied, daß der Veranlagte lediglich ein Vertreter der Brauerei wäre und daß diese durch ihn ihr eigenes Gewerbe betreibe.

Nr. 3. Entsch. Bd. VI S. 431 v. 25. XI. 97 VI G. 517/96.

Gew.-St.-Ges. §§ 2, 38; Ausf.-Anw. Art. 3; R.-Gew.-Ordn. §§ 42, 44 ff., 55 ff.

Um einen Ort als Betriebsort erscheinen zu lassen, kommt es nur darauf an, im Anschlusse an den allgemeinen Gewerbebegriff festzustellen, daß der Steuerpflichtige an dem betreffenden Orte einen stehenden Teil- oder Zweigbetrieb ausübt. Vgl. E.-O.-V. in St. Bd. IV S. 342, 345. Die Ausübung des Gewerbebetriebes kann einerseits dadurch stattfinden, daß sich an dem betreffenden Orte dem stehenden Gewerbebetriebe dienende sichtbare Anstalten befinden, wie Fabrikations-, Ein- oder Verkaufsstätten, Speicher, Warenlager, Komtoire. Andererseits kann aber auch der Gewerbebetrieb dadurch erfolgen, daß eine auswärtige Firma für einen bestimmten Ort einen eigenen ständigen Vertreter bestellt hat und durch diesen ihren eigenen stehenden Gewerbebetrieb ausübt. Dagegen besteht ein Gewerbebetrieb der Firma nicht, wenn zwar ein Vertreter an einem bestimmten Orte wohnt, seine Thätigkeit für die Firma aber nicht eine örtliche im besonderen Sinne ist, oder wenn der Vertreter nicht als ständiger Vertreter bestellt ist, oder wenn die Thätigkeit des Vertreters sich nicht als Betrieb des Gewerbes der fremden Firma, sondern als sein eigener Gewerbebetrieb darstellt. Vollzieht sich aber an dem Orte, um dessen Qualifizierung als Betriebsort es sich handelt, ein Betrieb in solcher Weise, daß er bei unmittelbarer Ausübung durch die Firma selbst als stehender Gewerbebetrieb der Firma an diesem Orte erachtet werden müßte, so würde der Ort auch bei mittelbarer Ausübung des Gewerbebetriebes der Firma durch einen ständigen Vertreter als Betriebsort der Firma erscheinen.

Handlungsreisende im eigentlichen Sinne, die für die Firma, in deren Diensten sie stehen, Waren aufkaufen und Bestellungen aufsuchen, können daher, wenngleich sie Vertreter der Firma sind, doch nicht an einem bestimmten Orte einen Gewerbebetrieb der Firma begründen, insbesondere auch nicht am Orte ihres Wohnsitzes. Es mangelt ihnen die dauernde, für einen bestimmten Ort lokalisierte Vertretung. Sollte aber selbst, wie bei den sogenannten Stadtreisenden, eine gewisse Lokalisierung bestehen, so würde doch der ihnen angewiesene Ort nicht zum Betriebsorte der Firma, weil die Thätigkeit der Reisenden sich lediglich als Ausfluß des am Sitze der Firma sich vollziehenden stehenden Gewerbebetriebes darstellt.

Nr. 4. Entsch. Bd. VI S. 433 v. 28. X. 97 VI G. 388/96.

Gew.-St.-Ges. §§ 2, 38; Ausf.-Anw. Art. 3.

1. Ein Betriebsort ist nicht vorhanden, wenn die daselbst entwickelte Thätigkeit nur aus zufälliger Veranlassung und nur zum Zwecke der Vermeidung von Verlusten, nicht aber, wie dies der Begriff des Gewerbes erfordert, dauernd, in der Absicht der Wiederholung und der Gewinnerzielung unternommen ist.

2. Handlungsreisende, die nur behufs Aufsuchung von Warenbestellungen von Ort zu Ort angestellt und thätig sind, begründen für die Firma, in deren Diensten sie stehen, keinen Betriebsort an einem bestimmten Orte, da die Aufsuchung von Warenbestellungen durch Reisende sich lediglich als Ausfluß des stehenden Gewerbebetriebes am Sitze der Unternehmung darstellt. Dem gegenüber ist es unerheblich, ob sich der Reisende ausdrücklich als solcher oder, wie dies vielfach geschieht, als Vertreter seiner Firma bezeichnet, und wo er für seine Person den Wohnsitz hat. Insbesondere wird der Wohnort des Reisenden nicht lediglich deshalb, weil er dort für seine Person wohnt, zum Betriebsorte seines Prinzipales.

Nr. 5. Entsch. Bd. VI S. 434 i. d. Anm. v. 3. II. 98 VI G. 66/97.

Gew.-St.-Ges. §§ 2, 38; Ausf.-Anw. Art. 3.

Die Beauftragung eines selbständigen Gewerbetreibenden zur Verteilung und zum Umtausche von Waren an Kunden des Auftraggebers genügt nicht, um einen Gewerbebetrieb des Letzteren am Wohnorte des Ersteren zu begründen. Der betreffende selbständige Gewerbetreibende übt durch Ausführung der genannten Aufträge des Steuerpflichtigen lediglich, wie jeder Spediteur, seinen eigenen Gewerbebetrieb aus und nicht etwa als Beamter oder Vertreter denjenigen des Steuerpflichtigen.

C) Maßstab und Ausführung der Verteilung.

Nr. 1. Entsch. Bd. VI S. 361 v. 24. V. 97 VI G. 499/96 und **Bd. VI S. 362** v. 14. X. 97 VI G. 329/96.

Gew.-St.-Ges. §§ 38, 78.

Der Fall, daß der Ertrag eines Teilbetriebes bei der Veranlagung eines Steuerpflichtigen zur Gewerbesteuer nicht berücksichtigt worden ist, weil das Vorhandensein dieses Teilbetriebes unbekannt war, oder überhaupt nicht in Betracht gezogen wurde, ist völlig verschieden von dem Falle, in dem das Bestehen eines Teilbetriebes zwar berücksichtigt worden, aber bei der Veranlagung, sowie bei der Zerlegung des Steuersatzes irrtümlicher Weise statt eines erzielten Gewinnes ein Verlust aus dem Teilbetriebe angenommen und aus diesem Grunde dem betreffenden Betriebsorte kein Anteil an dem Steuersatze überwiesen ist. — In dem ersteren Falle hat der Betriebsort, an dem sich der Teilbetrieb vollzieht, keinen Anspruch auf einen Anteil am Steuersatze. Der daselbst erzielte Ertrag bleibt bei Zerlegungen des Steuersatzes außer Ansatz. In dem zweiten Falle dagegen muß Aufklärung des Irrtumes im Berufungsverfahren erfolgen und der Steuersatz, dessen Erhöhung allerdings gemäß § 78 des Gew.-St.-Ges. ausgeschlossen ist, nach den an den einzelnen Betriebsorten in Wirklichkeit erzielten Teilerträgen auf sie verhältnismäßig verteilt werden. Die Betriebsorte, an denen Verluste entstanden sind, scheiden dabei aus.

Nr. 2. Entsch. Bd. VI S. 365 v. 28. X. 97 VI G. 444/96.

Gew.-St.-Ges. § 38.

Ist der Ertrag eines Teilbetriebes bei der Veranlagung des Steuerpflichtigen zur Gewerbesteuer nicht berücksichtigt worden, so haben Gemeinden, in denen sich bei Feststellung des steuerpflichtigen Ertrages nicht berücksichtigte Teilbetriebe befinden, keinen Anspruch auf einen Teil des Steuersatzes nach § 38 des Gew.-St.-Ges. Ist aber der Ertrag des gesammten Betriebes bei der Veranlagung in Ansatz gelangt, so kommen bei Zerlegung des Steuersatzes diejenigen Betriebsorte in Betracht, an denen sich zur Zeit der Veranlagung, beziehentlich bei Beginn des Steuerjahres derjenige Gewerbebetrieb vollzieht, dessen Ertrag bei der Veranlagung berücksichtigt worden ist. Hierbei ist es unerheblich, ob der bei der Veranlagung zu Grunde gelegte Ertrag bis dahin an anderen Betriebsorten erzielt worden ist.

Nr. 3. Entsch. Bd. VI S. 376 v. 16. IX. 97 VI G. 116/97.

Gew.-St.-Ges. §§ 17, 38; Ausf.-Anw. Art. 2 [1], [3], 53 [2].

Die Verteilung des Steuersatzes ist nach Maßgabe des Ertrages und, falls in dem maßgebenden Zeitabschnitte ein solcher nicht erzielt ist, nach Maßgabe des Anlage- und Betriebskapitales zu bewirken. Dabei ist unter „Ertrag" der bei der Veranlagung der Gewerbesteuer festgestellte und der Festsetzung des Steuersatzes zu Grunde gelegte Ertrag zu verstehen. E.-O.-V. in St. Bd. IV S. 293.

Haben die sämmtlichen Gewerbebetriebe des Steuerpflichtigen im Ganzen keinen Ertrag geliefert, so muß die Zerlegung des Steuersatzes nach dem Verhältnisse des an den einzelnen Betriebsorten vorhandenen Anlage- und Betriebskapitales vorgenommen werden, wenngleich durch einzelne Betriebe Gewinne erzielt und nur durch Verluste bei anderen Betrieben bei der Feststellung des Gesammtertrages ausgeglichen worden sind. Vgl. E.-O.-V. in St. Bd. III S. 421.

Nr. 4. Entsch. Bd. VI S. 377 v. 11. IX. 97 VI G. 406/96.

Gew.-St.-Ges. § 38.

Die Zerlegung des Steuersatzes muß grundsätzlich nach dem Ertrage erfolgen. Läßt sich wegen der Einheitlichkeit des Betriebes der an den einzelnen Betriebsorten erzielte Ertrag nicht feststellen, so ist die Zerlegung nach Maßgabe des Verhältnisses der für die Gewinnerzielung vornehmlich entscheidenden Merkmale zu bewirken. Zu den letzteren gehört auch der Einfluß der Geschäftsleitung auf die Ertragserzielung. Ist dagegen überhaupt kein Ertrag erzielt, so hat die Zerlegung nach dem Maßstabe des Anlage- und Betriebskapitales zu erfolgen. Erfolgt eine Zerlegung nach letzterem, so kommt der erzielte Ertrag überhaupt nicht mehr in Betracht. Damit scheidet auch jede Rücksicht auf die für die Gewinnerzielung vornehmlich entscheidenden Merkmale einschließlich des Einflusses der Geschäftsleitung aus.

Nr. 5. Entsch. Bd. VI. S. 423 i. d. Anm. v. 11. IX. 97 VI G. 225/96.

Gew.-St.-Ges. § 38.

Die Prüfung der Frage, welche Merkmale für die Gewinnerzielung bei einem sich über mehrere Gemeindebezirke erstreckenden Betriebe mit einem nur einheitlich für das ganze Unternehmen zu ermittelnden Ertrage vornehmlich entscheidend sind, ist in jedem einzelnen Falle nach den besonderen Umständen vorzunehmen.

Wird bei einem einheitlichen Betriebe für die Zerlegung des Steuersatzes der Maßstab der an den einzelnen Betriebsorten gezahlten Gehälter und Löhne gewählt, so dürfen nur die von dem Steuerpflichtigen an seine Angestellten und Arbeiter gezahlten Beträge an Gehalt, Lohn und Tantieme, dagegen nicht diejenigen Vergütungen, die für die Ausführung von Arbeiten an selbständige Unternehmer gezahlt werden, berücksichtigt werden.

Nr. 6. Entsch. Bd. VI S. 424 v. 17. II. 98 VI G. 188/97.

Gew.-St.-Ges. § 38.

Sind bei einem einheitlichen Betriebe Fabrikation und Verkauf der Fabrikate im wesentlichen örtlich getrennt, so bildet der an den einzelnen Betriebsorten erzielte Umsatz keinen zutreffenden Maßstab für die Zerlegung, denn es handelt sich nicht um die Zerlegung nach dem Maßstabe des künstlich und buchmäßig berechneten Ertrages und um Feststellung der an den einzelnen Betriebsorten erzielten buchmäßigen Teilerträge, sondern um Feststellung des Teiles des steuerpflichtigen Ertrages, der an einem oder dem anderen Betriebesorte thatsächlich erwachsen ist.

Chronologische Zusammenstellung der Entscheidungen.

Die Ziffern in der Rubrik „Seite“ verweisen auf die Seiten des vorl. Bandes.

Datum der Entsch.	Materie	Seite
1898.		
11. I.	Staatsangehörigkeit	138
12. „	Gemeindeabgaben	52
13. „	Ergänzungssteuer	394
13. „	Gewerbesteuer	403
14. „	Einkommensteuer	350
14. „	„	363
14. „	Ergänzungssteuer	391
17. „	Polizeiliche Verf.	284
17. „	Gewerbesteuer	401
17. „	„	404
18. „	Grenzstreitigkeiten	17
18. „	Schulangelegenh.	115
18. „	Streitverfahren	327
19. „	Gemeindeabgaben	58
19. „	Gemeindelasten	103
19. „	Jagdpolizei	174
19. „	Streitverfahren	338
21. „	Polizeiliche Verf.	274
22. „	Gewerbepolizei	246
22. „	Krankenkasse	300
24. „	Wegepolizei	210
25. „	Ergänzungssteuer	385
25. „	„	386
26. „	Gemeindeabgaben	65
26. „	Jagdpolizei	173
26. „	Gewerbepolizei	245
28. „	Einkommensteuer	354
3. II.	Baupolizei	205
3. „	Wegepolizei	208
3. „	Einkommensteuer	369
3. „	„	376
3. „	Gewerbesteuer	398
3. „	„	404
3. „	„	406
5. „	Gemeindeabgaben	73
5. „	„	76
5. „	Krankenversicherung	289
5. „	„	302
9. „	Gewerbepolizei	246
14. „	Wegepolizei	211
16. „	Kreisabgaben	5
17. „	Einkommensteuer	373
17. „	Gewerbesteuer	398
17. „	„	404
17. „	„	408
19. „	Kreisabgaben	7
19. „	Wasserpolizei	141
21. „	Wegepolizei	214
23. „	Kreisabgaben	3
23. „	Gemeindeabgaben	72
23. „	Gemeindelasten	98
23. „	Gewerbepolizei	236
23. „	Streitverfahren	332
23. „	„	339
25. „	Einkommensteuer	372
25. „	„	373
1. III.	Schulangelegenh.	115
2. „	Gemeindeabgaben	51

Datum der Entsch.	Materie	Seite
1898.		
3. III.	Gewerbesteuer	395
4. „	Schulangelegenh.	123
4. „	„	124
4. „	Ergänzungssteuer	390
5. „	Gewerbepolizei	228
11. „	Gewerbesteuer	402
15. „	Schulangelegenh.	137
15. „	Wasserpolizei	142
16. „	Gemeindeabgaben	70
18. „	Einkommensteuer	360
19. „	Kreisabgaben	5
19. „	Jagdpolizei	174
19. „	Krankenversicherung	291
23. „	Wasserpolizei	147
26. „	„	144
26. „	Jagd	185
26. „	Krankenversicherung	291
30. „	Kreisabgaben	7
1. IV.	Einkommensteuer	354
2. „	Gewerbepolizei	247
2. „	„	256
2. „	Streitverfahren	333
5. „	Einkommensteuer	362
6. „	„	374
16. „	Wasserpolizei	161
20. „	Gewerbepolizei	246
20. „	Krankenversicherung	291
22. „	Schulangelegenh.	135
22. „	„	133
23. „	Gewerbepolizei	241
4. V.	Gemeindeabgaben	77
4. „	Streitverfahren	330
7. „	Wasserpolizei	153
7. „	Gewerbepolizei	248
11. „	Stadtverordneten-versammlung	14
11. „	Gewerbepolizei	257
11. „	Polizeiliche Verf.	283
20. „	Schulangelegenh.	134
21. „	Streitverfahren	328
25. „	Gemeindelasten	91
25. „	Streitverfahren	337
4. VI.	Gemeindeabgaben	78
4. „	„	90
8. „	Gewerbepolizei	235
8. „	Krankenversicherung	303
11. „	Jagd	178
15. „	Deichpolizei	172
16. „	Verw.-St.-V.	337
18. „	Gemeindeabgaben	43
26. „	Gewerbepolizei	234
8. VII.	Streitverfahren	337
17. IX.	„	331
21. „	„	335
5. X.	Polizeiliche Verf.	274
5. XI.	Gewerbepolizei	247
23. XII.	Wegepolizei	213

Chronologisches Register.

1894.

1895.

1896.

Alphabetisches Register.

NB. Die beigefügten Zahlen verweisen auf die Seiten des vorl. Ergänzungsbandes.

A.

B.

C.

D.

H.

J.

K.

L.

M.

N.

O.

P.

R.

S.

29*

T.

U.

V.

Z.

Druck von A. Rietz & Sohn in Naumburg a. S.

FSC
www.fsc.org
MIX
Papier | Fördert
gute Waldnutzung
FSC® C083411

Kolibri 360 GmbH
Ferdinand-Jühlke-Straße 7
99095 Erfurt, Deutschland
produktsicherheit@kolibri360.de